osteuropa

72. JAHRGANG / HEFT 6–8 / 2022

Widerstand
Ukrainische Kultur in Zeiten des Krieges

Krieg und Besatzung

Wort und Buch

Büchermachen im Krieg

Widerstand. © Sergii Simutin, Kiew

Quell des Widerstands

Dürfen wir über ukrainische Literatur sprechen, wenn in der Ukraine Krieg herrscht, wenn Männer und Frauen gegen Russlands Überfall Widerstand leisten und es um Freiheit oder Unfreiheit, um Leben oder Tod geht? Ist es nicht geschmacklos, sich mit dem ukrainischen Film zu beschäftigen, während Forensiker in den Gebieten, die vorübergehend von Putins Soldateska besetzt waren, Massengräber entdecken, sichern und Leichen exhumieren? Buča, Izjum, Olenivka, Balaklija … Die Orte des Grauens brennen sich in die kollektive Erinnerung Europas ein. Mit jedem Monat wird die Kette der Namen länger. Die Beweise für Folter, Vergewaltigung, Erschießung von Zivilisten und andere Kriegsverbrechen sind erdrückend. Verbietet es sich in dieser Lage nicht von selbst, sich den schönen Künsten zu widmen?

Der Kunsthistoriker Wilhelm von Bode prägte zur Zeit des Ersten Weltkriegs das geflügelte Wort „Inter arma silent musae“. Er hatte die Funktion der Künste als universelles Mittel der Verständigung zwischen Nationen im Blick. Darum kann es ukrainischen Schriftstellerinnen, Musikern, Regisseurinnen, Verlegern und Malerinnen nicht gehen angesichts eines Angriffskriegs, der auf die Vernichtung ihrer Nation zielt. Die Künste haben in diesen Zeiten eine andere Funktion. Sie sind Ausdruck der Kultur einer Gemeinschaft in Geschichte und Gegenwart, der geteilten Erinnerung, der lokalen, regionalen oder nationalen Identität sowie der Selbstvergewisserung einer Gesellschaft. Sie sind damit auch eine Quelle, aus der die ukrainische Gesellschaft ihr Selbstverständnis, ihren Selbstbehauptungswillen und Widerstandsgeist schöpft, mit dem sie dem Aggressor Russland entgegentritt.

In diesem Sinne dürfen wir nicht nur, sondern müssen uns sogar der ukrainischen Literatur und Kultur in Zeiten des Krieges widmen. Denn die Kultur ist eine Quelle der Aufklärung über ein Land, das in Deutschland – und nicht nur hier, sondern weltweit – jahrzehntelang ignoriert, vergessen, verdrängt oder als vermeintlicher Bestandteil Russlands übersehen, missverstanden und fehlinterpretiert wurde. Diese Fehlwahrnehmung wurde begünstigt durch die komplizierte Geschichte der Ukraine. Die ukrainischen Regionen hatten einst verschiedenen multinationalen Imperien angehört: dem Russländischen Reich, dem Habsburger Reich, der Rzeczpospolita und dem Osmanischen Reich. Die ukrainische Nationalbewegung kämpfte seit Mitte des 19. Jahrhunderts und damit zur gleichen Zeit wie die italienische oder die deutsche um einen eigenen Staat. Doch im Unterschied zu jenen war die Nationsbildung nicht erfolgreich und wurde insbesondere vom Russländischen Imperium bekämpft und massiv unterdrückt. Selbst Angehörige der liberalen Intelligenz in Russland sprachen den Ukrainern das Recht auf eine eigene Staatsbildung ab. Auf den Trümmern der im Ersten Weltkrieg untergegangenen Imperien schufen Ukrainer sogar zwei Staatswesen. Bei allen ideologischen, politischen und regionalen Differenzen hatten diese Staatsgebilde, die „Ukrainische Volksrepublik“ und die „Westukrainische Volksrepublik“ eines gemeinsam: Sie waren instabil und militärisch zu schwach, um sich gegen bewaffnete Angriffe von außen zu verteidigen. Beide Staaten wurden zerschlagen: von der aus dem Osten kommenden Roten Armee und von der aus dem Westen kommenden Polnischen Armee. Diese doppelte Niederlage war Wasser auf die Mühlen derer, die den Ukrainern die Kraft zur Staatsbildung abgesprochen hatten und sie allenfalls als Objekt der Geschichte wahrnahmen.

OSTEUROPA, 72. Jg., 6–8/2022, S. 5–6

Ulrich Schmid

Kleine Geschichte einer großen Literatur

Grundrisse des literarischen Prozesses in der Ukraine

Die ukrainische Literaturgeschichte spielt sich seit ihren ostslavischen Anfängen in verschiedenen Räumen ab. Vielsprachigkeit und kulturelle Überlappungen waren stets konstitutive Merkmale des literarischen Schaffens im heutigen Raum der Ukraine. Außerdem gab es immer wieder Versuche, die ukrainische Literatur im imperialen Zentrum St. Petersburg zu positionieren. Für die ukrainische Literatur gilt daher, was für viele europäische Nationalliteraturen zutrifft: Schriftsteller und kulturpolitische Akteure bauten bewusst ein literarisches System auf und Literaturhistoriker projizierten diese Konstruktion in die Vergangenheit. Die Unterdrückung, die ukrainische Schriftsteller als Teil der Nationalbewegung im Zarenreich und der Sowjetunion immer wieder erfuhren, hat dazu geführt, dass das Verhältnis zu Staat und Nation bis heute den literarischen Prozess in der Ukraine definiert. Dies zeigt sich an der gesellschaftlichen Bedeutung der Schriftsteller während der russländischen Aggression gegen die Ukraine, die 2014 begonnen hat und 2022 zu einem offenen Krieg eskaliert ist.

1995 fragte der amerikanische Historiker Mark von Hagen in einem einflussreichen Essay, ob die Ukraine eine Geschichte habe. Natürlich war dieser Titel eine Provokation, die sich gegen herkömmliche Vorstellungen einer Nationalgeschichte richtete. Von Hagen beklagte, dass es kaum akademische Zentren gebe, in denen die ukrainische Geschichtswissenschaft als Disziplin institutionalisiert ist. Gleichzeitig verwies er darauf, dass man bei der Beschäftigung mit der ukrainischen Geschichte die „konzeptuelle Hegemonie des Nationalstaates" überwinden und wichtige Aspekte wie Identitätsbildung, kulturelle Konstruktionen und koloniale Institutionen studieren könne.[1] Im Anschluss an von Hagen lässt sich auch die Frage stellen, ob die Ukraine eine Literaturgeschichte habe. Auch hier fällt die Antwort ähnlich aus. Die ukrainische Literaturgeschichte ist unter den europäischen Literaturen kein Sonderfall, sondern zeigt nur besonders augenfällig, dass literarische Prozesse sich in bestimmten politischen, gesellschaftlichen und kulturellen Rahmenbedingungen abspielen und auch auf diese zurückwirken.

Ulrich Schmid (1965), Dr. phil., Slavist, Professor für Kultur und Gesellschaft Russlands, Universität St. Gallen

Von ihm erschien in OSTEUROPA zuletzt: Anatomie einer Diskreditierung. Russlands Staatsmedien und Memorial, in: OE, 8–9/2021, S. 225–240. – Der Abgeordnete des russischen Waldes. Leonid Leonovs Engagement für den Umweltschutz, in: OE, 7–9/2020, S. 91–101. – Romantik und Politik. Stanisław Srokowski und das patriotische Narrativ der PiS, in: OE, 3–4/2020, S. 179–192. – Heidegger in Russland. Rezeptionslinien und Aktualisierungen, in: OE, 1–2/2020, S. 61–83.

[1] Mark von Hagen: Does Ukraine Have a History? In: Slavic Review, 54/1995, S. 658–673, hier S. 673.

OSTEUROPA, 72. Jg., 6–8/2022, S. 7–39 **doi: 10.35998/oe-2022-0139**

Bestandsaufnahme

Wenn man die existierenden Überblicksdarstellungen betrachtet, dann entsteht schnell der Eindruck, dass die wenigen vorhandenen Literaturgeschichten die Vorstellungen und politischen Ideen ihrer Zeit in sich tragen.
Serhij Jefremov (1876–1939) baute seine Literaturgeschichte aus dem Jahr 1911 auf einem hegelianischen Verständnis auf. Hegel hatte in seinen *Vorlesungen zur Ästhetik* die Auffassung vertreten, dass sich der Volksgeist in epischen Texten objektiviere. So werde ein Bild der Totalität des sittlichen Lebens, der Familie und des Volkes als ganzer Nation in Krieg und Frieden gezeichnet.[2] Jefremov schloss sich dieser Auffassung an:

> Auf diese Weise behandle ich die Literatur als Erscheinung des Lebens unseres Volkes, als Indikator der gesellschaftlichen Entwicklung in ihm, als deutlich vernehmbaren Ausdruck der Interessen der breiten Volksmassen. Ich versuche einen historischen Überblick über die ukrainische Literatur zu geben als eine im breitesten Sinne emanzipatorische Bewegung, die das ukrainische Volk in jeglicher Hinsicht erfasst hat und ihm den Weg zu einer besseren Zukunft weist.[3]

Efremov betrachtete seine Literaturgeschichte nicht einfach als Inventarisierung des historischen Schrifttums in der Ukraine. Er war selbst von einem emanzipatorischen Impetus getragen. Gerade weil es noch keinen ukrainischen Staat gab, war für ihn klar, dass die Literatur und die Sprache das entscheidende Ausdrucksmedium der ukrainischen Nation seien. Damit gingen auch einschlägige Stilpräferenzen einher: Efremov war ein Anhänger des Realismus und wandte sich gegen modernistische Strömungen. Literatur war für ihn kein Elitenprojekt, sondern sollte Breitenwirkung entfalten.
1923 erschien in der eben gegründeten Sowjetukraine eine fünfbändige Literaturgeschichte aus der Feder des Historikers Mychajlo Hruševs'kyj (1866–1934).[4] Die Darstellung beschränkt sich auf die Zeit zwischen dem 10. und 17. Jahrhundert. Hruševs'kyj hatte diesen Fokus bewusst gewählt. Es ging ihm darum, eine Kontinuität zwischen den Anfängen des ostslavischen Schrifttums und der neueren ukrainischen Literatur aufzuzeigen. Deshalb legte er einen starken Akzent auf das Igorlied, das er dem „goldenen Zeitalter der altukrainischen Literatur" im 12. Jahrhundert zurechnete. Allein diesem Epos, das in Russland als Teil der eigenen Nationalliteratur betrachtet wird, widmete er 66 Seiten.[5] Sein Ziel bestand darin, eine „tausendjährige Kulturgeschichte" des ukrainischen Volkes zu etablieren. Im Vorwort bekannte Hruševs'kyj freimütig, dass seine Literaturgeschichte eigentlich nur eine um Textbeispiele vermehrte Fassung seiner monumentalen *Geschichte der Ukraine-Rus'* (1898–1937) darstelle.

---

[2] Georg Wilhelm Friedrich Hegel: Vorlesungen über die Ästhetik III, in: Werke. Band 15. Frankfurt/Main 1986, S. 340

[3] Serhij Jefremov: Istorija ukrajins'koho pys'menstva. Kyjiv, Leipzig 1924, S. 21f.

[4] Mychajlo Hruševs'kyj: Istorija ukrajins'koji literatury. 5 Bde. Kyjiv, L'viv 1923.

[5] Iryna Cybenko: Istorija ukrajins'koji literatury Mychajla Hruševs'kyoho – važlyvyj etap u rozvitku vitčyznjanoho literaturoznavstva, in: Visnyk Knyžkovoji palaty, 11/2013, S. 1–3, hier S. 2.

Dmytro Čyževs'kyj (1894–1977) legte 1956 eine ukrainische Literaturgeschichte vor, die bei der Oktoberrevolution endet.[6] Im Vorwort schrieb er warnend, dass man es in fast allen Epochen mit „Fragmenten und Bruchstücken" zu tun habe. Die ukrainische Literatur sei vor allem durch ihre „Unvollständigkeit" charakterisiert, da in kaum einem Zeitalter ein vollständiges Gattungssystem entstanden sei. George Grabowicz verwies in seiner Kritik von Čyževs'kyjs Ansatz zu Recht darauf, dass literarische Systeme per se offen seien und die ukrainische Literatur mithin gar nicht „unvollständig" sein könne.[7]
In seiner Gliederung der ukrainischen Literaturgeschichte folgte Čyževs'kyj den großen europäischen Stilepochen: Barock, Klassizismus, Romantik, Realismus, Symbolismus.[8] Der Vorteil dieses Ansatzes besteht darin, dass die ukrainische Literatur als Teil der europäischen Literatur begriffen wird. Der Nachteil liegt einem ständigen Schielen auf die großen Nationalliteraturen, die sich jedoch unter ganz anderen Rahmenbedingungen als die ukrainische Literatur entfalten konnten. In Frankreich und Deutschland entfaltete sich der literarische Prozess als Teil des Nation Building, während die ukrainische Literatur oft unter einen politischen Generalverdacht gestellt wurde.
George S.N. Luckyj veröffentlichte 1992 mit einem „Reader's Guide" für die ukrainische Literatur des 20. Jahrhunderts eine Art Fortsetzung von Čyževs'kyjs Literaturgeschichte. Auslöser war die Entstehung eines ukrainischen Nationalstaats, der einen Rückblick auf die ukrainische Literaturgeschichte in der Sowjetunion, im Zwischenkriegspolen und in der Emigration nahelegte. Allerdings hielt Luckyj bereits im Vorwort explizit fest, dass es sich bei seinem knappen Überblick nicht um eine Literaturgeschichte handle, sondern um eine „altmodische" Darstellung der wichtigsten Strömungen in der ukrainischen Literatur. Die Gliederung orientiert sich überwiegend an politischen Zäsuren.[9]
Seit Ende der 2000er Jahre arbeitet die ukrainische Akademie der Wissenschaften an einem magistralen Projekt. Die *Geschichte der ukrainischen Literatur* soll in zwölf Bänden präsentiert werden.[10] Allein das Leben und Schaffen des Nationaldichters Taras Ševčenko füllt Band 4. Das monumentale Format dieser Literaturgeschichte ist nicht auf Lesbarkeit angelegt. Es geht um die Durchsetzung eines institutionellen Anspruchs. Das Akademieprojekt soll die Existenz einer ukrainischen Nationalliteratur bezeugen, die eng mit dem ukrainischen Nationalprojekt verbunden ist.
Einem dokumentarischen Impetus folgt Jurij Kovaliv (geb. 1949), der seit 2013 im Alleingang eine zehnbändige Literaturgeschichte veröffentlicht, die vom Ende des 19. Jahrhunderts bis zur Gegenwart reicht. Seine Darstellung erschöpft sich im Wesentlichen in der Aneinanderreihung von Autorenporträts.[11]

---

6 Der in Oleksandrija, einer ukrainischen Mittelstadt zwischen Kremenčuk und Kryvyj Rih, geborene Dmytro Čyževs'kyj ist in Deutschland, wo er in den 1930er Jahren in Halle als Lektor arbeitete und ab 1956 in Heidelberg Slavistik lehrte, unter dem Namen Dmitrij Tschižewskij bekannt.

7 George Grabowicz: Toward a History of Ukrainian Literature. Cambridge (Mass.) 1982, S. 13.

8 Dmytro Čyževs'kyj: Istorija ukrajinskoji literatury vid počatkiv do doby realizmu. New York 1956, S. 7.

9 George S.N. Luckyj: Ukrainian Literature in the Twentieth Century. A Reader's Guide. Toronto, Buffalo, London 1992, S. vii.

10 Vitalij Dončyk (Red.): Istorija ukrains'koj literatury. U 12 tomach. Kyjiv 2013ff.

11 Jurij Kovaliv: Istorija ukrains'koj literatury u desjati tomach. Kinec XIX – počatok XXI stolittja. Kyiv 2013 ff.

Die Erforschung der ukrainischen Literaturgeschichte hat bislang kaum das Interesse von Wissenschaftlern außerhalb der Ukraine oder der ukrainischen Emigration auf sich gezogen. Es gibt keine Überblicksdarstellungen nicht-ukrainischer Literaturwissenschaftler. Einzelne ukrainische Autoren wurden allenfalls im Kontext der russischen oder polnischen Literaturgeschichte behandelt. In der jüngeren Vergangenheit spielte auch die Skepsis gegenüber dem wissenschaftlichen Genre der Literaturgeschichte bei der fehlenden Neukonzeptualisierung der ukrainischen Literatur eine Rolle.

Zugänge

Die Dominanz des Strukturalismus und des Dekonstruktivismus in der Literaturwissenschaft führte gegen Ende des zwanzigsten Jahrhunderts zu einer Krise der historischen Betrachtungsweise der Literatur, zumal in einem nationalstaatlichen oder ethnolinguistischen Rahmen. 1992 stellte David Perkins mit Nachdruck die Frage, ob Literaturgeschichte überhaupt möglich sei.[12] Die theoretische Debatte konzentriert sich seither zu Recht auf transnationale Ansätze. Eine Vordenkerin der neueren Theorie der Literaturgeschichte war Pascale Casanova (1959–2018). In ihrem Buch *Die literarische Weltrepublik* versteht sie die Nationalliteratur nicht als Emanation einer nationalen Identität, sondern als Ergebnis der Rivalität unter den einzelnen Literaturen. Sie geht im Anschluss an Pierre Bourdieu davon aus, dass der Status einer Nationalliteratur immer wieder neu ausgehandelt und definiert werde. Mit der Zeit emanzipiere sich die Literatur allerdings von der Nationsbildung. Deshalb sei auch die politische Landkarte der Welt nicht deckungsgleich mit der Karte der literarischen Räume. Jeder Vertreter einer Nationalliteratur trete in den Wettbewerb der „Internationalisierung“ ein. Diese sei das Gegenteil von „Globalisierung“ im herkömmlichen Sinne des Wortes, denn „Globalisierung“ meine die Durchsetzung universeller Modelle auf der ganzen Welt. Unter „Internationalisierung“ versteht Casanova hingegen die Erfahrungstatsache, dass einzelne Literaturen mit ganz unterschiedlichen Mitteln um Anerkennung kämpfen. Gleichzeitig komme es aber auch zu einer „Denationalisierung“ der großen Literaturen, die eben gerade nicht mehr ausschließlich auf eine Kulturnation bezogen seien.[13]

Mit Blick auf die ukrainische Literaturgeschichte muss man gegen Casanova auf die Gleichzeitigkeit des Ungleichzeitigen hinweisen: Während etablierte Staaten sich zunehmend entnationalisieren, kann man in der Ukraine – zumal während der existenziellen Bedrohung durch den russländischen Angriffskrieg – klassische Prozesse der Nationsbildung beobachten. Sogar Phänomene aus dem 19. Jahrhundert wie die Verehrung eines Nationaldichters finden sich heute ansatzweise wieder, etwa in der öffentlichen Bewunderung und Unterstützung für Serhij Zhadan.

Bereits 1993 hatte Denis Hollier (geb. 1942) in seiner *New History of French Literature* mit allen Konventionen gebrochen. Er reiht nicht Autorenporträts aneinander, sondern nimmt die Chronologie ernst. Seine Literaturgeschichte besteht aus 199 Datumsangaben, die mit literarischen Ereignissen verbunden werden. Die Kategorien Genre, Kanon und Stil spielen hier keine Rolle mehr. Er relativiert auch den Begriff der Nationalliteratur. In einem Essay, der sich in der französischen Ausgabe findet, fragt Hollier, ob es

[12] David Perkins: Is Literary History Possible? Baltimore 1992.
[13] Pascale Casanova: La République mondiale des Lettres. Paris 1999.

überhaupt möglich sei, ein „französischer“ Autor zu sein. Gleichzeitig zeigt er, dass das Französische als Literatursprache eine globale Relevanz haben kann.[14]
Marcel Cornis-Pope (geb. 1946) und John Neubauer (geb. 1933) lösen in ihrer *History of the Literary Cultures of East-Central Europe* den nationalen Bezugsrahmen ganz auf und konzentrieren sich auf sogenannte Knotenpunkte, also besonders signifikante Jahre wie etwa 1848 oder 1918. In diesen Knoten verdichten sich literarische und philosophische Entwicklungen, die zu einem historischen Ereignis werden und dann wiederum literarisch verarbeitet werden. Allerdings gelingt es Cornis-Pope und Neubauer nicht, den transnationalen Anspruch dieser literarischen Kulturgeschichte über den ersten Band hinaus einzulösen. In den späteren Bänden finden sich vor allem Einzelaufsätze, die ein bestimmtes Thema aus der Perspektive einer Nationalliteratur beschreiben.[15]
Tamara Trojanowska, Joanna Niżyńska and Przemysław Czapliński konzentrieren sich in ihrer *New History of Polish Literature and Culture* mit dem Obertitel *Being Poland* auf kanonisierende, emanzipatorische, transgressive und kompensatorische Strategien in der polnischen Literaturgeschichte. Damit soll der dynamische Charakter des literarischen Prozesses deutlich gemacht werden. Auch hier folgen dann aber exemplarische Darstellungen verschiedener Stilepochen, die anhand des Werkes einer Autorin oder eines Autors beschrieben werden.[16]
Ein Überblick über die ukrainische Literaturgeschichte muss solche theoretischen Entwicklungen im Auge behalten. Ähnlich wie die ukrainische Geschichte im Allgemeinen hat sich auch die ukrainische Literaturgeschichte unter komplexen politischen, sozialen und kulturellen Bedingungen abgespielt. Allerdings verbietet sich genau deshalb bei der Darstellung der ukrainischen Literatur ein naiver Ansatz, der eine Entwicklung innerhalb eines nationalstaatlichen Paradigmas annimmt. Die ukrainische Literaturgeschichte ist von einer Kontinuität von Diskontinuitäten geprägt. Damit steht sie aber nicht außerhalb der europäischen Literaturgeschichten, sondern zeigt nur besonders anschaulich, wie sich literarische Prozesse in einem dynamischen institutionellen System abspielen.
Die Hochzeit der europäischen Literaturgeschichtsschreibung war das 19. Jahrhundert. Vor allem die deutsche und die italienische Einigung brachten das Bedürfnis hervor, den neugegründeten Nationalstaat mit einem eigenen kulturellen Erbe auszustatten. Aber auch anderswo interessierten sich national gesinnte Autoren für die literarischen Wurzeln ihrer Nation. Sie suchten Barden, die ähnliche Werke wie das französische Rolandslied oder das deutsche Hildebrandslied verfasst hatten. Wenn man nicht fündig wurde, half man der Überlieferung auf die Sprünge. So begeisterte man sich in Schottland für Ossians Gesänge, in Russland für das Igorlied oder in Böhmen für die Königinhofer Handschrift.
Es gibt eine Reihe von Fragen, der sich eine ukrainische Literaturgeschichte stellen muss.[17] Wann und mit welchen Texten beginnt die Geschichte der ukrainischen Literatur? In welchen Sprachen und in welchem Raum vollzieht sie sich? Welche regionalen Besonderheiten sind zu beachten? Welche institutionellen Bedingungen ermöglichen

---

14 Denis Hollier: De la littérature française. Paris 1993.

15 Marcel Cornis-Pope, John Neubauer (Hg.): The Literary Cultures of East-Central Europe. 4 Bde. Amsterdam 2004–2010.

16 Tamara Trojanowska, Joanna Niżyńska, Przemysław Czapliński: Being Poland. A New History of Polish Literature and Culture since 1918. Toronto, Buffalo, London 2018.

17 Marko Pavlyšyn: Istorija literatury i zdorovyj hluzd, in: Olena Haleta, Jevhen Hulevyč, Zorjana Rybčyns'ka (Hg.): Istorii literatury. Zbirnyk statej. Kyiv 2010, S. 1–31.

und behindern den literarischen Prozess in der Ukraine? Schließlich ist noch auf ein wichtiges Spezifikum hinzuweisen. Eine ukrainische Literaturgeschichte kann keine Darstellung eines literarischen Prozesses sein, der unabhängig von seiner eigenen Reflexion, Historisierung und Institutionalisierung abläuft. Mit anderen Worten: Die ukrainische Literaturgeschichte „entstand" nicht einfach, sondern sie wurde über weite Strecken als gewollte kulturelle Ordnung konstruiert.

Wann beginnt die ukrainische Literaturgeschichte?

Die meisten Darstellungen der ukrainischen Literatur folgen Autorität von Mychajlo Hruševs'kyj und lassen ihren Gegenstand im 11. Jahrhundert beginnen. Allerdings verwenden die neueren Werke für die Bezeichnung dieses Kulturraums nicht mehr die erklärende Doppelbezeichnung „Ukraine-Rus'", die eigentlich ein Anachronismus ist – der Begriff „Ukraine" bezeichnet erst seit dem 17. Jahrhundert ein größeres Territorium auf beiden Seiten des Dnipro. Oft ist heute von der „Kiewer Rus'" die Rede, wenn das erste ostslavische Staatsgebilde benannt werden soll. Allerdings ist auch dieser Name eine Erfindung aus der ersten Hälfte des 19. Jahrhunderts.[18]

Das wichtigste Dokument aus dieser Zeit ist die *Erzählung vergangener Jahre*, die früher oft nach ihrem mutmaßlichen Verfasser als *Nestorchronik* bezeichnet wurde. Es ist allerdings unwahrscheinlich, dass der in einer der Überlieferungen genannte Nestor tatsächlich der Autor ist. Mit Sicherheit hat Nestor aber die Heiligenlegenden über Borys und Hlib sowie über den Mönchsvater Feodosij verfasst. Ein anderer Name für die *Erzählung vergangener Jahre* lautet *Anfangschronik*, weil die historisierende Darstellung unmittelbar nach der Sintflut einsetzt.[19] Die *Erzählung vergangener Jahre* beschreibt die Entstehung und Christianisierung des Fürstentums am Dnipro. Zwei wichtige Debatten verbinden sich mit der *Erzählung vergangener Jahre*. Zum einen entzündete sich an der Chronik der sogenannte Normannismus-Streit.[20] Die *Erzählung vergangener Jahre* berichtet davon, dass die Slaven den normannischen Stamm der Waräger einluden, über sie zu herrschen. Bereits 1748 entspann sich eine hitzige Diskussion zwischen Michail Lomonosov (1711–1765) und dem Moskauer Geschichtsprofessor Gerhard Friedrich Müller (1705–1783). Müller beschrieb das Kiewer Fürstentum als eine Gründung der Normannen, Lomonosov trat aus patriotischen Gründen gegen diese These an.

Eine ähnliche Konfrontation ergab sich im Jahr 1860, als die beiden Historiker Nikolaj Kostomarov (1817–1885) und Michail Pogodin (1800–1875) sich ebenfalls über den Ursprung der ostslavischen Staatlichkeit stritten. Kostomarov wandte sich gegen den Normannismus, weil er nicht in seine wissenschaftlich kaum haltbare These von einem „föderativen Anfang der Alten Rus'" passte.[21] Zum anderen gibt es eine lang anhaltende Debatte darüber, ob die *Erzählung vergangener Jahre* am Anfang der russischen oder der ukrainischen Literaturgeschichte steht. Diese Frage hat am 24. Februar 2022 eine

---

[18] Aleksej Toločko: Chimera „Kievskoj Rusi", in: Rodina, 8/1999, S. 29–33.

[19] Ludolf Müller (Hg.): Die Nestorchronik. Die altrussische Chronik, dem Mönch des Kiever Höhlenklosters Nestor zugeschrieben, in der Redaktion des Abtes Sil'vester aus dem Jahr 1116. München 2001, S. VII.

[20] Ulrich Schmid: Eurasien oder Skandoslavien? Der „Norden" im kulturellen Selbstverständnis Russlands, in: OSTEUROPA, 2–3/2011, S. 327–345.

[21] Nikolaj Kostomarov: Mysli o federativnom načale v Drevnej Rusi. Sankt-Peterburg 1861.

„Erzählung vergangener Jahre" in einer Handschrift aus dem 15. Jh. Radziwiłł-Chronik

blutige Aktualität erhalten. Vladimir Putin wird nicht müde, die „tausendjährige Staatlichkeit“ Russlands hervorzuheben. Dieser Anspruch bezieht sich in prominenter Weise auf die „Kiewer Rus’“, deren Staatlichkeit sich angeblich in einer translatio imperii über das Moskauer Fürstentum, das Zarenreich und die Sowjetunion auf die Russländische Föderation übertragen habe. Aus diesem Grund wurden seit 2013 in vielen Städten Russlands Denkmäler für den Kiewer Fürsten Vladimir eingeweiht. Die 17 Meter hohe Statue im Moskauer Stadtzentrum aus dem Jahr 2016 ist nur das auffälligste dieser Monumente.[22]

Um das von Hruševs’kyj hochgeschätzte Igorlied entspann sich Ende des 19. Jahrhunderts und dann wieder in den 1960er Jahren eine Authentizitätsdebatte, die bis heute nicht gelöst ist. Ob tatsächlich der tschechische Linguist Josef Dobrovský (1753–1829) das Igorlied verfasst hat,[23] ist nicht gesichert. Auffällig ist aber das Fehlen der Originalhandschrift, die angeblich beim Brand von Moskau 1812 zerstört wurde. Hruševs’kyj stellte eine enge Verbindung zwischen der Klage der Jaroslavna im Igorlied und der ukrainischen Folkloristik fest. Diese Traditionslinie ist für ihn das stärkste Argument für die Authentizität des Igorlieds. Hruševs’kyj geht zwar kurz auf die philologische Echtheitsdebatte ein, schlägt sich aber klar auf die Seite derjenigen, die im Igorlied ein Denkmal der frühen ukrainischen Literatur erblicken. Eine Rolle mag für diese Position auch gespielt haben, dass Rainer Maria Rilke (1875–1926) das Igorlied 1902 ins Deutsche übersetzte und ihm damit einen prominenten Status in der europäischen Literatur verschaffte.

Die früheste Epoche der ukrainischen Literaturgeschichte endet abrupt mit der Einnahme und Zerstörung Kiews durch die Mongolen 1240. Anschießend gerieten weite Territorien unter die Herrschaft des Großfürstentums Litauen. Galizien gehörte zum Königreich Polen. Für beinahe dreihundert Jahre setzte die literarische Produktion weitgehend aus. Dafür gibt es äußere und innere Gründe: Zum einen bot die Herrschaft der Mongolen keine günstigen Bedingungen für eine literarische Kultur, die weitgehend mit den geschwächten monastischen Organisationen verbunden war. Zum anderen setzte sich genau zu dieser Zeit in der Ostkirche der Hesychasmus als Hauptströmung durch. Jede Textäußerung war damit auf eine ekstatische Vision angewiesen und bedurfte einer erhöhten religiösen Legitimierung.[24] Erst die Union von Lublin 1569 führte zu einem Neuanfang der ukrainischen Literatur.

Barock

Die ukrainische Literaturgeschichte kennt eine gut ausgeprägte Epoche des Barock. Damit nimmt sie eine Mittelposition zwischen der russischen und der polnischen Literatur ein. In Russland gibt es kaum eine barocke Stilformation, während in Polen eine ausgesprochen elaborierte Barockliteratur zu finden ist. Der wichtigste ukrainische Barock-

---

22 Frithjof Benjamin Schenk: Das Denkmal für Fürst Wladimir. Dekoder, <https://kremlin.dekoder.org/fuerst-wladimir-denkmal>.

23 Edward Keenan: Josef Dobrovský and the origins of the Igor’ tale. Cambridge (Mass.) 2003.

24 George Grabowicz: Prologue. Ukrainian Literature and Europe. Aporias, Asymmetries and Discourses, in: Giovanna Brogi Bercoff, Marko Pavlyshyn, Serhii Plokhy (Hg.): Ukraine and Europe: Cultural Encounters and Negotiations. Toronto, Buffalo, London 2017, S. 17–42, S. 24.

autor ist Meletij Smotryc'kyj (1577–1633), dessen Schaffen in die religiöse Umbruchszeit der Brester Union (1596) fällt.[25] Smotryc'kyj hatte eine ausgezeichnete Erziehung in der orthodoxen Akademie in Ostroh, in der Jesuitenschule in Vilnius und den protestantischen deutschen Universitäten Leipzig, Nürnberg und Wittenberg erhalten. Mit seiner Bildungsbiographie und seinem nationalen Selbstverständnis glich Smotryc'kyj dem Renaissance-Autor Stanisław Orzechowski (1513–1566), der seine Identität als „gente ruthenus, natione polonus" definiert hatte: Er bezeichnete sich gleichzeitig als ethnischer Ukrainer und polnischer Staatsbürger. Smotryc'kyj durchlief eine abenteuerliche intellektuelle Biographie, die durch die Wirren seiner Zeit bestimmt wurde: Er verteidigte in seinem auf Polnisch verfassten *Threnos* (1610) noch die Orthodoxie. Nach einer Reise nach Konstantinopel und ins Heilige Land wurde er 1627 ein unierter Mönch, bat aber den Papst gleichzeitig um Erlaubnis, seine orthodoxen Titel als Geistlicher behalten zu dürfen. Mit dieser Taktik der Dissimulation und eines verdeckten Identitätswechsels erscheint Smotryc'kyj als Vorläufer von Viktor Petrov (Pseudonym: Domontovyč) (1894–1964) im 20. Jahrhundert. Petrov war als modernistischer Autor vom Stalinterror der 1930er Jahre verschont geblieben, kollaborierte später – ob aus Überzeugung oder als sowjetischer Agent ist ungeklärt – mit den nationalsozialistischen Besatzern in Charkiv und unterrichtete nach dem Krieg an verschiedenen ukrainischen Exilinstitutionen in München. 1949 verschwand Petrov unvermittelt und tauchte in Moskau wieder auf, wo er wissenschaftliche Anstellungen erhielt und sogar mit einem militärischen Orden ausgezeichnet wurde. Bis heute liegen Petrovs wahre Loyalitäten im Dunkeln.

Ivan Vyšens'kyj (ca. 1550– nach 1620) war in der polemischen Literatur um die richtige christliche Konfession ein erbitterter Verfechter der Orthodoxie. In einer ausgefeilten Sprache geißelte er unter Rückgriff auf zahlreiche Stilmittel die Dekadenz der katholischen Geistlichkeit und rief zur Rückkehr zu einer christlichen Bruderschaft auf. Vyšens'kyj erbrachte mit seinen Traktaten den Tatbeweis, dass komplexe theologische Sachverhalte in der Volkssprache auf hohem rhetorischem Niveau ausgedrückt werden konnten.[26]

Auch Feofan Prokopovyč (1681–1736) formulierte seine Positionen in einer Zeit der religiösen und politischen Wirren. Er studierte in Rom, konvertierte dort zum unierten Glauben, kehrte aber 1702 zur Orthodoxie zurück. Russlands Sieg über die Schweden und den ukrainischen „Verräter" Mazepa in Poltava (1709) markierte einen Wendepunkt in Prokopovyčs Karriere. Peter der Große hatte in der Kiewer Sophienkathedrale einen Lobgesang von Prokopovyč gehört, in dem Mazepa als „Verräter" gegeißelt wurde. Der Zar war von Prokopovyčs raffinierter Rhetorik so angetan, dass er den Priester in die Hauptstadt St. Petersburg einlud, wo er Bischof werden sollte. Prokopovyč nahm nach einigem Zögern an und wurde zum wichtigsten politischen Propagandisten des Petersburger Imperiums.[27]

---

[25] David A. Frick: Meletij Smotryc'kyj. Cambridge (Mass.) 1995.

[26] Hryhorij Hrabovič: Avtorstvo j avtoritet u Ivana Vyšens'koho. Dialektika vidsutnosti, in: Ders.: Do istorii ukrajinskoji literatury. Doslidžennja, ese, polemika. Kyiv 1997, S. 260–277.

[27] Serhii Plokhy: The Two Russias of Teofan Prokopovyč, in: Giovanna Siedina (Hg.): Mazepa e il suo tempo. Storia, cultura, società. Mazepa and his time. History, culture, society. Alessandria 2004, S. 333–366.

Noch der zu Mystik und Esoterik neigende Philosoph Hrihoryj Skovoroda (1722–1794) gehört in seiner Weltdeutung zur Epoche des Barock. Nach einer ausgezeichneten klassischen Bildung an der Kiewer Mohyla-Akademie verbrachte er fünf Jahre mit einer russischen Gesandtschaft im ungarischen Tokai. Eine Stelle als Poetik-Professor am Charkiver Collegium gab Skovoroda auf, als man ihn drängte, Mönch zu werden. Damit begann sein Wanderleben. Er legte weite Strecken zu Fuß zurück, gastierte bei wohlhabenden Freunden und verfasste dabei sein handschriftliches Œuvre, das erst Jahrzehnte nach seinem Tod gedruckt wurde. Skovoroda führt als theologischer Denker die neoplatonische Tradition weiter und formuliert eine Lebensphilosophie, die von der Abwehr von Dämonen über die Selbst- und Welterkenntnis zum Streben nach der Nähe zu Gott führt.[28]

Die Kosakenchroniken

Zu Beginn des 18. Jahrhunderts entstanden in der Ukraine Kosakenchroniken, in denen die jüngste Vergangenheit beschrieben wurde. Der Hetman Bohdan Chmel'nyc'kyj (1595–1657) hatte 1648 den Kosakenaufstand gegen Polen-Litauen angeführt und 1654 im Vertrag von Perejaslav den Beistand des Zaren gesucht. Bis heute wird dieser Vertrag von patriotischen Historikern in Russland und in der Ukraine unterschiedlich interpretiert: Aus russischer Perspektive hat Chmel'nyc'kyj die Ukraine nach der polnischen Okkupation mit Russland „wiedervereint", aus ukrainischer Perspektive hat er einen militärischen Beistandspakt mit Russland geschlossen. Nach Chmel'nyc'kyjs Tod begann in der Ukraine eine Zeit kriegerischer Wirren, die vom Kosakenchronisten Samuil Velyčko (1670–ca. 1628) als „Ruin" bezeichnet wurde. Velyčko war in der Allgemeinen Militärkanzlei des Hetmanats angestellt und verfasste seine Chronik auf der Grundlage von Samuel Twardowskis Poem *Wojna domowa* (poln.: Bürgerkrieg, 1681) und anderen Quellen. Die sogenannte Augenzeugen-Chronik (der anonyme Verfasser gibt an, bei den beschriebenen Ereignissen persönlich anwesend gewesen zu sein) ist eine der besten Quellen der wechselvollen ukrainischen Geschichte in der zweiten Hälfte des 17. Jahrhunderts. Die dritte wichtige Kosakenchronik stammt aus der Feder von Hryhorij Hrabjanka (1686–ca. 1738) und ist ein prominentes Beispiel für den Kosakenmythos, der in der ukrainischen Kulturgeschichte bis heute produktiv ist. Hrabjanka lässt seine Chronik in mythischen Vorzeiten beginnen und preist die Selbstbestimmung der Kosaken als politisches Ideal. Einen Nachhall finden die Kosakenchroniken in der *Istorija Rusov ili Maloj Rossii* (Geschichte der Ruthenen oder Kleinrusslands), die wahrscheinlich zu Beginn des 19. Jahrhunderts auf Russisch verfasst wurde und zunächst in Handschriften zirkulierte. Der anonyme Verfasser legte Wert darauf, dass sich in der Ukraine mit den Kosaken eine ähnliche gesellschaftliche Elite herausgebildet habe wie die polnische Szlachta oder der russische Adel. Im Zentrum seiner Darstellung steht der Hetman Chmel'nyc'kyj, der im Vertrag von Perejaslav im Bündnis mit Russland das geringere Übel gewählt habe.

---

[28] Maria Grazia Bartolini: „Introspice mare pectoris tui". Ascendenze neoplatoniche nella produzione dialogica di H.S. Skovoroda (1722–1794). Firenze 2010.

Ukrainische Literatur als innovative Spielart der imperialen Kultur

Das Erscheinen von Ivan Kotljarevs'kyjs *Eneida* (Aeneis) im Jahr 1798 markiert den Beginn der modernen ukrainischen Literatur. In dieser Vergil-Travestie treten statt der Helden von Troja betrunkene Kosaken auf. Bemerkenswert an diesem Text sind einerseits der Erscheinungsort St. Petersburg und andererseits das Glossar am Ende des Versepos. Die *Eneida* wurde zunächst ohne Wissen des Autors veröffentlicht, der als Theaterdirektor in der ukrainischen Provinz wohnte. 1809 ließ Kotljarevs'kyj (1769–1838) eine autorisierte und um einen vierten Gesang erweiterte Fassung ebenfalls in St. Petersburg drucken. Dass sein Versepos in der Hauptstadt des Zarenreichs erschien, zeugt vom Versuch, die ukrainische Literatur im politischen und kulturellen Machtzentrum des Imperiums zu etablieren. Das beigefügte Lexikon macht deutlich, dass man auch dem russischsprachigen Publikum eine Lektüre des Werks zutraute. Kotljarevs'kyjs Buch wurde allerdings von der Öffentlichkeit kaum zur Kenntnis genommen. Viel größere Aufmerksamkeit erregte Konstantin Ryleev (1795–1826) mit seinen „ukrainischen" Verspoemen *Vojnarovskij* und *Nalivajko*, die 1825 erschienen. Ryleev würdigte beide Titelhelden als Patrioten, die für ihre Heimat das Schwert erheben. Der Freiheitsdrang der Kosakenanführer präfigurierte sein eigenes republikanisches Ideal, für das er mit seinem Leben bezahlen musste: Ryleev war einer der Anführer des Dekabristenaufstandes und wurde 1826 gehenkt.

Die Ukraine war zu Beginn des 19. Jahrhunderts nicht so sehr als autonomer Kulturraum in der Öffentlichkeit des Zarenreichs präsent, sondern als ein Arkadien im eigenen Vorgarten. Einer der ersten Autoren, die sich diesem Erwartungshorizont anpassten, war Nikolaj Gogol' (1809–1852). Er verbrachte seine Jugend in Nižyn, heute eine Kleinstadt im Gebiet Černihiv, und siedelte 1828 nach St. Petersburg über. Außer einer kurzen Notiz an seinen Diener ist von ihm kein ukrainischer Text überliefert. Trotzdem bildet Gogol' mit seinem Schaffen ein zentrales Kapitel der ukrainischen Literaturgeschichte.[29] 1829 debütierte Gogol' unter einem Pseudonym mit dem romantischen Verspoem *Ganc Kjuchel'garten* (Hans Küchelgarten) in der russischen Literatur. Allerdings entsprach das epigonale Werk sowohl im Genre als auch im Inhalt überhaupt nicht mehr dem Publikumsgeschmack. Gogol' kaufte in allen Buchhandlungen der Hauptstadt die verbliebene Auflage auf und vernichtete sie. Nach diesem Autodafé verlegte er sich auf ein innovatives Literaturprojekt. Er veröffentlichte unter dem Titel *Večera na chutore bliz Dikan'ki* (Abende auf einem Vorwerk bei Dikan'ka, 1831) eine Sammlung von Novellen, die von einem fiktiven ukrainischen Imker erzählt werden. Gogol's Kunstgriff bestand darin, dass er eine russische Literatursprache verwendete, die er ukrainisch einfärbte. Nach dem Vorwort des Imkers folgte eine Liste von 76 ukrainischen Wörtern, die laut der Erzählerfigur „nicht jedem verständlich" seien. In seiner Besprechung des Buchs gab Aleksandr Puškin (1799–1837) die allgemeine Rezeption der ukrainischen Literatur in Russland vor:

---

[29] Edyta M. Bojanowska: Nikolai Gogol. Between Ukrainian and Russian Nationalism. Cambridge (Mass.) 2006.

„Abende auf einem Vorwerk bei Dikan'ka". Plakat für eine Klamaukinszenierung in Odessa am 24.2.2022

> Alle freuten sich über diese lebendige Beschreibung eines singenden und tanzenden Volkes, an diesen frischen Bildern der kleinrussischen Natur, dieser einfältigen und gleichzeitig hinterhältigen Fröhlichkeit.[30]

Nach dem Erfolg von *Dikan'ka* setzte Gogol' weiter auf dieses Modell und veröffentlichte 1835 den Folgeband *Mirgorod*. In der ersten Erzählung dieses Bandes porträtiert Gogol' ein ukrainisches Ehepaar, das auf einem Gutshof ein friedliches Leben führt. Die Idylle findet ein tragisches Ende, als die beiden Eheleute kurz nacheinander wegen eines Aberglaubens sterben. Ihr Gutshof wird von einem geizigen entfernten Verwandten übernommen und verfällt. Gogol' schildert hier den endgültigen Niedergang eines bereits domestizierten Kosakentums, das sich unter den modernen ökonomischen und politischen Verhältnissen des Zarenreichs nicht mehr behaupten kann. Nach *Mirgorod* wandte sich Gogol' von ukrainischen Themen ab, verfasste seine *Petersburger Erzählungen* und verfiel schließlich in einen religiösen Wahn. In verschlüsselter Form hatte er die dämonischen Gefahren, die dem Heiligen Russland drohen, schon in seinem „Poem" *Die toten Seelen* (1842) gestaltet: Die Handlung kann als Allegorie eines teuflischen kapitalistischen Angriffs auf die orthodoxe Spiritualität gelesen werden.[31] Gogol' betrachtete sein Werk als eine russische Variante von Dantes *Inferno*, dem ein neues *Purgatorium* und schließlich ein *Paradies* folgen sollten. Allerdings fühlte er sich dieser Aufgabe nicht mehr gewachsen. Er verbrannte den zweiten Teil der *toten Seelen* und hungerte sich in einer religiösen Askese zu Tode.

Die Konstruktion eines Nationaldichters und die Institutionalisierung der ukrainischen Literatur

Fast gleichzeitig mit Gogol' betrat Taras Ševčenko die literarische Bühne.[32] Er wurde 1814 in einer Familie von ukrainischen Leibeigenen geboren und erhielt im Gefolge seines Gutsherrn eine gute Ausbildung in Vilnius und in St. Petersburg. 1838 gelang es Künstlern um Karl Brjullov, Ševčenko aus der Leibeigenschaft freizukaufen. 1840 veröffentlichte Ševčenko in St. Petersburg den Gedichtband *Kobzar*, zwei Jahre später, ebenfalls in St. Petersburg, das Verspoem *Hajdamaki*. Damit erwarb er sich unter ukrainischen Intellektuellen den Ruf des wichtigsten Dichters des Landes. Allerdings darf nicht vergessen werden, dass Ševčenko seine romantischen Werke an einem durch die russischen Lyriker Puškin und Lermontov vermittelten Byronismus schulte.[33] Neben seiner lyrischen Sprachkraft verfügte Ševčenko auch über eine künstlerische Begabung, die sich in zahlreichen Skizzen und Gemälden niederschlug. In den 1840er Jahren entstand eine Reihe von Gedichten und Poemen, die Ševčenko unter dem Titel *Drei Jahre*

---

30 Aleksandr Puškin: Večera na chutore bliz Dikan'ki, in: Aleksandr Puškin: Sobranie sočinenij v desjati tomach. Moskva 1962, Bd. VI, S. 108.

31 Urs Heftrich: Gogol's Schuld und Sühne: Versuch einer Deutung des Romans *Die toten Seelen*. Hürtgenwald 2004.

32 George G. Grabowicz: Taras Shevchenko. A Portrait in Four Sittings. Cambridge (Mass.) 2016. – George G. Grabowicz: The Poet as Mythmaker. A Study in Symbolic Meaning in Taras Ševčenko. Cambridge (Mass.) 1982.

33 Grabowicz, Prologue [Fn. 24], S. 20.

für sich selbst zu einem Album zusammenstellte. Der Titel bezog sich auf die Jahre 1843 bis 1845, die Ševčenko reisend in der Ukraine verbrachte. In diesem Band finden sich erstmals ausgesprochen kritische, bisweilen offen feindselige Ausfälle gegen den Zaren und die Unterdrückung der freien Ukraine. In Gedichten wie „Der Traum", „Brief an die Toten, die Lebendigen und die noch nicht Geborenen" und „Kaukasus" zeichnete Ševčenko ein drastisches Bild der russischen Willkürherrschaft und Grausamkeit. Selbstverständlich konnten diese Gedichte nur in Handschriften zirkulieren.

Bereits während seines Ukraine-Aufenthalts hatte Ševčenko den literarischen Impresario Pantelejmon Kuliš (1819–1895) und den jungen Geschichtsprofessor Nikolaj Kostomarov (1817–1875) kennengelernt. Kuliš stammte aus einer ukrainischen Familie und veröffentlichte 1843 einen russischsprachigen Roman im Stil von Walter Scott. Der Titelheld Mychajlo Čarnyšenko nimmt gegen den Willen seines Vaters, eines alten Kosaken, an einem russischen Feldzug teil. Kuliš gestaltet hier den unwiderruflichen Verlust der Kosakenautonomie im Zarenreich und legt eine literarische Allegorie für die Situation der ukrainischen Nation innerhalb des Imperiums vor. Kulišs zweites Romanprojekt *Čorna Rada* (Der schwarze Rat) entstand gleichzeitig in einer ukrainischen und in einer russischen Fassung. Damit wollte Kuliš einerseits die ukrainische Kulturgeschichte im russischen Kontext sichtbar machen, andererseits zeigte er, dass das damals führende Prosagenre des historischen Romans auch auf Ukrainisch mit einer ukrainischen Thematik produktiv sein konnte. Der russischen Ausgabe fügte Kuliš ein Nachwort (1857) bei, in dem er der ukrainischen Literatur ein eigenes Existenzrecht zusprach.

Kostomarov war Sohn eines russischen Adligen und einer viel jüngeren ukrainischen Leibeigenen. Sein Vater wurde von dem eigenen Kutscher erschlagen, als Kostomarov elf Jahre alt war. Während seines Geschichtsstudiums an der Universität Charkiv lernte Kostomarov Ukrainisch und verfasste eine Dissertation *Über die Gründe und den Charakter der Union in Westrussland*, in der er die Kirchenunion von Brest im Jahr 1596 untersuchte. Allerdings erhob der Erzbischof von Charkiv Einspruch gegen die allzu romfreundliche Darstellung. Die bereits gedruckten Exemplare wurden verbrannt, Kostomarov musste eine neue Doktorarbeit schreiben. Seine ukrainischen Anliegen verfolgte er in einem anderen Format: 1843 veröffentlichte er eine *Übersicht über Werke, die in der kleinrussischen Sprache geschrieben wurden*. Diese ukrainische Literaturgeschichte in nuce präsentiert Werkbiographien von Kotljarevs'kyj bis Ševčenko.

1846 gründete Kostomarov mit Kuliš und Ševčenko die romantisch inspirierte Kyrill-Methodius-Bruderschaft. Kostomarov verfasste eine panslavistische Programmschrift *Zakon Božyj (Knyha buttja ukrajins'koho narodu)* (Das Göttliche Gesetz [Buch der Genesis des ukrainischen Volkes]) und lehnte sich dabei in Ton und Inhalt an Adam Mickiewiczs *Księgi narodu polskiego i pielgrzymstwa polskiego* (Bücher des polnischen Volkes und der polnischen Pilgerschaft, 1832) an. Kostomarov träumte von einer Vereinigung der slavischen Völker unter der Führung der Ukraine, die sich in der Vergangenheit als besonders freiheitsliebend hervorgetan habe. Seine Vision wies einen durchaus antiwestlichen Impetus auf: Er wandte sich gegen den deutschen Nationalismus, den französischen Atheismus und den englischen Merkantilismus. Die angestrebte panslavische Vereinigung dominierte sogar seinen privaten Lebensplan: Er wollte Alina Kragielska, eine Polin, heiraten. Kostomarovs Familie würde dann die visionäre Einheit der Slaven verkörpern: Die Kinder hätten – so seine Vorstellung – in sich russisches, ukrainisches und polnisches Blut vereint. Allerdings wurden Kostomarovs utopische Pläne durchkreuzt. Zwei Tage vor der geplanten Hochzeit flog die Kyrill-Methodius-Bruderschaft durch Verrat auf.[34] Kostomarov, Kuliš und Ševčenko wurden verhaftet. Die mildeste Strafe erhielt Kuliš: Er verbüßte zwei Monate Arrest und wurde für drei Jahre nach Tula verbannt. Kostomarov wurde mit einem von ihm verfassten Traktat über einen zukünftigen slavischen Föderalismus konfrontiert und zu einem Jahr Festungshaft verurteilt. Anschließend wurde er nach Saratov verbannt, wo er den sozialistischen Autor Nikolaj Černyševskij (1828–1889) kennenlernte. Viel später bezeichnete Černyševskij Kostomarov als geisteskranken Mann, der von seiner Idee einer slavischen Föderation besessen gewesen sei.[35] Am härtesten traf die Verhaftung Ševčenko, dessen Gedichte aus der Sammlung *Tri lita* (Drei Jahre) beschlagnahmt wurden. Besonders der persönliche Angriff auf die Zarenfamilie im Gedicht „Traum" wirkte sich fatal auf das Strafmaß aus. Ševčenko wurde zum Militärdienst als einfacher Soldat für unbestimmte Zeit nach Sibirien abkommandiert. Der Zar selbst fügte handschriftlich zum Urteil hinzu: „ohne das Recht zu schreiben oder zu zeichnen." Die ukrainische Affäre löste bei russischen Intellektuellen keinen Protest aus. Im Gegenteil: Der Literaturkritiker Vissarion Belinskij (1811–1848) kommentierte Ševčenkos Verurteilung in einem Brief mit galligen Worten:

> Der gesunde Menschenverstand muss in Ševčenko einen Esel, einen Dummkopf und einen Fiesling [pošlec], und darüber hinaus einen bitteren Saufbold, einen Liebhaber des ukrainischen [chochlackomu] Patriotismus, sehen. [. . .] Er tut mir nicht leid. Wäre ich sein Richter gewesen, hätte ich ihn nicht zu weniger verurteilt. Ich hege eine persönliche Feindschaft gegenüber solchen Liberalen. Mit ihren dreisten Dummheiten ärgern sie nur die Regierung und machen sie argwöhnisch.[36]

Belinskijs privates Zeugnis zeigt deutlich, dass ein ukrainisches Nationalprojekt auch bei Oppositionellen auf wenig Verständnis stieß. Diese Ablehnung zieht sich bis ins 20. Jahrhundert hinein: Selbst eingefleischte Gegner der Sowjetmacht wie Petr Struve (1870–1944), Aleksandr Solženicyn (1918–2008) oder Joseph Brodsky (1940–1996) mochten der Ukraine keine autonome Kultur, geschweige denn einen eigenen Staat zugestehen.
In den ersten drei Jahren seiner Soldatenzeit schrieb Ševčenko heimlich ukrainischsprachige Gedichte, die er zu einem Heft zusammennähte – daher stammt der Name *Mala knyžka* (Kleines Buch). Später wurde er in die Festung Novopetrovsk am Ostufer des Kaspischen Meeres verlegt. Dort entstanden etwa zwanzig russischsprachige Erzählungen, von denen neun erhalten sind. Erst 1858 konnte Ševčenko nach St. Petersburg zurückkehren. Ein Jahr später endete auch Kostomarovs Verbannung in Saratov. Im selben Jahr, nun bereits Geschichtsprofessor an der St. Petersburger Universität, veröffentlichte er sein Hauptwerk, eine literarisierende Darstellung des Chmel'nyc'kyj-Aufstandes. Der Vertrag von Perejaslav erschien Kostomarov als Präfiguration einer künftigen slavischen Föderation. Kostomarovs sämtliche Forschungen wurden von diesem Wunschbild geleitet. In einer linguistischen Untersuchung führte er sogar den Novgoroder Dialekt auf ukrainische Wurzeln zurück.

---

[34] Ulrich Schmid: Ukrainian Wallenrodism. Treason in Mykola Kostomarov's Biography, Historiography, and Fiction, in: Harvard Ukrainian Studies, 32–33/2011–2014, S. 619–635.

[35] Nikolaj Černyševskij: Po povodu *Avtobiografii* N.I. Kostomarova (1886), in: Nikolaj Černyševskij: Polnoe sobranie sočinenij v pjatnadcati tomach. Moskva 1939, Bd. I, S. 757–777.

[36] Brief vom 10.12.1847 an P.V. Annenkov, in: Vissarion G. Belinskij: Polnoe sobranie sočinenij v trinadcati tomach. Moskva 1952, Bd. XII, S. 435–442.

77. «СЛІПИЙ» («НЕВОЛЬНИК»)
Сепія. [Н. р. V] 1843.

Der Bandura-Spieler. Zeichnung von Taras Ševčenko zu seinem Gedicht Der Blinde (Der Unfreie), 1843

Bald entfalteten Kostomarov und Kuliš eine fieberhafte literaturpolitische Tätigkeit, um den zurückgekehrten Ševčenko als ukrainischen Nationaldichter zu kanonisieren. Die Zeit war ausgesprochen günstig. Die russische Literatur befand sich in einer Übergangsperiode. Der berühmteste Gegenwartsautor war Ivan Gončarov mit seinem Roman *Oblomov* (1859). Dostoevskij war gerade erst aus der sibirischen Verbannung zurückgekehrt, experimentierte aber noch mit Literaturformen aus den 1840er Jahren. Turgenev suchte eine „neue Manier" des Schreibens. Tolstoj war ein Newcomer mit einigen Achtungserfolgen. In dieser Situation hatte Kuliš in St. Petersburg die Almanache *Zapiski o južnoj Rusi* (Aufzeichnungen aus der südlichen Rus', 1856) und *Chata* (Die Hütte, 1860) veröffentlicht. In den Jahren 1860 und 1861 rief er dann – ebenfalls in der Hauptstadt – die kurzlebige, aber enorm wichtige Zeitschrift *Osnova* (Die Grundlage) ins Leben. Das wichtigste Ziel dieses Projekts bestand darin, der ukrainischen Literatur ein ähnlich gewichtiges Publikationsorgan zu geben, wie es die russische Literatur in den Zeitschriften *Sovremennik* (Der Zeitgenosse) und *Otečestvennye zapiski* (Vaterländische Aufzeichnungen) besaß. Die Herausgeber von *Osnova* waren um politische Loyalität bemüht. So kündigte ein Editorial an, die Zeitschrift wolle im Geist der Reformen von Aleksandr II. „Aufklärung in einem nationalen Geist" fördern. *Osnova* war als zweisprachige Publikation konzipiert. Kuliš veröffentlichte eine russischsprachige Erzählung, in der die ukrainische direkte Rede der Protagonisten unverändert wiedergegeben wurde. Kostomarov steuerte einen Essay unter dem programmatischen Titel „Zwei russische Nationalitäten" bei. Darin behauptete er, dass das russische und das ukrainische Volk sich gegenseitig ergänzen würden und nur zusammen einen Staat bilden könnten. Damit zog sich Kostomarov den Ärger aller Seiten zu: Konservative Russen bezichtigten ihn des Separatismus, die Ukrainer warfen ihm vor, einen faulen Kompromiss schließen zu wollen.

Neben der Kanonisierung von Ševčenko rückte Kuliš in *Osnova* noch eine weitere Person ins Rampenlicht: Maria Vilins'ka (1833–1907). Die junge Autorin hatte durch ihren intellektuellen Charme sowohl Ševčenko als auch Kuliš und Kostomarov in den Bann geschlagen. Sie wurde unter dem von Kuliš erfundenen Pseudonym Marko Vovčok zu einer regelmäßigen Autorin in *Osnova*. Kuliš wollte aus Marko Vovčok eine ukrainische George Sand machen. Allerdings blieb der Kreis der *Osnova*-Leser auf etwa sechzig ukrainische Intellektuelle in St. Petersburg beschränkt. Außerdem setzte eine politische Krise Kulišs Aktivitäten ein Ende. Nach dem polnischen Januaraufstand 1863 geriet auch das ukrainische Nationalprojekt wieder ins Visier der Behörden. Der Innenminister des Zaren Valuev verfasste ein Zirkular, in dem er dekretierte: „Eine kleinrussische Sprache gab es nie, gibt es nicht und kann es nicht geben."[37] Fortan konnten nur noch literarische Werke auf Ukrainisch gedruckt werden. 1876 wurde der öffentliche Gebrauch der ukrainischen Sprache im sogenannten Emser Ukaz weiter eingeschränkt. Immerhin konnte der Galizier Ivan Franko 1904 in der maßgeblichen 86-bändigen russischen Brockhaus-Ėfron Enzyklopädie einen erstaunlich staatskritischen Überblick über die ukrainische Literaturgeschichte veröffentlichen – allerdings unter dem politisch korrekten Lemma „südrussische Literatur". Erst im Revolutionsjahr 1905 erkannte die Russländische Akademie der Wissenschaften das Ukrainische als selbständige Sprache an.[38]

---

[37] Siehe das Zirkular in deutscher Erstübersetzung in diesem Band S. 103–104

[38] Fedir Savčenko: Zaborona ukrainstva 1876 r. Kyiv 1930. Reprint: The suppression of the Ukrainian activities in 1876. München 1970.

Politische Implikationen einer ukrainischen Nationalkultur

Das romantisch-aufklärerische Projekt der Konstruktion und Institutionalisierung einer ukrainischen Literatur wurde herausgefordert durch Mychajlo Drahomanov (1841–1895). Er wurde 1865 Dozent für antike Geschichte an der Universität Kiew und beteiligte sich intensiv an den Debatten der sogenannten Kiewer Hromada, einer Gruppe von ukrainischen Intellektuellen. Offiziell betrieb die Hromada ethnographische und historische Studien. Allerdings reichte ihr Einfluss viel weiter: Sie verwandelte die Zeitung *Kievskij Telegraf* in ihr Sprachrohr, bestach Zensoren in Kiew und stellte Verbindungen zu ukrainophilen Akteuren im österreichischen Galizien her. Nachdem Drahomanov wegen politischer Unzuverlässigkeit seine Stelle verloren hatte, emigrierte er 1876 nach Genf, wo er bis 1889 blieb. In der Schweiz entfaltete er eine rege Publikationstätigkeit und organisierte eine ukrainische Typographie. Während seiner letzten Lebensjahre bekleidete er eine Geschichtsprofessur an der neu gegründeten Hochschule in Sofia.

Drahomanov kritisierte die Idolatrie um den zum Märtyrer stilisierten Ševčenko und versuchte, das ukrainische Nationalprojekt auf ein modernes europäisches Bildungsniveau zu heben. Auch in der russischen Literatur sollten ukrainische Schriftsteller Vorbilder suchen. Politisch trat Drahomanov für eine Föderalisierung Russlands ein, das zu einem liberalen Rechtsstaat umgestaltet werden müsse. Unter dem Einfluss von Proudhons Ideen wies dieser demokratische Liberalismus einen anarchistischen Unterton auf. So verfasste Drahomanov einen langen Aufsatz über Michail Bakunin. Drahomanov war gleichzeitig einer der ersten, der auf Inkonsistenzen in Bakunins Anarchismus hinwies und seine Idee einer revolutionären Verschwörung zur Zerstörung des Zarenreichs kritisierte.

Allerdings blieb Drahomanovs elitäre Kulturstrategie nicht unwidersprochen. Borys Hrinčenko (1863–1910), Verfasser eines der wichtigsten ukrainischen Wörterbücher (1907–1909), insistierte auf einer volksnahen Kulturstrategie, die so viele Ukrainer wie möglich erreichen müsse. Julian Bačyns'kyj (1870–1940) trat entschieden für einen ukrainischen Nationalstaat ein, dessen Territorium seiner Vorstellung nach vom Fluss San bis zum Kaukasus reichen sollte. Drahomanov führte sowohl mit Hrinčenko als auch mit Bačyns'kyj eine ausführliche Korrespondenz über die Zukunft des ukrainischen Nationalprojekts.

Drahomanovs Nichte Lesja Ukrajinka (i.e. Larysa Kosač) (1871–1913), die mit 42 Jahren an Knochentuberkulose starb, rezipierte die dekadenten und symbolistischen Strömungen vor allem in der französischen Literatur, verfasste selbst aber spätromantische Gedichte. In ihren allegorischen Dramen gestaltet sie das Dasein eines hochgestimmten Individuums unter widrigen gesellschaftlichen Umständen.

Lesja Ukrajinka signalisierte durch die Wahl ihres Pseudonyms, dass sich das tragische Schicksal der ukrainischen Nation in ihrer eigenen Biographie spiegle. Später wurde Lesja Ukrajinka als heldenhafte Nationalkämpferin verehrt. Oksana Zabužko (geb. 1960) analysiert in ihrem Buch *Notre Dame d'Ukraine: Lesja Ukrainka im Konflikt der Mythologien* (2007) solche Selbst- und Fremdstilisierungen. Zabužko will die weibliche Intellektuelle aus dem Netz der auf sie projizierten Mythologien befreien. Besonders kritisiert Zabužko die Desexualisierung der schreibenden Frau durch Infantilisierung, die sich in einer ausschließlich romantischen Lektüre ihrer Werke äußere. Lesja

Ukrajinka arbeitete in Zabužkos Deutung an einem aristokratisch-ritterlichen Nationalmythos. Zabužko versteht Lesja Ukrajinka als Pionierin ihrer eigenen nationalfeministischen Arbeit: Bereits ihre Vorgängerin habe versucht, sich aus dem kolonialen Verhältnis der imperialen Herrschaft zu befreien und zu einer eigenen, europäischen Identität zu gelangen.[39]

Auf dem Weg zum Modernismus

Ivan Franko (1856–1916) verband in seinem umfangreichen literarischen und essayistischen Werk politische und kulturelle Interessen.[40] Als galizischer Intellektueller verfasste er seine Texte auf Ukrainisch, Russisch, Polnisch und Deutsch. Unter dem Eindruck des europäischen Naturalismus und des russischen Realismus entwickelte er das Programm eines „wissenschaftlichen Realismus", in dem sich soziologische, statistische und psychophysiologische Erkenntnisse zu einer literarischen Gesellschaftsanalyse verbinden sollten. In seinem frühen Erzählzyklus *Boryslav* (1877) beschrieb er den Erdölboom in Galizien, der „die junge Generation, die Wälder, die Zeit, die Gesundheit und Moral ganzer Gruppen, ganzer Massen" zerstöre.

Der junge Franko wurde von den österreichischen Behörden drei Mal verhaftet und verbüßte mehrmonatige Gefängnisstrafen, unter anderem wegen „sozialistischer Geheimbündelei". Seine akademische Karriere wurde dadurch stark behindert. Immerhin konnte Franko 1893 in Wien in Slavistik promoviert werden. Franko stand in engem Kontakt mit Mychajlo Drahomanov. Sie stimmten in ihrer demokratischen Grundhaltung überein. Franko warf allerdings Drahomanov vor, mit seinem föderalistischen Programm die Ukraine an Russland auszuliefern. Seit 1894 engagierte sich Franko in L'viv an der Seite von Mychajlo Hruševs'kyj in der Wissenschaftlichen Ševčenko-Gesellschaft und publizierte zahlreiche historische und literarische Studien. Allerdings beendete ein scharfer Artikel gegen den polnischen Nationaldichter Adam Mickiewicz unter dem Titel „Ein Dichter des Verrates" im Jahr 1897 seine journalistische Karriere. Ebenfalls scheiterte sein Versuch, als Abgeordneter der *Ukrainischen Radikalen Partei* in den galizischen Landtag oder ins Wiener Parlament einzuziehen. In seiner späten Schaffensphase wandte sich Franko modernistischen Schreibweisen zu, so etwa in der Gedichtsammlung *Ziv'jale listja* (Verwelkte Blätter, 1896). Franko erarbeitete sich im ukrainischen Nationalprojekt eine intellektuelle Führungsrolle, die allerdings von verschiedenen Seiten angegriffen wurde. In einer wenig bescheidenen Allegorie gestaltete Franko das Hadern mit seiner gesellschaftlichen Position im Poem *Mojsej* (Moses, 1905). In der Sowjetzeit wurde Ivan Franko durch eine verzerrte Deutung als Vorkämpfer einer proletarischen Revolution und als Befürworter einer ukrainisch-russischen Einheit dargestellt. Erst nach dem Zerfall der Sowjetunion entstandene literaturwissenschaftliche Arbeiten befreiten Franko von diesem ideologischen Ballast, so dass der ganze Umfang seines Beitrags zur Entwicklung des ukrainischen Nationalprojekts erkennbar wurde.[41]

---

[39] Alexandra Hrycak, Maria G. Rewakowicz: Feminism, intellectuals and the formation of micro-publics in postcommunist Ukraine, in: Studies in East European Thought, 61/2009, S. 309–333, S. 329.

[40] Ulrich Schmid: Between Narodnist' and Individual'nist'. Ivan Franko's Theory of Literary Creativity, in: Harvard Ukrainian Studies, 23/1999, S. 45–62.

[41] Oksana Zabužko: Filosofija ukrajins'koji idei ta jevropeis'kyi kontekst. Frankivs'kyi period. Kyjiv 1993. – Tamara Hundorova: Franko – ne kameniar. Melbourne 1996. – Yaroslav Hrytsak: Ivan Franko and His Community. Toronto, Edmonton 2020.

Metamorphosen: Ivan Franko. © Vlad Kornjuk, Projekt #хтофранко

Frankos literarisches Schaffen spielte sich im österreichischen Galizien ab. Im Zarenreich beschäftigten sich Prosaautoren wie Ivan Nečuj-Levyc'kyj (1838–1918) oder Mychajlo Kocjubyns'kyj (1864–1913) mit der literarischen Analyse gesellschaftlicher Verwerfungen und der Formulierung einer ukrainischen Kulturagenda. Kocjubyns'kyj stand in seinem Frühwerk noch unter dem Einfluss von Nečuj-Levyc'kyjs ethnographischem Realismus, später entwickelte er sich aber zu einem modernistischen Autor, der in seinem erzählerischen Werk impressionistische Stilelemente einsetzte.

Kulturpolitische und ästhetische Zwänge

Die Revolutionen des Jahres 1917 stürzten die Ukraine in ein Chaos. Verschiedene politische Kräfte bekämpften sich gegenseitig. Die Machthaber wechselten manchmal nach wenigen Wochen. Auch gestandene Autoren wie Volodymyr Vynnyčenko (1880–1951) beteiligten sich intensiv an den revolutionären Aktivitäten.[42] 1902 hatte er seine Erzählsammlung *Krasa i sila* (Kraft und Schönheit) veröffentlicht, die von Mychajlo Kocjubyns'kyj, Ivan Franko und Lesja Ukrajinka gerühmt wurde. Anschließend entstanden zahlreiche Prosastücke und Dramen in schneller Kadenz. Ein wichtiger Stichwortgeber für Vynnyčenkos Lebensstil und literarische Produktion war Friedrich Nietzsche. Als junger Agitator hatte Vynnyčenko bereits mehrere Gefängnisstrafen in Kiew verbüßt. Um weiteren Verhaftungen zu entgehen, verbrachte er die Jahre von 1907 bis 1914 in Westeuropa. 1917 wurde Vynnyčenko der erste Regierungschef der kurzlebigen Ukrainischen Volksrepublik. Er verfasste das erste Universal der Zentralrada und war an der Formulierung des zweiten, dritten und vierten Universals beteiligt. Vynnyčenko zerstritt sich bald mit dem Präsidenten der Ukrainischen Volksrepublik Symon Petljura und nahm eine probolschewistische Haltung ein. Er glaubte, dass die Moskauer Sowjetregierung ein genuines Interesse an einem ukrainischen Nationalbolschewismus haben müsse, weil das ukrainische Volk aus Proletariern bestand. Nach dem Sieg der Roten Armee versuchte Vynnyčenko ein letztes Mal seinen politischen Einfluss zu sichern. Er führte in Moskau und Charkiv Gespräche mit russischen Revolutionsführern, darunter auch mit Lev Trockij. Er trug sich den Bolschewiki als Chef einer ukrainischen Sowjetrepublik an, doch sein Ansinnen scheiterte. Vynnyčenko emigrierte darauf über Wien nach Südfrankreich, wo er den Rest seines Lebens als Schriftsteller verbrachte. Im Exil engagierte er sich nicht mehr politisch, sondern verfasste mit *Sonjačna mašyna* (Sonnenmaschine, 1928) den ersten ukrainischen Science Fiction-Roman. Später arbeitete er eine esoterische Lebensphilosophie, den „Konkordismus", aus und wurde zu einem überzeugten Veganer.

Ukrainischer Nationalismus in Galizien

In der Zwischenkriegszeit war Galizien Teil der neu gegründeten Polnischen Republik. Unter der Führung von Stepan Bandera (1909–1959) begingen ukrainische Nationalisten Sabotageakte gegen den polnischen Staat, den sie als Besatzungsmacht sahen. Bandera

42 Ulrich Schmid: Volodymyr Vynnyčenko as Diarist, Historian and Writer. Literary narratives of the „Ukrainian Revolution", in: Studi slavistici, 15/2018, S. 111–124.

wurde 1934 nach der Ermordung des polnischen Innenministers Bronisław Pieracki verhaftet. Er verbüßte seine Haftstrafe im Lager Bereza Kartuska und begann nach dem deutschen Überfall auf Polen seine Kollaboration mit den Nationalsozialisten. Bereits 1929 war in Wien die *Organisation ukrainischer Nationalisten* (OUN) gegründet worden. Das Ziel der OUN bestand in der Errichtung eines unabhängigen ukrainischen Staates. Als ihr wichtigster Vordenker darf Dmytro Doncov (1883–1973) gelten, der rassistische, antisemitische und faschistische Positionen vertrat.[43] Allerdings war Doncov nie Mitglied der OUN – wahrscheinlich um seine journalistische Position in der Zweiten Polnischen Republik nicht zu gefährden. Doncov hatte sich bereits am Ende des Ersten Weltkriegs für eine unabhängige Ukraine eingesetzt und kurzzeitig das Skoropads'kyj-Regime unterstützt, das 1918 mit Hilfe des Deutschen Kaiserreichs einen „Ukrainischen Staat" proklamiert hatte. In der Zwischenkriegszeit gab Doncov im polnischen Lwów (L'viv) den einflussreichen *Literaturno-Naukovy Vistnyk* (Literarisch-Wissenschaftlicher Bote) mit deutlich nationaler Ausrichtung heraus. Die Quintessenz seiner politischen Ansichten formulierte er im Buch *Nacionalizm* (Nationalismus, 1926). Doncov verband sein eigenes Programm mit einer heftigen Polemik gegen ukrainische Nationalkonzeptionen aus dem 19. Jahrhundert. Besonders scharf fiel sein Verdikt gegen Drahomanov aus, der die Ukraine in vorauseilendem Gehorsam nur als Element in einer Föderation mit Russland gesehen habe. Den Vorwurf der „Drahomanivščyna" weitete Doncov aber auch auf Kostomarov und Kuliš aus. Beide hätten die Eigenständigkeit der ukrainischen Kultur nicht einmal in Erwägung gezogen, sondern seien in defätistischen Komplementaritätsthesen stecken geblieben. Doncov subsumierte diese Ukraine-Konzeptionen unter dem eingängigen Schlagwort „Provençalismus": Drahomanov und andere hätten die Ukraine im Zustand eines harmlosen regionalen Reservats im russischen Kulturimperium verharren lassen wollen, wie es die Provençe in Frankreich sei.

Doncov verfiel immer wieder in ein voluntaristisches Pathos, das er in erster Linie aus den Schriften Nietzsches bezog. Er zitierte aus der von Peter Gast und Elisabeth Förster aus dem Nietzsche-Nachlass kompilierten Schrift *Der Wille zur Macht* (1906), in der Nietzsche als Apologet einer nationalistischen Diktatur erscheint: „Wir Heimatlosen von Anbeginn – wir haben gar keine Wahl, wir müssen Eroberer und Entdecker sein."[44] Diese Argumentationsfigur kam Doncov gelegen. Ein Mangel kann hier zu einer Tugend umgedeutet werden: Wenn die Ukraine von Anfang an unterdrückt wurde, dann bleibt ihr als einziger Ausweg die kriegerische Expansion. Doncovs Nietzsche-Rezeption ist allerdings durchaus verflachend und lässt sich mit der Deutung vergleichen, die dem Philosophen mit dem Hammer während der Nazizeit widerfuhr: Nietzsche propagiert den Übermenschen und eine Abkehr von der herkömmlichen Sklavenmoral. Paradoxerweise sah Doncov Nietzsches Übermensch am ehesten im Typus des bolschewistischen Kommissars verkörpert. Doncov war ein eingeschworener Kommunistenfeind, gleichzeitig lobte er den bolschewistischen „Willen zur Macht" als formales Vorbild. Erst Mussolini verband aus Doncovs Sicht diesen Willen dann auch mit der richtigen

---

[43] Ulrich Schmid: Kulturkritik, Gesellschaftstheorie und Rassenlehre in Dmytro Doncovs nationalistischer Ukraine-Konzeption, in: Mirja Lecke, Oleksandr Zabirko (Hg.): Verflechtungsgeschichten. Konflikt und Kontakt in osteuropäischen Literaturen. Festschrift für Alfred Sproede. Münster 2016, S. 312–321.

[44] Dmytro Doncov: Nacionalizm. L'viv 1922, S. 171.

politischen Ideologie. Bezeichnend ist auch Doncovs Kommentar zu Hitlers Machtergreifung im Jahr 1933. Hitler habe der schwachen Weimarer Republik ein Ende gesetzt und führe die Tradition Friedrichs des Großen fort.[45] Deshalb sei Hitler der erste europäische Führer, der es an Entschlossenheit und Tatkraft mit den Bolschewiki aufnehmen könne.[46] Doncov begründete seine Faszination für den Nationalsozialismus nicht nur politisch, sondern auch kulturell: Für ihn war die Ukraine nicht der westlichste Punkt des Ostens, sondern der östlichste Punkt des Westens.[47]

Nach dem Krieg verschlug es Doncov nach Kanada, wo er seine nationalistische Ideologie religiös verklärte. Er erklärte Ševčenko zum Propheten der ukrainischen Nationalreligion, die er von allen jüdischen und orthodoxen Einflüssen reinigen wollte. Auch im lyrischen Werk von Olena Teliha (1906–1942) erblickte er das „Siegel des Heiligen Geistes". Allerdings blieb Doncov in der Emigration isoliert. Der Philologe Jurij Ševel'ov (1908–2002) attackierte Doncov 1948 in einem Artikel scharf. Er warf ihm politischen Extremismus und verdeckten geistigen Bolschewismus vor. Ševel'ov hatte gemeinsam mit Viktor Petrov, Ulas Samčuk (1905–1987) und anderen unmittelbar nach dem Krieg in Fürth die Organisation *Mystec'kyj ukrajins'kyj ruch, MUR* (Künstlerische ukrainische Bewegung) gegründet. MUR organisierte in den Jahren 1945, 1947 und 1949 drei Schriftstellerkongresse und veröffentlichte Sammelbände und Einzelpublikationen. Allerdings zerfiel MUR, als der Vorsitzende Ulas Samčuk nach Kanada zog. Bereits 1934 hatte Samčuk in seinem Roman *Marija* den Holodomor literarisch verarbeitet. Nach dem Krieg wandte er sich weiteren schmerzhaften historischen Themen zu, wie der Ausbeutung der ukrainischen Ostarbeiter, dem Widerstandskampf der Ukrainischen Aufstandsarmee (UPA) und dem Schicksal der ukrainischen Emigranten in Amerika. Auch in den USA blieben die emigrierten Dichter individuelle Figuren. Manchmal ist zwar in der Literaturwissenschaft von der „New Yorker Gruppe" die Rede, aber prominente Vertreter wie Jurij Tarnavs'kyj (geb. 1934) oder Emma Andijevs'ka (geb. 1931) heben hervor, dass sich die Gemeinsamkeiten auf den Wohnort beschränken.

Die „Erschossene Renaissance"

Die ukrainische Literatur erlebte in den 1920er Jahre in der Sowjetukraine eine Blütezeit. Autoren wie Mykola Chvyl'ovyj (1893–1933), Mykola Zerov (1890–1937), Mykola Kuliš (1892–1937), Mychajlo Semenko (1892–1937) und Valer'jan Pidmohyl'nyj (1901–1937) experimentierten mit Schreibweisen, die sich an den ästhetischen Entwicklungen in Westeuropa orientierten. Die ukrainische Prosa erhielt so neue Ausdrucksmöglichkeiten, die aus dem Modernismus, dem Ornamentalismus und dem Futurismus stammten.[48]

Als wichtiger Organisator des literarischen Lebens trat Mykola Chvyl'ovyj hervor.[49] Er war 1923 in Charkiv Mitgründer der kurzlebigen Gruppe ukrainischer proletarischer Schriftsteller *Hart* (Stählung) und initiierte zwei Jahre später *Vaplite* (Vil'na akademija

---

[45] Dmytro Doncov: Zhoda w simejstvi, in: Vistnyk, 7–8/1936, S. 598–602.

[46] Dmytro Doncov: Sumerk marksysmu (Tarde, Hitler, Stalins'ka opozycija, i my), in: Vistnyk, 1–2/1933, S. 299–308, S. 304.

[47] Dmytro Doncov: Pidstavy našoi polityky. Viden' 1921, S. 74.

[48] Oleh S. Ilnytzkyj: Ukrainian Futurism. A Historical and Critical Study. Cambridge (Mass.) 1997.

[49] Alexander Kratochvil: Mykola Chvyl'ovyj. Eine Studie zu Leben und Werk. München 1999.

proletars'koji literatury; Freie Akademie für proletarische Literatur). Die Jahre 1925 bis 1928 waren geprägt von einer anhaltenden literarischen Diskussion über Ästhetik und Inhalt der ukrainischen Literatur. *Vaplite*-Mitglieder wie Chvyl'ovyj und Zerov forderten künstlerische Freiheit und eine europäische Ausrichtung der ukrainischen Literatur. Immer wieder erklang der provokative Leitspruch „Weg von Moskau!". Demgegenüber vertrat die 1927 gegründete *VUSSP* (Allukrainische Vereinigung proletarischer Schriftsteller) ein leninistisches Kunstverständnis: Die Literatur soll sich der Parteidoktrin unterwerfen und ein „Rädchen" im gesellschaftlichen Mechanismus werden. Ende der 1920er Jahre begann sich das Zeitfenster für literarische Experimente zu schließen. Stalin warnte Kaganovič in einem Brief vom 26. April 1926 vor den Folgen einer Ukrainisierung des Proletariats. Die Politik der „Korenizacija" („Einwurzelung") der bolschewistischen Herrschaft in den nichtrussischen Republiken durch die Einsetzung lokaler Kader schloss aus seiner Sicht für die Ukraine keine „Ukrainisierung des Proletariats" ein. Eine solche Politik führe zu einer „Entfremdung der ukrainischen Kultur von der gesamtsowjetischen Kultur, zu einem Kampf gegen ‚Moskau', gegen die Russen, gegen die russische Kultur und seine größte Errungenschaft, den Leninismus". Stalin erwähnte explizit Chvyl'ovyj, der „nichts über Moskau zu sagen hat außer dass er die Ukrainischen Führer dazu aufruft, sich so weit wie möglich von Moskau zu entfernen".[50] Immerhin konnte 1927 noch der erste Teil von Chvyl'ovyjs Roman *Val'dšnepy* (Die Waldschnepfen) erscheinen. Der Held Dmitrij Karamazov ist während der Revolution zum Mörder geworden. Chvyl'ovyj gestaltet hier – in deutlicher Anspielung auf Dostoevskij – die moralische Orientierungslosigkeit von Revolutionären, die dem hohen Ziel der sozialen Gerechtigkeit buchstäblich alles unterordnen.

Valer'jan Pidmohyl'nyj veröffentlichte 1928 in Charkiv seinen Roman *Misto* (Die Stadt), in dem er Kiew ein literarisches Denkmal setzte. In diesem modernistischen Text verschränken sich zwei Genres: der Bildungsroman und der Großstadtroman.[51] 1930 erschien in Moskau sogar noch eine russische Übersetzung. Allerdings fand die wohlwollende Haltung des Kreml gegenüber der Ukraine bald ein Ende. Zu Beginn der 1930er Jahre wurde die stalinistische Kulturpolitik immer restriktiver. Für Stalin war klar, dass die russische Arbeiterklasse die Avantgarde des sowjetischen Proletariats darstellt.[52] Die Folgen der gewaltsamen Kollektivierung waren in der Ukraine besonders verheerend. Während des Holodomor, der großen Hungersnot der Jahre 1932/33, starben mindestens 5 Millionen Menschen, davon 3,9 Millionen Ukrainer. Zeitgleich gerieten ukrainische Kultur- und Bildungsinstitutionen unter Druck. Museen, Institute, Redaktionen und Verlage wurden geschlossen.[53] Mykola Chvyl'ovyj beging 1933 Selbstmord. Die meisten Mitglieder von *Vaplite*, die 1928 aufgelöst worden war, gerieten in den Mahlstrom des stalinistischen Terrors. Sie wurden verhaftet und zunächst in das Straflager auf den Solovki-Inseln im Weißen Meer deportiert. Am 3. November 1937 wurden sie von der sowjetischen Geheimpolizei im karelischen Sandarmoch hingerichtet. In der ukrainischen Literaturgeschichte wird diese Schriftstellergeneration als „erschossene Renaissance"

---

50 George S.N. Luckyj: Literary Politics in the Soviet Ukraine. Durham, London 1990, S. 67f.

51 Taras Koznarsky: Three Novels, Three Cities, in: Irena R. Makaryk, Virlana Tkacz (Hg.): Modernism in Kyiv. Jubilant Experimentation. Toronto, Buffalo, London 2010, S. 98–137, hier S. 121–128.

52 Ebd., S. 201.

53 Anne Applebaum: Roter Hunger. Stalins Krieg gegen die Ukraine. München 2019, S. 273–278.

Vaplite. Erster Almanach

bezeichnet. Diesen literarischen Epochenbegriff hatte der Redakteur der polnischen Exilzeitschrift *Kultura* Jerzy Giedroyc (1906–2000) geprägt.[54] Er versprach sich nach dem polnischen Tauwetter des Oktobers 1956 eine ähnliche Entwicklung in der Ukraine. Giedroyc beauftragte den Publizisten Jurij Lavrinenko (1905–1987) mit der Zusammenstellung einer Anthologie der Literatur der zwanziger Jahre, die 1959 mit einem Umfang von fast tausend Seiten erschien. Ein sowjetukrainischer Rezensent bemerkte dazu hämisch, das Buch sei „in New York zusammengestellt, in Paris redigiert und in München gedruckt" worden. Das Schicksal der erschossenen Modernisten ist von tragischer Aktualität: In Russland verweigert man sich der Aufarbeitung der Vernichtung der ukrainischen Kulturelite bis heute. Der russische Historiker Jurij Dmitriev, der die Massenerschießungen von Sandarmoch dokumentiert hatte, wurde 2016 verhaftet und in einem fragwürdigen Verfahren zu 15 Jahren Lagerhaft verurteilt.[55]

Der sozialistische Realismus in der Sowjetukraine

Lavrinenko eröffnete seine Anthologie *Rozstriljane vidrodžennja* (Die erschossene Renaissance, 1959) mit einer Auswahl von Gedichten aus der Feder von Pavlo Tyčyna (1891–1967). In der Tat hatte Tyčyna nach einem Aufsehen erregenden lyrischen Debut mit dem Gedichtband *Sonjačni klarnety* (Sonnenklarinetten, 1918) Mykola Chvyl'ovyj bewundert und unterstützt, er war auch als Mitglied in den literarischen Vereinigungen *Hart* und *Vaplite* tätig. Anders als seine früheren Weggefährten schlug er sich allerdings in den 1930er Jahren auf die Seite des offiziellen Literaturbetriebs und folgte in den Gedichtzyklen *Černihiv* (1931) und *Partija vede* (Die Partei führt, 1934) streng dem stalinistischen Kurs. Später machte Tyčyna als Politiker Karriere: Er wurde Abgeordneter der *Verchovna Rada* und des Obersten Sowjets und bekleidete von 1943 bis 1948 das Amt des ukrainischen Kulturministers.

Die sowjetische Literaturwissenschaft wertete Tyčynas frühe „symbolistische" Schaffensperiode gegenüber dem sozrealistischen Werk ab, die Literaturkritik der ukrainischen Emigration tat das Gegenteil. Ein vernichtendes Urteil über Tyčyna fällte der Dissident Vasyl' Stus (1938–1985), der seine eigenen Gedichte nur im Selbstverlag (Samvydav) oder in Exilverlagen veröffentlichen konnte.[56] 1970 verfasste Stus unter dem Titel *Fenomen doby: Schodžennja na Holhofu slavy* (Ein Zeitphänomen: Aufstieg auf das Golgatha des Ruhms) eine Abrechnung mit Tyčyna, den er als Genie bezeichnete, das sich selbst zu einem Pygmäen verzwergte. Tyčyna habe dasselbe Schicksal erlitten wie die Autoren der „erschossenen Renaissance". Der einzige Unterschied bestehe darin, dass Tyčyna nicht körperlich, sondern geistig gestorben sei. Beide Ansätze werden aber Tyčynas poetischer Statur nicht gerecht. Auch die politisch angepassten Werke sind literarisch anspruchsvoll und ermöglichen mehrere Lektüren.

---

[54] Bogumiła Berdychowska (Hg.): Jerzy Giedroyc i emigracja ukraińska. Listy 1950–1982. Warszawa 2004, S. 692. – Jerzy Giedroyc: Autobiografia na cztery ręce. Warszawa 1999, S. 199.

[55] Siehe dazu den Beitrag von Sergej Lebedev in diesem Band, S. 117–134.

[56] Alessandro Achilli: La lirica di Vasyl' Stus. Modernismo e intertestualità poetica nell' Ucraina del secondo Novecento. Firenze 2018.

Der wichtigste Autor der Sowjetukraine war Oles' Hončar (1918–1995). Er hatte für seine Kriegstrilogie *Praporonosci* (Die Bannerträger, 1947–1948) zwei Stalinpreise erhalten und wurde 1959 Vorsitzender des ukrainischen Schriftstellerverbandes. 1968 erschien sein wichtigster Roman *Sobor* (Die Kathedrale). Der eigentliche Protagonist des Romans ist eine Kosakenkirche, die von mutigen Dorfbewohnern vor der Zerstörung gerettet wird. Hončar erzählt diese Geschichte nach allen Regeln des sozialistischen Realismus: Die Charakterzeichnung ist ausschließlich schwarz und weiß, die Partei spielt eine führende Rolle, der positive Held, ein Metallurgie-Student, wird am Ende mit der Liebe seines Lebens belohnt. Doch hinter dieser Fassade war *Sobor* in einem zweifachen Sinn ein anstößiger Roman: Angesprochen wurden die Religion und die ukrainische Nationaltradition. Ein lokaler Parteifunktionär in Dnipropetrovsk organisierte eine Diffamierungskampagne und verhinderte so die Übersetzung des Romans ins Russische. Bald regte sich aber auch Widerstand gegen dieses ideologisch motivierte Vorgehen. Ein offener Brief der „schöpferischen Jugend aus Dnipropetrovsk" kritisierte die Unterdrückung der ukrainischen Kultur und rief geschickt zu einer Rückkehr zu Lenins Idealen auf. Dieser Brief setzte eine mutige Aktion des Schriftstellers Ivan Dzjuba (1931–2022) fort, der 1965 in seinem langen Traktat „Internationalisierung oder Russifizierung" die Kulturpolitik der Sowjetführung gegenüber der Ukraine harsch kritisiert hatte. Auch Dzjuba stützte seine Argumentation breit mit Zitaten der Klassiker des Marxismus und des Revolutionsführers Lenin ab. Hončar konnte ironischerweise zunächst von dieser Affäre profitieren: *Sobor* erschien 1970 in einer deutschen Übersetzung in Hamburg, im Vorwort wurde der Verfasser in eine Reihe mit Pasternak und Solženicyn gestellt. Der Staat schlug erst mit einiger Verzögerung zurück: Hončar musste 1971 vom Vorsitz des Schriftstellerverbandes zurücktreten, Dzjuba wurde 1972 verhaftet. Drei Verfasser des Briefes der „schöpferischen Jugend" wurden zu mehrjährigen Haftstrafen verurteilt.[57]
Valerij Ševčuk (geb. 1939) verweigerte sich dem literaturpolitischen Diktat des Staates. In den 1970er Jahren zog er sich auf die Übersetzung ukrainischer Werke aus dem Mittelalter und Barock in die Gegenwartssprache zurück. Dem offiziellen sozrealistischen Programm setzte er seine eigenwilligen phantastischen Texte entgegen. Die Lyrikerin Natalka Bilocerkivec' (geb. 1954) verlieh der „verlorenen Generation" der politischen Stagnation in der Ukraine eine Stimme. In ihren Gedichtbänden aus den 1980er Jahren schlug sie einen existenzialistischen Ton an.

Literatur im unabhängigen Nationalstaat

Nach dem Zerfall der Sowjetunion meldete sich in der Ukraine eine neue Schriftstellergeneration zu Wort. Eine wichtige Rolle spielte dabei das „Stanislauer Phänomen" – ein Begriff, den Volodymyr Ješkiljev (geb. 1965) auch zum Zwecke der Selbstvermarktung erfand: Die galizische Kleinstadt Ivano-Frankivsk (polnisch Stanisławów, deutsch Stanislau) wurde in den 1990er Jahren zu einem Zentrum der ukrainischen Literatur. Der berühmteste Vertreter ist Jurij Andruchovyč (geb. 1960), der auf das Auseinanderbrechen der Sowjetunion mit seinem Roman *Rekreacii* (1992) reagierte. Vier Autoren tauchen

---

[57] Andrii Portnov: Dnipro. An Entangled History of a European City. Boston 2022. – Zu Dzjuba siehe auch: Yohanan Petrovsky-Shtern: Ein Tag, der die Welt veränderte. Ukrainer, Juden und der 25. Jahrestag von Babyn Jar, in: OSTEUROPA, 1–2/2021, S. 97–115.

in einen Karneval von Alkohol, Sex und Party ab und müssen sich neu erfinden.[58] Ein Jahr später erschien der Schelmenroman *Moscoviada* (1993): Ein ukrainischer Schriftsteller zieht durch Russlands Hauptstadt, die ihm als eine Kloake von Gewalt, Verrat und Tod erscheint.[59] Mit diesem Roman gelang Andruchovyč eine anspruchsvolle literarische Synthese von Kotljarevs'kyjs ukrainischer Selbstparodie und Ševčenkos antirussischem Anklagepathos. Nach 2014 machte sich Andruchovyč zum Wortführer eines galizischen Selbstbewusstseins, das die Region zu einem kulturellen Piemont für die gesamte Ukraine erklärt.[60] Nach dem Angriff Russlands im Jahr 2022 rief Andruchovyč seine Mitbürger dazu auf, nur noch die ukrainische Sprache zu verwenden, weil die russische Sprache eine Waffe Putins sei. Es gebe nun nicht mehr verschiedene ukrainische Regionen, sondern nur noch eine Ukraine, die um ihre Freiheit kämpfe.

Jurij Andruchovyčs Tochter Sofija bemüht sich in ihren Romanen um eine Integration der verschiedenen ukrainischen Geschichtskulturen. Ihr Roman *Amadoka* (2020) kreist um das Motiv des Vergessens und Erinnerns – der Protagonist hat im Krieg im Donbass sein Gedächtnis verloren. Der Roman bringt zahlreiche verdrängte Themen der ukrainischen Geschichte zur Sprache, wie etwa das Schicksal der jüdischen Gemeinschaft oder die Kollaboration mit totalitären Herrschaftssystemen. Sofija Andruchovyč stützt sich in diesem monumentalen Werk auf Archivrecherchen und wissenschaftliche Forschungsliteratur. Nach dem Überfall Russlands auf die Ukraine meldete sie sich mit einem beeindruckenden Text zu Wort, in dem sie den Krieg auch als persönliche Sprachkrise bezeichnete:

> Alle Ukrainer leiden heute unter einem Schuldgefühl, sie glauben, dass sie zu wenig tun – in einer Situation, in der sie mehr tun, als eigentlich möglich ist. Dieses Trauma hat jeden von uns im Innersten aufgewühlt, aber das Gemeinschaftsgefühl und die Sorge um andere haben eine Energie freigesetzt, die im Normalzustand nicht denkbar ist. Ich weiß nicht, ob ich nach dem Krieg noch Schriftstellerin sein werde. Die Wörter haben ihre Natur geändert.[61]

Wichtige Stimmen im galizischen Literaturbetrieb gehören den Brüdern Taras (geb. 1968) und Jurko Prochasko (geb. 1970). Taras Prochasko experimentiert in *Z c'oho možna zrobyty kil'ka opovidan'* (Daraus lassen sich ein paar Erzählungen machen, 2009) mit autobiographischen Fragmenten aus seiner turbulenten Familiengeschichte, die er aber in einem Rohzustand belässt. Er erklärt die historische Last seiner Heimat nicht, sondern konfrontiert seine Leser damit. Jurko Prochasko beschäftigt sich als Essayist mit der multikulturellen Geschichte Galiziens, das einerseits als Wiege des ukrainischen Nationalprojekts gilt, aber auch von österreichischen, polnischen und jüdischen Einflüssen geprägt ist.

---

58 Alexander Kratochvil: Aufbruch und Rückkehr. Ukrainische und tschechische Prosa im Zeichen der Postmoderne. Berlin 2013, S. 253–265.

59 Katharina Raabe: Kosaken oder Kampfschildkröten. Die Ukraine lesen, in: OSTEUROPA, 2–4/2010, S. 49–62.

60 Juri Andruchowytsch: „Wir übertreiben sehr, wenn wir von der Vielfalt in der Ukraine reden" – Gespräch mit Pawel Smoleński, in: Katharina Raabe (Hg.): Gefährdete Nachbarschaften – Ukraine, Russland, Europäische Union. Göttingen 2015, S. 79–90. – Andrij Portnov: Ukraine ohne Donbass? Der galizische Reduktionismus und seine Wurzeln, in: Ebd., S. 67–78.

61 Sof'ja Andruchovyč, Robljači bil'še, niž možlivo. Lokal'na istorija, 6.3.2022.

KiWi
TANJA MALJARTSCHUK
BLAUWAL
DER
ERINNE
RUNG
ROMAN

Eine geschönte Version dieses Miteinanders, das manchmal auch ein Nebeneinander oder ein Gegeneinander war, legte Jurij Vynnyčuk (geb. 1952) in seinem Roman *Tango smerti* (Im Schatten der Mohnblüte, 2014) vor: Vier Freunde aus dem Zwischenkriegs-Lemberg, ein Ukrainer, ein Deutscher, ein Pole und ein Jude, finden im Partisanenkampf gegen die Sowjetokkupation zusammen. Dabei blendet Vynnyčuk die historischen Konflikte zwischen den verschiedenen Bevölkerungsgruppen in L'viv völlig aus.

Tanja Maljartschuk (geb. 1983) stammt ebenfalls aus Ivano-Frankivs'k, lebt aber seit 2011 in Wien und hat begonnen, Texte auch auf Deutsch zu verfassen. In ihrem Roman *Zabuttja* (Blauwal der Erinnerung, 2019) spiegelt sie ihre eigene Existenz zwischen verschiedenen Kulturen in der Biographie des polnischstämmigen Förderers einer ukrainischen Staatlichkeit V'jačeslav Lypyns'kyj (Wacław Lipiński, 1882–1931).

Oksana Zabužko (geb. 1960) gehört zu den streitbarsten Intellektuellen in der Ukraine. Die promovierte Philosophin begann ihre literarische Karriere als Lyrikerin. 1996 erzielte sie mit ihrem Roman *Pol'ovy doslidžennja z ukrajins'koho seksu* (Feldstudien über den ukrainischen Sex) einen Skandalerfolg. Ein ambitioniertes Projekt zur Etablierung einer autonomen ukrainischen Kultur legte Zabužko 2010 mit ihrem epischen Roman *Muzej pokynutych sekretiv* (Das Museum der vergessenen Geheimnisse) vor. Sie behandelte alle historischen Themen, die nach dem Ende des Sowjetsystems in das Bewusstsein der Gesellschaft zurückkehrten: den Holodomor, die nationalsozialistische Besatzung, das Agieren der Ukrainische Aufstandsarmee, die innere Kolonisierung der Ukraine durch den Kreml und die Politisierung der Medien im Postkommunismus. Allerdings ist Zabužkos historischer Roman von einem Opfernarrativ geprägt. Im *Museum der vergessenen Geheimnisse* kämpfen alle gegen die Ukrainer: die Polen, die Deutschen, die Russen. Zabužko vertritt das Ideal einer kulturell homogenen Ukraine, die sich gegen verderbliche Einflüsse vor allem aus dem byzantinischen Russland wehren müsse. In ihrem Eifer ging sie so weit, dass sie die ukrainischen Frauen aufforderte, während des Gottesdienstes ihr Haar nicht zu bedecken. Diese ostkirchliche Sitte stelle in der europäischen Ukraine ein fremdes Element dar und komme der Bevormundung der Frau durch den Hidschab gleich.

Zabužko möchte – wie etwa auch Andrij Ljubka (geb. 1987) aus Užhorod – die ukrainische Literatur auf ukrainischsprachige Werke beschränken. Nach dem Massaker der russländischen Truppen in Buča im März 2022 zog Zabužko gegen die gesamte russische Kultur vom Leder und meinte, dass „die russische Literatur die Tarnnetze für die russischen Panzer" gewoben habe. Als Beispiel nannte sie Ivan Turgenevs Erzählung „Mumu", in der eine herzlose Gutsbesitzerin ihren alten Diener zwingt, einen Hundewelpen zu töten. Für Zabužko ist offensichtlich:

> Der Weg für die Bomben ist immer gepflastert mit Büchern und wir sind die ersten Zeugen, die durch ihre Leseentscheidungen das Schicksal von Millionen bestimmen können. Wir müssen einen langen prüfenden Blick auf unsere Bücherregale werfen.[62]

---

[62] Oksana Zabushko, No guilty people in the world? Reading Russian literature after the Bucha massacre. The Times Literary Supplement, 22.4.2022.

Die Gegenposition nimmt der Rockmusiker und Lyriker Serhij Zhadan (geb. 1974) ein, der aus dem Donbass stammt. Obwohl er selbst ausschließlich auf Ukrainisch schreibt, betrachtet er auch russischsprachige Texte als integralen Bestandteil der ukrainischen Literatur. In seinen Romanen erkundet Zhadan seine Heimat als ein wildes Grenzland, das es sprachlich zu bewältigen gilt. Der Protagonist seines Romans *Vorošilovhrad* (Die Erfindung des Jazz im Donbass, 2012) zieht in die Luhansker Provinz und erfährt dort die gespenstische Phantastik des offenen Raums.[63] Zhadan reagierte unmittelbar auf Russlands verdeckten Angriffskrieg im Donbass. *Čomu mene ne maje v social'nych merežach* (Warum ich nicht im Netz bin, 2016) ist eine Sammlung von Gedichten und rhythmisierten Prosastücken, in denen Zhadan seine Wahrnehmung des Kriegs in Literatur überführt: „Plötzlich werden aus deinen Bekannten Einberufene, Verwundete und Gefangene."

Internat (2018) ist Zhadans wichtigster Roman. Er schildert den Irrweg eines Lehrers, der seinen Neffen aus einem Internat in einer umkämpften Stadt zu sich holen will. Die nicht genau definierte Kampfzone wird zur Signatur der Orientierungslosigkeit der Menschen in der Ostukraine. Nach dem Überfall der russländischen Armee auf die Ukraine am 24. Februar 2022 harrte Zhadan in Charkiv aus und startete Hilfsaktionen für die Zivilbevölkerung und für Widerstandskämpfer. Regelmäßig postete er auf Facebook Selfies und kurze Prosaminiaturen:

> Am Morgen, vor vier, gab es zwei starke Einschläge. In der Ferne hing schwarzer Rauch über den Häuserblöcken, die sich in der Morgendämmerung abzeichneten. [. . .] Tagsüber ist die Stadt ruhig, auch gestern ist mir diese Stille aufgefallen [. . .]. In der Nähe des Instituts fegen Frauen frisch gefallenes Laub. Die Blumen in den Beeten sind etwas verwelkt, die ersten Anzeichen des Herbstes liegen in der Luft. Auf den Straßen dösen müde Gemüse- und Beerenverkäufer auf Plastikstühlen. Sogar die Autos fahren etwas träge, nur die Militärfahrzeuge rasen ihren Angelegenheiten nach. Im Park fährt ein Mann in einem Rollstuhl, an dem eine Fahne befestigt ist. [. . .] Am Himmel ziehen neue Wolken auf. Unsere Fahnen wehen über der Stadt.[64]

Andrej Kurkov (geb. 1961) versteht sich als ukrainischer Autor, der auf Russisch schreibt. Er wurde in der Nähe von Leningrad geboren, wuchs aber in Kiew auf. Er baute sich bald eine solide internationale Reputation als Verfasser erfolgreicher Unterhaltungsromane auf. In der Ukraine selbst konnte er allerdings kaum Breitenwirkung entfalten. Dabei hatte er bereits 2005 im Roman *Poslednjaja ljubov' prezidenta* (Die letzte Liebe des Präsidenten) eine groteske Allegorie auf die Verstrickung der ukrainischen Regierung in informellen Netzwerken vorgelegt. In seinem Roman *Serye pčely* (Graue Bienen, 2019) gelingt es Kurkov, die komplexe Bewusstseinslage der Bewohner des Don-

---

[63] Kratochvil, Aufbruch und Rückkehr [Fn. 58], S. 180–190. – Siehe dazu auch den Beitrag von Tamara Hundorova in diesem Band, S. 341–352.

[64] Facebook-Eintrag vom 3.8.2022. <www.facebook.com/serhiy.zhadan>. Diese Prosaminiaturen aus den ersten vier Monaten des Krieges (24.2. bis 24.6) bündelt: Serhij Zhadan: Himmel über Charkiw. Nachrichten vom Überleben in Charkiw. Mit einem Nachwort des Autors vom 1.8.2022. Berlin 2022.

bass aufzuzeigen. Sein Protagonist, ein Imker, lebt zwischen den Fronten in der Ostukraine. Er ist weitgehend apolitisch und fährt mit seinen Bienen von der „grauen Zone" des Niemandslandes zwischen den beiden Kriegsparteien über die Ukraine auf die von Russland besetzte Krim. Mit dem Imkermotiv schließt Kurkov seinen Roman an die ukrainischen Erzählungen aus *Dikan'ka* und *Mirgorod* von Nikolaj Gogol' an, gleichzeitig ist sein Roman auch lesbar als Ethnographie der Vorgeschichte des aktuellen russisch-ukrainischen Kriegs.[65] Anders als der aus Doneck stammende Prosaautor Volodymyr Rafejenko (geb. 1969), der öffentlichkeitswirksam seine literarische Produktion von Russisch auf Ukrainisch umstellte, bekräftigte Kurkov seine Absicht, weiterhin auf Russisch zu schreiben:

> Ein einsprachiger Staat wird die Ukraine nie sein. Die ukrainische Gesellschaft wird nach dem Krieg zu ihrer traditionellen Toleranz gegenüber nationalen Minderheiten zurückfinden müssen.[66]

Der odessitische Dichter Boris Chersonskij (geb. 1950) legt sein exquisites Œuvre auf Russisch vor. In *Semejnyj archiv* (Familienarchiv, 2006) ergründet er in lyrischer Form seine jüdische Herkunft, die Sowjetisierung der Ukraine und schließlich seine Konversion zum orthodoxen Christentum. Im Gedichtband *Missa in tempore belli* (2014) verarbeitet er die Gewalterfahrung des Euromajdan. Aus Protest gegen die russische Aggression begann Chersonskij, auch Gedichte auf Ukrainisch zu schreiben.

Die Zukunft der ukrainischen Literatur

Man kann die ukrainische Literaturgeschichte als chronologische Abfolge von Epochen darstellen, Werkbiographie an Werkbiographie reihen, und politische Zäsuren als Zeitmarken verwenden. Doch ein solcher Ansatz gibt die Komplexität des literarischen Prozesses in der Ukraine nur unzureichend wieder. Der ukrainische Nationalstaat wurde in literarischen Texten zu verschiedenen Zeiten ganz unterschiedlich bald als Traum, als falsche Illusion, als Phantom oder schließlich als zu verteidigende Bastion gedeutet.
Die Literaturgeschichte und die Geschichte der Ukraine bedingen sich gegenseitig: Die ukrainische Literatur verarbeitet politische Ereignisse und erfasst seismographisch gesellschaftliche Strömungen, die eines Tages ihrerseits politisch relevant werden – auch weil sie in literarischen Werken ausformuliert wurden. In der Ukraine verfügt die Literatur bis heute über eine enorme integrative Kraft. Die ikonische Präsenz des zweisprachigen Nationaldichters Ševčenko, der auf dem Euromajdan als Popstar inszeniert wurde, baut auf einer sowjetischen Tradition der staatlichen Vereinnahmung auf.[67] Ševčenko steht für eine kulturpolitische Traditionslinie, die sich nicht grundsätzlich gegen formale Vorbilder aus der russischen Literatur verschließt, aber gleichzeitig eine selbstbewusste ukrainische Nationalkultur ausarbeiten will. Die wichtigsten Vertreter dieser Linie waren im 19.

[65] Tatjana Hofmann: Literarische Ethnografien der Ukraine. Prosa nach 1991. Basel 2014.
[66] Andrej Kurkow: „Mein Russisch gehört mir". Die Welt, 19.8.2022.
[67] Jenny Alwart: Mit Taras Ševčenko Staat machen. Erinnerungskultur und Geschichtspolitik in der Ukraine vor und nach 1991. Köln, Weimar, Wien 2012.

Jahrhundert Nikolaj Kostomarov und Mychajlo Drahomanov. In der Gegenwartsliteratur stehen Andrej Kurkov und Serhij Zhadan dieser Denkrichtung nahe.
Der Öffnung zur russischsprachigen Literatur steht ein homogenisierender Ansatz gegenüber, der eine autonome Nationalliteratur nach dem Vorbild Frankreichs oder Deutschlands anstrebt. Im 19. Jahrhundert verfolgten Pantelejmon Kuliš, Ivan Nečuj-Levyc'kyj und Borys Hrinčenko diese Stoßrichtung. Heute knüpfen Oksana Zabužko oder Andrij Ljubka an diese Tradition an.
Nach Russlands Angriff auf die Ukraine hat die Diskussion um eine Nationalisierung der ukrainischen Literatur erneut an Fahrt aufgenommen. Allerdings sollte man die Wortmeldungen einzelner Autorinnen oder Autoren nicht als Wirklichkeitsbeschreibungen verstehen, sondern als Versuch, den literarischen Prozess in der Ukraine in die eine oder andere Richtung zu steuern. Zu erklären, was das dynamische System der Literatur aus solchen Impulsen macht, ist Aufgabe der Literaturgeschichtsschreibung.

Schlagwörter: Ukraine, Literaturgeschichte, Belletristik, Chronik, Drama, Lyrik

Annette Werberger

Polyglottes Erbe

Mehrsprachigkeit in Geschichte und Literatur der Ukraine

Linguistischer Pluralismus in der Literatur wie im Alltag ist ein Charakteristikum der Ukraine. Die entspannte Mehrsprachigkeit ist ein Erbe der multiethnischen europäischen Imperien, denen das Land im Lauf seiner Geschichte angehörte. Im Westen Europas wurde sie jedoch oft als Zeichen einer nicht abgeschlossenen Nationsbildung gesehen. Erst in jüngster Zeit entdeckt auch die hiesige Öffentlichkeit das positive Potential der sprachlichen Diversität der Ukraine. Dies gilt besonders für den Bereich der Literatur, wo die Mehrsprachigkeit einen besonderen Reichtum an Formen und Klangfarben hervorgebracht hat. Allerdings droht der Krieg, mit dem Russland die Ukraine seit Februar 2022 überzieht, auch diese spezifische Beweglichkeit und Offenheit zu zerstören.

Die der literarischen Moderne zugehörige Schriftstellerin Olha Kobylan'ska (1863–1942) schrieb viele ihrer bekanntesten Texte auf Ukrainisch, publizierte aber auch auf Deutsch und experimentierte mit dem Polnischen. Die Avantgardistin Debora Vogel (1902–1942) war von Jugend auf mit Deutsch, Polnisch und Hebräisch vertraut, schrieb Prosa und Essays meist auf Polnisch und wechselte Ende der 1920er Jahre zum Jiddischen; ihr erster jiddischer Gedichtband „Togfigurn" (Tagfigurn) erschien 1930 in Lemberg. Die Gegenwartsautorin Katja Petrowskaja (*1970) schreibt als Journalistin sowohl Russisch als auch Deutsch; ihre literarische Prosa verfasst sie auf Deutsch – mit großem Erfolg: Für einen Auszug aus ihrem Buch „Vielleicht Esther" erhielt sie 2013 den Ingeborg-Bachmann-Preis, das Buch wurde mittlerweile in 30 Sprachen übersetzt. Mit dem Bachmann-Preis wurde 2018 auch Tanja Maljartschuk (*1983) ausgezeichnet, die ihre Romane gleichfalls auf Ukrainisch und Deutsch schreibt – den Preis erhielt sie für ihren deutschsprachigen Text „Frösche im Meer".

Vier Autorinnen mit verschiedenen Lebenswegen, die in verschiedenen Gattungen arbeiten und verschiedene Formen von Mehrsprachigkeit praktizieren, aber eines gemeinsam haben: Sie sind in der heutigen Ukraine – Bukowina, Lemberg, Kiew, Ivano-Frankivs'k – geboren oder gestorben. Bis heute scheint die Ukraine Autorinnen und Autoren hervorzubringen, die den Europäern zeigen, wie selbstverständlich und scheinbar mühelos man in mehreren Sprachen schreiben kann. Welche historischen und kulturellen Gründe haben diesen ukrainischen linguistischen Pluralismus in der Literatur hervorgebracht? Und wie kommt es, dass diese Leichtigkeit im Umgang mit Mehrsprachigkeit und Sprachwechsel in Westeuropa so oft missverstanden wurde?

Annette Werberger, Slawistin, Professorin für osteuropäische Literaturen an der Europa-Universität Viadrina, Frankfurt/Oder

Osteuropa, 72. Jg., 6–8/2022, S. 41–51 **doi: 10.35998/oe-2022-0140**

Mehrsprachigkeit als (multi)imperiales Erbe

In seinem autobiographischen Text „Im Tal des Dnjestr“ (W dolinie Dniestru. Pisma o Ukrainie) schreibt der Literaturkritiker Jerzy Stempowski 1942 im Exil in London über seine Herkunft:

> Auf die Welt kam ich in einer polnischen Familie in der Ukraine im Jahre 1894. Diese Worte, scheinbar so einfach, erfordern heute allerhand Erklärungen. [. . .]. Im Westen Europas sehen wir entlang der sprachlichen Grenzen überall Wehrburgen, Mauern und Schanzen, die davon zeugen, daß dort lange Zeit um jedes Dorf, jede Flur gekämpft wurde. [. . .] Im Feuer dieser Kämpfe brachten es die Völker des Westens fertig, hier und da ihre Grenzen mehr oder weniger zu sichern, die Fremden zu vertreiben, den Ausländern die Einreisegenehmigung zu verweigern und eine Illusion der inneren Freiheit zu schaffen. Solange ich zurückdenken kann, hat es in Osteuropa nichts Ähnliches gegeben. Der riesige Teil Europas zwischen der Ostsee, dem Schwarzen Meer und der Adria war ein einziges großes Schachbrett der Völker, voller Inseln, Enklaven und seltsamster Kombinationen gemischter Bevölkerung. Vielerorts hatte jedes Dorf, jede gesellschaftliche Gruppe, beinah jede Zunft eine eigene Sprache.[1]

Stempowski beschreibt im Anschluss die vielen Sprachen seiner Heimat, der plurikulturellen historischen Region Podolien im heutigen Südwesten der Ukraine: Polnisch, Ukrainisch, Russisch in verschiedenen Varianten, Rumänisch, Jiddisch etc. Diese Art der Mehrsprachigkeit, die viele einsprachig sozialisierte Europäer bis heute fasziniert, ist ein Ergebnis der Geschichte der Ukraine, die im Lauf der Jahrhunderte Teil verschiedener europäischer Imperien war.
Der Durchschnittseuropäer kennt Mehrsprachigkeit innerhalb nationaler Gebilde nur als Minderheitensprache (z.B. das Sorbische in Brandenburg und Sachsen), als (mündlichen) Bilingualismus aufgrund von Migration oder als relativ fest umrissene regionale Sprache (ein Beispiel ist Belgien, wo überwiegend einsprachige Regionen in einem Staat verbunden sind). Die historische Mehrsprachigkeit der Ukraine passt in keines dieser Schemata. Sie weist vielmehr Besonderheiten auf, die zwar in der europäischen Zeit der Kontinentalimperien und noch im Geburtsjahr Stempowskis selbstverständlich waren, die aber seit 1945 in einer Welt der Nationalstaaten als Zeichen „misslungener“ Staatlichkeit verstanden wurden.
Die vormodernen Kontinentalimperien des Spätmittelalters und der Renaissance, die vor allem in Ost- und Südostmitteleuropa lange weiter bestanden, funktionierten sprachlich nicht wie die uns vertrauteren Nationalstaaten.[2] Während für diese die gemeinsame Sprache immer ein wichtiges Instrument war, um alle Mitglieder einer Nation untereinander zu „verbinden“, waren die europäischen Imperien als vertikale, hierarchische

---

1 Jerzy Stempowski: Von Land zu Land. Essays eines Kosmopolen. Berlin 2006, S. 3. Die polnische Erstveröffentlichung erschien in der Anthologie „Kraj lat dziecinnych“ in London 1942.

2 Benedict Anderson: Die Erfindung der Nation. Zur Karriere eines erfolgreichen Konzepts. Frankfurt/Main, New York 1988.

Gemeinschaften angelegt, die keine umfassenden staatsbürgerlichen Rechte garantierten, aber bestimmten Gruppen außergewöhnliche Freiheiten gewähren konnten. Sie beriefen sich nicht auf eine gemeinsame nationale Idee (samt Nationalepos, Nationaldichter, Nationalgeschichte etc.), sondern mussten aufgrund ihrer Heterogenität in allen Bereichen den Zusammenhalt über Militär, Dynastisches, Sicherheitsgarantien für Eliten, Bürokratie etc. absichern.[3] Während Nationen die Geschichte ihres Ursprungs, Fortkommens und ihrer Ideen als einsprachigen Ausdruck eines bestimmten Volkes vorstellen, finden sich in Imperien meist viele Geschichten, die miteinander in Konflikt geraten können. Es ist einfacher für Imperien, eine kohärente Geschichte der Macht mittels einer einheitlichen Elite (Adel, Dynastie) zu erzählen, als die Geschichte eines heterogenen Volkes. Die vielen Volkserzählungen ließ man deswegen mehr oder weniger nebeneinander bestehen, sofern sie keine politischen Ansprüche auf Nationsbildung formulierten. Imperien basieren somit immer auf einem bestimmten Grad an ethnischer Indifferenz, kultureller Ähnlichkeit oder Nebeneinander. In ihren besten Zeiten waren sie offene „plurikulturelle Welten", in denen sich „zunehmend so etwas wie ein Habitus der Gleichgültigkeit gegenüber der Relevanz von sichtbaren Unterschieden: eine Indifferenz gegenüber Differenz" abzeichnete.[4]

Diesen Habitus der Gleichgültigkeit gegenüber Mehrsprachigkeit hat die Ukraine 1991 geerbt. Ihre Vielsprachigkeit war insofern tatsächlich ein europäisches Relikt aus der Zeit der Imperien, sie verwies auf europäisches Zusammenleben vor jener Nationsbildung, die den Ukrainern nach 1918 verwehrt blieb.

Zusammengefasst spricht, schreibt und liest man in der Ukraine also bis heute in mehreren Sprachen, das Land ist in vielen Regionen zweisprachig, sehr häufig sogar mehrsprachig. Während der indigene Multilingualismus in Ostmitteleuropa mit der Entstehung von Nationalstaaten abnahm, weil sich die Einsprachigkeit als „monolingual condition" (Y. Yildiz) nach der Auflösung der Kontinentalimperien 1918 durchsetzte, entstand in der Ukraine, wo die ethnischen Gruppen über viele Jahrhunderte nicht mittels nationalstaatlicher Institutionen organisiert waren, Mehrsprachigkeit aufgrund der Nachbarschaft von Kulturen. Aber auch von lokalen westeuropäischen Beispielen für Mehrsprachigkeit unterscheiden sich die sprachlichen Gegebenheiten in der Ukraine deutlich: Die situative Mehrsprachigkeit im Alltag und Sprachwahl in der Kunst funktionieren hier anders. Die Verbindungen zwischen Sprache und Herkunft sind elastischer und fließender, die Sprachwahl ist oft eine kontextabhängige bewusste, pragmatische oder politische Entscheidung.[5] In den westlichen Gesellschaften hat diese linguistische und kulturelle Offenheit wenig Wertschätzung erfahren, sie wurde vielmehr oft als Schwäche und mangelnde Einheit interpretiert.

---

[3] Einen kurzen Überblick zum Thema Imperien bietet Jörn Leonhard/Ulrike von Hirschhausen: Empires und Nationalstaaten im 19. Jahrhundert. Göttingen 2009 (=Frias Rote Reihe1). – Siehe auch dies. (Hg.): Comparing Empires. Encounters and Transfers in the Long Nineteenth Century. Göttingen 2012.

[4] Anil Bhatti, Dorothee Kimmich (Hg.): Ähnlichkeit. Ein kulturtheoretisches Paradigma. Konstanz 2015, S. 16.

[5] So haben zum Beispiel manche jüdischen Schriftsteller bewusst das Ukrainische als anti-imperiale Strategie gewählt, siehe Yohanan Petrovsky-Shtern: The Anti-Imperial Choice. The Making of the Ukrainian Jew. New Haven, London 2009. – Vgl. ders.: Ein Tag, der die Welt veränderte. Ukrainer, Juden und der 25. Jahrestag von Babyn Jar, in: OE, 1–2/2021, S. 87–115.

Einsprachigkeit als Paradigma der europäischen Moderne

Im Europa des 21. Jahrhunderts gilt Diversität – auch sprachliche Diversität – gemeinhin als gesellschaftlicher Gewinn. Die Ukraine hätte in diesem Sinn ein ideales Vorbild für einen vielsprachigen Kontinent sein können: Ein Land, in dem man fast überall selbstverständlich zwei nationale Sprachen in der Schule erlernt und viele Sprecher in weiteren Sprachen (Krimtatarisch, Rumänisch, Polnisch, Belarussisch, Bulgarisch, Jiddisch etc.) kommunizieren. Doch der westliche Blick auf die Ukraine nach 2014 schien sich eher an dem alten Einsprachigkeitsgebot für Nationalstaaten zu orientieren, das der deutsche Philosoph Johann Gottfried Herder im 18. Jahrhundert formuliert hatte:

> Jede Nation hat ein eignes Vorrathshaus solcher zu Zeichen gewordenen Gedanken, dies ist ihre Nationalsprache: ein Vorrath, zu dem sie Jahrhunderte zugetragen, der Zu- und Abnahmen, wie das Mondlicht, erlitten [. . .] – der Gedankenschatz eines ganzen Volks.[6]

Man sieht schon an der Metapher des Mondlichts, dass Herder die Nationalsprache naturalisiert. Sie wird nicht als lingua franca oder Sprache einer politischen Nation gedacht, sondern als natürliches Kommunikationsmittel einer ethnischen Gemeinschaft, das den „Volksgeist" – auch dies ein Herderscher Begriff – abbildet.

Auch wenn die heutigen europäischen Gemeinwesen sich von dieser Auffassung entfernt haben, bleibt sie im Konzept des Nationalstaats doch implizit präsent. Noch immer wird der Anspruch auf Staatlichkeit einer Ethnie oder Nation daran gemessen, ob deren Sprache in ihrem Siedlungsraum dominant ist und das zentrale Kommunikationsmittel darstellt. Die Identität von Landesname und Sprache (Französisch/Frankreich, Deutsch/Deutschland, Dänisch/Dänemark) ist die Regel, Beispiele wie die Schweiz oder Belgien sind Ausnahmen.

Ein Land „Ukraine", das nicht nur Ukrainisch als Landessprache vorweisen kann, weckt nach dieser Logik folglich eher Irritation als Bewunderung. Gibt es im selben Raum gar eine zweite konkurrierende Sprache mit hohem Bekanntheitsgrad wie das Russische, droht sogar die Abwertung zum Dialekt. Belarussisch und Ukrainisch wurden so in den letzten Jahren in der deutschsprachigen Öffentlichkeit wiederholt als Dialekte des Russischen bezeichnet. Der dem Jiddisten Max Weinreich zugeschriebene sarkastische Spruch, wonach „eine Sprache ein Dialekt mit einer Armee und einer Flotte" sei, lässt sich auf die Ukraine durchaus anwenden. Weinreich reflektierte damit zwar die spezifische Erfahrung von Jiddischsprechern, deren Sprache lange als verdorbenes Deutsch oder „Jargon" diskreditiert wurde, aber er benannte eben auch den Umstand, dass nur Sprachen und Literaturen mit eigenem Territorium und Staatlichkeit linguistische Grenzen festigen und kulturelle Pässe austeilen können.

Die verbreiteten Zweifel am Ukrainischen als Sprache wirkten sich daher im Umkehrschluss auch negativ auf die Anerkennung der ukrainischen Staatlichkeit aus. Zwar ist die Ukraine seit 1991 unabhängig, doch die gleichzeitige Anwesenheit des Russischen

---

6 Johann Gottfried Herder: Über die neuere Deutsche Litteratur. Fragmente. Erste Sammlung. Zweite völlig umgearbeitete Ausgabe 1768, in: Herders Sämmtliche Werke, Zweiter Band, Hg. von B. Suphan. Berlin 1877, S. 1–110, hier S. 13.

und Ukrainischen in ein und demselben Staatsgebilde erzeugte für uninformierte Europäer eine kognitive Dissonanz, und die von Russland gezielt verbreitete Vorstellung, alle Sprecher des Russischen seien irgendwie „Russen", tat ein Übriges. Auch ohnedies hätten die komplexen Gegebenheiten in der Ukraine für die meisten Europäer, deren Sprachverständnis in der einen oder anderen Weise auf Herder zurückgeht, aber wohl eine Überforderung dargestellt. Modernität verbinden sie traditionell und bis heute mit einer disziplinierten und ausdifferenzierten Einsprachigkeit, die auf allen nationalen Ebenen (Bildung, Recht oder Wissenschaft) eingesetzt werden kann.[7] Homogenität von Sprache und Geschichte bleibt trotz aller postmoderner Bekenntnisse noch immer das wichtigste Merkmal von Kulturen, die nationale Souveränität beanspruchen. Und ironischerweise sind es oft traditionell einsprachige Länder, in denen der Begriff der Nation als überholt in Frage gestellt wird – die aber indirekt zugleich auf Einsprachigkeit von Nationen bestehen.

Mehrsprachige Gesellschaft: Risiken und Nebenwirkungen

Die Ukraine versteht sich dagegen heute als politische Nation, die viele Ethnien und Sprachen in sich vereinigt. Mehrsprachigkeit ist hier eine Tradition, die seit dem 17. Jahrhundert und bis in die Gegenwart ganz pragmatisch und ohne Ideologie praktiziert wurde. In Friedenszeiten ist dieser linguistische Pluralismus eine kulturelle Ressource. In Konflikten kann er allerdings auch ideologisch aufgeladen und missbraucht werden: Der Gebrauch einer bestimmten Sprache in einem Land mit mehreren Sprachoptionen – etwa des Belarussischen in Belarus – wird dann zum Beispiel als „Nationalismus" ausgelegt.

Oder, noch gefährlicher: als Beweis für die ethnische Zugehörigkeit zu einem anderen Land. Der ukrainische Schriftsteller Serhij Zhadan verglich die Risiken, die für Länder außerhalb Russlands mit Schulunterricht auf Russisch einhergingen, auf Twitter unlängst mit denen beim „Abstellen eines teuren Schlittens" in einem verrufenen Stadtviertel: Früher oder später kämen irgendwelche Gangster und montierten die Räder ab.[8]

Zhadans drastischer Vergleich beruht auf einschlägigen ukrainischen Erfahrungen. Das Russische, das über Jahrhunderte eine Sprache der imperialen Hegemonie und Unterdrückung war, aber gleichzeitig auch eine wichtige Verkehrs-, Amts- und Bildungssprache darstellte, erweist sich nun nicht nur für die Ukraine, sondern auch für andere postsozialistische Länder als gefährliches Einfallstor eines russischen Irredentismus.[9]

---

7 Mit am eindrücklichsten zeigen dies Richard Bauman und Charles L. Briggs: Voices of Modernity. Language Ideologies and the Politics of Inequality. Cambridge 2003.

8 <https://twitter.com/serhiy_zhadan/status/1559782272764727296>. Zhadan reagierte damit auf die Meldung, dass der Schulunterricht auf Russisch in Kasachstan künftig später als bisher einsetzen solle.

9 Der Begriff Irredentismus stammt aus der Zeit nach dem Zerfall der Kontinentalimperien 1918 und bezog sich ursprünglich auf die bis dahin österreichisch regierten, nun für Italien reklamierten „noch-nicht-befreiten" Gebiete (im Italienischen auch „unerlöste" Gebiete, „terre irredente"). Der Verweis auf die sprachliche Realität gehört – neben dem der ethnischen Zugehörigkeit der Bevölkerung oder der vorgängigen historischen Verbindungen – zu den klassischen irredentistischen Argumenten.

Die „Russischsprachigkeit" ukrainischer Staatsbürger wird von Russlands Seite bereits seit dem Zerfall der Sowjetunion oft als Beweis für die russische Nationalität dieser Sprecher ins Feld geführt. In seinen Einlassungen zur „Einheit" des russischen und ukrainischen Volkes stützt sich Putin auf eine klassische Herdersche Kombination aus Sprache und Geschichte, die diese Einheit verbürgen soll. Eben damit wird letztlich auch die militärische Intervention begründet.

Sprache, insbesondere die russische, wurde somit auf dramatische Weise politisiert – mit beträchtlicher internationaler Resonanz. Die Mehrsprachigkeit der Ukraine wurde in diesem Sinn zum Problem in den Augen der Weltöffentlichkeit. Auch die deutsche Öffentlichkeit befragte die wenigen Experten nach 2014 immer wieder zur sogenannten „Sprachenfrage" in der Ukraine. Die in Wien lebende ukrainische Schriftstellerin Tanja Maljartschuk berichtet in einem Interview, die häufigste Frage an sie sei, „ob die ukrainische und die russische Sprache sich tatsächlich unterscheiden?"[10] Aber auch der Status des Ukrainischen im Osten des Landes wurde immer wieder angezweifelt, dabei sind zwei der wichtigsten ukrainischsprachigen Schriftsteller im Donbass oder in der Nähe von Charkiv aufgewachsen: Der noch 1985 im Gulag verstorbene Lyriker Vasyl' Stus (1938–1985) wurde zwar in der Region Vynnicja geboren, wuchs aber in Donec'k auf. Serhij Zhadan stammt aus der Region Luhans'k und lebt und arbeitet seit vielen Jahren in Charkiv. Beide schrieben und schreiben bekanntlich ausschließlich auf Ukrainisch, auch wenn sie das Russische durchaus beherrsch(t)en und benutz(t)en.

Spätestens mit Russlands Invasion im Februar 2022 ist in dieser Entwicklung ein Punkt erreicht, an dem die flächendeckende Zweisprachigkeit und der linguistische Pluralismus in der Ukraine ernsthaft bedroht sind: In den nächsten Generationen werden sie höchstwahrscheinlich abnehmen, und wo sie erhalten bleiben, werden sie keine Selbstverständlichkeit mehr darstellen.

Literarische Mehrsprachigkeit: der Fall Ševčenko

Die lange Geschichte der Literatursprachlichkeit der Ukraine ähnelt in vielen Punkten derjenigen anderer slavischsprachiger Länder.[11] Sie zeichnet sich gleichwohl durch einige Besonderheiten aus, die der Anerkennung der ukrainischen Literatur oftmals im Wege steht. Auch hierfür spielt die Mehrsprachigkeit eine Rolle. Obwohl das Ukrainische seit dem Kriegsbeginn 2014 immer stärker zur *lingua franca* des Landes aufsteigt und das Russische selbst von den russischsprachigen Ukrainern immer häufiger zurückgewiesen wird, versteht sich die Ukraine nach wie vor als politische Nation, die viele Ethnien und Sprachen in sich vereinigt. Die mündliche Vielsprachigkeit im Alltag und den Bildungssystemen spiegelt sich auch in der Literatur. Zwar bilden ukrainischsprachige Texte den wichtigsten Zweig der Literatur der Ukraine, die mehrsprachige Dimension beschert dem Land jedoch bis heute eine besondere literarische Vielfalt – und setzt sie zugleich der Gefahr aus, von falscher Seite vereinnahmt zu werden.

---

[10] Interview von Volker Isfort mit Tanja Maljartschuk: „Unser Platz ist in Mitteleuropa", in: Abendzeitung, 7.6.2022.

[11] Siehe hierzu v.a. die Arbeiten von Michael Moser an der Universität Wien, in diesem Zusammenhang z.B. Michael Moser: Taras Ševčenko und die moderne ukrainische Schriftsprache. Versuch einer Würdigung. München 2008.

In der Ukraine wurde und wird auf Ukrainisch, Russisch, Krimtatarisch, Polnisch etc. geschrieben. Das vielleicht bekannteste Beispiel hierfür ist Taras Ševčenko (1814–1861), der Lyrik auf Ukrainisch, Prosa und autobiographische Texte aber auf Russisch schrieb und publizierte. Ševčenkos Bedeutung als Nationaldichter ist bis heute unvermindert. Nicht umsonst wurde sein Vers „Boritesja – poborete" (Kämpft und ihr werdet siegen)[12] in den Jahren nach dem Euromajdan in manchen Lokalen der ukrainischen Hauptstadt zu einer Art Losung, nach der man am Eingang gefragt wurde.
Ševčenko gleicht in vieler Hinsicht einer Reihe europäischer Dichter, die sich im 19. Jahrhundert gegen absolutistische Regierungen und Monarchien erhoben und damit Geltung als Nationaldichter erlangten. Er schrieb Freiheitsgedichte wie Schiller oder Hölderlin, kam in Konflikt mit der zaristischen Regierung wie der polnische Nationaldichter Adam Mickiewicz und landete mit Schreib- und Leseverbot im Gefängnis wie Christian Schubart im Württemberg des 18. Jahrhunderts. Aber das sind nur oberflächliche Parallelen, denn für einen Nationaldichter besitzt er eine außergewöhnliche Biographie: Ehe er als verfolgter zweisprachiger Dichter berühmt wurde, verbrachte der Maler und Schriftsteller die ersten 25 Jahre seines Lebens als Leibeigener eines deutschbaltischen Adligen namens Vasyl Engelhardt. Dieser biographische Umstand erinnert die Ukrainer bis heute daran, dass die ukrainischen Bauern Ende des 18. Jahrhunderts von Katharina II. den Großgrundbesitzern als Leibeigene unterstellt wurden. Zugleich verkörpert Ševčenko den gelebten Bilingualismus der Ukraine. Seine Zweisprachigkeit unterscheidet sich durchaus von der im Adel verbreiteten russisch-französischen Diglossie, die sich etwa in den Werken Aleksandr Puškins und Lev Tolstojs wiederfindet. So verwendet er in seiner Freiheitslyrik ganz bewusst das Ukrainische, um sich von der zaristischen Politik abzugrenzen. Das Russische nutzte er dagegen nicht zuletzt, um auch von anderen russländischen Intellektuellen rezipiert zu werden. Russisch war die Hauptkommunikationssprache des vielsprachigen Landes, auf Russisch wurde nicht nur befohlen, unterrichtet, polizeilich agiert und verwaltungsmäßig regiert, sondern auch überwiegend gedruckt, und man kannte sie auch im Ausland. Das Ukrainische besaß all diese Vorteile nicht.

Weltliteratur aus der Ukraine

Die „ukrainische Literatur" ist dem europäischen Lesepublikum trotz vielerlei Bemühungen der letzten Jahre weiterhin wenig bekannt. An den Universitäten wird sie nur spärlich unterrichtet; ein Institut für Ukrainistik gibt es im deutschsprachigen Raum bis heute nicht. So bleibt dieses riesige Land, das auf vielfältige und schwierigste Weise mit der deutschen Geschichte verbunden ist, in der öffentlichen Wahrnehmung noch immer stark unterbelichtet und zudem unter dem Stichwort „Osteuropa" aufs Engste mit Russland verknüpft.
Betrachtet man jedoch die ukrainische Literatur als „Literatur aus der Ukraine", so wird sichtbar, in welcher europäischen Liga die Ukraine spielt. Durchmisst man dieses Riesenland hinsichtlich der modernen Literatur von L'viv bis nach Charkiv oder von Kiew

---

12 Der Vers stammt aus dem Gedicht „Kaukasus" (Kavkas), das der Dichter 1845 in Perejaslav schrieb, und brachte seinen Autor für den Rest seines Lebens erst ins Gefängnis und dann in die Verbannung.

bis Odessa, trifft man auf zahlreiche Namen der Weltliteratur: den deutschsprachigen Paul Celan aus Czernowitz, den polnisch schreibenden Bruno Schulz aus Drohobycz, den russisch schreibenden Isaak Babel' aus Odessa, den jiddisch schreibenden Scholem Alejchem aus Perejaslav, einem wichtigen Ort der ukrainisch-russischen Beziehungen, und den russisch schreibenden Michail Bulgakov aus Kiew. All diese Autoren wurden in der heutigen Ukraine geboren, auch wenn ihre Geburtsorte damals zu Österreich-Ungarn und zum Russischen Reich gehörten. Wie in der jüdischen Literatur haben auch in der Literatur der Ukraine viele Schriftsteller mehrere Zugehörigkeiten und sind in zwei Literaturgeschichten zu finden. Die genannten Autoren entschieden sich alle an einem bestimmten Punkt ihrer Karriere für die Einsprachigkeit. Ihre Klassifizierung und Kanonisierung wurde dadurch erleichtert. Ein genauerer Blick auf ihre Publikationen und Biographien zeigt aber, dass auch diese fünf Autoren der Weltliteratur Erfahrungen mit dem multilingualen Milieu der Ukraine gemacht und weitere Literatursprachen ausprobiert haben: Bruno Schulz verfasste 1938 eine deutschsprachige Erzählung mit dem Titel „Heimkehr", die er, vermittelt durch Debora Vogel, an Thomas Mann schickte.[13] Paul Celan schrieb frühe Gedichte auf Rumänisch – sein Geburtsort Czernowitz war von 1941–1944 von Rumänien besetzt, war aber auch zuvor schon eine mehrsprachige Stadt gewesen. Und Solomon Rabinowitsch versuchte sich in Russisch und Hebräisch, bevor er zum Glück aller modernen Jiddischleser ins Jiddische wechselte: Unter dem Künstlernamen Scholem Alejchem wurde er gemeinsam mit Mendele Moicher Sforim und Jizchok Leib Perez zu einem der Gründerväter der jiddischen Literatur. In seinem fiktiven ukrainischen Shtetl „Kasrilevke" wird meist ein stilisiertes „makkaronisches" Sprachgemisch aus Jiddisch und Russisch gesprochen.

Der Linguist Roman Jakobson beschrieb die Literaturgeschichte einmal ironisch als eine Polizei, die im Umfeld einer gesuchten Person wahllos jeden festnehme, dessen sie habhaft werde.[14] In Bezug auf Autoren von weltliterarischem Rang gilt dies allemal: Sie werden von allen Seiten gern „verhaftet" und der eigenen Literaturgeschichte zugerechnet. Selbst dem ausschließlich auf Russisch schreibenden Ukrainer Nikolaj Gogol' sind mindestens zwei nationale Ministerien für Literaturgeschichte auf den Fersen – und das, obwohl er seinen ukrainischen Landsleuten gern stereotype „kleinrussische" Züge verlieh und sie damit lächerlich machte.

Die Vielzahl an wichtigen jüdischen Autoren in der Ukraine ist kein Zufall: Der „Ansiedlungsrayon", der der jüdischen Bevölkerung Ostmitteleuropas ab dem ausgehenden 18. Jahrhundert zugewiesen wurde, deckt sich geographisch zu großen Teilen mit dem heutigen Litauen, Belarus und der Ukraine.[15] Die auf Jiddisch, Hebräisch oder in slavischen Sprachen verfasste jüdische Literatur, mit Autoren wie Scholem Alejchem, Jizchok Perez, Debora Vogel, Rachel Auerbach oder Samuel Agnon, ist seit Hunderten von Jahren ein prominenter Teil der Literatur der Ukraine, hat aber häufig auch Anteil an anderen nationalen Literaturgeschichten. In diesem Sinne ist die Literatur der Ukraine seit vielen Jahren ein Vorbild für die Idee einer europäischen Literatur, deren Sprachen transnational

---

13 Leider kam die Sendung nie in Zürich an oder wurde bis heute nicht gefunden, siehe Barbara Breysach: Die Zimtläden, in: Dan Diner (Hg.): Enzyklopädie jüdischer Geschichte und Kultur, Band 6: Te–Z. Stuttgart, Weimar 2015, S. 559–564, hier S. 564.

14 Roman Jakobson: Die Neueste Russische Poesie, in: Fritz Mierau (Hg.): Die Erweckung des Wortes. Essays der russischen Formalen Schule. Leipzig 1987, S. 177–210, hier S. 185f.

15 Heiko Haumann: Geschichte der Ostjuden. München 1990, S. 80–82.

verflochten sind. Eine adäquate Geschichte dieser Literatur muss solche Verflechtungen nachzeichnen und etwaige Rivalitäten ermitteln: So standen etwa die jiddische und die ukrainische Literatur, die lange Zeit wenig Prestige hatten, in der Ukraine bisweilen in Konkurrenz zueinander, und zugleich gab es eine intensive Zusammenarbeit jiddischer und ukrainischer Autoren in der Kiewer „Kultur-Lige" oder im Charkiver Slovo-Haus. Vor Herausforderungen dieser Art stellt die mehrsprachige Ukraine die Literaturgeschichte schon im 19. Jahrhundert: Außergewöhnlich viele Autoren des Landes schrieben parallel in mehreren Sprachen oder wechselten die Sprache. Das zeigt schon ein Blick auf bekannte Namenspatrone von Universitäten: Neben dem bereits genannten Taras Ševčenko, dessen Namen eine wichtige staatliche Universität in Kiew trägt, und dem Namensgeber der Universität Czernowitz Jurij Fed'kovyč, der hauptsächlich in Ukrainisch, aber auch in Deutsch publizierte, fällt da vor allem Ivan Franko auf, der parallel auf Ukrainisch, Deutsch und Polnisch schrieb und sich sehr für das Jiddische interessierte – nach ihm ist eine bekannte Universität in Lemberg benannt. Frankos Werk zerfällt in drei sprachliche Teile, was im 19. Jahrhundert sicherlich ein Vorteil für die Zirkulation seiner Texte war, seine Wirkung außerhalb der Ukraine aber behinderte. Für Schriftstellerinnen und Schriftsteller aus dem Gebiet der heutigen Ukraine war Einsprachigkeit lange Zeit nicht die Voraussetzung für eine erfolgreiche literarische Karriere, sie entschieden sich im Lauf ihrer Karriere mehrmals um oder wechselten die Sprache, wenn sie die Zeitung am Ort wechselten oder eine andere Zuhörerschaft ansprachen. Doch in einem Umfeld, das Weltliteratur nicht wie noch Goethe als Kommunikation versteht, sondern als Summe nationaler Kanones, hat Mehrsprachigkeit keinen Erfolg.[16] Umso bemerkenswerter ist es, dass mit Franko und Ševčenko zwei anerkannte „Väter" der ukrainischen Literatursprache mehrsprachig waren.

Schauplatz der Avantgarden

Die Moderne im Russischen Reich und der Sowjetunion ist im westlichen öffentlichen Bewusstsein eng mit der russischen Literatur und Kunst assoziiert. Hauptstädte der Avantgarde sind nach dieser Vorstellung die russischen Kapitalen Petersburg und Moskau; Malevyčs „Schwarzes Quadrat", der Tatlinturm oder El Lissitzkys Bürgerkriegspropaganda gelten als Ikonen der russischen Avantgarde. Ein genauerer Blick auf Herkunft und Lebenswege der Künstler zeigt jedoch, dass sie oft „Zugereiste" und sehr oft ebenfalls mehrsprachig waren. So weist man in der heutigen Ukraine darauf hin, dass der in Kiew geborene Kazymyr Malevyč sich selbst als Ukrainer bezeichnete und mit seiner Familie polnisch und ukrainisch sprach.[17] Indem die Avantgarden ausschließlich der russischen Sprache und Kultur zugeschlagen werden, erscheinen die jiddische und ukrainische Literatur im Umkehrschluss oft als bloße Regionalliteraturen – zu Unrecht.

---

[16] Siehe zu Goethes kommunikativem Modell Thomas Geiders Einführung zu den drei Formen der Weltliteratur, in: Thomas Geider: Weltliteratur in der Perspektive einer Longue Durée II: Die Ökumene des swahilisprachigen Ostafrika, in: Özkan Ezli, Dorothee Kimmich, Annette Werberger (Hg.): Wider den Kulturenzwang. Migration, Kulturalisierung und Weltliteratur. Bielefeld 2009, S. 361–401.

[17] Zum Polnischen siehe Aleksandra Shatskikh: Black Square: Malevich and the Origin of Suprematism. New Haven, London 2012, S. 51. – Marina Dmitrieva (Hg.): Zwischen Stadt und Steppe. Künstlerische Texte der ukrainischen Moderne aus den 1910er bis 1930er Jahren. Berlin 2012, S. 20.

Tatsächlich war die sprachliche und ethnische Vielfalt in der Gruppe der avantgardistischen Schriftsteller und Künstler in Ostmitteleuropa groß, Ukrainer, Georgier, Juden, Russen und Polen arbeiteten in vielen Kontexten zusammen. Die ersten wichtigen modernistischen Ausstellungen fanden in Kiew, Odessa oder Cherson statt.[18] Malevyč schrieb Manifeste und Aufsätze auf Ukrainisch und Russisch. Neben Kiew, wo vor 100 Jahren Les Kurbas die avantgardistische Theatergruppe Berezil' gründete, war insbesondere Charkiv in den 1920er Jahren ein bedeutendes Zentrum der Avantgarden.

Das avantgardistische Projekt in der Ukraine war weniger national als internationalistisch angelegt, zeichnete sich aber durch Verflechtungen zwischen ethnischen Gruppen an unterschiedlichen Standorten aus: So entstand in der kurzen Phase der ukrainischen Unabhängigkeit 1917–1918 die jiddische „Kultur-Lige", der die wichtigsten jiddischen Schriftsteller und Künstler der Ukraine angehörten, unter ihnen z.B. Dovid Bergelson. Viele der Avantgardisten in der Ukraine orientierten sich sowohl nach Westen als auch nach Osten. Während die russischen Futuristen um Majakovskij ihre Manifeste nur auf Russisch publizierten, veröffentlichten die ukrainischen Panfuturisten um Mychajlo Semenko ihre Manifeste auf Ukrainisch, Russisch, Deutsch, Englisch oder Französisch. Die meisten Vertreter dieses künstlerischen Aufbruchs in der Ukraine fielen schließlich den Säuberungen Stalins zum Opfer; sie sind als „Erschossene Renaissance" in die Geschichte eingegangen.[19] Viele jüdische Autoren wurden zudem im Holocaust ermordet. Es war das gewaltsame Ende einer fulminanten literarischen Dynamik in der Ukraine.

Fazit

Die Ukraine ist nach vier gescheiterten Unabhängigkeitsversuchen 1917–1918 und nach 70 Jahren als sowjetische Republik seit dem Jahre 1991 ein unabhängiges Land. Der linguistische Pluralismus, die situative Vielsprachigkeit und die Mehrfachzugehörigkeit von Dichterinnen und Schriftstellern existieren noch immer, haben aber abgenommen. Die über viele Jahre lebendige „positive Indifferenz" gegenüber Sprache und Zugehörigkeit ist mit dem Krieg an ihr Ende gekommen. Ein Beispiel für diese Entwicklung ist der in Donec'k geborene Autor Volodymyr Rafejenko, der zunächst auf Russisch schrieb. Nach seiner Flucht aus dem Donbass 2014 ging Rafejenko, der betont, dass ihn die russische Literatur erst zum Dichter gemacht habe, bewusst einen bilingualen Weg; 2019 publizierte er einen sehr gelungenen ukrainischen Roman mit dem Titel „Mondegreen". Nachdem er im März dieses Jahres zwischen Buča und Borodjanka nur knapp dem Tod entkam, will er das Russische nun endgültig hinter sich lassen – eine Entscheidung, die er unlängst in drastischen Worten öffentlich gemacht hat:

---

[18] Die von den Brüdern Burljuk organisierte Impressionismus-Ausstellung von 1909 in Cherson erwähnt etwa Andrej Krusanov (Russkij Avantgard. 2 Teilbände. Moskva 2010, S. 146–149) – rubriziert sie aber selbstverständlich als „russische Avantgarde". Der Auftakt der Avantgarde-Ausstellungen habe, so Krusanov, in „Provinzstädten" stattgefunden.

[19] Der Name verdankt sich einer gleichnamigen Anthologie, die 1959 als polnisch-ukrainische Initiative in Paris erschien und diese modernistische Generation der ukrainischen Elite erstmals breiter bekanntmachte: Jurij Lavrinenko: Rozstriljane vidrodžennja. Antolohija 1917–1933, Poezija – proza – drama – esej. Paris 1959.

> Die Sprache Z ist eine verbotene Sprache für alle, die nur im Geringsten von dem Inferno betroffen sind, das die russischen Bestien in unserem Land entfacht haben und es weiterhin tun. Wir werden „auf Russisch" getötet, russischsprachige Vertreter der Ethnien, die auf dem Territorium der Russischen Föderation leben, töten uns. Für mich ist ein „Mörder" nun für immer vor allem ein Russe. Genozid, Ermordung von Kindern und Erwachsenen, Vergewaltigungen, Folter, Zerstörung von Kirchen und Museen, von Kindergärten und Schulen, tierische, bestialische Brutalität – dies alles ist nun untrennbar mit der russischen Sprache verschmolzen. Daran kann man nichts mehr ändern. Die russische Sprache an sich wurde obszön.[20]

Es ist eine bittere Erkenntnis, dass viele Beobachter im Westen die sprachliche Vielfalt der Ukraine erst jetzt anerkennen, da dieser linguistische und literarische Reichtum massiv bedroht ist.

Schlagwörter:
Ukraine, Russisch, Ukrainisch, Mehrsprachigkeit, Literatur, Avantgarde

[20] Volodymyr Rafeyenko: Die Sprache Z. Frankfurter Allgemeine Zeitung, 9.8.2022.

Claudia Dathe

„Die Schweigesprache der Wut“

Ukrainische Dichtung im Krieg

Die Literatur, insbesondere die Gegenwartslyrik hat sich in der Ukraine zu einem wichtigen Medium der intellektuellen Verarbeitung des Krieges entwickelt. Schon seit 2014 ist die Gewalt, der das Land und seine Bürger ausgesetzt sind, Thema zahlreicher Gedichte. Mit der Invasion vom Februar 2022 hat sich das literarische Feld noch einmal deutlich verschoben. Der Krieg ist zur unentrinnbaren Realität geworden, mit der die Dichter sich auseinandersetzen müssen. In den Vordergrund tritt die Dokumentation, der „hohe poetische Ton“ scheint unmöglich geworden, ebenso ein klassisches Erzählen. Die Sprache ist nicht mehr nur Werkzeug der Beschreibung, sondern selbst Teil des Geschehens und Gegenstand der poetischen Reflexion.

Schon seit der Annexion der Krim und dem Beginn des Krieges im Donbass 2014 schreiben nicht nur Journalisten und Analytiker, sondern auch ukrainische Dichterinnen und Dichter über die Geschehnisse in ihrem Land. Sie versuchen in Worte zu fassen, wie das Eindringen der massiven Gewalt das Leben der Menschen in der Ukraine verändert. Mit dem Großangriff Russlands am 24. Februar 2022 hat ihre Perspektive sich jedoch noch einmal verschoben. Bis dahin waren sie überwiegend Beobachter des Geschehens, viele von ihnen reisten in den Donbass, um sich ein Bild vor Ort zu machen und ukrainischen Soldaten und Zivilisten Hilfe zu leisten. „Ich bin in den Donbass gefahren, um dort Aufnahmen für meinen Film zu machen“, berichtet etwa die Autorin und Filmregisseurin Iryna Cilyk, „aber ich konnte selbst entscheiden, wann ich das Gebiet wieder verlasse und in meine geschützte Wohnung in Kiew zurückkehre“.[1] Der Februar 2022 bedeutete demgegenüber einen dramatischen Einschnitt im Gesellschaftlichen wie Persönlichen, der sämtliche Grundlagen des bisherigen Lebens in Frage gestellt hat, vergleichbar vielleicht mit dem Epochenbruch zu Beginn des Ersten Weltkriegs.[2] Diese radikal veränderte Gegenwart versuchen die im Folgenden besprochenen Gedichte zu erfassen.[3]

Claudia Dathe (1971), Slavistin und literarische Übersetzerin aus dem Ukrainischen und Russischen, seit 2021 Koordinatorin des Forschungsverbundprojekts „European Times“ an der Europa-Universität Viadrina in Frankfurt (Oder)

Der vorliegende Beitrag stützt sich überwiegend auf Texte, die im Rahmen des Projekts „Translating the War. Poetry Readings from Ukraine“ ins Deutsche übertragen wurden, einer Kooperation zwischen dem Berliner Festival für literarisches Übersetzen „Translationale“ und dem „Translatorium“, einem Festival für literarisches Übersetzen in Žytomyr, <www.translationale-berlin.net/texte>.

[1] Translating the War. Poetry Readings from Ukraine, <www.facebook.com/ExilVHS/videos/414182487478467/>.

[2] Vgl. Jörn Leonhardt: Der überforderte Frieden. Versailles und die Welt 1918–1923. München 2018.

[3] Analysiert wurden Gedichte von Daryna Gladun, Tanja Rodionova, Ella Jevtušenko, Ljubov Jakymčuk, Ija Kiva, Iryna Cilyk, Lesyk Panasjuk, Viktorija Amelina, Iryna Šuvalova, Jurij

 doi: 10.35998/oe-2022-0141

Konfrontation

In aller Regel enthalten diese Texte keine aus eigener Anschauung gespeiste Beschreibung von Kampfhandlungen, sie verarbeiten vielmehr Informationen aus Nachrichtensendungen, aus sozialen Medien, persönliche Erfahrungen und Berichte von nahestehenden Menschen, die sich an der Front befinden. Halyna Kruk[4] umreißt in ihrem Gedicht „der moment der wahrheit" die Perspektive eines Scharfschützen im Kampf. Minutiös schildert sie die räumliche und emotionale Wahrnehmung des Kämpfers, der in der ständigen Anspannung vor einer möglichen Attacke die Kampfzone durch das Visier beobachtet:

> berückende winkel, strich zum ziel.
> gläser beschlagen, unterarm taub.
> licht, in dem du keinen schatten wirfst
> kugel, eine ewigkeit im anflug.[5]

Der Krieg wird als eine Konfrontation beschrieben, der nicht zu entkommen ist. Er durchdringt und beherrscht das gesamte Leben. So heißt es in Daryna Gladuns[6] Gedicht „die botschafter des krieges":

> wir wickeln uns in eine decke aus krieg
> wir machen kriegsdiät
> wir essen ihn morgens
> wir essen ihn mittags wir essen ihn abends
> krieg tropft aus den augen
> spült die sohlen an unseren derben stiefeln
> bohrt sich als span unter die haut und beginnt zu eitern.[7]

Bondarčuk, Oleh Kadanov und Pavlo Korobčuk aus dem Projekt „Translating the War"; dazu kommen aktuelle Gedichte von Halyna Kruk und Serhij Zhadan. Die meisten Texte entstanden nach dem 24. Februar 2022, einige wenige zwischen 2014 und Februar 2022. Soweit nicht anders angegeben, sind Originale und Übersetzungen der vorgestellten Gedichte auf der Seite <www.translationale-berlin.net/texte> einsehbar und werden hier mit Autor, Titel und Übersetzer zitiert.

4 Halyna Kruk (*1974), Dichterin, Prosaautorin, Literaturwissenschaftlerin. Sie veröffentlichte zahlreiche Lyrikbände und lehrt Literatur des Mittelalters an der Universität L'viv. 2022 war sie Teilnehmerin des Poesiefestivals Berlin und hielt die Eröffnungsrede.

5 Halyna Kruk: der moment der wahrheit, in: Weltklang. Nacht der Poesie. Lesebuch 2022. Berlin 2022, S. 87. Aus dem Ukrainischen von Claudia Dathe.

6 Daryna Gladun (*1993), Schriftstellerin, Übersetzerin, Performance-Künstlerin und Literaturwissenschaftlerin. In ihrem Band „Radio Vojna" experimentiert sie mit visuell-poetischen Formen. Im März 2022 floh sie vor den russischen Truppen aus Buča und lebt nach Aufenthalten in Berlin und Wien jetzt in Polen.

7 Daryna Gladun: die botschafter des krieges. <https://literaturfestival.com/wp-content/uploads/Texts-German.pdf>. Aus dem Ukrainischen von Claudia Dathe.

Der Krieg ist hier eine direkte Erfahrung des Körpers, der die sich verändernde Welt erlebt und darauf mit Tropfen und Eitern reagiert. Das Gedicht lässt offen, aus welchen konkreten Ereignissen sich die Allgegenwart des Krieges formiert, der Begriff „Krieg“ steht hier für die Gesamtheit aller durchlebten und wahrgenommenen Ereignisse. Der Bezug zu Paul Celans „Todesfuge“ („Schwarze Milch der Frühe wir trinken dich nachts / wir trinken dich morgens und mittags wir trinken dich abends“) schafft einen zusätzlichen Resonanzraum für diese Erfahrung und steigert ihre Dringlichkeit.

Gladuns Gedicht „unbe[haus]t“ dokumentiert dagegen die konkrete Konfrontation. Es handelt von der (realen oder imaginierten) Inbesitznahme einer Wohnung in einem eroberten Haus. Ganz detailliert stellt die Autorin jede Handlung dar, die ein russischer Soldat in einer fremden Wohnung vollzieht: vom Abstellen des Gewehrs über das Duschen und das Anlegen fremder Kleidung. In der Beschreibung des Gebrauchs von so intimen Gegenständen wie der Menstruationstasse entsteht der Eindruck einer Vergewaltigung, auch wenn es zu keinem körperlichen Kontakt kommt.[8]

Um die Konfrontation mit den attackierenden russischen Soldaten dreht sich auch das Gedicht „Verstreute Gesichter“ von Lesyk Panasjuk.[9] Auch hier werden keine Kampfhandlungen dargestellt, sondern die Gewalt, die vom räumlichen, körperlichen und mentalen Eindringen der russischen Soldaten in das private Leben der Ukrainer ausgeht. In fünf Strophen, deren jede eine neue Form der Invasion einführt, entsteht das Bild einer schrittweisen Überwältigung:

> Die russischen Soldaten springen mit Fallschirmen aus unseren Gesichtern herab
> halten sich an unseren Mundwinkeln fest [. . .]
> Die russischen Soldaten stellen einen Panzer in unseren Hof
> kommen in die Wohnungen
> lesen unsere Bücher
> [. . .] Die russischen Soldaten bereiten Essen zu, das sie aus unseren Speisekammern und Kühlschränken
> gerafft haben
> auf einem Freudenfeuer aus unseren Büchern
> [. . .] Die russischen Soldaten wollen ein bisschen Spaß haben
> und sehen sich unsere Kinderfotos an [. . .].

In der letzten Strophe endet die Invasion mit dem Tod: „Die russischen Soldaten kriechen wie Würmer aus ihrer schwarzen Rus/ um in Bächen ukrainischer Tränen zu sterben.“[10] Die russischen Soldaten sterben massenhaft – fahrend, fliegend, schwimmend –, aber sichtlich nicht infolge einer konkreten Einwirkung von Gewalt. Panasjuk vergegenwärtigt den Krieg als Gewalterfahrung, deren Ende gleichsam passiv herbeigeführt wird und allein aus dem Leiden des Angegriffenen erwächst. Auch Halyna Kruk tastet sich in ihrem Gedicht „so viel ausgereifte bosheit“ zu der Frage vor, mit welchen Mitteln gegen

---

[8] Ebd.

[9] Lesyk Panasjuk (*1991), Schriftsteller, Übersetzer, Designer und Performancekünstler. Übersetzer u.a. von Valžyna Mort und Herausgeber mehrerer Anthologien belarussischer Literatur. Während des Krieges musste Panasjuk vor der russischen Armee fliehen, die sein Haus in Buča besetzte und zerstörte.

[10] Lesyk Panasjuk: Verstreute Gesichter. Ins Deutsche übertragen von Michael Pietrucha.

das „vielköpfige Monster,/ das schnappt und schlingt/ und würgt“, vorzugehen sei. In ihrem Text zögert die Kugel im Anflug auf den Gegner, und es wird gefragt:

> kann Dichtung der Beweis sein
> für die Bereitschaft zu töten, die Unfähigkeit, sich zu versöhnen
> die Notwendigkeit, sich mit Taten zu wehren statt mit Worten?[11]

Opfer

In ihrem Gedicht „Verluste der ukrainischen Armee“ befasst sich Viktoria Amelina[12] mit dem Spannungsverhältnis zwischen dem Beschluss von Präsident Zelens’kyj, bis zum Kriegsende keine Opferzahlen zu veröffentlichen, und dem Umstand, dass die Menschen in der Ukraine zugleich täglich von konkreten Opfern erfahren:

> Da ist der Nachbar, der Mann von dieser Wunderlichen
> die die roten Blumen gepflanzt hat
> Der Freund, der niemanden informiert hatte
> der Dozent, den wir so mochten
> und das Mädchen, das alle so genervt hat.[13]

Das lyrische Ich gelobt, sich an die staatliche Informationspolitik zu halten, beginnt dennoch unwillkürlich zu zählen und verzählt sich. Das (verbotene) Zählen, das im Verzählen endet, zeigt die Unmöglichkeit, die menschlichen Verluste quantitativ zu erfassen; die Opfer werden nicht in Form von Zahlen greifbar, sondern als individuelle Schicksale.

In Jurij Bondarčuks[14] Gedicht „Dima“ geht es um die Nachricht vom Tod der Mutter eines geliebten Menschen; der Protagonist ist nicht in der Lage, diesem die Nachricht persönlich zu überbringen:

> An alle,
> denen es nicht gleichgültig ist,
> bitte suchen Sie Dima
> und teilen Sie ihm mit:
> „Deine Mutter ist am Neunten gestorben.
> Dann ist das Haus abgebrannt.
> Es würde mir viel bedeuten
> wenn Du mir verzeihst.“

---

[11] Halyna Kruk: „so viel ausgereifte Bosheit, dass man“. In: Weltklang. Nacht der Poesie. Lesebuch 2022. Berlin 2022, S. 88. Ins Deutsche übertragen von Claudia Dathe.

[12] Viktoria Amelina (*1986), Autorin, Essayistin, Menschenrechtsaktivistin. Gründerin des New York Literaturfestivals im Donbass, das 2021 zum ersten Mal stattfand. 2021 wurde Amelina mit dem Joseph-Conrad-Preis ausgezeichnet und lebt derzeit als Stipendiatin mit ihrer Familie in Krakau.

[13] Viktoria Amelina: Verluste der ukrainischen Streitkräfte. Ins Deutsche übertragen von Chrystyna Nazarkevyč.

[14] Jurij Bondarčuk, Dichter und Hip-Hop-Künstler, lebte mehrere Jahre in Irpin’.

Wie die Mutter gestorben ist, wird in dem Gedicht nicht beschrieben, nur der Verweis auf das brennende Haus deutet den Zusammenhang an. Das Gedicht nimmt Bezug auf eine handschriftliche Nachricht vom Tod und Begräbnis einer Mutter, die nach den Angriffen auf die Zivilbevölkerung in Mariupol’ verfasst wurde und im Netz kursierte.[15]

Flucht und Sicherheit

Ein zentrales Moment des Alltags im Krieg ist der Verlust von Sicherheit. Die unzähligen Raketenangriffe gegen Städte stellen eine existenzielle Bedrohung dar, die zu einer neuen Wahrnehmung des eigenen und fremden Befindens geführt hat: Kein persönliches Gespräch über abwesende Dritte, in dem nicht erwähnt würde, ob der Betreffende sich in Sicherheit befindet oder nicht. Daryna Gladun hat diesem Phänomen das Gedicht „Nacht Nummer 48“ gewidmet, in dem sie alltägliche Verrichtungen, Träume und die antizipierte Bedrohung verschiedener europäischer Länder zur Gesamtwahrnehmung einer gefährdeten Existenz verflicht:

> [. . .] Ich erwache von lauten Gesprächen hinter
> der Wand von Gewusel Geraschel und
> Türenschlagen
> ich denke
> jetzt ist der Krieg schon hier
> drehe mich auf die andere Seite und
> versuche wieder einzuschlafen weiß doch
> Moldau ist nicht in Sicherheit
> Rumänien ist nicht in Sicherheit
> Estland ist nicht in Sicherheit.[16] [. . .]

Das Gedicht umfasst fünf Strophen, von denen vier mit der Aufzählung von Ländern enden, die in Gefahr sind. Dieser refrainartige Abschluss vermittelt den Eindruck einer ständig zunehmenden, von allen Seiten auf das lyrische Ich einstürzenden Bedrohung, die in immer intimere Räume eindringt: In der ersten Strophe manifestiert sie sich bei einem Spaziergang im Park, in der zweiten beim Einschlafen, in der dritten Strophe dringt sie sogar in den Traum ein:

> [. . .] Jede Nacht habe ich denselben Traum
> wie ich morgens zur Arbeit gehe
> mittags heimkehre
> das Geschirr spüle Wäsche wasche koche
> zu Abend esse ein Buch lese und mich
> in mein Bett lege
> doch selbst im Traum
> ist Litauen nicht in Sicherheit
> Georgien nicht in Sicherheit
> Finnland nicht in Sicherheit.

---

[15] „Mama umerla bystro. Pochoronil ee vozle detsada.“ 5ua, 22.3.2022.

[16] Daryna Gladun: sorok vos’ma nič. Auf Ukrainisch bislang unveröffentlicht.

Auch äußerlich breitet die Gefahr sich immer weiter aus: von den Nachbarländern der Ukraine Polen, Moldawien und Litauen über Deutschland bis nach Frankreich und Italien. Tanja Rodionovas[17] Gedicht „How is it today?“ zeichnet den Dialog mit einem französischen Freund nach, dem sie klarzumachen versucht, was Alltag im Krieg bedeutet: „Ich bin okay“, heißt es hier, „in relativer Sicherheit.“[18]
Dasselbe Motiv zieht sich auch durch Ija Kivas[19] aktuelle Texte, darunter etwa das Gedicht „[flüchtlinge. Theater]“:

> die erste Nacht am sicheren Ort – so sagen wir zum Westen des Landes –
> verbringst du auf dem Boden des Theaters, eine Requisite
> für den Krieg, auf den man freie Sicht hat
> [. . .] aber es nützt nichts: wie ein Wahnsinniger mit Sehnsuchtsklinge unter den Nägeln
> jagt die Erinnerung dich über ein staubiges Feld voll toter Kartoffeln –
> so weit, dass du in den Augen der Kinder nur noch Erde siehst.[20]

Kiva war infolge des Krieges im Donbass 2014 nach Kiew gezogen; zu Beginn des russländischen Großangriffs ging sie nach L'viv und ist seither dort als ehrenamtliche Helferin tätig. L'viv ist einer der Hauptorte, über den Flüchtlinge die Ukraine in Richtung Westen verlassen. In Kivas Gedicht wird das Theater zum einen ein Ort der Zuflucht, ein Ort, den man nach einer langen, gefährlichen Reise erreicht und an dem man ausruhen kann, zum anderen ist er ein Provisorium, denn es gibt dort weder Betten noch irgendeine andere Ausstattung, nichts Wohnliches; der Vorüberziehende wird Teil des Theaters, wird zur Requisite ohne jeden privaten Raum. Der physischen Bedrohung ist er zwar entkommen, aber seinen Erinnerungen entkommt er nicht.
Serhij Zhadan beschreibt in seinem Gedicht „Metro“ das unterirdische Labyrinth der Metrogänge als Orte der Zuflucht vor Kriegshandlungen:

> Stablampe in der Tasche, die Gänge überfüllt
> Gott übernachtet mit dir in der Metrostation
> [. . .] Das Handy von Mama, die alte Matte des Bruders.
> Es ist die Untergrundbahn, die dir Hoffnung gibt.
> Tief unten in der Station schlägt dein Herz.[21]

---

[17] Tanja Rodionova (*1990), Autorin, Übersetzerin, Kulturmanagerin, Gründerin und Geschäftsführerin des ukrainischen Festivals für literarisches Übersetzen Translatorium. Koordinatorin des Projekts „Translating the war. Poetry Readings from Ukraine“.

[18] Tanja Rodionova: How is it today?

[19] Ija Kiva (*1984), Dichterin und Übersetzerin. Aufgrund des Krieges im Donbass floh sie 2014 aus Donec'k und lebte bis zum Überfall Russlands auf die Ukraine in Kiew. Seitdem lebt sie in L'viv. Bislang schrieb sie Lyrik auf Russisch und Ukrainisch. 2020 nahm sie am Toledo-Projekt „Cities of translators: Kiew“ teil.

[20] Ija Kiva: [flüchtlinge. Theater]. Ins Deutsche übertragen von Ulrike Almut Sandig und Claudia Dathe.

[21] Serhij Zhadan: Der Himmel über Charkiv. Nachrichten vom Überleben im Krieg. Berlin 2022, S. 240.

Die Menschen flüchteten zu Beginn des Krieges in die U-Bahn und richteten sich dort häuslich ein. Häufig wurden sie von Ehrenamtlichen mit Essen und Medikamenten versorgt, teilweise fand für Schulkinder dort Unterricht statt. Auch Kulturveranstaltungen wurden in U-Bahn-Stationen abgehalten. Serhij Zhadan selbst gab mit seiner Band *Žadan i Sobaky* am 1. April 2022 in der Charkiver Metro ein Konzert für Kinder.[22] Inzwischen haben die Menschen die Metrostationen wieder verlassen, der U-Bahn-Verkehr wurde wieder aufgenommen.
Zhadan greift das Thema Flucht bereits in seinen Gedichten nach 2014 auf, die den Krieg im Donbass und dessen Folgen thematisieren. „Nimm die wichtigsten Dinge“ erzählt vom Aufbruch aus einem vertrauten Ort, von dem man nur einige wenige Gegenstände mitnehmen kann:

> Nimm die Heiligenbilder, das Silberbesteck,
> nimm die Kreuze, den Goldkram, wir gehen weg. [. . .]
> Wir werden die Städte nicht wiedersehen.
> Nimm die Briefe, auch schlimme, dann lass uns gehen.“[23]

Zhadan beschreibt die Flucht hier als einen geplanten Prozess. Als im Frühjahr 2014 der Krieg im Donbass begann, handelte es sich um vereinzelte militärische Aktionen, die auf die Destabilisierung der Region und die Zerstörung der ukrainischen staatlichen Strukturen zielten. Es gab Kriegshandlungen, doch sie hatten weit geringeres Ausmaß als heute. 2014 kam es nur selten vor, dass Menschen ihren Wohnort über Nacht verlassen mussten, seit Russlands Angriff im Februar 2022 dagegen sind viele Menschen überstürzt geflohen und mussten ihre gesamte Habe zurücklassen. Der Frage, welche Rolle materielle Dinge in der einzelnen Fluchtgeschichte spielen, geht Viktoria Amelina in ihrem Gedicht „Geschichte für die Heimkehr“ nach.[24] Sie erzählt von Mira, Tim und Jarka, die eine Perle, ein Steinchen und einen Aprikosenkern mitgenommen haben, um daraus Perlen für eine Schatulle zu züchten, eine Stadt zu bauen und einen Aprikosenhain anzulegen. Und von Vira, die nichts mitgenommen hat, aber eine Geschichte davon erzählt, wie das mit einem Blick eingefangene zurückgelassene Haus in die Jackentasche wandert und sich beim Herausholen in ein neues Zuhause verwandelt. Amelina beschreibt hier den Zusammenhang zwischen dem materiellen und dem immateriellen Wert des Zurückgelassenen und die Formen seiner Wiederbelebung in der Fremde. Ihr Blick richtet sich dabei ausschließlich auf die individuelle Wahrnehmung der flüchtenden Person. Das Zurücklassen wird als ein Prozess der Auswahl, das Ankommen als ein Prozess der aktiven Bewahrung dessen beschrieben, was dem Einzelnen kostbar ist. Das Gedicht erwähnt keine Kriegshandlungen und keine Opfer. Den einzigen konkreten Bezug zur Ukraine bildet der Aprikosenkern, da die Aprikose als typische Frucht der ost- und südukrainischen Gebiete gilt.[25]

---

[22] „Žadan i Sobaki“ sygrali „vesennij koncert“ dlja detej v metro Char'kova. 24tv.ua, 3.4.2022.
[23] Serhij Zhadan: Warum ich nicht im Netz bin. Gedichte und Prosa aus dem Krieg. Berlin 2016, S. 41.
[24] Viktoria Amelina: Geschichte für die Heimkehr. Ins Deutsche übertragen von Chrystyna Nazarkevyč.
[25] Vgl. dazu Ljubov Jakymčuk. Abrikosy donbasu. L'viv 2015.

Den Verlust von Sicherheit und Zuhause greift Ljubov Jakymčuk[26] in ihrem Gedicht „Katzen“ auf. Darin legt die Protagonistin einen langen Weg zurück, per Flugzeug, Bahn, Bus, Fahrrad, zu Fuß, kommt aber nirgends an, weder an einem Ort noch bei den Menschen, zu denen sie unterwegs ist.[27]
Zahlreiche Ukrainer, die im Jahr 2014 in Folge des Krieges aus dem Donbass geflohen waren, müssen nun die Erfahrung machen, dass der Krieg sie ein zweites Mal heimsucht. Diese Erfahrung thematisiert Jurij Bondarčuk in seinem Gedicht „Zeit Brücken zu bauen“, das von Džek handelt, der aus Donec'k geflohen war und in Irpin' eine zweite Heimat gefunden hatte.[28]

Zeit aus den Fugen

Mit dem Großangriff Russlands am 24. Februar 2022 begann in der Ukraine eine neue Segmentierung der Zeit. Die Kriegszeit seither wird nach Tagen gezählt: Tag 1, Tag 13, Tag 48. Diese Zählung spiegelt die Wahrnehmung des Kriegs als endlose Wiederholung des Grauens. Darauf nimmt etwa Tanja Rodionova in ihrem Gedicht „Welcher Tag ist heute?“ Bezug:

> Welcher Tag ist heute?
> ich weiß es nicht
> ist heute Samstag?
> ich weiß es nicht
> ist heute Sonntag
> Montag
> oder Mittwoch?
> ich weiß es nicht
> heute ist der vierzehnte Tag
> das ist alles was ich weiß
> und gestern war der dreizehnte
> und davor war irgendwann der erste [. . .].[29]

Herkömmliche Zeiteinteilungen wie Wochen- oder Kalendertage werden durch die Realität des Krieges überlagert und ausgeblendet. Doch auch der Rückgriff auf gebräuchliche zeitliche Segmentierungen kann wie eine Metapher für die Endlosigkeit des Krieges wirken, so etwa bei Iryna Cilyk[30]: „Frühling, Sommer, Herbst, Winter und dann wieder Krieg“.[31]

---

[26] Ljubov Jakymčuk (*1985), Dichterin, Essayistin, Projektkuratorin. Bis zum Krieg im Donbass lebte sie in Luhansk, seitdem in Kiew. Mit ihrem Gedichtband „Aprikosy Donbasu“ (Dt. Die Aprikosen des Donbass) schuf sie eine umfassende poetische Reflexion des Donbass als industriell und imperial geprägtem Raum.

[27] Ljubov Jakymčuk: Katzen. Ins Deutsche übertragen von Beatrix Kersten.

[28] Jurij Bondarčuk: Zeit, Brücken zu bauen. Ins Deutsche übertragen von Ganna Gnedkova und Peter Huemer.

[29] Tanja Rodionova: Welcher Tag ist heute?

[30] Iryna Cilyk (*1982), Dichterin und Regisseurin. Seit 2014 unternahm sie zahlreiche Reisen in den Donbass. 2020 drehte sie den Dokumentarfilm „Die Erde ist blau wie eine Orange“ über den Kriegsalltag seit 2014. Im Frühjahr 2022 floh sie von Kiew nach L'viv, kehrte aber bereits sechs Wochen später nach Kiew zurück.

[31] Iryna Cilyk: „Schwärzer und schwärzer wird die Erde nach Osten“. Ins Deutsche übertragen von Claudia Dathe.

Die meisten Gedichte sind Momentaufnahmen, die Facetten des Krieges einfangen. Sie umkreisen den Krieg in der Wahrnehmung einer unendlichen Gegenwart. Die wenigsten Texte knüpfen Bezüge zu Dingen, Ereignissen und Konstellationen vor dem Krieg. Wo dies doch geschieht, wie etwa in dem Gedicht „Kulturschicht"[32] von Iryna Šuvalova[33], erscheint die Vergangenheit als ein dem Jenseits vergleichbarer Raum, zu dem seit Beginn des Krieges jeder Zugang versperrt ist. Einzelne Texte verbinden den aktuellen Krieg mit dem schon seit 2014 andauernden Krieg im Donbass zu einem Kontinuum, so etwa Ija Kivas „acht Jahre sagen: bei mir zu Hause ist Krieg".[34]

Orte, Räume und Landschaften

Neben der Verletzung der Privatsphäre durch das Eindringen der feindlichen Armee[35] sind Räume auch im Sinn konkreter Orte und Landschaften Thema vieler poetischer Texte. Ein Beispiel ist Iryna Cilyks Gedicht „.Rote Zone", dessen Titel auf die übliche Darstellung aktiver Gefechtszonen auf militärischen Karten verweist. Seit 2014 reiste Cilyk immer wieder für Filmaufnahmen in die Kriegsgebiete des Donbass. Die Vorbereitung auf diese Reisen, den Übertritt von sicherem auf unsicheres, militärisch umkämpftes Territorium geht in ihrem Gedicht mit einer Vielzahl körperlicher Verrichtungen einher, die man normalerweise eher mit der Vorbereitung auf ein Rendezvous verbinden würde:

> Wenn ich in die „rote Zone" gehe,
> ertappe ich mich jedes Mal, wie ich mich meinem Körper
> mit außergewöhnlicher Sorgfalt widme:
> gründlich rasiere ich alles Überflüssige weg,
> lange feile ich meine Nägel
> und suche feine Unterwäsche aus.
>
> [. . .] Auch ich muss unweigerlich an ein mögliches Treffen
> mit dieser Geliebten denken
> die kalte Augen hat feuchte Finger
> und Haar, das nach schwarzen Wiesenblumen duftet.

Der Raum der Gefahr scheint aus der Distanz zunächst eine große Anziehung auszuüben; erst in der Annäherung schlägt diese in eine konkret wahrnehmbare Bedrohung um, weshalb die gedanklich vorweggenommene Begegnung schließlich ausbleibt – die vertrauten Handgriffe münden in ein abruptes Zurückschrecken: „,Heute lieber nicht', sage ich, ,bitte nicht heute.'/ Sie (die Zone, Anm. C.D.) lächelt und schweigt."[36]

---

32 Iryna Šuvalova: Kulturschicht. Ins Deutsche übertragen von Beatrix Kersten.

33 Iryna Šuvalova (*1986), Dichterin, Übersetzerin und Literaturwissenschaftlerin. Ihre jüngste Sammlung *stoneorchardwoods* (kaminsadlis, 2020) wurde in der Ukraine zum besten Lyrikband 2020 gekürt. Ihr Werk wurde in 20 Sprachen übersetzt. Sie lebt und arbeitet zwischen Kiew und Nanjing (China).

34 Ija Kiva: „acht jahre sagen: bei mir zu Hause ist Krieg". Ins Deutsche übertragen von Ulrike Almut Sandig und Claudia Dathe.

35 Vgl. die bereits erwähnten Gedichte „Verstreute Gesichter" von Lesyk Panasyuk und „unbe[haus]t" von Daryna Gladun.

36 Iryna Cilyk: Rote Zone. Ins Deutsche übertragen von Claudia Dathe.

Orte wie Buča, Irpin' und Mariupol', wo die russländische Armee Kriegsverbrechen verübt hat, werden im öffentlichen Diskurs mittlerweile als Sinnbilder des Kriegs überhaupt wahrgenommen; auch in Gedichten tauchen sie auf. In Pavlo Korobčuks[37] Gedicht „Ivanka, 8 Jahre, Mariupol"[38] etwa entfalten die Toponyme Mariupol', Buča, Charkiv und Kiew ihre Assoziationsräume jeweils im Kontrast zu einer Alltagsbeobachtung eines Kindes im Krieg. Aus dem Vorwissen über die Vernichtung, die Massaker und die Angriffe auf diese Städte, das jeder ukrainische Leser mitbringt, entsteht im Zusammenspiel mit den Äußerungen der Kinder eine Konfrontation von Unschuld und Gewalt.
L'viv als Stadt ist dagegen zum Symbol für Zuflucht geworden, es wird mit Geflüchteten und ihrer Beherbergung assoziiert, so zum Beispiel in Ija Kivas Gedichten „Flüchtlinge. Bahnhof"[39] und „Flüchtlinge. Theater".
Die Steppengebiete im Osten der Ukraine figurieren in Gedichten wie „Schwärzer und schwärzer wird die Erde nach Osten" von Iryna Cilyk oder „Den ganzen Monat standen sie am Fluss" von Serhij Zhadan. Cilyks Gedicht deutet eine Fluchtsituation vor dem Hintergrund einer östlichen Landschaft an:

> Wir laufen durch Berge, Haine und Schluchten
> durch graue Orte und Brandstätten menschlichen Leids
> [. . .] Ich werde neben dir liegen in der schwarzen Erde
> wenn's drauf ankommt. Doch vorerst haben wir hier
> Morgenrot in verminten Mohnfeldern
> [. . .] Gebräunte, windharte Gesichter. Ein staubschwerer Weg.[40]

Entscheidend für die Wahrnehmung des Raums im Gedicht ist jedoch nicht seine Zuordnung zu einer spezifischen geographischen Region, sondern seine Wahrnehmung als Landschaft, die in einem zeitlich unbegrenzten, von natürlichen und zivilisatorischen Hindernissen erschwerten Lauf durchmessen wird.
Serhij Žadan zeichnet in „Den ganzen Monat standen sie am Fluss" das Bild des schwarz und träge dahinfließenden Donec, an dessen Ufern sich Truppen gegenüberstehen. Der Donec stellt für Žadan die östliche Begrenzung des Donbass dar, jener Steppenregion, die in seinem Roman „Die Erfindung des Jazz im Donbass" zum Ursprungsort einer neuen posttotalitären Identität im Osten der Ukraine wurde.[41] Die Truppen stehen reglos, es gibt keine Kampfhandlungen, die einzige Bewegung ist das Gleiten eines Toten im Fluss, der von der Strömung flussabwärts gespült wird. Ringsum liegt das vertraute Gelände der Steppe, in dem der Dichter unzählige Lebensläufe eingeschrieben sieht. Sie sind es, die die Identität der Landschaft prägen:

---

37 Pavlo Korobčuk (*1984), Autor, Publizist, Musiker, Performer. Sieger zahlreicher Poetry Slams, lebte in Kiew, jetzt L'viv.
38 Pavlo Korobčuk: „Ivanka, 8 Jahre, Mariupol". Ins Deutsche übertragen von Irina Bondas.
39 Ija Kiva: „[Flüchtlinge. Bahnhof]". Ins Deutsche übertragen von Ulrike Almut Sandig und Claudia Dathe.
40 Iryna Cilyk: „Schwärzer und schwärzer wird die Erde nach Osten." Ins Deutsche übertragen von Claudia Dathe.
41 Vgl. dazu den Beitrag von Tamara Hundorova in diesem Band, S. 341–352.

Land der verschreckten Fische und Steppenvögel.
Land der goldenen Ähren und Brandwiesen –
Irgendwann schreibt einer die Geschichte dieser Ufer auf
die Geschichte der Nebenarme und Furten.
Irgendwer fügt die Namen in die Geschichte ein,
die Namen der spitzen Akazien und grünen Nesseln.
Das rechte Ufer, an dem sich das Echo bricht.
Das linke Ufer, von dem keiner zurückwich.[42]

Ljubov Jakymčuks Gedicht „Zersetzung“ beschreibt die Zerstörung von Städten im Donbass im Zuge des Krieges seit 2014. Dieser Vernichtung aller Spuren von Zivilisation verleiht Jakymčuk mit Silbentrennungen und -reduktionen Ausdruck:

erzählt mir doch nichts von Luhansk
es heißt schon lange bloß Hansk
Lu wurde dem roten Asphalt gleichgemacht
[. . .] Perwomajsk wurde zu Perwo und Majsk zerbombt
per foriert im Mai sk andalös quälend [. . .]

Die Zersetzung erstreckt sich nicht nur auf die Orte, sondern auch auf deren Bewohner, ja, auf die Autorin selbst: „bin so schrecklich alt schon// und auch nicht mehr Ljuba, bloß noch ba.“[43]

Sprechen – Schreiben – Schweigen

In ihrer Eröffnungsrede zum diesjährigen Poesiefestival Berlin versuchte Halyna Kruk die Diskrepanz zwischen der erlebten Kriegswirklichkeit und der zu deren Erfassung zur Verfügung stehenden Sprache auszuloten. „Gegen Leute mit Maschinengewehren helfen keine Metaphern“, heißt es dort:

> Wenn dein Auto, in dem du mit deinen Kindern dem Krieg zu entfliehen versuchst, von einem Panzer überrollt wird, hilft keine Dichtung. Wenn du tagelang vor dem verschütteten Keller eines Hochhauses ausharrst und hörst, wie drinnen deine Kinder und Enkel schreien, du sie aber nicht rausholen kannst, ist Poesie fehl am Platze.[44]

Das Trauma des Krieges entzieht sich jeder Rationalisierung oder Erklärung.[45] Diese buchstäbliche Unbeschreiblichkeit der Ereignisse ist auch bei anderen Dichtern Thema. So heißt es bei Pavlo Korobčuk:

---

[42] Zhadan, Warum ich nicht im Netz bin [Fn. 23], S. 186.
[43] Ljubov Jakymčuk: Zersetzung. Ins Deutsche übertragen von Beatrix Kersten.
[44] Halyna Kruk: Krieg ist keine Metapher. In: Die Zeit, 18.6.2022.
[45] Zum Verhältnis zwischen Trauma und Sprache vgl. Alexander Kratochvil: Posttraumatisches Erzählen. Trauma – Literatur – Erinnerung. Berlin 2019, S. 27ff.

ich kann nicht sprechen, will nicht sprechen,
denn die wörter existieren weiter,
die von russischem pack ermordeten aber nicht
wie lassen sich die wörter gegen die ermordeten eintauschen,
sodass diese wieder unter den lebenden sind,
wofür wir bestimmte wörter verlieren
ich bin bereit, die schönsten wörter gegen menschen einzutauschen, zum beispiel:
schmuckstück
akupunktur
heckenkirsche
astrolabium
liebkosung
denn wozu brauchen wir wörter,
wenn es niemanden gibt, der sie ausspricht
so will ich heiter mit den auferstandenen sprechen:
… … … … … …[46]

Die Auslassungspunkte am Ende des Gedichts kennzeichnen den Verlust der Sprache angesichts der unbeschreiblichen Ereignisse. Auch bei Oleh Kadanov[47] geht es um diesen Verlust:

die worte sind uns ausgegangen
es ist zeit neue zu erfinden
wasser verschlingt laute
uns verschlingt der schmerz [. . .][48]

Ella Jevtušenko[49] thematisiert in ihrem Gedicht „#BuchaMassacre“ das Versagen von Sprache:

was sollen schon Worte gegen die rohe Gewalt
[. . .] denn es gibt in den Wörterbüchern keine solchen Worte, gibt es nicht gibt es nirgendwo
ich bin Lyrikerin ich sollte diese Worte kennen aber es gibt sie nicht, es gibt sie gar nicht
denn die Lyrik ist tot ermordet in Buča
nackt in den Kanal geschmissen [. . .].[50]

---

[46] Pavlo Korobčuk: ich kann nicht sprechen, will nicht sprechen. Ins Deutsche übertragen von Irina Bondas.

[47] Oleh Kadanov Dichter, Musiker, Schauspieler, engagiert sich als Ehrenamtlicher im Kriegsgebiet, insbesondere mit seinem Kulturverein Kul'turnyj šok.

[48] Oleh Kadanov: „Die Worte sind uns ausgegangen.“ Ins Deutsche übertragen von Ganna Gnedkova und Peter Huemer.

[49] Ella Jevtušenko (*1996), Dichterin, Übersetzerin, Musikerin, Kulturaktivistin, Mitbegründerin der Kunstvereinigung Ščohla, lebt in Kiew.

[50] Ella Jevtušenko: #BuchaMassacre. Ins Deutsche übertragen von Chrystyna Nazarkevyč.

Die Sprachlosigkeit hebt das Bedürfnis zu sprechen jedoch nicht auf. Der scheinbare Widerspruch zwischen der Empfindung des Unsagbaren und der Notwendigkeit, die Ereignisse festzuhalten, löst sich in der Verweigerung jeder poetischen Verarbeitung. Immer wieder heben die Autoren den dokumentarischen Charakter ihrer Gedichte hervor: Es gehe ihnen darin lediglich um die Fixierung des Geschehens, nicht darum, Dichtung zu schaffen.[51] Das proklamierte dokumentarische Schreiben grenzt sich nachdrücklich von der „hohen Dichtung“ ab:

> und ihr schreibt Verse, wie bestickte Blusen so hübsch
> schreibt ideale glatte Gedichte
> goldene hohe Dichtung
> über den Krieg lässt sich nichts dichten
> Krieg ist Zersetzung,

heißt es bei Ljubov Jakymčuk.[52] In der Ablehnung dieser „hohen Dichtung“ vollzieht sich zugleich eine Abgrenzung von all denen, die die Erfahrung des Krieges nicht teilen. Bei einer Lesung im Rahmen der Veranstaltungsreihe „Translating the War“ sagte Viktoria Amelina, sie sei eigentlich Prosaautorin und keine Dichterin, aber seit Beginn des Krieges könne sie nur noch Gedichte schreiben. Das Geschehen lasse sich mit traditionellen erzählenden Formen nicht erfassen.[53] Die Sprachlosigkeit, die viele ukrainische Autorinnen und Autoren beschreiben, ist demnach keine allgemeine Unfähigkeit, Worte zu finden, es ist vielmehr das Erzählen, das hier scheitert. Ein Grund dafür ist wohl, dass die mit dem Erzählen verbundenen gängigen Vorstellungen von Vergangenheit, Gegenwart und Zukunft angesichts der übermächtigen Gegenwart des Krieges versagen.[54] Das Schreiben entfaltet keinen Rückgriff auf die Vergangenheit und keinen Vorgriff in die Zukunft mehr, es verharrt bei der unmittelbaren Gegenwart. Diese ist so dominant und wird als so einzigartig empfunden, dass sich jede Verknüpfung mit anderen Ereignissen verbietet.

Anders als Korobčuk, Kruk, Amelina und Jevtušenko, in deren Gedichten die Diskrepanz zwischen dem, was geschieht, und dem, was sich sagen lässt, direkt benannt wird, die Sprache aber ihre beschreibende Funktion behält, verflicht Ija Kiva das äußere Geschehen mit den Veränderungen, die in der Sprache selbst vor sich gehen. Damit ist die Sprache nicht länger nur Instrument zur Beschreibung der Ereignisse, sondern selbst Teil der Ereignisse:

> zum Beben verblühter Blumen versenkt sich die Nacht
> und legt sich uns in die Münder mit fauligen Zähnen, mit Schweigen
> unsere Sprache jetzt – ein Helfer-Flüchtlings-Chat
> in dem Sirenen ihre Lieder von Odysseus singen.[55]

---

[51] Vgl. dazu „Translating the War. Poetry Readings from Ukraine. Lesung am 21.7.2022. <www.facebook.com/ExilVHS/videos/5128897080521468>.

[52] Ljubov. Yakymčuk. Zersetzung. Ins Deutsche übertragen von Beatrix Kersten.

[53] <www.facebook.com/ExilVHS/videos/414182487478467>.

[54] Alfred Koschorke: Wahrheit und Erfindung. Grundzüge einer allgemeinen Erzähltheorie. Frankfurt 2012, S. 204.

[55] Ija Kiva: „acht Jahre sagen: bei mir zu Hause ist Krieg“. Ins Deutsche übertragen von Ulrike Almut Sandig und Claudia Dathe.

Die Betroffenen werden körperlich infiziert von der hereinbrechenden Nacht, die im Kriegsalltag als Zeit der eskalierenden Gewalt, der forcierten Raketenangriffen erlebt wird; ihre Sprache fault und verkommt zum Schweigen. In einem anderen Gedicht von Kiva ist von der „Schweigesprache der Wut“ die Rede: „die Zeit steht in der Kehle still wie ein kaputter Wecker der Geschichte/ und überzieht sich mit Staub verhärmter Leben“, heißt es da, und:

> du trägst einen schweren Bedeutungswörterfluch im Mund
> lädierte Truhe voll Waffen aus Papier
> die weder Wunden hier schlagen noch Wunder
> [. . .] in leeren Wörtern blätterst du wie in weißen Pupillen
> die nach Krieg stinken wie eine verschleppte Krankheit [. . .][56]

Kiva zeigt, dass weder die Sprache noch diejenigen, die sie sprechen, der vernichtenden Wirkung des Krieges entkommen, die Sprache ist Teil des Geschehens und unterliegt ebenso wie alles andere der Gefahr, vernichtet zu werden.

Russisch als Sprache der Dichtung über den Krieg

Das Verhältnis zwischen der russischen und ukrainischen Sprache in der Ukraine ist seit der Unabhängigkeit des Landes 1991 Gegenstand von Diskussionen, immer wieder wurde von verschiedenen politischen und gesellschaftlichen Kräften versucht, das Thema ideologisch zu instrumentalisieren. Nach dem Euromajdan, der Annexion der Krim und dem Beginn des Krieges im Donbass haben sich die Einstellungen zum Russischen als zweiter weit verbreiteter Sprache im Land stark verändert. Bereits vor dem Februar 2022 galt es zunehmend als „Sprache des Feindes“. Seit dem Beginn des großen Krieges nehmen die Vorbehalte gegen den Gebrauch des Russischen rasant zu, viele Ukrainer, die bis dahin im Alltag und in der Geschäftskommunikation fast ausschließlich Russisch gesprochen hatten, vollziehen nun einen Sprachwechsel oder streben diesen an.[57]
Auch in der Literatur lassen sich diese Entwicklungen beobachten. Während nach den Ereignissen von 2014 Dichterinnen und Dichter wie Aleksandr Kabanov, Boris Chersonskij, Anastasija Afanas'eva und Evgenija Belorusets weiter auf Russisch schrieben und die politischen Entwicklungen sowie die daraus erwachsenden Konflikte mit der eigenen sprachlichen Identität zum Teil in ihren Gedichten thematisierten,[58] ist seit dem Überfall im Februar 2022 keinerlei russischsprachige Dichtung mehr in der Öffentlichkeit präsent. Einige Autorinnen und Autoren haben bereits nach 2014 einen Sprachwechsel vollzogen und schreiben seither nur noch auf Ukrainisch. Zu ihnen gehört unter anderem Volodymyr Rafejenko, der bis 2014 in Donec'k zu Hause war, mit dem Beginn des Krieges im Donbass nach Kiew geflohen ist und nun dort lebt. Wie Volodymyr

---

[56] Ija Kiva: „du trägst einen schweren Bedeutungswörterfluch im Mund“. Ins Deutsche übertragen von Ulrike Almut Sandig und Claudia Dathe.

[57] Siehe dazu den Beitrag von Volodymyr Kulyk in diesem Band, S. 237–248.

[58] Zur russischsprachigen Dichtung nach 2014 Susi K. Frank: „In der Defensive? Russischsprachige Dichtung der heutigen Ukraine.“ In: Roman Dubasevych und Matthias Schwartz (Hg.): Sirenen des Krieges. Diskursive und affektive Dimensionen des Ukraine-Konflikts. Berlin 2020, S. 81–117.

Rafejenko stammt auch Ija Kiva aus Donec'k und schrieb zunächst ausschließlich auf Russisch; ihr Alltag in Donec'k verlief nahezu durchgehend auf Russisch. Mit Beginn des Krieges 2014 musste sie die Stadt verlassen, was sie als äußerst schmerzhaften Bruch beschreibt:

> Ich musste mich buchstäblich mit Haut und Haar von dem losreißen, was mir lieb war, denn mein Haus in Donec'k war für mich ein Ort der Geborgenheit und Freiheit. Ich habe die Reise lange aufgeschoben, habe Zugtickets gekauft und wieder zurückgegeben, hatte Notizzettel mit möglichen Fluchtorten, die ich im Kopf immer wieder fieberhaft durchging. Wenn du keinen Ort hast, wo du hingehen kannst, wenn nirgends jemand auf dich wartet, ist es sehr schwer, das eigene Zuhause zu verlassen.[59]

In ihrem Essay „Stadt, Übersetzen und Übersiedeln als Erfahrung“ schildert sie das Ankommen an einem neuen Ort – in ihrem Fall Kiew – wie die ersten Übersetzungsschritte in einer noch sehr fremden Sprache:

> Wenn dir auf einmal klar wird, dass du Kiew als riesigen Text vor dir hast, den du erfassen und erklären musst, dann merkst du, dass du dir von der Stadt kaum mehr angeeignet hast als den Grundwortschatz: Chreščatyk, Podil, Lavra, Dnipro, Sophien-Kathedrale … Aber aus diesen einzelnen Wörtern lassen sich keine Sätze, Wendungen und Absätze bilden. Als Übergesiedelte findest du dich also in der Situation einer Anfängerin im Übersetzen wieder, die ständig mit ihrer Unsicherheit zu kämpfen hat und ins Wörterbuch schauen muss. Aber das reicht nicht, denn du musst den Text durchleben, ihm ein Stück Ich mitgeben und ihn in die eigene Erfahrung, Biografie integrieren, in ein Buch des Lebens, das jetzt ein neues Kapitel zu Kiew enthält.[60]

Hatte Kiva zunächst am Russischen festgehalten, um zu zeigen, dass man sich sehr wohl gleichzeitig der Ukraine als politischer Nation zugehörig fühlen und dennoch Russisch sprechen und schreiben kann, vollzog sie nach 2014 mit dem Wechsel des Ortes und dem Verlassen ihres vom Russischen geprägten Umfeldes in Donec'k auch einen Wechsel ihrer Schreibsprache. Russisch blieb für sie weiterhin die Sprache, die sie mit ihrem Elternhaus und dem Leben vor dem Krieg 2014 verband. Doch nach dem 24. Februar 2022 ging ihr auch dieser Bezug verloren:

> Ich kann mich nicht überwinden, etwas auf Russisch zu schreiben oder ins Russische zu übersetzen. Die Zunge gehorcht mir nicht, das trifft es wohl am besten.[61] [. . .] Wo zuvor in meinem Inneren die russische Sprache war, spüre ich jetzt einen stinkenden, verwesenden Kadaver.[62]

---

59 Ija Kiva: Tam, de vseredyni meine bula rosijs'ka mova, ja vidčuvaju mertvoho zvira. <https://nabu.net.ua/iya-kiva-tam-de-vseredyni-mene-bula-rosijska-mova-ya-vidchuvayu-mertvogo-zvira-92933>.

60 Ija Kiva: Stadt, Übersetzen und Übersiedeln als Erfahrung, <www.toledo-programm.de/cities_of_translators/2243/stadt-ubersetzen-und-ubersiedeln-als-erfahrung>.

61 Diese idiomatische Wendung steht auf Russisch im Text. „Zunge“ und „Sprache“ werden im Russischen mit demselben Wort bezeichnet: jazyk.

62 Kiva, Tam, de vseredyni [Fn. 59].

Erfahrungen, wie Kiva sie schildert, haben zahlreiche ukrainische Autoren gemacht. Seit 2014 bzw. im gegenwärtigen Krieg haben viele von ihnen Gewalt, Zerstörung und Umsiedlung am eigenen Leib erlebt. Die Literatur, die unter solchen Umständen entsteht, will zum einen dokumentieren, zum anderen die Unsagbarkeit und Nichtrepräsentierbarkeit des Geschehens reflektieren. Schreiben wird als Fixierung der Gegenwart verstanden, das Erzählen, das immer auch Kontextualisierung und Referenzen auf Vergangenheit und Zukunft enthält, wird verweigert. Aus ihren persönlichen Erfahrungen und subjektiven Wahrnehmungen konstruieren die Dichterinnen und Dichter einen eigenen Schreibraum, in dem sie sich legitimiert fühlen. Die Texte, die in diesen subjektiven Schreibräumen entstehen, setzen sich zu einem facettenreichen Mosaik einer als grenzenlos empfundenen Gegenwart zusammen, die vom Alltag im Krieg dominiert wird.

Schlagwörter:
Ukraine, Lyrik, Literatur

Raus aus dem Abseits

Andreas Kappeler: Die Ukraine als Subjekt der Geschichte

Der Osteuropahistoriker Andreas Kappeler blickt zurück auf seine persönliche Entdeckung der Ukraine als Nation zu einer Zeit, als der bloße Begriff „Nation" als anrüchig galt. Das verbreitete westliche Desinteresse an der Ukraine sei inzwischen aber überwunden, die Ukraine werde nun als gleichberechtigtes Subjekt in der internationalen Staatenwelt anerkannt. Als Historiker, der in langen Zeiträumen denkt, weigert Kappeler sich zu glauben, dass ein größenwahnsinniger Diktator im Kreml in wenigen Jahren die Geschichte und die Geschichtsschreibung Europas in ganz neue Bahnen lenken kann.

OSTEUROPA: *Herr Kappeler, Ihre „Kleine Geschichte der Ukraine" und „Ungleiche Brüder. Russen und Ukrainer vom Mittelalter bis zur Gegenwart" sind Bestseller. Als Historiker sind Sie Pionier und Doyen der Ukraineforschung. Wann haben Sie die Ukraine entdeckt?*

Kappeler: In den 1960er Jahren habe ich Geschichte und Slawistik an der Universität Zürich studiert. Die Ukraine kam im Studium nicht vor. In der Slawistik haben wir allenfalls erfahren, dass es drei ostslawische Sprachen gibt. Nicht ein einziges Mal fiel der Name Taras Ševčenko. Ich war fast 30 Jahre alt, und mein Wissen über die Ukraine war praktisch null.

1970 war ich als Austauschstipendiat nach Leningrad und habe den Aufenthalt genutzt, um ins Baltikum, in den Kaukasus und in die Ukraine zu reisen. Da erst wurde mir klar, dass die Sowjetunion mehr als Russland ist. Damals begann ich, mich mit den Nationalitäten des Zarenreichs zu beschäftigen. Am Anfang standen die „ersten Nationalitäten", die Völker der Mittleren Wolga, die schon im 16. Jahrhundert unter die Herrschaft Russlands gekommen waren. Das wurde das Thema meiner Habilitationsschrift.[1] Als ich 1979 damit fertig war, stand die Frage im Raum „Welche Nationalität erforsche ich als nächste?" Da boten sich die Ukrainer an, weil sie die größte und wichtigste Nation waren. Und ihre Sprache war mir im Gegensatz etwa zum Armenischen, Georgischen oder Estnischen zugänglich.

Andreas Kappeler (1943), Dr. phil., Historiker, Prof. em. für osteuropäische Geschichte an der Universität Wien

Von Andreas Kappeler erschien in OSTEUROPA zuletzt: Revisionismus und Drohungen. Vladimir Putins Text zur Einheit von Russen und Ukrainern, in: OE, 7/2021, S. 67–76. – Das Echo des Holodomor. Die Hungersnot 1932/33 in der österreichischen Presse, in: OE, 12/2020, S. 123–143. – Das historische Erbe der Ukraine. Schichten und Elemente: Ein Essay, in: OE, 2–4/2010, S. 9–32.

[1] Andreas Kappeler: Rußlands erste Nationalitäten. Das Zarenreich und die Völker der Mittleren Wolga vom 16. bis 19. Jahrhundert. Köln 1982.

OSTEUROPA, 72. Jg., 6–8/2022, S. 69–77 doi: 10.35998/oe-2022-0142

Andreas Kappeler

Und schließlich war ihre Vergangenheit und Gegenwart im deutschsprachigen Raum noch weitgehend unbekannt. Im Zusammenhang mit meinen Vorarbeiten für das Buch *Russland als Vielvölkerreich* arbeitete ich mich gründlich in die Geschichte der Ukrainer ein. Das war nicht einfach, weil es wenig neuere Vorarbeiten gab.

OSTEUROPA: *Eine Sisyphusarbeit?*

Kappeler: Nicht ganz, denn anders als Sisyphus kam ich mit meiner Arbeit ja voran. Die Ukraine als historiographisches Thema gewann an Konturen.

OSTEUROPA: *Wodurch?*

Kappeler: 1982 wurde ich zum Professor für osteuropäische Geschichte an die Universität Köln berufen. Da hielt ich eine erste Vorlesung über die Geschichte der Ukraine. Aus dieser Vorlesung ist später die *Kleine Geschichte der Ukraine* hervorgegangen: gedacht als Einführung für Studenten. Vor allem aber bot Köln eine sehr produktive Atmosphäre für Nationalismusforschung.

OSTEUROPA: *Inwiefern?*

Kappeler: Der Historiker Theodor Schieder hatte die systematische Erforschung der Nation, der nationalen Bewegungen und des Nationalismus angeregt. In Köln existierte bereits ein „Arbeitskreis Nationalismusforschung" mit Wissenschaftlern wie Henning Hahn, Otto Dann und Manfred Alexander. Zu diesem gehörte auch Gerhard Simon, der 1986 die erste und bis heute zentrale Untersuchung der sowjetischen Nationalitätenpolitik vorlegte.[2] Dazu kamen die „Ostrechtler" Boris Meissner und Georg Brunner. Gemeinsam haben wir eine Reihe von Konferenzen über die Regionen und Nationalitäten in der Sowjetunion organisiert. Im Herbst 1991, mitten im Zerfallsprozess der Sowjetunion, widmeten wir der Ukraine eine internationale Konferenz, wohl die erste in Deutschland. In dieser spannenden Zeit durften die sowjetischen Historiker erstmals ins Ausland reisen. Die Begegnung mit ukrainischen Kollegen machte einen tiefen Eindruck auf mich. In der Vermittlung von Kontakten zwischen ukrainischen, amerikanischen und deutschen Wissenschaftlern spielte in dieser Zeit der früh verstorbene Berliner Osteuropa-Historiker Hans-Joachim Torke eine wichtige Rolle.

---

[2] Gerhard Simon: Nationalismus und Nationalitätenpolitik in der Sowjetunion: von der totalitären Diktatur zur nachstalinschen Gesellschaft. Baden-Baden 1986.

OSTEUROPA: *Damals dominierte in der Geschichtswissenschaft die Wirtschafts- und Sozialgeschichte. Und in Deutschland warf der Nationalsozialismus weite Schatten. Stand die Beschäftigung mit der „Nation" und der „nationalen Frage" nicht von vornherein unter dem Verdacht, reaktionär und anachronistisch zu sein?*

Kappeler: Zweifellos. Bereits die Begriffe „Nation" und „Nationalismus" waren anrüchig. Wissenschaft und Öffentlichkeit machten einen großen Bogen darum. Man war der irrigen Ansicht, der Nationalismus sei endgültig überwunden. In der Sowjetunion war die Beschäftigung mit diesen Themen ohnehin tabu. Die sowjetische Propaganda behauptete: „Die nationale Frage ist gelöst". Und im Westen posaunten viele das nach, ohne sich die Lage vor Ort anzusehen. Die Ausnahme stellte – ich muss mich wiederholen – in Deutschland Gerhard Simon dar. Von zentraler Bedeutung für mich war die Begegnung mit dem tschechischen Historiker Miroslav Hroch. Seine Arbeiten waren bahnbrechend: Er verband die Erforschung des Nationalismus und der Nationalbewegung mit der Sozialgeschichte, indem er sich mit den sozialen Trägern der Nationalbewegung beschäftigte.[3] Er hat den Begriff der „kleinen Völker", der nicht dominanten ethnischen Gruppen, geprägt, den ich für meine eigenen Forschungen übernehmen konnte, zum Beispiel in dem Aufsatz „Ein ‚kleines Volk' von 25 Millionen: Die Ukrainer um 1900".[4] Mehrere Jahre lang haben wir in einem vergleichenden internationalen Projekt zusammengearbeitet, in dem ich die Nationalbewegung der Ukrainer im Zarenreich behandelte. Ich habe immer versucht, eine Brücke zwischen der Nationalismusforschung und der Sozialgeschichte zu schlagen. Bis heute verstehe ich mich als Sozialhistoriker . . .

OSTEUROPA: . . . *Und Sie sind Schweizer! Als Bürger der multinationalen Schweiz haben Sie sicher ein anderes Nationsverständnis, einen anderen Blick auf „große Nationen" und ein anderes Verständnis für die Interessen und die mitunter prekäre Lage „kleiner Völker".*

Kappeler: Sicher ja, aber das war mir nicht bewusst. Als Angehöriger einer kleinen Nation empfindet man mehr Respekt, mehr Achtung für die Anliegen anderer „kleiner Nationen". Für uns in der Schweiz oder in Österreich ist das Verhältnis zu den großen Nationen, besonders zu den Deutschen, gespalten. Einerseits sind wir sprachlich und kulturell eng verwandt, andererseits legen wir Wert auf unsere Eigenständigkeit. Ich verhehle nicht, dass ich Vorbehalte gegen jede Form von Großmachtpolitik habe, gegen die Arroganz der Großmächte gegenüber den „kleinen Völkern". In der Geschichte sind die Großmächte immer wieder über die Köpfe der kleinen Völker hinweggegangen. Das gilt ganz besonders für die Ukraine. Bis vor kurzem haben große Staaten wie Russland, die USA oder auch Deutschland die Ukraine gar nicht als Subjekt der Geschichte anerkannt, sondern nur als eine Figur auf dem Schachbrett der internationalen Politik. Im Rückblick ist es tatsächlich so, dass ich mich in vielen meiner Arbeiten bewusst an die Seite Davids in seinem Kampf gegen Goliath gestellt habe.

---

[3] Miroslav Hroch: Die Vorkämpfer der nationalen Bewegung bei den kleinen Völkern Europas. Eine vergl. Analyse zur gesellschaftlichen Schichtung der patriotischen Gruppen. Praha 1968.

[4] Andreas Kappeler: Ein „kleines Volk" von 25 Millionen: Die Ukrainer um 1900, in: Manfred Alexander, Andreas Kappeler, Frank Kämpfer (Hg.): Kleine Völker in der Geschichte Osteuropas. Festschrift für Günther Stökl zum 75. Geburtstag. Stuttgart 1991, S. 33–42.

OSTEUROPA: *Seit über acht Jahren bedrängt nun der Goliath Russland den ukrainischen David. Erst annektierte er im März 2014 die Krim, dann brach er einen „kleinen Krieg" in der Ostukraine vom Zaun. Nun führt Russland seit dem 24. Februar 2022 einen massiven Angriffskrieg. Aber die internationale Solidarität mit dem ukrainischen David ist weder selbstverständlich noch gilt sie uneingeschränkt. In der Öffentlichkeit wird die Distanzierung von der Ukraine damit begründet, dass die Ukrainer doch so nationalistisch und antisemitisch seien. Woher kommen diese Stereotype und warum halten sie sich so hartnäckig?*

Kappeler: Das kenne ich: Kollegen und Freunde stellen mir seit Jahrzehnten immer wieder stirnrunzelnd die Frage: „Weshalb beschäftigst Du Dich mit diesen Nationalisten?" Diese pauschale Zuschreibung greift auf historische Ereignisse zurück, die scheinbar die Tradition eines ukrainischen Antisemitismus und Nationalismus begründet haben. Zeitlich am nächsten liegen der Zweite Weltkrieg und die Aktivitäten der nationalistischen und partiell antisemitischen Organisation der ukrainischen Nationalisten (OUN). Ihre Anhänger erhofften sich von Deutschland die Schaffung eines ukrainischen Nationalstaats, kollaborierten zeitweise mit den deutschen Besatzern und waren an der Ermordung von Juden und Polen beteiligt. Als Prototyp des ukrainischen Nationalisten gilt seither Stepan Bandera, der Gründer der OUN.

Weiter zurück liegen die Judenpogrome, die 1919 und 1920 in der Ukraine stattfanden. Die Täter waren einerseits Angehörige der russischen gegenrevolutionären „weißen" Armeen, andererseits Truppenteile der kurzlebigen Ukrainischen Volksrepublik (UNR) sowie Banden ukrainischer Bauern. Die Regierung der UNR unter Symon Petljura verurteilte zwar die Pogrome, konnte sie aber nicht verhindern. Petljura wurde 1926 in Paris von dem jüdischen Anarchisten Scholom Schwartzbard ermordet. Dieser rechtfertigte seine Tat damit, dass er die Opfer der Pogrome habe rächen wollen. Bei dem Schwartzbard-Petljura-Prozess 1927 waren etwa 500 Journalisten aus aller Welt anwesend. Unter den Zeugen der Verteidigung waren Augenzeugen der Pogrome, aber auch Albert Einstein, Henri Bergson und Maksim Gor'kij. Dieser Prozess brachte die Ukrainer erstmals und für lange Zeit zum letzten Mal in den Blickpunkt der Weltöffentlichkeit. Das Pariser Geschworenengericht sprach Schwartzbard frei. Damit wurde das Bild des ukrainischen Antisemiten in der Welt verbreitet.

Über 350 Jahre zurück liegen die ersten großen Judenpogrome in der Geschichte Osteuropas, die von ukrainischen Kosaken unter Führung Bohdan Chmel'nyc'kyjs verübt wurden.

Diese drei Ausbrüche kollektiver Gewalt liegen als Schatten auf der Geschichte der Ukraine. Sie fielen zusammen mit Versuchen der Befreiung von der polnischen und sowjetischen Herrschaft und mit Ansätzen einer ukrainischen Staatsbildung.
Die durch die Ahnengalerie Chmel'nyc'kyj-Petljura-Bandera suggerierte Kontinuität eines „genetischen" ukrainischen Nationalismus und Antisemitismus ist unhaltbar und ist wie andere Stereotype abzulehnen. Es gibt den ukrainischen Nationalisten und Antisemiten ebenso wenig wie den deutschen, österreichischen oder russischen.

OSTEUROPA: *Aber das hinderte die sowjetische Führung damals ebenso wenig wie das Putin-Regime heute, die Propaganda-Keule zu schwingen und die Ukrainer als Faschisten und Antisemiten zu verleumden.*

Kappeler: Mehr noch: Diese Propaganda ist die entscheidende Ursache dafür, dass sich das Stereotyp bis heute hartnäckig hält. Die Regierungen in Moskau hatten und haben ein Interesse daran, jede autonome politische Bewegung in der Ukraine zu diskreditieren. Das begann mit der propagandistischen Ausnutzung des Petljura-Prozesses und endet mit den gegenwärtigen Propagandalügen von den „ukrainischen Nazis" und der „faschistischen Junta" unter Zelens'kyj. Bis heute dienen die Schimpfwörter „petljurovcy" und „banderovcy" in Russland zur Diffamierung der Ukrainer.

OSTEUROPA: *In der historischen Ukraineforschung scheint es zwei Wege zur Annäherung an die Ukraine zu geben: der eine führt über Russland, der andere über Polen. Gilt das auch für die Ukraineforschung in den USA und Kanada? Und wo sehen Sie die wichtigsten Unterschiede zwischen der deutschsprachigen und der angelsächsischen Ukraineforschung?*

Kappeler: In den USA und Kanada wurde die Ukraineforschung bereits vor Jahrzehnten institutionalisiert! Die Initiative kam aus der ukrainischen Diaspora. 1973 wurde an der Harvard Universität das *Ukrainian Research Institute*, 1976 in Edmonton das *Canadian Institute of Ukrainian Studies* gegründet. Diese Einrichtungen bieten Arbeitsbedingungen, von denen wir im deutschsprachigen Raum nur träumen können. In Nordamerika kamen fast alle der renommierten Ukraine-Historiker wie Roman Szporluk, Orest Subtelny, Paul Robert Magocsi, John-Paul Himka oder Frank Sysyn aus der ukrainischen Diaspora mit Wurzeln in der Westukraine. Sie blickten aus der polnischen Perspektive auf die Ukraine. Es war kein Zufall, dass der inhaltliche Schwerpunkt ihrer Arbeit die Erforschung der frühen Neuzeit war, als weite Teile der Ukraine zum

Königreich Polen-Litauen gehört hatten. Zu dieser Periode bis zum frühen 19. Jahrhundert hat die deutschsprachige Ukraineforschung wenig Originelles beizusteuern.
Eine Ausnahme unter den amerikanischen Ukraine-Experten war der viel zu früh verstorbene Mark van Hagen. Er hatte sich die Ukraine über den russischen Umweg erschlossen. In den 1990er Jahren legten wir ein gemeinsames transatlantisches Projekt zur Erforschung der Begegnung von Russen und Ukrainern oder – wie wir das heute bezeichnen würden – zur russländisch-ukrainischen Verflechtungsgeschichte auf. In dieser Zeit veröffentlichte van Hagen seinen viel beachteten Aufsatz „Does Ukraine Have a History?".[5] Ein Ziel war damals, Historiker aus beiden Ländern in die internationale Debatte einzubinden und das Gespräch unter ihnen zu fördern. Das lief anfangs ganz gut, doch mit zunehmender Dauer wurden die Kontroversen zwischen den Historikern aus Russland und der Ukraine immer heftiger. Ihre historischen Narrative wurden inkompatibel, vom Blick auf das Erbe der Kiewer Rus' über die angebliche „Wiedervereinigung" der Ukrainer mit Russland im Vertrag von Perejaslav 1654, die zarische Nationalitätenpolitik des 19. Jahrhunderts bis zur Interpretation des Zweiten Weltkriegs. Wenigstens konnten wir noch einen englischsprachigen Band mit ausgewählten Beiträgen publizieren, von denen nicht zufällig nur einer von einem Autor aus Russland verfasst war.[6] Die anderen schreckten vor der angeblichen Ukrainelastigkeit des Projekts zurück.

OSTEUROPA: *Wie beurteilen Sie angesichts des Krieges gegen die Ukraine rückwirkend Ihr transatlantisches Projekt zur russisch-ukrainischen Begegnung?*

Kappeler: Ambivalent: Einerseits ist das Ziel, ukrainische und russische Historiker miteinander ins Gespräch zu bringen, um ihre unterschiedlichen Fragestellungen, Zugänge und Positionen zu vermitteln, gescheitert. Schon in der Schlussphase haben wir registriert, wie sich die Historiker aus den beiden Ländern zunehmend entfremdeten. Heute stehen sie sich unversöhnlich, mitunter gar feindlich gegenüber. Andererseits war das eine höchst produktive Periode. Mein liebstes Buch *Russland und die Ukraine. Verflochtene Biographien und Geschichten* geht darauf zurück, wurde allerdings erst viel später publiziert.[7] Es ist eine Biographie des russisch-ukrainischen Ehepaars Efymenko, in der sich die komplizierte Beziehungsgeschichte der beiden Nationen in ihrer ganzen Bandbreite entfaltet. Auch als ich mich daran machte, die *Ungleichen Brüder. Russen und Ukrainer vom Mittelalter bis zur Gegenwart* zu verfassen, konnte ich auf vieles zurückgreifen, was ich in diesem Projekt gelernt hatte.

OSTEUROPA: *Eine der größten Tragödien in der Geschichte der Ukraine ist die von Stalin künstlich herbeigeführte Hungerkatastrophe, der sogenannte Holodomor, der in der ukrainischen Erinnerung als Genozid gilt. Momentan erforschen Sie, was die Zeitgenossen über den Holodomor wussten. Was war damals bekannt?*

---

[5] Mark von Hagen: Does Ukraine Have a History? In: Slavic Review, 54/1995, S. 658–673

[6] Andreas Kappeler u.a. (Hg): Culture, Nation and Identity: The Russian-Ukrainian Encounter (1600–1945). Edmonton, Toronto 2003.

[7] Andreas Kappeler: Russland und die Ukraine: Verflochtene Biographien und Geschichten. Köln, Wien 2012.

Kappeler: Ursprünglich war ich davon ausgegangen, dass es der Sowjetunion mit ihrer Informationsblockade gelungen ist, diese Katastrophe für immer vor der Weltöffentlichkeit zu verbergen. Die Sowjetunion hat ja bis 1990 geleugnet, dass es diese Hungerkatastrophe überhaupt gegeben hat. 1932/1933 versuchte das Stalinsche Regime mit allen Mitteln, die in Moskau akkreditierten ausländischen Korrespondenten an einer Berichterstattung zu hindern. Und viele der damaligen Meinungsführer hielten sich dann auch zurück.
Heute weiß ich, dass dennoch ausreichend Informationen aus der Ukraine den Weg ins Ausland fanden. Zu verdanken ist dies mutigen Journalisten, die auf eigene Faust in die Hungergebiete der Ukraine reisten, und Geflüchteten, die sich in den Westen durchschlugen und Zeugnis von Hunger und Sterben ablegten. Dazu kamen Briefe aus der Ukraine, die zum Teil, oft über kirchliche Kanäle, ihre Adressaten im Ausland erreichten. Auch die Regierungen waren völlig im Bilde. Deutschland beispielsweise unterhielt Konsulate in Kiew, Charkiv und Odessa, und die Mitarbeiter kabelten regelmäßig Berichte nach Berlin. Das gilt auch für andere westliche Regierungen. Sie wussten Bescheid, aber niemand wollte eingreifen.
Auch die westliche Öffentlichkeit war im Bilde. Wer wissen wollte, was geschah, konnte es wissen. In Österreich und Frankreich waren es vor allem katholische Zeitungen wie *Die Reichspost* und *La Croix* sowie rechtsstehende Blätter wie *Le Matin*, die informierte und auch glaubwürdige Augenzeugenberichte brachten. Die liberalen und linken Medien informierten zurückhaltend. Sie wollten ebenso wenig wie die Regierungen Moskau nicht brüskieren, ihre Interessen und Wirtschaftsbeziehungen mit der Sowjetunion nicht aufs Spiel setzen. In den frühen 1930er Jahren kam hinzu, dass Wien oder Paris mit Sorge auf Deutschland schauten, wo die Nationalsozialisten die Macht ergriffen. Für die West- und Mitteleuropäer galt nun Hitler, nicht Stalin als Hauptfeind.
Wichtig ist, dass wir für damals das gleiche Muster erkennen, das die Politik Deutschlands und der EU in der jüngsten Vergangenheit bestimmt hat. Man übte sich gegenüber der Ukraine und ihren Interessen in Zurückhaltung und nahm Rücksicht auf die Sowjetunion bzw. Russland und deren angebliche Sicherheitsinteressen, um Moskau nicht zu brüskieren und die Wirtschaftsbeziehungen nicht zu gefährden.

OSTEUROPA: *Selbst nach der Katastrophe von Tschernobyl im April 1986, als die Ukraine mit einem Schlag in den Blickpunkt der Weltöffentlichkeit rückte, oder spätestens nach der Auflösung der Sowjetunion und der Unabhängigkeit der Ukraine gelang es nicht, die Ukraineforschung in Deutschland zu etablieren.*

Kappeler: Das ist in der Tat so. Die Ukraine blieb auf den kognitiven Landkarten der Deutschen weiterhin ein weißer Fleck. In Wissenschaft und Politik gab es keine kritische Masse, um eine professionelle Ukraineforschung aufzubauen! Der Schatten Russlands lag noch immer auf der Ukraine und den Ukrainern, die weithin als regionale Variante der Russen angesehen wurden. Die Ignoranz ist noch heute enorm. Daran haben weder die Orangene Revolution noch der Euromajdan viel geändert. Die Lage der historischen Ukraineforschung in Deutschland und Österreich ist verglichen mit anderen

Ländern aber gar nicht so schlecht. An deutschen Universitäten gibt es einige Personen, welche die Geschichte der Ukraine unterrichten. Ich denke an Tanja Penter in Heidelberg, Guido Hausmann in Regensburg, Ricarda Vulpius in Münster, Martin Aust in Bonn, außerdem an Kerstin Jobst in Wien. Und in Frankfurt/Oder gibt es seit kurzem sogar einen eigenen Lehrstuhl, den Andrii Portnov innehat.

OSTEUROPA: *Aber dieser halbe Lehrstuhl ist doch ein ganzer Skandal. Haben Sie schon mal etwas von einem halben Lehrstuhl für die Geschichte Italiens oder Frankreichs gehört? . . .*

Kappeler: Nein, da haben Sie recht, aber . . .

OSTEUROPA: *. . . und dann heißt der Lehrstuhl auch noch „Entangled History of Ukraine". Als ob die Geschichte Deutschlands, Frankreichs, Italiens nicht auch verflochten wäre. Ist die Ukraine nicht das Subjekt ihrer Geschichte?*

Kappeler: Zunächst war ich erfreut, dann entsetzt, dass es sich nur um eine halbe Professur handelt und dass der Denomination des Lehrstuhls nach die Ukraine wieder nicht als eigenständiges Land behandelt wird. Das zu erreichen, muss ein wissenschaftspolitisches Ziel sein. Dies ist bislang nicht gelungen. Das hat auch mit dem deutschen Wissenschaftsföderalismus und der Autonomie der Universitäten zu tun. Ich habe in vielen universitären Berufungskommissionen für die Besetzung von Lehrstühlen für Osteuropäische Geschichte gesessen. Der cantus firmus lautete immer: Ein Lehrstuhl für ukrainische Geschichte wäre schön, aber zuerst komme doch die Geschichte Russlands und dann die Polens. Selbst in Wien, wo die Slawistik und die Osteuropäische Geschichte exzellent ausgestattet sind, gibt es keine Professur mit einer expliziten Ukraine-Denomination. Allen Lippenbekenntnissen zum Trotz wird die Ukraine noch nicht als ein gleichwertiges historisches Subjekt, als eine „große Nation" anerkannt. Nur „große Nationen " verdienen in diesem Denken offenbar eigene Professuren.

OSTEUROPA: *Oder es bedarf – um es zynisch zu sagen – eines Krieges mit 50 000–100 000 Todesopfern. Nie war das öffentliche Interesse an der Ukraine ausgeprägter als jetzt; nie die Solidarität mit der ukrainischen Bevölkerung größer als heute. Nie wurden in Deutschland mehr Romane von Serhij Zhadan verkauft als in den vergangenen Monaten – und nie war auch das Interesse an Ihren Büchern größer.*

Kappeler: Auf diese Verkaufserfolge würde ich gerne verzichten. Was wir seit dem 24. Februar erleben, ist eine einzige Tragödie, ein Alptraum. Auch als Historiker, der sich fast vier Jahrzehnte seines Lebens mit den Beziehungen zwischen Russland und der Ukraine beschäftigt hat, habe ich diesen Krieg nicht kommen sehen.

Ich stehe ganz auf der Seite der Ukraine, die das Recht auf Selbstverteidigung hat. Deshalb bin ich auch für Waffenlieferungen. Der bloße Gedanke ist unerträglich, dass die Ukraine ihrer Existenz beraubt werden könnte und die ukrainische Bevölkerung ihre Selbstbestimmung und Freiheit verliert.

Gleichzeitig bin ich betroffen von dem Unglück, das der Krieg über Russland bringt. Fast alle Bemühungen nicht nur meines Forscherlebens, sondern das meiner gesamten Generation, hat Putin mit seiner Politik kaputtgemacht: Das Streben nach Verständnis als Voraussetzung für Verständigung, der studentische Austausch, die wissenschaftlichen Kontakte, die Aufklärung über das Fremde und das Eigene. All das hat Putin mit diesem Krieg entwertet. Wir stehen vor einem Scherbenhaufen! Die Beschäftigung mit der Geschichte Russlands ist auf absehbare Zeit anrüchig. Alte russophobe Bilder treten wieder hervor. „Russland ist verdammt zur Despotie", lautet der Tenor. Für manche Beobachter sind wir wieder da angelangt, wovon Herberstein im 16. Jahrhundert berichtete.

Als Historiker, der in langen Zeiträumen denkt, weigere ich mich aber zu glauben, dass ein megalomaner Tyrann in wenigen Jahren die Geschichte und die Geschichtsschreibung Europas in ganz neue Bahnen lenken kann.

Das Gespräch führte Manfred Sapper am 1. September 2022.

Schlagwörter:
Ukraine, Nationalismusforschung, Historische Ukraineforschung

Wien, Köstlergasse 10

Andrii Portnov, Tetiana Portnova

Ukrainische Geschichte

Interpretations- und Erklärungsansätze

Lange Zeit lebten Ukrainer avant la lettre in verschiedenen Imperien. Hat eine solches „staatenloses Volk“ eine nationale Geschichte? Historiker unterschiedlicher Couleur wie Mychajlo Hruševs’kyj, Stepan Tomašivs’kyj oder Vjačeslav Lypyns’kyj bejahten diese Frage uneingeschränkt. Zur Bestimmung der ukrainischen Nation und ihrer Geschichte rückten sie die Kosaken, das Streben nach Freiheit und Selbstbestimmung, den bäuerlichen Ethnos oder die Sprache in den Mittelpunkt. Diesem der Sozial- und Gesellschaftsgeschichte verpflichteten Ansatz stand eine auf den Staat bezogene politische Geschichtsschreibung gegenüber. Diese versuchte, die Geschichte der Ukraine geographisch und territorial zu fassen. Das Fürstentum Galizien-Wolhynien war danach der erste „ukrainische Nationalstaat“. Beide Schulen essentialisieren die Nation als überzeitliche kollektive Einheit. Die ukrainische Historiographie im Exil, in der Sowjetunion und in der unabhängigen Ukraine bewegt sich auf den Spuren dieser Schulen.

Der Kampf um die Anerkennung der kulturellen und historischen Selbstständigkeit der Ukraine leitete die moderne ukrainische Geschichtsschreibung. Dieser „Kampf stand in unmittelbarem Zusammenhang mit den soziokulturellen Prozessen auf dem Gebiet, das die zeitgenössische ukrainische Bewegung als „ihr“ Territorium betrachtete – die weiten Gebiete beiderseits des Dnjepr (ukr. Dnipro), die nach den Teilungen der Polnisch-Litauischen Adelsrepublik Ende des 18. Jahrhunderts Teil des russländischen und österreichisch-ungarischen Reiches waren. Die bäuerliche Bevölkerung dieses Gebiets, die verschiedene Dialekte des Ukrainischen sprach, zählte zu Beginn des 20. Jahrhunderts 22,4 Millionen Menschen in Russland und 3,8 Millionen in Österreich und war „die größte nationale Minderheit Europas und das zweitgrößte slawische Volk nach den Russen“.[1]

Andrii Portnov (1979), Dr. phil., Historiker, Professor an der Europa-Universität Viadrina, Frankfurt/Oder; Direktor des Forschungsnetzwerks PRISMA UKRAÏNA am Forum Transregionale Studien, Berlin. Von ihm erschien in OSTEUROPA u.a.: Der Holodomor als Genozid. Historiographische und juristische Diskussionen, in: OE, 1–2/2020, S. 31–49. – Ausschluss aus dem eigenen Land. Der „Donbass“ im Blick ukrainischer Intellektueller, in: OE, 6–7/2016, S. 171–184.
Tetiana Portnova (1981), Dr. phil., Historikerin, wiss. Mitarbeiterin am Historischen Museum Dnipro, z.Z. Potsdam. Von ihr erschien in OSTEUROPA: Die „jüdische Hauptstadt der Ukraine“. Erinnerung und Gegenwart in Dnipropetrovs’k, in: OE, 10/2012, S. 25–40. – Der Preis des Sieges. Der Krieg und die Konkurrenz der Veteranen in der Ukraine, in: OE, 5/2010, S. 27–42.
Der vorliegende Beitrag ist eine Fortführung von: Andrii Portnov, Tetiana Portnova, Serhii Savchenko, Viktoriia Serhiienko: Whose Language Do We Speak? Some Reflections on the Master Narrative of Ukrainian History Writing, in: Ab Imperio, 4/2020, S. 88–129.

1 Serhy Yekelchyk: Ukraine. Birth of a Modern Nation. New York 2007, S. 53. Vergl. George O. Liber: Total Wars and the Making of Modern Ukraine, 1914–1954. Toronto 2016.

OSTEUROPA, 72. Jg., 6–8/2022, S. 79–102 doi: 10.35998/oe-2022-0143

Im Umfeld des Ersten Weltkriegs, der europäischen Revolutionen und des Zusammenbruchs der Imperien artikulierten Vordenker der ukrainischen Nationalbewegung das Ideal eines ukrainischen Nationalstaats. Dieser Gedanke war anfangs eng mit dem sozialistischen Ziel der Emanzipation der Arbeiter und Bauern verbunden. In den Jahren 1917–1921 waren die wichtigsten Versuche, einen eigenen Staat zu gründen, die Ukrainische Volksrepublik in Kiew sowie die Westukrainische Volksrepublik in L'viv sowie der eher konservative Ukrainische Staat von Hetman Pavlo Skoropads'kyj (1873–1945). Diese Staatsbildungsprojekte scheiterten. Sie erlitten militärische Niederlagen im Westen gegen Polen, im Osten gegen die Bolschewiki. Dennoch erkannte Lenin die Erfolge und Gefahren der ukrainischen Revolution. Die Gründung der Sowjetunion war formal die Bildung einer Föderation nationaler Republiken, zu denen auch die Ukraine gehörte. Bis zum Ende der 1920er Jahre verfolgten die Sowjets eine Politik der „Ukrainisierung" und förderten die ukrainische Sprache und Kultur.[2]

In den 1920er Jahren stand die ukrainische Geschichtswissenschaft in der UdSSR in ständigem Kontakt und Austausch mit der ukrainischen Emigration. Deren europäische Zentren in der Zwischenkriegszeit waren Prag, wo es seit 1921 die Ukrainische Freie Universität gab, Berlin, wo 1926 das Ukrainische Wissenschaftliche Institut gegründet worden war, sowie Warschau. Hier bot die örtliche Universität seit 1925 ein spezielles Studium für orthodoxe Theologie an und 1930 wurde das Ukrainische Wissenschaftliche Institut eröffnet.

In den 1930er Jahren schrieb Dmytro Dorošenko (1882–1951), der erste Direktor des Ukrainischen Wissenschaftlichen Instituts in Berlin, in deutscher Sprache über die Bedeutung der Anerkennung des Rechts der Ukraine auf ihre eigene Geschichte. Vor allem wies er die verbreitete Praxis als historisch haltlos zurück, die mittelalterliche Rus' terminologisch mit dem modernen Russland gleichzusetzen.[3] Jahrzehnte später, nach dem Zusammenbruch der UdSSR und der russländischen Annexion der Krim, bemerkte der schweizerische Historiker Andreas Kappeler:

> Im westlichen Ausland folgte man weitgehend dem russischen Narrativ. Es war und ist die Rede vom Kiewer Russland, von Altrussland oder von der altrussischen Literatur. Damit übernahm man die Vereinnahmung der Kiewer Rus durch Russland und die Russen.[4]

Den Ukrainern und Belarussen, die immer noch oft als „Weißrussen" bezeichnet werden, wird auf diese Weise ihre historische Selbständigkeit abgesprochen.

---

2 Zur sowjetischen Nationalitätenpolitik in den 1920er und 30er Jahren, in: Terry Martin: The Affirmative Action Empire. Nations and Nationalism in the Soviet Union, 1923–1939. Ithaca, London 2001. – Francine Hirsch: Empire of Nations. Ethnographic Knowledge and the Making of the Soviet Union. Ithaca, London 2005. – David Brandenberger: National Bolshevism: Stalinist Mass Culture and the Formation of Modern Russian National Identity, 1931–1956. Cambridge, Mass. 2002.

3 D. Dorošenko: Was ist osteuropäische Geschichte? (Zur Abgrenzung der ukrainischen und russischen Geschichte), in: Zeitschrift für osteuropäische Geschichte, 1/1935, S. 21–67. – D. Dorošenko: Die Namen „Rus", „Rußland" und „Ukraine" in ihrer historischen und gegenwärtigen Bedeutung, in: Abhandlungen des Ukrainischen Wissenschaftlichen Institutes in Berlin, 3/1931, S. 3–23.

4 Andreas Kappeler: Ungleiche Brüder. Russen und Ukrainer vom Mittelalter bis zur Gegenwart. München 2017, S. 32.

Ukrainische Autoren wie Dorošenko, die versuchten, ihre Gedanken auch auf Deutsch zu vermitteln, blieben ungehört. Das gilt nicht nur für konservative Historiker wie Dorošenko, der einige seiner wichtigsten Werke während der Naziherrschaft veröffentlichte.[5] Ein ähnliches Schicksal ereilte die ebenfalls auf Deutsch verfassten Texte des ukrainischen Kommunisten und Marx-Experten, Roman Rozdol's'kyj (1898–1967), der 1948 eine kritische Analyse von Engels' Ansichten über „geschichtslose Völker" verfasste und darauf aufmerksam machte, dass viele Marxisten die nationale Frage ignorierten und u.a. die ukrainische Nation nicht als unabhängigen Akteur der Geschichte wahrnehmen wollten.[6]

Was ist ukrainische Geschichte?

Den ersten modernen Überblick über die ukrainische Geschichte verfasste an der Wende zum 20. Jahrhundert eine Frau: Als die Kiewer Zeitschrift *Kievskaja starina* 1896 eine Ausschreibung für einen „Abriss der Geschichte des Kleinrusslands" veröffentlichte,[7] reichte die Historikerin Oleksandra Efymenko (1848–1918) ein Manuskript ein. Die Jury unter dem Vorsitz von Volodymyr Antonovyč (1834–1908), einem renommierten Professor der St. Vladimir-Universität in Kiew, war mit Efymenkos Ansatz jedoch nicht zufrieden: Er sei „Moskau-zentriert" und „nicht national genug", insbesondere in der Darstellung der alten Rus'.[8]
Efymenkos Manuskript erhielt dennoch den ausgelobten Preis. Die Jury verzögerte absichtlich die versprochene Veröffentlichung als Buch. Damit stammte der erste Überblick über die ukrainische Geschichte aus der Feder von Antonovyčs Schüler Mychajlo Hruševs'kyj (1866–1934). Dessen Buch erschien 1904 in russischer Sprache in Sankt Petersburg.[9]
Als Efymenkos Werk nach einem Jahrzehnt endlich 1906 publiziert wurde, erklärte sie in ihrer Einleitung, das verbreitete „mangelnde Vertrauen in die Unvoreingenommenheit" der ukrainischen Historiker dürfe für sie eigentlich nicht gelten. Aufgrund ihrer russischen Herkunft und ihrer vorangegangenen Studien zur nordrussischen Folklore sollte sie „über jeden Verdacht des südrussischen nationalen Subjektivismus erhaben sein".[10]
Oleksandra Efymenko war eine brillante Stilistin und die erste Frau im Russländischen Reich, der 1910 von der Universität Charkiv als Historikerin die Ehrendoktorwürde verliehen wurde. In ihrer Darstellung der ukrainischen Geschichte geht sie von der „unabhängigen historischen Entwicklung zweier Zweige des russischen Volkes" aus und spricht von einer „Wiederbelebung der ukrainischen Nationalität".[11] Die These von der „nationalen Wiederbelebung" und die Schlüsselrolle der ukrainischen Kosaken als Ver-

---

5 Dmytro Doroschenko: Die Ukraine und das Reich. Neun Jahrhunderte deutsch-ukrainischer Beziehungen. Leipzig 1941.

6 Roman Rosdolsky: Zur nationalen Frage. Friedrich Engels und das Problem der „geschichtslosen" Völker. Berlin 1979.

7 „Objavlenie o konkurse, naznačajemom redakciej „Kievskoj Stariny", in: Kievskaja Starina, 1/1896, S. 1.

8 Andreas Kappeler: Russland und die Ukraine: Verflochtene Biographien und Geschichten. Wien 2012.

9 Michail Gruševskij: Očerk istorii ukrainskago naroda. Sankt-Petersburg 1904, ^{2}1906.

10 Aleksandra Efimenko: Istorija ukrainskago naroda. Sankt-Peterburg 1906, S. 2.

11 Ebd.

körperung des „Strebens des Volkes nach Freiheit" bildeten die Grundlage der sogenannten Volkstums- oder *Narodnyky*-Geschichtsschreibung. Vertreter dieser Strömung, an deren Spitze der erwähnte Volodymyr Antonovyč stand, glaubten an die bevorstehende „Wiedergeburt" des Volkes und verwiesen gleichzeitig oft auf die „Unfähigkeit" der Ukrainer zur Staatsbildung, stellten ihre „Freiheitsliebe" und ihren Individualismus dem „Kollektivismus" und der „Anbetung der Autorität" der Russen gegenüber.[12]

Der wesentliche Unterschied zwischen Efymenkos und Hruševs'kyjs Darstellung lag in der Zuordnung der Periode der Kiewer Rus'. Während es sich für Efymenko um eine Seite der „gemeinsamen Geschichte" handelte, war Hruševs'kyj überzeugt, dass die Geschichte des russischen und des ukrainischen Volkes bereits im Mittelalter hätte geteilt werden müssen. Sein programmatischer Artikel, in dem er das konventionelle russische Geschichtsschema dekonstruierte, erschien 1904 in einem von der Sankt-Petersburger Akademie der Wissenschaften herausgegebenen mehrsprachigen Sammelband – auf Ukrainisch.[13]

Hruševs'kyj, damals ordentlicher Professor für osteuropäische Geschichte – „mit ruthenischer Unterrichtssprache" – an der Universität Lemberg, forderte darin eine getrennte Behandlung der Geschichte der drei ostslawischen Völker und lehnte den „traditionellen" Ansatz einer Staatsgeschichte ab. Er postulierte die Kontinuität der ukrainischen (Volks-)Geschichte und eine Reihe von „nationalen Wiedergeburten" im Lauf dieser Geschichte. Ausgehend von seiner Forderung nach einer klaren Unterscheidung zwischen dem russländischen Staat, dem Territorium Russlands und dem (groß-)russischen Volk gelangte Hruševs'kyj zu einer kühnen Sicht der Anfänge der ukrainischen Geschichte. In der deutschen Erstübersetzung von 1935 heißt es:

> Die Kiewer Periode ist nicht in die Wladimir-Moskauische übergegangen, sondern in die Halytsch-Wolhynische des XIII. Jh., später in die Litauisch-Polnische des XIV.–XVI. Jh. Der Wladimir-Moskauer Staat war weder Erbe noch Nachfolger des Kiewer Staates, er erwuchs aus seiner eigenen Wurzel und die Beziehungen, welche der Kiewer Staat zu ihm hatte, lassen sich eher z.B. mit den Beziehungen Roms zu seinen gallischen Provinzen vergleichen, nicht aber mit der Kontinuität zweier Perioden in dem politischen und kulturellen Leben Frankreichs.[14]

Hruševs'kyj war zwar nicht der erste, der diese Sicht vertrat – es gab schon in den 1890er Jahren einige weniger bekannte Vorgänger –, gleichwohl waren gerade seine Veröffentlichungen, insbesondere seine grundlegende „Geschichte der Ukraine-Rus'" von besonderer Bedeutung.[15]

---

[12] Tetiana Portnova: Ljubyty i navčaty. Seljanstvo v ujavlennjach ukrajins'koji intelihenciji. Dnipropetrovsk 2016.

[13] Mychajlo Hruševs'kyj: Zvyčajna schema „russkoji" istoriji i sprava racional'noho ukladu istoriji schidnoho slovjanstva, in: V.I. Lamanskij (Hg.): Stat'i po slavjanovedeniju. Sankt-Peterburg 1904, Vyp. 1, S. 293–304.

[14] Das übliche Schema der „russischen" Geschichte und die Frage einer rationellen Gliederung der Geschichte des Ostslawentums, in: Prof. Michael Hruschewskyj. Sein Leben und sein Wirken (1866–1934). Berlin 1935, S. 38–48, hier S. 40–41.

[15] M. Hruschewskyj: Istorija Ukrajiny-Rusy. L'viv 1896. – Der erste Band von Hruševs'kyjs *opus magnum* erschien auch auf Deutsch: Michael Hruschewskyj: Geschichte des ukrainischen (ruthenischen) Volkes. Leipzig 1906, ebenso die populäre Kurzfassung: Michael Hruschewskyj: Geschichte der Ukraine, Teil 1. Lemberg 1916.

Oleksandra Efymenko

Mychajlo Hruševs'kyj

Stepan Tomašivs'kyj

Vjačeslav Lypyns'kyj

Im Zentrum stand für Hruševs'kyj die Geschichte des Volkes, auch wenn er diese Kategorie nie klar definierte. Es seien die Volksmassen, so erklärte er in seiner Antrittsvorlesung 1894, die „der Ausgangspunkt und der einzig wahre Held unserer Geschichte" sein sollten, und diese Massen hätten „fast immer" gegen die herrschende Regierung opponiert.[16]
Mit dieser Überzeugung folgte Hruševs'kyj der Tradition der ukrainischen Volkstümler und Sozialisten des 19. Jahrhunderts, die ihn geprägt hatte. Und gerade dieser Fokus auf die Volksmassen sorgte für Unstimmigkeiten mit jenen Historikern, die bald als „politische" Schule oder „Staatsschule" (deržavnyc'ka škola) bezeichnet wurden. Anders gesagt handelt es sich um die Differenz zwischen der Gesellschaftsgeschichte und einer Politischen Geschichte. Zu deren Vertretern gehörte etwa der Lemberger Historiker Stepan Tomašivs'kyj (1875–1930), der die Ukraine in seiner 1919 erschienenen *Ukrainischen Geschichte* eher als geographische denn als ethnographische Einheit behandelt. Das Fürstentum Galizien und Wolhynien des 13. und 14. Jahrhunderts bezeichnet er als „den ersten ukrainischen Nationalstaat".[17]
Ein weiterer großer Verfechter der Staatsschule war Vjačeslav Lypyns'kyj (1882–1931). In seinem Werk über den Chmel'nyc'kyj -Aufstand von 1648 stellt er den Kosaken-Hetman als „bewussten Erbauer des ukrainischen Staates" und als „europäischen Herrscher" dar. Der Treueeid, den die Saporoger Kosaken auf Zar Aleksej I. ablegten und der als „Vertrag von Perejaslav" in die Geschichte einging, sei eine rechtliche Vereinbarung zweier gleichberechtigter Partner gewesen.[18] Der christlich-konservative Lypyns'kyj, der aus einer polnischen Adelsfamilie stammte und sich bewusst für die ukrainische nationale Identität entschieden hatte, war ein politischer Gegner des Sozialisten Hruševs'kyj, folgte in seiner Geschichtsschreibung jedoch eher dessen Modell, auch wenn er die „staatstragende Tradition" und die positive Rolle der Eliten hervorhob.
Beide Schulen, die Volkstümler und die Etatisten unter den ukrainischen Historikern, hielten an der Essentialisierung der „Nation" als einer überzeitlichen kollektiven Einheit fest, die in allen Phasen der historischen Entwicklung identisch und ihrer selbst bewusst sei.[19]

---

16 Mychajlo Hruševs'kyj: Vstupnyj vyklad z davnjoji istoriji Rusy, vyholočenyj u L'vivs'kim universyteti 30 veresnia 1894 r., in: Zapysky Naukovoho Tovarystva im. Ševčenka, 4/1894, S. 140–150, hier S. 149. – Zu Hruševs'kyjs Weltbild: Leo Bilas: Geschichtsphilosophische und ideologische Voraussetzungen der geschichtlichen und politischen Konzeption M. Hruševs'kyjs, in: Jahrbücher für Geschichte Osteuropas, 3/1956, S. 262–292.

17 Stefan Tomašivs'kyj: Ukrajins'ka istorija. T. 1. Starynni i seredni viky. L'viv 1919.

18 Wacław Lipiński: Dwie chwile z dziejów porewolucyjnej Ukrainy, in: W. Lipiński (Hg.).: Z dziejów Ukrainy. Księga pamiątkowa ku czci Włodzimierza Antonowicza, Paulina Święcickiego i Tadeusza Rylskiego. Kraków 1912, S. 514–617. – Vjacheslav Lypyns'kyj: Ukrajina na perelomi. 1657–1659. Zamitky do istoriji ukrajins'koho derzhavnoho budivnytstva v XVII-m stolittiu. Wien 1920.

19 In diesem Sinn argumentierte etwa Borys Krupnyc'kyj, ein 1919 emigrierter Wissenschaftler, der 1929 in Berlin von Otto Hoetzsch promoviert wurde. In seiner 1939 publizierten Darstellung der ukrainischen Vergangenheit kommt er zu dem Schluss, dass das „Ukrainertum einen politisch-nationalen Reifegrad erreicht hat, der mit Notwendigkeit zum eigenen völkisch-staatlichen Dasein führen muss". Borys Krupnyckyj: Geschichte der Ukraine. Leipzig 1939, S. 307. – Bezeichnenderweise fiel dieser Satz über die notwendige eigene Staatsbildung der Ukraine in der zweiten Auflage der Zensur zum Opfer. Borys Krupnyckyj. Geschichte der Ukraine. Leipzig, [2]1943.

Auf Hruševs'kyjs Spuren

Der Haupterfolg der Etatisten bestand darin, dass sie die Idee des Nationalstaates rehabilitierten und das Bild von den Ukrainern als einer Nation, die zur Staatsbildung nicht fähig sei, entkräfteten. Dies war im Europa der Zwischenkriegszeit nach dem Scheitern der ukrainischen Revolution und der Neuaufteilung der ukrainischen Gebiete zwischen Polen und der Sowjetunion besonders relevant. Dennoch gab es auch andere Stimmen: So äußerte Mychajlo Antonovyč (1910–1955) in seiner 1941 in Prag veröffentlichten *Geschichte der Ukraine* Skepsis gegenüber der Tendenz, in der Geschichte nach „allem zu suchen, was dem Ideal eines modernen Nationalstaates angepasst werden könnte".[20] Antonovyč hatte 1933 an der Friedrich-Wilhelms-Universität zu Berlin seine Dissertation über die Ursprünge des deutschen Nationalismus verteidigt.[21] In seiner *Geschichte der Ukraine* schrieb er unter anderem über die Unzulänglichkeit der Sprache der „nationalen Unterdrückung", um die Ständemonarchie zu beschreiben, und wandte sich gegen die Verunglimpfung der Union von Lublin 1569, aus der die polnisch-litauische Adelsrepublik hervorging. Laut Antonovyč sei es am ergiebigsten,

> die Entwicklung der Ukraine nachzuzeichnen, indem man von den nationalstaatlichen Maßnahmen der Gegenwart abstrahiert, aber alle vergangenen Lebensformen als Ergebnis politischer Ideen und Bestrebungen der damaligen Zeit betrachtet.[22]

Antonovyčs Stimme wurde kaum gehört, mehr noch, sein Buch wurde von einigen Kollegen wegen seines „mangelnden Patriotismus" heftig kritisiert.[23]
Eine weitere kritische Anregung blieb ebenfalls eher unbeachtet: die Infragestellung von Hruševs'kyjs Position, wonach allein die Ukraine als Erbin der alten Rus' gelten könne. Bereits in den späten 1920er Jahren trat Dmytro Bahalij (1857–1932), einer der führenden sowjetischen ukrainischen Historiker, der sich einerseits zu Hruševs'kyjs Schema bekannte und andererseits versuchte, eine Geschichte der Ukraine aus offizieller sowjetischer Sicht zu schreiben,[24] dafür ein, auch den Russen ein Anrecht auf die Kiewer Periode als Ausgangspunkt ihrer Geschichte zuzugestehen, wenn auch „in einem viel geringeren Ausmaß als für die Frühgeschichte der Ukraine".[25]
Myron Korduba (1876–1947), ein Student von Hruševs'kyj in Lemberg, ging noch weiter. In einem Artikel aus dem Jahr 1930 identifizierte er als den Moment der „Vereinigung der Ukrainer zu einer separaten ethnischen Gruppe" die Abtrennung der nordwestlichen Teile der Rus' von deren übrigen Gebieten und ihre Vereinigung im

---

20 Mychajlo Antonovyč: Istorija Ukrajiny. T. 1. Kniaža doba. Prag 1941, S. 6.
21 Michael Antonowytsch: Friedrich Ludwig Jahn. Ein Beitrag zur Geschichte der Anfänge des deutschen Nationalismus. Inaugural-Dissertation. Berlin 1933.
22 Antonovyč, Istorija Ukrajiny. T. 1, S. 9.
23 Mykola Andrusjak, [Rez.]: M. Antonovyč, Istorija Ukrajiny, in: Probojem, 6–8/1942, S. 381–383.
24 D.I. Bahalij: Narys istoriji Ukrajiny na social'no-ekonomičnomu grunti. T. 1. Charkiv 1928.
25 D.I. Bahalij: Akademik M.S. Hruševs'kyj i joho misce v ukrajins'kij istoriohrafii, in: Červonyj šljach, 1/1927, S. 160–217, hier S. 196.

Großfürstentum Litauen in der zweiten Hälfte des 14. Jahrhunderts.[26] Statt mit einer akademischen Diskussion sah Korduba sich daraufhin mit zahlreichen persönlichen Angriffen konfrontiert, von denen er sich jedoch nicht beirren ließ. Seine Antwort auf die Vorwürfe stieß auf wenig Resonanz.[27] Er bekräftigt darin seine Ansicht, wonach die Kiewer Rus „wohl eine kulturelle und gewissermaßen auch eine politische Einheit" dargestellt habe, „zur Bildung einer gemeinsamen nationalen Einheit ist es aber damals nicht gekommen". Mitte des 12. Jahrhunderts habe „die politisch-kulturelle Spaltung der alten Rus in zwei Teile" eingesetzt, zur „Bildung einer eigenen ukrainischen Nation" sei es aber erst im 15. Jahrhundert gekommen.[28]

Kordubas Schlussfolgerung kam der Sicht des sowjetischen ukrainischen Historikers Kost' Huslystyj (1902–1973) sehr nahe, nach der sich „die ukrainische Nationalität als separate ethnische Gemeinschaft im 14.–15. Jahrhundert herausbildete, zur Zeit der Gründung des litauischen und des russischen Staates".[29] Ein wichtiger Unterschied bestand darin, dass Korduba die Kiewer Rus' als gemeinsames Erbe dreier ostslawischer Völker anerkannte, während Huslystyj keine andere Wahl sah, als an die Existenz der „einen altrussischen Nationalität" zu glauben. Der ideologische Hintergrund ist hier ziemlich offensichtlich.

Hruševs'kyj und seine Schule galten in der Sowjetunion als „bourgeois-nationalistisch", dennoch finden sich grundlegende Elemente seines Geschichtsmodells an vielen Punkten der sowjetischen Geschichtsschreibung wieder. Versuche, die ukrainische Geschichte nach dem historischen Materialismus zu periodisieren, wie ihn Matvij Javors'kyj (1885–1937) unternahm, der eine „Periode der Subsistenzwirtschaft, der Kaufmannsherrschaft, des Industriekapitalismus und der sozialen Revolution" unterschied, endeten in den späten 1920er Jahren.[30] Javors'kyj wurde beschuldigt, „nichts mit dem Marxismus gemein zu haben und voll und ganz dem Schema von Hruševs'kyj zu folgen".[31] 1932 wurde er verhaftet, 1937 hingerichtet. Doch auch nach Javors'kyj lehnte sich die sowjetukrainische marxistische Geschichtsschreibung de facto weiterhin nicht nur an das Modell von Hruševs'kyj an, sondern auch an die Rhetorik der volkstümlichen ukrainischen Historiographie.

Trotz der offiziellen Ablehnung Hruševs'kyjs schrieb man weiterhin über die „Herausbildung des ukrainischen ethnischen Territoriums" und das „Erwachen des nationalen Lebens in der Ukraine".[32] In den 1954 von Kiewer Historikern verfassten und vom Zentralkomitee der Kommunistischen Partei der Sowjetunion gebilligten „Thesen zum 300. Jahrestag der Wiedervereinigung der Ukraine mit Russland" war von der „verräterischen Politik der ukrainischen Feudalherren", „dem aufgezwungenen Katholizismus", „den ständigen Raubzügen der Türken und Krim-Khane" und dem „Joch des

---

[26] Myron Korduba: Naivažnišyj moment v istoriji Ukrajiny, in: Literaturno-naukovyj visnyk, 6/1930, S. 539–546, hier S. 540.

[27] Miron Korduba: Die Entstehung der ukrainischen Nation, in: Ders.: Contributions a l'histoire de l'Ukrajine au VII-e Congrès International des Sciences Historiques, Varsovie Août 1933. Léopol 1933, S. 19–68.

[28] Ebd. S. 66, 67.

[29] K.H. Huslystyj: Do pytannja pro utvorennja ukrajins'koji naciji. Kyjiv 1967, S. 12.

[30] Matvij Jaworskyj: Narys istoriji Ukrajiny. T. 1. Kyjiv 1923, S. 21–22.

[31] T. Skubitskij: Klassovaja bor'ba v ukrainskoj istoričeskoj literature, in: Istorik-marksist, 17/1930, S. 27–40, hier S. 39.

[32] Huslystyj, Do pytannja [Fn. 29]. S. 22, 43.

polnischen Adlers“ die Rede. Dagegen sei die „Wiedervereinigung“ das „natürliche Ergebnis der gesamten bisherigen Geschichte der Ukraine“ gewesen.[33] Neu war an diesem Dokument letztlich nur, dass es die Rolle Russlands in der ukrainischen Geschichte, seinen „segensreichen Einfluss“ und sein „inspirierendes Beispiel“ pries.

Um die genannten Zitate in den richtigen Kontext zu setzen, sei daran erinnert, dass sich in der Sowjetukraine seit Ende der 1920er Jahre die von den Bolschewiki in Gang gesetzte Repressionsspirale drehte. Die Repressionen zielten darauf, die Akademie der Wissenschaften dem bolschewistischen Regime vollständig unterzuordnen und die Autonomie der Universitäten zu zerstören. 1929 fand in Charkiv der politische Prozess gegen die „Union zur Befreiung der Ukraine“ (SVU) statt. Über 400 Personen, hauptsächlich Wissenschaftler waren verhaftet und angeklagt worden. In der ersten Hälfte der 1930er Jahre war die Zerstörung aller mit Hruševs’kyj verbundenen historischen Institutionen abgeschlossen. 1937–1938 wurden viele Historiker zu Lagerhaft verurteilt oder erschossen. Selbst nach dem Zweiten Weltkrieg und Stalins Tod endeten die Repressionen nicht.

1972 wurden zahlreiche Historiker aus der Akademie der Wissenschaften entlassen, Publikationen gestoppt, eine Buchreihe eingestellt. Die offizielle Begründung für diese Repressionen lautete in den 1970er Jahren nicht anders als in den 1930er Jahren. Das Regime sah sich im Kampf gegen den „ukrainischen bourgeoisen Nationalismus“, den Hruševs’kyj und sein historisches Schema angeblich verkörperten.[34]

Aber selbst nach dem Terror von 1937 und den Repressionen von 1972 blieb die sowjetische ukrainische Geschichtsschreibung Hruševs’kyjs Modell verhaftet: Sie behandelte die Ukrainer als essentialisierte nationale Gruppe und als Hauptakteure der Geschichte auf dem historischen Territorium der Ukraine, wobei Hruševs’kyjs „Volksmassen“ sich relativ einfach durch die „Arbeiterklassen“ und die „nationale Idee“, die „nationale Wiedergeburt“ durch den „ewigen Kampf für die soziale Befreiung“ sowie – noch wichtiger – für die „Wiedervereinigung mit Russland“ ersetzen ließen.

Das sowjetische ukrainische Geschichtsnarrativ war somit eine Nationalgeschichte in marxistisch-leninistischer Verpackung. Jeder Versuch, den marxistischen Charakter dieser Verpackung in Frage zu stellen und den Klassenkampfansatz wieder einzuführen, wurde streng bestraft. So erging es Mychajlo Brajčevs’kyj (1924–2001) mit seinem Aufsatz „Eingliederung oder Wiedervereinigung?“, den er 1966 zur Veröffentlichung bei einer führenden historischen Zeitschrift in Kiew einreichte, wo er aber nicht publiziert, sondern schließlich 1972 im Ausland veröffentlicht wurde. Brajčevs’kyj dekonstruierte in dieser Polemik überzeugend die Herangehensweise der „Thesen“ an den Chmel’nyc’kyj-Aufstand und den Perejaslav-Vertrag mit Moskau von 1654 als Bestreben, „jedes Ereignis und jede Figur in der ukrainischen Geschichte nicht nach ihrem Klassenwesen, sondern nach ihrer Haltung zu Russland zu erfassen“ und „das russische Volk und seine Geschichte jenseits von den Regeln des historischen Materialismus

---

[33] Tezisy o 300-letii vossoedinenija Ukrainy s Rossiej (1654–1954). Moskva 1954. – Dazu Serhy Yekelchyk: Stalin’s Empire of Memory. Russian-Ukrainian Relations in the Soviet Historical Imagination. Toronto 2014.

[34] Andrii Portnov: How History Writing Became „Official“: Soviet Ukrainian Historiography Reconsidered, in: Korine Amacher, Andrii Portnov, Viktoriia Serhiienko (Eds.): Official History in Eastern Europe. Osnabrück 2020, S. 39–64.

auszunehmen".[35] Er rief dazu auf, die Begriffe „russisches Volk" und „ukrainisches Volk" zu problematisieren, und stellte fest, dass in vielen sowjetischen Veröffentlichungen die marxistische Analyse durch nationalistische russische Rhetorik ersetzt wurde.[36] Doch es war Brajčevs'kyj selbst, der des Nationalismus beschuldigt wurde. Er verlor seine Stelle an der Akademie der Wissenschaften und ihm wurde von Historikerkollegen vorgeworfen, dass er „in Hruševs'kyjs Fußstapfen" trete.[37]
In den späten 1980er und frühen 1990er Jahren, als Hruševs'kyjs Werke und mit ihnen eine Reihe bis dahin verbotener Texte in der Ukraine neu aufgelegt wurden, wechselte die Mehrheit der ukrainischen Historiker einfach ihr ideologisches Gewand und begann, eine Art Synthese aus „volkstümlicher" und sowjetischer Geschichtsschreibung mit gewissen Elementen der Staatsschule zu produzieren. Die Grundlage dieser Synthese bilden einige Formeln, die einen kohärenten ukrainischen Nationalmythos konstruieren.[38]

Das ukrainische Volk und sein demokratischer Charakter

Zu den einflussreichsten Texten der „volkstümlichen" Strömung der ukrainischen Historiographie gehört Mykola Kostomarovs (1817–1885) Schrift von 1861 „Zwei russische Nationalitäten". Er argumentierte, dass die südliche Rus' (Ukraine) mit ihrer Tradition der persönlichen Freiheit im Gegensatz zur nördlichen Rus', wo die prägenden Kräfte im Gemeinschaftsleben und der politischen Autokratie lägen, historisch ihre „Unfähigkeit zum Staatsleben" bewiesen habe.[39] Zugleich lobte Kostomarov den „ewigen Demokratismus" der Ukrainer und begründete damit die Notwendigkeit der russisch-ukrainischen staatlichen Einheit. Der zweite, „demokratische" Teil dieser Behauptung wurde so oft wiederholt, dass er schließlich zum Gemeinplatz wurde. Ukrainische Autoren sprachen stolz von ihrer „plebejischen Nation" (mužyc'ka nacija, narod bez paniv) und deren künftiger „Wiedergeburt".[40]
In diesen Schlagworten steckte einerseits ein starker emanzipatorischer Anspruch, da sie die Idee der sozialen Frage mit der nationalen Freiheit und der Überwindung der bestehenden imperialen Grenzen verbanden. Andererseits ließ dieses Denken große Teile der Vergangenheit und Gegenwart (Ereignisse, kulturelle Phänomene, Ideen, Territorien, Menschen), die nicht ethnisch ukrainisch waren, außen vor. Nicht zuletzt führte es zur klischeehaften Vorstellung von der ukrainischen Kultur als ausschließlich ländlicher und der Überzeugung, dass die Städte mit ihren großen polnischen, russischen und jüdischen Bevölkerungsanteilen der ukrainischen Nationalbewegung im Grunde fremd seien.

---

35 Mychajlo Brajčevs'kyj: Pryėdnannja čy vozz'ėdnannja? (Krytyčni zauvahy z pryvodu odniėji koncepciji). Toronto 1972, S. 13, 18.

36 Ebd, S. 29, 16–17.

37 O.S. Rubljov: Vyvil'njaiučys' iż mahnetyčnoho polja imperšyny: obhovorennja v Instytuti istoriji AN URSR praci M. Brajčevs'koho „Pryjednannja čy vozzjednannja?" [4 lypnia 1974 r.], in: Ukrajins'kyj istoryčnyj žurnal, 5/2016, S. 37–79, hier S. 66, 69.

38 Natalja Jakovenko: Kil'ka sposterežen' nad modyfikacijamy ukrajins'koho nacional'noho mifu v istoriohrafiji, in: Duch i Litera, 3–4/1998, S. 113–124.

39 N.I. Kostomarov: Dve russkie narodnosti, in: Osnova, 3/1861, S. 33–80.

40 Dazu detailliert: Portnova, Ljubyty [Fn. 12]. – Andrii Portnov: Polen und Ukraine. Verflochtene Geschichte, geteilte Erinnerung in Europa. Berlin 2022.

Ein bezeichnendes Beispiel für diesen Mythos vom demokratischen Wesen des ukrainischen Volkes ist das Bild der Saporoger Kosaken. Diese spezifische militärisch-soziale Formation hatte sich im 16. Jahrhundert in der Kontaktzone zwischen Christentum und Islam, zwischen der polnisch-litauischen Adelsrepublik und dem Osmanischen Reich entwickelt.

In der zweiten Hälfte des 19. Jahrhunderts schlug der ukrainische Föderalist und Sozialist Mychajlo Drahomanov (1841–1895) eine „einfache und leicht verständliche" Art und Weise vor, die ukrainische Geschichte zu erzählen. Im Mittelpunkt seiner Darstellung stand die Geschichte der Saporoger Kosaken, „freier Menschen, die ihr eigenes Land besaßen und von Gemeinschaften (hromady) regiert wurden" und die zwar (durch die polnische Politik) gezwungen waren, bei den Moskauer Zaren Hilfe zu suchen, aber „nicht als Sklaven, sondern als Verbündete, die sich zu Hause nach ihrem eigenen Willen und ihren eigenen Sitten regieren".[41] Drahomanovs Erzählung bezog sich mehr auf die Zukunft als auf die Vergangenheit – sie enthielt ein eindeutiges politisches Programm der Rückkehr zum goldenen Zeitalter der Gleichheit und Selbstverwaltung der Kosaken.

Diese Apologie des Kosakentums ist erstaunlich nahe an dem, was 1970, knapp hundert Jahre später, der Erste Sekretär der Kommunistischen Partei der Ukraine, Petro Šelest (1908–1996), in seinem Buch *Unsere Sowjetukraine* schrieb. Auch bei ihm gibt es selbstverwaltete Gemeinden (hromady), den Begriff der Gleichheit und die Identifizierung der Kosaken mit dem gesamten ukrainischen Volk.[42] Das Buch kostete Šelest 1972 seinen Posten als Erster Sekretär. Es wurde heftig kritisiert und sogar verboten, weil es „ein idealisiertes, nicht klassenbezogenes Bild der Saporoger Kosaken" zeichnete und es versäumte, den „positiven Einfluss der russischen Kultur" auf die historische Entwicklung der Ukraine aufzuzeigen.[43]

Doch wie lässt sich eine solche Kontinuität erklären, wenn man bedenkt, dass Drahomanov in der offiziellen sowjetischen Darstellung als „bourgeoiser Denker" galt und ihm jeglicher Platz im sowjetisch-ukrainischen Geschichtskanon verweigert wurde?

Während der Sowjetzeit hatte der Mythos der Saporoger Kosaken als Manifestation der ewigen ukrainischen Demokratie das Glück, die zitierfähige Unterstützung von Karl Marx selbst zu haben, der in Bezug auf die Saporoger Kosaken einmal von der „ersten christlichen Kosakenrepublik" sprach.[44] Die Kosaken wurden so quasi zu historischen Vorläufern der Bolschewiki. Das Marx-Zitat konnte als Rechtfertigung für das Interesse der ukrainischen Sowjethistoriker an der Kosakenthematik dienen, und sie nutzten es bereitwillig.[45]

---

41 M.P. Dragomanov: Velukorusskij internacional i pol'sko-ukrainskij vopros. Kazan' 1906, S. 60–61.

42 P. Šelest: Ukrajino naša Radians'ka. Kyjiv 1970, S. 19–21.

43 Lowell Tillett: Ukrainian Nationalism and the Fall of Shelest, in: Slavic Review, 4/1975, S. 752–768. – Yaroslav Bilinsky: Mykola Skrypnyk and Petro Shelest: an Essay on the Persistence and Limits of Ukrainian National Communism, in: J.R. Azrael (Hg.): Soviet Nationality Politics and Practices. New York 1977, S. 105–143.

44 Vitalij Sarbej: Storinky istoriji ukrajins'koho kozactva v tvorčij spadšyni Marksa, in: Ukrajins'ke kozactvo: vytoky, evoljucija, spadšyna, 2/1993, S. 68–77.

45 O. M. Apanovyč: Zbrojni syly Ukrajiny peršoji polovyny XVIII st. Kyjiv 1969, S. 9. – Günter Stökl: Die Entstehung des Kosakentums. München 1953. – Andreas Kappeler: Die Kosaken. Geschichte und Legenden. München 2013.

Mychajlo Drahomanov

Mykola Kostomarov

Petro Šelest

Andrii Portnov

Auch für die postsowjetische ukrainische Geschichtsschreibung blieb der Kosakenmythos wichtig, insbesondere auf der Ebene der populärwissenschaftlichen Publikationen und der Schulbücher. So ist es nicht überraschend, dass die sozialen Massenbewegungen des 20. und 21. Jahrhunderts in der Ukraine – von den revolutionären Ereignissen 1917–1921 bis zur Orangenen Revolution von 2004 und dem Euromajdan 2013/14 – sich gern als Renaissance des Kosakentums darstellten und sich auf die damit verbundenen Ideale von Freiheit und Selbstorganisation beriefen.

Zur territorialen Einheit (sobornist') durch „nationale Wiedergeburten"

Für das „ukrainische Projekt" des 19. Jahrhunderts war das grundlegende Prinzip zur Bestimmung des Territoriums der künftigen ukrainischen Autonomie – die Idee der Staatlichkeit kam erst später auf – ethnographischer Natur. Grundlegendes Kriterium war der unter der bäuerlichen Bevölkerung vorherrschende Dialekt. Wenn er der ukrainischen Gruppe angehörte, wurde das entsprechende Gebiet als „ukrainisch" betrachtet. Ein solcher Ansatz ermöglichte es, sowohl die Staatsgrenze zwischen dem Romanov- und dem Habsburgerreich als auch die konfessionellen Grenzen primär zwischen ukrainischen Orthodoxen und ukrainischen Griechisch-Katholiken innerhalb der ukrainischen Volksgruppe zu überwinden.

Das Ideal der Vereinigung aller „ethnographisch ukrainischen" Länder wurde *sobornist'* genannt. Wer formulierte es zuerst? Es gibt Hinweise darauf, dass die erste mentale Kartierung, die der modernen Ukraine sehr nahe kommt, in der 1788 in Moskau veröffentlichten „Topographischen Beschreibung des Vizekönigreichs Charkiv" zu finden ist.[46] 1878 umriss Drahomanov im Vorwort der in Genf erschienenen Zeitschrift *Hromada* die Grenzen „unserer bäuerlichen Ukraine" und formulierte das einfachste Kriterium der ethnoterritorialen Einheit:

> Das ukrainische Land ist dort, wo die gleichen Bauern leben wie in der ehemaligen Kosaken-Ukraine entlang des Dnipro-Flusses.[47]

Die Grenzen von Drahomanovs ethnographischer Geographie lagen zufällig ziemlich nahe an den heutigen Grenzen der Ukraine. Genauer gesagt war seine Ukraine etwas größer und umfasste auch einige Gebiete des heutigen Polen (Region Chełm), Belarus (Regionen Berestja und südliches Gomel') und Russland (Teile der Regionen Kursk und Voroneš sowie Kuban').

Ungefähr das gleiche Gebiet wies der Lemberger Geograph Stepan Rudnyc'kyj (1877–1937), der am Vorabend des Ersten Weltkriegs eine entsprechende Karte in seinem Buch über Land und Bevölkerung der Ukraine veröffentlichte, der „ethnographischen Ukraine" zu.[48] Rudnyc'kyj lieferte sich mit polnischen, ungarischen, rumänischen, russischen und belarussischen Kartographen und Sprachwissenschaftlern einen „Kartenkrieg"

---

46 Roman Szporluk: Mapping Ukraine: From Identity Space to Decision Space, in: Journal of Ukrainian Studies, 33–34/2008–2009, S. 441–452, hier S. 448–452.

47 Mychajlo Drahomanov (Hg.): Hromada: Ukrajins'ka zbirka. Geneva 1878, S. 6.

48 Stephan Rudnyckyj: Ukraina. Land und Volk. Eine Gemeinfassliche Landeskunde. Wien, 1916. Rudnyckys Buch wurde zuerst 1910 auf Ukrainisch veröffentlicht.

über konkurrierende „ideale Geographien".[49] Bezeichnenderweise wurde dasselbe „ethnographische Prinzip" mit der Einbeziehung des österreichischen Galizien und der Bukowina sowie der „ungarischen Rus'" in einer Synthese über das ukrainische Volk verfolgt, die mitten im Krieg in Petrograd erschien.[50]

Das „ethnographische Prinzip" galt für die Vordenker der ukrainischen Nationalbewegung nicht nur für das eigene Volk. Als sich nach der Februarrevolution 1917 die Ukrainische Zentralrada in Kiew bildete – übrigens unter Vorsitz des Historikers Hruševs'kyj –, proklamierte sie nicht nur die Autonomie aller großen nationalen Gruppen auf dem Gebiet der Ukraine, sondern betrachtete auch die Halbinsel Krim grundsätzlich als das nationale Territorium der Krimtataren.[51]

In der zweiten Hälfte des 19. und zu Beginn des 20. Jahrhunderts war Ostgalizien, das im Zuge der Teilungen der polnisch-litauischen Adelsrepublik Ende des 18. Jahrhunderts der österreichischen Monarchie angegliedert worden war, für die ukrainische Nationalbewegung von weitaus größerer Bedeutung.

Die Haltung des Habsburger Reichs zur ruthenischen Sprache und der griechisch-katholischen Kirche war deutlich weniger repressiv als die des Russländischen Reichs. Bereits Ende des 19. Jahrhunderts hatte sich in ukrainischen Kreisen in Russland die metaphorische Bezeichnung Galiziens als „ukrainisches Piemont" verbreitet. Diese Vorstellung bezog sich auf das italienische Modell der nationalen Einigung. Ostgalizien sollte danach das nationale Zentrum sein, von dem aus eine „erwachte" Nation ihren „territorialen Körper" zu sammeln begann. Volodymyr Antonovyč dürfte als erster diese Metapher geprägt haben, nachdem er Galizien in den 1860er Jahren auf seinem Weg nach Italien besucht hatte.[52]

Diese Metapher hielt sich, weil sie eine politische Nachfrage bediente. In der großen ukrainischen Erzählung drückte sie die Idee der „Wiedergeburt einer geeinten (soborna) Nation" aus. Die Betonung lag auf dem „erwachenden" Willen des kollektiven Subjekts, das sich auf seine eigenen Grenzen besinnt. Allerdings stand die Frage durchaus im Raum, ob die nationale Einheit angesichts der unterschiedlichen Erfahrungen, die Millionen von Ukrainern im Reich der Romanovs und im Habsburger Reich gemacht hatten, überhaupt möglich sei. 1906 sprach Hruševs'kyj offen von der hypothetischen Gefahr, dass in 20, 30 Jahren in der Ukraine „zwei Nationalitäten entstehen könnten, die auf der gleichen ethnographischen Grundlage wie Serben und Kroaten" sich bildeten. Er forderte seine Kollegen auf, alles zu tun, um die Entwicklung von Galizien und der Dnipro-Ukraine „zusammenzuführen".[53] In den späten 1920er Jahren verwendete einer der führenden ukrainischen Nationalkommunisten, Mykola Skrypnyk (1872–1933), das Piemont-Motiv sehr ähnlich – allerdings mit einem wichtigen Unterschied:

---

49 Steven Seegel: Map Men: Transnational Lives and Deaths of Geographers in the making of East Central Europe. Chicago 2018. – Maciej Górny: Kreślarze ojczyzn. Geografowie i granice międzywojennej Europy. Warszawa 2017.

50 F.K. Volkov, M.S. Hruševskyj (Hg.): Ukrainskij narod v ego prošlom i nastojašem. T. 2. Petrograd 1916.

51 Igor B. Torbakov: Russian-Ukrainian Relations, 1917–1918: A Conflict over Crimea and the Black Sea Fleet, in: Nationalities Papers, 4/1996, S. 679–689.

52 Ihor Chornovol: Pol's'ko-ukrajins'ka uhoda 1890–1894 rr. L'viv 2000, S. 46.

53 M. Hruševs'kyj: Halyčyna i Ukrajina, in: Literaturno-naukovyj vistnyk, 7/1906. S. 147–151.

Für Skrypnyk sollte die Sowjetukraine ein „kulturelles Piemont des gesamten ukrainischen Volkes“ sein.[54]
Auch wenn das Sowjetregime die Zentralisierung der Herrschaft verstärkte und den „ukrainischen bourgeoisen Nationalismus“ zerstörte – Skrypnyk wurde mittelbar Opfer der stalinistischen Herrschaft, er beging 1933 Selbstmord –, gab es die ethnographische Vorstellung von der Ukraine nicht auf. Im Gegenteil, es spielte sie glänzend aus. Nach der Unterzeichnung eines Nichtangriffspakts mit Polen wurde 1934 die Hauptstadt der Sowjetukraine von Charkiv wieder in die historische Hauptstadt Kiew zurückverlegt. Mit dem Hitler-Stalin-Pakt und dem jeweiligen Überfall auf Polen im September 1939 beteiligte sich die Sowjetunion an der Zerstörung des polnischen Staates. Sie verbrämte dies als „Wiedervereinigung der west- und ostukrainischen Gebiete“ als Teil der UdSSR. Nach dem Zweiten Weltkrieg wurden diese Gebietserwerbungen im Rahmen der territorialen Neuordnung Europas auf der Konferenz von Jalta festgeschrieben. L’viv und Odessa befanden sich nun zum ersten Mal in der Geschichte in einem Gemeinwesen mit denselben politischen Grenzen. Ivan Lysjak-Rudnyc’kyj (1919–1984) formulierte 1970 den paradoxen Befund:

> Eine der Ironien des Zweiten Weltkriegs war die Tatsache, dass von allen führenden Staatsmännern der Welt Stalin – der Verursacher unsäglicher Verbrechen gegen das ukrainische Volk – das größte Bewusstsein für die Lösungen des ukrainischen Problems zeigte.[55]

Der sowjetischen ukrainischen Geschichtsschreibung fiel es nicht schwer, die territoriale Expansion unter Stalin ideologisch zu rechtfertigen. Sie argumentierte mit der ukrainischen *sobornist’,* ohne selbst allerdings den Begriff zu verwenden. Die „Wiedervereinigung der ukrainischen Gebiete“ wurde als das einzig gerechte und völlig natürliche Ergebnis der bisherigen Geschichte dargestellt, auch wenn sie als Ergebnis der Expansionspolitik der Sowjetunion und nicht als Triumph der „ukrainischen nationalen Wiedergeburt“ zur politischen Realität wurde.
Der Begriff der „nationalen Wiedergeburt“ war eine der Schlüsselmetaphern in Hruševs’kyjs historischem Schema und ähnelte dem Hegelschen Dreiklang aus These–Antithese–Synthese. Hruševs’kyj reduzierte die komplexe Entwicklung auf die Entstehung der ukrainischen Nation, ihren Niedergang (Entnationalisierung) und ihre unvermeidliche Wiedergeburt.[56] Einige Historiker äußerten sich kritisch zu dieser Darstellung. So schrieb der Exilant Oleksandr Ohloblyn (1899–1992), Hruševs’kyjs Vision aus dem 19. Jahrhundert mache eben jenes zum „Jahrhundert der ukrainischen Wiedergeburt“. Er habe

> den breiten und reichen Fluss des ukrainischen Geschichtsprozesses in einen schmalen, wenn auch starken und schnellen Strom verwandelt. Aber das gesamte soziale Leben der Ukraine jener Zeit blieb außen vor.[57]

---

[54] Mykola Skrypnyk: URSR – Pjemont ukrajins’kych trudiašych mas, in: M. Skrypnyk: Statti i promovy z nacional’noho pytannja. München 1974, S. 180.
[55] Ivan L. Rudnytsky: Essays in Modern Ukrainian History. Edmonton 1987, S. 469.
[56] Bahalij, Akademik M.S. Hruševs’kyj [Fn. 25], S. 209.
[57] Oleksander Ohloblyn: Problema schemy istoriji Ukrajiny 19–20 stolittja (do 1917 roku), in: Ukrajins’kyj istoryk, 1–2/1971, S. 5–16, hier S. 5–6.

Tetiana Portnova

Stepan Rudnyc'kyj

Hruševs'kyj auf dem 50-Hryvnja-Schein

Ohloblyn forderte, sich nicht darauf zu beschränken, die Phänomene der „ukrainischsprachigen Kreise“ zu untersuchen, sondern auch die Herausbildung des ukrainischen Territoriums, der kapitalistischen Entwicklung und der Entstehung der modernen ukrainischen Nation.[58]

Die Metapher von der „ukrainischen nationalen Wiedergeburt“ erwies sich in der postsowjetischen Zeit als äußerst populär. Sie wird als teleologisches Konzept und als Synonym für *nation building* verwendet. Bereits in den frühen 1960er Jahren schrieb der ukrainisch-kanadische Historiker Ivan L. Rudnyc'kyj, der in der postsowjetischen Ukraine höchst einflussreich werden sollte:

> Das zentrale Problem der modernen ukrainischen Geschichte ist die Entstehung einer Nation: die Transformation einer ethnisch-sprachlichen Gemeinschaft in eine selbstbewusste politische und kulturelle Gemeinschaft.[59]

Aus Rudnyc'kyjs Wort „Transformation“ wurde schnell, besonders in der postsowjetischen Zeit, „Modernisierung“. Wahrscheinlich handelt es sich dabei um den am meisten verwendeten Begriff zur Beschreibung der Geschichte der Ukraine im 19. und 20. Jahrhundert. Industrialisierung und Zuwanderung veränderten den urbanen Raum. Die Folgen der sowjetischen Sozialexperimente wurden zu Themen ernsthafter Forschung.[60] In seinem Überblick über die ukrainische Geschichte aus den 1990er Jahren gab Jaroslav Hrycak eine Antwort auf die Frage nach der Rolle der wirtschaftlichen Modernisierung in der ukrainischen Geschichte:

> Die Ukrainer sind zu einem großen Teil nicht dank, sondern trotz der Modernisierung Ukrainer geblieben.[61]

Die Ablehnung des alternativlosen Denkens in den Kategorien der „unausweichlichen Wiedergeburt der Nation“ hat es den Historikern ermöglicht, die Probleme der nationalen Bewegung anders zu betrachten. So untersuchte John-Paul Himka am Beispiel Ostgaliziens alternative Möglichkeiten der Nationsbildung und suchte nach einer Erklärung, weshalb sich die Idee einer gesamtukrainischen Nationsbildung durchsetzt.[62]

Himka sucht nach einer Antwort auf die Frage, warum im Ostgalizien des 19. Jahrhunderts das panukrainische Projekt über das Projekt des ukrainischen Eintritts in die polnische Nation, über das Projekt der „großen dreieinigen“ russischen Nation und über das hypothetische Projekt einer separaten westukrainischen Identität siegte.

Himka stellte die Idee der „Unvermeidbarkeit der nationalen Wiedergeburt“ in Frage und versuchte zu zeigen, dass der Sieg des ukrainischen Projekts das Ergebnis

---

58 Ebd., S. 5–16.

59 Ivan L. Rudnytsky: The Role of the Ukraine in Modern History, in: Slavic Review, 2/1963, S. 199–216, hier S. 202.

60 Bohdan Krawchenko: Social Change and National Consciousness in Twentieth Century Ukraine. London 1985.

61 Jaroslav Hrycak: Narys istoriji Ukrajiny: Formuvannja modernoji ukrajins'koji naciji XIX–XX st. Kyjiv 1996, S. 12.

62 John-Paul Himka: The Construction of Nationality in Galician Rus': Icarian Flights in Almost All Directions, in: Ronald G. Suny, Michael D. Kennedy (Hg.): Intellectuals and the Articulation of the Nation. Ann Arbor 2001, S. 109–169.

konkreter historischer Umstände war. Er argumentierte, dass die Unierte Kirche – die im Russländischen Reich ausgelöscht worden war, aber in Österreich überlebte und sogar eine gewisse Unterstützung durch die Behörden genoss – die Schlüsselrolle bei der Entwicklung der ukrainischen Identität in Ostgalizien einnahm. Als die Habsburger versuchten, die ukrainische Karte gegen Russland auszuspielen, entwickelte sich eine Situation, in der, so Himka, „der österreichische Staat der entscheidende Faktor für den Sieg der Ukrainophilie in der galizischen Rus“ war.[63]

Zwischen West und „Ost“

„Die Ukraine zwischen Ost und West“ ist eine oft verwendete Redewendung in der ukrainischen Geschichtsschreibung. „Der Westen“ in dieser Formel ist leicht zu definieren und eher statisch: Es handelt sich um Westeuropa, das in Polen beginnt und dessen Einfluss in der Ukraine durch das Magdeburger Recht, die Reformation und Gegenreformation sowie in der Unierten Kirche zum Ausdruck kommt. Die Unierte Kirche gilt als Synthese aus westlichem und östlichem Christentum und überlebte ungeachtet aller Anstrengungen des imperialen Russland und der Sowjetunion, sie zu zerstören.

Der „Osten“ dagegen kann eine Vielzahl von Dingen bedeuten: das Byzantinische Reich, eurasische Nomaden, Russland, das Krim-Khanat und das Osmanische Reich. Was das Byzantinische Reich anbelangt, so sind sich die meisten Historiker mit Ivan L. Rudnyc'kyj einig, dass

> die Ukraine, die zwischen den Welten der griechisch-byzantinischen und der westlichen Kultur liegt und ein legitimes Mitglied beider ist, im Laufe ihrer Geschichte versucht hat, die beiden Traditionen in einer lebendigen Synthese zu vereinen.[64]

Hier wiederholt Rudnyc'kyj in positiver Wendung die Schlussfolgerung seines Doktorvaters Eduard Winter (1896–1982), der in einem umfassenden Überblick über die ukrainische Kirchengeschichte, der 1940 abgeschlossen wurde, schrieb:

> Tausend Jahre ringen Byzanz und Rom um die Seele der ostslawischen Völker. [. . .] Die schwerste Last dieser Auseinandersetzung hat das ukrainische Volk zu tragen gehabt.[65]

---

[63] Ebd., S. 145.

[64] Ivan L. Rudnytsky: Ukraine between East and West, in: Ivan L. Rudnytsky: Essays in Modern Ukrainian History. Edmonton 1987, S. 9. – Dieser Aufsatz von 1966 gilt als einer der einflussreichsten Texte über die Ukraine „zwischen Ost und West“: Ivan L. Rudnytsky: The Ukraine between East and West, in: Das östliche Mitteleuropa in Geschichte und Gegenwart. Acta Congresus historiae Slavicae Salisburgensis in memoriam SS. Cyrilli et Methodii anno 1963 celebrati. Wiesbaden 1966, S. 163–169.

[65] Eduard Winter: Byzanz und Rom im Kampf um die Ukraine. 955–1939. Leipzig 1942, S. 210. – Eduard Winter betreute Rudnyc'kyjs Dissertation über die politischen Ideen von Mychajlo Drahomanov an der Deutschen Universität zu Prag. Sie wurde 1945 verteidigt, kurz bevor die Rote Armee in die Stadt einmarschierte. Nach dem Zweiten Weltkrieg emigrierte Rudnyc'kyj

Wenn unter dem „Osten“ die Welt der nomadischen Völker des Mittelalters oder „die türkisch-islamische Welt“ der frühen Neuzeit verstanden wurde, diente die Formel „zwischen“ dazu, die unterschätzten Verdienste der Ukraine bei der Verteidigung Europas geltend zu machen, oder um die vermeintliche „Rückständigkeit“ der Ukraine in der historischen Entwicklung zu erklären.[66]

Der Verweis auf den „unversöhnlichen Kampf mit der Steppe“ war sowohl in der modernen russländischen als auch in der ukrainischen Geschichtsschreibung eine gängige Erklärung für den „historischen Rückstand im Vergleich zu Westeuropa“. Einen Versuch, eine solche westzentrierte Optik in den 1920er Jahren kritisch zu überdenken, unternahm der Byzantinist und Charkiver Professor Fedor Schmidt (1877–1937), der 1919 schrieb:

> Wir haben alle gehört, dass Byzanz der Lehrer der Ukraine und Russlands war, und wir haben nichts dagegen, aber wenn der Kaukasus, Zentralasien oder die Mongolei zum Beispiel das Recht auf dieselbe Bedeutung beanspruchen, erscheint uns das fast beleidigend und erniedrigend. Das aus dem Westen mitgebrachte Klischee, dass nur Europa der Kern einer wahren Kultur ist, ist in unserer Gesellschaft sehr tief verwurzelt, während „Asien“ für viele ein Schimpfwort bleibt, das für tiefste Barbarei steht. Solche Vorurteile entbehren jeglicher Grundlage.[67]

In der ukrainischen Geschichtsschreibung der 1920er und 1930er Jahre war vielleicht Volodymyr Parchomenko (1888–1942), Professor in Dnipropetrovs’k, der engagierteste Kritiker der negativen Stereotype über Nomaden:

> Es ist offensichtlich, dass der Osten nicht nur den Kiewer Staat zerstörte, sondern auch am kulturellen Leben Kiews teilnahm. In dieser Versöhnung des Ostens mit dem Westen liegt ein besonderer Wert und eine besondere Bedeutung für das Leben des Kiewer Staates.[68]

Jedenfalls kehrte die sowjetische Geschichtsschreibung allmählich zum gewohnten, sowohl im russischen als auch im ukrainischen Kontext rein negativen, oberflächlichen Bild des nomadischen Ostens zurück.

Als Fortsetzung der historiographischen Bemühungen Parchomenkos kann man Omeljan Pritsaks Überlegungen betrachten. Omeljan Pritsak (1919–2006), seines Zeichens Gründungsdirektor des *Harvard Ukrainian Research Institute* schlug vor, die

---

in die USA. Winter ging in die DDR, wo er eine beeindruckende Karriere machte. Er war Rektor der Universität Halle und Professor an der Humboldt-Universität in Berlin.

66 Liliya Berezhnaya, Heidi Hein-Kircher (Hg.): Rampart Nations. Bulwark Myths of East European Multiconfessional Societies in the Age of Nationalism. New York, Oxford 2019.

67 F.I. Schmit: Mystectvo staroji Rusy-Ukrajiny. Charkiv 1919, S. 7.

68 Volodymyr Parchomenko: Novi istoryčni problemy Kyjivs’koji Rusi, in: Ukrajina, 6/1928, S. 3–5, hier S. 3. – Zu Parchomenkos Œuvre und dessen Rezeption: Andrii Portnov: Die Herkunft der Rus’ in der russischen, ukrainischen und sowjetischen Historiografie. Variationen des Panslavismus am Beispiel der Theorien von Volodymyr Parchomenko, in: Agnieszka Gąsior u.a. (Hg.): Post-Panslavismus. Slavizität, Slavische Idee und Antislavismus im 20. und 21. Jahrhundert. Göttingen 2014, S. 306–332.

ukrainische Geschichte als „Kreuzung verschiedener Kulturen und Religionen" neu zu denken. Er sah die Verpflichtung eines ukrainischen Historikers darin, die Vergangenheit aller menschlichen Gemeinschaften und Staaten auf dem Gebiet der heutigen Ukraine zu erforschen. Bei einem Ansatz seien „die Tataren keine fremden Räuber mehr, sondern auf einer Stufe mit den Saporoger Kosaken, unseren Vorfahren".[69] Paul Robert Magocsis multinationale Geschichte der Ukraine stellt in gewisser Weise eine historiographische Verkörperung des Pritsakschen Vorschlags dar.[70]

In der postsowjetischen ukrainischen Geschichtsschreibung stammt der vielleicht einflussreichste Text über die Ukraine „zwischen Ost und West" von Jaroslav Daškevyč (1926–2010). Darin entwickelt er das Konzept, wonach die Ukraine vom 14. bis zum 18. Jahrhundert eine „Große Grenze" gewesen sei:

> eine Zone vielfältiger ethnischer Kontakte, die nach dem Prinzip des selektiven Filters (aber nicht der sanitären Absperrung) funktionierte.

Er unterstrich, dass Historiker

> keinen Grund haben, Sesshaftigkeit und Nomadentum in den Grenzzonen der Großen Grenze gegenüberzustellen: Sie standen nicht im Gegensatz zueinander, sondern ergänzten sich gegenseitig.[71]

In der Ukraine erschien eine Reihe von Publikationen über die Geschichte der Saporoger Kosaken, insbesondere im Vergleich zu anderen militärischen Organisationen an der „Großen Grenze", die den von Daškevyč vorgeschlagenen Ansatz weiterentwickelten. Natalja Jakovenko, Autorin eines innovativen Kurses über die Geschichte der Ukraine im Mittelalter und der Frühen Neuzeit, stellt die ukrainische Vergangenheit als „zivilisatorische Kreuzung zwischen Ost und West" dar.[72] In Bezug auf Jakovenkos explizit formuliertes Motiv, das nationale Narrativ zu überwinden, bemerkte Oleksij Toločko, dass die von ihr gewählte Formel „zwischen Ost und West" nur dazu diente, „die Illusion von Kontinuität" in die Erzählung zu bringen.[73]

Im Großen und Ganzen hat der Erfolg der Formel „zwischen Ost und West" mit der Neudefinition des Begriffs „Grenzland" zu tun. Zu Beginn des 20. Jahrhunderts betrachteten viele Historiker diesen Begriff als eher diskriminierend. Noch in den 1960er Jahren war selbst aus der Feder von Omeljan Pritsak von der „Grenzhaftigkeit" der Ukraine als „Tragödie" zu lesen:

---

69 Omeljan Pritsak: Ščo take istorija Ukrajiny? In: Ukrajins'kyj istoryčnyj žurnal, 1/2015, S. 177–210, hier S. 195. Pritsak gehört zu den anregendsten ukrainischen Historikern des 20. Jahrhunderts. Er hatte nach einer Odyssee während des Krieges zuerst in Berlin und dann in Göttingen studiert, wo er 1948 promoviert wurde. 1957 wurde er Professor für Turkologie an der Universität Hamburg. 1961 emigrierte er in die USA.

70 Paul Robert Magocsi: A History of Ukraine. The Land and Its People. 2nd ed. Toronto 2010.

71 Jaroslav Daškevyč: Ukrajina na meži miž Schodom i Zachodom (XIV–XVIII st.), in: Zapysky Naukovoho Tovarystva im. T. Ševčenka, CCXXII/1991, S. 28–44, hier S. 39, 44.

72 Natalja Jakovenko: Narys istoriji Ukrajiny z najdavnišych časiv do kincja XVIII st. Kyiv 1997, S. 6.

73 Oleksij Toločko: The Good, the Bad and the Ugly, in: Krytyka, 7–8/1998, S. 24–31, hier S. 30.

> Die Tragödie der Ukrainer besteht darin, dass ihr Territorium seit dem fünfzehnten Jahrhundert ein „Grenzland" zwischen Ost und West ist, unfähig, sich einer der beiden Seiten völlig zu verschreiben, der freien Wahl beraubt, weil es von beiden Seiten begehrt wird.[74]

Solche Ansätze wurden jedoch bald dadurch abgelöst, dass nun „Grenzlosigkeit" als Segen verstanden wurde. Mark von Hagen (1954–2019) formulierte in seinem programmatischen Aufsatz „Does Ukraine Have a History?" ein neues Motto für eine Historiographie der Ukraine:

> Die Ukraine stellt einen Fall einer nationalen Kultur mit extrem durchlässigen Grenzen dar, aber einen Fall, der vielleicht mit postmodernen politischen Entwicklungen einhergeht. [. . .] Was als „Schwäche" oder „Defekt" der ukrainischen Geschichte wahrgenommen wurde, wenn man sie an den vermeintlichen Standards westeuropäischer Staaten wie Frankreich und Großbritannien misst, sollte in „Stärke" für eine neue Geschichtsschreibung umgedeutet werden. Gerade die fluiden Grenzen, die Durchlässigkeit der Kulturen, die historische multiethnische Gesellschaft könnten die ukrainische Geschichte zu einem sehr „modernen" Forschungsfeld machen.[75]

Eine ähnliche Idee, nur viel vorsichtiger, hatte 1952 bereits der belarussisch–ukrainische Emigrant Lev Okynševyč (1898–1980) geäußert. Ihm zufolge sollten Belarus und die Ukraine als „Länder mit einem Zwischencharakter" betrachtet werden, die „an der Grenze zweier kultureller und historischer Typen" liegen und „einen weiten Raum des Übergangs" von einer Zivilisation zur anderen darstellen.[76] Darüber hinaus definierte Okynševyč diese „Zwischenstellung" als etwas „eher Positives". Doch im Gegensatz zu Mark van Hagens späterem Beitrag blieb sein Text nahezu unbeachtet.

Heute sind „Grenzgebiete" und „multikulturelle Gemeinschaften" omnipräsent. Was ändert die breite Akzeptanz dieser Orte und Phänomene an der Art und Weise, wie Geschichte geschrieben wird? Man könnte argumentieren, dass verschiedene nicht-ukrainische ethnische und religiöse Gruppen einen viel sichtbareren Platz in der Geschichte spezifischer ukrainischer Städte und Regionen erhalten haben. Die jüdisch-ukrainische Geschichte wurde Gegenstand einiger exemplarischer, ausgewogener Publikationen über die Geschichte der Revolutionsjahre 1917–1921, einer nachdenklich stimmenden Erzählung über die ukrainischen Schriftsteller jüdischer Herkunft und das Bild der Juden in der ukrainischen Literatur sowie kraftvoll argumentierender Aufsätze über Erinnerungen an den Holocaust.[77]

---

74 Omeljan Pritsak, John S. Reshetar: The Ukraine and the Dialectics of Nation-Building, in: Slavic Review, 2/1963, S. 224–255, hier S. 227.

75 Mark von Hagen: Does Ukraine Have a History? In: Slavic Review, 3/1995, S. 658–673, hier S. 670.

76 L[ev] O[kynševy]-č: Miž Schodom i Zachodom, in: Ukrajina, 8/1952, S. 611–615, hier S. 614.

77 Henry Abramson: A Prayer for the Government. Ukrainians and Jews in Revolutionary Times, 1917–1920. Cambridge, Mass. 1999. – Yohanan Petrovsky-Shtern: The Anti-Imperial Choice. The Making of the Ukrainian Jew. New Haven 2009. – Myroslav Shkandrij: Jews in Ukrainian Literature: Representation and Identity. New Haven 2009.

Das Problem der Integration des „Anderen" in die Erzählung der ukrainischen Geschichte ist bei der Dynamik des Bildes der Krimtataren nicht weniger ausgeprägt. Sowohl die Stereotypisierung des Islams als auch das Erbe der sowjetischen Propaganda, für die das antitatarische Narrativ ein wichtiger Bestandteil der genozidalen stalinistischen Politik der Zwangsvertreibung der Krimtataren von der Krim 1944 war, spielen hier eine Rolle.[78] In jüngster Zeit hat die Annexion der Krim durch Russland dazu geführt, dass die antitatarischen historischen Stereotype und die Mythen von der „unversöhnlichen Feindschaft" zwischen Tataren und Kosaken dekonstruiert wurden.[79]
Die wohl schwierigste Aufgabe nach der Auflösung der Sowjetunion bestand darin, eine Darstellung für die ukrainisch-russländischen historischen Beziehungen zu finden. Es ist bezeichnend, dass die wichtigsten Sammelbände, Monographien und Übersichtsdarstellungen zu den ukrainisch-russländischen Beziehungen auf Englisch, nicht aber auf Ukrainisch oder Russisch erschienen sind.[80] Neuere Darstellungen der eurasischen Geschichte,[81] der imperialen Idee und der nationalen Frage im Russländischen Imperium haben durch die Berücksichtigung ukrainischer Themen und Perspektiven erheblich profitiert.[82]
Wie die Geschichte der Beziehungen zwischen Russland und der Ukraine nun nach der großflächigen Invasion russländischer Truppen in die Ukraine, den Kriegsverbrechen und all den Gräueltaten während der Besatzung zu schreiben ist, bleibt eine enorme Herausforderung.

Ein Blick in die Zukunft

Im 19. und frühen 20. Jahrhundert strebte die entstehende moderne ukrainische Geschichtsschreibung danach, die Darstellung der Geschichte des ukrainischen Volkes von den russischen und polnischen Meistererzählungen zu emanzipieren. Die sowjetische ukrainische Historiographie knüpfte in hohem Maße an diese Tradition an, vor allem bei der Vorstellung von der territorialen und ethnischen Einheit der Ukraine. Gleichzeitig stellte sie die vorrevolutionäre ukrainische Geschichtsschreibung als „nationalistisch" und „bourgeois" dar, obwohl deren demokratischer und überwiegend

[78] Andrew Wilson: The Crimean Tatar Question: A Prism for Changing Nationalisms and Rival Versions of Eurasianism, in: Journal of Soviet and Post-Soviet Politics and Society, 2/2017, S. 1–45. – Rory Finnin: Blood of Others: Stalin's Crimean Atrocity and the Poetics of Solidarity. Toronto 2022.

[79] Viktor Brechunenko: Vijna za svidomist'. Rosijs'ki mify pro Ukrajinu ta jiji mynule. Kyjiv 2017, S. 229–252. – Taras Čuchlib: Kozaky i tatary. Ukrajins'ko-kryms'ki sojuzy 1500–1700-ch rokiv. Kyjiv 2017.

[80] Peter J. Potichnyj u.a. (Hg.): Ukraine and Russia in their Historical Encounters. Edmonton 1992. – Andreas Kappeler u.a. (Hg.): Culture, Nation, and Identity: The Ukrainian-Russian Encounter (1600–1945). Edmonton 2003. – David Saunders: The Ukrainian Impact on Russian Culture. 1750–1850. Edmonton 1985. – Zu den bemerkenswerten Ausnahmen gehören die dreibändige Ausgabe des Instituts für Geschichte der Ukraine in Kiew: V.A. Smolij (Hg.): Ukrajina i Rosija v istoryčnij retrospektyvi. B. 1–3. Kyiv 2004. – Anatolij Golubovskij, Nikita Sokolov (Hg.): Russko-ukrainskij istoričeskij razgovornik: Opyty obščej istorii. Moskva 2017.

[81] Il'ja Gerasimov (Hg.): Novaja imperskaja istorija Severnoj Evrazii. Č. 1–2. Kazan' 2017.

[82] Serhii Plokhy: Lost Kingdom. The Quest for Empire and the Making of the Russian Nation. From 1470 to the Present. New York 2017.

sogar sozialistischer Charakter offensichtlich war. Die Geschichtsschreibung der ukrainischen Emigranten der Nachkriegszeit – insbesondere im Umfeld der neu gegründeten Forschungszentren an den Universitäten Harvard (Harvard Ukrainian Research Institute) und Edmonton (Canadian Institute for Ukrainian Studies) – wandte sich einerseits gegen die doktrinäre-repressive Lesart der Sowjethistoriker, andererseits entwickelte sie einen produktiven Dialog mit der internationalen Wissenschaft. Die zum Nachdenken anregenden Veröffentlichungen von Omeljan Pritsak, Roman Szporluk, Frank Sysyn, Ivan L. Rudnyc'kyj, George Luckyj, Yuri Shevelov, George Grabowicz, Orest Subtelny und anderen haben die frühen postsowjetischen ukrainischen Debatten maßgeblich beeinflusst.

In diesen Debatten Anfang der 1990er Jahre, vor allem angesichts Russlands umfassendem Krieg gegen die Ukraine und der massiven Kriegsverbrechen, erhält die Frage, ob die Beziehungsgeschichte Russlands und der Ukraine als Kolonialgeschichte zu interpretieren und zu erklären ist, besondere Aufmerksamkeit. Wir sollten nicht vergessen, dass in der frühen Sowjetunion eine starke antikoloniale Rhetorik gefördert wurde. So ist es nicht verwunderlich, dass Oleksandr Ohloblyn bereits in den 1920er Jahren zu den Autoren gehörte, welche die Frage aufwarfen, ob das imperiale Russland nicht auch Kolonialismus betrieben habe.[83] Das koloniale Thema tauchte in der Historiographie der Nachkriegsemigranten wieder auf, wurde aber nicht vollständig entwickelt. So formulierte Borys Krupnyc'kyj bereits in den frühen 1950er Jahren koloniale Erfahrungen der Ukrainer mit polnischer und russländischer Herrschaft als eines der „Hauptprobleme der ukrainischen Geschichte".[84] Nach der Auflösung der Sowjetunion tauchten die kolonialen und postkolonialen Ansätze zur Interpretation der ukrainischen Geschichte wieder auf.[85]

Mit Sicherheit steht in naher Zukunft eine neue Welle postkolonialer Debatten zu erwarten. Was noch? Mit Andreas Kappeler ist davon auszugehen, dass sich die ukrainische Geschichtsschreibung von der nationalen Geschichte über die multinationale Geschichte zur transnationalen Geschichte entwickeln wird.[86] Kappelers Aufsatz von 2009 erschien in einem Sammelband mit dem ehrgeizigen Titel *A Laboratory of Transnational History: Ukraine and Recent Ukrainian Historiography*. Diese Publikation ist ein Indikator dafür, dass es auch im Falle der Ukraine bei der transnationalen Geschichtsschreibung mit ihrem Interesse an den fließenden und verwobenen Dimensionen des historischen Prozesses, an den Verflechtungen, welche die untersuchten Gesellschaften geformt haben, und mit ihrer besonderen Aufmerksamkeit für Mobilität und Transfers

---

83 O. Ohloblin: Problema ukrajins'koji ekonomiky v naukovij i hromads'kij dumci XIX–XX v., in: Červonyj šliach, 9–10/1928, S. 165–179.

84 Borys Krupnyc'kyj: Osnovni problemy istoriji Ukrajiny. Kyjiv 2020, S. 66.

85 Serhy Yekelchyk: The Location of Nation: Postcolonial Perspectives on Ukrainian Historical Debates, in: Australian Slavonic and East European Studies, 1–2/1997, S. 161–184. – Stephen Velychenko: Post-colonialism and Ukrainian history, in: Ab Imperio, 1/2004, S. 391–404. Seltsamerweise ist bisher keine seriöse Monographie oder ein Sammelband zur (post-)kolonialen Lesart der ukrainischen Geschichte veröffentlicht worden. Warum die Geschichtswissenschaft hinter der Literatur- und Politikwissenschaft zurückbleibt, sollte Gegenstand einer eigenen Untersuchung sein.

86 Andreas Kappeler: From an Ethnonational to a Multiethnic to a Transnational Ukrainian History, in: Georgiy Kasianov, Philipp Ther (Hg.): A Laboratory of Transnational History: Ukraine and Recent Ukrainian Historiography. Budapest, New York 2009, S. 51–80.

nicht so sehr darum geht, die nationale Geschichte aufzugeben, sondern sie zu erweitern und sie zu „transnationalisieren“.[87]

Mit anderen Worten: Sowohl in der transnationalen als auch in der multinationalen Version bleibt die Geschichte weitgehend eine nationale und die Kategorie „Nation“ von zentraler Bedeutung. Die kreative Aufgabe, eine neue Geschichte zu schreiben, geht über die deklaratorische Ablehnung der nationalen Erzählung hinaus.

Das Scheitern der Putinschen Pläne, die Ukraine als vermeintlichen „failed state“ und „tief gespaltene Gesellschaft“ in einem Blitzkrieg zu zerstören und ihre Regierung zu stürzen, kann auch für die Sozialwissenschaften und die Geschichtswissenschaft nicht ohne Konsequenzen bleiben. Nun muss auch der letzte Beobachter die historische und historiographische Legitimität der Ukraine anerkennen und eine neue analytische Sprache erarbeiten, um sie zu beschreiben, zu interpretieren und zu erklären. Diese Sprache sollte der Komplexität der pluralistischen politischen, wirtschaftlichen und kulturellen Realität der Ukraine gerecht werden. Diese methodische Aufgabe – eine differenzierte analytische Sprache, um über die Ukraine, ihre Vergangenheit und Gegenwart zu sprechen – könnte die größte Herausforderung für die entstehenden neuen Ukraine-Studien werden.

Schlagwörter: Ukraine, Geschichte, Historiographie, politische Geschichte, Sozialgeschichte, Nationalgeschichte

87 Sebastian Conrad: What is Global History? Princeton 2016. S. 46.

Zirkular des Innenministers P.A. Valuev

An die Zensurkomitees in Kiew, Moskau und Petersburg vom 18. Juli 1863

Schon seit langem wird in unserer Presse über die Möglichkeit der Existenz einer eigenständigen kleinrussischen Literatur gestritten. Diese Debatten wurden durch die Werke einiger Schriftsteller ausgelöst, die sich durch ihre mehr oder weniger große Begabung oder besondere Originalität hervorgetan haben. In letzter Zeit hat die Frage der kleinrussischen Literatur aufgrund rein politischer Umstände, die nichts mit eigentlichen literarischen Belangen zu tun haben, einen anderen Charakter erhalten. Frühere Werke in kleinrussischer Sprache waren nur für die gebildeten Schichten Südrusslands gedacht. Jetzt aber haben die Verfechter einer kleinrussischen Nationalität die ungebildeten Massen ins Visier genommen; und diejenigen unter ihnen, die ihre politischen Pläne in die Tat umsetzen wollen, haben unter dem Vorwand der Förderung von Alphabetisierung und Bildung damit begonnen, Bücher für Leseanfänger zu veröffentlichen: Fibeln, Grammatiken, Erdkundewerke usw. Unter diesen Akteuren befinden sich zahlreiche Personen, deren kriminelle Handlungen von einer Sonderkommission untersucht wurden.

In St. Petersburg werden sogar Spenden für die Herausgabe preiswerter Bücher in südrussischer Mundart gesammelt. Viele dieser Bücher liegen bereits dem St. Petersburger Zensurkomitee vor. Etliche solcher Werke gehen auch beim Kiewer Zensurkomitee ein. Letzteres tut sich besonders schwer mit der Freigabe dieser Bücher, und zwar aus folgenden Gründen: Der Unterricht an allen Lehranstalten wird ausnahmslos in russischer Sprache abgehalten, während die Verwendung der kleinrussischen Sprache in den Lehranstalten nirgends erlaubt ist. Die Frage nach der Nützlichkeit und der Nutzbarkeit dieser Mundart in den Schulen ist nicht nur ungelöst, sondern allein diese Frage aufzuwerfen, stößt bei den meisten Kleinrussen auf Empörung, die sie vielfach in der Presse zum Ausdruck bringen. Sie beweisen sehr überzeugend: Eine eigene kleinrussische Sprache hat es nie gegeben, gibt es nicht und wird es nie geben. Der Dialekt, den das einfache Volk verwendet, ist Russisch, nur verdorben durch polnische Einflüsse. Die russische Sprache ist für Kleinrussen genauso verständlich wie für Großrussen, ja sie verstehen sie sogar leichter als die sogenannte ukrainische Sprache, die jetzt von einigen Kleinrussen und besonders einigen Polen ausgeheckt wird. Die Mehrheit der Kleinrussen wirft den Personen dieses Kreises, der verstärkt das Gegenteil zu beweisen sucht, separatistische Bestrebungen vor, die russlandfeindlich und für Kleinrussland verhängnisvoll sind.

Diese Erscheinung ist umso bedauerlicher und beachtenswerter, als sie mit den politischen Plänen der Polen einhergeht und geradezu von dort herrührt, bedenkt man die bei der Zensur eingegangenen Manuskripte und die Tatsache, dass ein Großteil dieser kleinrussischen Werke tatsächlich von Polen stammt. Schließlich hält es auch der Generalgouverneur von

---

Das Zirkular, das Innenminister Valuev am 18. Juli 1863 in Umlauf gab, war eine geheime Anordnung, die auf Jahrzehnte die Ukrainepolitik des Russländischen Imperiums und damit die Russifizierung der Ukraine bestimmen sollte.

Erstmals wurde das Zirkular veröffentlicht in M.K. Lemke: Epocha cenzurnych reform 1859–1865 gg. St. Peterburg 1904, S. 302–304 sowie in Aleksej Miller: „Ukrainskij vopros“ v politike vlastej i russkom obščestvennom mnenii (vtoraja polovina XIX v.). St. Peterburg 2000, S. 240–241.

Die vorliegende Übersetzung stammt von Anne Hartmann (Bochum) und ist die deutsche Erstveröffentlichung.

 doi: 10.35998/oe-2022-0144

Kiew für gefährlich und schädlich, die kleinrussische Übersetzung des Neuen Testaments zu veröffentlichen, die derzeit von der kirchlichen Zensur geprüft wird.

In Anbetracht des gegenwärtigen alarmierenden Zustands der Gesellschaft, die durch die politischen Ereignisse aufgewühlt ist, und angesichts der Tatsache, dass die Frage des Lese- und Schreibunterrichts in den regionalen Mundarten noch nicht endgültig gesetzlich geregelt ist, erachtete es der Innenminister für notwendig, in Erwartung einer Einigung mit dem Minister für Volksbildung, dem Generalprokurator des Heiligen Synods und dem Chef der Gendarmerie über den Druck von Büchern in Kleinrussisch die Zensurbehörde anzuweisen, nur solche Werke in dieser Sprache zum Druck zuzulassen, die zur schönen Literatur gehören; die Verbreitung von Büchern in kleinrussischer Sprache mit religiösem Inhalt sowie von Lehrwerken und generell von Elementarlesebüchern für das Volk ist einzustellen. Diese Verfügung wurde dem Kaiser zur allerhöchsten Prüfung vorgelegt und Seine Majestät geruhte, sie seiner kaiserlichen Zustimmung für würdig zu befinden.

Ricarda Vulpius

Konkurrenz, Konflikt, Repression

Russland und die ukrainische Nationsbildung

Putins Rede von der historischen Einheit der Russen und der Ukrainer dient der ideologischen Rechtfertigung des Krieges. Neu ist dieses Denken nicht. Es geht auf das 17. Jahrhundert zurück. Zugrunde liegt ihm die Vorstellung von der „allrussischen Nation“, zu der „Großrussen“, „Kleinrussen“ und „Weißrussen“ gehörten. Hinter dieser Idee versammelten sich im späten 19. Jahrhundert die zarische Regierung und das Gros der russländischen Gesellschaft. Selbst Angehörige der liberalen Intelligenz sprachen den Ukrainern das Recht auf eine eigene Nationsbildung ab. Russland unterdrückte jede Regung ukrainischer sprachlicher und kultureller Autonomie. Diese Repressionen und die Unterdrückung der ukrainischen Nationalbewegung sind Teil der ukrainischen kollektiven Erinnerung von heute.

Drei Tage vor der Invasion Russlands in die Ukraine am 24. Februar erläuterte Präsident Vladimir Putin in einer fast einstündigen Fernsehansprache, dass die Ukraine als eigenständige Nation eine Schöpfung Lenins sei und dass Russen und Ukrainer in Wahrheit ein Volk seien.[1] Im Sommer 2021 hatte der Kreml auf der Website einen programmatischen Text veröffentlicht, in dem Vladimir Putin im Gestus eines Historikers die „Historische Einheit der Russen und der Ukrainer“ darlegte.[2] Viele Beobachter mögen diese Einlassungen für einen Ausweis Putinschen Größenwahns gehalten haben – als Beleg dafür, dass ein Herrscher, der sich in seinem Drang nach Größe gedemütigt fühlt, nach der Wiederherstellung der Sowjetunion verlangt.

Eine solche Sicht aber greift viel zu kurz. Nicht erst mit Putin und nicht erst seit dem 21. Jahrhundert hängt ein Großteil der Elite und Bevölkerung Russlands der Vorstellung an, Russen und Ukrainer seien ein Volk. Diese Sicht geht auf das 17. Jahrhundert zurück und konnte spätestens im ausgehenden 19. Jahrhundert einen Großteil der zarischen Regierung und der russländischen Gesellschaft hinter sich versammeln. Der Historiker

---

Ricarda Vulpius (1970), Dr. phil., Historikerin, Professorin für osteuropäische und ostmitteleuropäische Geschichte an der Universität Münster

Von Ricarda Vulpius erschien in OSTEUROPA: „Inseln der Autonomie beseitigen“. Kirchenverfolgung und Holodomor, in: OE, 12 /2004, S. 72–89.

[1] <http://kremlin.ru/events/president/news/67828>. In deutscher Übersetzung unter dem redaktionellen Titel: Vladimir Putin: „Wir erkennen die Volksrepubliken an“. Rede vom 21.2.2022, in: OE, 1–3/2022, S. 119–135.

[2] Vladimir Putin: Ob istoričeskom edinstve Russkich i Ukraincev, 12.7.2021, <http://kremlin.ru/events/president/news/66181>. Die deutsche Übersetzung „Über die historische Einheit der Russen und der Ukrainer“ ist dokumentiert in: OE, 7/2021, S. 51–66.

OSTEUROPA, 72. Jg., 6–8/2022, S. 105–116 **doi: 10.35998/oe-2022-0145**

Zenon Kohut hat diese Sichtweise rückblickend „Einheitsparadigma" genannt.[3] Mit diesem Begriff wird das Projekt der „allrussischen Nation" (obščerusskaja nacija) bezeichnet. Gemeint ist der Anspruch, unter russischer Führung die „großrussische" Nation mit den beiden anderen ostslavischen Ethnien der „Weißrussen" und der „Kleinrussen" zu einer einzigen allrussischen Nation zu vereinen.[4]
Was hat es mit diesem Begriff der „Kleinrussen" auf sich? Dieser Begriff war in der Frühen Neuzeit zunächst neutral gemeint und dem kirchlichen Bereich entlehnt. Dort unterschied die orthodoxe Mutterkirche in Konstantinopel zwischen einer großen und einer kleinen Entfernung: nach Moskau war die Entfernung groß, dort waren die „Großrussen", nach Kiew war sie kleiner, dort saßen die „Kleinrussen".[5] Seit dem ausgehenden 17. Jahrhundert übernahm die Moskauer Regierung diese Bezeichnung für die einverleibten Gebiete mit ukrainischsprachiger Bevölkerung. Auch die Bewohner dieser Gebiete selbst benutzten diese Bezeichnung. Doch im Zuge des entstehenden Nationalbewusstseins im 19. Jahrhundert gewann die Bezeichnung in den Augen nationalbewusster Ukrainer eine herablassende, eine pejorative Bedeutung. Nur noch jene wählten diese Selbstbezeichnung, die eine ukrainische Nationalbewegung ablehnten und stattdessen mit „Kleinrussland" einen regionalen Identitätsentwurf verbanden, der mit der Vorstellung einer allrussischen Nation kompatibel war.

Das Einheitsnarrativ in der Geschichte

Was alles verband sich mit der allrussischen Nationskonzeption? Das Narrativ von der Einheit des großrussischen und kleinrussischen Volkes bezog sich nicht nur auf die jeweilige Gegenwart. Vielmehr galt es genauso für die Vergangenheit. Mit ihm wurde konstatiert, dass es auch in der Vergangenheit keine Geschichte der Ukrainer als einer eigenständigen Nation gegeben habe; dass diese vielmehr in der russischen Geschichte enthalten sei. Und aus dem Blick zurück leitete sich auch der Blick nach vorn ab: Auch die Zukunft könne für Russen und Ukrainer nur eine gemeinsame sein.
Kristallisationspunkt dieser Theorie ist die Frage, ob es sich bei der 1654 erfolgten Inkorporation der linksufrigen ukrainischen Gebiete in das Moskauer Reich aus russischer Sicht um einen Akt der Ausdehnung des Reiches in neue Gebiete oder aber um eine (lang ersehnte) Wiedereingliederung von Gebieten gehandelt hat, die früher schon einmal zu „Russland" gehört hatten und auf die das Zarenreich entsprechend historische Ansprüche besaß. Vor dem Abkommen, das 1654 in Perejaslav zwischen einem Vertreter des Zaren Aleksej Michajlovič und dem damaligen ukrainischen Anführer, Hetman Bohdan Chmel'nyc'kyj, geschlossen wurde, gehörte das „Hetmanat" genannte ukrainische Siedlungsgebiet über 400 Jahre lang zu Polen-Litauen, bevor es sich in einer ge-

---

3 Zenon Kohut: Istoki paradigmy edinstva: Ukraina i sozdanie russkoj nacional'noj istorii (1620-e–1860-e gg.), in: Ab Imperio, 1–2/2001, S. 73–85.
4 Grundlegend zum Projekt Alexei Miller: The Ukrainian Question. Russian Nationalism in the 19th Century. Budapest 2003; zuerst auf Russisch: Aleksej Miller: „Ukrainskij vopros" v politike vlastej i russkom obščestvennom mnenii (vtoraja polovina XIX v.). St. Peterburg 2000.
5 Zum Begriff des „Kleinrussen" Anton L. Kotenko, Ol'ga V. Martynjuk, Aleksej I. Miller: Maloross, in: Denis Sdvižkov, Ingrid Schierle (Hg.): „Ponjatija o Rossii": K istoričeskoj semantike imperskogo perioda. Bd. 2, Moskau 2012, S. 392–443.

waltsamen Erhebung von der Herrschaft der Adelsrepublik lossagte. Mit der Auffassung, dass das Zarenreich einen historischen Anspruch auf diese Gebiete habe, entstand im 19. Jahrhundert die Denk- und Argumentationsfigur von der „Wiedervereinigung mit Kleinrussland".

Die Vorstellung von 1654 als einer „Wiedervereinigung" war den Zeitgenossen Mitte des 17. Jahrhunderts jedoch völlig fremd. Im Gegenteil, der damalige Zar Aleksej Michajlovič ließ sich lange bitten, der Anfrage der ukrainischen Kosaken, dem Hetmanat Schutz vor Polen-Litauen zu gewähren, Gehör zu schenken. Noch Jahrzehnte lang blieb das russische Interesse an den einverleibten Territorien gering.[6]

Die Idee, wonach Klein- und Großrussland durch ihre gemeinsame Herkunft aus der mittelalterlichen Kiewer Rus' eine Einheit bildeten, die nur zwischenzeitlich auseinandergerissen worden sei, kam erst lange nach 1654 auf. Und sie entstand ausgerechnet im Kreise Kiewer Geistlicher. Deren Anliegen war es, die gemeinsame Bindung an die orthodoxe Religion zu betonen und die orthodoxe Sakralgemeinschaft von Moskowitern und Ukrainern (*Slavia Orthodoxa*) zu bewahren. Für dieses Anliegen ließen sie in einem Werk von 1674, der Synopsis, die Vorstellung aufkommen, wonach es eine enge geschichtliche, dynastische, religiöse und ethnische Verbindung der ukrainischen Gebiete und ihrer Bevölkerung mit dem Moskauer Reich gäbe (Slaveno-Rossijskij narod).[7]

Selbst der russische Historiker Nikolaj Karamzin (1766–1826), der mit seinem berühmten Werk der „Geschichte des Russländischen Staates" entscheidend dazu beitrug, ein russisches Nationalbewusstsein herauszubilden, zeigte sich noch Anfang des 19. Jahrhunderts von dem Einheitsparadigma gänzlich unbeeindruckt. Er postulierte zwar eine Kontinuität zwischen Kiew als dem Mittelpunkt des Kiewer Reiches und Moskau als demjenigen des Moskauer Reiches. Doch definierte er diese Kontinuität weder kulturell noch religiös oder ethnisch, sondern nur politisch. Demnach habe es Russland immer dort gegeben, wo die russische Autokratie und das Staatswesen ihren besten Ausdruck fanden. Damit war zugleich ausgesagt: Die ukrainisch besiedelten Gebiete, die gleichfalls aus dem Kiewer Reich hervorgegangen waren, fielen für die Zeit vom 13. bis zum 17. Jahrhundert aus dem genannten Schema der russländischen Geschichte heraus.[8]

Erst während des beginnenden Zeitalters des Nationalismus setzte ein Umdenken ein. Nachdem die Teilungen Polens und die anschließende Einverleibung polnischer Territorien in das Zarenreich statt der von russländischer Seite erwarteten Dankbarkeit den ersten polnischen Aufstand von 1830/31 hervorgebracht hatte, zeigte sich die russländische Elite tief erschüttert. Bildungsminister Sergej Uvarov sah sich veranlasst, einen Wettbewerb für Lehrbücher auszurufen, in denen die Einheit der „Polnischen, Litauischen und Russischen Geschichte" bewiesen werden sollte.[9] Dahinter verbarg sich de facto auch die ukrainische Geschichte. Der Historiker Nikolaj Ustrjalov (1805–1870) gewann nicht nur den Wettbewerb. Er legte mit seinem vierbändigen Lehrbuch, dem ersten, offiziell gebilligten Lehrbuch zur „Russischen Geschichte" (Russkaja istorija),

---

[6] Hans-Joachim Torke: The Unloved Alliance: Political Relations between Muscovy and Ukraine in the Seventeenth Century, in: Peter J. Potichnyj u.a. (Hg.): Ukraine and Russia in their Historical Encounter. Edmonton 1988, S. 39–66.

[7] Hans Rothe (Hg.): Sinopsis. Kiev, 1681: Facsimile mit einer Einleitung. Köln 1983.

[8] Nikolaj Karamzin: Istorija Gosudarstva Rossijskogo. Bd. 1–12. Moskva 1998.

[9] David B. Saunders: Historians and Concepts of Nationality in Early Nineteenth-Century Russia, in: Slavic East European Review, 1/1982, S. 44–62, hier S. 58–61.

1836 das Fundament zur russischen Sicht auf die ukrainische Geschichte. Und diese Erzählung entsprach ganz dem, was Kohut später „Einheitsparadigma“ nennen sollte. Ustrjalov inkorporierte sämtliche großen Perioden der ukrainischen Geschichte in seinen Abriss der „Russischen“ Geschichte. Demnach sei die russische Nation durch die polnische Herrschaft über die Ukraine und Weißrussland gespalten worden. Anschließend habe eine bewusste Politik der Entfremdung der „zwei Russlands“ eingesetzt. Der große Trend der späteren Geschichte Russlands habe darin bestanden, stets die „Wiedererrichtung des russischen Landes innerhalb der Grenzen [. . .], die es unter Jaroslav dem Weisen gegeben hatte“, anzustreben.[10]

Jaroslav der Weise aber regierte im 11. Jahrhundert, also in der Zeit der Kiewer Rus', als von „Nationen“ keine Rede sein konnte, es also weder Ukrainer noch Russen, sondern nur eine ostslawische Sakralgemeinschaft gab! Ustrjalov fusionierte mithin geschickt die moderne Idee einer „russischen“ Nation mit dem vormodernen Konzept eines dynastischen Patrimoniums, wie es bereits im 14. Jahrhundert formuliert worden war. Nach diesem Narrativ stellte das Abkommen von Perejaslav von 1654 folgerichtig die „Wiedervereinigung der Ukraine mit Moskau“ dar.

Diese Beschreibung Ustrjalovs von der ukrainischen und russischen Geschichte, die sich durch den großen „Wunsch nach Wiedervereinigung“ ausgezeichnet habe, wurde zum Eckstein der offiziellen Interpretation für die Geschichte der ukrainischen Länder in der weiteren russischen Historiographie.

Ukrainisches Aufbegehren und die russische Reaktion

Mehr oder weniger zeitgleich zu den Bemühungen Uvarovs und Ustrjalovs in den 1830er Jahren zeigten sich auch auf der „kleinrussischen“ Seite erste Signale einer modernen ukrainischen Nationalbewegung. Ihren Schwerpunkt hatte sie zunächst in Charkiv, dann in Kiew. Hier war 1834 eine russische Universität gegründet worden. Auch sie war als Reaktion auf den polnischen Aufstand mit dem Auftrag entstanden, den Einfluss der Polen zurückzudrängen, die gerade in der rechtsufrigen Dnjepr-Ukraine das Leben noch stark dominierten.[11]

An der Universität Kiew bildete sich ein kleiner Zirkel von Intellektuellen, die „Gesellschaft der Heiligen Kyrill und Method“. Ihre Mitglieder, unter ihnen der Historiker Mykola Kostomarov (1817–1885) und Taras Ševčenko (1814–1861), der bedeutendste ukrainische Schriftsteller im 19. Jahrhundert, dachten über die Zukunft „der Ukraine“ und über ihren Platz in der Welt der Slawen nach. Sie strebten die Abschaffung der Leibeigenschaft, die Demokratisierung des politischen Lebens und eine Föderalisierung des Zarenreichs an, in dem „Russland“ und „die Ukraine“ gleichwertige Subjekte sein sollten. Kostomarov verfasste eine Schrift, in der er die Knechtschaft beklagte, in welche die Ukraine unter Peter I. gefallen sei, und beschuldigte Katharina II., dem Kosakentum und der Freiheit ein Ende bereitet zu haben. Er endete mit den Worten:

---

[10] N.G. Ustrjalov: Russkaja istorija. Bd. 1. St. Peterburg 1839, S. 16.

[11] Mit „rechtsufriger Dnjepr-Ukraine“ sind hier die Gouvernements westlich des Dnjepr (z.B. Kiew, Podolien, Wolhynien) gemeint.

> Die Ukraine wird aus ihrem Grabe auferstehen und wird erneut alle ihre slawischen Brüder aufrufen, und diese werden ihren Ruf hören, und das Slawentum wird sich erheben, und es wird kein Zar, kein Zarewitsch, keine Zarin, [...] kein Pan, kein Bojar, kein Leibeigener und kein Sklave mehr da sein, weder in Russland noch in Polen, noch in der Ukraine, [...]. Die Ukraine wird eine unabhängige Republik in einer Union der Slawen sein.[12]

Der Kyrill-Method-Zirkel bestand nur kurze Zeit. Seine Mitglieder und Sympathisanten wurden 1847 denunziert und verhaftet. Damit aber war die Geheimpolizei zum ersten Mal auf die Existenz der sogenannten Ukrainophilen aufmerksam geworden. Der Chef der Geheimpolizei, Graf Aleksej Orlov, meldete 1847:

> In Kiew und in Kleinrussland hat sich die Slawophilie in Ukrainophilie verwandelt. Dort bemühen sich junge Menschen um die Wiederherstellung der Sprache, der Literatur und der Bräuche Kleinrusslands und träumen von der Rückkehr der früheren Freiheit, des Kosakentums und des Hetmanats.[13]

Als besonders gefährlich schätzte der Chef der Geheimpolizei Taras Ševčenkos Dichtungen ein. Die Reaktion machte deutlich: Die Vorstellung, die „Kleinrussen" könnten sich von Russland lösen wollen, löste höchste Beunruhigung aus.

Aber nicht nur die russländischen Behörden, sondern auch russische Intellektuelle reagierten auf die ersten Anzeichen einer ukrainischen Nationalbewegung ablehnend. Bis dahin hatte die öffentliche Meinung den „Kleinrussen" wohlgesonnen gegenübergestanden. Im Zuge der Romantik und Empfindsamkeit verbanden russische Intellektuelle mit der ukrainischsprachigen Bevölkerung die glückliche einfache Lebensart, das unverdorbene Landleben. In der ersten Hälfte der 1840er Jahre aber vollzog sich der Umschwung. Zum ersten Anlass wurde die Publikation von Ševčenkos *Kobzar* (1840), zum zweiten Mykola Markevyčs Schrift *Geschichte Kleinrusslands* (1842/43).[14] Darin bezeichnete Markevyč die Großrussen als „jüngere Brüder" der Kleinrussen. Der bekannte russische Literaturkritiker Vissarion Belinskij (1811–1848) kritisierte Ševčenkos und Markevyčs Sichtweisen massiv und setzte ihnen 1843 seine Auffassung von der Geschichtslosigkeit „Kleinrusslands" gegenüber:

> Kleinrussland war nie ein Staat und hatte folglich im strengen Sinn dieses Wortes auch keine Geschichte. [...] Die Geschichte Kleinrusslands ist ein Nebenfluss, der in den großen Fluss der russischen Geschichte mündet [...]. Indem es endgültig mit dem blutsverwandten Russland zusammengeflossen ist, hat sich für Kleinrussland die Türe zur Zivilisation, zur Aufklärung, zur Wis-

---

[12] M.I. Kostomarov: Zakon Božyj (knyha buttja ukrains'koho narodu). Kiew 1991, S. 38, 30. Hier zitiert nach Andreas Kappeler: Ungleiche Brüder. Russen und Ukrainer. Vom Mittelalter bis zur Gegenwart. München 2017, S. 95.

[13] Kyrylo-Mefodijivs'ke tovarystvo. Bd. 2. Kiew 1990, S. 79f.

[14] Kappeler, Ungleiche Brüder [Fn. 12], S. 98.

> senschaft geöffnet, von denen es bisher sein halbwilder Charakter unüberwindlich getrennt hat. Gemeinsam mit Russland steht ihm jetzt eine große Zukunft bevor.[15]

Früher habe es einmal eine „kleinrussische" Sprache gegeben. Heute sei sie nur ein Dialekt. Die Literatursprache der „Kleinrussen" müsse daher das Russische sein, und große Dichter könnten dort nur russische Dichter sein.

Ähnliche Gedanken hatte Aleksandr Puškin zwölf Jahre zuvor an die aufrührerischen Polen in seinem Gedicht „An die Verleumder Russlands" gerichtet. Unter dem Eindruck des polnischen Aufstands von 1830/31 stellte Puškin die Frage, ob alle „slawischen Flüsse" in ein „russisches Meer" mündeten, oder ob dieses austrocknen werde. Er hatte damit die gedankliche Verbindung zwischen der Existenz des russisch dominierten Staates und dem polnischen „Nebenfluss" vorweggenommen, die Belinskij dann auf „Russland" und „Kleinrussland" bezog.[16]

Belinskij war nicht der letzte Intellektuelle, der den „Kleinrussen" eine eigenständige Daseinsberechtigung als Nation absprach. Die meisten der sogenannten „Westler" sahen in den ethnisch (vermeintlich) homogenen westeuropäischen Nationalstaaten das Vorbild für ein modernes und mächtiges Russland, das eine Zivilisierungsmission unter den rückständigen „Kleinrussen" zu vollbringen habe.[17]

Das Erstarken der russischen Nationalbewegung

Die Anfänge der ukrainischen Nationalbewegung fielen folglich zusammen mit einem immensen Aufschwung des russischen Nationalbewusstseins. Sowohl die zarische Regierung mit ihrem Reichspatriotismus als auch die „Westler" und die Slawophilen reagierten in gleicher Weise auf das Auftreten der Ukrainophilen. Durch sie sahen sie das Konzept der als „allrussisch" vorgestellten russischen Nation in Frage gestellt. Die Ablehnung jedes Gedankens an eine eigenständige ukrainische Nation ergriff nicht nur Mitte des Jahrhunderts alle politischen Lager der russländischen Gesellschaft. Vor allem etablierte sich diese Ablehnung damals als eine Konstante im politischen Denken Russlands.

Mit der politischen Liberalisierung in den 1860er Jahren wurde diese Ablehnung besonders laut vernehmbar: Die Presse expandierte, und erstmals entstand eine breite politische Öffentlichkeit, in der politische und gesellschaftliche Fragen umfänglich diskutiert wurden. Im Vordergrund standen nationale Themen. Anlässe für eine erneute Stärkung des russischen Nationalismus waren zum einen der zweite polnische Aufstand von 1863, zum anderen der Russländisch-Türkische Krieg von 1877/78, der in breiten Kreisen der Bevölkerung eine nationale Mobilisierung nach sich zog. Die Slawophilen, die gestern

[15] V.G. Belinskij: Polnoe sobranie sočinenij. Bd. 7. Moskva 1955, S. 60, 64f.; Bd. 5, 1954, S. 176–179 sowie 330. Zit. nach Kappeler, Ungleiche Brüder [Fn. 12], S. 100.

[16] Alexander Sergejewitsch Puschkin: Gedichte, Poeme, Eugen Onegin. Hg. v. W. Neustadt und übersetzt von W. Groeger. Berlin 1947, S. 134f.

[17] Andrea Rutherford: Vissarion Belinskii and the Ukrainian National Question, in: The Russian Review, 4/1995, 500–515. – Myroslav Shkandrij: Russia and Ukraine. Literature and the Discourse of Empire from Napoleonic to Postcolonial Times. Montreal u.a. 2001, S. 116–125. – Kappeler, Ungleiche Brüder [Fn. 12], S. 100.

noch Gegner der Zarenautokratie gewesen waren, wurden nun zu Verteidigern der zarischen Herrschaft. Publizisten wie Michail Katkov (1818–1887), die in der Nachfolge der gemäßigten „Westler“ standen, strebten eine Umwandlung des Imperiums in einen russischen Nationalstaat nach französischem Vorbild an: Dieser Nationalstaat sollte Demokratisierung mit ethnischer Homogenisierung verbinden.

Nur die zarische Regierung selbst scheute davor zurück, die Idee der Nation als Basis ihres Reiches zu übernehmen. Mit ihr sah sie die Gefahr einhergehen, die Fundamente des ständisch-dynastischen Imperiums und das Machtmonopol der Autokratie zu untergraben. Sie hielt daher im Prinzip am hergebrachten supra-ethnischen Reichspatriotismus fest. Allerdings nahm sie einzelne Elemente des russischen Nationalismus auf und versuchte diese zur Herrschaftsstabilisierung zu nutzen. Manche der ursprünglich regimekritischen „Westler“ stellten sich nun auf die Seite der Regierung und unterstützten die Politik der Russifizierung gegenüber nichtrussischen Nationalitäten. Auf diese Weise verbreitete sich ein imperialer russischer Nationalismus in der Bürokratie, in der Armee und in der gebildeten Gesellschaft.[18] Gegen Ende des 19. Jahrhunderts kamen allerdings extremistische, nationalistische und antisemitische Tendenzen auf, die in breiten Kreisen und sogar am Zarenhof hoffähig wurden und den russischen Nationalismus in den Augen der liberalen Öffentlichkeit zunehmend diskreditierten.

Das russische nationale Projekt blieb also in unterschiedlichen Ausrichtungen erhalten, entwickelte sich aber nicht zu einer übergreifenden Integrationsideologie. Einer beschleunigten Nationsbildung stand der Anspruch der Autokratie entgegen, seine Macht über ein multiethnisches Reich zu erhalten. Zudem bildete die weiter bestehende Kluft zwischen der Masse der russischen Bauern und der gebildeten Gesellschaft ein Hindernis.[19]

Über alle politischen Lager hinweg blieben jedoch die Ukrainophilen ein wichtiges Feindbild für jeden Anhänger einer russischen nationalen Ideologie. Die Vorstellung von der aus Groß-, Klein- und Weißrussen bestehenden „allrussischen“ Nation wurde allgemein geteilt. Aus dieser Sicht bedrohte ein möglicher Abfall der Ukrainer, der mit Abstand größten nichtrussischen Ethnie des Reiches, die Existenz der russischen Nation und den Zusammenhalt des Imperiums. Nur als „Kleinrussen“, als Teil eines großen Ganzen, konnten die Ukrainer zur Integrationskraft der „allrussischen“ Nation im Reich beitragen, die 1897 mit rund 84 Millionen insgesamt etwa zwei Drittel der Bevölkerung des Zarenreichs ausmachte. Ohne Ukrainer und Weißrussen stellten die Großrussen dagegen nur noch 44 Prozent der Reichsbevölkerung.[20]

Umso wichtiger war es für die Anhänger der „allrussischen“ Nation, jegliche Eigenständigkeitsregungen unter der ukrainischsprachigen Bevölkerung im Keim zu ersticken. Dabei schaute die Zarenregierung mit besonderem Argwohn auf polnische Agitatoren, die die „Kleinrussen“ umwarben. In russisch-nationalen Kreisen war das Narrativ allgegenwärtig, wonach die ukrainische Nationalbewegung das Produkt einer „polnischen“ oder „katholischen Intrige“ sei.[21] Aus dieser Optik galten die national orientierten Ukrainer als potenzielle Verräter. In Erinnerung an den einstigen ukrainischen Hetman Ivan Mazepa

---

[18] Andreas Renner: Russischer Nationalismus und Öffentlichkeit im Zarenreich, 1855–1875. Köln 2000, S. 375–383.

[19] Kappeler, Ungleiche Brüder [Fn. 12], S. 103.

[20] Andreas Kappeler: Russland als Vielvölkerreich. Entstehung, Geschichte, Zerfall. München 1992, S. 323.

[21] Ricarda Vulpius: Nationalisierung der Religion. Russifizierungspolitik und ukrainische Nationsbildung, 1860–1920. Wiesbaden 2005, S. 208–209.

wurden sie mit dem Attribut „Mazepisten“ (Mazepincy) belegt – in Anlehnung an das als Verrat ausgelegte Abfallen Mazepas von Peter I. Der Vorwurf des potentiellen Verrats ging in zwei Richtungen: Zum einen wurde in Analogie zum historischen Mazepa die Gefahr eines Frontenwechsels entweder zum Habsburger Reich oder zumindest zur polnischen Nationalbewegung beschworen. Zum anderen wurden solche als Verräter und „Mazepisten“ bezeichnet, die auch nur ansatzweise den Wunsch nach einem eigenständigen ukrainischen Weg formulierten.[22]
Der Slavophile Ivan Aksakov drückte das im Jahr 1862 so aus:

> Kleinrussland, Weißrussland, Großrussland – sie sind ein Körper, etwas Ganzes und Unteilbares – und eines vom anderen wegzureißen, bedeutet das Gleiche, wie einen Körper in seine Bestandteile zu zerstückeln. Kiew abzuschneiden würde bedeuten, in einen lebenden Körper zu schneiden.[23]

Der bekannte Publizist Michail Katkov unterstützte diese Haltung ein Jahr später, als er nach dem Beginn des zweiten polnischen Aufstands 1863 seinen Leitartikel in den *Moskovskie Vedomosti* mit den Worten begann:

> Eine Intrige, überall eine Intrige, eine heimtückische Intrige! [...] Die Ukraine hatte nie eine eigene Geschichte, war nie ein separater Staat. Das ukrainische Volk ist ein rein russisches Volk, ein seit jeher russisches Volk, ein essentieller Teil des russischen Volkes, ohne den das russische Volk nicht bleiben kann, was es ist... Es kann keine Rivalität zwischen dem südlichen und nördlichen Teil einer Nationalität geben, genau so wenig wie zwischen zwei Händen oder Augen eines lebenden Organismus.[24]

Ein Verlust der Ukraine bedeute deshalb „die Verstümmelung des russischen Körpers und der russischen Seele“.[25]
Die ukrainische Nationalbewegung nutzte die politische Liberalisierung nach dem Tod Nikolajs I., um wieder aktiv zu werden. Zwischen 1855 und 1863 erschienen im Russländischen Imperium nicht weniger als 130 ukrainischsprachige Bücher, unter ihnen literarische Werke, religiöse, historische und ethnographische Schriften sowie Lehrbücher zu verschiedenen Unterrichtsfächern.[26] Im Zentrum des Interesses der ukrainophilen Intelligenz stand das Ziel, die Kluft zu den Massen analphabetischer Bauern, die sie als den Kern einer vorgestellten Nation betrachteten, zu überbrücken und sie national zu mobilisieren. Besonders die landeskundliche Bewegung, die ihren Anfang oft in den ukrainophil unterwanderten Geistlichen Seminaren der ukrainischen Eparchien der Russisch Orthodoxen Kirche nahm, involvierte große Teile der Bevölkerung.[27] Seminaristen und

---

[22] Vulpius, Nationalisierung der Religion [Fn. 21], S. 210–211.
[23] I.S. Aksakov: Pol'skij vopros i zapadno-russkoe delo. Evrejskij vopros. 1860–1886. Stat'i iz „Dnja“, „Moskvy“ i „Rusi“. Moskva 1886 (Sočinenija Bd. 5), S. 21.
[24] M.I. Katkov: 1863-j god. Sobranie statej po pol'skomu voprosu pomeščavšichsja v Moskvoskich Vedomostjach, Russkom Vestnike i Sovremennoj Letopisi. Bd. 1, Moskva 1887, S. 273, 278. – David Saunders: Mikhail Katkov and Mykola Kostomarov. A Note on Petr A. Valuev's Anti-Ukrainian Edict of 1863, in: Harvard Ukrainain Studies, 3–4/1993–1996, S. 365–383, hier S. 372.
[25] Ebd.
[26] Johannes Remy: Brothers or Enemies. The Ukrainian National Movement and Russia from the 1840s to the 1870s. Toronto 2016, S. 82.
[27] Vulpius, Nationalisierung der Religion [Fn. 21], S. 282–296 und 334–348.

Priester veröffentlichten preiswerte, für ein breiteres Publikum bestimmte Broschüren und richteten zusammen mit weltlichen national Gesinnten in den Dörfern ukrainischsprachige Sonntagsschulen ein. In Kiew und anderen Städten fanden sich Studierende, Lehrer und andere junge Intellektuelle in Gruppierungen zusammen. In St. Petersburg gründeten einige Mitglieder der ehemaligen *Kyrill-und-Method-Gesellschaft* die Zeitschrift *Osnova*, die Texte zu ukrainischen Themen in ukrainischer und russischer Sprache publizierte. Obwohl die Protagonisten erklärten, rein kulturelle Ziele zu verfolgen, erregten sie mit ihren Aktivitäten erneut das Misstrauen der Behörden.[28]

Der Paukenschlag von 1863

Die entscheidende Wende zur offenen Repression ging mit dem polnischen Aufstand vom Januar 1863 einher. Polnische Adlige, die ein unabhängiges Königreich Polen wiederherstellen wollten, bemühten sich um Unterstützung durch die ukrainische Intelligenz und „kleinrussische" Bauern. Sie hatten damit zwar keinen Erfolg. Doch schienen sie damit das in zarischen Behörden vorherrschende Stereotyp der „polnischen Intrige" zu bestätigen. Die schnell einsetzenden Repressionen der Regierung trafen deshalb nicht nur die polnischen Adligen und Geistlichen, sondern auch die ersten Ansätze der ukrainischen Nationalbewegung: Die gerade erst eröffneten Sonntagsschulen wurden verboten, die Gruppierungen in Kiew und in anderen Städten aufgelöst.
Und dann kam der Paukenschlag. Auslöser war die zum Druck vorliegende, aber noch unveröffentlichte Übersetzung der Bibel ins Ukrainische. Im Juli 1863 erließ der russländische Innenminister Petr Valuev die Anordnung an alle Zensurbehörden, den Druck jeglicher Bücher in ukrainischer Sprache mit Ausnahme der schöngeistigen Literatur zu verbieten. Auch der Unterricht in ukrainischer Sprache wurde ab sofort untersagt. Als Begründung führte Valuev die Aktivitäten von „Kleinrussen" unter den Bauern an, die „separatistische Gedanken" hätten, „die gegenüber Rußland feindlich und für Kleinrußland tödlich" seien. Valuevs Zirkular richtete sich explizit gegen die Existenz einer eigenständigen ukrainischen Sprache. Und er formulierte den legendär gewordenen Satz:

> Eine eigene kleinrussische Sprache hat es nie gegeben, gibt es nicht und wird es auch in Zukunft nicht geben. Bei ihrem Dialekt (narečie), der von dem einfachen Volk gesprochen wird, handelt es sich um die russische Sprache, nur verdorben durch polnische Einflüsse. Die allgemeinrussische Sprache ist für die Kleinrussen genauso verständlich wie für die Großrussen, ja sogar besser als die jetzt von einigen Kleinrussen und besonders einigen Polen ausgeheckte sogenannte ukrainische Sprache.[29]

Das Zirkular von 1863 leitete eine Politik der Russifizierung gegenüber der ukrainischsprachigen Bevölkerung ein. Im Prinzip hatte diese Politik von da an vierzig Jahre Bestand. Sie wurde rigoroser exekutiert als gegenüber jeder anderen Nation im Russländi-

---

[28] Kappeler, Ungleiche Brüder [Fn. 12], S. 105.

[29] Cirkuljar ministra vnutrennich del P.A. Valueva Kievskomu, Moskovskomu i Peterburgskomu cenzurnym komitetam ot 18 ijulja 1863 g. Dokumentiert in: Miller, „Ukrainskij vopros" [Fn. 4], S. 240–241.

schen Reich, einschließlich der Polen. Das unterstreicht, welche Bedeutung die Zarenregierung der mit Abstand größten nationalen Minderheit und ihrer Nationalbewegung zumaß. 1876 verschärfte die Regierung die Bestimmungen von 1863. Neben einem Verbot der Einfuhr jeglicher Bücher aus Galizien in ukrainischer Sprache wurden nun auch „alle Theateraufführungen, Begleittexte zu musikalischen Noten und öffentlichen Vorträge in diesem Dialekt" verboten, „da sie heute den Charakter ukrainophiler Ausdrucksformen (manifestacij) haben".[30]

Die Zensurbehörden sorgten dafür, dass selbst das Ethnonym „Ukrainer" und die Landesbezeichnung „Ukraine" künftig nicht mehr verwendet werden durften.[31] Stattdessen erhielten die ehemals polnisch beherrschten Gebiete westlich des Dnjepr den Namen „Südwestliches Gebiet" (Jugozapadnyj Kraj). Zudem fand die Bezeichnung „Südliche Rus'" (Južnaja Rus'), die sich auf alle ukrainischen Gebiete unter zarischer Herrschaft bezog, zunehmend Verwendung.[32] Damit verfolgte die Regierung zwar eine ähnliche Strategie wie gegenüber dem ehemaligen Königreich Polen, dessen Bezeichnung „Polen" nach dem polnischen Januaraufstand von 1863 aus dem öffentlichen Sprachgebrauch getilgt und das fortan als „Weichselland" (Privislinskij Kraj) bezeichnet wurde. Doch mit der Verbannung nicht nur der Landesbezeichnung, sondern auch des Ethnonyms „Ukrainer" ging die Zarenregierung im Vergleich zu ihrer Polenpolitik einen Schritt weiter. Es reichte allein diese Bezeichnung, um die Existenz der „allrussischen" Nation in Frage zu stellen.

Das Verbot, die ukrainische Sprache zu benutzen, entzog der ukrainischen Nationalbewegung, die noch in ihren Anfängen steckte, die Möglichkeit, öffentlich in der Muttersprache zu kommunizieren und hemmte nachhaltig die Nationsbildung der Ukrainer. Erst mit der neuerlichen Liberalisierung der politischen Verhältnisse nach der Revolution von 1905 und der Aufhebung des Verbots, Ukrainisch im öffentlichen Raum zu sprechen, kam es zu einem Wiederaufleben der ukrainischen Nationalbewegung. Allerdings führten die Liberalisierung und die Pluralisierung der politischen Öffentlichkeit gleichzeitig zur Mobilisierung des russischen Nationalismus. Dieser entfaltete sich in unterschiedlichen Richtungen. Der „Bund des russischen Volkes" (Sojuz russkogo naroda) und die berüchtigten „Schwarzen Hundertschaften" vertraten einen extremen Ethnonationalismus mit dem Slogan „Russland den Russen!". In den Gebieten mit ukrainischsprachiger Bevölkerung, aber auch in anderen Teilen des Imperiums führten sie Pogrome gegen Juden und oppositionelle Gruppen an.[33] Andererseits setzte die Zarenregierung nach dem weitgehenden Scheitern des Experiments einer konstitutionellen Monarchie infolge der Revolution von 1905 wieder auf den imperialen Nationalismus. Die Auseinandersetzung mit den national gesinnten Ukrainern suchten nun nicht nur extreme Organisationen wie der „Klub der russischen Nationalisten" in Kiew, sondern zunehmend auch liberale Politiker. Einer von ihnen, Petr Struve, warnte 1912 davor, dass die von der Intelligenz erfundene „kleinrussische" Kultur breitere Massen erfassen könnte:

---

[30] Vyvody Osobogo Soveščenija dlja presečenija ukrainofil'skoj propagandy posle ispravlenija v sootvestvii s zamečanijami sdelannymi Aleksandrom II 18 maja v g. Ėms. Abgedruckt in Miller, „Ukrainskij vopros" [Fn. 4], S. 242–243.

[31] Remy, Brothers or Enemies [Fn. 23], S. 222. – Paul R. Magocsi: A History of Ukraine. Toronto 1996, S. 172–173, 359.

[32] Vulpius, Nationalisierung der Religion [Fn. 19], S. 30–33.

[33] Grundlegend zu den Schwarzhundertschaften, zu denen der Bund des russischen Volkes zählte: S.A. Stepanov: Černaja sotnja v Rossii. 1905–1914 gg. Moskva 1992.

> Wenn die „ukrainische" Idee der Intelligenz [. . .] das Volk mit ihrem „Ukrainertum" anstecken wird, dann wird dies zu einer gigantischen und präzedenzlosen Spaltung der russischen Nation führen, die, dies ist meine tiefe Überzeugung, mit einem wahren Desaster für Staat und Volk enden wird. Alle unsere „Grenzland"-Probleme werden als reine Lappalien erscheinen im Vergleich mit einer solchen Perspektive der „Zweiteilung" und – sollten die Weißrussen dem Beispiel der Ukrainer folgen – „Dreiteilung" der russischen Kultur [. . .] Die russische progressive öffentliche Meinung muss ... in einen ideologischen Kampf mit dem „Ukrainertum" treten, als einer Tendenz, die die große Errungenschaft unserer Geschichte, die allgemeinrussische Kultur, schwächt und teilweise sogar abschafft.[34]

Résumée

Als sich im 19. Jahrhundert eine ukrainische Nationalbewegung zu entfalten begann, wurde sie vor dem Hintergrund des Konzepts von der „allrussischen" Nation von der russischen Intelligenz kritisiert und von der Regierung unterdrückt. Die repressive Politik behinderte die kulturelle Entfaltung und politische Organisation der Nationalbewegung erheblich. Die Bauern und weite Teile der Intelligenz waren vor 1917 national nicht mobilisiert.

Was das russische Nationskonzept anbelangt, so existierten nebeneinander ein transnationales imperiales, ein allrussisches, ein ethnorussisches und ein liberal-staatsbürgerliches. All diese Nationsentwürfe konkurrierten und vermischten sich. Im Verhältnis zu den Ukrainophilen aber stimmten alle weitgehend überein: Die ukrainischsprachige Bevölkerung, genauer gesagt: „die Kleinrussen" sollten sich als Teil einer „allrussischen" Nation begreifen.

Aber auch in der ukrainischsprachigen Bevölkerung standen sich Vertreter der „ukrainischen" und der „kleinrussischen" Idee gegenüber. Für viele Nachkommen der kosakischen Oberschicht des im 18. Jahrhundert aufgelösten Hetmanats knüpfte die Bezeichnung „kleinrussisch" an das politische und historische Bewusstsein ihres damaligen halbstaatlichen Gebildes an. Heute würde man davon sprechen, dass sie eine multiple Identität verfochten: Für sie ließ sich das „Kleinrussentum" mit einem Bekenntnis zur „allrussischen" Nation verbinden. Die Anhänger einer exklusiven Loyalität zur ukrainischen Nation rangen mit den „Kleinrussen" um die Unterstützung all jener, die national unentschieden waren.

Darüber hinaus gab es bis 1914 die Möglichkeit, dass sich mehrere Nationsbildungsprozesse gleichzeitig vollzogen. So hatte die ukrainischsprachige Bevölkerung, die von der Habsburger Regierung als „Ruthenen" bezeichnet wurden, das Potenzial, eine eigenständige Nation zu bilden. Zudem war noch denkbar, dass sowohl das galizische als auch das ukrainische Nationsbildungsprojekt scheiterten.

---

[34] Petr Struve: Obščerusskaja kul'tura i ukrainskij partikuljarizm. Otvet Ukraincu, in: Russkaja Mysl', 33/1912, janvar', S. 65–86, bes. S. 85f. – Zit. nach Kappeler, Ungleiche Brüder [Fn. 12], S. 108.

Der „Schock“, der vom Ersten Weltkrieg und den revolutionären Umwälzungen ausging und alle Zeitgenossen erfasste, schuf jedoch fundamental veränderte Rahmenbedingungen. Mit dem Sturz des Zarenreiches fiel auch das Repressions- und Polizeiregime in sich zusammen. Die Februarrevolution von 1917 führte zu einer Liberalisierung des politischen und kulturellen Lebens, die eine Nationsbildung von Russen und Ukrainern beförderten. Jetzt erfasste nationales Gedankengut breite Kreise der Bevölkerung. Die Gründung der ukrainischen Volksrepublik im November 1917 zwang die Bolschewiki zu Zugeständnissen, die sich anschließend in der Politik der Ukrainisierung in den 1920er Jahren in der Sowjetunion niederschlugen. Es ist deshalb völlig abwegig, von Lenin als dem Schöpfer der ukrainischen Nation zu sprechen, wie es der dilettierende Präsidialhistoriker Putin zum Ausdruck brachte. Die von Lenin eingeleitete Nationalitätenpolitik unterschied sich zwar grundlegend von der repressiven Politik des Zarenreiches und bildete mithin eine erstaunliche, wenn auch nur vorübergehende Abkehr vom Konzept der allrussischen Nation. Lenins Politik war jedoch der Versuch einer Antwort auf die erstarkte ukrainische Nationalbewegung, nicht ihr Auslöser.

Schlagwörter:
Russländisches Reich, Russland, Ukraine, Nationalismus, ukrainische Nationalbewegung

Sergej Lebedev

Wenn die Gräber sprechen

Sandarmoch – Gedenkort kolonialer Gewalt

Russlands Verbrechen in der Ukraine im Jahr 2022 setzen eine lange Geschichte imperialer Gewalt fort. Das einzige sichtbare kulturelle *Zeichen* für frühere Verbrechen an der ukrainischen Nation, das in Russland existiert, befindet sich in dem karelischen Waldstück Sandarmoch. Dort erschoss der sowjetische Geheimdienst 1937 Tausende Menschen, darunter etwa 300 ukrainische Schriftsteller und Künstler sowie Angehörige der kulturellen Elite vieler weiterer Völker. Wie kein anderer Ort offenbart Sandarmoch die koloniale Dimension der Verbrechen. Es ist das Arkanum des Imperiums, Speicher einer Erinnerung, die vernichtet werden soll. Sein Entdecker, der Gulag-Forscher und Leiter der karelischen Sektion der Menschenrechtsorganisation *Memorial* Jurij Dmitriev wurde nach dem ersten Überfall auf die Ukraine im Jahr 2014 verhaftet und auf der Basis infamer Anschuldigungen zu 15 Jahren Haft verurteilt.

Die Zukunft Russlands ist seit dem 24. Februar 2022 unauflösbar mit der politischen, juristischen und moralischen Verantwortung für den Angriff auf die Ukraine verbunden. Die militärische Aggression gegen das Nachbarland ist kein einmaliger Ausfall, der mit der Verblendung des Oberkommandierenden Vladimir Putin zu erklären wäre. Es handelt sich um ein Rezidiv. Russland wiederholt jene gewaltsame imperiale Politik, zu der es in den vergangenen Jahrhunderten ein ums andere Mal gegenüber Ukrainern und anderen unterworfenen Völkern gegriffen hat. Selbst die aufgeklärtesten Kreise in Russland haben bis heute kaum reflektiert, wie systematisch und kontinuierlich diese Gewaltpolitik betrieben wurde und welche tiefgreifenden langfristigen Folgen sie hatte und haben wird. Implizit ist dieses Verhältnis zu den unterworfenen Völkern sogar in die russische Hochkultur eingewoben, die sich doch scheinbar stets gegen den Staat gestellt hat. Es tritt auf als offener oder verdeckter Überlegenheitskomplex, als sprachlicher Hochmut, als antrainierte und unbemerkt bleibende Ignoranz gegenüber der Geschichte und der Kultur dieser Völker, die auf gleichsam „natürliche" Weise als unbedeutend und zweitrangig gelten oder gar keine Subjekte sind und sein können, sondern qua historischem Gesetz zu Russland gehören.

Begibt man sich auf die Suche nach einer Reflexion dieses Verhältnisses zu den Nachbarvölkern in der jahrhundertelangen russischen Kulturgeschichte, so findet sich kaum etwas, an das man beim Nachdenken über die Schuld gegenüber der Ukraine anknüpfen könnte. Natürlich zwingen uns die 2014 begonnene bewaffnete Aggression, die Annexion

---

Sergej Lebedev (1981), Schriftsteller, Historiker, Potsdam
Von Sergej Lebedev ist in OSTEUROPA erschienen: Das Zeugnis der Toten. Jurij Dmitriev, Wanderer im Archipel, in: OE, 9–10/2017, S. 3–16.

OSTEUROPA, 72. Jg., 6–8/2022, S. 117–128 **doi: 10.35998/oe-2022-0146**

und Besetzung ukrainischer Gebiete sowie die zahllosen Kriegsverbrechen der russländischen Armee ganz von sich, Verantwortung zu übernehmen. Dieses Blutvergießen kann nicht vergessen und nicht verziehen werden. Doch es geht für die Bürger Russlands um mehr, es geht darum, sich die Kontinuität der verbrecherischen Politik vor Augen zu führen, sich ihre historische Dimension einzugestehen, das von Generation zu Generation weitergegebene vergiftete Erbe zu erkennen, das heute die Grundlage für jene genozidale Stimmung bildet, die von der Propaganda angefacht und verbreitet wird.

Die Geschichte Russlands, wie sie in Schulen und an Universitäten des Landes gelehrt wird, dient nicht der Aufklärung über dieses Erbe. Sie dient dem Gegenteil. Erzählt wird vom „friedlichen Sammeln der Länder", von einer freiwilligen Vereinigung der Völker unter dem Banner des russländischen Staats. Auch in Literatur und Kunst wird – von wenigen Ausnahmen wie Lev Tolstojs *Hadschi Murat* abgesehen – die koloniale Dimension ausgeblendet oder unkritisch betrachtet. Immerzu wurde die aufklärerische Mission der Kolonisatoren besungen, die den „zurückgebliebenen" Völkern den Fortschritt bringen. Selbst die Namen der unzähligen Straßen, Brücken, Bahnhöfe und Gebäude, die in Russland nach ukrainischen Städten benannt sind, transportieren stets die Vorstellung von einer konfliktfreien Einheit, einer selbstverständlichen Zugehörigkeit der Ukraine zu Russland.

Das vermutlich einzige sichtbare kulturelle *Zeichen* für frühere Verbrechen an der ukrainischen Nation befindet sich im Hohen Norden Russlands, fernab von den Augen einer breiteren Öffentlichkeit. Es handelt sich um ein aus Zement gegossenes Denkmal in Form eines Kosaken-Kreuzes, das die Aufschrift „Den ermordeten Söhnen der Ukraine" trägt. Es wurde im Jahr 2005 in Sandarmoch errichtet, jenem karelischen Waldstück, in dem in den Jahren 1937–1938 der sowjetische Geheimdienst NKVD mehr als 6000 Menschen erschoss. Rund 300 von ihnen waren Ukrainer.[1] Es war die Blüte der ukrainischen Kultur der 1920er Jahre: Schriftsteller, Publizisten und Wissenschaftler, die in den 1930er Jahren verhaftet und in einer Reihe von miteinander verbundenen Prozessen – die wichtigsten waren jene gegen den angeblichen „Bund zur Befreiung der Ukraine" und die angebliche „Ukrainische Militärorganisation" – des ukrainischen Nationalismus beschuldigt und wegen erfundener Taten auf der Basis gefälschter Beweise zu Lagerhaft verurteilt worden waren. Sie wurden in das Arbeitslager auf den Solovki-Inseln im Weißen Meer deportiert, im Jahr 1937 dann von nach ihrer Mitgliederzahl als „Trojka" bezeichneten Sondergerichten zum Tode verurteilt und aus dem Lager in das nahe der Stadt Medvežegorsk gelegene Waldstück gebracht und dort erschossen. Es handelt sich um Verbrechen, die der Form nach sowjetisch waren (willkürliche Massenerschießungen), dem Inhalt nach aber imperial: Es ging um die Vernichtung der kulturellen Elite eines unterworfenen Volks, der Träger und Multiplikatoren des Gedankens der kulturellen Eigenheit und Eigenständigkeit, der Idee der Emanzipation.

Nicht zufällig ist die heutige Sprache der russländischen Kriegspropaganda praktisch identisch mit jener, die in den 1930er Jahren verwendet wurde, um die Pseudojustizmorde zu rechtfertigen. Unter Stalin war die Bezeichnung „ukrainischer Nationalist" ein Kainsmal und ein oft tödliches Urteil. Heute überträgt das russländische Staatsfernsehen rund um die Uhr die Briefings des Verteidigungsministeriums, in denen täglich von der „Vernichtung ukrainischer Nationalisten" berichtet wird. Wieder bedarf es keiner Erklärung: Ukrainische Nationalisten verdienen selbstverständlich nichts anderes als den Tod.

---

1 Siehe die Porträts von 30 der Ermordeten auf S. 129–133.

Sandarmoch. „Den ermordeten Söhnen der Ukraine“. Foto: Sergej Lebedev (2017)

Der Fall Dmitriev

Der Gedenkort Sandarmoch besteht bereits seit Anfang der 2000er Jahre. Doch sowohl in Russland wie auch jenseits des Landes erlangte er erst infolge von Ereignissen Bekanntheit, die nach dem Überfall Russlands auf die Ukraine im Jahr 2014 ihren Anfang nahmen. In den Jahren vor 2014 hatte es sich eingebürgert, dass am 5. August, dem Tag der Erinnerung an die Ermordeten, stets eine große ukrainische Delegation nach Sandarmoch reiste. Im Jahr 2014 war ein offizieller Besuch wegen des Kriegs im Donbass bereits nicht mehr möglich. Das Denkmal für die erschossenen Ukrainer in Sandarmoch war nun allerdings ein Beweisstück für die historische Kontinuität der systematischen Repressionspolitik Russlands gegenüber der Ukraine.

Genau dies sprach im Jahr 2015 der Gulag-Forscher und Leiter der karelischen Sektion der Menschenrechtsorganisation *Memorial* Jurij Dmitriev an. Dmitriev hatte diese Erschießungsstätte trotz anhaltender Geheimhaltung nach jahrelanger Archivarbeit und zahlreichen Suchtouren in den karelischen Wäldern 1997 gemeinsam mit seinen Kollegen Irina Flige und Venjamin Ioffe entdeckt und sie später zu einem Erinnerungsort gemacht. Auf der Gedenkveranstaltung am 5. August 2015 zog er in Anwesenheit staatlicher Vertreter eine Linie von den Ereignissen in Sandarmoch im Jahr 1937 zu dem unerklärten Krieg, den Russland im Osten der Ukraine führte und zugleich leugnete. Dmitriev sprach über die Opfer dieses Kriegs und davon, dass ihre Namen eines Tages ebenso wie jene der in Sandarmoch umgebrachten Menschen ans Tageslicht kommen würden; dass die Hoffnung der Mörder auf ewiges Vergessen sich nicht erfüllen werde.

Einiges spricht dafür, dass es diese Rede war, die den Staatssicherheitsdienst FSB veranlasste, Jurij Dmitriev ins Visier zu nehmen und einen Kriminalfall zu fabrizieren, der im Dezember 2016 zu seiner Verhaftung führte. Die infame Anschuldigung wurde mit Bedacht gewählt: Sie sollte es ermöglichen, nicht nur Dmitriev für lange Zeit ins Gefängnis zu bringen, sondern seinen Namen und den mit ihm verbundenen Gedenkort Sandarmoch in größtmöglicher Weise in Verruf zu bringen. Er habe, so die haltlose Anklage, Kinderpornographie produziert und verbreitet. Dies war so offensichtlich erlogen, dass die Behörden später auf sexuellen Missbrauch Minderjähriger umsattelten.[2]

Der Prozess gegen Dmitriev dauerte fünf Jahre, in denen die Behörden die infame Anschuldigung ein ums andere Mal verwendeten, um *Memorial* und alle unabhängigen Historiker, die sich mit den sowjetischen Verbrechen beschäftigen, zu diskreditieren. Nicht nur Sandarmoch, sondern auch alle anderen Hinrichtungsstätten sollten als Erinnerungsorte in Verruf gebracht werden. Als Dmitriev überraschend von den Hauptanklagepunkten freigesprochen wurde, ließen ihn die Behörden nach kurzer Zeit erneut verhaften. In einem neuen Prozess mit einem neuen Richter wurde er zu 15 Jahren Haft verurteilt. Angesichts seines Alters – Dmitriev wurde 1956 geboren – sowie der Verhältnisse in den Gefängnissen Russlands ist dies eine Verurteilung zu Tod im Gefängnis.

---

2 Zur Person Jurij Dmitriev siehe Sergej Lebedev: Das Zeugnis der Toten. Jurij Dmitriev. Wanderer im Archipel, in: OSTEUROPA, 9–10/2017, S. 3–16. – Der Prozess gegen ihn ist dokumentiert in: OSTEUROPA, 12/2019, S. 71–75, <https://zeitschrift-osteuropa.de/hefte/2019/12/ der-fall-jurij-dmitriev/>.

Der Wald der hingerichteten Völker

In Sandarmoch wurden in den Jahren 1937 und 1938 ca. 6000 Menschen erschossen. Darunter waren 1111 Menschen, die aus dem Arbeitslager auf den Solovki-Inseln im Weißen Meer mit dem sogenannten „Ersten Solovki-Transport“ in diesen Wald gebracht worden waren. Sie wurden in diesen Jahren des Großen Terrors der konterrevolutionären Tätigkeit im Lager beschuldigt.[3]

Es war die Suche nach den Verschollenen dieses Transports, die Jurij Dmitriev nach Sandarmoch geführt hatte. Und es war dieser Transport, mit dem die meisten Ukrainer, deren Namen heute auf der von ukrainischen Historikern und Journalisten erstellten „Sandarmoch-Liste“ stehen, an den Ort kamen, an dem sie ermordet wurden. Dieser Transport war eine Art Zeitmaschine, mit der diejenigen, die in der ersten Hälfte der 1930er Jahre zu zehnjähriger Lagerhaft verurteilt worden waren, in die noch brutalere Gegenwart des Jahres 1937 versetzt wurden.

Die in Sandarmoch ermordeten Schriftsteller, Wissenschaftler, Künstler und Schauspieler aus der Ukraine sind Opfer der Wende in der sowjetischen Nationalitätenpolitik, die sich Ende der 1920er Jahre vollzogen hatte. In den 1920er Jahren hatten die Bolschewiki mit der sogenannten „Einwurzelung“ (korenizacija) die kulturelle Nationsbildung der Völker und Volksgruppen in der Sowjetunion gefördert, um diese für den neuen Staat zu gewinnen und sie an diesen zu binden. Ab Ende der 1920er Jahre kehrten die Moskauer Machthaber zu der imperialen Unterdrückungspolitik zurück und kriminalisierten zunehmend alle Äußerungen nationaler Eigenheit. Diese Unterdrückungspolitik fiel zusammen mit dem Beginn der Vernichtung der freien Bauern durch die Zwangskollektivierung und der Ermordung jener Angehörigen der einstigen Elite des Zarenreichs, die zuvor in den sowjetischen Staatsdienst übernommen worden waren.[4] In der Ukraine werden die Schriftsteller und Künstler, die in den 1930er Jahren an verschiedenen Orten der Sowjetunion ermordet oder in Lager deportiert wurden oder wegen der Repressionen verstummten, als „Erschossene Wiedergeburt“ (rozstriljane vidroždennja) bezeichnet, ein Begriff, der auf eine Anthologie zurückgeht, die der ukrainische Publizist und Literaturwissenschaftler Jurij Lavrinenko 1959 in Paris auf Initiative des polnischen Schriftstellers Jerzy Giedroyc an dem von diesem gegründeten Polnischen Literaturinstitut veröffentlichte.[5]

Zugleich waren die Ukrainer nicht das einzige Volk der Sowjetunion, das derartigen Verfolgungen ausgesetzt war. Nahezu alle Völker der Sowjetunion, große wie kleine, haben ihre „Erschossene Generation“. Gleichwohl werden in Russland diese Verbrechen nur äußerst selten miteinander in Verbindung gebracht. Die genozidale Dimension dieser Verbrechen gegen Kultur- und Sprachgruppen, die teils wie die Ukrainer schon Nationen mit umfänglich ausgebauter Sprache und entwickelten Institutionen waren, teils erst frühe Schritte auf diesem Weg getan hatten, bleibt meist unerkannt. Doch alle

---

[3] Die Namen der Ermordeten, darunter die 1111 des „Ersten Solovki-Transports“, sind verzeichnet auf der Internetseite: <https://sand.mapofmemory.org>.

[4] So verhaftete der Geheimdienst OGPU etwa in den Jahren 1930 und 1931 mehr als 3000 einstige Offiziere der Armee des Zarenreichs (Operation „Frühling“), viele von ihnen wurden erschossen.

[5] Jurij Lavrinenko (Hg.): Rozstriljane vidroždennja. Poėzija, proza, drama, esej. Paris 1959/ Kyiv 2008.

Detail des Denkmals für die ermordeten Ukrainer in Sandarmoch

Im Wald von Sandarmoch. Beide Fotos: Sergej Lebedev (2017)

Vertreter der russländischen Kultur und der russischen Sprache müssen Verantwortung für diese Verbrechen an der kulturellen Elite entwickelter und sich entwickelnder Nationen übernehmen. Denn sie wurden faktisch zu ihren Gunsten verübt: an die Stelle des Nationalen trat das Russische, das als etwas Übernationales und Universales präsentiert wurde.

Belarussen und Ukrainer, Tataren, Udmurten und Karelier – bei genauer Betrachtung der frühen Phase der nationalen Repressionen Ende der 1920er Jahre findet sich in der Geschichte fast jeden Volks der Sowjetunion systematische Verfolgung: Prozesse, die die OGPU nach immer gleichem Muster gegen inexistente „Zentren" oder „Organisationen" aufzog, in denen sich angeblich die nationale Intelligenz mit ihrem „bürgerlichen Nationalismus" zwecks konterrevolutionärer Tätigkeit zusammengeschossen hatte. Opfer dieser Verfolgung waren wohlgemerkt in aller Regel nicht Angehörige der vorrevolutionären kulturellen Eliten, sondern der ersten sowjetischen Generation. Sie hatten auf die Beteuerung der Bolschewiki vertraut, dass die Zeiten der imperialen Unterdrückung vorbei seien. Sie hatten sich als Ethnographen betätigt, Wörterbücher und Lehrwerke verfasst, Sprachreformen vorgeschlagen, Gedichte, Romane und Dramen in den nationalen Sprachen geschrieben und Zeitungen gegründet. Was vorhergehenden Generationen wegen der repressiven Politik des Zarenreichs nicht in diesem Ausmaß gelungen war, hatten sie geleistet: Sie hatten die Basis für nationale Kulturen geschaffen.

Unter jenen, die mit dem „Ersten Transport" nach Sandarmoch gebracht wurden, waren neben vielen Ukrainern und anderen auch Tataren und Baschkiren, die im Prozess gegen angebliche nationalistische konterrevolutionäre Organisationen um Mirsaid Sultan-Galiev[6] zu Lagerhaft verurteilt worden waren; Belarussen, die nach einer Verurteilung im Prozess gegen die Belarussische Arbeiter- und Bauernversammlung und das Belarussische Nationale Zentrum auf die Solovki-Inseln deportiert worden waren; Finnen aus dem Norden Russlands, die im „Prozess gegen den Finnischen Generalstab" verurteilt und ebenfalls auf die Solovki-Inseln deportiert worden waren; Udmurten und Komi, denen nach dem Prozess gegen den angeblichen „Bund zur Befreiung der finnischen [finnougrischen – S.L.] Nationalitäten" das gleiche Schicksal widerfahren war. Ihre Namen und ihr Schicksal bezeugen, dass der Massenmord an den Ukrainern in Sandarmoch kein einzigartiger Exzess war, sondern Ergebnis einer gezielten Politik der sowjetischen Führung, die die nationale Entwicklung und das nationale Bewusstsein der Völker der Sowjetunion unterdrücken wollte und dazu Dutzende nach dem immer gleichen Muster ablaufende Strafprozesse ersann.

Was Sandarmoch von den vielen anderen Orten unterscheidet, an denen sowjetische Verbrechen begangen wurden, ist die Form der Erinnerung, die sich dank Jurij Dmitriev und seinen Mitstreitern dort von Beginn an entwickelte. In Sandarmoch gibt es kein zentrales Denkmal, keine Gedenkmauer, auf der die Namen der Ermordeten verzeichnet

---

[6] Mirsaid Sultan-Galiev (Mirseet uly Solttangaliev, 1892–1940) war im November 1917 der Partei der Bolschewiki beigetreten und setzte sich im Volkskommissariat für Nationalitätenfragen für die Sache der Muslime im zerfallenen Zarenreich ein. 1918 war er an den Plänen zur Gründung einer tatarisch-baschkirischen Sowjetrepublik beteiligt. Bereits 1923 ließ Stalin ihn aus der Partei ausschließen und erstmals verhaften. 1928 wurde er erneut verhaftet und wegen Gründung einer konterrevolutionären Organisation zunächst zum Tod, dann zu zehn Jahren Lagerhaft verurteilt. Nach einer Freilassung und einer erneuten Verhaftung 1937 wurde er 1940 erschossen. Baschkiren, Tataren und Krimtataren wurden in den 1930er Jahren oft wegen „Sultan-Galievtums" verfolgt.

sind. Sandarmoch hat sich – und so war es Dmitrievs Absicht – als Gedenkwald entwickelt, ein Wald, in dem an vielen Orten Holzkreuze und kleine Tafeln mit Namen einzelner Opfer stehen und in dem jedes Land und jede Landsmannschaft ein Denkmal für die eigenen Opfer errichtet hat. In Sandarmoch liegen ermordete Menschen aus über 50 Völkern, und über die Jahre wurden rund 450 Denkmäler und Gedenktafeln errichtet, darunter jenes Kosakenkreuz zur Erinnerung an die „Ermordeten Söhne der Ukraine". Auf diese Weise ist in Sandarmoch das nationale Spektrum der Opfer sichtbar. Anders als an den meisten anderen Gedenkorten in Russland wird klar, dass die Verbrechen auch eine koloniale Dimension hatten, dass die Morde des sowjetischen Geheimdiensts in einer Kontinuitätslinie mit der gewaltsamen Unterdrückungspolitik des Russländischen Imperiums stehen.

Symbol der kolonialen Gewalt

Sandarmoch liegt im Norden Russlands. Von der ukrainischen Grenze bis dorthin sind es mindestens 1200 Kilometer, ungefähr so weit wie von Berlin nach Sofia oder Neapel. Die Gegend liegt seit Jahrhunderten im Interessenbereich der Russen. Lange war sie zwischen Russland und Schweden umstritten, dann eignete sich das Zarenreich die Region an und kolonisierte sie. Während des Bürgerkriegs schlug die Rote Armee 1922 einen nationalen Aufstand der Karelier und Finnen blutig nieder. Die örtliche Bevölkerung ist somit selbst kolonisiert worden. Unter der Kollektivierung in den frühen 1930er Jahren litten auch die Karelier.

Der Topos Sandarmoch ist somit Ergebnis des Vordringens einer fremden Staatsmacht, die ein unberührtes Waldstück im Zuge einer „inneren Kolonisierung" (Aleksandr Ėtkind) in eine Hinrichtungsstätte verwandelt hat. In gewisser Weise stehen die nationalen Denkmäler in Sandarmoch daher nicht am richtigen Ort. Zwar befinden sie sich dort, wo die Menschen, an die sie erinnern, gestorben sind. Und doch handelt es sich gleichsam um Kenotaphen, denn die Mörder haben diesen Ort rein zufällig ausgewählt, sie hätten ihren Auftrag an vielen anderen Stellen der riesigen Taiga erledigen können. Orte der Erinnerung an die ermordeten ukrainischen Künstler, tatarischen Schriftsteller und udmurtischen Ethnographen muss es daher vor allem auch dort geben, wo diese einst gelebt haben und wo deren Tod bis heute eine Leerstelle hinterlassen hat; wo sie zu denen sprechen, denen ein Erbe geraubt wurde und in deren Kultur die Morde eine tiefe Spur hinterlassen haben.[7]

Die nationalen Denkmäler in Sandarmoch sind ein verdichtetes Universum der Erinnerung, das ausgedehnt werden muss, so dass es sich über ganz Russland erstreckt. Denn Russland, vor allem das russischsprachige Russland, hat sich bis heute nicht vergegenwärtigt, in welchem Maße das imperiale Bewusstsein die politische Ordnung prägt. Der verbrecherische Krieg gegen die Ukraine, die Weigerung, die Ukraine als Subjekt mit eigener Geschichte und Kultur anzuerkennen, legt es offen zu Tage, und doch ist vielen der Zusammenhang mit dem institutionalisierten kolonialen Erbe nicht bewusst.

---

[7] In der Ukraine widmet sich u.a. das Literaturmuseum in Charkiv der Aufgabe, an Leben und Werk der in Sandarmoch erschossenen Schriftsteller zu erinnern, die das Leben der Stadt in den 1920er Jahren geprägt haben. Zum Charkiver Literaturmuseum und seiner Evakuierung wegen des Kriegs siehe den Beitrag von Darija Bad'jor in diesem Band, S. 447–456.

Die beiden Kriege gegen Tschetschenien, der Krieg gegen Georgien, der Krieg gegen die Ukraine – sie alle sind Zeugnis einer aggressiven, revanchistischen Eroberungspolitik. Doch selbst unter jenen in Russland, die das Putin-Regime ablehnen, sehen die meisten in diesen Kriegen eher vereinzelte Episoden als eine zusammenhängende Kette von Ereignissen: von der Unterdrückung einer nationalen Emanzipationsbewegung innerhalb Russlands zur Übertragung der Repression auf Nachbarländer. Das Spektrum der Methoden reicht von dem Versuch, die belarussische nationale Eigenständigkeit geräuschlos verschwinden zu lassen und sich ein Land und eine Nation einzuverleiben, bis zur genozidalen Vernichtungsabsicht im Falle der Ukraine.

Bei aller Blindheit für die Zusammenhänge wird der Krieg gegen die Ukraine doch von allen Menschen in Russland, die ein staatsbürgerliches Verantwortungsbewusstsein haben, als Verbrechen gesehen. Anders ist es mit den Mechanismen der institutionellen Unterdrückung nationaler Kulturen in Russland selbst. Der omnipräsente chauvinistische Akzent – diese eitrige Zahnfleischentzündung der russischen Kultur – bleibt weitgehend unbemerkt. Wenn Russland heute in überproportionalem Maße Soldaten aus den nationalen Republiken in den Krieg gegen die Ukraine schickt,[8] dann beutet es die kolonisierten Nationen – die Burjaten, die Tschetschenen, die Angehörigen der Völker Dagestans, die Tataren, die Kalmücken und viele andere – in ähnlicher Form aus, wie dies frühere Kolonialmächte getan hatten: Frankreich mit seinen nordafrikanischen Zuaven-Regimentern oder die britische Armee mit den Gurkhas.

Die Soldaten aus den nationalen Republiken Russlands kämpfen in einem Krieg, der nach Darstellung der Propaganda dazu dient, die angeblich unterdrückte und ihrer sprachlichen Rechte beraubte russischsprachige Bevölkerung in der Ukraine zu schützen. In Russland selbst jedoch wurde im Jahr 2018 das Bildungsgesetz geändert: War zuvor über Jahrzehnte in den 22 nationalen Republiken Russlands an den Schulen Sprachunterricht in den „Staatssprachen" dieser Republiken verpflichtend, so ist er seitdem „freiwillig" und darf laut Gesetz „nicht auf Kosten des Lehrens und Erlernens der Staatssprache der Russländischen Föderation gehen".[9] Es liegt auf der Hand, dass angesichts der absoluten Dominanz des Russischen in gesellschaftlichen Schlüsselbereichen von Freiwilligkeit keine Rede sein kann. Vielmehr wurde eine Schutzmauer eingerissen. Dies zeigt: Minderheitenschutz ist nur ein Vorwand, es geht hier wie dort, in der innerstaatlichen Nationalitätenpolitik wie im postsowjetischen Raum, um die Durchsetzung des Russischen.

Sandarmoch ist in diesem Sinne nicht einfach ein Erinnerungsort. Der Gedenkwald gleicht einer Landkarte, er ist voller Wegweiser, die zu den schwelenden Konflikten in Russland sowie zwischen Russland und den Nachbarstaaten führen. All die Fragen, die die in diesem karelischen Waldstück ermordeten Intellektuellen aufgeworfen haben – das nationale Selbstverständnis, die Verknüpfung der Sprachenfrage mit der Frage der politischen Rechte, das Streben nach Autonomie oder Eigenstaatlichkeit –, stehen in Russland heute unter Extremismusverdacht. Denn wer sie stellt, zieht die Legitimität des Putinschen

---

[8] Poteri Rossii v vojne s Ukrainoj. Svodka „Mediazony". <https://zona.media/casualties>.

[9] O vnesenii izmenenij v stat'i 11 i 14 Federal'nogo zakona „Ob obrazovanii v Rossijskoj Federacii" (v časti izučenija rodnogo jazyka iz čisla jazykov narodov Rossijskoj Federacii i gosudarstvennych jazykov respublik, nachodjaščichsja v sostave Rossijskoj Federacii), <https://sozd.duma.gov.ru/bill/438863-7>.

Herrschaftssystems in Zweifel, das auf absoluter Zentralisierung, auf einer totalen Übermacht des Zentrums gegenüber der Peripherie beruht.

Das Beispiel Udmurtien: der Fall Razin

Im Jahr 2019 empfing an einem frühen Septembermorgen in Iževsk, der Hauptstadt der an der mittleren Wolga gelegenen Republik Udmurtien, ein einzelner Demonstrant die Abgeordneten des Regionalparlaments. Er hielt zwei Plakate hoch. Auf dem einen stand: „Habe ich ein Vaterland?“. Auf dem anderen: „Wenn morgen meine Sprache verschwindet, bin ich bereit, heute zu sterben.“ Es handelte sich um den 79-jährigen Al'bert Razin, der sich als Wissenschaftler, Pädagoge und aktives Mitglied der udmurtischen Nationalbewegung einen Namen gemacht hatte. Seit vielen Jahren kämpfte er gegen die Russifizierung Udmurtiens, das Verschwinden des Udmurtischen (Wotjakischen), einer Sprache des permischen Zweigs der finnougrischen Sprachgruppe.
Viele Abgeordnete kannten Razin und grüßten ihn. Er alleine wusste, dass er tatsächlich bereit war, „heute zu sterben“. Ein Mitstreiter Razins verteilte eine Flugschrift, in der die aktuelle Sprachpolitik als Fortsetzung der stalinistischen Russifizierungspolitik bezeichnet wurde. Anschließend gab er Razin ein kurzes Interview: „Das udmurtische Volk verschwindet – dem kann ich nicht gleichgültig zuschauen. Ich möchte, dass alle Völker eine Zukunft haben, alle Sprachen müssen gepflegt werden, sie müssen aufleben, nicht absterben.“[10] Anschließend fuhr Razin nach Hause, präparierte sich für eine Selbstverbrennung, und kehrte zurück auf den Platz vor dem Parlament, wo er sich anzündete. Stunden später starb er an schweren Verbrennungen am gesamten Körper.
Die internen Anweisungen des sowjetischen KGB gaben vor, Menschen, die sich zum Zeichen des politischen Protests selbst verbrannt hatten, für geisteskrank zu erklären. So geschehen etwa im Falle des litauischen Studenten Romas Kalanta, der sich am 14. Mai 1972 im Zentrum von Kaunas verbrannt hatte, um gegen die Besetzung seines Landes durch die Sowjetunion und die Russifizierung zu protestieren. In seinem Abschiedsbrief schrieb Kalanta: „Das Regime alleine trägt die Schuld an meinem Tod.“ 50 Jahre später versuchten die Behörden in Udmurtien ebenfalls, das politische Zeichen zu verwischen, das Razin setzen wollte. Das Untersuchungskomitee der Republik Udmurtien leitete ein Verfahren gegen unbekannt ein. Razin sei nicht im Vollbesitz seiner geistigen Kräfte gewesen und gelenkt worden. Razins Kollegen und Freunde hingegen wiesen auf eine historische Parallele hin: auf das Schicksal eines anderen Udmurten, das dem Razins in vielerlei Hinsicht ähnelt: Kuzebaj Gerd.
Der 1898 geborene Kuzebaj Gerd, der mit bürgerlichem Namen Kuz'ma Čajnikov hieß, war udmurtischer Schriftsteller, Dichter und Ethnograph. In den 1920er Jahren schrieb er Gedichte und Theaterstücke in udmurtischer Sprache, verfasste Schulbücher, leitete den udmurtischen Schriftstellerverband und gründete die Gesellschaft zur Erforschung der udmurtischen Kultur „Boljak“. Diese stellte bereits 1928 auf Druck der Behörden ihre Tätigkeit ein. Wenige Jahre später deklarierte die OGPU des Bezirks Nižnij Novgorod Gerd zu einem angeblichen Anführer eines nichtexistenten „Bunds zur Befreiung der finnischen Völker“. Angeklagt wurden 28 Literaten und Wissenschaftler aus dem Kreis der

---

10 „Tut net povodov govorit' po-udmurtski“. Iz-za čego pogib iževskij učenyj Al'bert Razin, <www.bbc.com/russian/features-49745671>.

Udmurten, der Komi und der Ėrzja.[11] Der Vorwurf: „Konterrevolutionäre, nationalistische, terroristische, antisowjetische Subversion zum Zweck der Abspaltung der Gebiete der finnougrischen Republiken der UdSSR und Gründung eines bürgerlich-demokratischen Staates unter dem Protektorat Finnlands". Offiziell gelten die finnougrischen Völker Russlands nicht als Opfer der Repressionen, tatsächlich aber wurden auch sie den gleichen Massenrepressionen unterworfen wie die Ukrainer, die Belarussen und viele andere.[12]
Gerd wurde 1932 verhaftet, zu Lagerhaft verurteilt und in das Lager auf den Solovki-Inseln deportiert. In Udmurtien wurden „gerdistische Umtriebe" (gerdovščina) bekämpft. 1937 wurde Gerd mit dem „Ersten Solovki-Transport" in das Waldstück Sandarmoch gebracht und erschossen. Leben und Schicksal von Jurij Dmitriev, der den Ort entdeckt hat, an dem Kuzebaj Gerd ermordet wurde, ähneln auf frappierende Weise der Biographie Al'bert Razins, der das Werk Gerds fortgesetzt und sein eigenes Leben für den Fortbestand des Udmurtischen geopfert hat. Razin hat sich verbrannt, Dmitriev ist auf der Basis infamer Lügen zu 15 Jahren Haft verurteilt worden. Ihrer beider Schicksal zeugt davon, dass die Wunde von Sandarmoch weiter schwärt. Die Zeit alleine kann sie nicht heilen. Die neuen Verbrechen der Moskauer Staatsmacht stehen in unmittelbarer Nachfolge ihrer früheren Verbrechen, die verdrängt und beschwiegen wurden.

Von Sandarmoch nach Butscha

Wie ein roter Faden zieht sich die Angst vor nationalen Aspirationen bei den Völkern im engeren und weiteren Machtraum des Moskauer Zentrums durch die Geschichte Russlands. Fast zu allen Zeiten wurde dieses Streben als existentielle Gefahr für das mit Gewalt geformte Imperium wahrgenommen. Die Angst vor dem Zerfall entspringt dem schlechten Gewissen, dem unterdrückten Bewusstsein, dass auf Gewalt aufgebaut ist, dem Wissen um seine Illegalität und Illegitimität. Um die Verbrechen der Vergangenheit nicht anerkennen zu müssen, begeht das Imperium stets neue Verbrechen. Die Angst vor dem Zerfall ist ein selten reflektierter, aber zentraler Bestandteil des historischen Bewusstseins und der politischen Kultur Russlands. Dies ist der Grund, warum die Propaganda, die eine „Denazifizierung der Ukraine" als Kriegsziel ausgegeben hat, solche Wirkung erzielt. Sie setzt bei den unbewussten ideologischen Reflexen an, die sich über Jahrzehnte entwickelt haben und von Generation zu Generation in einer politischen Ordnung weitergetragen wurden, in der eine deklarative folkloristische „Eigenheit" der Völker als Fassade diente, hinter der sich ein in Großmachtpolitik und Repressionen zum Ausdruck kommendes Dominanzstreben verbirgt.
Anfang der 1990er Jahre hatten die Russen, die Russischsprachigen, eine Gelegenheit, ihre ambivalente Lage zu reflektieren – als Gefangene eines autoritär-imperialen Staates und als Aggressor, der andere Völker unterwirft. Doch Russlands Intellektuelle waren ganz auf die Gefahr einer kommunistischen Revanche fixiert und übersahen die heraufziehende Revanche des vorkommunistischen Imperiums. Heute, da die Namen ukrainischer Städte und Dörfer für die neuen Verbrechen des Imperiums stehen, ist es endlich an der Zeit,

[11] Die überwiegend in der Wolgarepublik Mordwinien lebenden Ėrzja sprechen wie die Udmurten und die Komi eine Sprache aus dem permischen Zweig der finnougrischen Sprachen.
[12] Siehe dazu K.I. Kulikov: Delo „SOFIN". Iževsk, 1997. Rossijskaja akademija nauk. Ural'skoe otdelenie. Udmurtskij institut jazyka, istorii i literatury.

nicht nur das maßlose Leid zu benennen, dass Russland über die Ukraine bringt, sondern die tief in die Geschichte reichenden Ursachen der Aggression anzuerkennen. Diese Aggression entspringt nicht einer willkürlichen Laune des Präsidenten, sondern einer politischen Kultur. Die Verbrechen in Butscha, Irpin', Mariupol' und an vielen anderen Orten der Ukraine stehen in einer Kontinuitätslinie mit der sogenannten „Entkulakisierung", der Enteignung der freien Bauern durch die Kollektivierung und ihrer Vernichtung im Holodomor. Mit der Erschießung der Träger der ukrainischen Kultur in Sandarmoch und anderswo. Mit der brutalen Niederschlagung des bewaffneten nationalen Aufstands und der Unterdrückung der ukrainischen Dissidentenbewegung seit den 1960er Jahren. All diese Verbrechen müssen endlich anerkannt werden, den Nachkommen der im Namen der Integrität des russländischen Imperiums Ermordeten muss Gerechtigkeit widerfahren.

Postscriptum

Sprache ist Macht.
Sprache ist arkan.
Der für das DubrovLag, einem sowjetischen Sonderlager für politische Gefangene, zuständige KGB hörte in den 1960er und 1970er Jahren bei den seltenen erlaubten Besuchen von Angehörigen heimlich die Gespräche ab. Jedes Wort konnte gegen die Inhaftierten verwendet werden. Fand das Gespräch auf Russisch statt, konnte der Fall rasch vor Ort erledigt werden. Fand es aber auf Ukrainisch, Litauisch oder Estnisch statt, wurde ein Sonderkurier losgeschickt, der die Tonbänder zum KGB der nationalen Republiken brachte. Für einige Wochen blieb es Geheimnis der beiden Menschen, was sie einander im Besuchsraum gesagt hatten. Die Sprache war ihr letzter Schutz, ein Vorhang vor dem Alkoven an einem Ort der Schutzlosigkeit und totalen Kontrolle. Die Sprache war wie ein nächtlicher Liebestraum, unvermittelter Ausdruck von Intimität. In der Sprache lebte die Freiheit, selbst wenn diese nicht länger währte als das Leben eines Schmetterlings.
Sprache verleiht die Fähigkeit, den anderen zu lesen. Sprache verleiht die Möglichkeit, von anderen nicht gelesen zu werden.
Iosif Brodskij verhält sich in seinem zu trauriger Berühmtheit gelangten Gedicht „Auf die Unabhängigkeit der Ukraine" nicht wie ein Dichter, er führt sich auf wie ein Lehnsherr der Sprache, der erfahren hat, dass eine seiner Besitzungen ihm den Rücken gekehrt hat. Er ist persönlich beleidigt ob seines Machtverlusts.
Daher ist es für alle, die heute russisch schreiben, so wichtig, dass die ukrainischen Gräber in Sandarmoch zu sprechen beginnen. Damit das schreckliche Schicksal der dort hingerichteten Schöpfer der ukrainischen Sprache, diese geraubte Zukunft, endlich als Glied in einer Kette von verbrecherischen Übergriffen auf die Ukraine gesehen wird. Damit deutlich wird, warum wir auch für die heutigen Tage des russländischen Staats Verantwortung tragen.

Aus dem Russischen von Volker Weichsel, Berlin

„Erschossene Wiedergeburt"

Vasil' Atamanjuk-Jablunenko
(14.3.1897 - 3.11.1937)
Schriftsteller, Lyriker, Literaturkritiker

Oleksandr Badan-Javorenko
(1.3.1894 - 3.11.1937)
Historiker, Journalist, Politiker

Volodimir Čechivs'kij
(19.7.1876 - 3.11.1937
Politiker, Kirchenmann

Ėvgen Černjak
(1895 - 3.11.1937)
Historiker, Filmkritiker, Publizist

Petr Demčuk
(1900 - 3.11.1937)
Philosoph, Jurist, Akademiker

Grigorij Ėpik
(4.1.1901 - 3.11.1937)
Journalist, Übersetzer, Schriftsteller

Pavlo Filipovič
(20.8.1891 - 3.11.1937)
Schriftsteller, Literaturkritiker, Übersetzer

Serhij Grušev's'kij
(24.6.1892 - 3.11.1937)
Lehrer, Historiker, Politiker

Miroslav Irčan
(14.7.1897 - 3.11.1937
Lyriker, Prosaist, Dramatiker, Journalist

Michajlo Jalovij
(5.6.1895 - 3.11.1937)
Lyriker, Prosaist, Dramatiker

Oleksa Javors'kij
(1892 - 3.11.1937)
Lehrer, Akademiker

Matvij Javors'kij
(15.11.1885 - 3.11.1937)
Historiker, Politiker, Akademiker

Michajlo Kozoric
(2.3.1882 - 3.11.1937)
Dichter, Schriftsteller, Publizist, Jurist

Mikola Kuliš
(6.12.1892 - 3.11.1937)
Dramaturg, Schriftsteller

Les' Kurbas
(25.2.1887 - 3.11.1937
Schauspieler, Regisseur, Dramaturg

Michajlo Lozins'kij
(30.7.1880 - 3.11.1937)
Politiker, Publizist

Andrij Paniv
(30.9.1899 - 3.11.1937)
Lyriker, Schriftsteller, Lehrer

Valer'jan Pidmohil'nij
(2.2.1901 - 3.11.1937)
Schriftsteller, Redakteur, Übersetzer

Boris Pilipenko
(16.7.1892 - 3.11.1937)
Kunsthistoriker, Maler, Jurist

Grigorij Poddubnyj-Tolmačev
(19.10.1896 - 3.11.1937)
Literaturwissenschaftler, Politiker

Klim Poliščuk
19.7.1876 - 3.11.1937
Schriftsteller, Lyriker, Journalist

Valer'jan Poliščuk
(19.9.1897 - 3.11.1937)
Schriftsteller, Literaturkritiker, Publizist

Dmitro Rovins'kij
(8.11.1888 - 3.11.1937)
Regisseur, Schauspieler

Stepan Rudnic'kij
(3.12.1877 - 3.11.1937)
Geograph, Philosoph, Akademiker

Volodimir Štangej
(1895 - 3.11.1937)
Schriftsteller, Journalist, Publizist

Oleksa Slisarenko
(16.3.1891 - 3.11.1937)
Lyriker, Schriftsteller

Mikola Trofimenko
(19.12.1899 - 3.11.1937
Philologe, Lexikograph

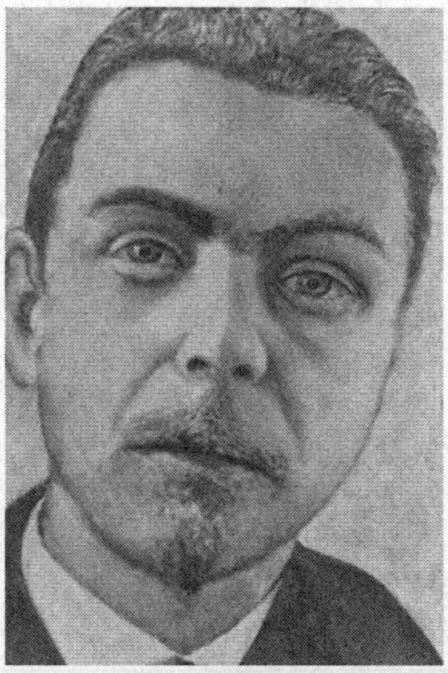

Grigorij Vakar
(1901 - 3.11.1937)
Schriftsteller, Lyriker, Redakteur

Marko Voronij
(5.3.1904 - 3.11.1937)
Lyriker, Übersetzer

Mikola Zerov
(14.4.1890 - 3.11.1937)
Philologe, Übersetzer, Lyriker

30 der über 300 vom sowjetischen Geheimdienst im November 1937 in Sandarmoch (Karelien) erschossenen ukrainischen Künstler, Literaten und Wissenschaftler

480 Seiten, 32.- €: zeitschrift-osteuropa.de/hefte/2017/6-8/

Anna Veronika Wendland

Zaporižžja als Symbol

Russland attackiert die ukrainische Sowjetmoderne

Russlands Krieg soll die Ukraine als Staat zerstören. Die militärischen Angriffe richten sich auch gegen die Symbole der modernen Staatlichkeit, zu denen Infrastruktur und Industrieanlagen zählen. Die industrielle Modernisierung und die technische Infrastruktur waren für die ukrainische Nationsbildung von zentraler Bedeutung. Das zeigen besonders die Kernkraftwerke und das Stromnetz der Ukraine. Eine wichtige Periode der ukrainischen Nationsbildung fand in der Sowjetukraine statt und ist mit traumatischen Erfahrungen verbunden. Das ist die Ursache für ein gebrochenes und ambivalentes Verhältnis der heutigen Ukrainer zu ihrer Modernisierungsgeschichte. Russland negiert diese Geschichte gänzlich.

In den Jahren 2013 bis 2015 arbeitete ich für meine Habilitationsschrift als Industrieanthropologin im Kernkraftwerk Rivne, in der nordwestukrainischen Atomstadt Varaš. Tagsüber nahm ich als Beobachterin an den Betriebsschichten teil, abends schrieb ich die ersten Kapitel meiner Arbeit, vorm Fenster sechs dampfende Kühltürme. Ich erinnere mich an eine Szene aus der Zeit des Kampfes um Mariupol' im Frühsommer 2014. Ich saß mit „meiner" Schicht auf der Kraftwerkswarte in einem der Blöcke, um uns herum das Summen der Lüftungsanlagen, der Turbinen und Speisewasserpumpen, das aus dem Maschinenhaus zu uns drang, der typische Sound eines ukrainischen AKW-Kontrollraums. Wir unterhielten uns über den Krieg: Was passiert, wenn der Krieg zu uns kommt? Alle waren sich einig: „Wir sind für alles Mögliche ausgelegt, Flutkatastrophe, Erdbeben, Abriss einer Hauptkühlmittelleitung – aber einen Krieg, nein, für einen Krieg ist die Anlage nicht gemacht."

Acht Jahre später, in der Nacht des 4. März 2022, starrte ich auf die einlaufenden Meldungen aus Rivnes südukrainischer Schwesteranlage, Zaporižžja. Es ist das größte AKW Europas mit sechs VVER-1000-Druckwasserreaktoren. Es steht auf für die Ukrainer bedeutsamem Boden, nahe der historischen Zaporoger Sič, der alten ukrainischen Kosakenrepublik, einer Vorläuferin moderner ukrainischer Staatsbildung. Ich hörte die verzweifelten Aufrufe des Bürgermeisters der Werksstadt Enerhodar, die von russländischen Truppen besetzt wurde. Am Tag darauf gelangte eine Aufzeichnung aus dem Kraftwerk in die Öffentlichkeit. Zu sehen war eine Kraftwerkswarte, und vor dem mir vertrauten Kontrollraum-Summen ertönte es blechern aus der *gromkaja svjaz'*, dem

---

Anna Veronika Wendland (1966), Dr. phil. habil., Historikerin, Herder-Institut, Marburg
Von Anna Veronika Wendland erschien in OSTEUROPA: Hilflos im Dunkeln. „Experten" in der Ukraine-Krise. Eine Polemik, in: OE, 9–10/2014, S. 13–34 sowie: Randgeschichten? Osteuropäische Perspektiven auf Kulturtransfer und Verflechtungsgeschichte, in: OE, 3/2008, S. 95–116.

OSTEUROPA, 72. Jg., 6–8/2022, S. 135–149 **doi: 10.35998/oe-2022-0147**

Lautsprecher für die interne Kommunikation, den man auch draußen auf dem Gelände hören kann: „Stellen Sie das Feuer ein, ich wiederhole, stellen Sie das Feuer auf das kerntechnisch gefährdete Objekt ein!".

Seit diesem Alarmruf ist Russlands Angriffskrieg auf die Ukraine um einen weiteren Zivilisationsbruch reicher: Russlands Armee hat eine zivile Nuklearanlage attackiert, was in der Genfer Konvention über den Schutz der Opfer internationaler bewaffneter Konflikte untersagt ist. Das Kriegsvölkerrecht verbietet Angriffe auf Objekte wie Deiche, Staudämme und Kernkraftwerke, wenn sie für die Zivilbevölkerung gefährliche Kräfte freisetzen können.[1] Nun ist das Kraftwerk unter russländischer Kontrolle, der legitime Bürgermeister von Enerhodar ist geflohen, und die Kraftwerker gehen unter den vorgehaltenen Waffen der Besatzer zur Schicht. Bei dem Angriff – und den weiteren, die folgten – wurden bislang keine kerntechnischen Komponenten beschädigt. Dem Vernehmen nach wollen die Besatzer das Kraftwerk nutzen, um Strom für die von Russland annektierte Halbinsel Krim zu produzieren, was es auch vor 2015, bis zur Kappung der Leitungen, getan hatte. Doch von industrieller Normalität kann nicht die Rede sein. Die Netzanbindungen des Kraftwerks sind durch Kriegshandlungen beschädigt. Immer wieder werden gewaltsame Übergriffe der auf dem Betriebsgelände anwesenden Soldaten auf die Belegschaft vermeldet; mehrere Mitarbeiterinnen und Mitarbeiter des Atomkraftwerks wurden verhaftet und sind spurlos verschwunden. Die russländische Armee bunkert ihr Material auf dem Betriebsgelände und beschießt von Stellungen nahe des AKW die Stadt Nikopol' auf der anderen Seite des Dnipro, weil man sich sicher ist, dass es mit Rücksicht auf die Reaktoren kein ukrainisches Gegenfeuer geben wird.[2] Russland als Kriegspartei, die alle Konventionen bricht, macht das Kraftwerk und seine Belegschaft zu Geiseln und zum Schutzschild seines Angriffs.

Kritische Infrastrukturen im Krieg

Wie das Beispiel Zaporižžja zeigt, spielen kritische Infrastruktur – Energie- und Daseinsversorgung, Logistik, Finanzsystem – eine zentrale Rolle in modernen Kriegen; Deutsche wissen das seit der Bombardierung der Möhnetalsperre in Nordrhein-Westfalen und der Edertalsperre in Nordhessen im Zweiten Weltkrieg, die über tausend Menschenleben infolge der dadurch ausgelösten Flutwellen kostete.[3] Aber derartige Angriffe gelten nicht nur der Infrastruktur, sondern auch der mit ihr verbundenen Symbolik. Wer sie trifft, verwundet Menschen, nicht nur wegen der unmittelbaren Opfer, sondern weil er

---

[1] Zusatzprotokoll zu den Genfer Abkommen vom 12. August 1949 über den Schutz der Opfer internationaler bewaffneter Konflikte (Protokoll I), 8. Juni 1977. Teil IV Zivilbevölkerung, Kapitel III Zivile Objekte, Artikel 56 „Schutz von Anlagen und Einrichtungen, die gefährliche Kräfte enthalten". Zum Interpretationsspielraum: Christoph Hasselbach: Atomkraftwerke im Krieg: Was das Völkerrecht sagt. Deutsche Welle, 8.9.2022, <https://p.dw.com/p/4GWjj>

[2] IAEA, Nuclear safety, security and safeguards in Ukraine, 2nd Summary Report by the Director General, 28 April–5 September 2022, Vienna 2022. – Gesellschaft für Reaktorsicherheit, Aktuelle Entwicklungen zum Zustand der kerntechnischen Anlagen in der Ukraine. <www.grs.de/de/aktuelles/infobereich-ukraine/aktuelle-entwicklungen>. – „Enerhoatom: rosijs'ki vijs'kovi zajavyly pro hotovnist' pidirvaty zaminovanu ZAES". Radio Svoboda, 8.4.2022.

[3] Jonathan Falconer: The dam busters: breaking the great dams of Western Germany 16-17 May 1943. Stroud 2003. – David Blackbourn: Die Eroberung der Natur. Eine Geschichte der deutschen Landschaft. München 2007, S. 304–306.

ihnen so das Gefühl der Ohnmacht, des Ausgeliefertseins vermitteln kann, ihren Widerstandsgeist brechen kann, sie in Ängste stürzen kann. So war es auch in Zaporižžja, wo bereits das Erscheinen von Panzern vor dem Atomkraftwerk die Regierung in Kiew aber auch die ganze Welt in Angst und Schrecken versetzte und in Deutschland Reflexe aufkommen ließ, die Ukrainer sollten doch besser kapitulieren, als ganz Europa ins Unglück zu stürzen. Wer also kritische Infrastruktur angreift, trifft ins Herz des Selbstverständnisses moderner Industriestaaten. Nicht zufällig besagt eine ironische Definition von kritischer Infrastruktur, man bemerke sie, wenn sie nicht funktioniere.[4] Im Krieg wird dieser Zustand gezielt herbeigeführt.

Doch was sagt uns das alles über Russlands Motive als Angreifer? Fragen wir nach den Ursachen des russländischen Krieges gegen die Ukraine, so werden häufig geostrategische Gründe und russländische Bedrohungswahrnehmungen infolge der NATO-Osterweiterung der vergangenen Jahrzehnte genannt.[5] Ein viel wichtigeres Motiv ist das von Vladimir Putin und seinen Eliten formulierte großrussisch-imperiale Expansionsprojekt, das sich explizit gegen die Ukraine als souveränen Staat und gegen die Ukrainer als moderne Nation richtet. Aus diesem Grunde zielt Russlands Aggression auch und gerade auf die Attribute der industriellen Modernität und Urbanität der Ukraine.

Attribut der industriellen Modernität: AKW Zaporižžja

---

4 Zum Infrastrukturbegriff: Dirk van Laak: Imperiale Infrastruktur: deutsche Planungen für eine Erschließung Afrikas 1880 bis 1960. Paderborn u.a. 2004.

5 Anna Veronika Wendland: Zur Gegenwart der Geschichte im russisch-ukrainischen Krieg, in: Aus Politik und Zeitgeschichte, 28–29/2022, S. 28–34, hier 33–34.

Putin vs. ukrainische Moderne

Im Sommer 2021 veröffentlichte Russlands Präsidialverwaltung Vladimir Putins programmatischen Text „Über die historische Einheit der Russen und Ukrainer“, in dem Putin seine Sichtweise auf die Geschichte der Beziehungen Russlands und der Ukraine darlegt.[6] In diesem Schlüsseltext sowie zwei umfangreichen Reden kurz vor Kriegsbeginn und am Morgen der russländischen Invasion, die ebenfalls viele historische Einlassungen enthalten,[7] entfaltet sich eine russisch-nationale Lesart der Beziehungen Russlands zum Nachbarland, die man in den Denktraditionen des 19. Jahrhunderts verorten kann. Die Ukrainer figurieren hier als ein unter westlichen – damals polnischen, deutschen und österreichischen, heute amerikanischen – Einflüssen abgeirrter Zweig der dreieinigen russischen Nation aus Großrussen, Kleinrussen und Weißrussen. Putin spricht ihnen die Fähigkeit zur Staatsbildung und die Subjekthaftigkeit als Kultur und Nation ab, weswegen sie nur unter dem Dach der russischen Nation und russländischer kultureller und staatspolitischer Hegemonie gedeihen könnten.

In seiner Rede vom 21. Februar 2022 anlässlich der Anerkennung der „Volksrepublik Doneck“ sowie der „Volksrepublik Lugansk“ durch Russland brach Putin überdies mit der lange praktizierten Haltung zum sowjetischen Erbe. Die gültige Lesart war bislang stark von der sowjetischen Erzählung geprägt, dass es ein freiwilliges Einvernehmen der Völker gegeben habe, unter dem gemeinsamen Dach der Sowjetunion zu leben. Nun erklärte der Präsident im Gestus des Chefhistorikers auch die Geschichte der Ukrainischen Sowjetrepublik für nichtig. Die ukrainische Staatlichkeit in sowjetukrainischer Form bezeichnete Putin abfällig als „Lenin-Ukraine“. Die Sowjetukraine verdanke ihre Staatsgrenzen nicht eigenen Anstrengungen und selbst geführten Kriegen, sondern sie sei das bloße Produkt von Lenin und Stalin, die dieses Konglomerat aus Territorien erst zusammengefasst hätten.

Dass dies auf die modernen Grenzen der Russländischen Föderation ebenso zutrifft und in den Kriegen des Russländischen Reiches und der Sowjetunion Millionen Ukrainer gekämpft haben, ignoriert Putin ebenso wie die Tatsache, dass Lenin – gegen Stalin – mit der Etablierung der Republikstruktur und somit der Erschaffung „ukrainischer“ Grenzen die Absicht verfolgte, patriotisch oder auch nur autonomistisch gestimmte Ukrainer für die Sowjetunion einzunehmen. Lenin hatte die ukrainische nationale Mobilisierung als Tatsache anerkannt, ihr allerdings als Kommunist nur vorübergehende, machtpolitisch motivierte Bedeutung beigemessen. Die Nachfolger Lenins und Stalins hielten an dieser Grundausrichtung fest, indem sie die Angliederung der vorher zum

---

[6] Vladimir Putin: Ob istoričeskom edinstve Russkich i Ukraincev, 12.7.2021, <http://kremlin.ru/events/president/news/66181>. Die deutsche Übersetzung „Über die historische Einheit der Russen und der Ukrainer“ ist dokumentiert in: OSTEUROPA, 7/2021, S. 51–66. – Dazu: Andreas Kappeler: Revisionismus und Drohungen. Vladimir Putins Text zur Einheit von Russen und Ukrainern, ebd., S. 67–76, sowie Jan Claas Behrends: Putins negative Ukrainepolitik. Hintergründe und Analogien, ebd., S. 77–84.

[7] Vladimir Putin: Obraščenie Prezidenta Rossijskoj Federacii. Moskva, 21.2.2022, <http://kremlin.ru/ events/president/news/67828>. Diese Rede in deutscher Übersetzung unter dem Titel „Wir erkennen die Volksrepubliken an“ ist dokumentiert in OSTEUROPA, 1–3/2022, S. 119–135, die Kriegserklärung „Unser Vorgehen dient der Selbstverteidigung“. Rede von Vladimir Putin vom 24.2.2022, ebd., S. 141–148. Das russische Original erschien auf der Website des Präsidenten unter <http://kremlin.ru/events/president/news/67843>.

Habsburgerreich und zur Zweiten Republik Polen gehörenden westukrainischen Gebiete an die Sowjetukraine als Erfüllung des alten ukrainischen Traums der *sobornist'* – der Sammlung aller von Ukrainern bewohnten Territorien in einem Staat – darstellten. Nikita Chruščev, der seine politische Karriere nach den großen Säuberungen 1938 in der dezimierten Ukrainischen KP begonnen hatte, ergänzte dieses Narrativ 1954 um die Erzählung von der jahrhundertealten „Wiedervereinigung" der ukrainischen Länder mit Russland. Gleichzeitig bediente er sich eines anderen Ankerpunkts des ukrainischen Patriotismus, des Kosakentums des 17. Jahrhunderts mit dem Militärverbandsstaat in der Zaporoger Sič, der 1654 ein Bündnis mit Moskau schloss.[8] All diese Versuche, das ukrainische Nationalbewusstsein für das sowjetische Projekt in Dienst zu nehmen und zu integrieren – Andreas Kappeler nannte es „einen territorial-administrativen Rahmen, innerhalb dessen sich ihre Nationsbildung fortsetzen konnte"[9] –, gingen stets mit einer Betonung der Einheit und Harmonie zwischen Russland und der Ukraine einher, stellten also die russische und auch russländische Hegemonie nicht in Frage. Trotzdem interpretiert der neonationalistische Historiker Putin sie als ein Zurückweichen der kommunistischen Russen vor dem ukrainischen Projekt, das er als Anti-Rossija, ein gegen Russland gerichtetes Projekt, bezeichnet.

Aus demselben Grunde behauptet Putin in seinen Einlassungen zum Verhältnis von Russland und der Ukraine auch, sämtliche wissenschaftliche, technische und kulturelle Errungenschaften auf ukrainischem Boden seien das Werk von Russen, die in einer Art zivilisatorischer Mission die Ukraine erst zu dem gemacht hätten, was sie heute ist. Damit stellt sich Russlands Diktator in den Mainstream jener auch im Westen so verbreiteten Vorstellungen, wonach die Ukraine immer eine russische Provinz gewesen sei, in der Moderne, Avantgarde und Revolution „russische" Veranstaltungen waren. Dieses verbreitete Fehlurteil unterschlägt, dass die Ukrainer während des Umbruchs vom Zarenreich zum Sowjetstaat – so auch im Bürgerkrieg – keine Objekte, sondern Subjekte in Politik, Wirtschaft, Gesellschaft und Kultur waren.[10] Man denke etwa an die vermeintlich „Russische Avantgarde" in der sowjetischen Kunst, die in vielerlei Hinsicht eine „ukrainische Avantgarde" gewesen ist.[11]

Doch von der Bedeutung der Ukraine für das Russländische Reich und die Sowjetunion schwieg Putin. Der sowjetische Akt, ihr überhaupt Grenzen gegeben und das so umschriebene Gebiet „Ukrainische SSR" genannt zu haben, habe den Spaltpilz zwischen Russen und Ukrainern, eigentlich „Kleinrussen", gesät und schließlich den ukrainischen „Nazis" den Weg geebnet.[12] Mit diesen Äußerungen gab Putin wiederum den Ton für noch weitergehende Forderungen seiner Propagandisten vor, welche unter

---

[8] Borys Lewytzkyj: Politics and Society in Soviet Ukraine, 1953–1980. Edmonton 1984. – Zu den Feierlichkeiten von 1954: Martin Aust: Polen und Russland im Streit um die Ukraine: konkurrierende Erinnerungen an die Kriege des 17. Jahrhunderts in den Jahren 1934 bis 2006. Wiesbaden 2009, S. 203–218.

[9] Andreas Kappeler: Kleine Geschichte der Ukraine. München ^{4}2014, S. 190.

[10] Zur ukrainischen Geschichte im Bürgerkrieg und früher Sowjetunion: Taras Hunczak (Ed.), The Ukraine 1917–1921. A Study in Revolution. Cambridge, Mass. 1977. – Felix Schnell: Räume des Schreckens. Gewalträume und Gruppenmilitanz in der Ukraine 1905–1933. Hamburg 2012. – Jurij Borys: The Sovietization of Ukraine, 1917–1923. Edmonton 1980.

[11] Myroslav Shkandrij: Avant-Garde Art in Ukraine, 1910–1930: Contested Memory. Boston 2019. – Dmytro Omeljanovyč (Hg.): Ukrajins'kyj avangard, 1910–1930. Kyjiv 1996. – Siehe dazu auch den Beitrag von Ada Raev in diesem Band, S. 353–374.

[12] Putin, Wir erkennen die Volksrepubliken an [Fn. 6].

„Entnazifizierung" der Ukraine schlichtweg eine „Entukrainisierung" verstehen und mit dieser Forderung wiederum die physische Liquidierung, im glimpflichsten Falle gewaltsame Umerziehung aller Träger der ukrainischen Kultur rechtfertigen.[13] Der „Nazi"-Begriff bezieht sich hier in stalinistischer Tradition weniger auf eine historisch verortbare rechtsextreme Ideologie, sondern dient als Schablone für die Feinderklärung: „Faschist", „Nazi" bedeutet hier schlicht „Gegner", „Antagonist" des eigenen Regimes.[14]

Hunger und Stahl: Ukrainische Modernisierung in der frühen UdSSR

Gleichzeitig negiert Putin auch die große Modernisierung der ukrainischen Nation unter sowjetischen Vorzeichen, die das Land im 20. Jahrhundert von einem Bauernland zu einer modernen Industriegesellschaft gemacht hat – wenn auch unterbrochen von entsetzlichen Rückschlägen. Das Städte- und Industriewachstum in der Ukraine hatte bereits im Russländischen Reich begonnen, als der Donbass zur bedeutendsten Schwerindustrieregion des Landes aufstieg. Diese Entwicklung hatte auch transnationale Wurzeln: Donec'k hieß bei seiner Gründung Juzovka/Juzivka, benannt nach dem britischen Eisenhüttenunternehmer, John Hughes, der hier eine metallurgische Fabrik bauen ließ, um die sich bald eine Werkssiedlung bildete. Britisches und französisches Kapital und Know-how spielten eine entscheidende Rolle in dieser Kick-off-Zeit der Schwerindustrialisierung und des Baus der Eisenbahn, die auch für den Transport ukrainischer Agrarprodukte zu den Schwarzmeerhäfen von großer Bedeutung war. Diese Entwicklung war geographisch vor allem in der Südost-Ukraine konzentriert, im Bereich der Dnjepr-Donbass-Schiene – dort liegt auch die Geburtsstadt des ukrainischen Präsidenten Volodymyr Zelens'kyj, die Stahlstadt Kryvyj Rih.[15]
Dieser erste Industrialisierungsschub lief Ende des 19. Jahrhunderts noch größtenteils an der ukrainischen Bauernnation vorbei. Landlose ukrainische Bauern suchten ihr Glück eher in der Kolonisation neuer Agrargebiete in Sibirien und Südrussland statt in der Industrie, welche die bereits ausgebildeten Industriearbeiter aus dem Inneren Russlands bevorzugt anstellte.[16] Noch in der ersten Hälfte des 20. Jahrhunderts galten Fabriken und Großstädte den ukrainischen Bauern als fremd und feindlich. Dort wurde eine andere Sprache gesprochen: Russisch. Im ukrainischen Bürgerkrieg stellte sich ein russisch dominierter Zweig der ukrainischen Kommunisten mit der Ausrufung einer

---

[13] Siehe dazu den unverblümten Aufruf zum Völkermord: Timofej Sergejcev: Čto Rossija dolžna sdelat' s Ukrainoj. RIA Novosti, 3.4.2022. – Deutsch dokumentiert unter: Timofej Sergejzew: Was Russland mit der Ukraine tun sollte, in: Blätter für deutsche und internationale Politik, 5/2022, S. 63–70. – Zu Timofej Sergejcevs Hintergrund und Methode: Il'ja Venjavkin: Der De-Ukrainisator: Timofej Sergejcev: „Methodologe", Polittechnologe, Kriegspropagandist, in: OSTEUROPA, 4–5/2022, S. 59–77.

[14] Jan Claas Behrends: Putins Meistererzählung – Geschichtspolitik als Instrument der Herrschaft. Ukraine verstehen, 5.3.2020. – Lev Gudkov: Phasen der Gewöhnung. Russlands Krieg im Meinungsbild, in: OSTEUROPA, 4–5/2022, S. 59–77.

[15] Charles Wynn: Workers, Strikes, and Pogroms: The Donbass-Dnepr Bend in Late Imperial Russia, 1870–1905. Princeton 1992.

[16] Bohdan Krawchenko: The Social Structure of Ukraine at the Turn of the 20th century, in: East European Quarterly, 16/1982, S. 171–181.

„Volksrepublik Donbass-Kryvyj Rih" gegen ukrainisch gesinnte Revolutionäre und die Kiewer Zentralrada.[17]

Mit dem sowjetischen industriellen Sprung nach vorne – bei dem Juzivka seinen kapitalistischen Namen verlor und ab 1924 bis 1961 den Namen Stalino trug – wurden immer mehr Ukrainer als Industriearbeiter in die Städte gezogen, häufig um den Preis des Sprachwechsels vom Ukrainischen zum Russischen.[18] Allerdings waren die Bemühungen der herrschenden Bolschewiki nach der Gründung der Sowjetunion 1922 auf das Leninsche Konzept der *korenizacija* gerichtet, also auf die Einwurzelung der Sowjetmacht in den Titularnationen der Sowjetrepubliken. Das bedeutete nicht nur die Einführung einer Art Quotenregelung für ukrainische Mitglieder der Kommunistischen Partei, sondern auch eine konsequente Einführung des Ukrainischen als Amts-, Schul- und Fachsprache auch in den Industrieregionen und der damaligen Republikhauptstadt Charkiv.[19]

Diese frühsowjetische Ukrainisierung ermöglichte eine Blüte ukrainischer kultureller Experimente und avantgardistischer Umbrüche. Doch mit den Stalinschen Repressionen, denen die gerade herangezogenen sowjetukrainischen (Partei-) Eliten fast vollständig zum Opfer fielen, wurde diese zu großen Teilen rückabgewickelt. Den höchsten Preis für die sowjetische Modernisierung jedoch zahlten die Ukrainer mit der vom Stalin-Regime ins Werk gesetzten, aus heutiger ukrainischer Sicht genozidalen Hungerkatastrophe von 1931–1933, dem Holodomor.[20] Er war genaugenommen die logische Folge des stalinistischen Regimes auf ukrainischem Boden. Da sich die Moskauer Führung eine brachiale Schwerindustrialisierung der Sowjetunion zum Hauptziel setzte, mussten die sowjetischen Bauern die Überschüsse an Agrarprodukten erwirtschaften, mit denen die Industrieansiedlungen versorgt und mit deren Export das Industrieprogramm finanziert wurde. Gleichzeitig beendete die Führung die liberalere Agrarpolitik der 1920er Jahre und verfolgte nun eine Politik der gewaltsamen Kollektivierung und Getreiderequirierung.

Der Widerstand der ukrainischen Bauern gegen diesen von Moskau auferlegten Modernisierungs- und Zentralisierungspfad wurde von der kommunistischen Parteiführung im Zentrum als Bedrohung für das eigene Machtmonopol, ja womöglich für den Bestand der gesamten Sowjetunion wahrgenommen – und auch als ukrainischer nationaler Widerstand. Man verdächtigte „Petljura-Leute" oder „Piłsudski-Agenten", die Ukrainer gegen die Sowjetunion aufzuwiegeln. Damit bezog man sich auf einen der Führer des 1917–1921 gescheiterten ukrainischen Staatsbildungsversuchs sowie auf den polnischen Staatschef, da man die zu Polen gehörigen westukrainischen Gebiete als

---

[17] Vasyl Markus: Donbas-Kryvyi Rih People's Republic, in: Encyclopedia of Ukraine, <www.encyclopediaofukraine.com/display.asp?linkpath=pages%5CD%5CO%5CDonetshD7KryvyiRihSovietRepublic.htm>.

[18] Theodore H. Friedgut: Iuzovka and Revolution: Life and Work, Politics and Revolution in Russia's Donbass, 1869–1924, 2 Bde. Princeton 1989–1994.

[19] Terry Martin: The affirmative action empire: nations and nationalism in the Soviet Union, 1923–1939. Ithaca, London 2010. – Kate Brown: A biography of no place: from ethnic borderland to Soviet heartland. Cambridge, Mass. 2004.

[20] Als Überblick: Anne Applebaum: Roter Hunger. Stalins Krieg gegen die Ukraine. München 2019. – Stanislav Kulchytsky: The Famine of 1932–1933 in Ukraine: An Anatomy of the Holodomor. Edmonton, Toronto 2018. – Vernichtung durch Hunger. Der Holodomor in der Ukraine und der UdSSR. Berlin 2004 [= OSTEUROPA, 12/2004].

Aufmarschplatz ukrainischer Nationalisten betrachtete.[21] Stalin befürchtete, die Ukraine zu verlieren – und beabsichtigte, diesen imaginierten Widerstand mit allen Mitteln zu brechen. Der tatsächliche Widerstand war weniger ein nationaler als ein sozialer: anarchischer Eigensinn der Bauern, lokale Aufstände, Subversion und Sabotage gegen die Kollektivierung der Landwirtschaft. Die Opposition gegen die Sowjetmacht sollte bestraft werden. Die Form der Strafe war die Konfiszierung jedweder Nahrungsmittel durch Geheimdienst-Trupps, drakonische Bestrafung von „Dieben" und die Abriegelung der Hunger-Landkreise, sodass kein Entkommen in die Städte und andere besser versorgte Gebiete möglich war. Die Begleitung der Hungerkrise durch eine Säuberung der ukrainischen KP, die fast übergangslos in die grausame Massenliquidierung ukrainischer Nationalkommunisten im Großen Terror ab 1934 überging, vervollständigten dieses Bild.[22] Putins Kriegspolitik, in der das Abstrafen von ukrainischen „Verrätern" ein Leitmotiv darstellt, steht also in direkter Traditionslinie anti-ukrainischer Politiken des Hochstalinismus. Der Hungerkatastrophe von 1931 bis 1933 fiel vor allem die ländliche Bevölkerung in den Getreide-Überschussgebieten zum Opfer, schätzungsweise dreieinhalb bis vier Millionen Ukrainer, die Hälfte der insgesamt in der Sowjetunion im Großen Hunger ums Leben gekommenen Menschen. Diese Katastrophe verschob die demographischen Verhältnisse des Landes zugunsten der russischsprachigen städtisch-industriellen Ballungszentren.[23] Auch danach kamen russischsprachige Arbeitsmigranten und Spezialisten in die Ukraine, insbesondere nach dem Zweiten Weltkrieg. Nun wurde der Donbass eine neue Heimat für Kriegsentwurzelte auf der Suche nach Arbeit. Arbeitsmigranten und speziell Angeworbene füllten die durch Hungersnot, Säuberungen und Kriegsverluste gelichteten Reihen der Facharbeiter und Ingenieure. Gleichzeitig zog der Industrieaufbau in den nach dem Molotov-Ribbentrop-Pakt von der Sowjetunion annektierten, in der Zwischenkriegszeit zu Polen gehörigen westukrainischen Gebieten auch russischsprachige Ostukrainer und Russen in die Städte der westlichen Ukraine.[24]

Secunda inter pares: die Nachkriegs-Ukraine

Es war vor allem die Wiederaufbauzeit nach dem Zweiten Weltkrieg, die den wohl bedeutendsten Urbanisierungs- und Industrialisierungsschub auslöste. Dieser erfasste nun nicht mehr nur die östliche und südliche Ukraine, sondern das gesamte Land – einschließlich der von Polen abgetrennten westukrainischen Gebiete. Diesmal führte der

---

21 Stanyslav Kul'chyts'kyi: The Holodomor of 1932–33: How and Why? In: East/West Journal of Ukrainian Studies, 1/2015, S. 93–116.

22 Andrea Graziosi: The Soviet 1931–1933 Famines and the Ukrainian Holodomor: Is a New Interpretation Possible, and What Would Its Consequences Be? In: Harvard Ukrainian Studies, 1–4/2004/2005, S. 97–115. – Ders.: The Impact of Holodomor Studies on the Understanding of the USSR, in: East/West Journal of Ukrainian Studies, 1/2015, S. 53–79. – Hryhorii Kostiuk: Stalinist Rule in the Ukraine: A Study in the Decade of Mass Terror. 1929–1939. New York 1960.

23 France Meslé, Jacques Vallin, Evgeny Andreev: Demographic Consequences of the Great Famine: Then and Now, in: Harvard Ukrainian Studies, 1–4/2008, S. 217–241.

24 Tanja Penter: Rebuilding the Donbass. The Impact of Nazi-Occupation on Workers, Engineers and the Economic Development of the Post-War Soviet Union in Late Stalinism, in: Stefan Berger, Marcel Boldorf (Hg.): Social Movements and the Change of Economic Elites in Europe after 1945. Basingstoke 2018, S. 137–154. – Tarik Cyril Amar: The Paradox of Ukrainian Lviv: A Borderland City between Stalinists, Nazis, and Nationalists. Ithaca, London 2015.

Weg der Ukrainer in die Stadt nicht über den Hunger, sondern über die Hochschulen. Das war die Zeit, in der man in Anlehnung an Eugen Webers Diktum über die französische Nationsbildung, „Peasants into Frenchmen“, von einer ukrainischen Entwicklung „Peasants into Engineers“ sprechen könnte. Während nach Weber die Nationsbildung der regional fragmentierten Franzosen dank der normierenden Kraft von Kommunikation und Schulbildung erfolgte, kann man den Wandel der Ukrainer von der Agrar- zur Industrienation vor allem an den massenhaften Bildungs- und Karrierewegen der Facharbeiter, Techniker und Ingenieure nachvollziehen, die in dieser Zeit aus den ländlichen Gebieten in die Städte migrierten.[25]

Gleichzeitig entwickelte sich die Nachkriegsukraine in der Chruščev-Ära und der Breznev-Periode zur „Juniorpartnerin Russlands“ bei der Beherrschung und Entwicklung der Sowjetunion.[26] Unter dem nationalkommunistischen Parteichef Petro Šelest in den 1960er Jahren nahm der Vormarsch des Ukrainischen in Schule, Wissenschaft und öffentlichem Leben Fahrt auf. Doch nach Šelests Sturz 1972 setzte in der Ukraine eine verstärkte Russifizierungspolitik ein. Diese Wellenbewegung zwischen Schüben der Ukrainisierung und einer Rückkehr zur Russifizierung wirkten sich auf die Sprachlandschaft der Ukraine aus. In den Industrieregionen und Städten dominierte das Russische, *suržyk,* ein mit vielen russischen Wörtern durchsetzter Substandard der ukrainischen Alltagssprache oder eine russisch-ukrainische Zweisprachigkeit, während in den ländlichen Räumen, auch in jenen der Ostukraine, sowie in den Großstädten der westlichen Ukraine zumeist Ukrainisch gesprochen wurde. Die wechselnden Sprachkonjunkturen begründeten aber auch die weitgehende Zweisprachigkeit der russischsprachigen Ukrainer, die Ukrainisch häufig als Familiensprache mit den Älteren nutzten oder es zumindest passiv beherrschten.

Die Ukraine der Nachkriegszeit blieb eines der industriellen und wissenschaftlich-technischen Zentren der Sowjetunion. Wichtige Hochschulen und Bildungsinstitutionen, ein bedeutender Teil der sowjetischen Rüstungs- und Atomindustrie befanden sich in der Ukrainischen SSR. Die sowjetukrainischen Eliten in Politik, Wirtschaft und Wissenschaft bemühten sich, gegenüber dem Moskauer Zentrum, wo über die Ressourcenallokation entschieden wurde, die Interessen ihrer Republik zu stärken und Kompetenzen auf die Republikebene zu ziehen. Die Angehörigen dieser Elite entstammten einer nach dem Zweiten Weltkrieg großgewordenen Generation von Spezialisten, die in ihrem durch den sozialistischen Konformismus beschränkten Handlungsrahmen ihre Gestaltungsmöglichkeiten suchten, aber ihre Prägung in der Stalinzeit erhalten hatten. Geradezu archetypisch stehen dafür die Biographien der beiden bedeutendsten ukrainischen KP-Chefs der Nachkriegszeit, des „Nationalkommunisten“ Petro Šelest (1908–1996)[27] und des loyalen, gut mit den zentralen Institutionen vernetzten Technokraten Volodymyr Ščerbyc'kyj (1918–1990).[28] Beide stammten – wie der Ukrainer Efim/Juchym Slavskij

---

[25] Borys Lewytzkyj: Die Sowjetukraine 1944–1963, Köln 1964.

[26] Yaroslav Bilinsky: The Second Soviet Republic: The Ukraine after World War II. New Brunswick, NJ 1964. – Lewytzkyj, Die Sowjetukraine [Fn. 25].

[27] Jurij Šapoval: Petro Šelest. Žyttja t polityčna dolja, in: Jurij Šapoval (Hg.), Petro Šelest: „Spravžnyj sud istoriji šče poperedu“. Spohady – Ščodennyky – Dokumenty – Materialy. Kyjiv 2011, S. 17–44.

[28] Jurij Latyš: Volodymyr Ščerbyc'kyj, ljudyna ta jiji epoxa. UACommons, 10.8.2017. Hier gibt es auch einen statistischen Überblick über die ukrainischen Wirtschaftsdaten während der Amtszeiten Šelest und Ščerbyc'kyj. – Anna Veronika Wendland: Die ukrainischen Länder

(1898–1994), der den mächtigen militärisch-industriellen Atomkomplex *Minsredmaš* beherrschte– aus ostukrainischen Bauernfamilien, Šelests Familie hatte einen kosakischen Stammbaum.[29] Šelest und Ščerbyc'kyj durchliefen Ingenieurskarrieren in der Maschinenbau- und Rüstungsindustrie, bevor sie Parteiführer wurden. In ihrer politisch-kulturellen Agenda unterschieden sie sich grundlegend. Šelest vereinte doktrinären Autoritarismus mit einem tief empfundenen ukrainischen Patriotismus und wurde als Autor einer Eloge auf die Sowjetukraine zur Zielscheibe der Brežnevschen Bemühungen um Eindämmung von Alleingängen an der Peripherie, was wesentlich zu seinem Sturz und zur Säuberung der ukrainischen KP 1972 beitrug. Ščerbyc'kyj hingegen bekämpfte ukrainische Dissidenz innerhalb und außerhalb des Parteiapparates mit aller Härte und setzte dem sowjetischen Programm zur Russifizierung der Ukraine wenig Widerstand entgegen, ließ aber von der wirtschaftspolitischen Linie seines Vorgängers nicht ab.[30]
Beide KPU-Chefs betrieben, anders als es die in der ukrainischen Erinnerungspolitik verbreiteten Opfernarrative „vom Holodomor bis Tschernobyl" nahelegen, mal im Zusammenspiel, mal im Konflikt mit Moskau eine Industriepolitik, die auf eine Vermehrung und Autonomisierung der ukrainischen Ressourcen zielte. Die mit Nachdruck durchgeführte kerntechnische Selbstkolonisierung der Ukraine, die zur Errichtung mehrerer großer Kernkraftwerke führte, war Teil dieses Programms. Zaporižžja, das größte Kernkraftwerk Europas, ist aus dieser Atomindustriepolitik ukrainischer Eliten entstanden. Die Nuklearisierung der Ukraine, die von der ukrainischen KP-Führung als Stärkung der ukrainischen Position im Verbund der Sowjetunion wahrgenommen wurde, erfolgte in einer Umbruchszeit, als in der Ukraine nicht nur absehbar wurde, dass die traditionellen Kohle- und Wasserkraftressourcen nicht reichen würden, um den Stromhunger einer aufstrebenden Sowjetrepublik zu stillen, sondern auch, als über Platz und Bestimmung der Ukraine in der Sowjetunion gestritten wurde.
Im Jahr 1965, als gerade über die Ausstattung eines lange geplanten Großkraftwerksstandorts in der Nähe des ukrainisch-jüdischen Städtchens Čornobyl' mit Kernreaktoren nachgedacht wurde, schickte sich der linksreformistische Dissident Ivan Dzjuba mit seiner programmatischen Schrift „Internationalismus oder Russifizierung?" an, die Geschäftsgrundlage der sowjetisch gerahmten russisch-ukrainischen Beziehungen, nämlich die autoritäre Familienordnung mit Russland als älterem Bruder, mit leninistischen Argumenten anzufechten. Der Schriftsteller Oles' Hončar stellte wenig später mit seinem zunächst in Zeitschriften erschienenen, dann verbotenen Roman *Sobor* (Die Kathedrale) die bittere Frage nach Traditionsabbruch, Sprach- und Heimatverlust als Kollateralschaden der industriellen Modernisierung. Diese Infragestellungen nicht hinreichend eingedämmt zu haben, war einer der Hauptvorwürfe Moskaus an den „nationalkommunistischen" ukrainischen Parteichef Petro Šelest bei seiner Absetzung im Mai 1972.[31]

1945 bis 1993, in: Frank Golczewski (Hg.): Geschichte der Ukraine. Göttingen 1994, S. 269–312, hier S. 286.

[29] Šelest, Spohady, in: Šapoval, Petro Šelest [Fn. 27], S. 53–66.

[30] Wendland, Die ukrainischen Länder [Fn. 28].

[31] Aufschluss über die widerstreitenden Konzepte einer Modernisierung der Ukraine zwischen Nationalkommunisten und ukrainischen Dissidenten ergeben die Ermittlungsakten gegen Ivan Dzjuba und die mit der Affäre verbundenen Dokumente aus dem Umkreis des KPU-Parteichefs Šelest: Vysnovok, 15.2.1972 [Bericht einer Sachverständigenkommission aus Akademie-Historikern und -Literaturwissenschaftlern über die Arbeit „Internacionalizm čy rusyfikacija?" als Zuarbeit für die KGB-Ermittlungen], in: Instytut nacional'noji pamjati, Archiv KDB

Diese gleichzeitig ablaufenden Prozesse der sowjetukrainischen Integration, der autoritären Modernisierung von oben und des Widerstands gegen die Schattenseiten der Modernisierung von einzelnen Dissidenten waren typisch für die Ambivalenz der ukrainischen Moderne. Diese Ambivalenz betraf auch die ethnisch-nationale Konnotation, die den Produkten dieser Moderne zugeschrieben wurde. So waren die prestigeträchtigen Leittechnologien des Sowjetstaates, die Atomwaffen und Atomkraftwerke, keinesfalls nur sowjetische oder gar russländische Fremdkörper auf ukrainischem Boden. Vielmehr reklamierten die Ukrainer nach dem Zerfall der Sowjetunion ihre Verantwortung und Gestaltungskraft für diesen Teil des sowjetischen militärischen und zivilen Nuklearpotentials für sich. Strategische Bomber und nukleare Interkontinental- oder Mittelstreckenraketen waren, anders als später im Rückblick auf die Geschichte der ukrainischen Denuklearisierung häufig dargestellt, keine russländischen Waffen auf ukrainischem Territorium, sondern sowjetische Waffen, an deren Konstruktion, Herstellung und Wartung ukrainische Spezialisten wesentlich beteiligt waren.[32] Die an den ukrainischen Flüssen errichteten Kernreaktoren waren keineswegs ein Implantat aus Russland, wie es nach ukrainischer, ökonationaler, aber auch russischer Lesart nahegelegt wird, sondern technische Artefakte, die größtenteils von ukrainischen Bauleuten, Technikern und Ingenieuren errichtet wurden. Im Zuge einer Art technischer *korenizacija* wurden die Atomanlagen mit der Zeit zu einem Bestandteil regionalen und nationalen Stolzes, während man die traumatische Erfahrung mit dem friedlichen Atom, den Unfall in Tschernobyl, dem Sowjetzentralismus anlastete.

Mit den Atomkraftwerken entstanden Werksstädte neuen Typus: sozusagen nukleare Juzivkas. Die Bewohner dieser nuklearen Monostädte, der *atomogrady*, zogen ihre Identität daraus, dass sie sich als rustikale Pioniere verstanden, die unwegsame Natur an der westlichen Peripherie der Sowjetunion urbar gemacht hätten, als Wissenschaftler den Nimbus der nuklearen Hochtechnologie der Sowjetunion repräsentierten oder zumindest das soziale Versprechen des sozialistischen Städtebaus lebten. In den Atomstädten trafen nicht nur verschiedene sowjetische Arbeitsmigranten aufeinander, sondern hier entstanden auch ukrainisch-russische und andere binationale Ehen. Natürlich waren die Atomstädte auch Agenturen der Russifizierung, denn Russisch war die quasi-imperiale Sprache von Wissenschaft und Technik. Das empfanden die Betroffenen auch selbst so. Der Generationswechsel ging mit einer freiwilligen Selbstrussifizierung einher. Ukrainische Eltern vertraten die Meinung, dass eine russischsprachige Schulausbildung der Karriere ihrer Kinder förderlich sein könne. Aber es gab auch immer Ambivalenzen und Brüche. Das Atomkraftwerk Rivne, wie Tschernobyl in der nordwestukrainischen Wald- und Sumpflandschaft Polesien gelegen, war de facto schon zu sowjetischen Zeiten ein zweisprachiger Betrieb. Das hatte vor allem mit der Rekrutierung der Mitarbeiter für die Atomanlage zu tun. Hier kamen nukleartechnische Fachleute aus dem sibirischen

---

Ukrajins'koji RSR, Kriminal'na sprava Ivana Dzjuby, 1972, t. 1, ark. 104–119; Protokoll des KGB-Verhörs vom 16.10.1972, mit handschriftlichen Antworten Dzjubas, ebd. 2(251) bis 30(279). – Nach Aussage seines Sohnes Vitalij war Petro Šelest einer der eifrigsten – und empörtesten, aber ganz offensichtlich innerlich berührten – Leser des Manifests von Dzjuba: „Das Buch lag bei ihm praktisch ständig auf dem Tisch. Er las es, schimpfte, sagte, dass das so nicht ginge, und ich antwortete, dass es Tatsachen gäbe, über die man nachdenken müsse". Šapoval, Petro Šelest [Fn. 27], S.18–44, hier S. 32. – Dazu auch: Andreas Kappeler: Ungleiche Brüder. Russen und Ukrainer vom Mittelalter bis zur Gegenwart. München 2017.

[32] Yuri Kostenko: The Nuclear Disarmament of Ukraine. Cambridge. Mass. 2020

Ausbildungszentrum Tomsk und der geheimen militärischen Atomstadt Seversk mit jungen Absolventen der Polytechnischen Hochschule L'viv zusammen, die auf eine ehrwürdige polnisch-habsburgische Vergangenheit zurückblickte. Und die Maschinenhäuser und Schaltanlagen des Kraftwerks bevölkerten Turbinenschlosser und Elektriker, die den Dialekt der Region sprachen. So bildeten sich und existierten gleichzeitig ukrainisch- und russischsprachige Abteilungen in einem Betrieb. Erst nach der Unabhängigkeit der Ukraine wurde das Ukrainische zur Staatssprache und gewann nach und nach auch im Kraftwerk Oberhand.[33]

Widerstandsfähige Infrastruktur: Das ukrainische Stromnetz als Politikum und Symbol

Gleichzeitig wurden die ukrainischen Kernkraftwerke zu Knotenpunkten moderner Infrastruktur, welche die Sowjetunion mit ihren Nachbarstaaten im östlichen Europa verband. Überregionale Hochspannungsnetze und technische Kooperation bei der Produktion von Anlagen und Ausrüstung waren ein wichtiges Integrationsmoment in der spätsowjetischen Epoche.[34] Daneben hatte die Stromversorgung auch eine wichtige symbolische Bedeutung. Bereits vor Lenins berühmtem Diktum von 1920 „Kommunismus – das ist Sowjetmacht plus Elektrifizierung des Landes" genoss die Elektrifizierung eine zentrale Bedeutung im Denken der kommunistischen Technokraten. Aber erst in den 1960er Jahren sorgte die Elektrifizierung in der Ukraine für eine Anbindung und Entwicklung des ländlichen Raumes. Nun erst wurde der Unterschied zwischen Stadt und Land nivelliert, nun erst hielten auch im abgelegensten Dorf der ländlichen Regionen städtische Güter wie der Kühlschrank, das Radio und der Fernseher Einzug.

Heute, im siebten Monat des Krieges, ist nicht nur in der Ukraine häufig davon die Rede, dass die immer noch robust funktionierende Eisenbahn das Land zusammenhält. Dieselbe Funktion haben die Kraftwerke und das Stromnetz. Ausgerechnet am 24. Februar 2022, also am Beginn der großflächigen Invasion Russlands in die Ukraine, fand im ukrainischen Landesnetz ein lang geplanter Testlauf für den Beitritt der Ukraine zur mitteleuropäischen Regelzone des europäischen Stromverbunds ENTSO-E statt. Dieser Testlauf machte es erforderlich, alle Leitungsverbindungen zum belarussischen und russländischen Netz zu unterbrechen und das ukrainische Netz einen gewissen Zeitraum im Inselbetrieb laufen zu lassen, um seine Stabilität zu testen. Trotz Kriegsbedingungen lief dieser Test erfolgreich ab – nur wollten die Ukrainer sich danach angesichts des Krieges nicht wieder ans Netz der Angreifer binden. Auch diese Situation trug nicht zur Vereinfachung der Lage bei. Bislang sind größere Stromausfälle nur in den unmittelbar unter Beschuss liegenden Städten gemeldet worden, in denen die Netzinfrastruktur zur lokalen Verteilung zerschossen wurde. Aber das ukrainische Landesnetz hielt stand unter anderem dank der vier Kernkraftwerke Rivne, Chmel'nyc'kyj, Južnoukrajins'k und Zaporižžja und ihrer Betriebsmannschaften – Krieg, Terror, Angst, Ungewissheit,

---

[33] Anna Veronika Wendland: Nuclearizing Ukraine – Ukrainizing the Atom. Soviet nuclear technopolitics, crisis, and resilience at the imperial periphery, in: Cahiers du Monde Russe, 2–3/2019, S. 335–367.

[34] Falk Flade: Energy Infrastructures in the Eastern Bloc. Poland and the Construction of Transnational Electricity, Oil, and Gas Systems. Wiesbaden 2017.

Versorgungsengpässen zum Trotz. Anfang März wurde dann die Synchronisierung mit dem europäischen Verbund ENTSO-E vorzeitig vollzogen.[35] Damit hat die Ukraine auch einen wichtigen symbolischen Schritt Richtung Europa getan. Auf der anderen Seite ist diese Stabilität durch den Krieg ständig bedroht: so wurde Anfang September 2022 das Kernkraftwerk Zaporižžja infolge Beschusses mehrmals vom Landesnetz getrennt und musste seinen Betrieb fast vollständig einstellen.

Unabhängig davon, wie der Krieg ausgehen und was der Frieden bringen wird, kann mit einem klassischen Aufsatz der Technikgeschichte schon jetzt festgestellt werden: „Artifacts have politics."[36] Ob die rasch folgende Ankündigung, den stromknappen Westeuropäern Atomstrom zu liefern, nun Chuzpe ist oder eine reale Basis hat, wird sich zeigen, aber die symbolische Kraft war groß, die die Ukrainer diesem Angebot Anfang Juli beimaßen.[37] Es symbolisiert das Gegenteil des Schocks von Zaporižžja: die Widerstands- und Leistungsfähigkeit ihrer Infrastruktur, zumindest im ersten Halbjahr des Krieges.

Auch andere technische Artefakte in der Ukraine haben ihre – häufig ambivalenten – „Politics": So war das *Azovstal'*-Stahlwerk in Mariupol' nicht nur einer der größten Stahlproduzenten im östlichen Europa, sondern auch das Kronjuwel im Portfolio des schillernden Oligarchen Rinat Achmetov, der 2014 mit seiner Schaukelpolitik zwischen Kiew und Moskau wesentlich zur Destabilisierung und zum Verlust der Gebiete Luhans'k und Donec'k beigetragen hatte. Im Krieg von 2022 wurde das Stahlwerk mit den darin eingeschlossenen ukrainischen Kämpfern zum symbolischen Ort einer hoffnungslosen, aber wichtigen Verteidigung, die russländische Kräfte band und ukrainischen Truppen in anderen Landesteilen half, Zeit zu gewinnen.

Zerschossene Epoche. Das Stahlwerk Azovstal' in Mariupol'

---

[35] Jak ukrajins'ka enerhetyčna systema ostatočno vidrizalasja vid RF ta Bilorusi. Ukrajins'ka Pravda, 1.3.2022.

[36] Langdon Winner: Do artifacts have politics? In: Daedalus, 1/1980, S. 121–136

[37] Ukraine bietet Deutschland Atomstrom an. Spiegel-online, 24.6.2022.

Das Beispiel des ukrainischen Stromnetzes zeigt noch etwas anderes. Russlands Angriffskrieg in der Ukraine zieht die Entflechtung der Infrastruktur nach sich, welche die Ukraine bislang mit Russland verband. Das ukrainische Gasnetz wurde bereits 2014 stärker mit dem der westlichen Nachbarn verbunden, um die Ukraine zur Not auch von dort aus versorgen zu können. Nun ist die Ukraine auch elektrotechnisch aus der Epoche des sowjetischen Verbunds ausgetreten.

Auch die technischen Eliten entfernen sich voneinander. Nach der Attacke auf das Kernkraftwerk Zaporižžja vollzogen die ukrainischen Atomtechniker, die seit der Ausrufung der Unabhängigkeit auskömmlich mit den Kollegen und Unternehmen in Russland zusammengearbeitet hatten, den Bruch mit Russland. Das hatte auch mit ihrem Berufsethos zu tun. Denn unter den genannten Umständen den regelwerkskonformen Betrieb kerntechnischer Anlagen zu gewährleisten, ist ungeheuer schwierig. Neben allen anderen noch entsetzlicheren Vergehen der Besatzer in Mariupol', Irpin' oder Buča ist es ein gravierender Verstoß gegen Grundprinzipien der kerntechnischen Sicherheit, diesen Zustand herbeigeführt zu haben. Es wäre, so die Auffassung ukrainischer Spezialisten, die Pflicht der russischen Kollegen gewesen, beim Kreml auf eine Beendigung dieser Zustände zu drängen.[38] Doch diesen Mut brachten die in 20 Jahren Putin-Herrschaft domestizierten und deformierten Experten in Russland nicht auf. Das veranlasste die Atomkraftwerksleitungen in Rivne und Chmelnyc'kyj, in Aufrufen via *Youtube* ihren russländischen Kollegen ins Gewissen zu reden: „Wir *Atomščiki* in Russland und der Ukraine waren eine große Familie. Ihr habt hier im AKW Rivne mit uns an einem Tisch gesessen, wir haben in denselben Anlagen zusammen gelernt. Wo seid ihr jetzt?"[39] Und in einem anderen heißt es kurz und knapp: „Russen, wacht auf. Geht auf die Straße!"[40]

[38] Andrij Kozjura pro sytuaciju na Chmel'nyc'kij AES 04/03/22 ta pro podiji na Zaporiz'kij AES, ChAES-TV, 4.3.2022. <www.youtube.com/watch?app=desktop&v=8r876EJrip0>. Vgl. auch die Kritik des ehemaligen Chefs der ukrainischen Atomaufsichtsbehörde, Mykola Štejnberg, an der IAEA für eine zu wenig konsequente Haltung gegenüber Rosatom: Otkrytoe pis'mo general'nomu direktoru MAGATĖ ot Nikolaja Štejnberga. Uatom.org, 19.3.2022.

[39] Obraščenie general'nogo direktora OP RAĖS k rossijskim kollegam, 2.3.2022, <www.youtube.com/watch?app=desktop&v=v3yX4wB3Zdo>.

[40] Andrij Kozjura pro sytuaciju na Chmel'nyc'kij AES [Fn. 38].

Fazit

Industrieanlagen und Infrastrukturen sind nicht nur technische Vorrichtungen zur Erreichung bestimmter Ziele. Über ihre unmittelbare Funktion hinaus werden ihnen auch mittelbare Bedeutungen zugeschrieben. Sie können politische Symbole sein. Als solche werden sie von Kriegsgegnern auch angegriffen – als Netzwerke, die Stabilität garantieren und Staaten zusammenhalten. Russland trifft mit seinem Angriff nicht nur materielle Zeugen einer für die Ukrainer höchst ambivalenten sowjetischen und postsowjetischen Geschichte, sondern es zielt auch auf ukrainische Identitäten. Der Furor, mit dem sich die Gewalt der russländischen Truppen gegen ukrainische Großstädte, Stahlwerke, Häfen und Kernkraftwerke richtet, die vorher als Schaufenster der Sowjetunion dienten, hat neben seiner materiell-militärischen Bedeutung eine symbolische Funktion: Er richtet sich auch gegen die moderne Ukraine, die einen ihrer Ursprünge in der Sowjetukraine hat. Neben den russländischen Kriegsverbrechen ist es auch ein russländischer Panzer vor einem ukrainischen Atomkraftwerk, der Ukrainer und Russen wahrscheinlich auf Generationen hinaus entzweien wird. Der Untergang von Mariupol' ist ein Fanal für den Versuch Russlands, die Ukraine aus der Geschichte der Moderne zu radieren. Ob das Atomkraftwerk Zaporižžja ein weiteres schreckliches Symbol für diesen „Säuberungsversuch" werden wird, ist nicht absehbar. Ein Hoffnungsschimmer ist die erstaunliche Resilienz, mit der die moderne Ukraine sich dem Versuch Moskaus entgegenstellt, die Geschichte rückgängig zu machen.

Manuskript abgeschlossen am 12. September 2022

Schlagwörter:
Ukraine, Krieg, Industrie, Moderne, Atomkraftwerke, Stromnetz, Energie

KULTURA

Szkice • Opowiadania • Sprawozdania

PARYŻ Nr 5/356 1977

• « La Culture » • Revue mensuelle •

DEKLARACJA W SPRAWIE UKRAIŃSKIEJ

M. WINOWSKA : **NIEPROSZONE RADY I DYWERSJA**

B. SULIK : **OSOBY TOWARZYSZĄCE**

J. ŁOBODOWSKI : **DZIEJE OSIEMDZIESIĘCIOLECIA**

Mateusz Fałkowski

Wider den großrussischen Imperialismus

Die Aktualität der *Erklärung zur Ukraine* (1977)

Russland führt den Krieg gegen die Ukraine mit dem Ziel, sie als unabhängigen Staat zu zerstören und die Ukrainer zu russifizieren. Das Putin-Regime steht damit in der Tradition des russländischen und sowjetischen Imperialismus. 1977 publizierte die polnische Exilzeitschrift *Kultura* die *Erklärung zur Ukraine.* Dies war ein Aufruf an die internationale Öffentlichkeit, die Ukrainer und die anderen Nationen im östlichen Europa in ihrem Unabhängigkeitsstreben zu unterstützen und gemeinsam ein freiheitliches, föderatives Europa zu schaffen. Die Warnungen, Positionen und Visionen dieser Erklärung sind von ungeahnter Aktualität. Sie bilden die intellektuelle Basis für die breite Unterstützung, die der Kampf der Ukrainer für die Verteidigung ihrer Selbstbestimmung und Freiheit in Polen findet.

In kaum einem anderen Land findet der Kampf der Ukraine gegen den russländischen Aggressor so breite Unterstützung wie in Polen. Für die polnische Gesellschaft und Politik ist dies nicht nur eine Herzensangelegenheit, sondern in hohem Maße auch die Folge jahrzehntelanger Reflexion. Die Unterstützung für das ukrainische Volk basiert unter anderem auf Ideen, die sich in der zweiten Hälfte des 20. Jahrhunderts im Umkreis der Monatsschrift *Kultura*, der wichtigsten polnischen Exilzeitschrift der Nachkriegszeit, entwickelten. Die *Kultura* erschien von 1947 bis 2000 und wurde von Vertretern der polnischen politischen Emigration zunächst in Rom und dann in Paris herausgegeben. Im Mai 1977 initiierte und veröffentlichte die *Kultura* eine „Erklärung zur Ukraine“, die auch von politischen Emigranten aus anderen Ostblockstaaten, darunter Russland, unterzeichnet wurde. In ihrer Erklärung riefen die Unterzeichner zur Unterstützung für den Unabhängigkeitskampf der Ukraine auf, die damals Teil der Sowjetunion war.[1]

Die Exilzeitschrift *Kultura* und ihre „polnische Ostpolitik“

Die Zeitschrift *Kultura* war nach dem Zweiten Weltkrieg von demobilisierten Soldaten der polnischen Anders-Armee ins Leben gerufen worden. Die Anders-Armee bestand vorwiegend aus Personen, denen es nach dem Sikorski-Maiskij-Abkommen gelungen war, aus der Sowjetunion über Persien und den Nahen Osten nach Italien zu gelangen,

---

Mateusz Fałkowski (1976), M.A., Historiker und Soziologe, stellvertretender Direktor des Pilecki-Instituts in Berlin

[1] Deklaracja w sprawie ukraińskiej, in: Kultura, 5/1977, S. 66–67. Wir dokumentieren diese Erklärung in deutscher Erstveröffentlichung in diesem Band, S. 157–158.

Osteuropa, 72. Jg., 6–8/2022, S. 151–156 **doi: 10.35998/oe-2022-0148**

wo sie auf Seiten der westlichen Alliierten kämpften. Chefredakteur der Monatszeitschrift, die an die russische Zeitschrift *Kolokol* von Alexander Herzen anknüpfte, war Jerzy Giedroyc (1906–2000). Giedroyc war vor dem Krieg Ministerialbeamter der Zweiten Polnischen Republik sowie Chefredakteur und Gründer der Zeitschriften *Bunt Młodych* (Aufstand der Jugend) und *Polityka* gewesen. Während des Krieges war er Soldat in der Anders-Armee und verantwortlich für ihre Publikationen. Nach dem Krieg gründete er in Rom zusammen mit dem Maler und Schriftsteller Józef Czapski, dem Schriftsteller Gustaw Herling-Grudziński und dem Ehepaar Zofia und Zygmunt Hertz die Zeitschrift *Kultura*, die wenige Monate später nach Paris übersiedelte. Sie alle hatten, bevor sie sich der Anders-Armee anschlossen, sowjetische Lager durchlaufen.
Die Redakteure und Autoren der *Kultura*, obwohl selbst im Exil, richteten sich nicht in erster Linie an die Emigrantengemeinde. Ihr hauptsächliches Ziel bestand darin, auf die Lage in Polen Einfluss zu nehmen und mit ihren Botschaften die polnische Gesellschaft zu erreichen. Giedroyc, der selber aus dem Osten stammte – er wurde in Minsk, der heutigen Hauptstadt von Belarus, geboren – war der Ansicht, dass es besonders wichtig sei, im polnischen Denken eine Veränderung hinsichtlich der zukünftigen Politik gegenüber Polens östlichen Nachbarvölkern – Litauern, Belarussen und Ukrainern – zu bewirken. In den 1950er Jahren, unter den Bedingungen der Emigration und des Kalten Krieges, war es doppelt schwierig, solche politischen Konzepte zu entwickeln. Es erforderte eine politische Vorstellungskraft, die weit in die Zukunft reichte. Im Jahre 1953, als sich östlich des Eisernen Vorhangs der Stalinismus auf dem Höhepunkt befand, formulierte die *Kultura* folgendes Postulat:

> Polen kann eine unabhängige Existenz nur im Rahmen eines föderalisierten, ganzen Europa wiedererlangen und aufrechterhalten. Wir behaupten, dass das Recht auf Mitgliedschaft in einem zukünftigen europäischen föderativen Bund nicht nur die Nationen haben, die 1939 unabhängige Staaten bildeten, sondern ebenso die Ukrainer und Belarussen. Angesichts der – gegenwärtigen und künftigen – Gefahr, die vom russischen Imperialismus ausgeht, ist für Polen die Entstehung einer unabhängigen Ukraine und ihre Beteiligung an einem europäischen föderativen Bund von erstrangiger Bedeutung.[2]

Die aktuellen Bemühungen um eine EU-Perspektive für die Ukraine hatten also polnische Vorboten schon Mitte des 20. Jahrhunderts.
1973 kam Juliusz Mieroszewski, Autor zahlreicher in der *Kultura* erschienener programmatischer Texte, zu dem Schluss, dass

> das sowjetische Imperium in der gegenwärtigen Epoche einer wachsenden Dynamik nationaler Bewegungen ein Anachronismus ist. Anachronismen sind oft langlebig, aber letzten Endes scheitern sie immer. Die Aufgabe der polnischen Ostpolitik muss darin bestehen, alle zentrifugalen Kräfte in der Sowjetunion zu wecken und zu verstärken und die gemeinsame Front der von der Sowjetunion unterjochten Nationen zu zementieren – die Russen nicht ausgenommen.[3]

---

[2] Nieporozumienie czy tani patriotyzm? Nota redakcyjna, in: Kultura, 1/1953, S. 82.
[3] Juliusz Mieroszewski: Polska „Ostpolitik“, in: Kultura, 6/1973, S. 78–79.

Der Text war mit dem Titel „Polska ‚Ostpolitik'" (Polnische „Ostpolitik") versehen, und in der Tat standen seine Thesen im Gegensatz zu den Grundannahmen der deutschen Ostpolitik. Mieroszewski stellte hohe Ansprüche an seine Leser in Polen und im Exil und fügte noch hinzu, dass „wir von der politischen Konjunktur, auf die wir warten, nichts haben werden, wenn wir darauf nicht gründlich vorbereitet sind". Mieroszewskis politische Schriften wurden lange Zeit nicht besonders enthusiastisch aufgenommen, weder von der Emigration noch nach 1976 im polnischen oppositionellen Samisdat. Jedoch wurden die ostpolitischen Forderungen der *Kultura* zur Grundlage der polnischen Ostpolitik nach 1989.

Die ostpolitischen Vorstellungen der *Kultura* waren nicht zuletzt deshalb schwer verdaulich, weil die Zeitschrift bereits wenige Jahre nach dem Ende des Zweiten Weltkriegs ihre Leser, unter denen natürlich auch Polen aus den östlichen Woiwodschaften der Zweiten Polnischen Republik waren, davon zu überzeugen suchte, den Verlust von Vilnius (poln. Wilno) und Lemberg (poln. Lwów, ukr. L'viv) zugunsten der zukünftigen selbstständigen Staaten Litauen und Ukraine zu akzeptieren. Die Existenz von Moskau unabhängiger Staaten im Osten Polens – Ukraine, Litauen und Belarus – betrachtete die *Kultura* als entscheidend für die Unabhängigkeit Polens und knüpfte damit an die Vorstellungen von Józef Piłsudski aus den Zeiten der Gründung der Zweiten Republik an.

Die Unterstützung der Autonomie und Unabhängigkeit der Ukraine, das Nein zu deren Russifizierung und das Hinwirken auf eine polnisch-ukrainische Aussöhnung gehörten seit den 1950er Jahren zum Programm der Zeitschrift. Und das Wort hatte politisches Gewicht, war eine Waffe. Im Laufe eines halben Jahrhunderts erschienen in Giedroyc' Verlag *Instytut Literacki* (Literarisches Institut) 637 Hefte der *Kultura* und 512 Bücher in der Buchreihe *Biblioteka Kultury,* darunter 134 Ausgaben der historischen Fachzeitschrift *Zeszyty Historyczne* (Historische Hefte). Unter den Publikationen waren auch Bücher und Sonderausgaben der *Kultura* in ukrainischer Sprache. In der Volksrepublik Polen waren diese Publikationen verboten, erreichten die polnische Intelligencija aber dennoch, insbesondere in der letzten Dekade des Kommunismus, als Nachdrucke von Texten aus der *Kultura* einen Großteil des polnischen Samisdat ausmachten.

Aber schon lange davor, in den Gründungsjahren der Zeitschrift, unterstrich Józef Czapski in einer Rede auf der Gründungskonferenz des Kongresses für kulturelle Freiheit im Juni 1950 in West-Berlin, dass „der Glaube an eine Entwicklung der freien Hälfte Europas, während die andere Hälfte unter Totalitarismus und Unterdrückung leidet, ein Glaube an eine Fiktion ist".[4] Czapski appellierte an seine Zuhörer, die Befreiung der Länder des östlichen Europa, darunter der baltischen Staaten und der Ukraine, die zwar zu Sowjetrepubliken geworden seien, jedoch ihren europäischen Charakter nicht verloren hätten, nicht als interne russische Angelegenheit zu sehen, sondern als ein gesamteuropäisches Problem. Die Herausgeber der *Kultura* forderten (damals vergeblich), einen Vertreter der Ukrainer in das Komitee des Kongresses für kulturelle Freiheit aufzunehmen. Solche Initiativen waren zu der Zeit nicht selten zum Scheitern verurteilt, aber immerhin erschien in der *Kultura* seit 1952 regelmäßig eine „Ukrainische Chronik", eine Rubrik, in der ukrainische Autoren über wichtige Entwicklungen in der ukrainischen Emigration und der Sowjetukraine schrieben. 1959 erschien auf Jerzy Giedroyc' Initiative hin eine Anthologie ukrainischer Schriftsteller der 1930er Jahre unter dem Titel *Rozstrzelane odrodzenie* (Erschossene Wiedergeburt), die von Jurij Lavrynenko vorbereitet wurde. Aus Sicht des politischen Unternehmers Giedroyc hatten solche Publikationen den Sinn, die Dynamik der Nationalbewegungen in der Sowjetunion zu befeuern. Was für eine

---

[4] Józef Czapski: Biada urzędnikom, in: Kultura, 7–8/1950, S. 11.

wichtige Rolle die ukrainische Frage in seinem politischen Denken spielte, sieht man daran, dass die Ausgabe von Giedroyc' Briefwechsel der Jahre 1950–1982 mit Vertretern der ukrainischen Emigration über 800 Seiten umfasst.[5]

Mitte der 1970er Jahre verstärkte sich die internationale Debatte über Menschenrechte, die Kontakte mit Dissidentenkreisen hinter dem Eisernen Vorhang wurden intensiver. Die *Kultura* war auf diese Entwicklung vorbereitet und nutzte die Tatsache, dass sich ein Zeitfenster auftat, das sie, gemeinsam mit Dissidenten in Warschau und Prag, mit aufgestoßen hatte. Dazu gehörte auch eine Belebung des Dialogs über die Ukraine. So entstand in Zusammenarbeit mit anderen Kreisen der politischen Emigration aus verschiedenen kommunistischen Ländern eine „Erklärung zur Ukraine", die im Mai 1977 in der *Kultura* abgedruckt wurde.[6] Der Erklärung, in der die Unterzeichner sich für eine souveräne Ukraine einsetzten, schlossen sich dank Giedroyc' Bemühungen auch russische Dissidenten im Exil – Andrej Amalrik, Vladimir Bukovskij, Natal'ja Gorbanevskaja und Vladimir Maksimov – an. Unter den Unterzeichnenden waren nicht nur Herausgeber polnischer Exilzeitschriften (der Appell wurde auch in der Zeitschrift der jüngeren polnischen Emigration *Aneks* veröffentlicht), sondern auch russischer, tschechischer und ungarischer.

Ukrainekrieg 2022: Wiederkehr des russländischen Imperialismus

Liest man die Erklärung aus der Perspektive des Jahres 2022 und vor dem Hintergrund von Vladimir Putins Vorträgen, in denen er nicht nur auf die Sowjetunion rekurriert, sondern auch von einer Anknüpfung an Peter den Großen, Katharina II. und die territorialen Eroberungen des zaristischen Russlands träumt, so fällt die klare antiimperiale Sprache dieses Aufrufs ins Auge. Aus Sicht seiner Autoren handelt es sich im Kern, ob nun in russischer oder sowjetischer Spielart, immer um dasselbe: den „Imperialismus an sich".

Die Sowjetunion wird in diesem Dokument als Kolonialreich charakterisiert, das Nationen versklavt. Die Unterzeichner solidarisieren sich mit den unterworfenen Nationen, für die stellvertretend das ukrainische Volk steht, das Volk der „Erschossenen Wiedergeburt". Wenn sich das heutige Russland als Erbe des zaristischen und sowjetischen imperialen Kolonialismus sieht und im Jahre 2022 versucht, die ukrainische Gesellschaft mit Gewalt zu russifizieren, etwa durch Deportationen und indem es ukrainische Kinder aus den eroberten Gebieten verschleppt und zu assimilieren versucht, dann sehen wir, wie aktuell diese vor einem halben Jahrhundert verabschiedete Erklärung immer noch ist.

Bemerkenswert ist der selbstkritische Ton, den die Initiatoren des Aufrufs ihm verliehen haben. Gleich zu Beginn der Erklärung wird an die polnischen imperialen Ambitionen gegenüber der Ukraine erinnert. Dies ist kein Zufall. Bereits drei Jahre zuvor hatte Juliusz Mieroszewski in einem ebenfalls in der *Kultura* erschienenen Beitrag verkündet:

> In Osteuropa ist, wenn sich denn in dieser Region nicht nur Frieden, sondern auch Freiheit etablieren soll, kein Platz für Imperialismus – weder für den russischen noch für den polnischen. Wir können nicht lautstark fordern, dass die Russen Kiew an die Ukrainer zurückgeben sollen, und gleichzeitig verkünden, dass L'viv zu Polen zurückkehren muss.[7]

---

[5] Jerzy Giedroyc: Emigracja Ukraińska. Listy 1950–1982. Hg. von Bogumiła Berdychowska. Warszawa 2004.

[6] Deklaracja w sprawie ukraińskiej, in: Kultura, 5/1977, S. 66–67.

[7] Juliusz Mieroszewski: Rosyjski „kompleks polski" i obszar ULB, in: Kultura, 9/1974, S. 7.

Mieroszewski schlussfolgerte, dass man im Antikommunismus dessen moralische und freiheitliche Dimension hervorheben müsse und ihn nicht mit einem engstirnigen nationalen Egoismus verknüpfen dürfe.[8]

Visionen für eine Ukraine in Europa

Die Intellektuellen im Umkreis der *Kultura* versuchten zu Zeiten des Kalten Krieges, sich die Ukraine als unabhängigen Staat und Teil einer föderativen europäischen Gemeinschaft vorzustellen. Diese Denkweise war damals nicht einfach, und zwar nicht nur wegen der politischen Teilung der Welt in zwei Lager. Sie war auch schwierig wegen der engen, verschlungenen und historisch belasteten Beziehungen zwischen der polnischen und ukrainischen Nation. Das Milieu der *Kultura* gehörte einer Generation an, die sich noch sehr gut an den von Ukrainern verübten Massenmord an der polnischen Bevölkerung in Wolhynien, aber auch an die in der Erklärung erwähnten imperialen Bestrebungen von polnischer Seite erinnerte. Die Ukraine, die polnisch-ukrainischen Beziehungen, das Verhältnis zwischen der Sowjetunion und der Ukraine und zwischen Europa und der Ukraine wirklich zu verstehen, war eine Aufgabe für Jahrzehnte. Giedroyc und seine Mitstreiter leisteten dafür enorme gedankliche Arbeit. An ihre Konzepte und Ideen können wir in der aktuellen Situation anknüpfen. Wenn die polnische Gesellschaft von heute so offensichtlich proukrainisch ist, dann verdanken wir dies in hohem Maße der *Kultura*.

In der Politik braucht es Einbildungskraft. Hannah Arendt schrieb dazu:

> Allein die Einbildungskraft befähigt uns, Dinge in ihrer richtigen Perspektive zu sehen, das, was zu nahe ist, in eine gewisse Distanz zu rücken, so dass wir es ohne vorgefasste Meinung und Vorurteil sehen und verstehen können; sie ermöglicht es, Abgründe der Ferne zu überbrücken, bis wir alles, was zu weit von uns entfernt ist, so sehen und verstehen können, als ob es unsere eigene Angelegenheit wäre. Dieses „Distanzieren" bestimmter Dinge und das Überbrücken der Abgründe zu anderen ist Teil des Verstehensdialogs, für deren Zwecke die direkte Erfahrung einen zu nahen Kontakt herstellt und das bloße Wissen künstliche Barrieren errichtet. Ohne diese Art von Einbildungskraft, die tatsächlich Verstehen ist, wären wir niemals in der Lage, uns in der Welt zu orientieren. Sie ist der einzige innere Kompass, den wir haben.[9]

Jerzy Giedroyc, Józef Czapski und Juliusz Mieroszewski waren die Ersten, die im Westen diesen Kompass hatten. Im Jahre 2022 brauchen wir weiterhin ihre Einbildungskraft, wenn wir an die Ukraine in der Europäischen Union denken.

Aus dem Polnischen von Beata Kubas-Łącka, Warschau

Schlagwörter: Polen, Ukraine, Ostpolitik, Kultura, Dissidenten, Giedroyc

---

8 Ebd., S. 14.

9 Hannah Arendt: Zwischen Vergangenheit und Zukunft. Übungen im politischen Denken. München 2020, S. 127.

DEKLARACJA W SPRAWIE UKRAIŃSKIEJ

W deklaracji którą ogłaszamy, uważając ją za dalszy i ważny krok naprzód we współdziałaniu na emigracji emigrantów ze Wschodu, drugorzędne a nawet zaciemniające istotę sprawy byłoby analizowanie podobieństw i różnic między imperializmem rosyjskim ubiegłego stulecia i współczesnym imperializmem sowieckim. Istotą sprawy jest sam imperializm, niezależnie od tego w jakim wcieleniu występuje, jaką posługuje się motywacją lub maską, w jakich okolicznościach historycznych działa. Nie można tu nie wspomnieć krzywd wyrządzonych Ukrainie ze strony wielowiekowego polskiego imperializmu.

Niezależnie od swych form, celów i uwarunkowań imperializm jednakowo zniewala narody, które są jego ofiarami i jednakowo zatruwa naród, który jest jego nosicielem. Co powiedziawszy, nie można przecież pominąć jednej podstawowej różnicy: w przeciwieństwie do Rosji carskiej, Związek Sowiecki jest dziś ostatnim imperium kolonialnym świata i prędzej czy później powszechny pęd wyzwolenia narodowego musi uderzyć także w jego anachroniczną egzystencję.

W strukturze imperialnej ZSSR istnieją dwa stopnie podległości: status "suwerenności ograniczonej" w tzw. demokracjach ludowych Europy środkowo-wschodniej, oraz status pełnej niesuwerenności w inkorporowanych republikach związkowych. Polacy, Czesi czy Węgrzy mają bez porównania większe możliwości zachowania swej tożsamości narodowej i kulturalnej, niż Ukraińcy, Białorusini, Bałtowie czy narody muzułmańskie. Pierwsi są poddawani procesom sowietyzacji lecz wciąż jeszcze nie rusyfikacji. Drudzy są sowietyzowani i z każdym rokiem intensywniej rusyfikowani. Ale losy jednych i drugich są ze sobą ściśle związane: nie będzie wolnych naprawdę Polaków, Czechów czy Węgrów bez wolnych Ukraińców, Białorusinów czy Litwinów. I, w ostatecznym rozrachunku, bez wolnych Rosjan. Bez Rosjan wolnych od ambicji imperialnych, rozwijających własne życie narodowe, szanujących prawo do samostanowienia innych narodów.

Wysunęliśmy w naszej deklaracji na czoło Ukraińców jako największy w ramach ZSSR naród podbity; i jako naród najuparciej - obok Litwinów - dążący do wywalczenia sobie niezależnego bytu państwowego. W każdym razie dążymy do stworzenia takiej sytuacji, w której Ukraińcy mogliby wypowiedzieć się swobodnie czy chcą niezależnego bytu państwowego.

W ciągu dziesięciu niespełna lat odwilży za panowania Chrusz-

Typoskript der „Erklärung zur Ukraine“: Archiwum Instytutu Literackiego Kultura syn. TR K (356) 1977/5/08

Erklärung zur Ukraine[1]

Im Rahmen dieser Erklärung, die wir als wichtigen Schritt vorwärts in der Zusammenarbeit der Emigrantengemeinschaften aus dem Osten betrachten, wäre es zweitrangig, ja mehr noch, es würde den Kern der Sache verdunkeln, die Ähnlichkeiten und Unterschiede zwischen dem russischen Imperialismus des letzten Jahrhunderts und dem modernen sowjetischen Imperialismus zu analysieren. Das Wesentliche ist der Imperialismus an sich, unabhängig von seiner konkreten Ausprägung, seiner Motivation und davon, welche Maske er gerade trägt und unter welchen historischen Bedingungen er funktioniert. Nicht vergessen werden darf hier das Unrecht, das der Ukraine über Jahrhunderte durch den polnischen Imperialismus zugefügt wurde.

Unabhängig von seinen Formen, Zielen und Bestimmungsfaktoren unterjocht der Imperialismus stets in gleicher Weise die ihm zum Opfer fallenden Völker und vergiftet gleichzeitig sein Trägervolk. Dies vorangestellt, können wir einen grundlegenden Unterschied nicht außer Acht lassen: Im Gegensatz zum zaristischen Russland ist die Sowjetunion heute das letzte Kolonialimperium der Welt. Früher oder später muss der allgemeine Drang nach nationaler Befreiung auch seine anachronistische Existenz erschüttern.

In der imperialen Struktur der UdSSR gibt es zwei Stufen der Abhängigkeit: den Status der „beschränkten Souveränität" in den sogenannten Volksdemokratien Ostmitteleuropas und den Status der vollkommenen Nichtsouveränität in den eingegliederten Sowjetrepubliken. Die Polen, Tschechen oder Ungarn haben ungleich mehr Möglichkeiten, ihre nationale und kulturelle Identität zu wahren, als die Ukrainer, Belarussen, Balten oder die muslimischen Völker [der Sowjetunion]. Erstere sind zwar Prozessen der Sowjetisierung ausgesetzt, nicht aber einer Russifizierung. Letztere werden sowjetisiert und mit jedem Jahr intensiver russifiziert. Trotzdem ist das Schicksal der einen und der anderen eng miteinander verbunden: Es wird keine wirklich freien Polen, Tschechen oder Ungarn geben ohne freie Ukrainer, Belarussen oder Litauer. Und letztendlich ohne freie Russen – Russen, die frei von imperialen Ambitionen sind, die ihr eigenes nationales Leben entwickeln und die das Selbstbestimmungsrecht anderer Völker respektieren.

Wir rücken in unserer Erklärung die Ukrainer in den Fokus, da sie die größte unterworfene Nation im Rahmen der UdSSR sind und als Nation – neben den Litauern – am hartnäckigsten um eine unabhängige staatliche Existenz kämpfen. In jedem Falle streben wir die Schaffung einer Situation an, in der die Ukrainer die Gelegenheit hätten, sich frei dazu zu äußern, ob sie eine unabhängige staatliche Existenz wollen.

In den knapp zehn Jahren Tauwetter unter Chruščev haben in der Ukraine die Nachfahren der „Erschossenen Wiedergeburt" ihre Köpfe erhoben, die versuchen, wenigstens teilweise das wiederaufzubauen, was zu Stalins Zeiten vernichtet worden war. Es folgten die bis heute andauernden Pogrome Breženvs. Nichts deutet jedoch darauf hin, dass die

[1] Deklaracja w sprawie ukraińskiej, in: Kultura, 5/1977, S. 66–67.

 doi: 10.35998/oe-2022-0149

Ukraine kapituliert hätte. Im Gegenteil: Die ukrainischen Patrioten bevölkern am dichtesten die Gefängnisse und Lager, der Widerstand in der Ukraine ist zum Synonym für den nationalen Widerstand im Imperium geworden.

Mit unserer Erklärung möchten wir also der Öffentlichkeit drei Angelegenheiten ans Herz legen: Erstens die ukrainische Sache selbst. Zweitens die Sache aller anderen *nacmen'šinstva,* also nationalen Minderheiten, die seit einer gewissen Zeit im Grunde genommen die *nacbol'šinstva,* nationale Mehrheiten in der UdSSR bilden, die Selbstbestimmung anstreben und auf ihr durch die sowjetische Verfassung garantiertes *pravo vychoda* [Recht auf Austritt] pochen. Und drittens die Sache der imperialen Nation, für die es desto besser wäre, je schneller sie verstehen würde, dass die Beseitigung des sowjetischen Kolonialismus auch in ihrem eigenen Interesse liegt, denn nur dadurch kann die Gefahr eines zukünftigen gegenseitigen Gemetzels gebannt werden.

Wir appellieren insbesondere an die russische Oppositionsbewegung in der UdSSR und an die russische politische Emigration, ihre Zusammenarbeit mit den Kämpfern für eine unabhängige Ukraine zu stärken und zu vertiefen.

Andrej Amalrik
Vladimir Bukovskij
Zbigniew Byrski
Józef Czapski
Jerzy Giedroyc, Redakteur der Monatsschrift *Kultura*
Natal'ja Gorbanevskaja
Gustaw Herling-Grudziński
Józef Łobodowski
Vladimir Maksimov, Redakteur der Vierteljahrsschrift *Kontinent*
Tibor Méray, Chefredakteur der ungarischen Literaturzeitschrift *Irodalmi Újság*
Dominik Morawski
Viktor Nekrasov
Aleksander Smolar
Pavel Tigrid, Redakteur der Vierteljahrsschrift *Svědectví*

Aus dem Polnischen von Beata Kubas-Łącka, Warschau

Sabine Adler

Ukraine-Ignoranz

Ein Lehrstück aus der deutschen Politik

Viele Deutsche sympathisierten lange mit dem autoritären Russland und fremdelten mit der zivilgesellschaftlich geprägten Ukraine. Repräsentanten dieser Haltung waren die Sozialdemokraten Bahr, Eppler, Schmidt und Schröder. Über Jahrzehnte vertraten sie die Maxime, die auch zur außenpolitischen Leitlinie der Bundesrepublik Deutschland wurde, dass Frieden nur mit und nicht gegen die Sowjetunion bzw. Russland möglich sei. Sie waren fixiert auf die Großmacht Russland, ignorierten die Ukraine, ordneten deren Recht auf Freiheit und Selbstbestimmung den vermeintlichen Sicherheits- und Stabilitätsinteressen Moskaus und Berlins unter und waren einem Denken in Einflusssphären verhaftet. Diese Positionen haben ebenso ausgedient wie das Rezept „Wandel durch Handel".

Deutschland, das sich gern als Aufarbeitungsweltmeister betrachtet, hat in Bezug auf die Ukraine eine Menge Wissenslücken, die sich auch bei Spitzenpolitikern finden. Das führt zu Fehleinschätzungen und falschen Rücksichtnahmen, die nicht nur peinlich, sondern verhängnisvoll sind. Als Russland seine Eroberungs- und Kriegsgelüste 2014 an seinem Nachbarland auszuleben begann, meinte man sich in Deutschland mit Kritik an Moskau zurückhalten zu müssen. Wegen der Nazi-Verbrechen im Zweiten Weltkrieg. Aber kaum jemand unter den deutschen Politikerinnen und Politikern hat sich seit dem Zerfall der Sowjetunion mit deren Nachfolgestaaten befasst. Die UdSSR wurde gleichgesetzt mit Russland. Das Raster war derart grob, dass die Ukraine einfach durchfiel. Und das, obwohl sie flächenmäßig fast doppelt so groß ist wie Deutschland und etwa so viele Einwohner hat wie Polen.

Das Land wurde sträflich vernachlässigt. Selbst erfahrene Polit-Profis blickten jahrzehntelang großzügig über den zweitgrößten Staat unseres Kontinents hinweg. Russland hat Europas Nachkriegsordnung geändert, die Grenzen zum Nachteil der Ukraine verschoben und Krieg im Osten ihres Gebietes angezettelt – doch vor allem SPD-Politiker äußerten vorrangig Kiew gegenüber Bedenken. Ein Blick auf den Frontverlauf des Zweiten Weltkrieges genügt, um zu wissen, dass es die Ukraine war, deren Territorium zum einen vollständig und zum anderen über die gesamte Dauer des Russlandfeldzuges von den Feinden besetzt war. Die Zerstörungen und Opfer sind aus diesem Grund höher als im heutigen Russland. Das hat ebenfalls, aber nicht in dem Ausmaß wie die Ukraine

---

Sabine Adler (1963), Journalistin, Berlin

Der Text basiert auf einem Kapitel aus: Sabine Adler: Die Ukraine und wir. Deutschlands Versagen und die Lehren für die Zukunft. Berlin: Ch. Links Verlag 2022. Die vorliegende Fassung wurde mit Fußnoten versehen, an die OSTEUROPA-Terminologie angepasst und überarbeitet.

gelitten. Weshalb mit Blick auf die Geschichte auf Russland Rücksicht genommen werden muss und auf die Ukraine nicht, erklärt sich nicht.
Erstaunlich ist, dass es vor allem SPD-Spitzenpolitiker der Kriegs- und Nachkriegsgeneration sind, die sich nur an die historische Schuld Moskau gegenüber erinnern. Ist es wirklich Unwissenheit oder Absicht? Wird aus alter Gewohnheit der Raum zwischen Deutschland und Russland wieder einmal übergangen? In Osteuropa werden bei diesen Fragen ungute Erinnerungen wach. Stichwort Rapallo und Stichwort Hitler-Stalin-Pakt.
Zuerst nach Rapallo: An der Weltwirtschaftskonferenz 1922 in Genua nahmen sowohl Deutschland als auch Russland teil. Es ging wie schon so oft seit dem Ende des Ersten Weltkrieges um deutsche Reparationszahlungen. Russland sollte seine Ansprüche an Berlin auflisten. Deutschland war empört. Die Delegation aus Berlin bat die russische Seite um ein Treffen und fuhr zu ihr in das 30 Kilometer entfernte Rapallo, um ihr einen Vorschlag zu unterbreiten. Was, wenn sich Deutschland und Russland verbünden würden? Beide waren Verlierer des Ersten Weltkrieges und immer noch international Geächtete: Deutschland, weil ihm die alleinige Kriegsschuld angelastet wurde, Russland wegen der Revolution. Den Russen gefiel die Idee. Man vereinbarte – nach außen ganz harmlos –, diplomatische Beziehungen aufzunehmen und sich gegenseitig wirtschaftlich und finanziell zur Seite zu stehen. Moskau verzichtete auf deutsche Reparationszahlungen, was für Deutschland eine große Erleichterung darstellte, denn es ächzte gewaltig unter den Zahlungsverpflichtungen aus dem Versailler Vertrag. Umgekehrt ließen die Deutschen ihre Kompensationsforderungen fallen. Die Schäden, die während der Oktoberrevolution an deutschem Eigentum in Russland entstanden waren, mussten nicht ersetzt werden. Außerdem verabredeten beide Seiten, wie sie einander auf dem Energiesektor helfen konnten. Die Deutschen waren bereit, Förderanlagen zu liefern, die Russen im Gegenzug Öl, was Deutschlands Abhängigkeit von britischen und amerikanischen Öl-Kartellen minderte. Eine Win-Win-Situation.
Heikel waren die Pläne über die militärische Zusammenarbeit. Die deutschen Junkers-Werke sollten in Fili bei Moskau eine Flugzeugfabrik aufbauen, und in einer geheimen Fliegerschule bei Lipeck sollten von der Reichswehr sowjetische Piloten ausgebildet werden – und viele eigene. Außerdem sagte die Rote Armee einen Militärstützpunkt für „Ausbildung und Technik des Gaskampfes" zu, der gut fünf Jahre später bei Saratov errichtet wurde. All das, vor allem den Aufbau deutscher Luftstreitkräfte, verbot der Versailler Vertrag Deutschland ausdrücklich. Mit Moskaus Hilfe wurde er unterlaufen. Spindoktor der geheimen Kooperation zwischen Reichswehr und der sowjetischen Roten Armee war der Chef der Heeresleitung, General Hans von Seeckt. Er drängte darauf, noch einen großen Schritt weiterzugehen. Seeckt fand schon allein die Existenz Polens unerträglich und wollte, dass das Land verschwindet. Am besten durch eigene Schwäche und durch Russland, mit tatkräftiger deutscher Unterstützung. Polen müsse zerstört werden, damit Deutschland und Russland wieder unmittelbare Nachbarn würden, so wie 1914. Davon stand zwar später nichts im Vertrag von Rapallo, aber als dies bekannt wurde, war die Entrüstung in Frankreich und Großbritannien groß. Deutschland wurden revanchistische Absichten unterstellt. Rapallo wurde zum Inbegriff für das Misstrauen gegen die Achse Berlin-Moskau. [1]

---

1 Helm Speidel: Reichswehr und Rote Armee, in: Vierteljahreshefte für Zeitgeschichte, 1/1953, S. 9–45, <www.ifz-muenchen.de/heftarchiv/1953_1_2_speidel.pdf>.

Am 23. August 1939 beschlossen Deutschland und die Sowjetunion noch einen geheimen Pakt.[2] Ausgehandelt wurde er von Außenminister Joachim von Ribbentrop und dem Außenkommissar Vjačeslav Molotov. Er enthielt die Vereinbarung, auf welche Weise die beiden Diktatoren Europa und die Welt untereinander aufteilen wollten. Offiziell war es ein Nichtangriffspakt. Für seinen geplanten Überfall auf Polen sicherte sich Hitler die Neutralität der Sowjetunion, was an seinen Kriegsplänen gegen sie nichts änderte. Stalin verfolgte die Absicht, mit Deutschland so lange wie möglich zusammenzuarbeiten, um einen Krieg zu vermeiden. Beide Seiten verabredeten, dass Moskau Hitlers Rüstungswirtschaft mit Rohstofflieferungen unterstützt und im Gegenzug Maschinen geliefert bekommt.

Wirklich brisant aber war das geheime Zusatzprotokoll, das eine Aufteilung Europas zwischen Hitler und Stalin vorsah. Eine gute Woche nach der Unterzeichnung im Kreml fielen Hitlers Truppen von Westen in Polen ein, rund zwei Wochen später Stalins Rotarmisten im Osten. Am 22. September 1939 fand in Brest-Litovsk die berüchtigte Siegesparade von Wehrmacht und Roter Armee statt, auf der die deutsch-sowjetische Waffenbrüderschaft gefeiert wurde. Polen musste am 27. September kapitulieren. Einen Tag später beschlossen die beiden Invasoren den Deutsch-Sowjetischen Freundschafts- und Grenzvertrag, der eine genaue Gebietsaufteilung regelte. Demzufolge war geplant, dass Westpolen einschließlich Lublin und Warschau an das Deutsche Reich gehen würden, der Rest Polens sowie Finnland, Estland, Lettland, Litauen und das heutige Rumänien an die Sowjetunion. Die Angehörigen der deutschen, ukrainischen und weißrussischen Minderheiten sollten aus den betroffenen Gebieten in den eigenen Machtbereich umgesiedelt werden. Gemeinsam verletzten Hitler und Stalin das Selbstbestimmungsrecht von fünf Ländern. Mit dem deutschen Überfall auf die Sowjetunion im Juni 1941 waren der Hitler-Stalin-Pakt und der Deutsch-Sowjetische Freundschafts- und Grenzvertrag Makulatur.

In Russland wechseln bis heute die Begründungen, warum Stalin den Pakt eingegangen ist – mal war es ein Nichtangriffspakt, mal sollte der Krieg hinausgezögert werden. An der Wahrheit, dass die Sowjetunion nicht nur Opfer, sondern auch Täterin im von Deutschland begonnenen Zweiten Weltkrieg war, ist Russland nicht interessiert, zuletzt gab Putin sogar Polen die Schuld.[3] Die Rote Armee sei 1939 erst in Polen einmarschiert, als die Regierung in Warschau das Land nicht mehr unter Kontrolle hatte. Dies sei nur geschehen, um die Sicherheit der UdSSR zu verteidigen. Warum die sowjetischen Einsatzkräfte Tausende Angehörige der polnischen Elite töteten, erklärte Putin in seinen Ausführungen auf seiner Jahrespressekonferenz 2019 nicht.

Wenn Berlin und Moskau eng zusammenarbeiten, wenn deutsche Politiker sogar noch heute von Russland als Nachbarn sprechen, und die direkt angrenzenden Länder übergehen, werden die Menschen in Osteuropa also zu Recht sehr wachsam. Umso mehr, wenn Russland und Deutschland über sie hinweg und auf ihre Kosten Verträge schließen.

---

[2] Der Hitler Stalin-Pakt. Der Krieg und die europäische Erinnerung. Berlin 2009 [OSTEUROPA, 7–8/2009]. – Sebastian Haffner. Der Teufelspakt. Die deutsch-russischen Beziehungen vom Ersten zum Zweiten Weltkrieg. Zürich 2002, zuerst Reinbek [1]1968.

[3] Christoph von Marschall: Putin gibt Polen Mitschuld am Zweiten Weltkrieg. Der Tagesspiegel, 7.1.2020.

Wahrnehmungsstörung

Erhard Eppler (1926–2019), der sehr friedensbewegte Sozialdemokrat, hatte Ende 2014 für die Ukraine nur Verachtung und Herablassung übrig und wusste, wie man mit dem osteuropäischen Land fast ein Jahr nach der Okkupation und Einverleibung der Krim durch Russland verfahren sollte. Zunächst empört er sich, dass sich die ukrainischen Parteien im Wahlkampf „in antirussischem Nationalismus überbieten". Offenbar war Eppler entgangen, dass der Krieg in der Ostukraine von Russland angeheizt wurde und bereits Tausende Tote gekostet hatte. Außerdem fand er die Ukraine

> ökonomisch und finanziell so heruntergekommen, dass weder die Europäische Union noch Russland alleine in der Lage sein werden, dieses riesige Land zu sanieren. Nur gemeinsam könnten sie es schaffen. [. . .] Also wird früher oder später die Einsicht unvermeidbar, dass die Europäische Union sich mit Russland verständigen muss. Dabei wird eine ukrainische Regierung zwar mitreden, aber nicht die Bedingungen diktieren können.[4]

In einem anderen Zusammenhang würde man eine solche Haltung wohl als kolonialistisch bezeichnen. Eppler verlor kein Wort des Mitgefühls für die Kriegsopfer, deren Zahl zu diesem Zeitpunkt bereits in die Tausende ging, keine Silbe der Solidarität mit den Zivilisten, die für die Modernisierung und Demokratisierung ihres Landes kämpften.

Gute Zeiten, schlechte Zeiten. Egon Bahr 1978/2014

[4] Erhard Eppler: „Waffenruhe nutzen". Resonanzboden. Der Blog der Ullstein Buchverlage, 23.10.2014, <www.resonanzboden.com/echtzeit/erhard-eppler-waffenruhe-nutzen/>.

Es war ein Quartett der eitlen Alten, das sich einfach nicht für die Ukraine erwärmen konnte. Gerhard Schröder, der Jüngste und zugleich in den Medien Präsenteste in diesem Reigen, meldete sich noch vor dem Krim-Referendum am 16. März 2014 zu Wort, als Russland dabei war, sich die Krim einzuverleiben. Zwar habe es einen Bruch des Völkerrechts gegeben, mit einem erhobenen Zeigefinger solle man jedoch vorsichtig sein, „weil ich es selber gemacht habe", entschuldigte Schröder Putins Invasion. Das, was Putin mit der Krim gemacht habe, sei für ihn die deutsche Beteiligung am Kosovokrieg gewesen, er habe den gleichen Fehler begangen. Deswegen dürfe man Putin nicht dämonisieren.

Die Parallele, die der Ex-Kanzler großzügig zog, verläuft nicht ganz so gradlinig. Denn Serbien wurde während und nach den Bombenangriffen 1999 nicht von Deutschland oder anderen NATO-Staaten besetzt. Außerdem gingen der Militäraktion monatelange Verhandlungen voraus, sie erfolgte gerade nicht unangekündigt. Begründet wurde das NATO-Eingreifen mit der Abwendung einer immer größer werdenden humanitären Katastrophe, was damals noch ein wackliges Argument war, weil die sogenannte Schutzverantwortung, die in dringenden Fällen Interventionen ermöglicht, erst nach dem Kosovokrieg Eingang ins Völkerrecht fand. Die NATO hatte auch nicht die Zustimmung des Weltsicherheitsrats eingeholt, weil klar gewesen war, dass Russland und China ihr Veto einlegen würden. Der Einsatz der NATO im Kosovo war hoch umstritten in Deutschland, Schröders Außenminister Joschka Fischer bekam von seiner Partei, Bündnis 90/Die Grünen, besonders viel Druck. Er stimmte der Aktion zu, weil er „nie wieder Krieg, nie wieder Auschwitz, nie wieder Völkermord, nie wieder Faschismus" wollte.[5]

Schröder unterschlägt bei dem Vergleich das Wichtigste: Die Ukraine hatte sich keinerlei Verbrechens schuldig gemacht. Nicht 2014 und auch später nicht 2022. Der Putin-Freund machte die EU verantwortlich, sie habe die Ukraine zu einem Assoziierungsabkommen gedrängt. Das kulturell angeblich in Europaorientierte und Nationalisten im Westen und Russischdenkende im Osten und Süden gespaltene Land habe man damit vor ein Entweder-oder gestellt. Die Ukraine habe so nur die Wahl gehabt, sich gegen die Verbindungen zu Russland zu entscheiden.

Das Wissen über die Befindlichkeiten und tatsächlichen Verhältnisse in der ukrainischen Gesellschaft und das darin weit verzweigte Netz der ukrainischen Nichtregierungsorganisationen (NGOs) ist in Deutschland, vorsichtig ausgedrückt, ausbaufähig. Die Bereitschaft, das Land kennenzulernen, tendierte lange gegen null. Viele unterlagen lange dem Irrglauben, dass sie, wenn sie Russland kennen, auch genug über die Ukraine wüssten. Doch es existieren große Unterschiede, vor allem im Engagement der Bürgerinnen und Bürger für ihr Land. Ob die Reform der Wahlgesetze und des Justizwesens, der Kampf gegen die Korruption oder für Transparenz in der Wirtschaft, für die Beschneidung der Macht der Oligarchen, für transparente Einkommensdeklarationen von Abgeordneten und Regierungsmitgliedern, für die Dezentralisierung der Macht und die Stärkungen der lokalen Parlamente und Verwaltungen – es gibt kaum ein Politikfeld, das Aktivisten in den NGOs nicht mit ausgehandelt hätten. Die zumeist jungen Männer und Frauen bringen sich in einem derart großen Umfang in die Umgestaltung ihres Landes ein, der in Russland nicht ansatzweise zu finden ist. Auch weil dort genau dieser politische Teil der Zivilgesellschaft seit dem Jahr 2011 massiv unterdrückt wird. Die

---

[5] Auszüge aus Joschka Fischers Rede. Der Spiegel, 13.5.1999.

Ukraine hatte Ende 2014 freie und faire Wahlen hinter sich, die es in Russland seit Putins Amtsantritt im Jahr 2000 nicht mehr gab. Beide Länder sind von Oligarchen dominiert, unterscheiden sich in ihrem Freiheitsgrad jedoch seit dem Ende der El'cin-Ära fundamental. Doch die Deutschen sympathisieren noch immer mit dem autoritären Russland und fremdeln nach wie vor mit der zivilgesellschaftlich geprägten Ukraine.
Deutsche Politiker und Journalisten haben kein Problem damit zuzugeben, dass sie über ein Land schreiben und urteilen, das sie kaum aus eigener Anschauung kennen. Dabei dauerte ein Flug nach Kiew keine zwei Stunden, und sieht man von der besetzten Ostukraine ab, war eine Reise in die übrigen Regionen bis 2022 völlig ungefährlich.
Ein gefragter Gesprächspartner war jahrzehntelang auch der SPD-Fahrensmann Egon Bahr (1922–2015). Der Architekt von Willy Brandts Ostpolitik war sich bereits im März 2014, im Vorfeld der Abstimmung auf der Krim, sicher, dass die Halbinsel künftig ein Teil Russlands sein werde. Bahr sollte immer wieder in Interviews beantworten, ob der Kalte Krieg zurückgekehrt sei. Eine seltsame Frage angesichts des laufenden heißen Krieges in der Ostukraine, aber ein guter Anlass, einmal mehr auf sein Lieblingsthema, den Wandel durch Annäherung, zu kommen. Er lobte die von ihm miterfundene Ostpolitik nachträglich in den höchsten Tönen, denn damals habe niemand die andere Seite bekehren wollen.

> Ich habe jetzt das Gefühl, als ob man im Grunde dem Putin übelnimmt, dass er kein Demokrat nach unserer Auffassung und nach unserer Machart ist. [. . .] Russland muss sich nach seinen Traditionen entwickeln, und zu seinen Traditionen gehört bekanntermaßen die Demokratie nicht. Das heißt, weder Putin noch seine Kinder noch seine Enkel werden Demokraten nach unserer Machart und nach unserem Verständnis sein. [. . .] Nein, es wird eine Demokratie à la russe werden und das soll uns eigentlich genügen.[6]

Über Jahrzehnte galt in der deutschen Außenpolitik der Grundsatz, dass Frieden nur mit und nicht gegen die Sowjetunion bzw. Russland möglich ist. Darin kam eine Hoffnung zum Ausdruck, aber auch der Wunsch nach Wiedergutmachung der Schuld im Zweiten Weltkrieg. Die SPD war dafür bereit, Grenzen zu überschreiten, die sie mitunter besser eingehalten hätte.
Bahrs Politik des „Wandels durch Annäherung" haben manche DDR-Bürger noch gut als „Wandel durch Anbiederung" in Erinnerung.[7] Ab 1982 trafen sich Repräsentanten der SPD, allen voran Eppler und Bahr, in regelmäßigen Abständen mit der SED. Man diskutierte ideologische Streitfragen zwischen Ost und West sowie die Friedens- und Reformfähigkeit der beiden Systeme, außerdem Demokratie und Menschenrechte. Seit 1984 verbrachten SED-Genossen der Akademie für Gesellschaftswissenschaften und Mitglieder der SPD-Grundwertekommission mal hüben, mal drüben gemeinsame Wochenenden, die auf Epplers Initiative hin bald in eine stringente Arbeit mündeten. Ziel war es, gemeinsam mit der totalitären Staatspartei SED ein Dialogpapier vorzulegen. Am 28. August 1987 erschien es zeitgleich im Zentralorgan der SED, dem *Neuen Deutschland*, und im *Vorwärts*, der Parteizeitung der SPD, unter dem Titel „Der Streit

---

[6] „Davon wird Putin nicht zittern". Egon Bahr im Gespräch mit Jürgen Zurheide. Deutschlandfunk, 26.7.2014.

[7] Daniel Friedrich Sturm: Die SPD und der „Wandel durch Anbiederung". Die Welt, 20.5.2018.

der Ideologien und die gemeinsame Sicherheit".[8] Die SPD befand sich in der Opposition zu der von CDU/CSU und FDP geführten Regierung, aber auch zur Rüstungspolitik von US-Präsident Ronald Reagan und zum NATO-Doppelbeschluss, den ihr eigener Kanzler Helmut Schmidt forciert hatte.

1987 feierten sich die Sozialdemokraten dafür, dass das Papier die gemeinsame Sicherheit mit der innenpolitischen Forderung nach Öffnung und Dialogfähigkeit verknüpfte und die SED mit ihrer Unterschrift die Grundsätze der pluralistischen Demokratie anerkannte. Davon war die SED-Führung allerdings genauso weit entfernt wie zuvor. Sie dachte nicht einmal an einen Dialog mit ihren Kritikerinnen und Kritikern in der DDR, sondern rief diese unbeeindruckt und in altbewährter Manier zur Ordnung. Wer den Text in der DDR nüchterner las als die SPD-Genossen, konnte ihn auch als ein Ewigkeitsversprechen für den Erhalt der DDR verstehen, was viele sehr enttäuschte. Da hieß es:

> Unsere Hoffnung kann sich nicht darauf richten, daß ein System das andere abschafft. Sie richtet sich darauf, daß beide Systeme reformfähig sind und der Wettbewerb der Systeme den Willen zur Reform auf beiden Seiten stärkt.[9]

Wenn es also Reformen geben sollte, dann nur in einem abgesteckten Rahmen, der nicht das System selbst antastete. Für das oberste Ziel, den Frieden, fiel die Freiheit der Ostdeutschen und Osteuropäer unter den Tisch.

Wieder einmal fürchtete die SPD jede Erschütterung des Status quo, wie schon 1980 gegenüber der polnischen *Solidarność*-Bewegung. Wieder einmal war ihr die Stabilität lieber als das Aufbrechen der Diktatur. Wen sollte es 2014 da noch verwundern, dass führende und zum Teil hochbetagte Sozialdemokraten auch mit der ukrainischen Demokratiebewegung wenig anfangen konnten?

Am besten im Quartett der eitlen Alten wusste Helmut Schmidt (1918–2015) Bescheid. In *Bild* und *Zeit* ließ er wissen, dass die Politik des Westens auf einem „großen Irrtum" basiere, nämlich dem, „dass es ein Volk der Ukrainer gäbe, eine nationale Identität".[10] In Wahrheit gebe es die Krim, die Ost- und die Westukraine. Und während die Krim nur ein „Geschenk" Nikita Chruščevs an die Ukraine gewesen sei, würde die Westukraine größtenteils aus ehemaligen polnischen Gebieten bestehen, allesamt römisch-katholisch. Hingegen liege die Ostukraine, überwiegend russisch-orthodox, auf dem Gebiet der Kiewer Rus', dem einstigen Kerngebiet Russlands. Vielleicht hatte der Altkanzler Putins Rede im März 2014 anlässlich der Feier des Vertrags über die Zugehörigkeit der Krim zu Russland etwas zu genau verfolgt, auf jeden Fall bediente er sich dessen Argumentation.[11] Die letzte Volkszählung in der Ukraine von 2001 sagte etwas ganz anderes aus: 78 Prozent der Bevölkerung geben bei der Frage nach ihrer Nationalität an, Ukrainer zu sein.[12]

Bahr war sich sicher, dass die Ukraine nicht zum Osten und nicht zum Westen gehört.

---

8 Der Streit der Ideologien und die gemeinsame Sicherheit, Politikinformationsdienst der SPD, 3.8.1987, <http:/library.fes.de/library/netzquelle/ddr/ politik/pdf/verfemte_ 4.pdf>.

9 Ebd.

10 Harald Wiederschein: Helmut Schmidt sagt: Die Ukraine ist keine Nation! Stimmt das überhaupt? Focus Online, 21.5.2014.

11 Rede von Präsident Vladimir Putin zur Eingliederung der Krim in die Russländische Föderation. Dokumentation, in: OSTEUROPA, 4–5/2014, S. 87–100.

12 Vseukrajin'skogo perepisu naselennja 2001 roku, <http://2001.ukrcensus.gov.ua/results/general/nationality/>.

> Die Ukraine ist das schrecklich bedauernswerte Land, durch das die Grenze zwischen lateinischem und orthodoxem Christentum verläuft. Und das wird auch so bleiben. [. . .] Die Ukraine kann kein Mitglied der NATO werden.[13]

Wo sie sich künftig geopolitisch einsortieren dürfe, würden der amerikanische und der russländische Präsident bestimmen. Bahrs Worte machen deutlich, dass keineswegs nur Putin dem Denken in Einflusssphären verhaftet ist. Im geheimen Zusatzprotokoll des Hitler-Stalin-Paktes, das erst während der Perestrojka unter KPdSU-Generalsekretär Michail Gorbačev bekannt wurde, war von „Interessensphären" die Rede. Ist denen, die heute die Osterweiterung der NATO kritisieren, die souveränen Staaten nicht die freie Bündniswahl zugestehen, eigentlich bewusst, dass sie diesem totalitären Denken in Interessensphären noch immer verhaftet sind?

Am 18. März 2022 wäre Egon Bahr 100 Jahre alt geworden. An diesem Tag war Russlands Krieg gegen die Ukraine fast vier Wochen alt. Selbst manche SPD-Genossen haben inzwischen erkannt, dass die Zeit über den Erfinder des „Wandels durch Annäherung hinweggegangen ist. Weder ist der Wandel durch Handel ein Rezept für alle Ewigkeit, noch bekam Deutschland mit seinen Sonderbeziehungen zu Russland einen Interessenausgleich mit Moskau hin. Denn das imperiale, chauvinistische Russland ist anders als die Sowjetunion nicht an der Erhaltung des Status quo interessiert, sondern vielmehr an dessen Veränderung.

Zu Willy Brandts Zeiten betrug der Wehretat der Bundesrepublik gut vier Prozent des Bruttoinlandsprodukts, war prozentual also mehr als doppelt so hoch wie beim Amtsantritt von SPD-Kanzler Olaf Scholz. Die Sowjetunion durfte damals sicher sein, dass bei aller Entspannungspolitik Deutschlands Stärke nicht vernachlässigt wurde, im Gegenteil: Die Softpower war möglich, weil an der Verteidigungsfähigkeit keine Abstriche gemacht wurden.

Schlagwörter: Deutschland, Russland, Ostpolitik, SPD, Egon Bahr, Erhard Eppler, Helmut Schmidt, Gerhard Schröder

[13] „Davon wird Putin nicht zittern". Egon Bahr im Gespräch [Fn. 6].

Gwendolyn Sasse

Russlands Krieg gegen die Ukraine

Faktoren, Ursachen, Dynamik

Kriege fallen nicht vom Himmel. Sie haben eine Vorgeschichte. Die Konfliktkonstellation besteht aus verschiedenen innen- und außenpolitischen sowie internationalen Faktoren. Im Falle von Russlands Krieg gegen die Ukraine sind die autokratische Radikalisierung des Putin-Regimes und seine antiwestliche Abgrenzung bei gleichzeitiger Demokratisierung und Westorientierung der Ukraine die zentralen Faktoren, welche die Konfliktdynamik erklären, den Kriegsausbruch wahrscheinlicher machten und auch die Dynamik der Kriegsführung beeinflussen.

Lasst uns mit dem Schwersten anfangen – mit dem Gesang
und dem Löschen des Feuers
das in der Nacht näher rückt.

Lasst uns mit dem Flüstern der Namen anfangen
und zusammen den Wortschatz des Todes flechten.

Serhij Zhadan[1]

Es herrscht Krieg in Europa. Seit dem großangelegten Angriff Russlands auf die Ukraine am 24. Februar 2022 haben Zehntausende Menschen ihr Leben verloren – genaue Opferzahlen gibt es bisher nicht – und etwa zehn Millionen Menschen aus der Ukraine sind in Bewegung – etwa ein Viertel der ukrainischen Bevölkerung. Zwischen fünf und sieben Millionen halten sich zwischenzeitig oder mittelfristig in den westlichen Nachbarländern der Ukraine auf. Schätzungen zufolge flohen seit Ende Februar etwa eine Million Menschen nach Russland oder wurden dorthin deportiert.[2]

Über dreißig Jahre sind seit dem Ende der Sowjetunion vergangen. Die Auflösung ist wesentlich weniger friedlich verlaufen, als man gemeinhin denkt. Im Vergleich zur gewaltsamen Desintegration Jugoslawiens wirkten die Kriege um Bergkarabach, Transnistrien, Abchasien und Südossetien aus westeuropäischer Perspektive klein, obwohl in

---

Gwendolyn Sasse (1972), PhD., Politikwissenschaftlerin, Wissenschaftliche Direktorin des Zentrums für Osteuropa- und internationale Studien (ZOiS), Berlin, sowie Einstein-Professorin für Vergleichende Demokratie- und Autoritarismusforschung, Humboldt-Universität zu Berlin
Der Beitrag basiert auf dem ersten Kapitel aus: Gwendolyn Sasse: Der Krieg gegen die Ukraine. München: C.H. Beck 2022. Für die Erlaubnis zur Zweitnutzung danke ich dem C.H. Beck-Verlag. Die vorliegende Fassung ist an die Terminologie von OSTEUROPA angepasst, um einen Fußnotenapparat ergänzt und überarbeitet. Für die Unterstützung bei der bibliographischen Arbeit danke ich meiner Mitarbeiterin Nikol Levova.

1 Serhij Zhadan: Antenne. Gedichte. Berlin 2020, S. 23–24.

2 UNHCR: Ukraine Refugee Situation; <https://data.unhcr.org/en/situations/ukraine>.

ihnen Zehntausende Menschen starben und Hunderttausende vertrieben wurden. Und letztlich steht Russlands Krieg gegen die Ukraine ebenfalls im direkten Zusammenhang mit dem Zusammenbruch der Sowjetunion, der lange vor dem offiziellen Ende 1991 begann und bis heute nachwirkt.[3]

Russlands Krieg gegen die Ukraine beendet auch die Illusion des friedlichen Zusammenlebens in Europa nach dem Ende des Kalten Krieges. Diese Illusion wurde weder von den postjugoslawischen Kriegen in den frühen 1990er Jahren noch von Vorläufern der gegenwärtigen russländischen Invasion nachhaltig erschüttert. Dabei begann Russlands Krieg gegen die Ukraine bereits 2014 mit der Annexion der Krim und dem von Moskau kontrollierten Krieg im Donbass, der zu über 14 000 Toten führte, etwa 1,5 Millionen Menschen zu Binnenflüchtlingen machte und etwa eine Million Menschen nach Russland vertrieb.[4] Seit dem Frühjahr 2021 stationierte Russland darüber hinaus weit über 100 000 Mann an der russländisch-ukrainischen und der belarussisch-ukrainischen Grenze.

Trotz allem kam der umfassende Angriff vom 24. Februar 2022, der mit Luftangriffen auf die Hauptstadt Kiew und Großstädte wie Charkiv sowie dem Vorrücken russländischer Panzerkolonnen von drei Seiten in die Ukraine begann, eher überraschend. In Deutschland und in der EU waren viele von Drohgebärden ausgegangen. Nach einem Kosten-Nutzen-Kalkül schien ein Angriffskrieg dieser Art unwahrscheinlich. Die Bevölkerung in West- und Südeuropa war vor allem deshalb überrascht, weil die Ukraine auf ihrer mentalen Landkarte zuvor kaum vorgekommen war. Die gefühlte und die reale geographische Distanz zur Ukraine klafften deutlich auseinander. Sie haben sich erst durch die derzeitige Phase des Krieges angenähert. Selbst die ukrainische Regierung hatte die Gefahr eines großangelegten Angriffs entweder selbst unterschätzt oder zumindest in der Öffentlichkeit kleingeredet, um die Bevölkerung und die Wirtschaft nicht vorzeitig in Unruhe zu versetzen.

Der erste europaweite Schock über den Angriff vom 24. Februar 2022 wurde von einer zweiten weithin unerwarteten Erkenntnis abgelöst: der Stärke des militärischen und zivilen Widerstands der Ukraine gegen den Aggressor. Diverse westliche Verteidigungsministerien und Geheimdienste hatten angesichts des militärischen Ungleichgewichts einen kurzen Krieg zugunsten Russlands erwartet. Widerstand lässt sich vor dem Eintreten des Extremfalls nur schwer vorhersagen. Nach einer Umfrage des Kiewer Internationalen Instituts für Soziologie (KIIS) vom Dezember 2021 war für den Fall eines erneuten russländischen Angriffs die Hälfte der Bevölkerung bereit, Widerstand zu leisten: 33 Prozent äußerten zu diesem Zeitpunkt ihre Bereitschaft zu bewaffnetem Widerstand, und 22 Prozent zu zivilem Widerstand (Mehrfachnennung war möglich). Insgesamt war der Widerstandswille im Westen des Landes etwas stärker ausgeprägt als im Süden und Osten.[5] Bis Anfang Februar 2022 hatte sich dieser Trend auf Landesebene

---

[3] Gwendolyn Sasse: Grenzen und Identitäten im Wechselspiel nach 1989/91, in: Aus Politik und Zeitgeschichte, 1–2/2022, S. 33–39.

[4] United Nations, Office of the Commissioner for Human Rights: Conflict-related civilian casualties in Ukraine (April 2014-December 2021), S. 3. – Gwendolyn Sasse: Introduction: War and Displacement. The Case of Ukraine, in: Europe-Asia Studies, 3/2020, S. 347–355, hier S. 348. – OHCHR: Report on the Human Rights Situation in Ukraine 16 May to 15 August 2019.

[5] Kyiv International Institute of Sociology (KIIS): Will Ukrainians resist Russian intervention. Results of a telephone survey conducted on December 3-11, 2021; <www.kiis.com.ua/?lang=eng&cat=reports&id=1079&page=1>. Die Angaben beziehen sich auf die Ukraine ohne die Krim und die nicht von Kiew kontrollierten Gebiete des Donbass, wo ukrainische Agenturen keine bzw. nur begrenzt Umfragen durchführen können.

weiter verstärkt: fast 58 Prozent zeigten sich zu diesem Zeitpunkt zu Widerstand bereit, darunter 37 Prozent zu bewaffnetem und 25 Prozent zu zivilem Widerstand.[6]
Seit den ersten Kriegstagen, in denen die unerwartete Stärke der Ukraine ersichtlich wurde, wird immer wieder betont, dass sich in diesem Moment vor unseren Augen die ukrainische Nation in ihrem Staat konstituiere.[7] Die offensichtliche Einigkeit entspricht nicht dem weit verbreiteten Bild einer in Ost und West gespaltenen Ukraine, in der Sprache, Ethnizität und Region interne Trennlinien ausmachen. Das Ausmaß des derzeitigen Widerstands und des zivilgesellschaftlichen Engagements – humanitäre Hilfe, Unterstützung für die Armee und der Wiederaufbau von Infrastruktur – ist die Folge einer längst bestehenden ukrainischen Identität, welche die Menschen bei aller Heterogenität aus dem gemeinsamen Bewusstsein schöpfen, Staatsbürger oder Staatsbürgerinnen der Ukraine zu sein.
Der Krieg brach nicht plötzlich über die Ukraine und über Europa herein. Eine Herausforderung liegt darin, ihn im Rückblick in seinem Kontext zu begreifen, ohne ihn als zwangsläufige Folge bestimmter Ereignisse und Entwicklungen darzustellen. Geschichte und Politik sind nie alternativlos, auch wenn sich im Nachhinein die Stimmen mehren, die es immer vorausgesagt haben wollen. Eine derartig pauschalisierende Reaktion auf den Krieg würde jedoch dem politischen Prozess mit seinen Schlüsselmomenten, Fehleinschätzungen und Entscheidungen nicht gerecht. Kriege haben eine Vorgeschichte. Es geht um Weichenstellungen, die unter bestimmten Voraussetzungen vorgenommen werden. Über einen längeren Zeitraum hinweg lassen sich Muster erkennen, die einen Krieg wahrscheinlicher machten – bis hin zur Rede Vladimir Putins am 21. Februar 2022, als er über seine Intentionen keinen Zweifel mehr ließ. Drei Tage später erfolgte der Angriff auf die gesamte Ukraine.
Die Schlüsselrolle von Vladimir Putin ist offensichtlich. Zugleich lässt sich der Krieg nicht auf seine Person verengen. Die Bezeichnung „Putins Krieg" greift zu kurz, auch wenn Putin diesen Krieg auslöste. Auch gibt es nicht *eine* Kriegsursache. Vielmehr war es ein Geflecht von miteinander verbundenen Entwicklungen, welche die notwendigen, aber nicht hinreichenden Bedingungen für den Krieg schufen:

- die Autokratisierung Russlands und wachsende neoimperiale Machtansprüche;
- staatliche Geschichtspolitik und Propaganda in Russlands Gesellschaft;
- die Demokratisierung und Westorientierung der Ukraine;
- die Stärkung einer staatszentrierten ukrainischen Identität;
- die zunehmende Diskrepanz zwischen westlicher und russländischer Sicherheitswahrnehmung;
- die wachsenden Widersprüche in der westlichen Russland-Politik;
- die sukzessive Ausweitung des Krieges seit 2014.

Erst im Zusammenspiel ermöglichten diese Dynamiken Russlands Krieg gegen die Ukraine, Putin als Katalysator ließ aus dieser Möglichkeit eine Realität werden. Jede der aufgeführten Entwicklungen beschreibt eine Verknüpfung von strukturellen Faktoren

---

[6] Kyiv International Institute of Sociology (KIIS): Readiness to resist Russian interventionists grows in Ukraine. Results of a telephone survey conducted on February 5-13, 2022; <www.kiis.com.ua/?lang=eng&cat=reports&id=1099&page=1>.

[7] Ukraine: Die Vielfalt einer Nation: Deutschlandfunk Kultur, 4.5.2022.

und politischen bzw. gesellschaftlichen Akteuren. Es handelt sich somit nicht um eine Reduzierung auf strukturelle Hintergrundfaktoren. Die Liste umfasst je zwei auf Russland und die Ukraine bezogene Entwicklungen, zwei Trends in den Beziehungen zwischen Russland und dem Westen sowie eine dem Krieg innewohnende Logik. Sie lässt sich kürzer fassen oder weiter untergliedern, erfasst aber in dieser Bandbreite die zentralen systemischen, ideellen, gesellschaftlichen und politischen Dynamiken. Die Gewichtung mag unterschiedlich ausfallen, meiner Ansicht nach spielen die Autokratisierung Russlands und die Demokratisierung und Westorientierung der Ukraine in ihrer Wechselwirkung die zentrale Rolle – sowohl als Erklärung für die steigende Wahrscheinlichkeit des Krieges als auch für die sich entfaltende Kriegsdynamik. Die staatliche Geschichtspolitik und Propaganda in Russlands Gesellschaft auf der einen und die Stärkung einer staatszentrierten ukrainischen Identität auf der anderen Seite sind die staatlichen und gesellschaftlichen Mechanismen, welche die konträren innen- und außenpolitischen Modelle Russlands und der Ukraine stützen. Eine demokratische, in westliche Institutionen integrierte Ukraine stellt für das autoritäre Russland unter Präsident Vladimir Putin eine Gefahr dar. Zum einen unterläuft die Ukraine den regionalen – und indirekt auch den globalen – Machtanspruch Russlands, der eine wichtige Legitimationsgrundlage des autoritären Systems ist. Zum anderen könnte das ukrainische Modell auch für die russländische Gesellschaft oder die Eliten zu einem Kristallisationspunkt für Hoffnungen und Erwartungen werden, die Russlands aktuelles Herrschaftsmodell in Frage stellen. Es geht im Kern um den Erhalt des autoritären Systems in Russlands einschließlich seiner neoimperialen Machtprojektion. Die Bereitschaft, für den Erhalt dieses Systems Krieg zu führen, unterstreicht das Ausmaß der Gefahr, die von der Ukraine für Russland ausging. Dies ist der Kontext, in dem Putin als der zentrale Akteur zu einem jeweils als geeignet empfundenen Moment zuerst den Befehl zur Annexion der Krim, dann zum Krieg im Donbass und schließlich zum Frontalangriff auf die gesamte Ukraine gab.

Autokratisierung Russlands und wachsende neoimperiale Machtansprüche

Die Ernennung Putins zum Präsidenten der Russländischen Föderation im Mai 2000 war der Auftakt zu einem systematischen Aufbau eines autoritären Systems. Putins Vorgänger im Amt, Boris El'cin, hatte nach dem Zusammenbruch der Sowjetunion, den er bewusst beschleunigt hatte, in Russland einen ambivalenten Kurs zwischen wirtschaftlicher Liberalisierung, Demokratisierung, Gewalt und Autoritarismus verfolgt. Seine Präsidentschaft ist mit der Verabschiedung der Verfassung von 1993 sowie dem Aufbau eines starken präsidentiellen Systems verbunden, in dem der Präsident über die Vollmacht verfügt, per Dekret zu regieren. Zur El'cin-Periode gehörten auch der weitreichende Einfluss wirtschaftlicher Eliten, die von der Privatisierung profitierten, sowie der erste Tschetschenienkrieg 1994–1996. Putins Amtsantritt war durch den noch brutaler geführten zweiten Tschetschenienkrieg (1999–2009) als Antwort auf vermeintliche terroristische Attacken in Moskau von Gewalt geprägt. Durch Repressionen und die Umstrukturierung des Machtzentrums drängte das Putin-System nun den Einfluss der Oligarchen auf politische Entscheidungsprozesse zurück. Das System stützte sich zunehmend auf den Sicherheitsapparat und die Armee. Die Zentralisierung und Personalisierung des Systems gingen einher mit einer immer umfassenderen Medienkontrolle, Repressionen gegen jegliche Form der politischen Opposition und einer wachsenden

Atomisierung der Gesellschaft. Das autoritäre System unter Vladimir Putin arbeitet seit Jahren immer aktiver am Selbsterhalt. Es ist ein Beispiel dafür, dass Autoritarismus kein statisches System ist, sondern ein flexibles, das Anpassungen vornimmt und dazu Anreize, Druckmittel und die Delegation von Verantwortung einsetzt.[8]

Die enge Verknüpfung der russländischen Innen- und Außenpolitik gehört zu den Rückkopplungsmechanismen, die das politische System erhalten.[9] Russländische Außenpolitik ist immer auch Innenpolitik und dient der internen Legitimation. Umgekehrt definiert die russländische Innenpolitik den Spielraum der Außenpolitik und gibt ihr einen gesellschaftlichen Rückhalt. Unter Putin ist der Neoimperialismus ein fester Bestandteil des Autoritarismus geworden. Zum systematischen Ausbau des autoritären Systems gehörte die explizite Formulierung und teilweise Umsetzung von regionalen und globalen Machtansprüchen, so in Georgien ab 2008 und in der Ukraine ab 2014. Die neoimperiale Staatsideologie wurde maßgeblich von Putin selbst geprägt.[10] Aus ihr leitet sich die proklamierte Kriegsmotivation ab; an sie ist der Erhalt des derzeitigen autoritären Systems gekoppelt.

Das Diktum, dass Demokratien keine Kriege gegeneinander führen, lässt sich in vergleichenden Studien empirisch bestätigen, nicht jedoch die These, dass Autokratien häufiger Krieg führen als Demokratien.[11] Auch wenn die politische Verfasstheit des Systems nicht *per se* über Krieg und Frieden entscheidet, so spielt die Machtkonzentration in einem autoritären System eine Rolle für die letztendliche Entscheidung über Krieg und Frieden und ihre Rechtfertigung. Es gibt weniger institutionelle Hürden auf dem Weg zum Kriegsbefehl und kaum Opposition gegen die ideelle oder materielle Begründung des Kriegs.

Geschichtspolitik, ukrainische Identität, Ausweitung des Kriegs: 2005, 2014, 2018

[8] Juan L. Linz: Totalitarian and Authoritarian Regimes. Berlin 2000. – Stephen G.F. Hall, Thomas Ambrosio: Authoritarian Learning: A Conceptual Overview, in: East European Politics, 2/2017, S. 143–161. – Timothy Frye: Weak Strongman: The Limits of Power in Putin's Russia. Princeton 2021.

[9] Sabine Fischer: Russland auf dem Weg zur Diktatur. SWP-Aktuell A31/2022.

[10] Offen sein, trotz der Vergangenheit: Zeit-Online, 22.6.2021.

[11] Sven Chojnacki: Demokratien und Krieg. Das Konfliktverhalten demokratischer Staaten im internationalen System, 1946–2001, Discussion Paper Nr. P 2003-304, Wissenschaftszentrum Berlin 2003. – Jessica L.P. Weeks: Dictators at War and Peace. Ithaca 2014.

Staatliche Geschichtspolitik und Propaganda in Russlands Gesellschaft

In Russland betreibt der Staat seit Jahren eine äußerst aktive Geschichtspolitik. Ziel ist es, der Bevölkerung durch eine selektive Interpretation der russländischen und sowjetischen Geschichte Anknüpfungspunkte für die Identifikation mit dem Staat zu bieten und das politische System zu legitimieren. Die Instrumentalisierung der Geschichte, aus der politische Ansprüche für die Gegenwart und Zukunft abgeleitet werden, ist einer der zentralen Mechanismen des Autoritarismus unter Putin. Insbesondere der Zweite Weltkrieg steht im Mittelpunkt der gelenkten historischen Erinnerung. Eine wichtige Rolle spielen die öffentliche Inszenierung des 9. Mai, des Tages des Sieges über Nazi-Deutschland, das Umschreiben und die Vereinheitlichung von Schulbüchern und die Anpassung der historischen Forschung an die Bedürfnisse des Staates.[12] Die Staatsmedien verankern die politisch opportune Interpretation von Geschichte als Teil der neoimperialen Staatsideologie im gesellschaftlichen Alltag.
Die Betonung liegt auf der staatlichen Kontinuität der russländischen und sowjetischen Geschichte, während politische Umbrüche wie die Oktoberrevolution und der Zusammenbruch der Sowjetunion in der offiziellen Geschichtsschreibung als Abweichung dargestellt werden. Die von Putin artikulierten neoimperialen Machtansprüche gipfeln darin, dass er der Ukraine das Existenzrecht als eigenständige Nation und Staat abspricht.[13] In seinen Reden und Einlassungen, die von den Medien im In- und Ausland weit verbreitet werden, spiegelt sich bereits Putins Sorge um das eigene historische Erbe. In diversen Reden sieht er sich in direkter Nachfolge der russischen Zaren, insbesondere Peters des Großen.[14] Aus der Geschichte abgeleitete Machtansprüche entfalten nicht automatisch ihre politische Wirkung. Sie müssen aktiviert werden. Dies kann aus der Reibung mit konträren politischen Ideen geschehen.

---

[12] Georg Soroka, Félix Krawatzek: When the past is not another country: the battlefields of history in Russia, in: Problems of Post-Communism, 5/2021, S. 353–367. – Félix Krawatzek, Nina Frieß: World War II for Young Russians: The Production and Reception of History. ZOiS Report, 1/2020; <www.zois-berlin.de/publikationen/world-war-ii-for-young-russians-the-production-and-reception-of-history>. – Anton Weiss-Wendt: Putin's Russia and the falsification of history: reasserting control over the past. London 2021. – Andrej Kolesnikov: Erinnerung als Waffe. Die Geschichtspolitik des Putin-Regimes, in: OSTEUROPA, 6/2020, S. 3–28.

[13] Vladimir Putin. Ob istoričeskom edinstve russkich i ukraincev. Moskva, 12.7.2021, <http://kremlin.ru/events/president/news/66181>. In deutscher Übersetzung: Vladimir Putin: Über die historische Einheit der Russen und der Ukrainer, in: OSTEUROPA, 7/2021, S. 51–65. – Dazu Andreas Kappeler: Revisionismus und Drohungen. Vladimir Putins Text zur Einheit von Russen und Ukrainern, in: ebd., S. 67–76. – Vladimir Putin: Obraščenie Prezidenta Rossijskoj Federacii, Moskva 21.2.2022 <http://kremlin.ru/events/president/news/67828>. – Deutsch unter „Rede an die Nation" vom 21.2.2022, <https://zeitschrift-osteuropa.de/blog/putin-rede-21.2.2022/> sowie unter dem Titel „Wir kennen die Volksrepubliken an". Rede von Vladimir Putin am 21.2.2022, in: OSTEUROPA, 1–3/2022, S. 119–135. – Obraščenie Prezidenta Rossijskoj Federacii, Moskva, 24.2.2022, <kremlin.ru/events/president/news/67843>. – Deutsch unter: Kriegserklärung. Die Ansprache des russländischen Präsidenten am Morgen des 24.2.2022, <https://zeitschrift-osteuropa.de/blog/vladimir-putin-ansprache-am-fruehen-morgen-des-24.2.2022/> sowie unter dem Titel „Unser Vorgehen dient der Selbstverteidigung. Rede von Vladimir Putin, 24.2.2022, in: OSTEUROPA, 1–3/2022, S. 141–148.

[14] Vstreča s molodymi predprinimateljami, inženerami i učenymi, 9.6.2022. <http://kremlin.ru/events/president/news/68606> – Putin compares himself to Peter the Great in quest to take back Russian lands. The Guardian, 10.6.2022.

Demokratisierung und Westorientierung der Ukraine

In den über 30 Jahren seit der ukrainischen Unabhängigkeit hat eine Transformation der Ukraine in ein politisches System stattgefunden, das eine klare Alternative zum Autoritarismus russländischer Prägung darstellt. Der Transformationsprozess ist weder gradlinig verlaufen noch abgeschlossen, aber die grundlegende Weichenstellung erfolgte dadurch, dass die Gesellschaft wiederholt für die Unabhängigkeit, Demokratie und Rechtsstaatlichkeit ihres Landes eintrat. Die Zyklen der Massenproteste – v.a. die Orangene Revolution von 2004 und der Euromajdan vom Winter 2013/2014 – haben die Erfahrungen, Erwartungen und Hoffnungen der ukrainischen Gesellschaft geprägt und eine neue Grundlage für politisches Interesse sowie soziales, zivilgesellschaftliches und politisches Engagement geschaffen.[15] Die umfassende Dezentralisierung der politischen Entscheidungsprozesse im Lande hat diesen Trend zur Demokratisierung von unten verstärkt.[16]

Der Demokratisierungsprozess war eng mit der schrittweisen Westorientierung der Ukraine verbunden. Die Annäherung an EU und NATO war ab 2004 die offizielle Regierungslinie. Nach einer Phase außenpolitischer Ambivalenz zwischen einer Orientierung auf Russland oder den Westen in den Jahren 2010–2013 setzte sich nach dem Euromajdan die Westorientierung durch. Neben dieser Grundsatzentscheidung war die gesellschaftliche Westorientierung die logische Folge der von der Protestbewegung geforderten Werte und des angestrebten Lebensstandards. Die Mehrheit der Bevölkerung im ganzen Land teilte den Wunsch nach einem Beitritt zur EU. Die Zustimmung zu einer Mitgliedschaft in der NATO wuchs ebenfalls, seit 2014 v.a. im Südosten des Landes, blieb aber insgesamt hinter dem EU-Konsens zurück.[17]

Stärkung einer staatszentrierten ukrainischen Identität

Die Transformation in der Ukraine hat eine nationale Identität gestärkt, die mit dem Staat und dem politischen System verknüpft ist. Zahlreiche Umfragen zeigen diesen Trend, der sich nach dem Euromajdan, der Krim-Annexion und während des Donbass-

---

[15] Olga Onuch: Mapping Mass Mobilizations: Understanding Revolutionary Moments in Argentina and Ukraine. Basingstoke, New York 2014. – Andrew Wilson: Ukraine's Orange Revolution. New Haven, London 2005. – Mark Beissinger: The Semblance of Democratic Revolution: Coalitions in Ukraine's Orange Revolution, in: American Political Science Review, 3/2013. – Andrej Kurkov: Ukrainisches Tagebuch. Aufzeichnungen aus dem Herzen des Protests. Innsbruck 2014. – Olga Onuch, Gwendolyn Sasse: The Maidan in Movement and the Cycles of Protest, in: Europe-Asia Studies, 4/2016. – Volodymyr Kulyk: National Identity in Ukraine: Impact of Euromaidan and War, in: Europe-Asia-Studies, 4/2016, S. 588–608.

[16] Valentyna Romanova, Andreas Umland: Ukraine's Decentralization Reforms since 2014, Chatham House Research Paper. London 2021. – New Europe Center: The Link between Decentralization and EU Integration 2020, <http://neweurope.org.ua/wp-content/uploads/2020/02/>. <Decentralization_eng_web-6.pdf>.

[17] Kyiv International Institute of Sociology (KIIS): Attitudes towards Ukraine's accession to the EU and NATO, attitudes towards direct talks with Vladimir Putin and the perception of the military threat from Russia. The results of a telephone survey conducted on December 13–16, 2021, <www.kiis.com.ua/?lang=eng&cat=reports&id=1083>.

Krieges verstärkte.[18] Diese Identität gründet auf dem Prinzip der Staatsbürgerschaft und ist somit inklusiver als eine auf ethnischer, sprachlicher, regionaler oder sozialer Zugehörigkeit basierende Identität. Die Proteste in der Ukraine zielten auf die Mobilisierung der gesamten Gesellschaft. Die Forderungen bezogen sich auf allgemeine demokratische Prinzipien und die universellen Menschenrechte. Diese Mobilisierung trug dazu bei, dass sich in der Bevölkerung ein staatbürgerliches Bewusstsein herausbildete, das auch in Zelens'kyjs Wahlkampf 2019 eine zentrale Rolle spielte.[19] Diese Identität bietet einen Rückhalt in Zeiten von Krisen.

Unter den Bedingungen des Krieges engagieren sich Kreise der Gesellschaft für humanitäre Hilfe für Geflüchtete, unterstützen die Armee, sammeln Spenden oder treten territorialen Verteidigungseinheiten bei, stärken die Strukturen lokaler Selbstverwaltung oder kümmern sich um den Wiederaufbau von Infrastruktur.[20] Die historische Erfahrung der Ukrainer, im Russländischen Imperium oder in der Sowjetunion mehrfach Opfer von Diskriminierung und Repression gewesen zu sein, spielt seit der Orangenen Revolution in der öffentlichen Debatte etwa in Bezug auf den Holodomor, die künstlich von Stalin herbeigeführte Hungersnot, eine wichtige Rolle.[21] Das verleiht der Transformation der Ukraine zu einer politischen Alternative zu Russland eine besondere emotionale Intensität.[22] Diese historische Erfahrung und ihre Aufarbeitung könnten auch eine engere ethnische ukrainische Identität befördern. Doch mit der Entscheidung, allen 1991 auf dem Staatsgebiet Ansässigen die ukrainische Staatsbürgerschaft zu verleihen, lag der Akzent seit der Unabhängigkeit auf einer inklusiven staatlichen Identität.[23]

Zunehmende Diskrepanz zwischen westlichen und russländischen Sicherheitswahrnehmungen

In seinen Reden nannte Putin als ein Motiv für den Krieg, dass Russland die Bedrohung durch die Politik des Westens, insbesondere durch die NATO-Osterweiterung und die Annäherung der Ukraine (und Georgiens) an die NATO, abwehren müsse. Auch wenn Putin die EU anders als die NATO nie explizit als Sicherheitsrisiko benannt hat, so stellt

---

18 Gwendolyn Sasse, Alice Lackner: War and identity: the war in Donbas, in: Post-Soviet Affairs, 2–3/2018, S. 139–157. – Volodymyr Kulyk: Identity in Transformation: Russian-speakers in Post-Soviet Ukraine, in: Europe-Asia Studies, 1/2019, S. 156–178. – Olga Onuch, Henry E. Hale, Gwendolyn Sasse: Studying identity in Ukraine, in: Post-Soviet Affairs, 2–3/2018, S. 79–83.

19 Oleksii Viedrov: Selenskyjs „integrativer Populismus“, in: Ukraine-Analysen, 228/2020, S. 7–8, <https://laender-analysen.de/ukraine-analysen/228/selenskyjs-integrativer-populismus/>. – Olga Onuch, Henry Hale: The Zelensky Effect. London 2022.

20 Natalia Shapovalova, Olga Burlyuk (Hg.): Civil Society in post-Euromaidan Ukraine: from revolution to consolidation. Stuttgart 2018. – Susann Worschech: New Civic Activism in Ukraine: Building Society from Scratch; in: Kyiv-Mohyla Law & Politics Journal, 3/2017, S. 23–45. – Olga Onuch et al.: MOBILISE 2022. Ukrainian Nationally Representative Survey (KIIS Omnibus Survey), May 19–24, 2022.

21 Tatiana Zhurzhenko: „Capital of Despair“: Holodomor Memory and Political Conflicts in Kharkiv after the Orange Revolution, in: East European Politics and Societies, 3/2011, S. 597–639.

22 Olga Andriewsky: Towards a Decentred History: The Study of the Holodomor and Ukrainian Historiography, in: East/West: Journal of Ukrainian Studies, 1/2015, S. 18–52.

23 Verchovna Rada Ukrajiny: Pro Hromadjanstvo Ukrajiny, 8.10.1991, <https://zakon.rada.gov.ua/laws/card/1636-12?lang=en#History>.

auch die partielle Integration der Ukraine in den EU-Binnenmarkt über das Handels- und Assoziierungsabkommen ein politisches und wirtschaftliches Risiko für Russland dar. Im Juni 2022 hat die EU der Ukraine in Reaktion auf den Krieg die Beitrittsperspektive eröffnet.[24] Die Integration in die EU unterstreicht, dass die Ukraine ein Modell verkörpert, das in Zukunft auch in Russland für die Eliten und die Gesellschaft attraktiv werden könnte. Zudem mindert sie die Attraktivität der von Russland initiierten Eurasischen Wirtschaftsunion. Putin thematisiert die EU selten und spricht ihr ihre Relevanz ab. Er nutzt ihre internen Schwächen und setzt auf bilaterale Beziehungen zu einzelnen EU-Mitgliedstaaten.

Putin wusste genau, dass die NATO-Mitgliedschaft der Ukraine (und Georgiens) auf absehbare Zeit nicht auf der Tagesordnung stand. Die Tatsache, dass Putin nicht auf das von Zelens'kyj in den ersten Kriegstagen unterbreitete Angebot einging, über eine Neutralität der Ukraine im Gegenzug für belastbare Sicherheitsgarantien zu verhandeln,[25] zeigt, dass es Putin um mehr als das Verhältnis der Ukraine zur NATO geht. Auch ließ er sich nicht auf einen substanziellen Sicherheitsdialog mit den USA und der NATO ein, der im Vorfeld des Angriffskriegs vom 24. Februar möglich gewesen wäre. Stattdessen formulierte Putin Maximalforderungen, mit denen er in die Zeit vor der NATO-Russland-Grundakte von 1997 und der NATO-Osterweiterung zurückkehren wollte. Verhandlungsbereitschaft ließ er nicht erkennen.[26] Der Streit um Russlands Mantra, die NATO habe im Zuge der deutschen Wiedervereinigung versprochen, sich nicht gen Osten auszuweiten, ist leicht aufgeklärt: Es gab keine verbindliche schriftliche Vereinbarung, aber einige der politischen und diplomatischen Akteure äußerten sich gegenüber ihren sowjetischen Gesprächspartnern damals in diese Richtung.[27] Letztendlich überstieg die Möglichkeit einer NATO-Osterweiterung den damaligen Vorstellungshorizont aller an den Verhandlungen Beteiligten, die noch nicht vom Zerfall des Warschauer Paktes und der Sowjetunion ausgingen. Seit Ende des Kalten Krieges ist es nicht gelungen, eine europäische oder internationale Sicherheitsarchitektur zu errichten, in der die unterschiedlichen Interessen hätten integriert werden können. Der politische Wille dazu war zunächst bei den ostmitteleuropäischen Staaten, die ihre Sicherheit nur durch die NATO garantiert sahen, und dann sowohl in Russland als auch im Westen gering. Die

---

[24] Rilka Dragneva, Kataryna Wolczuk: Ukraine Between the EU and Russia: The Integration Challenge. Basingstoke, New York 2015. – Schlussfolgerungen des Europäischen Rates zur Ukraine, zu den Beitrittsgesuchen der Ukraine, der Republik Moldau und Georgiens, zum Westbalkan und zu Außenbeziehungen, 23.6.2022, <www.consilium.europa.eu/de/press/press-releases/2022/06/23/european-council-conclusions-on-ukraine-the-membership-applications-of-ukraine-the-republic-of-moldova-and-georgia-western-balkans-and-external-relations-23-june-2022/>.

[25] Nato-Verzicht und Neutralität für Garantien, 9.3.2022 <www.tagesschau.de/ausland/europa/ukraine-russland-verhandlungen-105.html>. – Prezident Zelens'kyi, 28.3.2022 <www.president.gov.ua/news/prezident-denacifikaciya,-ta-demilitarizaciya-ukrayini-na-per-73901>.

[26] Siehe dazu die am 17. Dezember 2021 vorgestellten Vertragsentwürfe der Russländischen Föderation zur Revision der sicherheitspolitischen Struktur in Europa: Dogovor meždu Rossijskoj Federacij i Soedinennymi Štatami Ameriki o garantijach bezopasnosti, 17.12.2021, <https://mid.ru/ru/foreign_policy/rso/nato/1790818/?lang=ru>. – Soglašenie o merach obespečenija bezopasnosti Rossijskoj Federacij i gosudarstv-členov Organizacij Severoatlantičeskogo dogovora, 17.12.2021, <https://mid.ru/ru/foreign_policy/rso/nato/1790803/>.

[27] William J. Burns: The Black Channel. A Memoir of American Diplomacy and the Case for Its Renewal. New York 2020.

in der NATO-Russland-Grundakte erwähnte Absicht, die Abrüstung über eine Anpassung des Vertrags über Konventionelle Streitkräfte in Europa von 1990 zu verstärken,[28] scheiterte an Vorbehalten von Russland gegenüber der NATO. Das Auslaufen von Rüstungskontrollverträgen zwischen den USA und Russland bzw. der Ausstieg aus ihnen sowie die Aufrüstung Russlands und neuer globaler Akteure wie China und Indien erhöhen die allgemeine Unsicherheit auf internationaler Ebene.[29]

Wachsende Widersprüche in der westlichen Russland-Politik

Die Widersprüche in der westlichen Russland-Politik und das Fehlen einer kohärenten Russland-Politik auf EU- oder NATO-Ebene sind in den letzten Jahren immer deutlicher geworden. Die deutsche Debatte haderte mit der vermeintlichen Dichotomie „Dialog vs. Sanktionen". Einerseits war Deutschland eine der treibenden Kräfte hinter den ersten EU-Sanktionen als Antwort auf die Krim-Annexion und den Donbass-Krieg sowie der regelmäßigen Verlängerung dieser gestaffelten Sanktionspakete. Andererseits wurde insbesondere in Deutschland viel von „Dialogkanälen" gesprochen, die offen bleiben sollten, obwohl in der Realität kaum noch ein Dialog mit russländischen Stellen stattfand und auf vielen Ebenen der Kontakt abbrach. Letztlich wurde in zahlreichen EU-Mitgliedstaaten die innere Logik des Autoritarismus in Russland unterschätzt. Neoimperiale Ansprüche wurden als verhandelbare Sicherheitsinteressen missverstanden, und die USA maßen Russland weniger Bedeutung bei als China wegen der strategischen Konfrontation mit dem Reich der Mitte.
Trotz der EU- und US-Sanktionen sowie russländischer Gegensanktionen wurden Russlands Prestigeobjekte, die Gaspipelines *Nord Stream 1* und *Nord Stream 2* vorangetrieben und nach dem Motto „Wandel durch Handel" positiv bewertet. Die hohe Energieabhängigkeit Deutschlands und anderer EU-Staaten wie Österreich, Italien und Ungarn von Russland wurde trotz der wachsenden politischen und wirtschaftlichen Konfrontation in Kauf genommen. Die damit verbundenen Sicherheitsbedenken der ostmitteleuropäischen Staaten und der Ukraine wurden nicht ernst genommen. Zugleich waren Differenzen innerhalb der NATO und der EU deutlich zu erkennen. Die transatlantische Achse EU-USA und der Zusammenhalt der NATO erschienen unter Präsident Trump brüchig. Die Widersprüche in der westlichen Politik gegenüber Russland sowie interne Schwächen westlicher Institutionen signalisierten Russland einen größeren Handlungsspielraum.

---

[28] Grundakte über Gegenseitige Beziehungen, Zusammenarbeit und Sicherheit zwischen der Nordatlantikvertrags-Organisation und der Russischen Föderation, 27.5.1997, <www.nato.int/cps/en/natohq/official_texts_25468.htm?selectedLocale=de>.

[29] Ulrich Kühn: The Crisis of Nuclear Arms Control, in: Zeitschrift für Friedens- und Konfliktforschung, 10/2021, S. 319–344. – Pia Fuhrhop, Ulrich Kühn: Nukleare Rüstungskontrolle in Europa: vor dem Aus oder vor dem Neuanfang? In: Ulrich Kühn (Hg.): Rüstungskontrolle für die nächste Bundesregierung. Ein Empfehlungsbericht. Hamburg 2021, S. 14–19.

Schrittweise Ausweitung des Krieges seit 2014

Russland dehnte den Krieg gegen die Ukraine von der Krim-Annexion 2014 über den Donbass-Krieg bis zur großflächigen Invasion im Februar 2022 schrittweise aus. Russlands Führung testete so seinen außenpolitischen Spielraum gegenüber dem Westen, passte sich an die nach der Krim-Annexion und dem Beginn des Donbass-Kriegs verhängten westlichen Sanktionen an, sicherte sich die Unterstützung der eigenen Bevölkerung und schuf eine Art Kriegsnormalität, die öffentlich kaum hinterfragt wurde.[30] Die phasenhafte Erweiterung des Krieges ab 2014 führte in der EU, im Westen allgemein, sogar in der Ukraine zu einem gewissen Gewöhnungseffekt. Dieser kam zum einen in einer routinierten schrittweisen Verschärfung der Sanktionen zum Ausdruck, zum anderen in der zögerlichen Haltung Deutschlands und einiger NATO-Staaten, Waffen an die Ukraine zu liefern sowie im Ruf nach Verhandlungen, als hätte man aus dem nicht umgesetzten Minsker Abkommen im Donbass-Krieg keine Lehren gezogen.

Vor dem Hintergrund dieser Faktoren und sich wechselseitig beeinflussenden Dynamiken startete Russlands Armee auf Befehl von Präsident Putin in den frühen Morgenstunden des 24. Februar 2022 einen breit angelegten Angriffskrieg auf die Ukraine. Nach monatelangem massivem Truppenaufbau an der Grenze griffen Russlands Truppen die Ukraine vom Norden, Osten und Süden gleichzeitig an. Die Hauptstadt Kiew und die Millionenstadt im Osten, Charkiv, waren sofort Hauptziele des Beschusses, aber auch Städte in der Zentralukraine und sogar in der Westukraine wurden beschossen.

Der 24. Februar 2022 markiert eine Zäsur in der europäischen Geschichte. Die Rede vom „Kriegsbeginn", die seitdem den deutschen und internationalen Diskurs dominiert, ist allerdings unzutreffend, denn Russland führt in der Ukraine bereits seit 2014 Krieg. Begriffe definieren den Rahmen des Sag- und Vorstellbaren. Daher sind auch weit verbreitete Bezeichnungen wie „Ukraine-Konflikt"[31] oder „Ukraine-Krise" problematisch. Es ist kein Zufall, dass der Begriff „Ukraine-Krise" auch in Russland eine zentrale Rolle spielt, suggeriert er doch, dass die Ukraine ihre internen Probleme nicht bewältigen kann, während Russland unbeteiligt wirkt. Eine Steigerung ist der in Russland häufig genutzte Begriff „Bürgerkrieg", der den Donbass-Krieg als Auseinandersetzung innerhalb der Ukraine darstellt. Auch in der westlichen Öffentlichkeit ist dieser Begriff mitunter präsent.[32] Russische Desinformation und westliches Desinteresse verstärken sich gegenseitig. Auch die Bezeichnung „Ukrainekrieg", die häufig zu lesen und hören ist, lenkt das Augenmerk auf einen Krieg in der Ukraine, der aber ohne den Bezug auf Russ-

---

[30] Samuel A. Greene, Graeme B. Robertson: Affect and Autocracy: Emotions and Attitudes in Russia after Crimea, in: Perspectives on Politics, 1/2022, S. 38–52.

[31] Marcel Dickow, Oliver Meier: Der Ukraine-Konflikt und die Gefahr nuklearer Zwischenfälle, in: Lars Brozus (Hg.) Unerwartet, überraschend, ungeplant, SWP-Studie 20/2015, S. 19–24. – Antworten auf Ihre Fragen zum Ukraine-Konflikt: Tagesschau, 23.2.2022, <www.tagesschau.de/ausland/social-live-tagesschau-24-ukraine-101.html>. – Wolfgang Richter: Die Ukraine-Krise. Die Dimension der paneuropäischen Sicherheitskooperation. SWP-Aktuell, 23/2014. – Die Ukraine-Krise. Fragen und Antworten; <https://germania.diplo.de/ru-de/themen/politik/ukraine-argumentaire/1235090>.

[32] The Battle for Donbas. The New York Times, 30.3.2022. – Ukraine-Konflikt: Wir stehen unmittelbar vor dem Bürgerkrieg, in: Deutschlandfunk, 6.5.2014, <www.deutschlandfunk. de/ukraine-konflikt-wir-stehen-unmittelbar-vor-dem-buergerkrieg-100.html>.

land als ein interner Krieg, Bürgerkrieg oder als ein Krieg, den die Ukraine (mit)verschuldet hat, missverstanden werden kann. Eine klare Benennung ist von essentieller Bedeutung: Russland führt in der Ukraine Krieg gegen die Ukraine.

Beim Begriff „Konflikt" ist die Problematik vielschichtiger. Der Begriff klingt weniger drastisch als „Krieg" und vermittelt das Bild eines kleineren bzw. schwelenden Konflikts, dessen Eskalation durch Regulierungsmaßnahmen verhindert oder zumindest eingehegt werden kann. Die regelmäßige Bezeichnung des Krieges im Donbass als „Konflikt" hat zu dieser Wahrnehmung in Deutschland und vielen anderen Ländern beigetragen. Mitunter ist mit der Bezeichnung „Ukraine-Konflikt" aber auch der größere angespannte internationale Kontext hinter der Krim-Annexion und dem Krieg im Donbass gemeint, d.h. er bezieht sich dann über den Krieg hinaus auf Fragen der internationalen Zusammenarbeit oder Sanktionierung. In den Sozialwissenschaften gibt es ein als „Konfliktforschung" – manchmal auch als „Friedens- und Konfliktforschung" – definiertes Feld, das sich der ganzen Bandbreite von großangelegten Kriegen bis hin zu latenten Konfliktpotenzialen, Konfliktprävention und Bemühungen um den Erhalt von Frieden beschäftigt. Zur Verantwortung von Wissenschaft gehört es, sich der Deutungsmöglichkeiten im öffentlichen und politischen Diskurs bewusst zu sein und den Begriff „Konflikt" im öffentlichen Diskurs kritisch zu hinterfragen bzw. nicht zu verwenden, wenn er die politische Realität verschleiert.

Krieg lenkt die Aufmerksamkeit von Politik und Öffentlichkeit auf militärische Kapazitäten und Strategien. Daneben mag die empirische Erforschung von gesellschaftlichen und politischen Entwicklungen vor, während und nach einem Krieg mitunter als „weich" und sekundär erscheinen. Russlands Krieg gegen die Ukraine zeigt jedoch in aller Deutlichkeit, dass Identitäten, Transformationsprozesse, Geschichtspolitik und staatliche Diskurse keine Nebenschauplätze sind, sondern eine zentrale Rolle spielen.[33]

Manuskript abgeschlossen am 6. September 2022

Schlagwörter:
Russland, Ukraine, Ukrainekrieg, Kriegsursachen, NATO-Osterweiterung, Autoritarismus, Geschichtspolitik

---

[33] Gwendolyn Sasse (Hg.): Russia's War against Ukraine: A Trio of Virtual Special Issues. Virtual Special Issue Part 2, in: Europe-Asia-Studies, August 2022, <www.tandfonline.com/journals/ceas20/collections/Russias-War-Against-Ukraine-Part-2>.

Tatiana Zhurzhenko

Terror, Kollaboration und Widerstand

Russlands Herrschaft in den neu besetzten Gebieten der Ukraine

In den seit Februar 2022 von Russland besetzten Gebieten wenden die Besatzer dieselben Instrumente an wie schon 2014 auf der Krim und im Donbass. Sie schneiden die Bevölkerung von ukrainischen Informationsquellen ab, verbreiten ihre Propaganda und schalten das Bildungssystem gleich. Sie instrumentalisieren humanitäre Hilfe, zahlen Sozialleistungen und Löhne in Rubel, stellen russländische Pässe aus und koppeln die Inanspruchnahme von Dienstleistungen und Rechten an die russländische Staatsbürgerschaft. Sie rekrutieren Kollaborateure aus den lokalen Eliten und greifen zu Repression und offenem Terror. Die Krim und die sogenannten Volksrepubliken Doneck und Lugansk dienen als Ausgangsbasis für die militärische und administrative Einverleibung der neu besetzten Territorien. Während die Perspektive einer militärischen Befreiung der besetzten Gebiete vage bleibt, ist eines klar: Je länger Russland dort bleibt, desto schwieriger wird es für die Ukraine, sie zurückzuholen.

Am 24. Februar 2022 hat Russland die Ukraine überfallen und rasch große Gebiete im Norden, Osten und Südosten des Landes besetzt. Der Widerstand der ukrainischen Armee hat Russlands Militärführung Anfang April gezwungen, seine Truppen aus den Gebieten Kyjiv, Černihiv und Sumy im Norden sowie aus Teilen des Gebiets Charkiv im Nordosten des Landes zurückzuziehen. Im Südosten dauert hingegen in den Gebieten Cherson und Teilen des Gebiets Zaporižžja die Besatzung inzwischen mehr als sechs Monate an. Im Osten hat Russland nach erbitterten Kämpfen im Juni die Industriestädte Severodonec'k and Lysyčans'k und somit das gesamte Gebiet Luhans'k erobert. Die Kämpfe um die noch von der ukrainischen Armee kontrollierten Teile des Gebiets Donec'k dauern auch vier Monate nach dem Fall von Mariupol' im Mai an.

Doch militärische Gewalt allein reicht nicht aus, um die Kontrolle über ein Territorium zu gewinnen, geschweige denn, um es politisch und wirtschaftlich zu integrieren. Was wissen wir über Russlands Ziele, politische Pläne und Maßnahmen in den eroberten

---

Tatiana Zhurzhenko (1967), cand. sc., Politikwissenschaftlerin, Wissenschaftliche Mitarbeiterin am Zentrum für Osteuropa- und internationale Studien (ZOiS), Berlin

Der vorliegende Text ist im Rahmen des Cluster of Excellence „Contestations of the Liberal Script“ (SCRIPTS) entstanden. Eine kürzere Fassung erschien in: Religion und Gesellschaft in Ost und West (RGOW), 7/2022.

Von Tatiana Zhurzhenko ist in OSTEUROPA erschienen: Neuerfindung und Entsorgung. Ukraine: Die Revolution 1917 im Lichte des Majdan, in: OE, 6–8/2017, S. 273–289. – Erinnerungskonflikte. Gedenkpolitik im postsowjetischen Charkiv, in: OE, 4/2015, S. 153–171.

OSTEUROPA, 72. Jg., 6–8/2022, S. 179–200 **doi: 10.35998/oe-2022-0152**

Gebieten? Wie kombinieren die Besatzer Repression, Propaganda und humanitäre Hilfe, um die lokale Bevölkerung zu loyalem Verhalten zu bringen? Mit welchen Dilemmata sehen sich die lokalen ukrainischen Behörden, die örtlichen Unternehmen und Bildungseinrichtungen konfrontiert? Wie entscheidet sich diese im breiten Spektrum zwischen Widerstand und Kollaboration?

Okkupation seit 2014

Bereits im Jahr 2014 hat Russland die Krim und Teile der Gebiete Donec'k und Luhans'k erobert. Viele Methoden, derer sich Moskau heute bedient, um Kontrolle über die seit Februar 2022 besetzten Gebiete zu erlangen, kamen bereits in diesen acht Jahren zum Einsatz. Zugleich gibt es auch wichtige Unterschiede.

Die Krim brachte Russland im Frühjahr 2014 fast ohne Einsatz offener militärischer Gewalt unter seine Kontrolle. Moskau machte sich die politische Krise in der Ukraine und die prorussländische Mobilisierung auf der Halbinsel zunutze, um die Halbinsel zu besetzen. Die Soldaten ohne Hoheitszeichen, die plötzlich überall auf der Krim auftauchten, stießen auf nahezu keine Gegenwehr. Moskau gab lange vor, an der Besetzung nicht militärisch beteiligt gewesen zu sein. Erst ein Jahr nach der Annexion erklärte Putin, dass diese Soldaten, die sogenannten „grünen Männchen", selbstverständlich Teil der russländischen Streitkräfte gewesen seien.[1]

Bereits zwei Wochen nach der Übernahme der politischen Institutionen ließ Russland ein – international nicht anerkanntes – Scheinreferendum abhalten, das die Einverleibung der Krim legalisieren und legitimieren sollte. Eine Woche später erfolgte die formale „Aufnahme" in die Russländische Föderation. Binnen weniger Wochen wurde die Krim in den russländischen Staat integriert.

Mit dem Pseudoreferendum wurden die Bewohner der Krim über Nacht zu Staatsbürgern Russlands. Wer dies ausschlug, bekam erhebliche Schwierigkeiten. Ukrainische Bürger und insbesondere Krimtataren, die sich gegen die Annexion und die Besatzungspraxis engagierten, waren mit massiven Repressionen konfrontiert.[2] Viele Menschen verließen daraufhin die Krim. Der Großteil der Bevölkerung aber glaubte den Versprechen auf ein besseres Leben.

Anders verlief die Besetzung von Teilen des Donbass. Russland unterstützte im Frühjahr 2014 im gesamten Osten der Ukraine prorussländische Separatisten und ermöglichte ihnen so, in den Städten Luhans'k und Donec'k „Volksrepubliken" zu proklamieren. Als die ukrainische Armee versuchte, die Kontrolle Kiews über die aufständischen Gebiete wiederherzustellen, griff Russlands Armee verdeckt ein. Ein Krieg mit über 13 000 Toten und Millionen Binnenflüchtlingen war die Folge.

Moskau verfolgte allerdings anders als im Falle der Krim bis zum Februar 2022 nicht das Ziel, die eroberten Teile der ukrainischen Verwaltungsgebiete Donec'k und Luhans'k zu annektieren. Vielmehr versuchte der Kreml, sich mittels seiner Vasallen-Republiken

---

1 Krymskaja versija Putina. Vladimir Putin izložil oficial'nuju versiju prisoedinenija Kryma, gazeta.ru. 15.3.2015.

2 Zu den Repressionen gegen die Krimtataren siehe die Dokumentation der Schicksale der politischen Gefangenen, <https://zeitschrift-osteuropa.de/krimtataren>. – Zu den Repressionen gegen andere Staatsbürger der Ukraine (mehrheitlich von der Krim) siehe: In Russlands Haft, <https://zeitschrift-osteuropa.de/ukr-haft-ru>.

Einfluss in der Ukraine zu verschaffen. Die besetzten Gebiete sollten nach einer Reform der ukrainischen Verfassung als autonome Gebilde in die Ukraine integriert werden, die von Moskau in Donec'k und Luhans'k an die Macht gebrachten Führungen durch Wahlen legitimiert werden.

Kiew wollte diese Gebiete ebenfalls reintegrieren, doch zu anderen Bedingungen: Zuerst müsse die Ukraine wieder die Kontrolle über die Grenze zu Russland erhalten, erst dann könnten Wahlen abgehalten werden, und diese gemäß der ukrainischen Verfassung.

Faktisch schwand der Einfluss ukrainischer Institutionen und Akteure in den „Volksrepubliken" sehr bald. Die militärische, politische und wirtschaftliche Unterstützung Moskaus führte unterhalb der Schwelle einer formalen Annexion schrittweise zu einer faktischen Integration der besetzten Gebiete in die Russländische Föderation, nicht zuletzt auch durch die Ausgabe russländischer Pässe an die örtliche Bevölkerung.

Die Ukraine akzeptierte weder die Annexion der Krim noch die Besatzung des Donbass. Gleichwohl stabilisierte sich die Lage zwischen 2015 und 2022 etwas. Kiew insistierte auf der Rückgabe der okkupierten Gebiete, räumte jedoch ein, dass dies nur auf politischem und diplomatischem Wege möglich sei. Im Jahr 2016 richtete die Ukraine das Ministerium für die Reintegration der vorübergehend besetzten Gebiete ein, dessen Aufgabe es ist, die Rechte der dort und an der Kontaktlinie lebenden ukrainischen Bürger sowie die der Binnenvertriebenen zu schützen.[3] Das Ministerium ist für eine Reihe wichtiger Aufgaben zuständig: Minenräumung, Wiederaufbau der Infrastruktur, Ausbau der Checkpoints an der Kontaktlinie und an der Verwaltungsgrenze zur Krim, soziale Rechte der auf besetztem Gebiet lebenden Ukrainer (etwa Pensionen), Rechte politischer Gefangener oder das Recht der auf besetztem Gebiet lebenden ukrainischen Schüler auf ein Studium in der Ukraine.

Die prekäre Stabilität endete abrupt im Februar 2022, als Russland die beiden „Volksrepubliken" offiziell anerkannte, ihnen militärische Unterstützung gegen angebliche Eroberungsversuche der Ukraine zusagte und den als „Spezialoperation" verbrämten Angriff auf die Ukraine startete.

Die seit 2014 besetzten Gebiete dienen nun zum einen als Aufmarschgebiet für militärische Operationen. Zum anderen spielen sie eine wichtige Rolle bei dem Versuch, die neu eroberten Gebiete unter Kontrolle zu bringen. Aus diesen Gebieten werden Zivilisten in „Filtrationslager" in den beiden „Volksrepubliken" sowie auf der Krim deportiert. Dort werden Kriegsgefangene sowie entführte Ukrainer festgehalten, die sich politisch für ihren Staat engagiert hatten. Zugleich rekrutiert sich ein Teil des Personals für die Besatzungsbehörden in den neu eroberten Gebieten aus den „Volksrepubliken" und aus der „Republik Krim". Beamte der Behörden der Krim und der Stadt Sevastopol' werden zur Organisation von Referenden in die (teil)besetzten Gebiete Cherson und Zaporižžja geschickt.[4] Vertreter dieser Gebilde treten seit Februar 2022 häufig in den Moskauer Staatsmedien auf, etwa Denis Pušilin, das Oberhaupt der „Volksrepublik Doneck", und Vladimir Konstantinov, der Vorsitzende des Krim-Parlaments.

---

[3] Ministerstvo z pytan' reintehraci tymčasovo okkupovanych terytorij Ukrajiny. <https://minre.gov.ua>.

[4] Upravlency Sevastopolja pomogajut podgotovit' Zaporož'e k referendum. politika.sevastopol.su, 8.8.2022.

Besatzung 2022

Russland nennt den Überfall auf die Ukraine im Februar 2022 zwar „Spezialoperation“. Anders als im Jahr 2014 auf der Krim und im Donbass führt Moskau den Angriff jedoch ganz offen und macht aus der geplanten territorialen Expansion keinen Hehl. Anfangs behauptete Moskau noch, es wolle „lediglich“ einen – als „Entmilitarisierung“ und „Entnazifizierung“ bezeichneten – Regimewechsel in der Ukraine herbeiführen. Mittlerweile betreibt es eine offen neoimperiale Politik der Landnahme mit militärischen Mitteln. Legitimiert werden soll diese mit dubiosen historischen Argumenten. Ob Moskau das ursprüngliche Ziel wirklich aufgegeben hat, ist zweifelhaft. Mehr als eine stückweise Aneignung neuer Gebiete hat Russlands Armee jedoch in den vergangenen Monaten nicht erreicht.

In den neu okkupierten Territorien versucht Russland nun, dieselben Methoden anzuwenden, die bereits auf der Krim und im Donbass zum Einsatz kamen: die Proklamation von „Volksrepubliken“, die Durchführung von Scheinreferenden und – wie im Falle der Krim – die anschließende Annexion. Ob dies gelingt, ist abhängig von den militärischen Erfolgen der Besatzer sowie von der Unterstützung durch örtliche Eliten und die lokale Bevölkerung. Russland stößt auf viel größeren Widerstand, als es der Oberbefehlshaber offensichtlich erwartet hatte.

„Referenden“ – angekündigt und immer wieder verschoben

Im Gebiet Cherson, das in den ersten zwei Wochen nach Beginn der Invasion vollständig besetzt wurde, begannen die Spekulationen über die Proklamation einer „Volksrepublik“ bereits im März. Die Besatzer versuchten, Abgeordnete des Gebietsparlaments für diesen Plan zu gewinnen – ohne Erfolg. Das Parlament verabschiedete mit großer Mehrheit eine Erklärung, in der es an der territorialen Integrität der Ukraine einschließlich des Gebiets Cherson festhält.[5] Der Stadtrat der Gebietshauptstadt Cherson stellte sich hinter diese Erklärung und die Staatsanwaltschaft des Gebiets leitete eine strafrechtliche Untersuchung wegen Verletzung der territorialen Integrität der Ukraine ein. In Cherson fanden mehrere große Kundgebungen gegen die Besatzung statt.[6]

Erneut verdichteten sich die Spekulationen über ein Referendum vor dem 9. Mai. Die Befürworter eines Referendums hofften, dass mit dem „Tag des Sieges“ über Nazi-Deutschland im Jahr 1945 eine Mobilisierung für den Kampf gegen den angeblichen Faschismus in der Ukraine erreichbar wäre. Allerdings wurden die Planungen nicht vorangetrieben. Daraufhin schlug der stellvertretende Leiter der von Russland in Cherson eingesetzten „militärisch-zivilen Verwaltung“ vor, das Gebiet solle kraft eines Dekrets von Präsident Putin ohne Abstimmung der Bevölkerung an Russland angeschlossen werden. Ein Referendum würde vom Westen ohnehin nicht anerkannt.[7] Moskau wollte jedoch den Anschein von Legalität wahren.

---

5 Zvernennja deputativ Chersons'koji oblasnoji rady VIII sklykannja do Prezydenta Ukrajiny, Verchovnoji Radi Ukrajini, Kabinetu Ministriv Ukrajiny ta vs'oho ukrajins'koho narodu ščodo butafors'skogo „referendumu“ za „narodnu respubliku“ v Chersons'kij oblasti, <https://khor.gov.ua/ 2022/03/12/35328/>.

6 RF pytaetsja sozdat' tak nazyvaemuju „ChNR“. Poka bezuspešno. DW, 15.3.2022.

7 Cherson možet vojti v sostav Rossii bez referenduma. Primečanija.ru, 11.5.2022.

Den Auftrag zur Vorbereitung von Referenden erhielt daraufhin der für Innenpolitik zuständige erste stellvertretende Leiter der Präsidialverwaltung Sergej Kirienko, der seit Ende April 2022 bezeichnenderweise auch die Zuständigkeit für die beiden Volksrepubliken und die neu besetzten Gebiete zugewiesen bekam. Abgehalten werden sollen vier Referenden: in den beiden Volksrepubliken – inklusive der neu besetzten Regionen der Gebiete Donec'k und Luhans'k –, im Gebiet Cherson sowie im Gebiet Zaporižžja. Diese beiden Gebiete werden in Russland neuerdings als Nordtaurien bezeichnet.[8] Offenbar erwägt der Kreml, die vier via Billigung in Pseudoreferenden annektierten Gebiete später in einem neuen Föderalbezirk zusammenzufassen. Zuständig dafür ist in der Präsidialverwaltung der Beauftragte für Regionalpolitik Boris Rapoport, der bereits 2014 mit Vladislav Surkov im Donbass für die Unterordnung der lokalen Führungen unter die Moskauer Herrschaft sorgte.[9]

Dies würde jedoch auch einen Umbruch für die „Volksrepubliken" bedeuten. Bereits jetzt versucht der Kreml nicht mehr, seine Herrschaft durch die Einsetzung lokaler Machthaber zu kaschieren, sondern schickt immer offener Beamte nach Donec'k und Luhans'k.[10] Eigenständige Gebilde, wie sie Moskau acht Jahre lang als Instrument zur Unterminierung der territorialen Integrität der Ukraine eingesetzt hat, werden nicht mehr benötigt.

Bislang spricht jedoch wenig dafür, dass Russland diese Pläne umsetzen kann. Weiterhin sind 40 Prozent des vollständig beanspruchten Gebiets Donec'k unter ukrainischer Kontrolle, die von Russland besetzten Teile des Gebiets Zaporižžja sowie der Norden des Gebiets Cherson sind umkämpft. Ein weiterer Termin für mögliche Referenden, der Tag der Regionalwahlen in Russland am 11. September, ist verstrichen, ohne dass diese abgehalten wurden. Es ist vor allem die militärische Lage, die dies verhindert. Darüber hinaus zeigen aber auch vom Kreml in Auftrag gegebene Umfragen, deren Ergebnisse unter Verschluss gehalten werden, dass die Unterstützung für einen Anschluss an Russland gering ist.[11]

Zugleich ist die permanente Rede von einem Referendum Teil von Russlands psychologischer Kriegsführung. In der Tat wird es schwieriger sein, die besetzten Gebiete zu befreien, sobald Moskau sie per Referendum und Annexion offiziell zu eigenem Territorium erklärt. Daher steht Kiew unter Druck, das Referendum zu verhindern und hat inzwischen nach eigenen Angaben einen Gegenangriff im Süden begonnen.

---

[8] „Gouvernement Taurien" war die Bezeichnung einer Gebietseinheit des Russländischen Imperiums von 1802–1921. Es umfasste die traditionell als „Taurien" bezeichnete Krim sowie nördlich der Halbinsel die Küstengebiete bis zum Dnepr im Westen und Norden und bis einschließlich Berdjansk im Osten. Dies entspricht ungefähr den aktuell von Russland neubesetzten Teilen der ukrainischen Gebiete Cherson (vollständig besetzt) und Zaporižžja (südlicher Teil). Im April 2022 forderte der Duma-Abgeordnete Michail Šeremet von der Krim, dieses Gouvernement solle durch Anschluss der besetzten Küstengebiete des Azovschen Meeres an die Krim, wiederhergestellt werden. V Gosdume predložili vosstanovit' Tavričeskuju guberniju v istoričeskich granicach. izvestija.ru, 10.4.2022. – Dlja Zaporož'ja i Chersona adaptirujut krymskij referendum. NG.ru, 19.7.2022.

[9] Kak utverždajut istočniki „Meduzy", Kreml' chočet ob"edinit' okkupirovannye territorii Ukrainy v novyj federal'nyj okrug v sostave RF. Meduza, 9.7.2022.

[10] Konstantin Skorkin: To Join Russia or not to Join? All change in the Donbas Republics. Carnegie Endowment for International Peace, 21.6.2022.

[11] „Podderžki, konečno, malo". Meduza, 5.8.2022.

Die Reaktion des ukrainischen Staats

Anders als im Jahr 2014 finden die Besatzer in den neu okkupierten Gebieten kaum Unterstützung. Auch die Antwort des ukrainischen Staates fällt erheblich entschiedener aus, militärisch wie zivil. Schon Ende März gelang es der ukrainischen Armee, einige der neu besetzten Gebiete zurückzuerobern. In den Vorstädten von Kiew kehrt seitdem das Leben langsam zurück, die Verbrechen der russländischen Soldaten werden dokumentiert, die zerstörte Infrastruktur wiederaufgebaut. Doch bis alleine die sichtbaren Wunden verschwunden sein werden, ist es noch ein langer Weg.

Im Juli kündigte Präsident Zelens'kyj für den Spätsommer eine Gegenoffensive im Südosten des Landes an und versprach der Bevölkerung in den okkupierten Gebieten baldige Befreiung. Das Kiewer Integrationsministerium rief die Bevölkerung der Gebiete Cherson and Zaporižžja auf, die umkämpften Gebiete zu verlassen, wenn nicht anders möglich, über die Krim.[12]

Die Offensive hat mittlerweile begonnen, doch bis zur Befreiung der besetzten Gebiete ist es noch ein weiter Weg. Für die Zeit bis dahin hat der ukrainische Staat schon unmittelbar nach dem Einmarsch der russländischen Truppen begonnen, Strategien zum Umgang mit der Besetzung von Teilen des Staatsgebiets zu entwickeln, um den an die örtliche Bevölkerung gerichteten Lockrufen der Okkupationsbehörden sowie deren Drohungen und Repressionen etwas entgegenzusetzen. Anders als im Jahr 2014 versichert Kiew heute den unter Besatzung geratenen ukrainischen Staatsbürgern mit Nachdruck, dass ihr Land sie nicht aufgegeben hat.

Das Ministerium für Reintegration versucht, Menschen aus den besetzten, belagerten und von Kampfhandlungen betroffenen Gegenden eine Flucht auf ukrainisch kontrolliertes Gebiet zu ermöglichen und Binnenflüchtlinge dort zu unterstützen. Gleichzeitig verbreitet es Hinweise, wie man sich im Falle einer Zwangsdeportation nach Russland verhalten soll, wie Männer eine Heranziehung zum Militärdienst umgehen können, welches Verhalten als Kollaboration betrachtet wird und wie man diese in Zwangslagen vermeiden kann. Angesichts des immer wieder angekündigten Referendums warnt die Regierung, dass alle ukrainischen Bürger, die sich an dessen Vorbereitung und Durchführung beteiligen, zur Rechenschaft gezogen werden.[13]

Rentenzahlungen und andere Sozialleistungen werden heute ohne demütigende Nachweisprozeduren ausgezahlt, ganz gleich, wo die anspruchsberechtigte Person sich befindet. Die Verwaltungen besetzter Städte sind auf von Kiew kontrolliertes Gebiet ausgewichen und halten von dort über Telegram und andere Kanäle die Verbindung mit ihren Bürgern. So hat etwa die Stadtverwaltung von Mariupol' in mehreren ukrainischen Städten Zentren eröffnet, wo Geflüchtete aus dieser Stadt Unterstützung erhalten und sich zusammentun können. Ebenso wurde in Zaporižžja ein Anlaufpunkt für Geflüchtete aus Cherson eingerichtet.[14]

---

[12] Vereščuk znovu zaklykala ukrajinciv evakujuvatysja iz zachoplenych rajoniv Chersonščyny j Zaporižžja. Ukrinform, 10.7.2022.

[13] Usi kolaboranty vidpovidatymut' pered Ukrajinoju – Zelens'kyj pro psevdoreferendumy na okupovanych terytorijach. Suspilne Novyny, 7.8.2022.

[14] Chab „Ja – Cherson" u Zaporižži: jak orhanizovana joho robota, <https://akzent.zp.ua/hab-ya-herson-u-zaporizhzhi-yak-organizovana-jogo-robota-fotoreportazh/>.

Die humanitäre Lage in den besetzten Gebieten

Die Lage in den verschiedenen aktuell oder vorübergehend besetzten Gebieten der Ukraine unterscheidet sich stark. Die entscheidenden Faktoren sind die Dauer der Besatzung, die militärische Situation und die Nähe zur Front sowie der Grad der Zerstörung und Entvölkerung.
Die okkupierten Landstriche in den Gebieten Kyjiv, Sumy und Černihiv im Norden der Ukraine wurden bereits nach vier Wochen befreit. Dort hatte Russland nie ernsthaft versucht, Kontrolle über die lokale Verwaltung zu erlangen und die Loyalität der Bevölkerung zu gewinnen. Statt dessen terrorisierte die russländische Armee die Bevölkerung. Mariupol' im Gebiet Donec'k, Izjum im Gebiet Charkiv und Rubižne im Gebiet Luhans'k sind drei Beispiele für Städte, aus denen die Mehrheit der Bevölkerung geflohen ist und die bei der Einnahme durch die russländischen Truppen großflächig zerstört wurden. Die Lage für die verbliebenen Menschen ist dramatisch.
Das Gebiet Cherson und Teile des Gebiets Zaporižžja sind hingegen ohne größere Kampfhandlungen unter Kontrolle der russländischen Armee gelangt. Mittlerweile hat sich jedoch auch dort die humanitäre Situation stark verschlechtert. In Cherson befindet sich nach mehreren Fluchtwellen nur noch ein Drittel der Bevölkerung in der Stadt.[15]
In den gesamten neu besetzten Gebieten lebt die Bevölkerung in Angst und Unsicherheit. Nachdem der ukrainische Staat dort ausgeschaltet worden ist, sind Gewalt und Plünderungen Alltag geworden. Die Besatzer füllen das entstandene Machtvakuum auf ihre Weise. In den Straßen patrouillieren die Miliz der „Volksrepublik Doneck" oder Einheiten der berüchtigten Truppe des tschetschenischen Führers Ramzan Kadyrov. Auch die Russländische Nationalgarde (Rosgvardija) wird in den besetzen Gebieten eingesetzt. Darüber hinaus bauen die Besatzer einen neuen Polizeiapparat auf, der teilweise aus kollaborationsbereiten Beamten des aufgelösten ukrainischen Apparats rekrutiert wird. All diese neuen Kräfte sind kaum geeignet, die öffentliche Sicherheit wiederherzustellen und das Vertrauen der Bevölkerung zu gewinnen – im Gegenteil: Sie sind oft selbst an den täglichen Verbrechen beteiligt.
Viele Menschen verlieren ihre Arbeit, da Betriebe schließen oder weggehen. Jene, die im öffentlichen Dienst weiter arbeiten – z.B. Ärzte, Lehrer oder Sozialarbeiter – erhalten ihr Gehalt oft nur mit Verzögerung oder gar nicht. Ebenso gibt es Verzögerungen oder Ausfälle bei Sozialleistungen wie Renten oder Kindergeld. Und selbst wenn das Geld auf das Konto überwiesen wird, kann es oft nicht bar abgehoben werden. Dies macht die Menschen von der Versorgung durch die Besatzer abhängig, und die Moskauer Propaganda behauptet anschließend, die ukrainische Regierung habe ihre Bürger aufgegeben. Viele Rentner, insbesondere in ländlichen Gegenden, haben nicht einmal ein Konto. Sie erhielten die Rente bislang bar von Briefträgern der ukrainischen Post. Allein im Gebiet Cherson waren 70 000 Rentner auf diese Botendienste angewiesen.[16] Nachdem die Zustellung unter der Besatzung immer schwieriger geworden war, hat *Ukrpošta*

---

15 <https://suspilne.media/273026-u-hersoni-zalisilos-blizko-100-tisac-ziteliv/>.

16 Okupovani. Social'ni zobov'jazannja deržavy na starych i novych tymčasovo okupovanych terytorijach. Platyty čy ne platyty? ZN.ua, 19.7.2022.

ihre Tätigkeit in den besetzten Gebieten im August eingestellt.[17] Das ukrainische Sozialministerium ermöglicht es stattdessen nun, dass Rentenempfänger ein Internet-Bankkonto für Sozialleistungen einrichten.

Vielerorts sind die Wasser-, Strom und Fernwärmenetze beschädigt. Mariupol' ist das bekannteste Beispiel, in vielen kleineren Städten ist die Lage jedoch ähnlich. Äußerst prekär ist die medizinische Versorgung. Viele Ärzte sind geflohen, in den Krankenhäusern fehlt es an Verbandsmaterialien, Medikamenten und vielem mehr.

In Cherson waren im Mai bereits 90 Prozent der Apotheken geschlossen. Es fehlen Medikamente für Krebskranke, Diabetiker und andere Patienten, die auf die regelmäßige Einnahme spezieller Präparate angewiesen sind.[18] Größere organisierte Transporte von ukrainischem Gebiet aus lassen die Kontrollposten der russländischen Armee nicht passieren. Medikamente können daher von dort nur in kleinen Mengen mit Privatfahrzeugen und unter großen Risiken in die besetzten Gebiete gebracht werden.

Auch die Lebensmittelversorgung ist prekär. Die meisten ukrainischen Supermärkte haben wegen der unterbrochenen Lieferketten geschlossen. Mittlerweile werden Lebensmittel und Medikamente zunehmend aus Russland geliefert, hauptsächlich über die Krim. Die Preise für diese Lebensmittel sind extrem hoch. Lediglich lokale Bauern bieten Obst und Gemüse zu erschwinglichen Preisen an. Sie können nicht mehr in die freien Gebiete der Ukraine liefern und müssen ihre Erzeugnisse vor Ort zu Dumpingpreisen verkaufen.[19]

Zu alldem kommen Umweltgefahren in Folge der Kampfhandlungen: Wald- und Feldbrände, Wasserverschmutzung und die großflächige Gefahr durch Minen. Auch in befreiten Gebieten wird die Beseitigung von Sprengkörpern Jahre dauern. Gegenwärtig sind Minenräumkommandos oft dazu gezwungen, in Frucht stehende Felder abzubrennen.[20] Von den Auswirkungen einer drohenden Havarie im besetzten Atomkraftwerk Zaporižžja ganz zu schweigen.

Russlands Vorgehen in den besetzten Gebieten

Dort, wo die Frontlinie sich stabilisiert hat, hat Russland damit begonnen, „militärisch-zivile Verwaltungen" einzurichten. Zugleich ließ die Besatzungsmacht vielerorts die ukrainische Selbstverwaltung für eine gewisse Zeit mit eingeschränkten Kompetenzen weiterarbeiten. Da kaum jemand bereit war, mit den Besatzungsbehörden zu kollaborieren, war dies die einzige Möglichkeit, die kommunale Daseinsvorsorge aufrechtzuerhalten. So konnte etwa die Stadtverwaltung von Cherson unter Bürgermeister Ihor Kolychaev nach der Einnahme der Stadt ihre Tätigkeit noch fast zwei Monate fortsetzen. Erst am 25. April übernahmen die Okkupanten das Rathaus und holten die ukrainische Flagge ein.[21]

---

17 Ukrpošta prypynyla robotu na tymčasovo okupovanych terytorijach. Ekonomična Pravda, 1.8.2022.

18 Na Chersonščyni ne pracjujut' blyz'ko 90 % aptek – Krym-SOS. Suspilne Novyny, 25.5.2022.

19 Andrij Harasym: Okupovanyj Cherson: rozstriljani mityngy, biznes na vtikačach ta jajcja z Čuvašiji. Texty.org.ua, 22.4.2022.

20 Alina Haevs'ka, Marija Solodovnik, Hanna Sylaeva: Čomu saperam dovedet'sja spalyty vrožaj na poljach Charkivščyny. Pojasnennja DSNS. Suspilne Novyny, 6.8.2022.

21 Markijan Klymkovec'kyj: U Chersoni rosijs'ki okupanty zachopyly mis'kradu, z budivli znjaly ukrajins'kyj prapor. Hromadske, 25.4.2022.

Um wichtige lokale Persönlichkeiten zur Kollaboration zu bewegen, schrecken die Besatzer nicht vor Entführung und Folter von Politikern, Beamten und Journalisten zurück.[22] Einer der ersten prominenten Fälle war der des Bürgermeisters von Melitopol', Ivan Fedorov, der am 11. März entführt wurde. Am folgenden Tag forderten etwa 2000 Menschen in der besetzten Stadt öffentlich seine Freilassung. Tatsächlich wurde er bald gegen neun Kriegsgefangene ausgetauscht und von Präsident Zelens'kyj dafür ausgezeichnet, dass er sich trotz physischen und psychischen Drucks nicht in die Kollaboration fügte.[23] Seitdem wurden Hunderte Menschen entführt oder verhaftet; manche wurden in ihren Wohnungen und Häusern abgeholt, nachdem Kollaborateure Listen mit Namen und Adressen erstellt hatten; andere wurden an Kontrollpunkten verhaftet oder nachdem sie in den sogenannten Filtrationslagern Verhören unterzogen und die Daten ihrer Smartphones ausgelesen worden waren.

Einige der Entführten wurden inzwischen freigelassen – oft nachdem sie zuvor verprügelt und gefoltert worden waren –, andere werden weiter vermisst oder wurden tot aufgefunden. Allein auf dem besetzten Gebiet des Gebiets Zaporižžja wurden nach offiziellen Angaben zwischen März und Juli 415 Menschen entführt.[24] Gefährdet sind alle, die sich politisch engagiert haben, sowie ehemalige Soldaten, die an der Front im Donbass gekämpft haben. Die Besatzer glauben, dass Männer und Frauen aus diesen beiden Gruppen eine bewaffnete Widerstandsbewegung im Untergrund aufbauen könnten.

Ein Instrument, mit dem die Besatzungsmacht sich die Loyalität der Bevölkerung sichern will, ist die humanitäre Hilfe. Das Muster ist allen Ortes das gleiche. Erst werden die etablierten Routen für Lebensmitteltransporte blockiert und so wird überhaupt eine Bedürftigkeit geschaffen. Humanitäre Hilfe von ukrainischer Seite wird verhindert, an manchen Orten wurden Hilfsgüter offensichtlich auch gestohlen und umdeklariert, bevor sie verteilt wurden. Schließlich bringen Lastwagen aus Russland Nahrungsmittel, die Besatzer präsentieren sich als Wohltäter. Zusätzlich erhalten viele Rentner eine einmalige Zahlung. Zum „Tag des Sieges" am 9. Mai ließ Präsident Putin per Dekret allen Veteranen des „Großen Vaterländischen Kriegs" in den „befreiten Gebieten" 10 000 Rubel zukommen.[25] Berichte über die dankbare Entgegennahme solcher Brosamen sind ein bevorzugtes Sujet der auch in den besetzten Gebieten ausgestrahlten Fernsehnachrichten der Moskauer Staatssender.

Informationskontrolle und Propaganda sind ohnehin zentrale Instrumente, um die Herrschaft über die okkupierten Gebiete dauerhaft zu etablieren. Kurz nach dem Einmarsch schalteten die Okkupanten die ukrainischen Fernsehsender ab. Auf deren Frequenzen werden nun Kanäle aus Russland gesendet. Offenbar wurden auch einige lokale Zeitungen übernommen. Im zerstörten Mariupol' bauten die Besatzer Public Viewing-Leinwände auf, um den trotz der schweren Kämpfe in der Stadt verbliebenen Einwohnern die Moskauer Version der Einnahme von Mariupol' aufzudrängen.[26]

Ebenso wichtig ist die Kontrolle über den Telefonverkehr und das Internet. Im Gebiet Cherson blieb bis Ende Mai trotz der Besatzung alles beim Alten. Doch Anfang Juni

---

22 Ukraine: Torture, Disappearances in Occupied South. Human Rights Watch, 22.7.2022.

23 Zelens'kyj nahorodyv ordenom zvil'nenoho z rosijs'koho polonu mera Melitopolja. Radio Svoboda, 17.3.2022.

24 Na okupovanych terytorijach Zaporiz'koji oblasti vykradeno 415 osib. Bukvy, 12.7.2022.

25 Ukaz Prezidenta Rossijskoj Federacii ot 30.4.2022 № 246.

26 Okupanty rozgornuly u Mariupoli peresuvni ekrany dlja transljaciji rosTV. Focus, 24.5.2022.

wurde der örtliche Mobilfunk- und Internet-Provider *ChersonTelekom* gezwungen, die Verbindungen mit dem ukrainischen Netz zu kappen. Anschließend wurde das regionale Netz über einen Anbieter, der im Jahr 2014 speziell für die annektierte Krim aufgebaut worden war, an das russländische Netz angeschlossen. Auf diese Weise hat Russland die Kontrolle über den Datenfluss gewonnen und setzt in den okkupierten Gebieten eine Internetzensur durch, die noch schärfer ist als in Russland selbst. Die sozialen Netzwerke Facebook, Instagram and Twitter sind blockiert, zudem vielerorts auch Google und YouTube, ebenso der Messengerdienst Viber, über den viele Menschen in der Ukraine den Datenverkehr mit ihrer Bank abwickeln. Zu den Sperrungen kommt die Überwachung: Da die ukrainischen Sim-Karten in den Mobiltelefonen nicht mehr funktionieren, müssen die Menschen neue Karten russländischer Anbieter kaufen. Somit können die Moskauer Dienste alle Gespräche – zum Beispiel auch mit Verwandten in anderen Teilen der Ukraine oder im Ausland – abhören, und alle Bewegungen im Internet verfolgen. Da die Sim-Karten nur unter Vorlage eines Personalausweises verkauft werden, können alle Aktivitäten zugeordnet werden.[27]

Auch die ökonomische Loslösung der besetzten Gebiete ist im Gange. Viele ukrainische Banken wurden unter Druck gesetzt, die meisten mussten ihre Büros schließen und sind für ihre Kunden im Okkupationsgebiet nur noch via Internet erreichbar. Immer seltener ist an Bankautomaten noch Bargeld in ukrainischer Währung zu erhalten. Ende Mai kündigten die Besatzer die Einführung des Rubel im Gebiet Cherson an, zunächst parallel zur ukrainischen Hryvnja.[28] Wer eine Rente, Sozialleistungen oder Lohn über die Okkupationsbehörden bezieht, erhält diese nur in Rubel. Lokale Unternehmer wurden gezwungen, Rubel-Konten zu eröffnen und alle Geldbewegungen in Rubel durchzuführen. Insbesondere im Einzelhandel blieb die Hryvnja aber die bevorzugte Währung. Mittlerweile werden jedoch immer häufiger Geschäftsinhaber und Händler auf den Märkten bedroht, um sie zu einem Wechsel zu zwingen.[29] Ende Juli kündigte die im Gebiet Cherson eingesetzte Verwaltung an, dass die Übergangszeit mit der Doppelwährungszone bald enden werde. Zudem wird die Eröffnung von Filialen russländischer Banken vorbereitet. Anfang Juni kündigte die *Promsvjazbank* an, Zweigstellen in den neu besetzten Teilen der Gebiete Donec'k und Luhans'k einzurichten.[30] Wer dort lebt und seine ukrainische Bank nicht mehr erreichen kann, wird eine Karte des russländischen Zahlungssystems *Mir* annehmen müssen, denn die *Promsvjazbank* unterliegt westlichen Sanktionen und kann keine Karten der Anbieter *Visa* und *Master Card* mehr ausgeben. Auffällig ist, dass andere Banken aus Russland offenbar kein Interesse haben, sich in den besetzten Gebieten zu engagieren. Lediglich die in Südossetien registrierte MRB-Bank, die seit einigen Jahren Filialen in den beiden „Volksrepubliken" hat, dort aber in schlechtem Ruf steht, kündigte Ende Juli an, eine Zweigstelle im Gebiet Cherson zu eröffnen.[31]

---

27 How Russia Took Over Ukraine's Internet in Occupied Territories. The New York Times, 9.8.2022.

28 Julija Hončarenko: I rubli, i hryvni: V okupovanij Chersons'kij oblasti zaprovadžujet'sja bivaljutna zona. Dengi.us, 24.5.2022.

29 Okupanty počaly karaty za vykorystannja hryvni – Chersons'ka ODA. Ukrainska Pravda, 28.7.2022.

30 Rosijs'kyj bank, ščo finansuje vijnu v Ukrajini, vperše oficijno zajavyv pro počatok roboty na okupovanij Doneččyni. ZN.ua, 4.6.2022.

31 Ostap Šapiro: V Chersons'kij oblasti pracjuvatyme bank z Pivdennoji Oseriji, dijal'nist' jakoho ljudy nazyvajut' „rozvodnjak". Most, 20.7.2022.

Ein weiteres Instrument zur Konsolidierung der Besatzungsmacht ist die Ausgabe von russländischen Pässen. Am 25. Mai erließ Präsident Putin ein Dekret, mit dem die Ausstellung solcher Pässe an die Bewohner der Gebiete Cherson und Zaporižžja vereinfacht wird. Ähnliche Regeln gelten bereits seit 2019 für die beiden „Volksrepubliken".[32] Beliebt sind russländische Pässe allerdings nicht. Dies hat zum einen mit Loyalität zur Ukraine zu tun. Hinzu kommt aber die Furcht vor einer Zwangsrekrutierung in die Armee der Besatzer. Daher üben diese großen Druck aus, um die Annahme eines russländischen Passes zu erzwingen. Wer ein Unternehmen führt, und sei es ein kleiner Laden oder eine Reparaturwerkstatt, muss dieses neu registrieren lassen. Dazu wird ein russländischer Pass benötigt. Ebenso zur Registrierung von Kraftfahrzeug-Kennzeichen und für den Verkauf von Grundstücken.

Menschen im Ruhestand wurde eine Rente versprochen, wenn sie einen russländischen Pass beantragen.[33] Im Juni verkündete die Besatzungsbehörde von Cherson, dass nach dem 24. Februar 2022 geborene Kinder automatisch die russländische Staatsbürgerschaft erhalten.[34]

Nicht zuletzt bereitet Russland einen spektakulären Akt von Siegerjustiz vor. Nach Angaben des Stadtrats von Mariupol' planen die Besatzer ein Tribunal gegen die ukrainischen Soldaten des Azov-Regiments, die in Mariupol' nach der Einnahme der gesamten Stadt noch bis zum 20. Mai das Stahlwerk *Azovstal'* verteidigten, bevor sie sich in Kriegsgefangenschaft begeben mussten. Stattfinden soll der Schauprozess in der Kammerphilharmonie von Mariupol'.[35] Die Schuld an den zahlreichen Kriegsverbrechen und an der Zerstörung von Mariupol' soll der Ukraine in die Schuhe geschoben werden, dem „ukrainischen Faschismus", den die russländische Propaganda in diesem Regiment verkörpert sieht. Inszeniert wird ein „neuer Nürnberger Prozess", in dem die Kriegsgefangenen als „ukrainische Nazis" angeklagt werden. Ein symbolischer Akt, mit dem die Wichtigkeit und die Erfüllung des Kriegsziels „Entnazifizierung" dargestellt werden. Und eine gezielte Erniedrigung für die Ukraine, die eine Bestrafung der tatsächlich Verantwortlichen anstrebt.

„Soft Power": Symbol- und Erinnerungspolitik

Ein zentrales Element der Besatzungspolitik ist die Russifizierung.[36] Das von Vladimir Putin propagierte Geschichtsbild, dass die Ukraine ein künstlicher Staat ohne eigene Geschichte und Identität sei, soll sich in den besetzten Gebieten materialisieren.[37] Russ-

---

[32] Rosija počne rozdavaty svoji pasporty u Chersons'kij i Zaporiz'kij oblastjach. BBC News Ukraine, 25.5.2022.

[33] Tetjana Katryčenko: Prymusova pasportyzacija: jak RF zmušuje pensioneriv i pidpryjemciv zminjuvaty hromadjanstvo. Focus.ua, 10.8.2022.

[34] Roman Petrenko: Okupanty nasyl'no vypysujut' „hromadjanstvo RF" novonarodženym na Chersonščyni. Ukrajinska Pravda, 16.6.2022.

[35] Okupanty u Mariupoli chočut' vlaštuvaty sud nad polonenymy, u filarmoniji stavljat' klitky. LB.ua, 6.8.2022.

[36] Oleksandr Jankovs'kyj: „Pidgotovka do aneksiji". Jak okupanty provodjat' „rusyfikaciju" pivdnja Ukrajiny. Radio Svoboda, 26.5.2022.

[37] Siehe dazu den unter dem Namen Putins veröffentlichten Text „Über die historische Einheit der Russen und der Ukrainer", dokumentiert in: OSTEUROPA, 7/2021, S. 51–66, sowie die Reden Putin vom 21.2.2022, 24.2.2022, und 16.3.2022, dokumentiert in: OSTEUROPA, 1–3/2022.

land soll als historisches Stammland der Bevölkerung erscheinen, nostalgische Erinnerungen an die Sowjetunion und Vorstellungen vom Russländischen Reich sollen geweckt und verbreitet werden. Dazu kommt ein ganzes Arsenal symbolpolitischer Mittel zum Einsatz. So werden etwa Straßennamen ersetzt, um die russische imperiale Tradition in den öffentlichen Raum einzuschreiben. In Cherson wurden im Mai auf Initiative der Kremlpartei *Einiges Russland* Poster mit Porträts und Zitaten u.a. von Puškin, dem Heerführer Suvorov und Fürst Potemkin aufgestellt.[38] Die imperiale Expansion im 18. Jahrhundert wird gepriesen, „Cherson ist eine Stadt mit russischer Geschichte" lautet die Botschaft. In diesem Geiste wurde am 12. Juni der Russland-Tag, der seit 1994 Nationalfeiertag ist, auch in den übrigen besetzten Gebieten gefeiert. Dass der Tag eigentlich an die Ratifizierung der Souveränitätserklärung der Russländischen Föderativen Sowjetrepublik im Jahr 1991 erinnert, wird selbstverständlich nicht erwähnt. Der Tag wird für eine andere Tradition instrumentalisiert: Am 18. Juni wandte sich der von Moskau eingesetzte Kommandant des Gebiets Cherson Vladimir Sal'do, ehemals direkt gewählter Bürgermeister von Cherson (2002–2012) und Abgeordneter des ukrainischen Parlaments (2012–2014), an den Vorsitzenden der Russländischen Militärhistorischen Gesellschaft und Präsidentenberater Vladimir Medinskij, um ihn um Errichtung eines Denkmals für Katharina die Große in Cherson zu bitten.[39] Es wird deutlich, dass lokale Kollaborateure sich andienen, weil sie die Chance sehen, politische Rechnungen zu begleichen.

Zugleich wird auch an die sowjetische Erinnerung appelliert, wohl um eine ältere Generation zu erreichen. So erhalten Straßen wieder jenen Namen, den sie vor der Dekommunisierung im Jahr 2015 hatten. Ob dies eher auf Initiative örtlicher Kräfte oder der Besatzer geschieht, ist unklar. Gelegentlich wurden auch Lenin-Statuen wiederaufgestellt, so in Heničes'k and Nova Kachovka.[40] Dies entbehrt nicht einer gewissen Ironie, hatte doch Putin kurz vor der Invasion Lenin die Schuld für die Schaffung des ukrainischen Staats gegeben.[41] Entfernt wurden hingegen nationale Symbole der Ukraine wie der Dreizack. Gedenkorte, insbesondere solche, die an den Euromajdan, die Himmlische Hundertschaft[42] oder die in den vergangenen acht Jahren im Donbass gefallenen ukrainischen Soldaten erinnerten, wurden zerstört oder geschändet.

Im Zentrum der Moskauer Symbolpolitik in den besetzten Gebieten stehen jedoch der „Große Vaterländische Krieg" und der „Tag des Sieges". Seit 20 Jahren dominiert der Sieg im Krieg die Erinnerungspolitik des Putin-Regimes.[43] Im Jahr 2014 spielte er bei der Rechtfertigung der Annexion der Krim und im sogenannten „Russischen Frühling" eine große Rolle. Heute wird die Invasion in die Ukraine als Kampf gegen den „ukrainischen Faschismus", als Wiederholung der Mission der Jahre 1941–1945 ausgegeben.

---

[38] V okupovanomu Chersoni z'javylysja banery z Puškinym. Texty.org.ua, 30.5.2022.

[39] Denis Karlovs'kyj: Okupanty zbyrajut'sja vstanovyty v Chersoni pam'jatnyk Kateryni Drugij. Ukrainska Pravda, 18.6.2022.

[40] V okupovanij Novij Kachovci vstanovyly pam'jatnyk Leninu. RBK-Ukraina, 30.4.2022.

[41] „Wir erkennen die Volksrepubliken an". Rede von Vladimir Putin, 21.2.2022, in: OSTEUROPA, 1–3/2022, S. 119–135.

[42] „Himmlische Hundertschaft" werden in der Ukraine jene mehr als 100 Menschen genannt, die zwischen November 2013 und Ende Februar 2014 auf dem Majdan umkamen, die meisten von ihnen zwischen 18. Und 20. Februar durch Schüsse von Scharfschützen.

[43] Lev Gudkov: Die Fesseln des Sieges. Rußlands Identität aus der Erinnerung an den Krieg, in: OSTEUROPA, 4–6/2005, S. 56–73. – Boris Dubin: Erinnern als staatliche Veranstaltung. Geschichte und Herrschaft in Russland, in: OSTEUROPA, 6/2008, S. 57–66.

Russland spielt im Namen einer Befreiung der ukrainischen Bevölkerung von „Nazis" den Krieg gegen Hitlerdeutschland nach. Entsprechend erhoffte sich Moskau vom Jahrestag des Sieges am 9. Mai einen mobilisierenden Effekt in den besetzten Gebieten. Scheinreferenden, von denen zuvor die Rede gewesen war, wurden an diesem Tag zwar nicht abgehalten, jedoch wurden auf die ältere Generation zielende Siegesfeiern im sowjetischen Stil mit Gedenkmärschen von „Unsterblichen Regimentern" und öffentliche Aufführungen sowjetischer Lieder organisiert. Kurz vor dem Tag traten in Mariupol' Sergej Kirienko und das Oberhaupt der „Volksrepublik Doneck" Denis Pušilin auf. Bemerkenswert ist, dass die Besatzungsbehörden am 9. Mai neben der Flagge Russlands das sowjetische Siegesbanner mit Hammer und Sichel hissten. Das wohl bizarrste Symbol aber ist die „Babuschka Z", die seit April auf Hauswänden, T-Shirts und Postkarten durch die besetzten Gebiete und durch Russland geistert. Das Meme geht zurück auf eine kurze Videoaufnahme, auf der ukrainische Soldaten zu sehen sind, die einer alten Bäuerin Lebensmittel bringen; diese kommt ihnen mit einer roten Sowjetfahne entgegen und begrüßt sie als Befreier; als sie merkt, dass es ukrainische Soldaten sind, gibt sie die Lebensmittel zurück.[44] Für Russlands Propagandisten war dies ein gefundenes Fressen und auch der Kreml griff die Geschichte auf. Kirienko, einer der höchsten Funktionsträger Russlands, enthüllte bei seinem Besuch in Mariupol' eine Statue zu Ehren der „Heldin".

Ukrainischer Widerstand

Die Okkupationstruppen können in den besetzten Gebieten kaum mit Unterstützung rechnen. In den ersten Tagen nach dem Einmarsch der russländischen Truppen fanden in Städten wie Cherson, Melitopol' und Ėnerhodar große Demonstrationen mit ukrainischen Flaggen statt, zahlreiche Videos dokumentieren, dass auch in Dörfern aufgebrachte Menschen die Besatzer anschreien oder sich Panzern entgegenstellen, um sie an der Weiterfahrt zu hindern.[45]

Weniger sichtbar, aber noch viel verbreiteter und bis heute anhaltend sind andere, nicht explizit politische Formen des Widerstands, den die Menschen trotz Schock und Fassungslosigkeit seit Beginn der Okkupation leisten. Um von den Besatzern unabhängig zu bleiben, haben viele sich informell organisiert, leisten Nachbarschaftshilfe, unterstützen alte und gebrechliche Menschen, organisieren Evakuierungen, bringen verdeckt humanitäre Hilfe in die besetzten Gebiete. Man kann von einer Resilienz der ukrainischen Zivilgesellschaft sprechen, oder einfach die Zivilcourage der Menschen bewundern. Denn die Besatzer machen von ihren Waffen Gebrauch, anfangs um Demonstranten zu zerstreuen, seitdem aber auch bei gezielten Repressionen: Menschen, die sich engagieren oder auch nur von den Okkupanten für Aktivisten gehalten werden, laufen Gefahr, entführt, gefoltert und getötet zu werden. Gleichwohl werden weiter Flashmobs organisiert, die sich schnell wieder auflösen, bevor Patrouillen vor Ort erscheinen, russländi-

[44] Für die Verbreitung der Geschichte in Russlands Staatsmedien siehe: Babushka s krasnym flagom stala simvolom prorossijskoj Ukrainy. Rossijskaja Gazeta, 16.4.2022. – Siehe auch: Babushka Z: Russia's newest pro-war propaganda poster girl regrets waving red flag, euromaidanpress, 13.5.2022.

[45] Für eine visuelle Dokumentation der Proteste bis Ende April 2022 siehe: Myrnyj sprotyv na okupovanych terytorijach. Texty.org.ua, 28.4.2022.

sche Flaggen werden heimlich von öffentlichen Plätzen entfernt, Gebäude mit ukrainischen Symbolen und Farben bemalt, Flugblätter verteilt, auf denen das baldige Eintreffen der ukrainischen Armee angekündigt und vor russländischen Pässen gewarnt wird oder Kollaborateure lächerlich gemacht werden.
Eine weitere Form des Widerstands ist ziviler Ungehorsam. Als im Juni in Cherson der von der neuen Verwaltung eingesetzte „Chef der Bildungsabteilung" die örtlichen Lehrer und Schuldirektoren zusammenrief, verließen die meisten das Treffen, als sie von dem Vorhaben der Besatzungsbehörde erfuhren, dass der bestehende Lehrplan durch einen ersetzt werden solle, der an den in Russland geltenden angelehnt ist.[46]
Die radikalste Form des Widerstands ist gezielte Sabotage – die Zerstörung von Brücken, Eisenbahnlinien oder Militärinfrastruktur und Angriffe auf Kollaborateure und Besatzer. Solche Attacken häufen sich seit Ende April. Einige Beispiele:

- Am 20. April wird in Cherson der Blogger Valerij Kulešov erschossen;
- am 21. April explodiert im Rathaus der Stadt Kreminna (Gebiet Luhans'k) während eines Treffens zwischen lokalen Kollaborateuren und Vertretern der russländischen Armee eine Bombe;
- am 22. Mai explodiert in Ėnerhodar vor dem Haus von Andrij Ševčyk ein Sprengsatz; Ševčyk, der mit der Besatzungsmacht zusammengearbeitet hatte, sowie seine Leibwächter werden verletzt;[47]
- am 30. Mai kommt es in Melitopol' im Hauptquartier des Chefs der von Russland eingesetzten „militärisch-zivilen Verwaltung", Evhen Balyc'kyi, zu einer Explosion. Er sowie weitere Personen erleiden Verletzungen.
- Am 24. Juni stirbt in Cherson Dmytro Savlučenko durch eine Autobombe. Er war seit vielen Jahren für prorussländische Agitation bekannt und hatte nach der Okkupation ein Amt in der Militär- und Zivilverwaltung übernommen;[48]
- am 6. August stirbt der von Russland eingesetzte stellvertretende Leiter der Bezirksverwaltung von Nova Kachovka (Gebiet Cherson), Vitalij Hura, an einer Schussverletzung, die ihm auf offener Straße zugefügt worden war.[49]
- Nachdem er einen ersten Anschlag überlebt hat, wird Oleksij Kovalov, ehemaliger Abgeordneter des ukrainischen Parlaments und „Minister" für Landwirtschaft in der Besatzungsregierung von Cherson, am 29. August tot aufgefunden.

Niemand hat für diese Anschläge die Verantwortung übernommen. Es ist nicht ausgeschlossen, dass in einigen Fällen keine politischen Motive dahintersteckten, sondern Auseinandersetzungen um die Neuverteilung von Ressourcen. Insgesamt deutet jedoch vieles darauf hin, dass in den besetzten Gebieten eine von der ukrainischen Armee und den Geheimdiensten unterstützte Partisanenbewegung entsteht.

---

[46] Osvitjany Chersonščyny vidmovylysja spivpracjuvaty z rosijs'kymy okupantamy. Centr Žurnalists'kych Rozsliduvan'. 30.5.2022.
[47] „Samolikvidacija" mostiv i okupantiv. U zachoplenych mistach Ukrajiny rozhortajet'sja ruch oporu: ščo vidomo pro joho najmasštabniši projavy. NV, 23.5.2022.
[48] U Chersoni pidirvaly avto odnoho z najvidomišych miscevych kolaborantiv. Unian, 24.6.2022.
[49] Kolaborant Hura z Novoji Kachovky pomer pislja zamachu – rosZMI. Liga.net, 6.8.2022.

Kollaboration

Jede Besatzungsmacht ist auf Kollaboration angewiesen. Um Kontrolle über besetzte Gebiete zu erhalten, braucht es Menschen mit Zugang zu lokalen Netzwerken, mit Wissen über örtliche Verhältnisse und Verwaltungserfahrung. Im Jahr 2014 konnte sich Russland auf der Krim auf eine große Zahl von Menschen stützen, die zur Zusammenarbeit bereit waren. In den nun eroberten Gebieten gestaltet sich die Rekrutierung von Kollaborateuren anders als von Moskau erwartet viel schwieriger.

Auch versucht der ukrainische Staat, die Menschen in den besetzten Gebieten von Kollaboration mit den Besatzern abzuhalten. Bereits am 3. März verabschiedete das Parlament zwei Gesetze, die Kollaboration „mit einem Aggressorstaat, seinen Besatzungsbehörden und seinen militärischen oder paramilitärischen Kräften" unter Strafe stellen.[50] Das erste stellt Kooperation mit dem Aggressorstaat, seinen bewaffneten Einheiten oder den Besatzungsbehörden unter Strafe; ebenso öffentliche Aufrufe zur Unterstützung der Okkupationsmacht sowie die öffentliche Leugnung des bewaffneten Angriffs gegen die Ukraine und der Besetzung von Teilen ihres Territoriums. Auch wer in Abrede stellt, dass die zeitweilig besetzten Gebiete Hoheitsgebiet der Ukraine sind, macht sich der Kollaboration schuldig. Das Gesetz sieht Freiheitsstrafe von 10 bis 15 Jahren vor. Das zweite Gesetz schränkt die Rechte überführter Kollaborateure ein. Ihnen wird verwehrt, sich für öffentliche Ämter zu bewerben oder in der Armee zu dienen. Anfang August gab das Innenministerium bekannt, es seien mehr als 1100 Verfahren gegen Kollaborateure eröffnet worden – zumeist wegen Unterstützung der russländischen Armee, der Verbreitung von Propaganda oder der freiwilligen Übernahme von Funktionen im Machtapparat der Besatzer. Gegen 193 Tatverdächtige werde ermittelt, einige Urteile seien bereits ergangen, die meisten allerdings in Abwesenheit, da die Beschuldigten sich in den besetzten Gebieten befinden.[51]

Die NGO *Česno* („Ehrlich") hat in Zusammenarbeit mit der Nationalen Agentur für Korruptionsprävention eine Datenbank erstellt, in der Kollaborateure erfasst werden.[52] Auch das Ministerium für digitale Transformation bittet alle, die Informationen über Kollaborateure in den okkupierten Gebieten haben, diese über einen Chatbot zu melden.[53] Zugleich verleiht Präsident Zelens'kyj Auszeichnungen an Bürgermeister und Beamte, die loyal zum ukrainischen Staat stehen und sich am Widerstand gegen die Okkupation beteiligt haben.[54]

Allerdings ist die juristische Definition von Kollaboration eine Sache, das Verhalten der Menschen unter der Besatzung und ihre möglichen Motive eine andere. Kollaboration

---

50 Iana Fremer: Ukraine: New Laws Criminalize Collaboration with an Aggressor State, 4.4.2022, <www.loc.gov/item/global-legal-monitor/2022-04-04/ukraine-new-laws-criminalize-collaboration-with-an-aggressor-state/>.

51 Za faktami kolaboracії z vorogom rozslidujut' ponad 1 tysjaču sprav, – MVS. Sudovo-jurydyčna gazeta. 8.8.2022.

52 DeržZradniki (StaatsVerräter), <www.chesno.org/traitors>.

53 Tetjana Vojtjuk: Vid početku vijny u „eVoroh" nadijšlo majže dvi tysjači povidomlen' pro kolaborantiv. Suspilne Novyny, 12.7.2022. – Ministry of Digital Transformation launched Telegram chatbot ‚eVoroh' (the enemy is here). LB.ua, 10.3.2022.

54 Ukaz Prezydenta Ukrajiny №165/2022 „Pro vidznačennja deržavnymy nagorodamy Ukraïny", 24.3.2022, <www.president.gov.ua/documents/1652022-41801>.

reicht von offener Lobpreisung der Besatzung aus ideologischer Überzeugung bis zu einer Zusammenarbeit, zu der sich ein Mensch in einer konkreten Situation entscheidet, die er jedoch möglichst verbirgt. Er kann sich nach Androhung von Gewalt dazu entscheiden oder anderweitig erpresst werden. Oder er kann sich finanzielle Vorteile von der Kollaboration versprechen. Oft lässt sich beides nicht auseinanderhalten. Vielfach gehen ideologische Überzeugungen einher mit der Gelegenheit, sich an politischen Gegnern zu rächen. Wer etwa 2014 die Annexion der Krim und den „russischen Frühling" im Jahr 2014 unterstützt hatte, daraufhin seinen Posten verlor oder sogar wegen antiukrainischer Aktivitäten verurteilt wurde oder um einer Verhaftung zu entgehen nach Russland floh, der hat nun die Gelegenheit zur Rache. Tatsächlich finden sich unter den heutigen Kollaborateuren viele ehemalige Abgeordnete oder Bürgermeister. Gleiches gilt für ehemalige Angehörige der Geheimdienste, der Polizei und der Armee, die in Konflikt mit den Behörden geraten waren und Groll auf ihren Arbeitgeber hegten.
Unter den Kollaborateuren finden sich viele lokale Abgeordnete des *Oppositionsblocks*, der Nachfolge-Organisation der *Partei der Regionen* von Ex-Präsident Viktor Janukovyč, jedoch auch Mitglieder anderer Parteien. Bekannt ist der Fall von Oleksij Kovalev, der für die Partei *Sluha narodu* (Diener des Volkes) von Präsident Zelens'kyj im ukrainischen Parlament saß, jedoch im April in seinen besetzten Heimatort im Gebiet Cherson zurückkehrte. Er gab an, er wolle bei seinen Wählern sein, tatsächlich hatte er geschäftliche Interessen. Im Juli wurde bekannt, dass Kovalev Mitglied der von Russland eingesetzten „Regierung" des Gebiets Cherson ist; er wurde daraufhin wegen Hochverrats gesucht. Wie erwähnt, wurden auf ihn zwei Anschläge verübt; dem zweiten ist er im August zum Opfer gefallen.[55]
Auch einige Blogger und Lokaljournalisten stellen sich den Okkupanten zur Verfügung. Manche singen aus ideologischen Motiven das Lied der Besatzer, etwa Kiril Stremousov, der sich seit Jahren im prorussländischen Umfeld bewegt hat, während der Covid-19-Pandemie Verschwörungsideologien verbreitete und nun stellvertretender Kommandant von Cherson ist. Andere waren und sind wirtschaftlichen Gruppierungen zu Diensten, die ein Auskommen mit den Besatzungsbehörden suchen. Wieder andere handeln aus Opportunismus. Oft gehen die Motive Hand in Hand.
Da der Südosten der Ukraine mittlerweile seit mehr als einem halben Jahr unter Besatzung steht, wächst der Druck. Immer schwieriger wird es, Kollaboration zu vermeiden. Dies gilt für Personen an der Spitze kommunaler Dienste genauso wie für die Leiterin eines Kindergartens auf dem Land. Gleichzeitig erhöht auch die Regierung in Kiew den Druck und warnt nach den Erfahrungen des Jahres 2014 mit Nachdruck vor den strafrechtlichen Folgen der Kollaboration. Zugleich vermeidet die Regierung weitergehende rechtliche Maßnahmen, da es in ihren Augen kontraproduktiv wäre, z.B. die Erwerbung eines russländischen Passes unter Strafe zu stellen.
Die ältere Generation erinnert sich noch, mit welchem Argwohn man sowjetische Bürger behandelte, die unter der Nazi-Okkupation gelebt hatten. Jedenfalls wird es nach der Befreiung der besetzten Gebiete wichtig sein, differenziert und großzügig vorzugehen.

[55] Deputatu Koval'ovu obrano zapobižnyj zachid u vyhljadi trymannja pid vartoju – DBR. Radio Svoboda, 15.7.2022.

Zwischen den Mühlsteinen: Bürgermeister und örtliche Unternehmer

Von den ersten Tagen an setzten die Besatzer die Bürgermeister und Gemeinderäte in den okkupierten Gebieten unter Druck, wohl wissend, dass deren Zusammenarbeit und Unterstützung zentral ist, um das Handeln der Okkupanten zu legitimieren und deren Gegner zu demoralisieren. Wer sich widersetzte, wurde physisch und psychisch drangsaliert, viele wurden entführt, manche gefoltert oder gar ermordet. Wer die verbliebenen Möglichkeiten nutzt, um Evakuierungen und humanitäre Hilfe zu organisieren, riskiert seine Freiheit und vielleicht sein Leben. Mehr noch: Wer für die Aufrechterhaltung der kommunalen Dienste sorgt, läuft Gefahr, als Kollaborateur zu gelten. Wer hingegen flieht, kann zwar, wenn alles gut geht, sich und seine Familie retten, überlässt jedoch die zurückbleibenden Menschen der Not.

So blieb etwa der Bürgermeister von Cherson, Ihor Kolychaev, in den ersten beiden Monaten der Okkupation im Amt. Er bekundete öffentlich seine Loyalität gegenüber dem ukrainischen Staat, unterstützte die proukrainischen Proteste und erfüllte seine Amtspflichten. Präsident Zelens'kyj verlieh ihm einen Tapferkeitsorden. Auf dem Dach des Rathauses wehte bis Ende April die ukrainische Flagge. In Interviews mit ukrainischen Medien betonte Kolychaev, er könne unmöglich die Stadt verlassen und die Bürger, die ihn gewählt haben, im Stich lassen. Er kritisierte aber auch die ukrainische Regierung, die es versäumt habe, Amtsträgern wie ihm klare Richtlinien an die Hand zu geben. Die meisten Bewohner von Cherson vertrauten ihm, doch es kamen auch Gerüchte auf, es gebe wohl Gründe, warum die Besatzer ihn so lange im Amt ließen. Gleichzeitig wurde ihm vorgeworfen, er habe vor allem Interessen als Agrargroßunternehmer.[56]

Jenseits von Unterstellungen rechneten sich die Besatzer vielleicht tatsächlich aus, dass es von Vorteil ist, einen für seine pragmatische Haltung bekannten Bürgermeister einer großen Stadt – Kolychaev hatte sich etwa dagegen ausgesprochen, die Wasserversorgung der Krim über den Nord-Krim-Kanal zu blockieren – trotz seiner öffentlichen Äußerungen im Amt zu belassen. Tatsächlich war sein Fall einzigartig. Die gewählten obersten Vertreter aller anderen 49 Gemeinden und Landkreise des Gebiets Cherson flohen entweder, oder wurden verhaftet oder kollaborieren offen.[57]

Doch am 25. April besetzten russländische Soldaten das Rathaus und setzten eine neue Stadtverwaltung ein. Kolychaev musste sein Büro räumen, gab aber bekannt, dass er in der Stadt bleiben und sein Amt weiter ausüben werde.[58] Am 28. Juni wurde er von den Besatzern verhaftet. Ihm wird vorgeworfen, er habe mit ukrainischen Saboteuren zusammengearbeitet.[59]

Anders die Geschichte von Vadym Boičenko. Dieser kam aus den Konzernstrukturen des Oligarchen Rinat Achmetov (u.a. *Metinvest*), als er 2015 zum Bürgermeister von Mariupol' gewählt wurde. Im Jahr 2019 kandidierte er für die Verchovna Rada auf der Liste des von vielen als prorussländisch betrachteten Oppositionsblock. Doch er agierte

---

[56] Mėr Chersona prorabotal v okkupacii četyre mesjaca. Mog li on za jėto vremja pojti na sotrudničestvo s Rossiej? currenttime.tv, 18.7.2022.

[57] Ebd.

[58] Ihor Kolychaev: Chersonci perebuvajut' u stani očikuvannja, my čekajemo vyzvolennja. RBK-Ukraina, 23.5.2022.

[59] Okupanty zabraly mera Chersona, bo vin ne pišov na spivpracju – radnycja Kolychajeva. Ukrainska Pravda, 28.6.2022.

zunehmend unabhängig und wurde von den Bürgern der Stadt wegen einer fortschrittlichen Politik geschätzt. Als Russlands Armee sofort nach Beginn des Einmarsches auf Mariupol' vorrückte, habe er nach seiner Aussage die Meldung erhalten, eine auf ihn angesetzte Sabotagegruppe sei in der Stadt, und daraufhin die Nacht im Umland verbracht. Wegen der Einkesselung der Stadt am 27.2. sei sein Versuch gescheitert, zur Arbeit in die Stadt zurückzukehren.[60] Er blieb jedoch formal im Amt und meldete sich als Bürgermeister aktiv auf dem in der Ukraine sehr verbreiteten Messaging-Dienst Telegram zu Wort. Real konnte er aber den Bewohnern von Mariupol' in ihrem immensen Leid kaum helfen. Seine Telegram-Nachrichten verärgerten viele, die die Geschichte der verhinderten Rückkehr nicht glaubten und die Ansicht vertraten, der Bürgermeister solle bei seinen Mitbürgern bleiben. Dieser Unmut wurde von der Propaganda der Besatzer dankbar instrumentalisiert.

Vor schweren Entscheidungen stehen auch Unternehmer in den besetzten Gebieten. Vielerorts sind Lieferketten abgeschnitten und die neue Verwaltung übt Druck aus, damit sie ihren Betrieb neu registrieren lassen. In dem rechtsfreien Raum der Besatzungsgebiete müssen sie täglich damit rechnen, dass das Unternehmen auf einen neuen Eigentümer aus Russland oder dem Kreis der Kollaborateure umgeschrieben wird oder sogar Anlagen demontiert und abtransportiert werden.

Auch die Unternehmer haben eine soziale Verantwortung, sei es als Arbeitgeber oder etwa als Inhaber von Apotheken, Bäckereien, Lebensmittelgeschäften, mit denen sie die Grundbedürfnisse der Bevölkerung abdecken, die unter immer schlechteren Bedingungen lebt.[61] Doch wer im Besatzungsgebiet bleibt, muss vielleicht eines Tages mit Zulieferern aus Russland oder von der Krim zusammenarbeiten, Produkte dorthin verkaufen und seine Steuern bei den Besatzungsbehörden entrichten. Nach dem Anfang März verabschiedeten Gesetz sind „wirtschaftliche Aktivitäten in Zusammenarbeit mit einem Aggressorstaat" strafbar. Darüber wird allerdings in Kiew diskutiert. Die Regierung hat dem Parlament eine Änderung des Gesetzes empfohlen: Zugelassen werden soll eine Reihe von Ausnahmen, insbesondere in den Bereichen Landwirtschaft, Logistik, Herstellung und Verkauf von Medikamenten, humanitäre Hilfe und weitere Tätigkeiten, die für das Wohl der Bevölkerung in den besetzten Gebieten unabdingbar sind. Nach dieser Gesetzesänderung wäre nur noch freiwillige Kollaboration strafbar.[62]

Das Bildungswesen

Das ukrainische Bildungssystem sieht sich seit Kriegsbeginn mit enormen Herausforderungen konfrontiert, insbesondere in den besetzten Gebieten. Russlands Invasion fiel mitten in das Schuljahr. Mit der Verhängung des Kriegsrechts am ersten Tag der Invasion wurden die Schulen und andere Bildungseinrichtungen geschlossen und die Kinder für zwei Wochen in Ferien geschickt. Als im März klar wurde, dass der Krieg nicht so bald enden würde, empfahl das Bildungsministerium, möglichst zu digitalem Fernunterricht überzugehen. Wo dies nicht möglich ist, sollen sich die Schulen der Empfehlung

---

60 Denis Karlovs'kyj: Mer Mariupolja rozpoviv, koly i čomu zalyšyv misto. Ukrainska Pravda, 10.4.2022.

61 Volodymyr Rychlyc'kyj: Tonka meža miž kolaboracionizmom i vyžyvannjam. Jak pracjuvaty biznesu na okupovanych terytorijach. Ekonomična Pravda, 7.5.2022.

62 Natalja Mamčenko: Meškanci i biznes, jakyj pracjuje na faktyčno okupovanychterytorijach Ukrajiny, ne bojatymut'sja kryminal'noho peresliduvannja: Kabmin proponuje zminy do Kryminal'noho kodeksu, Sudovo-jurydyčna hazeta, 10.8.2022.

gemäß auf die psychologische Unterstützung der Kinder konzentrieren. Darüber hinaus wurden die Schulen und andere Einrichtungen aufgefordert, die Schüler und ihre Familien über die Entwicklung der örtlichen Situation und Möglichkeiten zur Evakuierung zu informieren. Auch sollen Schulen bei der Organisation der Zivilverteidigung mithelfen.

Auch wenn der Unterricht inzwischen teilweise wiederaufgenommen werden konnte, sind die Schulen mit einer Situation konfrontiert, wie es sie seit Ende des Zweiten Weltkriegs nicht gegeben hat. Zahllose Schulgebäude wurden beschädigt oder zerstört, Hunderttausende Schüler und Lehrer sind in andere Landesteile oder ins Ausland geflohen.[63] Rund 800 Schulen befinden sich in besetzen Gebieten.[64] In den heftig umkämpften Gebieten wie Mariupol' war über viele Wochen an Schulunterricht nicht zu denken.

In den besetzten Gebieten drängt die neue Verwaltung darauf, dass die Schulen wieder geöffnet werden. Die Besatzer wollen eine Rückkehr zum „normalen Leben" demonstrieren und den „Frieden" feiern, den Russland den Menschen dort angeblich gebracht hat. Fernunterricht, den die ukrainischen Schulen bereits während der beiden Pandemiejahre praktiziert hatten, wurde so zu einem Akt passiven Widerstands. Er erlaubt es, sich der Instrumentalisierung sowie der direkten Einflussnahme durch die Besatzer zu entziehen. Anfang April erlaubte das Kiewer Bildungsministerium den Schulen offiziell, je nach Situation selbst zu entscheiden, wann das Schuljahr endet.[65] Sie wurden zudem angewiesen, auf Prüfungen am Ende des Schuljahrs zu verzichten und alle Schüler in die nächste Klasse zu versetzen. Das Bildungsministerium versprach, dass jeder Absolvent ein Zeugnis erhält. Schüler aus den besetzten Gebieten müssen dieses allerdings in ukrainisch kontrolliertem Gebiet abholen.

Für das Schuljahr 2021/2022 wurde das nach einer Testphase 2008 eingeführte Zentralabitur – das als eine der erfolgreichsten Reformen in der Ukraine gilt, da es die Korruption im Bildungssektor erheblich reduziert hat – an die aktuelle Lage angepasst. Die zentralisierten Prüfungen in vier Fächern wurden durch eine Prüfung ersetzt, die in den nicht-besetzten Teilen des Landes und im europäischen Ausland an drei verschiedenen Tagen abgehalten wurde. Während des ersten Termins im Juli absolvierten 187 000 Kandidaten an 250 Orten in der Ukraine und in 40 europäischen Städten außerhalb der Ukraine die Prüfung. Zwar gab es vereinzelt auch Kritik,[66] doch kann die organisatorische Leistung nur als beeindruckend bezeichnet werden.

Die Verkürzung des Schuljahres war vor allem in den besetzten Gebieten von großer Bedeutung. Denn dort treiben die Besatzungsbehörden die Zwangseingliederung in das russländische Schulsystem voran. Unterrichtssprache soll Russisch sein, der Lehrplan aus Russland übernommen werden, was zweifellos im Fach Geschichte die größten Auswirkungen hat. Es geht aber nicht nur um die Unterrichtssprache und die Lehrpläne. Nach den Plänen Moskaus sollen die Schulen die Kinder zu „russischen Patrioten" erziehen. Die Indoktrinationsabsichten machen das Bildungssystem zu einem Schlachtfeld des Propagandakriegs.

---

[63] Nach Angabe des Bildungsministeriums haben seit Anfang Juni 26 000 ukrainische Lehrer das Land verlassen. Die meisten von ihnen arbeiten online weiter. Stalo vidomo, skil'ky včyteliv vyjichaly z Ukrajiny čerez vijnu. Slovo i Dilo, 9.7.2022.

[64] Violetta Orlova: Čy otrymajut' atestaty vypusknyky z okupovanych terytorij: u MON pojasnyly. Unian, 18.05.2022.

[65] Jurij Korohods'kyj: Minosvity rekomenduje školam samostijno vyznačyty, koly zakinčyt'sja navčal'nyj rik. LB.ua, 2.4.2022.

[66] Mychajlo Zahorodnij. (Ne)problemne ZNO-2022: jak projšlo testuvannja ta čy je rezul'taty zavyščenymy. Ukrainska Pravda, 12.8.2022.

Das Kollaborationsgesetz stellt daher auch die Verbreitung von Propaganda eines Aggressorstaats in Bildungseinrichtungen sowie die Unterstützung seiner Bildungsagenda unter Strafe. Das Reintegrationsministerium empfiehlt den Lehrern, ihren Unterricht einzustellen, sobald die ukrainischen Standards nicht mehr eingehalten werden können. Es verspricht, in diesem Fall das Gehalt weiter auszuzahlen. Zwar betrachtet das Gesetz die Mithilfe bei der Einführung des russländischen Lehrplans als Kollaboration, geschieht dies jedoch unter Zwang, bleibt das Handeln straffrei. Das Bildungsministerium hält dazu an, solche Fälle zu dokumentieren und Beweise für die Ausübung von Druck zu sammeln.[67]
Nach Beginn des neuen Schuljahrs erhöhen die von Moskau eingesetzten Behörden weiter den Druck auf Lehrer, Direktoren und Angestellte der Schulaufsicht. Einige wurden bereits willkürlich verhaftet.[68] Weigert sich ein Schuldirektor zu kollaborieren, wird er ausgetauscht. Qualifikation spielt dabei keine Rolle, Loyalität mit den Besatzern ist das zentrale Kriterium für die Neubesetzung des Postens. Da viele Lehrer sich weigern, mit den Okkupanten zusammenzuarbeiten, werden in Russland Freiwillige rekrutiert. Ende Juli sollen sich 200 Lehrer aus Russland für einen Einsatz in der Ukraine gemeldet haben.[69] Auch die Eltern von Schülern werden unter Druck gesetzt.[70]

Cherson im April 2022

[67] Zajava Minreintehraciji ščodo prymusovoho perechodu zakladiv osvity Chersonu na standarty osvity deržavy-ahresora, in: Ministerstvo z pytan' reintehraciji tymčasovo okkupovanych terytorij Ukrajiny, 26.5.2022.

[68] U Melitopoli rosijany vykraly načal'nycju upravlinnja osvity – mer. Ukrainska Pravda, 28.3.2022. - Vijs'kovi rf u Kachovci zabraly z domu dyrektora školy. Ukrinform, 30.4.2022. – Na Chersonščyni rosijany vykraly dyrektorku školy. Gazeta.ua, 3.8.2022.

[69] Andrej Serafimov: „A čto, dva raza umirajut?" Prepodovat' na okkupirovannych Territorijach Ukrainy vyszavlis' bolee 200 učitelej iz Rossii. Mediazona, 20.7.2022.

[70] Na okupovanij Luhanščyni bat'kam školjariv pohrožujut' pozbavlennjam bat'kivs'kych prav. Suspilne Novyny, 2.8.2022.

Vielsagend ist das Beispiel Mariupol'. Kurz nach Eroberung der im Mai schwer zerstörten und entvölkerten Stadt kündigten die Besatzungsbehörden die Verlängerung des Schuljahrs bis zum 1. September an und organisierten Sommerkurse, um die „russische Sprachkompetenz“ der verbliebenen Kinder zu verbessern.[71] In der Stadt, die vor der Invasion eine halbe Million Einwohner zählte, fanden die Besatzer bis Mai lediglich 53 Lehrer, die bereit waren, mit ihnen zusammenzuarbeiten.[72] Diese wurden zur Umschulung nach Rostov am Don geschickt und erhielten nach absolviertem Programm ein offizielles „Diplom“ als Lehrer für Russisch und russische Geschichte.[73] Um den Mangel an Lehrpersonal auszugleichen, wurden Lehrer und Kindergärtnerinnen aus der „Volksrepublik Doneck“ nach Mariupol' entsendet. Zugleich gibt es zahlreiche Initiativen von Lehrern, die aus Mariupol' fliehen mussten und nun weiter nach ukrainischen Standards unterrichten wollen, etwa ein privates Lyzeum, das Unterricht für Kinder unabhängig von ihrem Wohnsitz anbietet.[74]

Ähnlich ist die Lage an den Hochschulen. Auch hier findet die Lehre seit Kriegsbeginn online statt. Im besetzten Gebiet wurden loyale Verwaltungen eingesetzt und neue Rektoren bestellt. Das Kiewer Bildungsministerium hat bekannt gegeben, dass die betroffenen ukrainischen Universitäten aus den besetzten Gebieten evakuiert worden seien und dass alles, was dort unter der Verwaltung der Besatzer stattfindet, nicht anerkannt werde. Bezeichnend ist das Beispiel der Staatlichen Universität Cherson, die wie die anderen Hochschulen in den okkupierten Gebieten mit dem ersten Tag der Invasion auf Online-Kurse umstieg. Anfang März 2022 nahm die russländische Armee Cherson ein. Noch im selben Monat organisierten Akademiker aus anderen Regionen der Ukraine, Europa und den USA eine Ringvorlesung mit dem Titel „Akademische Brücke“ als Zeichen der Solidarität für die Studierenden der Universität.[75] Aus Sicherheitsgründen war auch eine anonyme Anmeldung möglich. Im April ging der größte Teil der Universitätsverwaltung nach Ivano-Frankivs'k in der Westukraine, um von dort aus für die Fortsetzung der Lehre zu sorgen. Diese fand weiter online statt, weil viele Professoren und auch Studierende in andere Teile der Ukraine oder ins Ausland geflüchtet waren. Am 14. Juni übernahmen russländische Soldaten die Kontrolle über das Hauptgebäude, Vize-Rektor Maksym Vinnyk wurde in seinem Büro verhaftet und entführt.[76] Nach zehn Tagen gab er bekannt, dass er in Sicherheit sei und sich auf von Kiew kontrolliertem Gebiet befinde.

Als neue „Rektorin” setzten die Besatzer Tetjana Tomilina ein, die seit 2014 für ihre prorussländische Einstellung bekannt ist. Ihre Biographie ist typisch für eine Kollaborateurin. Sie ist Absolventin der Universität Cherson, mit Diplomen in russischer Sprache und Literatur sowie in Jura. Mehrere Jahre war sie Direktorin des Akademischen Lyzeums an der Universität, das Schüler für das Studium vorbereitete. 2014 warb sie in den Sozialen Medien für das „Neurussland“-Projekt. Ein Jahr später verlor sie deshalb ihre

---

[71] V Mariupoli okupanty prodovžujut' navčal'nyj rik do 1 veresnja – radnyk mera. Suspilne Novyny, 26.5.2022.

[72] Ebd.

[73] Okupanty vidpravljajut' včyteliv z Mariupolja na „atestaciju“ do RF. Suspilne Novyny, 2.7.2022.

[74] Mariupol's'ki pedahohy, jaki ne pohodylys' pracjuvaty na okupantiv, stvoryly vlasnu onlajn školu v Kyjevi. 0629.com.ua – Cajt horoda Mariupolja, 19.7.2022.

[75] <www.kspu.edu/PublisherReader.aspx?newsId=15504>.

[76] Rosijany zachopyly Chersons'kyj universytet i vykrali prorektora – ZMI, Ukrains'ka pravda, 14.6.2022.

Position und machte dafür ihre proukrainischen Kollegen verantwortlich. In einem Fernsehinterview behauptete sie im Jahr 2015, dass es in Cherson ein geheimes amerikanisches Biolabor gebe, das eine Bedrohung für die Bevölkerung darstelle.[77]
In einem Interview nach ihren Plänen befragt, versprach Tomilina, gegen die angeblich bestehende Korruption vorgehen zu wollen, und behauptete, dass ein Abkommen mit der Pädagogischen Staatlichen Universität Moskau es den Studierenden aus Cherson erlauben werde, ihre MA- und PhD-Abschlüsse in Moskau zu machen.[78] Das Rektorat der Universität Cherson, das sich in Ivano-Frankivs'k befindet, warnt Studierende, dass Abschlüsse von Universitäten, die feindlich übernommen wurden, nirgendwo außer in Russland anerkannt würden. Ukrainische Abschlüsse hingegen würden den Zugang zu Aufbaustudiengängen an europäischen Universitäten erlauben. Die Universität wirbt mit Sonderstipendien für Studierende aus Cherson. Im neuen akademischen Jahr wird der Unterricht online fortgesetzt, alle Vorbereitungen dafür sind getroffen.[79]

Manuskript abgeschlossen am 5. September 2022

Aus dem Englischen von Klaus Nellen

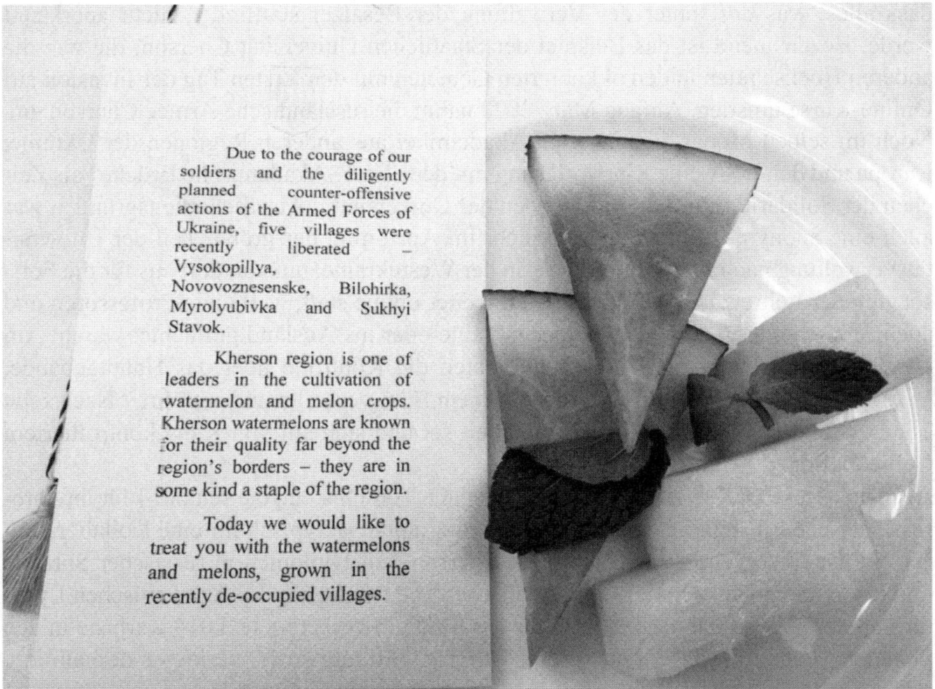

Speiseplan für Staatsbesuch. Tischkärtchen für EU-Kommissionspräsidentin Ursula von der Leyen, Kiew, 15.9.2022

---

77 Tat'jana Tomilina vystupila na Skifii v stile Dmitrija Kiseleva, <https://most.ks.ua/news/url/tatjana_tomilina_vystupila_na_skifii_v_stile_dmitrija_kiseleva>.

78 Rektor ChGU Tat'jana Tomilina: Kto-to ždet Ukrainu, no ja znaju – Rossija zdes' navsegda!, ukraina.ru, 26.7.2022.

79 Dyplomy ne vyznavatymut': okupacijna vlada oholosyla nabir do Chersons'koho deržavnoho universytetu. suspilne.media, 15.7.2022.

Bert Hoppe

Angriff auf das historische Erbe

Russland attackiert ukrainische Archive

Russlands Krieg richtet sich auch gegen das historische Gedächtnis der Ukraine. Die Vielzahl der Angriffe auf Baudenkmäler, Kultureinrichtungen und Archive legt nahe, dass es sich dabei nicht um sogenannte Kollateralschäden handelt. Sie treffen Säulen des ukrainischen Nationalbewusstseins. Im Gebiet Charkiv wurde das Hryhorij-Skovoroda-Literaturmuseum zerstört, nahe Buča ging das Archiv der Čornovol-Stiftung in Flammen auf. In Černihiv traf es das Regionalarchiv des Geheimdienstes SBU mit historischen Beständen des NKVD und KGB. Dort lagen Akten von Tätern und Opfern des stalinistischen Terrors. Die Zerstörung eines solchen Archivs wiegt umso schwerer, als die Ukraine durch eine liberale, offene Archivpolitik die wissenschaftliche Erforschung der sowjetischen und ukrainischen Geschichte sowie der deutschen Besatzungsgeschichte ermöglichte. Russlands Raketen und Granaten ist das historische Gedächtnis der Ukraine weitgehend schutzlos ausgeliefert.

„Würde der Angreifer mit der Gewalt aufhören, gäbe es keinen Krieg mehr. Würde die ukrainische Armee mit der Verteidigung aufhören, gäbe es keine Ukraine mehr.“[1] Auf diesen einfachen Nenner brachte Wolfgang Sofsky die Lage nach Russlands Angriffskrieg auf die Ukraine. Damit hob der renommierte Göttinger Gewaltsoziologe auf ein wesentliches Merkmal der Invasion ab: Russlands Soldaten haben nicht nur Morde und Massaker an Zivilisten und ukrainischen Kriegsgefangenen begangen, sondern auch zahlreiche Objekte des kulturellen Erbes und des historischen Gedächtnisses der Ukraine zerstört.

Russlands Präsident Vladimir Putin und seine Gefolgschaft erklären seit Monaten in Reden, Artikeln und Social-Media-Posts unverblümt, dass sie mit diesem Krieg auslöschen wollen, was sie als „Anti-Russland“ bezeichnen. Kurz vor der Großinvasion und unmittelbar danach legte Putin ausführlich dar, weshalb er den ukrainischen Staat als Gefahr für die Russländische Föderation ansieht, als eine Art Brückenkopf für einen in der Zukunft drohenden Angriff auf sein Land. Das vertrug sich freilich schwer mit seiner demonstrativen Verachtung für die Repräsentanten der Ukraine und der offenkundigen Unterschätzung der ukrainischen Streitkräfte. Gleichzeitig versuchte er darzustellen,

---

Bert Hoppe (1970), Dr. phil., Historiker, Journalist und Verlagslektor, Berlin
Von Bert Hoppe erschien in Osteuropa: Babyn Jar. Massenmord am Stadtrand, in: OE, 1–2/2021, S. 5–22.

[1] „Ich nenne das eine genozidale Kriegsführung“. Interview mit Wolfgang Sofsky. Neue Zürcher Zeitung, 2.8.2022.

Osteuropa, 72. Jg., 6–8/2022, S. 201–209 doi: 10.35998/oe-2022-0153

weshalb die Ukraine historisch keine Existenzberechtigung habe: Sie sei ein künstlich von den Bolschewiki erschaffenes Gebilde.[2]

Am deutlichsten formulierte der russische Polittechnologe Timofej Sergejcev die Konsequenzen der von Putin vorgegebenen Leitlinie. In seiner Kolumne für die staatliche Nachrichtenagentur *RIA Novosti* erklärte er, „was Russland mit der Ukraine tun sollte", sobald diese erobert sei. Der Schlüsselbegriff dieses Textes lautete „Entukrainisierung". Darunter versteht Sergejcev die vollständige Beseitigung jeglichen Nationalbewusstseins auf dem Territorium „Kleinrusslands". „Das Ukrainertum ist eine künstliche antirussische Konstruktion ohne eigenen zivilisatorischen Inhalt", erforderlich sei daher – neben der Exekution aller „Bandera-Spitzenkräfte" – eine Umerziehung der breiten Bevölkerung. Diese müsse durch strenge Zensur flankiert werden, so Sergejcev, und zwar „nicht nur im politischen Bereich, sondern notwendigerweise auch im Bereich der Kultur und der Bildung".[3]

Damit sprach Sergejcev in aller Öffentlichkeit die Ziele aus, die exakt der klassischen Definition eines Genozids entsprechen, die Raphael Lemkin 1944 formuliert hatte. Lemkin machte das Vorliegen eines solchen Genozids nicht allein an den Gewalttaten gegen Angehörige einer bestimmten Bevölkerungsgruppe fest, sondern insbesondere auch an der Zerstörung der „typischen Eigenschaften und Lebensweisen der unterdrückten Gruppe", der in einer zweiten Phase „die Eigenschaften und Lebensweise der unterdrückenden Bevölkerungsgruppe" aufgezwungen werden.[4]

Die Umsetzung des von Sergejcev formulierten Programms lässt sich derzeit nahezu täglich beobachten. Zwar kennen wir bislang keine entsprechenden operativen Befehle der russländischen Streitkräfte. Die Vielzahl der Angriffe auf ukrainische Baudenkmäler, Kultur- und Bildungsinstitutionen legt jedoch nahe, dass es sich bei diesen Zerstörungen keineswegs um Kollateralschäden eines ohnehin verbrecherischen Flächenbeschusses handelt, sondern zumindest um billigend in Kauf genommene Treffer auf Objekte, die als Träger des ukrainischen Nationalbewusstseins wahrgenommen werden. Die von der UNESCO erstellte Liste verifizierter kriegsbedingter Beschädigungen oder gar vollständiger Zerstörungen von Kirchen, Baudenkmälern, Museen oder Bibliotheken umfasste mit Stand vom 15. September 2022 bereits 189 Objekte, die Liste der getroffenen Bildungsinstitutionen (Universitäten, Schulen, wissenschaftliche Institute etc.) sogar 2477 Positionen.[5] Das ukrainische Kulturministerium hat eine Webseite eingerichtet, auf der es die Schäden mit kurzen Angaben über das jeweils getroffene Objekt, das Ausmaß der

---

[2] Vladimir Putin: „Wir erkennen die Volksrepubliken an". Rede vom 21.2.2022. – Ders.: „Unser Vorgehen dient der Selbstverteidigung". Rede vom 24.2.2022, in deutscher Übersetzung dokumentiert in: OSTEUROPA, 1–3/2022, S. 119–35 sowie 141–148.

[3] Timofej Sergejcev: Čto Rossija dolžna sdelat' s Ukrainoj. RIA Novosti, 3.4.2022, <https://ria.ru/20220403/ukraina-1781469605.html>. – Auf Deutsch dokumentiert unter: Timofej Sergejzew: Was Russland mit der Ukraine tun sollte, in: Blätter für deutsche und internationale Politik, 5/2022, S. 63–70. – Zu Timofej Sergejcevs Hintergrund und Methode: Il'ja Venjavkin: Der De-Ukrainisator: Timofej Sergejcev: „Methodologe", Polittechnologe, Kriegspropagandist, in: OSTEUROPA, 4–5/2022, S. 59–77.

[4] Raphael Lemkin: Axis rule in occupied Europe: laws of occupation, analysis of government, proposals for redress. Clark, NJ 2005 [Washington [1]1944], S. 79.

[5] Damaged cultural sites in Ukraine verified by UNESCO. – Sowie: Damages to learning institutions in Ukraine. Die Listen umfassen nur die Namen der Objekte ohne weitere Angaben zum Ausmaß oder zum Zeitpunkt der Zerstörung: <www.unesco.org/en/ukraine-war/damages-and-victims> (letzter Zugriff 15.9.2022).

Zerstörungen und Fotos dokumentiert; Mitte September 2022 waren darin 479 Baudenkmäler, Sakralbauten, Archive, Bibliotheken, Universitäten, Theater, Museen und Denkmäler aufgeführt.[6] Es sei offensichtlich, dass Russland die Museen, Theater und Archive nicht aus Versehen bombardiere, erklärte Olha Hončar, die Direktorin des Totalitarismus-Museums „Territorium des Terrors“ in L’viv, Ende März gegenüber Journalisten:

> Die Russen haben genau das Ziel, unsere Kultur als Teil unserer Identität zu zerstören, als etwas, das die Ukraine von Russland unterscheidet.[7]

Demonstrativ – nämlich häufig vor laufenden Fernsehkameras – zerstören die russländischen Besatzer in den eroberten Gebieten Gedenkstätten für die ukrainischen Gefallenen des seit acht Jahren andauernden russländisch-ukrainischen Krieges.[8] Diese Denkmäler befinden sich sowohl in der Nähe der ehemaligen „Kontaktlinie“, der Front im Donbass, als auch in den Städten im bisherigen Hinterland. In Kiew ist seit 2014 eine vielfältige Erinnerungslandschaft entstanden. Sie reicht von den Grabstätten der bis Februar 2022 in der Ostukraine Gefallenen auf dem Militärfriedhof zu Füßen des Fernsehturms über das zentrale Ehrenmal der „ATO“ mit seinen Tausenden Portraitfotos an der großen Umfassungsmauer des Michaelsklosters im Stadtzentrum bis zu den zahlreichen Gedenktafeln an den früheren Wohnhäusern der im Krieg oder im Februar 2014 auf dem Majdan Getöteten.[9]

Für russische Propagandisten wie Timofej Sergejcev sind alle diese Demonstranten vom Majdan, alle Aktivisten und Kämpfer schlicht „Nazis“, die es ebenso zu „vernichten“ gelte wie die Erinnerung an sie. Die seit Februar zu beobachtenden Zerstörungen treffen allerdings auch Gedenkstätten, die mit den Konflikten der jüngeren Zeit in keiner Verbindung stehen. Das gilt etwa für die Menora zum Gedenken an die von den Deutschen in Drobyc’kyj Jar nahe Charkiv erschossenen Juden oder das im Charkiver Gebiet gelegene Literaturmuseum für Hryhorij Skovoroda, einen der wichtigsten ukrainischen Philosophen und Dichter des 18. Jahrhunderts.[10] Die Einrichtung war in dem Gutshaus untergebracht, in dem Skovoroda seine letzten Lebensjahre verbracht hatte. Am 6. Mai 2022 wurde das Gebäude durch Beschuss der russländischen Truppen in Brand gesetzt.[11] Während es bis auf die Umfassungsmauern niederbrannte, konnten zumindest die Exponate gerettet werden, weil sie zuvor evakuiert worden waren.

---

6 Destroyed Cultural Heritage of Ukraine: <https://culturecrimes.mkip.gov.ua> (letzter Zugriff 15.9.2022).

7 Taras Kaidan u.a.: The Rescue Mission to Save Ukraine’s Cultural Heritage. Bloomberg Europe edition, 26.3.2022.

8 Andrij Stec’: Rosijs’ki okupanty zrujnuvaly pam’jatnyk Vasylju Slipaku na Donеččyni. Zachid.net, 11.7.2022.

9 ATO steht für „Antiterroristische Operation“, womit die Abwehr des seit 2014 andauernden Angriffs in der Ostukraine gemeint ist.

10 Zu Skorovoda siehe das Portrait von Andrii Portnov in diesem Band, S. 229–231.

11 Skovoroda Museum destroyed in fire caused by Russia’s missile strike: Ukrinform.net, 7.5.2022.

Das zerstörte Hryhorij Skovoroda-Museum im Gebiet Charkiv, 6.5.2022

Die Überreste der Čornovol-Stiftung in der Nähe von Buča, 31.3.2022
Quelle: https://culturecrimes.mkip.gov.ua

In einer Reihe anderer Fälle hingegen sind wichtige Teile des historischen Gedächtnisses für immer verloren. So verbrannte in einem Dorf bei Buča bei einem Angriff der russländischen Truppen der Großteil des Archives der Čornovol-Stiftung mit den Nachlässen der ukrainischen Dissidenten V'jačeslav Čornovol (1937–1999) und Mykola Plachotnjuk (1936–2015). Von den Aufzeichnungen Plachotnjuks, so berichtete sein Neffe einer Journalistin, seien nur einige Hefte übriggeblieben, die von der Wucht der Explosion aus dem Gebäude geschleudert worden seien.[12] Damit sind wichtige Dokumente der ukrainischen Unabhängigkeitsbewegung der späten Sowjetzeit verloren gegangen: Čornovol, der insgesamt 17 Jahre in sowjetischen Straflagern gesessen hatte, gehörte zu den Mitbegründern der nationalen Unabhängigkeitsbewegung *Ruch* und saß für die daraus hervorgegangene gleichnamige Partei bis zu seinem Unfalltod 1999 als Abgeordneter im ukrainischen Parlament, der Verchovna Rada.

Den vermutlich bislang größten Verlust stellt der Brand des Gebäudes der Gebietsverwaltung des ukrainischen Geheimdienstes SBU in Černihiv dar. Denn mit dem Gebäude verbrannte auch das dort untergebrachte SBU-Archiv mit den historischen Akten der Regionalabteilung des sowjetischen Geheimdienstes NKVD und KGB.[13] Wie Božena Kozakevych von der Europa-Universität Viadrina Ende Juli auf einer Online-Tagung berichtete, wurden dort gleich am zweiten Tag der Großinvasion mehr als 13 000 Akten vernichtet. Darunter befanden sich sowohl Akten von Opfern des stalinistischen Terrors mit Verhörprotokollen und persönlichen Unterlagen der Verfolgten wie Tagebüchern und Briefen als auch Personalakten der Geheimdienstler.[14]

Russlands Angriffskrieg gefährdet somit nicht allein das historische Gedächtnis und das nationale Gedenken der Ukraine, sondern auch die wissenschaftliche Aufarbeitung der Geschichte. In der Ukraine haben sich die Archive in einem Ausmaß geöffnet, das für Russland längst unvorstellbar geworden ist. Zwar sind auch zwischen Kaliningrad und Vladivostok immer mehr Bestände für die Forschung zugänglich geworden, etwa die von der Roten Armee erbeuteten deutschen Akten aus der Zeit des Ersten und Zweiten Weltkriegs, die lange Zeit im Archiv des Verteidigungsministeriums der Russländischen Föderation verschlossen gewesen waren, dann digitalisiert wurden und nun auf einer eigens eingerichteten Webseite eingesehen werden können.[15] Aber gleichzeitig hat es deutliche Rückschritte gegeben, seit der Ex-KGB-Offizier und spätere Leiter des Inlandsgeheimdienstes FSB, Vladimir Putin, 1999 zuerst zum Premierminister und 2000 dann zum Präsidenten ernannt wurde. Dies betraf insbesondere die Akten der sowjetischen Streitkräfte und Sicherheitsorgane sowie der mit ihnen verbundenen Institutionen

---

12 Vira Kasijan: Okupanty znyščyly archiv V'jačeslava Čornovola pid Bučeju: LB.ua, 20.4.2022.

13 Über den Brand am 25.2.2022 siehe Okupanty znyščyly Archiv Služby bezpeky Ukraïny v Chernihovi. Rajon Istorija, 26.3.2022.

14 Das ukrainische Kulturerbe in Russlands Angriffskrieg. Veranstaltet von der Robert-Havemann-Gesellschaft, dem Lehrstuhl für Entangled History of Ukraine an der Europa-Universität Viadrina, Frankfurt/Oder, sowie dem Deutsch-Ukrainischen-Forum, 26.7.2022, <www.y-outube.com/watch?v=aIZv7KWaFsE >.

15 Das Projekt wird von deutscher Seite vom Deutschen Historischen Institut geleitet. Insgesamt wurden ca. 28 000 sogenannte Trophäenakten digitalisiert und online verfügbar gemacht: <https://germandocsinrussia.org/de/nodes/1-russisch-deutsches-projekt-zur-digitalisierung-deutscher-dokumente-in-den-archiven-der-russischen-f-deration>.

wie die Komintern.[16] Bald kamen FSB-Mitarbeiter in die russländischen Archive, um sicherzustellen, dass die entsprechenden Akten nicht herausgegeben wurden.
In der Ukraine hingegen hat die im Vergleich zu Russland ohnehin deutlich liberalere Archivpolitik nach dem Euromajdan von 2014 nochmals einen kräftigen Schub erhalten. 2015 wurde ein neues Gesetz über den Zugang zu den Akten der sowjetischen Geheimdienste erlassen. Danach durfte man die Akten nun unbegrenzt selbst abfotografieren oder konnte sich die Digitalisate – sofern vorhanden – herunterladen.[17] Zudem wurden – nicht nur in Regionalarchiven wie dem von Černihiv – zuvor geschlossene Bestände geöffnet. Neben den Akten von Ermittlungs- und Strafverfahren etwa gegen ukrainische Hilfspolizisten, die sich am Holocaust beteiligt hatten, oder gegen Personen, die von Bekannten wegen „antisowjetischer Äußerungen" denunziert worden waren, sind jetzt auch die Personalakten der früheren Geheimdienstmitarbeiter des NKVD zugänglich. Hinzu kommen die umfangreichen Überlieferungen der deutschen Besatzungsbehörden wie etwa die Akten des Einsatzstabsreichsleiters Rosenberg, die im Zentralen Staatsarchiv der obersten Staatsorgane in Kiew aufbewahrt werden.[18] Auf der Grundlage dieser Unterlagen konnten Historiker aus dem In- und Ausland in den vergangenen Jahren wichtige Beiträge zur Geschichte der Sowjetherrschaft wie zur Täterforschung leisten.[19]
Um die jüngere ukrainische Geschichte zu begreifen, die Verheerungen der bewusst herbeigeführten Hungersnot zu Beginn der 1930er Jahre, des Holodomor,[20] des „Großen Terrors" der Jahre 1937/38 und schließlich des deutschen Vernichtungskriegs in der Ukraine, sind diese Dokumente von unschätzbarem Wert. Nun sind sie durch neuerliche Kriegsgewalt bedroht und mit ihnen auch viele Erinnerungen an die Schicksale der ukrainischen Kriegs- und Holocaustopfer, deren Spuren in den Akten allgegenwärtig sind. In der deutschen Öffentlichkeit sind diese Fortschritte in der ukrainischen Erinnerungs- und Geschichtspolitik allerdings bislang noch kaum wahrgenommen worden. Stattdessen hat man immer wieder auf die vermeintlich problematische Haltung der Ukraine zu ihrer Geschichte im Zweiten Weltkrieg verwiesen. Insbesondere die Ehrung Stepan Banderas – des Führers des radikalen Flügels der Organisation Ukrainischer Nationalisten, der zu Beginn des Überfalls auf die Sowjetunion mit der Wehrmacht kollaborierte, schon Ende Juni 1941 aber ins KZ verbracht wurde – gilt als Beleg dafür, dass die Ukrainer ihre Vergangenheit noch nicht so vorbildlich aufgearbeitet hätten wie die Deutschen.[21] Bezeichnend waren in diesem Zusammenhang die Debatten über die

---

16 Siehe exemplarisch Arsenij Roginskij, Nikita Petrov: Die Archive des KGB. Ein Jahr nach dem Putsch, in: Osteuropa, 11–12/2017, S. 53–75 sowie Nikita Petrov: „Back in the USSR". Die Archive der Geheimdienste im Jahr 2018, in: ebd., S. 77–79.

17 Einen kurzen Überblick bietet Yaryna Yasynevych: Make the Past Clear. Access to Archives for the Protection of Freedom of Speech, in: Volodymyr Birchak u.a. (Hg.): KGB Archives for Media. Kyiv 2018, S. 3–10.

18 Die entsprechenden Bestände des ERR sind digitalisiert worden und lassen sich inzwischen vollständig im Internet einsehen: <https://err.tsdavo.gov.ua>.

19 Siehe exemplarisch Valerij Vasyl'jev, Roman Podkur: Radjans'ki karateli. Spivrobitniki NKVS – vykonavci „Velykogo teroru" na Podilli. Kyiv 2017.

20 Anne Applebaum: Roter Hunger. Stalins Krieg gegen die Ukraine. München 2019. – Stanislav Kulchytsky: The Famine of 1932–1933 in Ukraine: An Anatomy of the Holodomor. Edmonton, Toronto 2018. – Rudolf A. Mark, Gerhard Simon (Hg.): Vernichtung durch Hunger. Der Holodomor in der Ukraine und der UdSSR. Berlin 2004 [= Osteuropa, 12/2004].

21 Grundlegende Orientierung verschafft dagegen: Wilfried Jilge: Stepan Bandera. Zum historischen und politischen Hintergrund einer Symbolfigur, in: Katharina Raabe (Hg.): Gefährdete

Äußerungen des langjährigen ukrainischen Botschafters in Deutschland Andrij Melnyk zu Bandera. Sie waren tatsächlich empörend, da er dessen Mitverantwortung für Kriegsverbrechen leugnete, doch diente die Aufregung über Melnyk ein weiteres Mal wohl auch der unbewussten Schuldabwälzung von den deutschen Haupttätern auf ihre einheimischen Kollaborateure.[22] Übersehen wurden dabei die Gedenkstätten, die an die Massenerschießungen von Juden erinnern und dabei auch die Beteiligung ukrainischer Hilfspolizisten thematisieren.

Ausgerechnet Putins vermeintlicher „Entnazifizierung" der Ukraine fallen nun auch Menschen zum Opfer, die den NS-Terror überlebt hatten. Am bekanntesten wurde hierzulande der Tod von Borys Romančenko, der wenige Wochen nach Beginn der Großinvasion in seinem Schlafzimmer verbrannte. Eine Rakete war in den Wohnblock des sechsundneunzigjährigen Charkivers eingeschlagen. Auch in seinem Fall zeigte sich, dass vielen Deutschen selbst grundlegende Zusammenhänge der ukrainischen Geschichte zu komplex sind: Vielfach wurde Romančenko als „Holocaustüberlebender" bezeichnet – dabei war er kein Jude, vielmehr hatten ihn die Deutschen 1942 als Jugendlichen zur Zwangsarbeit nach Dortmund verschleppt. Nach einem Fluchtversuch kam er nach Buchenwald und anschließend in drei weitere Konzentrationslager. 1945 wurde er zum Dienst bei den sowjetischen Besatzungstruppen in Ostdeutschland gezwungen, erst 1950 durfte er nach Hause zurückkehren. Obwohl sich Romančenko über viele Jahre für die Erinnerungsarbeit in der Gedenkstätte Buchenwald eingesetzt hat, scheinen sich viele Deutsche die Ukrainer nur als Kollaborateure und Täter, nicht als Opfer des Angriffskrieges ihrer Großväter vorstellen zu können.

Auf eben diese Vorstellung zielt nun auch der gegenwärtige Angriffskrieg Russlands ab, in dessen Verlauf nicht allein Gedenkstätten für die Gefallenen der jüngsten Zeit zerstört wurden, sondern auch Ehrenmäler für die Opfer des Zweiten Weltkriegs. So sind nach Angaben des ukrainischen Kulturministeriums neben der Gedenkstätte Drobyc'kyj Jar nahe Charkiv u.a. Friedhofsanlagen für Rotarmisten in den Dörfern Verbove und Kam'jans'ke im Gebiet Zaporižžja getroffen worden, in Charkiv haben Granaten den 1977 errichteten Gedenkkomplex „Slava" beschädigt. In Trostanec' im Gebiet Sumy stand ein sowjetischer T-34-Panzer, der an die Befreiung des Ortes von der Wehrmacht im Jahr 1943 erinnert, im Frühjahr im Kreuzfeuer der Gefechte auf dem Bahnhofsvorplatz. Für Restaurierungsarbeiten wird das von der vermeintlichen „Entnazifizierung" schwer mitgenommene historische Objekt derzeit abgebaut und später in eine Gedenkstätte verbracht.[23]

Durch den Artillerie- und Raketenbeschuss ist ein Reservoir an historischem Wissen in Gefahr, unwiederbringlich verloren zu gehen, das hierzulande viele bisher gar nicht kannten. Das gilt nicht allein für den Themenbereich des Zweiten Weltkriegs. Zur gesamten sowjetischen Ära – von der Zeit des Bürgerkriegs über die Jahre der Stagnation unter Leonid Brežnev bis zur Perestrojka unter Michail Gorbačev – bieten die

---

Nachbarschaften – Ukraine, Russland, Europäische Union. Göttingen 2015, S. 103–123, sowie in: Ukraine verstehen, 1.7.2022, <https://ukraineverstehen.de/stepan-bandera-hintergrund-einer-symboldfigur-jilge/>.

22 Zu dieser Debatte und den historischen Hintergründen: Franziska Davies: Spart euch eure erhobenen Zeigefinger! Spiegel-Online, 7.7.2022. – Dies.: Kritik an Melnyk-Äußerungen. Wer war Stepan Bandera? Cicero, 1.7.2020. <www.cicero.de/aussenpolitik/ukraine-krieg-melnyk-stepan-bandera>.

23 U Trostjanci iz pryvokzal'noi plošči demontujut' radjans'kij tank. Ukrinform, 8.8.2022.

ukrainischen Archive eine aufschlussreiche Parallelüberlieferung. Dass sich diese Themen in der Ukraine seit vielen Jahren ohne Einschränkungen erforschen ließen, haben viele Historiker lange ignoriert oder schlicht übersehen. Hinzu kommen zahlreiche Quellen aus der frühen Neuzeit und dem 19. Jahrhundert, deren Studium dazu beitragen könnte, weitverbreitete Fehlannahmen über Ostmitteleuropa zu korrigieren. In Deutschland herrscht bis heute ein Nationsverständnis vor, das kulturelle Vielfalt mit ethnischen Spannungen gleichsetzt. Umso größer war vielfach das Erstaunen über russischsprachige Ukrainer, die Putins Truppen mutig entgegentraten. Dass ein Wissenschaftler wie Herfried Münkler im März 2014 eine Teilung der Ukraine entlang des Dnipro als Ausweg ansah, den Konflikt mit Russland zu befrieden,[24] ist auch eine Folge der verbreiteten Unkenntnis über die Geschichte der Ukraine. Bezeichnenderweise gab es bislang nur Kooperationsprojekte mit russländischen Archiven wie das erwähnte zu den deutschen Beuteakten, aber keine vergleichbare Zusammenarbeit mit ukrainischen Institutionen. Zwar gab es einzelne Kontakte zwischen Mitarbeiterinnen und Mitarbeitern deutscher und ukrainischer Archive, eine offizielle Kooperation etwa des Bundesarchivs mit den Partnern in Kiew wurde jedoch erst nach Beginn des Großangriffs auf den Weg gebracht und beschränkt sich vorerst auf die Hilfe beim Kulturgutschutz.
Doch seit dem 24. Februar sind die Lesesäle der ukrainischen Archive geschlossen, die Gebäude werden von Angehörigen der Nationalgarde bewacht, um sie vor Anschlägen zu schützen. Russlands Raketen und Granaten ist das historische Gedächtnis der Ukraine weitgehend schutzlos ausgeliefert. Die Möglichkeiten, Bestände aus bedrohten Regionen zu retten, sind begrenzt. Zum einen, weil so gut wie keine Region der Ukraine noch als halbwegs sicher gelten kann, zum anderen, weil zu befürchten ist, dass Evakuierungstransporte selbst angegriffen werden. Darüber hinaus bestehen nicht ausreichend Transportkapazitäten, um die Objekte zu evakuieren. Während die Unterlagen aus den kleineren Stadtarchiven in den akut bedrohten bzw. schon besetzten Regionen in der Ostukraine inzwischen in Sicherheit gebracht werden konnten,[25] ist dies im Fall der größeren Archive kaum möglich: Allein die Bestände des Zentralen Historischen Archivs der Ukraine in Kiew entsprechen rund 70 LKW-Ladungen, so Kateryna Kobčenko, wissenschaftliche Mitarbeiterin an der Taras-Ševčenko-Universität in Kiew.[26] Und an den potentiellen Zielorten gibt es nicht genug geeignete Räume, um empfindliche Kunstwerke und Akten angemessen zu lagern. Es bleibt den Archiven, Bibliotheken und Museen daher wenig mehr übrig, als die wertvollsten Bestände in neu angeschafften feuersicheren Schränken aufzubewahren, die einem Brand zwei Stunden standhalten können. Entsprechende Hilfsmaterialien werden nun von ausländischen Partnerinstitutionen geliefert; auf deutscher Seite hat das International Council of Museums (ICOM) Deutschland im Auftrag der Bundesbeauftragten für Kultur und Medien die Koordination des Netzwerks Kulturgutschutz Ukraine übernommen.[27]

---

24 Politologe Münkler rechnet mit Teilung der Ukraine. HNA, 28.3.2014. <www.hna.de/politik/wir-werden-zahlen-muessen-3441119.html>.

25 Sekretni dokumenty v ukrains'kych archivach bulo znyščeno u peršyi den' vijny. delo.ua, 18.5.2022.

26 Das ukrainische Kulturerbe in Russlands Angriffskrieg, 26.7.2022, <www.youtube.com/watch?v=aIZv7KWaFsE>.

27 Die Arbeit beschränkt sich derzeit wesentlich auf die Vernetzung von Institutionen und die Vermittlung von Schutzmaterialien, deren Liste auf der Website des ICOM abrufbar ist: <https://icom-deutschland.de/de/icom4ukraine.html>.

Die Informationen über die Situation der in den besetzten Gebieten verbliebenen Archive sind derweil bruchstückhaft. Vielfach ist der Kontakt zu den dortigen Mitarbeitern abgebrochen, berichtet der Leiter der ukrainischen Archivverwaltung Anatolij Chromov am Telefon. Aus den schon 2014 besetzten Regionen wisse man, dass die Bestände in den dortigen Regionalarchiven aufgrund mangelnder Ressourcen nur schlecht unterhalten und bewacht würden, sodass es zu Diebstählen wertvoller Dokumente komme. Da die russländischen Besatzungsbehörden die Archive etwa auf der Krim in das russländische Archivsystem überführt hätten, würden dort nun auch Russlands Regeln und Bewertungsmaßstäbe dafür gelten, welche Unterlagen für aufbewahrungswürdig erachtet und welche vernichtet werden. Wie sich inzwischen zeigt, nutzen die Besatzer die aktuelleren Unterlagen auch dazu, ihr politisches Ziel voranzutreiben: die Annexion weiterer ukrainischer Gebiete. So sind die Besatzer im Juni 2022 in das Staatsarchiv des Gebiets Cherson eingedrungen und haben dort unter vorgehaltenen Waffen die Herausgabe von fünfzehn Kisten mit Wählerunterlagen erzwungen, um ein „Referendum" über einen Anschluss der Region an Russland vorzubereiten.[28]
Um drohenden Verlusten vorzubeugen, bemüht man sich derzeit, möglichst viele Digitalisate auf die Server ausländischer Archive zu kopieren. Ende März wurde eine erste entsprechende Vereinbarung mit dem britischen Nationalarchiv geschlossen, es folgten weitere Kooperationen etwa mit der kanadischen Universität Alberta. Allerdings ist nur ein kleiner Teil der Akten bislang systematisch digitalisiert worden. Die Bestände in der gesamten Ukraine belaufen sich auf rund 86 Millionen Einheiten (darunter neben Akten aus Papier auch Filme, Fotos und Tonaufnahmen), was mehreren Milliarden Blatt entspricht. Nach Beginn der Großinvasion haben die ukrainischen Archive von Partnerinstitutionen zwar neue Geräte erhalten, mit denen die Digitalisierung deutlich an Fahrt gewinnt – auch das Bundesarchiv hat nach Auskunft des zuständigen Referatsleiters im August einen Transport mit Scannern und Laptops nach Kiew geschickt –, doch bliebe dies selbst in Friedenszeiten eine Aufgabe von Monaten und Jahren. Einige ukrainische Historiker hoffen, dass zumindest ein Teil des Materials durch eine Art Graswurzelinitiative gesichert werden kann: Da in ukrainischen Archiven seit 2015 unbegrenzt und kostenfrei fotografiert werden darf, gibt es von vielen Dokumenten Kopien, die sich zu einem virtuellen Archiv zusammensetzen ließen.
Selbst wenn Russlands Angriffskrieg bald gestoppt würde, hat die historische Forschung in der Ukraine einen schweren Rückschlag erlitten. Viele Historikerinnen und Historiker sind in den Westen geflohen, manche haben fast alles verloren – wie Aleksandr Kruglov, einer der wichtigsten Holocaustforscher des Landes. Auch seine Wohnung in Charkiv wurde durch russländischen Beschuss zerstört, seine Bibliothek und fast sein gesamtes Privatarchiv sind mit den über viele Jahre zusammengetragenen und für seine Arbeit wichtigen Dokumentenkopien verbrannt. Geblieben ist ihm, was er auf seinem Laptop gespeichert hatte.

Schlagwörter:
Russland, Ukraine, Ukrainekrieg, Zerstörung des kulturellen Erbes, Archive, Geheimdienstarchive

[28] Okupanty, pohrožujučy avtomatamy, vkraly u Chersoni spysky vyborciv. 24Kanal, 20.6.2022.

„Und immer der Zeit voraus“. O*STEUROPA*, *7/2011*

Svitlana Kravčenko

Angriff auf das kulturelle Erbe

Ukrainische Bibliotheken in Russlands Krieg

In der Ukraine gibt es fast 15 000 öffentliche Bibliotheken. Nachdem sie wegen Corona geschlossen gewesen waren, sollten sie im Jahr 2022 wieder zu einem Ort der Leseförderung, des Lernens und der Begegnung werden. Doch Russlands Krieg durchkreuzte diese Pläne. Unter Missachtung der Haager Konvention zum Schutz von Kulturgut wurden auch Bibliotheken zum Ziel von Artillerie- und Raketenangriffen. Zu beklagen sind Zerstörung, Schäden, Bestandsverluste. Die Lage in den besetzten Gebieten ist unklar. In den Gebieten, in denen nicht aktiv gekämpft wird, gehen die Bibliotheken ihrer Arbeit nach. Zudem koordinieren sie häufig die Arbeit von Freiwilligen, die Vertriebene und Soldaten an der Front unterstützen.

Der 24. Februar 2022 hat das Leben aller Menschen in der Ukraine in ein Vorher und ein Nachher geteilt. Der brutale Überfall Russlands hat sämtliche Pläne und Hoffnungen zunichtegemacht. Plötzlich ging es nur noch ums nackte Überleben. Ein altes ukrainisches Sprichwort lautet: „Die Nachbarn gehören zur Familie." Umso fassungsloser machte es die Ukrainer, dass das Nachbarland im Osten Bomben und Raketen auf ukrainische Städte regnen lässt, Wohnhäuser zerstört, Bahnhöfe, Krankenhäuser, Universitäten, Schulen, Museen, Bibliotheken und Getreidespeicher. Kein einziger Ort in der Ukraine ist davor sicher. Dies gilt in gleichem Maße für Bibliotheken, Orte, die doch für Stabilität, Sicherheit und ein friedliches Miteinander stehen.

Das Bibliothekswesen ist in der Ukraine nach dem gleichen Prinzip organisiert wie in den meisten anderen Ländern. Es gibt öffentliche Bibliotheken sowie Spezialbibliotheken. Das Bibliotheksgesetz von 1995 regelt ihre Tätigkeit.[1]

Bei den öffentlichen Bibliotheken ist zu unterscheiden zwischen:

- *Kommunalen Bibliotheken* in den Landgemeinden, Kleinstädten und Städten. Dazu zählen auch die Kinder- und Jugendbibliotheken.
- *Gebietsbibliotheken*: Dazu gehören die Wissenschaftlichen Universalbibliotheken der Gebiete (*oblasni universal'ni naukovi biblioteky*), die nach Art. 9 des Bibliotheksgesetzes die zentralen Bibliotheken auf regionaler Ebene sind. Auch auf Gebietsebene gibt es Kinder- und Jugendbibliotheken.
- *Staats- und Nationalbibliotheken*: Von diesen gibt es sechs. Sie werden vom Ministerium für Kultur und Informationspolitik verwaltet.

Svitlana Kravčenko, Leiterin der wissenschaftlichen Abteilung der ukrainischen Nationalbibliothek, Mitglied des Präsidiums des Ukrainischen Bibliotheksverbands

[1] Zakon Ukrajiny, „Pro biblioteky i bibliotečnu spravu" [Über Bibliotheken und das Bibliothekswesen], 27.1.1995 in: Vidomosti Verchovnoji Rady Ukrajiny (VVR), 7/1995, st. 45, <https://zakon.rada.gov.ua/laws/show/32/95-%D0%B2%D1%80#Text>.

 doi: 10.35998/oe-2022-0154

Anfang 2022 waren in der Ukraine 14 351 öffentliche Bibliotheken einschließlich Zweigstellen tätig. 80 Prozent sind Einrichtungen von Landgemeinden. 31 289 Mitarbeiter halten den Bibliotheksbetrieb am Laufen. Unter ihnen sind 26 235 ausgebildete Bibliothekare, davon 18 431 in Vollzeit. Der Gesamtbestand der öffentlichen Bibliotheken der Ukraine umfasst über 190 Millionen Einheiten. Den größten Teil, etwa 175 Millionen, machen gedruckte Bücher aus.
Alle kommunalen Bibliotheken werden von der jeweiligen Gemeindeverwaltung unterhalten und aus deren Haushalt finanziert. Dies wirkt sich erheblich auf den Zustand dieser Bibliotheken aus.
Die Jahre 2020 und 2021 waren von der Covid-19-Pandemie geprägt. Im Zuge der Einschränkungen in der gesamten Ukraine schlossen auch die Bibliotheken ihre Türen oder reduzierten die Öffnungszeiten. Im Jahr 2022 sollte alles wieder anders werden. Die Bibliotheken sollten wieder zu einem Lernraum werden, einem Ort der Leseförderung, der Begegnung und der Inspiration, die Räumlichkeiten sollten für Veranstaltungen geöffnet werden. Am 24. Februar wurden all diese Pläne durchkreuzt . . .

Die öffentlichen Bibliotheken im Krieg

Die Jaroslav-Mudryj-Nationalbibliothek (Nacional'na biblioteka Ukrajiny imeni Jaroslava Mudroho) sammelt Informationen über die Lage der öffentlichen Bibliotheken in den Kriegsgebieten. Sie dokumentiert die Verluste der Bibliotheken bei den Beständen sowie die Schäden an Gebäuden und Haustechnik. Die erste systematische Erhebung fand im Mai und Juni 2022 statt.[2] Doch es ist außerordentlich schwer, valide Informationen zu erhalten. Aus den besetzten Gebieten gab es überhaupt keine Nachrichten. Sie fehlen daher in der folgenden Übersicht.
Die Haager Konvention zum Schutz von Kulturgut bei bewaffneten Konflikten definiert dieses als „bewegliches oder unbewegliches Gut, das für das kulturelle Erbe der Völker von großer Bedeutung ist". Zu den unbeweglichen Gütern zählen nicht zuletzt Bibliotheken. Russland hat bei seinen Artillerie- und Raketenangriffen zahlreiche Bibliotheken beschädigt oder zerstört. Alleine bis Ende Mai 2022 hatten 21 öffentliche Bibliotheken ihren Bestand vollständig verloren, weitere 101 einen Teil des Bestands.[3]
Die Staatliche Wissenschaftliche V.-H.-Korolenko-Bibliothek Charkiv (Charkivs'ka deržavna naukova biblioteka imeni V.H. Korolenka), die größte Bibliothek Charkivs und die zweitgrößte Bibliothek der Ukraine, ist zu Schaden gekommen. Ihr Bestand umfasst über sieben Millionen Exemplare in verschiedenen Sprachen. Fensterscheiben, zwei Büchermagazine und das Hauptgebäude sind beschädigt.
Die Gebäude der Wissenschaftlichen Universalbibliotheken der Gebiete Žytomyr, Charkiv, Zaporižžja und Černivci wurden ebenfalls beschädigt. Durch Artilleriegeschosse wurden zudem die Gebäude der Kinderbibliothek des Gebiets Donec'k, der Städtischen Zentralbibliothek Mariupol' (Gebiet Donec'k) und der Zentralen öffentlichen Bibliothek der

---

2 Alle Ergebnisse der Untersuchung finden sich im Blog der Jaroslav-Mudryj-Nationalbibliothek, Bloh Nacional'noji biblioteky Ukrajiny im. Jaroslava Mudroho <https://oth.nlu.org.ua/?p=6096>.

3 PB Ukrajiny v umovach rosijs'koji zbrojnoji ahresihi (rezul'taty peršoho etapu doslidžennja), 14.6.2022. Publična biblioteka terytorial'noji hromady. Bloh Nacional'noji biblioteky Ukrajiny im. Jaroslava Mudroho, <https://oth.nlu.org.ua/?p=6096>.

Stadt Vuhledar (Gebiet Donec'k) zerstört sowie Teile der Jugendbibliothek des Gebiets Černihiv. 19 Bibliotheksgebäude wurden vollständig zerstört: sieben im Gebiet Charkiv, fünf im Gebiet Mykolajiv, drei im Gebiet Černihiv, zwei im Gebiet Kyjiv sowie jeweils eines in den Gebieten Žytomyr und Zaporižžja.

Weitere 115 Gebäude sind stark beschädigt und müssen umfassend renoviert oder wiederaufgebaut werden. Davon sind 72 im Gebiet Kiew, 26 im Gebiet Charkiv, jeweils sechs im Gebiet Zaporižžja und Mykolajiv und fünf im Gebiet Černihiv.

Die Zahl der öffentlichen Bibliotheken, deren Gebäude weniger stark beschädigt sind und renoviert werden müssen (Austausch von Fenstern und Türen, Teilrenovierung von Dach oder Fassade usw.), belief sich Anfang Juni auf 124. Die meisten davon befinden sich in den Gebieten Charkiv (29), Mykolajiv (20), Zaporižžja und Sumy (jeweils 18), Černihiv (13) und Žytomyr (12).

Durch Beschuss, aber auch durch Plünderungen der russländischen Armee haben 21 öffentliche Bibliotheken ihre gesamte technische Ausstattung eingebüßt: Computer, Kopierer, Multimediageräte, Bücherregale und sonstige Möbel. Betroffen sind die gleichen Regionen: jeweils sieben in den Gebieten Mykolajiv und Charkiv, zwei in Kyjiv sowie einzelne Bibliotheken in den Gebieten Žytomyr und Zaporižžja.

Einen Teil ihrer technischen Ausstattung haben 105 Bibliotheken verloren, vor allem im Gebiet Kiew (72), aber auch in den Gebieten Charkiv (12), Černihiv (8), Zaporižžja und Sumy (je 5) sowie Žytomyr (3).

Die Gebiete Kiew und Černihiv sind wieder von der Besatzung befreit, deshalb kann der Verlust der öffentlichen Bibliotheken hier genauer abgeschätzt werden. Das Gebiet Charkiv wurde erst im September vollständig zurückerobert, das Gebiet Mykolajiv wird immer wieder aus der Luft angegriffen, die Gebiete Zaporižžja und Donec'k sind teilweise besetzt und umkämpft, die Gebiete Luhans'k und Cherson fast vollständig in der Hand der russländischen Soldaten. Für diese Regionen ist es momentan unmöglich, den Umfang der Zerstörungen abzuschätzen. Es liegen Informationen vor, dass die russländische Armee im Gebiet Donec'k aus den Bibliotheken Literatur „extremistischen" Inhalts entfernt.[4] Zu dieser Literatur zählen nach Ansicht der Besatzer sämtliche Lehrbücher zur ukrainischen Geschichte und Literatur.

Die Auswirkungen des Krieges auf die öffentlichen Bibliotheken der Ukraine werden ständig weiter beobachtet. Das Ministerium für Kultur und Informationspolitik der Ukraine dokumentiert die Zerstörung des kulturellen Erbes durch die russländische Armee.[5]

Die Situation bei den Universitäts- und Schulbibliotheken

Im Juni 2022 führte der Ukrainische Bibliotheksverband eine Online-Umfrage bei Universitätsbibliotheken durch. Von 181 Bibliotheken haben 69 teilgenommen. Laut dieser Umfrage haben die Angriffe der russländischen Armee zu teils großen Schäden bei elf Universitätsbibliotheken in verschiedenen Städten geführt. Im Juli wurden in Charkiv

---

[4] Na Doneččyni okupanty vylučajut' iz bibliotek pidručnyky z ukrajins'koji literatury j istoriji. Čytomo, 25.5.2022. <https://chytomo.com/na-donechchyni-okupanty-vyluchaiut-iz-bibliotek-pidruchnyky-z-ukrainskoi-literatury-j-istorii/>.

[5] Destroyed Cultural Heritage of Ukraine, Ministerstvo kul'tury ta informacijnoj politiki Ukrajiny, <https://culturecrimes.mkip.gov.ua>.

zwei und in Mykolajiv drei weitere Gebäude der örtlichen Universitätsbibliotheken stark beschädigt. Aus der Umfrage geht zudem hervor, dass fast 300 Universitätsbibliothekare in andere ukrainische Städte und 180 ins Ausland gezogen sind.
In der Ukraine gibt es insgesamt 14 848 Bibliotheken von Bildungseinrichtungen.[6] Mitte Juli haben mehr als 1800 Einrichtungen für mittlere Bildung und Fachausbildung Schäden unterschiedlichen Ausmaßes erlitten. Da jede Schule und jedes College auch eine Bibliothek hat, ist davon auszugehen, dass bei vielen auch die Bibliotheken betroffen sind.

Aufgaben der Bibliotheken im Krieg

Die Bibliothekare in der Ukraine stehen nicht abseits. Auch sie kämpfen für die Unabhängigkeit des Landes[7] – mit Kulturangeboten, Informationsvermittlung und Freiwilligenarbeit. Unter diesen schwierigen Bedingungen sind sie weiterhin für die Besucher da, kümmern sich um die Sammlungen und unterstützen alle, die Hilfe benötigen.[8]
Auch die Mitarbeiter der öffentlichen Bibliotheken mussten den Schock des Kriegsbeginns erst überwinden. In den ersten Tagen nach dem Angriff blieben viele Bibliotheken geschlossen und erbrachten ihre Dienstleistungen online. Anfang März nahmen die Bibliotheken aber bereits wieder ihre Arbeit auf, zumindest in den Gebieten, in denen nicht aktiv gekämpft wurde. Sie verwandelten sich zudem in Freiwilligenzentren, die die Soldaten an der Front und Vertriebene unterstützten. So wurden die Bibliotheken zu Orten, an denen Tag und Nacht gearbeitet wird. Alle Bibliotheken und alle Fachleute, denen dies möglich ist, arbeiten an dieser Informationsfront mit: die wissenschaftlichen Universalbibliotheken der Gebiete, die Kinder- und Jugendbibliotheken der Gebiete und Städte, die kommunalen Bibliotheken und die Universitätsbibliotheken.
In den öffentlichen Bibliotheken wurden Hilfsstationen und -zentren für Vertriebene und Geflohene eingerichtet. In vielen Bibliotheken wurden Binnenvertriebene von den ersten Kriegstagen an verpflegt und konnten dort vorübergehend übernachten. Die Bibliothekare arbeiten hier eng mit den Stadtverwaltungen zusammen.
Die Informationskanäle der Bibliotheken werden genutzt, um wertvolle Hinweise für die Bürger der jeweiligen Gemeinde und für Binnenvertriebene zu verbreiten: etwa Adressen von Luftschutzkellern und Notunterkünften, Hotlines für städtische Dienstleistungen, Adressen von Freiwilligenzentren sowie Fahrpläne des Nahverkehrs und von Sonderfahrten zur Evakuierung. Ebenso bündeln die Bibliotheken aktuelle Online-Ressourcen zu Themen wie Rechte und Möglichkeiten der Bürger während des Kriegs, Erneuerung von Dokumenten, Wohnungs-, Arbeits- und Vermisstensuche, Bildungs- und medizinische Dienste, internationale Hilfsprogramme und Hilfsleistungen von Staat und Stiftungen.

---

6 Bibliotečna Ukrajiny v cyfrach: stat. zb. / M-vo kul'tury Ukrajiny, Nac. b-ka Ukrajiny im. Jaroslava Mudroho, <https://profy.nlu.org.ua/file/statistics/2019-2020/1.pdf>.

7 V. Zdanovska: Vijna v Ukrajini: bibliotečno-informacijnyj front, in: Bibliotečna planeta, 2/2022, S. 5–8.

8 Auf den Websites und Blogs der Bibliotheken und ihren Accounts in sozialen Netzwerken finden sich zahlreiche Informationen über ihre Tätigkeit während des Kriegs. Besonders empfehlenswert ist der Blog „Die öffentliche Bibliothek der Verwaltungseinheit" der Jaroslav-Mudryj-Nationalbibliothek und die Facebook-Seite des Ukrainischen Bibliotheksverbands.

Zudem arbeiten Bibliothekare auch als Freiwillige. Sie organisieren die Verteilung von gespendeten Hilfsgütern. Für die ukrainische Armee knüpfen sie Tarnnetze, nähen Flaggen, Sturmmasken und warme Schuheinlagen, für Krankenhäuser Bettzeug und Kittel. Die Bibliothekare stricken Socken, sammeln Bücher, bereiten Süßes, Konserven oder trockenen Borschtsch zu, kochen für die Kämpfer der Territorialverteidigung, organisieren Geld-, Nahrungs- und Medikamentenspenden.
Diejenigen Bibliotheken, deren Keller als Schutzunterkunft für die Bewohner der Stadt genutzt werden können, arbeiten faktisch rund um die Uhr. Die Keller der Bibliotheken können zwischen 20 und 180 Personen aufnehmen. Dort organisieren die Bibliothekare ein Beschäftigungsprogramm: Für Erwachsene gibt es Bücher und Internet, für Kinder werden Filme, Malen, Lesen und Spiele angeboten.
Die ukrainischen Bibliothekare haben bewiesen, dass sie unter außerordentlichen Bedingungen arbeiten können. Dies zeigt auch die Idee von Kollegen aus Charkiv, mobile Dienstleistungen in den U-Bahn-Stationen anzubieten, in denen sich die Bevölkerung von Charkiv vor dem Beschuss in Sicherheit bringt.
In Bibliotheksräumen werden Erste-Hilfe-Kurse durchgeführt. Für diese Kurse engagieren die Bibliotheken Ärzte, Freiwillige und Mitarbeiter des Roten Kreuzes sowie Trainingspersonal der Rettungsdienste. Außerdem wird in Schulungen und Online-Vorträgen psychologische Unterstützung angeboten. Bibliotherapie, Filmvorstellungen und die Arbeit mit Kindern sollen die Menschen emotional entlasten und sie bei der Bewältigung des Erlebten unterstützen.
Die Bibliotheken organisieren darüber hinaus gemeinsam mit Freiwilligen Freizeitprogramme für Kinder: Lesungen, verschiedene Workshops, Brettspiele, Kunsttherapie oder Sport. Ebenso ermöglichen die Bibliotheken es den Kindern, ihren Online-Unterricht fortzusetzen.
In vielen Bibliotheken sind während des Krieges Gesprächskreise für Erwachsene entstanden, sowohl für Anwohner als auch für Geflüchtete. Aktuell gefragt sind hier besonders Konversationsübungen für Fremdsprachen. Zudem wollen viele das Ukrainische als Umgangssprache üben, vor allem diejenigen, die bisher im Alltag vor allem Russisch gesprochen haben.

Informationskrieg

Da die Russländische Föderation nicht nur einen Angriffskrieg, sondern auch einen massiven Informationskrieg gegen die Ukraine führt, bieten die Bibliotheken Vorträge und Kurse zur Medienkompetenz[9] und Cybersicherheit an. Alle Interessierten können so lernen, was Fake News und Propaganda sind oder wie sich kritisches Denken trainieren lässt. Dabei geht es auch um die Sicherheit bei der Nutzung von Messengerdiensten und beim Bezahlen im Internet sowie um Besonderheiten der Cyberkriegsführung.
Für viele Dienstleistungen, Programme und Projekte fehlen den öffentlichen Bibliotheken allerdings die Ressourcen. Insbesondere kleine Bibliotheken sind oft technisch nicht gut

---

9 Navčannja z informacijnoji ta kiberbezpeky dlja korystuvačiv bibliotek. Ukrajins'ka bibliotečna asociacija, 12.5.2022, <https://ula.org.ua/novyny-ta-podii/novyny/5019-navchannia- z-informatsiinoi-ta-kiberbezpeky-dlia-korystuvachiv-bibliotek>..

genug ausgerüstet, um ihre Dienste digital oder hybrid anzubieten. Um die Dienstleistungen der Bibliotheken zu digitalisieren und eine moderne Software und neue Kommunikationsformen zu entwickeln, braucht es finanzielle Mittel, Erfahrung im IT-Bereich sowie ständige Personalschulungen am Arbeitsplatz.
Besonders erwähnt werden muss hier die Arbeit des Ukrainischen Bibliotheksverbands. Er bemüht sich darum, die Bibliotheksgemeinschaft in der Ukraine und auf der ganzen Welt zusammenzubringen, um wahrheitsgetreue Informationen über den Krieg in der Ukraine zu verbreiten, um die Kriegsverbrechen gegen die Ukraine und den heldenhaften Widerstand ihres Volkes zu dokumentieren.

Selbsthilfenetzwerk und Engagement der Bibliothekare

Die gemeinnützige Organisation Bibliotečna krajina (Bibliotheksland) und der Ukrainische Bibliotheksverband initiierten ein Selbsthilfenetzwerk, über welches Bibliothekare ihre Wohnungen den Familien von Kollegen zur Verfügung stellten, die fliehen mussten. Außerdem werden darüber ständig Spenden für Bibliothekare gesammelt, die infolge des russländischen Angriffs in einer schwierigen Lebenssituation sind.[10]
Diejenigen Bibliothekare, die ihr Zuhause verlassen mussten und sich nun im Ausland aufhalten, arbeiten weiterhin mit ihren Landsleuten zusammen. Sie organisieren Kurse in der jeweiligen Landessprache, organisieren zusammen mit den Bibliotheken vor Ort Sammelaktionen ukrainischer Bücher für Geflüchtete, knüpfen professionelle Kontakte und tauschen Erfahrungen aus.
Die Bibliothekare erfüllen also nicht nur die Aufgaben, die in ihren Dienstbeschreibungen stehen, sondern sie folgen auch ihrem Herzen.
Lange haben die Ukrainer sich geweigert, diese Realität zu akzeptieren: ein Krieg im 21. Jahrhundert, mitten im zivilisierten Europa. Nur das Heulen der Sirenen in relativ „friedlichen" Stadtteilen, der Lärm der Artillerie nahe der Front, die ständigen Nachrichten über Luftangriffe und Tod bringen einen zurück in die Realität. Krieg, das bedeutet verängstigte Menschen, zerstörte Gebäude, nichtdetonierte Munition, bombardierte Städte und Dörfer. Alle haben inzwischen begriffen: Krieg, das ist heute, hier und jetzt.

Aus dem Ukrainischen von Stefan Heck, Jena

Schlagwörter:
Ukraine, Ukrainekrieg, Bibliothekswesen, öffentliche Bibliotheken, Zerstörung des kulturellen Erbes, Selbstverteidigung

[10] Financial assistance to Ukrainian librarians. Ukrajins'ka bibliotečna asociacija, 5.4.2022, <https://ula.org.ua/novyny-ta-podii/novyny/5002-financial-assistance-to-ukrainian-librarians>.

Claudia Dathe

Der Freiheit auf der Spur

Sofia Yablonska (1907–1971)

„Doch scheint es mir jetzt ganz einfach zu sein, ein freier Mensch zu werden. Man lässt alles zurück, nimmt ordentlich Anlauf und springt – hopp! – über den Graben! … Und dann öffnen sich überall Wege, einer breiter und attraktiver als der andere, sie sind alle verlockend.“ Sofia Yablonska ist Unternehmerin, Autorin, Fotografin und vor allem eine neugierige, offene junge Frau, die zahlreiche Reisen in außereuropäische Länder unternimmt, deren Erlebnisse, Erfahrungen und Reflexionen sie in Reiseberichten, Fotos und kleinen Filmen festhält. Ihre Wahrnehmung der Welt und ihr Schaffen sind geprägt von der Suche nach Freiheit, der Faszination an der Bewegung und der Freude an der Beobachtung.

Sofia Yablonska wurde 1907 in der Nähe von Lemberg geboren, lebte während des Ersten Weltkriegs und des Bürgerkriegs im zerfallenden Zarenreich mit ihrer Familie in Taganrog am Schwarzen Meer und kehrte 1921 ins nun polnische Lwów zurück, wo sie unter anderem einen Kurs für unternehmerische Tätigkeit absolvierte und zwei Kinos betrieb, um Geld für einen Frankreich-Aufenthalt zu verdienen. 1926 ging sie nach Paris, studierte an der Schule für Kinematografie, verkehrte in der Kunst- und Literaturszene und schrieb erste Erzählungen, ehe sie von Paris aus ab 1929 zu Reisen nach Marokko, China und in den Pazifik aufbrach. Ihre Texte verfasste sie auf Ukrainisch und veröffentlichte sie in Lemberg. Yablonska hatte keine ukrainische Schule absolviert, sondern das Ukrainische im Alltag erlernt. In den Bildungseinrichtungen, die sie besuchte, wurde auf Polnisch unterrichtet. Darüber hinaus eignete sie sich Französisch an. Als mehrsprachige Autorin aus einer jüdisch-polnisch-ukrainischen Region verflocht sie in ihrem Schreiben stets unterschiedliche Erfahrungsräume.

Die Beobachtungen, die Yablonska auf ihren Reisen macht, bilden das Zentrum ihres literarischen Schaffens. Wie viele Zeitgenossen ist Yablonska fasziniert von der Bewegung und den neuen technischen Errungenschaften, dank derer auch weite Entfernungen ohne die einstigen Beschwernisse zurückgelegt werden konnten. In den Reiseberichten „Der Charme von Marokko“, „Im Land von Reis und Opium“ und „Ferne Horizonte“ finden sich umfangreiche atmosphärische Beschreibungen der Fortbewegung zu Land und zu Wasser. So schildert Yablonska die einmonatige Schiffsreise von Marseille nach Saigon als Erfahrung des Innehaltens und Verschmelzens mit Raum und Zeit, auf der

---

Claudia Dathe, Slavistin, Übersetzerin, seit 2021 tätig als Koordinatorin des Forschungsverbundprojekts „European Times“ an der Europa-Universität Viadrina in Frankfurt/Oder

Der Text ist ein Vorabdruck aus dem Band „Abetka der Kultur und Literatur der Ukraine. Von Antonyč bis Yablonska“, der von Annette Werberger und Claudia Dathe herausgegeben wird und im Herbst 2022 im Verlag *transcript* erscheint.

 doi: 10.35998/oe-2022-0155

Fahrt mit der Dampflok von Hanoi nach Yunnan Fu, die durch unzählige Tunnel führt, ist sie Qualm und Enge ausgesetzt, auf den Ausflügen mit der Rikscha ins Innere der Provinz Yunnan plagen sie Gewissensbisse angesichts der körperlichen Strapazen des vorgespannten Kulis.

Auf ihren Reisen möchte sich Yablonska den Kulturen unvoreingenommen nähern und den Menschen persönlich begegnen. Deshalb reist sie ohne Begleitung, was in der damaligen Zeit für eine Frau äußerst ungewöhnlich war. Häufig stieß sie auf irritierte Reaktionen patriarchal denkender Zeitgenossen. Mit Vorliebe sucht sie belebte öffentliche Orte auf, an denen sie in die Menge eintauchen und das Alltagsleben beobachten kann, so etwa den Platz der Gaukler in Marrakesch. Ausführlich und voller atmosphärischer Details beschreibt sie die Sprechstunde des Heilers, den Auftritt des Schlangenfressers, die Ekstase des Feuerschluckers und die Andacht des Geschichtenerzählers und lässt den Leser Anteil nehmen an der Faszination, die das Geschehen auf sie ausübt:

> Mein Kopf drehte sich wie das Rädchen an einer Spielzeugwindmühle. Ich stand in der Tür, stützte mich mit der einen Hand an der Wand ab und tastete mit der anderen nach dem Lichtschalter. Die Decke sackt auf meinen Kopf, die Wände schwanken, der Boden wölbt sich – das ganze Zimmer schaukelt wie ein Schiff auf den wogenden Wellen des Ozeans. Hilflos schließe ich die Augen und falle aufs Bett, das mit mir emporsteigt, sich dreht und plötzlich in die Tiefe stürzt. In den Film vor meinen Augen springt eine schwarze Tänzerin, die die Lippen verzieht, die Augen verdreht, die strahlend weißen Zähne und den roten Gaumen zeigt, ihren biegsamen Körper schwingt, mit den nackten Füßen stampft, die Hüfte vorschiebt und in die Höhe schnellt wie eine Katze, die man auf ein heißes Blech geworfen hat.

Yablonska schildert in ihren Aufzeichnungen auch missglückte Versuche der kulturellen Annäherung. In ihrem Reisebericht „Im Land von Opium und Reis“ erzählt sie etwa von der panischen Angst der Einwohner von Yunnan und der umliegenden Bergregionen vor der Filmkamera und dem Fotoapparat und von ihren vergeblichen Überredungs- und Bestechungsversuchen. In diesen Darstellungen tritt Yablonska aus der Beobachterposition heraus und wird selbst Teil des Geschehens:

> Etliche Male stand ich mit meiner Kamera an einer Kreuzung, die auf mehreren Quadratmetern von der Sonne beschienen wurde, und die Menschen blieben stundenlang davor stehen. Ich hatte viel Ausdauer, doch ihre Ausdauer war stärker. Auch wenn keine Polizei kam und die Leute sich nicht trauten, mich zu verscheuchen, weil sie meinen Diener mit dem Gewehr sahen, war ich immer diejenige, die den Kürzeren zog, die Chinesen ließen nämlich einfach ihre Ochsen anhalten und gingen in das nächstbeste Lokal Tee trinken.

Yablonska schreibt als Europäerin, deren Perspektive von ihren Erfahrungen mit fragiler Staatlichkeit und wechselnder kulturell-territorialer Zugehörigkeit geprägt ist. Einerseits verleiht sie stets ihrer Gewissheit Ausdruck, dass Europa dem Rest der Welt technisch und zivilisatorisch überlegen ist. Andererseits reflektiert sie kritisch die Praktiken der französischen Kolonialmacht in Marokko und Yunnan und zieht Parallelen zum

Unabhängigkeitskampf der Ukraine und der gescheiterten Staatsbildung am Ende des Ersten Weltkriegs. Diese an verschiedenen Stellen auftauchenden Bezüge zur aktuellen Lage auf dem Gebiet der Ukraine verweisen auf den Leserkreis, an den Yablonska sich in ihren Reisetagebüchern richtet.

So forsch, wie sich Yablonska anderen Kulturen nähert, verfährt sie auch mit der Sprache. Unbekümmert flicht sie polnische, russische oder französische Wörter in den ukrainischen Text ein. Oftmals erfindet sie Ausdrücke, indem sie an einen lateinischen oder französischen Wortstamm eine ukrainische Endung anfügt und so ein neues ukrainisches Wort entstehen lässt. Yablonska erzählt mit einer großen emotionalen Bandbreite: In dynamischen Textpassagen lässt sie den Leser Anteil nehmen an ihrer Faszination an Freiheit und Bewegung, in getragenen Passagen hält sie inne und schildert Details des Alltags oder Reaktionen von Menschen, denen sie begegnet.

Nach dem Zweiten Weltkrieg übersiedelte Yablonska von China nach Frankreich, wo sie mit ihrer Familie zunächst in Paris lebte. Nach dem Tod ihres Mannes im Jahr 1955 zieht sie auf die Île de Noirmoutier, ist dort als Architektin tätig und setzt ihr Schreiben fort. Lemberg, das nach Kriegsende aufgrund der Beschlüsse auf der Konferenz von Jalta an die Sowjetunion fiel, hat sie nicht mehr besucht. Yablonska starb 1971 bei einem Autounfall. Erst nach ihrem Tod wurden ihre Reiseberichte und Erzählungen ins Französische übersetzt und publiziert. Die ukrainischen Originaltexte hat der Verlag *Rodovid* in den vergangenen Jahren neu herausgegeben. Auf Deutsch liegt bislang „Der Charme von Marokko“ (2020) vor, Yablonskas andere Reisetagebücher werden in den kommenden Jahren folgen.

Mykola Chvyl'ovyj

Alexander Kratochvil

Romantik der Revolution, Realität der Repression

Mykola Chvyl'ovyj (1893–1933)

Im Jahr 1928 konstatiert der einflussreiche ukrainische Literaturkritiker Volodymyr Korjak: „Und wirklich – Chvyl'ovyj, der Quälgeist: Er regt sich und uns alle auf, stiftet Unruhe und provoziert, er nervt und elektrisiert. Ein Asket und Fanatiker, unerbittlich sich selbst und andern gegenüber, übersensibel und stolz, unberührbar, streng und doch manchmal zart und zaghaft, wundervoll und charaktervoll, verliebt in Worte und die Form, ein Träumer." Diese Charakterisierung ist keinesfalls untertrieben. Bereits das selbstgewählte Pseudonym des Schriftstellers, der eigentlich Mykola Fitil'jov heißt, ist Programm: Es leitet sich vom Wort „chvyl'juvannja" ab, das „Wogen schlagen" und in übertragener Bedeutung „Aufregung, Unruhe auslösen" bedeutet.

Und in der Tat lösten Chvyl'ovyjs Erzählbände *Syni etjudy* (Etüden in blau) und *Osin'* (Der Herbst) in der ersten Hälfte der 1920er Jahre Aufruhr aus. Es handelt sich um Erzählungen über die Kämpfe in der Ukraine nach den Revolutionen von 1917 und deren traumatisierende und ambivalente Nachwirkungen. Im Mittelpunkt der Prosa stehen keine ideologisch gestählten Helden und Kommunisten, sondern Menschen, die von den weltanschaulichen und moralischen Konflikten ihrer Zeit innerlich zerrissen sind. Diese Aspekte spielen eine wichtige Rolle in der außergewöhnlichen Erzählung *Ja. Romantyka* (1924, Ich. Romantik), in der in einem Bewusstseinsstrom die Persönlichkeitsspaltung und Verzweiflung des Ich-Erzählers auf beklemmende Weise nachvollzogen wird. Sie endet mit einem symbolischen Muttermord im Namen der Revolution. Revolution und Romantik verbinden sich in dieser Erzählung zu einem Alptraum. Dies ist umso irritierender, da die Wortverbindung „revolutionäre Romantik" bereits in den 1920er Jahren als positive Wertung bei einer Reihe jüngerer Autoren auftauchte, die die kommunistische Revolution befürworteten. Auch in späteren Literaturgeschichten wird der Begriff in diesem Sinne verwendet. Die „Romantik" verbindet sich dabei in Anlehnung an einen Teil der Romantik im 18. und beginnenden 19. Jahrhundert mit einem politisierten Romantikverständnis, das gegen bestehende soziale Verhältnisse rebelliert. Und tatsächlich sah sich Chvyl'ovyj und ihm nahestehende Autoren in der Nachfolge der mitteleuropäischen Romantik und verwendete in seinen Essays und publizistischen Schriften Begriffe wie „romantischer Vitaismus" [sic!] und „aktive Romantik" für seine ästhetischen und weltanschaulichen Positionen.

Im Gegensatz zu dem in den 1920er Jahren einsetzenden pathetischen Lobgesang auf die Bürgerkriegshelden und ihre Taten stellen Chvyl'ovyjs Prosatexte seiner ersten Schaffensphase bis ca. 1926 die Sinnhaftigkeit und den Blutzoll der Revolution und ihrer Nachwirkungen in Frage, meisterhaft im Roman *Povist pro sanatorijnu zonu* (1926, Über das Sanatorium). Seine Erzählungen entziehen sich eindeutigen Interpretationen,

---

Alexander Kratochvil, Dr. habil., Slavist, Ludwig-Maximilians-Universität München

OSTEUROPA, 72. Jg., 6–8/2022, S. 221–223 **doi: 10.35998/oe-2022-0156**

sind schwer fassbar, da inhaltliche Aussagen der oft handlungsarmen Prosa durch Leitmotive, Symbole, Metaphern und Personenkonstellationen meist assoziativ erschlossen werden müssen. Gemeinsam ist den Protagonisten, dass sie in ihrer „revolutionären Romantik" gefangen sind und sich in der nachrevolutionären Gegenwart nicht zurechtfinden. So glaubt der Protagonist in der Erzählung *Synij listopad* (Blauer November) zwar noch immer an die revolutionäre Romantik und ist nach wie vor ganz von ihr erfüllt, doch der nachrevolutionären Wirklichkeit steht er hilflos gegenüber: Er erkrankte während der revolutionären Kämpfe schwer und stirbt bezeichnenderweise nach langem Siechtum am Jahrestag der Revolution.
In der zweiten Schaffensphase ab etwa 1926/27 – 1932 thematisiert Chvyl'ovyj weiterhin die Kriegszeit und ihre Nachwirkungen. Der Typus des revolutionären Romantikers tritt zugunsten der Opfer der Gewalt und des Blutvergießens zurück. All die Leiden und das vergossene Blut erscheinen kaum mehr zu rechtfertigen, wie z.B. in der Erzählung *Maty* (1928, Die Mutter). Diese Erzählung variiert das Motiv der Blutrache und der verfeindeten Brüder und knüpft an Gogol's ukrainischen Roman *Taras Bul'ba* an. In *Maty* treten beide Brüder, Bolschewik und Monarchist, als rücksichtslose Gewaltmenschen auf, die sich im Haus der Mutter gegenseitig erschlagen wollen. Am Ende überlistet die Mutter beide und opfert sich.
In seinen umfangreichen satirischen Langerzählungen wie *Ivan Ivanovyč*, *Revizor* (Revisor) oder *Opovydannja pro Stepana Trochymovyča* (Die Erzählung des Stepan Trochymovyč) entwickelt Chvyl'ovyj die satirischen Verfahren aus seiner ersten Schaffensphase weiter. In diesen Texten steht das „unsterbliche und nun allföderative Spießertum" der Sowjetunion im Mittelpunkt. Die satirische Intention wird oft im Titel oder durch die Namen der Protagonisten signalisiert, so in Anspielungen auf Gogol's ukrainische Texte. Ein satirisches Spiel mit den Vorgaben sogenannter proletarischer und realistischer Literatur lassen sich auch noch in Erzählungen erkennen, die bereits unter den politischen Repressionen ab 1931 erschienen, wie *Ščaslyvyj sekretar* (Der glückliche Sekretär) und *Ostannij den'* (Der letzte Tag).
Chvyl'ovyj gehört nicht nur zu den wichtigsten ukrainischen Autoren der 1920er und frühen 1930er Jahre, sondern auch zu den am meisten diskutierten und einflussreichsten ukrainischen Schriftstellern des 20. Jahrhunderts. Neben seinen literarischen Werken verfasste der Autor Essays und publizistische Texte, mit denen er die literarischen und kulturpolitischen Debatten der 1920er Jahre immer wieder aufrührte und provozierte. Vor dem Hintergrund der sowjetischen Nationalitätenpolitik der 1920er Jahre, die eine Ukrainisierung des öffentlichen Lebens einschließlich des Schulwesens, der Verwaltung und der Presse propagierte und teilweise realisierte, trat Chvyl'ovyj für eine weitergehende Ukrainisierung ein, die die Entrussifizierung der großen, ehemals zaristisch imperialen Städte und Industrieregionen mit einschloss. Vor allem aber begriff er die ukrainische Kultur als Konkurrenzprojekt zur russischen Kultur mit ihrem Ableger des mentalen Kleinrussentums in der Ukraine. Zugespitzt formulierte er es so:

> Folgende Frage ist zu beantworten: An welcher Art Weltliteratur sollen wir uns orientieren? Auf gar keinen Fall an der russischen. Von der russischen Literatur und ihren Wesen muss sich die ukrainische Dichtung so rasch wie möglich entfernen, und zwar deshalb, weil die russische Literatur seit Jahrhunderten auf uns lastet, sich als Herr im Haus aufführt, unserm Denken sklavische Nachahmung anerzog.[1]

---

1 Apolohety pysaryzmu [1926]. Mykola Chvyl'ovyj. Tvory u 2 tomach. T. 2, S. 26.

Gegen den russischen (Kultur-)Kolonialismus setzt Chvyl'ovyj Schlüsselbegriffe wie das psychologische oder faustische Europa, von dem die Ukraine ohne russischen Filter lernen solle, und entwarf selbst eine Zukunftsvision einer ukrainisch-europäischen Kultur in seinen Essays, u.a. in *Ukrajina čy Malorosija?* (1926, Ukraine oder Kleinrussland?). Zu seiner populärsten, auch auf dem Majdan 2013/14 skandierten Floskel wurde „Het' vid Moskvy!" (Weg von Moskau!), in der die lang andauernden Anstrengungen der Ukrainer, sich sprachlich und kulturell, als Staat und als Volk zu etablieren auf eine einfache Formel gebracht sind.
Dies rief eine erboste Kritik von Stalin persönlich hervor:

> Ich denke an die gut bekannte Publizistik des bereits erwähnten Kommunisten Chvyl'ovyj in der ukrainischen Presse. Chvyl'ovyj fordert die sofortige Entrussifizierung des Proletariats in der Ukraine. Seine Überzeugung, dass „die ukrainische Dichtung sich so weit wie möglich von der russischen Literatur und seiner Stilistik fern halten solle", die wiederholte Betonung dessen, dass „die Ideen des Proletariats uns auch ohne Vermittlung der russischen Kunst vertraut sind", seine Überzeugung von der messianischen Rolle der jungen ukrainischen Intelligenz [. . .] Dies alles geschieht zu einer Zeit, da die westeuropäische Arbeiterklasse und ihre kommunistischen Parteien voller Bewunderung nach Moskau blicken, [. . .] In diesem Augenblick hat der ukrainische Kommunist Chvyl'ovyj nichts zugunsten Moskaus zu sagen und ruft die ukrainischen Parteiführer auf, so schnell wie möglich vor Moskau davonzulaufen.[2]

Nach diesem Brief Stalins an den damaligen Generalsekretär der ukrainischen Sektion der Kommunistischen Partei Lazar' Kaganovič vom 26.4.1926 begann eine mehrere Jahre andauernde und sich verschärfende Kampagne führender Parteifunktionäre gegen Chvyl'ovyj. Seine Werke wurden zensiert oder durften gar nicht erscheinen, literarische Organisationen, in denen er aktiv war, wurden verboten. Die Situation verschärfte sich gegen Ende der 1920er Jahre mit dem repressiven Umschwung in der Nationalitätenpolitik, der beginnenden Zwangskollektivierung und forcierten Industrialisierung. Ab 1930 begannen in der Sowjetukraine die ersten Prozesse gegen Intellektuelle. Presse, Verlagswesen, Vereine und Kulturorganisationen wurden unter Kontrolle der kommunistischen Partei gebracht. Chvyl'ovyj sah mit eigenen Augen auf einer Reise die Auswirkungen der Zwangskollektivierung, die Vernichtung des ukrainischen Dorfs und den Holodomor. Als Autor und Publizist hatte er seit 1932 keine Plattform mehr, im Frühjahr 1933 setzte eine umfassende Verhaftungswelle unter den ukrainischen Intellektuellen und Schriftstellern ein.
Vor diesem Hintergrund setzte Chvyl'ovyj ein letztes lautes, nicht zensierbares Zeichen gegen die soziale und kulturelle Vernichtung der Ukraine: Studiert man die Abschiedsbriefe und die Erinnerungen von Zeitzeugen und Freunden Chvyl'ovyjs an den Todestag, den 13. Mai 1933, dann wird deutlich, dass er seinen Selbstmord bewusst inszenierte. Es war ein öffentlichkeitswirksamer Protest, eine Provokation, die ihre Wirkung nicht verfehlte. Sein Begräbnis mit den laut Zeitzeugen über eintausend Teilnehmern stellte die letzte öffentliche Demonstration ukrainischen Nationalbewusstseins für Jahrzehnte dar.

Schlagwörter: Ukraine, Literatur

---

[2] J.W. Stalin. Sočinenie. Moskva 1948, Bd. 8, S. 149–154.

Mychajlo Kocjubyns'kyj

Oksana Paško

Krim, Karpaten, Capri

Mychajlo Kocjubyns'kyj (1864–1913)

In seinem Haus versammelte sich an der Wende vom 19. zum 20. Jahrhundert die literarische Welt von Černihiv. Der Runde, zu der Mychajlo Kocjubyns'kyj jeden Samstag in der Stadt nordöstlich von Kiew lud, gehörten unter anderem an: der Maler und Dichter Mychajlo Žuk – Absolvent der Krakauer Akademie der Künste und Mitbegründer der Ukrainischen Akademie der Künste 1917 –, der Politiker und Historiker Mychajlo Mohyljans'kyj, der Lenin persönlich kannte, der symbolistische Dichter und Schauspieler Mykola Voronyj, der aufstrebende symbolistische Dichter Pavlo Tyčyna, der zu jener Zeit noch am Priesterseminar in Černihiv studierte, und Vasyl' Ellans'kyj (Blakytnyj), der am selben Seminar studierte, Gedichte schrieb und zu einer Schlüsselfigur der ukrainischen Sowjetliteratur wurde.

Von 1898 bis 1911 arbeitete Kocjubyns'kyj in Černihiv als Beamter im Kreisamt für Statistik, um seine große Familie zu ernähren: vier Kinder, seine Frau und seine blinde Mutter. Zwar veröffentlichte der 1864 in Vinnycja geborene Schriftsteller bereits seit den 1880er Jahren eigene Texte, doch von seinen auf Ukrainisch verfassten Büchern konnte er nicht leben. Sie erschienen lediglich in kleinsten Auflagen: „Meine russischen Übersetzer erhalten um ein Vielfaches mehr für ihre Übersetzungen als ich für das Original. Ich kann nicht überleben", gestand der Autor in einem Brief im Jahr 1908. Über 20 Jahre hinweg hatte Kocjubyns'kyj verschiedene Verwaltungsposten inne, vor seiner Tätigkeit im Amt für Statistik war er 1892 in Bessarabien und 1895 auf der Krim Mitglied einer Wissenschaftlichen Kommission, die sich mit Möglichkeiten zur Bekämpfung der Reblaus befasste. Als Kocjubyn'skyj 1911 eine Rente von der Kiewer Gesellschaft zur Unterstützung der ukrainischen Literatur und Wissenschaft zugesprochen bekam, konnte er seine Anstellung aufgeben. Doch zu diesem Zeitpunkt litt Kocjubyns'kyj bereits an Asthma und Tuberkulose.

Zeit seines Lebens stand Kocjubyns'kyj in Korrespondenz mit Bekannten und Kollegen. „Ich habe den ganzen Tag Briefe geschrieben", teilt er seiner Frau in einem Schreiben aus Alupka mit. Sein Nachlass umfasst 1300 Briefe, die knapp die Hälfte seines literarischen Schaffens bilden. Briefeschreiben war für ihn eine Form des Nachdenkens, ein kreatives Labor, in dem er Beobachtungen und Stoffe für zukünftige Werke festhielt. Die meisten Briefe wechselte Kocjubyns'kyj mit seiner Ehefrau Vira Deiša sowie mit Oleksandra Aplaksina, mit der er in späteren Jahren eine Beziehung pflegte. Die Briefe an Aplaksina sind auf Russisch verfasst, etwa zehn Jahre dauerte diese tiefe innere Verbindung, der letzte Brief ist auf den 21. Januar 1913 datiert, vier Tage vor Kocjubyns'kyjs

Oksana Paško, Dr. phil., Literaturwissenschaftlerin, Mohyla-Akademie, Kiew

Osteuropa, 72. Jg., 6–8/2022, S. 225–227 **doi: 10.35998/oe-2022-0157**

Tod. Diese Korrespondenz blieb lange Zeit geheim – erst 1938, 25 Jahre nach dem Tod des Schriftstellers, gelangte der Briefwechsel an die Öffentlichkeit.
Kocjubyns'kyjs Frühwerk steht in der Tradition der ukrainischen realistischen Literatur des 19. Jahrhunderts, in seinem Schreiben wendet er sich dem einfachen Menschen und dem Dorf zu. Diese Themen finden sich im 19. Jahrhundert auch in anderen europäischen Literaturen: Autoren wie George Sand, Honoré de Balzac, Berthold Auerbach („Schwarzwälder Dorfgeschichten“) oder Arne Harborg machten ebenfalls das Dorf zum Gegenstand ihres Schreibens. Nach und nach veränderten sich Kocjubyns'kyjs Themen und sein Stil, er experimentierte mit Formen, die typisch für den Impressionismus sind, dann mit solchen der Neoromantik. Auch einige symbolistische Erzählungen schrieb er. Starken Einfluss übte auf ihn insbesondere die Lektüre nordeuropäischer Autoren (Ibsen, Knut Hamsun, Jonas Lie) aus, aber auch Guy de Maupassant, Maurice Maeterlinck, Georges Rodenbach und der Österreicher Schnitzler. Er schrieb auf Ukrainisch und gehört in die europäische Moderne.
Kocjubyns'kyj ist ein Meister der kurzen Form. In seinen Novellen fängt er mit rhythmisierten Sätzen, die häufig wie Verszeilen in Prosaform wirken, visuelle, akustische, olfaktorische und taktile Wahrnehmungen ein. Seine bekanntesten Werke sind von diesem impressionistischen Stil geprägt: die Novelle „Intermezzo“, die die menschliche Erschöpfung thematisiert, und der Essay „Die Apfelblüte“ über das Sterben eines Kindes.
Kocjubyns'kyj war ein gewissenhafter Autor, lange feilte er an stilistischen Details: „So lange ich es mir vorstelle, ist alles so schön, leuchtend, klar und lebensprall, und wenn ich zum Stift greife, kommt etwas Miserables, Blasses und Uninteressantes heraus“, notiert er in einem Brief an den ukrainischen Schriftsteller, Maler und Literaturwissenschaftler Bohdan Lepkyj im Jahr 1906.
Kocjubyns'kyj interessierte sich jedoch nicht nur für Psychologie, sondern auch für Botanik und Tierpsychologie. Nicht von ungefähr ist der Schriftsteller auf einem Porträt, das Mychajlo Žuk 1907 malte, mit der Großen Kapuzinerkresse im Hintergrund und einer koketten Boutonniere im Knopfloch eines europäischen Anzugs zu sehen. Auch andere Aufnahmen zeigen Kocjubyns'kyj in elegantem Aufzug. Auf einigen Fotos ist Kocjubyns'kyj jedoch auch im Fes zu sehen. Diese Kopfbedeckung trug er gelegentlich, seit er sich in den 1890er Jahren auf der Krim aufgehalten hatte, „in Allahs Gefilden“, wie er die Halbinsel nannte. Die Krim verband Kocjubynsk'kyj vor allem mit den Krimtataren. Kocjubyns'kyj beherrschte – neben Türkisch, Romani und Rumänisch - auch deren Sprache. In seinen Novellen „In den Schlingen des Schaitans“, „Auf dem Stein“ und „Unterm Minarett“ beschreibt er die stillen und schüchternen Frauen, die lokalen Kaffeetraditionen, die schweigsamen Berge, den Ruf des Muezzins und den ekstatischen Tanz der Derwische.
Ebenso interessierte er sich für das Leben der Huzulen in den Karpaten, für ihren Volksglauben, ihre Legenden. Aus seinen Wanderungen durch die Karpaten entstand seine berühmte Erzählung „Die Schatten der vergessenen Ahnen“ (Tini zabutych predkiv, 1911), auf deren Basis 50 Jahre später Sergej Paradžanov seinen berühmten gleichnamigen Film (dt. unter dem Titel: Feuerpferde) drehte. Eine zweite Erzählung über das Leben der Huzulen blieb unvollendet. Kocjubyns'kyjs Ukraine riecht oft nach Thymian, Italien, insbesondere Capri, wo er 1911–1912 zur Kur weilte und wo es nach Beifuß duftete.
Kocjubyns'kyj starb ein Jahr vor dem Ausbruch des Ersten Weltkrieges, doch Motive von Zerstörung und Tod sind überall in seinen Werken zu finden: in den Beschreibungen

der Pogrome an Juden in der Erzählung „Er fährt!“, in der die Protagonistin – die alte blinde Jüdin Esterka – voller Angst dem Ansturm der Massen lauscht; in den Darstellungen rücksichtsloser Plünderungen in der Erzählung „Fata Morgana“, in der Beschreibung der Zerstörungen nach dem Erdbeben von Messina im Dezember 1908, als mehr als die Hälfte der über 100 000 Einwohner der Stadt unter den Trümmern begraben wurde („Auf der Insel“).

Mychajlo Kocjubyns'kyj ist einer der ersten ukrainischen Schriftsteller, dessen Werke bereits zu seinen Lebzeiten in größerer Zahl in andere Sprachen übersetzt wurden. Im Jahr 1909 erschien etwa in Wien eine Ausgabe mit ausgewählten Werken, in den 1960er Jahren erschien in Zürich „Fata Morgana und andere Erzählungen“.

Aus dem Ukrainischen von Claudia Dathe, Jena

Wanderphilosoph: Hryhorij Skovoroda, sowjetische Briefmarke aus dem Jahr 1972

Andrii Portnov

Der Wanderphilosoph

Hryhorij Skovoroda (1722–1794)

„Die Welt wollte mich fangen, doch es gelang ihr nicht!" Diese Inschrift steht auf dem Grab des vielleicht wichtigsten ukrainischen Philosophen. Ersonnen hat er den Aphorismus selbst. Hryhorij Skovoroda war ein überzeugter Einzelgänger, der nie geheiratet hat und einer Legende zufolge sogar einmal kurz vor der Trauung von seiner eigenen Hochzeit davongelaufen ist.

Das Leben des in einer Kosakenfamilie geborenen Wanderphilosophen, von dem zu Lebzeiten nie ein Buch erschien, fiel in eine Zeit der politischen Lethargie und des Indifferentismus in der Ukraine. Die Freiheiten der Kosaken wurden nach und nach beschnitten, und die ukrainischen Gebiete immer fester in das Zarenreich integriert.

Skovoroda studierte ab Mitte der 1730er Jahre an der Kiew-Mohyla-Akademie, von 1741 an war er für drei Jahre Sänger in der Hofkapelle von Kaiserin Elisabeth in St. Petersburg. 1744 kehrte er mit der Kapelle nach Kiew zurück, aber schon im folgenden Jahr reiste er als Kirchendiener in der sogenannten Tokajer Kommission ins Habsburgerreich, deren Aufgabe es war, in Wien, Budapest und Bratislava Wein für den Zarenhof zu beschaffen.

Im Jahr 1750 kehrte er in die Ukraine zurück und unterrichtete auf wechselnden Stellen an den Hochschulen von Perejaslav und Charkiv. 1769 verließ er im Alter von 47 Jahren die akademische Welt und zog von da an bis zu seinem Tod 1794 im Dorf Ivanivka im Haus des Gutsbesitzers Kovalivs'kyj als Wanderphilosoph durch die Sloboda-Ukraine (Slobids'ka Ukraina) im Nordosten der heutigen Ukraine.

Skovoroda schrieb Lieder, Erzählungen und Traktate – sowie Dialoge, welche die antike Geschichte in biblischer Sprache erzählen. Die Manuskripte seiner Werke wurden erst nach seinem Tod veröffentlicht. Er schätzte die Metapher und betonte, dass die Welt sich in Gegensätzen zeige. Das Dasein sei ein ständiges Taumeln, im Tode könne man das Leben erkennen, in der Finsternis das Licht, in der Verzweiflung die Hoffnung. Er unterschied zwischen dem „wahren" (dem inneren, wesentlichen) und dem „physischen" Menschen und forderte seine Schüler dazu auf, in sich hineinzuschauen – und Ruhe, Distanz, Gelassenheit und Selbstbeherrschung zu entwickeln.

Andrii Portnov (1979), Dr. phil., Historiker, Professor an der Europa-Universität Viadrina, Frankfurt/Oder. Der Text ist ein Vorabdruck aus dem Band „Abetka der Kultur und Literatur der Ukraine. Von Antonyč bis Yablonska", der von Annette Werberger und Claudia Dathe herausgegeben wird und im Herbst 2022 im Verlag *transcript* erscheint.

Osteuropa, 72. Jg., 6–8/2022, S. 229–231 **doi: 10.35998/oe-2022-0158**

Skovorodas wichtigste Maxime lautete: „Versuche mit aller Kraft, niemandem in irgendeiner Weise zu schaden“.[1] Glück bedeute, die natürliche innere Ordnung richtig zu verstehen. Er führte den Begriff der „natürlichen Arbeit“ ein, worunter er verstand, dass man seine Neigungen mit seinem Beruf in Einklang bringt.

Weisheit, so Skovoroda, erlange der, der das Prinzip der „ungleichen Gleichheit“ erkennt. Was er darunter versteht, erläutert er am Beispiel eines Brunnens: „Aus verschiedenen Röhren fließen verschiedene Ströme in verschiedene Gefäße, die um den Brunnen herumstehen. Das kleinere Gefäß enthält weniger, ist aber dem großen darin gleich, dass es gleich voll ist“.

In seinem Denken stand Skovoroda der spätantiken Alexandrinischen Schule (Philon, Plotin, Origenes) und der deutschen religiösen Mystik des Hochmittelalters und der Frühen Neuzeit (Meister Eckhart, Johannes Tauler, Angelus Silesius, Valentin Weigel) nahe. Er vertrat die Auffassung, der Philosoph müsse praktische Tätigkeiten vermeiden und sich von der Welt lossagen.

Dem Skovoroda-Forscher Viktor Petrov zufolge war dieser „ein Mann ohne Grund“, ein Meister der „rätselhaften Ironie“, der, obwohl er Selbstverleugnung predigte, sehr zufrieden mit der Wirkung war, die das Missverhältnis zwischen der schäbigen Kleidung und der komplizierten Sprache des reisenden Philosophen erzeugte. Mit anderen Worten: verbirgt sich hinter der Toga der höchsten Unterwerfung und Bescheidenheit nicht das größte Ego?[2]

Die Skovoroda-Rezeption in 20. Jahrhundert war stark von politischer Instrumentalisierung geprägt. Am Vorabend des Ersten Weltkriegs erschien eine einflussreiche Biographie von Vladimir Ern, und Vladimir Bonč-Bruevič gab 1912 in Petersburg einen Teil der Schriften Skovorodas heraus. Beide betrachteten Skovoroda als einen religiösen Häretiker, beinahe als ein Anhänger der Reformation und Vordenker des Kommunismus. Im sowjetischen Kanon wurde der Wanderphilosoph in einen „Bauerndemokraten“ und „Volksaufklärer“ verwandelt, ihm wurden zahlreiche Denkmäler errichtet. Das erste, geschaffen von Ivan Kavaleridze, wurde zum 200. Todestag Skovorodas 1922 in Lochvycja im Gebiet Poltava unweit des Geburtsorts des Philosophen aufgestellt. Über 50 Jahre später schuf Kavaleridze auch das Skovoroda-Denkmal, das 1977 in Kiew auf dem Platz vor der Mohyla-Akademie enthüllt wurde. 1959 drehte Kavaleridze, der auch als Regisseur wirkte, den Spielfilm „Hryhorij Skovoroda“.

Für ukrainische nationalistische Publizisten wie Dmytro Doncov (1883–1973) war Skovoroda ein Kritiker des Materialismus und ein Gegner des von ihnen verachteten Prinzips der Demokratie“. Mit Blick auf all diese politischen Manipulationen bemerkte der Philosoph Dmytro Čyževsky / Dmitrij Tschižewskij, dass viele Autoren Skovoroda aber „nur in Dinge befragten, die *für sie* und *nicht für ihn* von Interesse sind“.[3] Für Tschižewskij war Skovoroda der letzte Vertreter des ukrainischen Barocks und der erste Frühromantiker, eine Figur, die Christentum und Antike vereinte und „im Zentrum der ukrainischen Geistesgeschichte“ stand. Für den Charkiver Philosophiehistoriker Andrij

---

1 Hier und weiter zitiere ich Skovoroda nach: Dmitrij Tschižewskij: Aus Skovorodas mystischen Schriften, in: Orient und Occident, 14/1933, S. 1–7.

2 Viktor Petrov: Osoba Skovorody, in: Vjačeslav Brjuchovec`kyj (Hg.) Viktor Petrov: Rozvidky. Kyiv 2013, B. 3, S.1448–1522.

3 Dmitrij Tschižewskij: Skovoroda. Dichter, Denker, Mystiker. München 1974, S. 223. – Domet Oljancyn. Hryhorij Skoworoda, 1722–1794. Der ukrainische Philosoph des XVIII Jahrhunderts und seine geistig-kulturelle Umwelt. Berlin 1928.

Kovalivs'kyj war Skovoroda „ein Philosoph im ganz realen, europäischen Sinne des Wortes".[4] Der Schriftsteller Jurij Kosač nannten ihn einen Mystiker von europäischem Rang. Viktor Petrov zufolge sei der Vorromantiker Skovoroda mit Swedenborg und de Saint-Martin vergleichbar, in seiner philosophischen Einstellung stehe er Maeterlinck nahe, und auch „Gogol hat in Skovoroda eine Vorahnung".[5]

Skovoroda wurde in der Nähe des Hauses der Gutsbesitzer Kovalivs'kyj begraben. In den 1930er Jahren wurde das Dorf in „Skovorodynivka" umbenannt. Seit 1972 befindet sich in dem Haus ein Literatur- und Gedenkmuseum. Am 7. Mai 2022 wurde dieses Kulturdenkmal durch eine von der russländischen Armee abgefeuerte Rakete komplett zerstört. Skovorodas Grab blieb unbeschädigt. „Die Welt wollte mich fangen, doch das gelang ihr nicht."

---

4 Andrij Kovalivs'kyj: Rosvytok etyčnych pohliadiv H. Skovorody v svjasku z joho žyttjam, in: Naukovyj sbirnyk naukovo-doslidčoï katedry istoriï Ukraïny. Charkiv 1924, B. 1, S. 69–98, hier S. 97.

5 Viktor Petrov: H. S. Skovoroda. Sproba charakterystyky, in: Vjačeslav Brjuchovec`kyj (Hg.) Viktor Petrov: Rozvidky. Kyiv 2013, B. 3, S.1523–1542, hier S. 1537. – Dmitrij Tschižewskij: Skovoroda-Gogol', in: Die Welt der Slaven, 3/1968, S. 317–326.

Dovid Bergelson mit seinem Sohn Lev

Annette Werberger

Große kleine Literatur

Dovid Bergelson (1884–1952)

Wer sich über die Landkarte der Ukraine beugt, wird in der Mitte einen langen und großen Fluss erblicken, den man auf Deutsch Dnjepr, auf Ukrainisch Dnipró und auf Jiddisch Dnyeper nennt und das Land auf natürliche Weise in zwei Teile schneidet. Der Dnipro mit seinem linken und seinem rechten Ufer ist untrennbar mit der Geschichte der Ukraine verbunden und hat immer wieder die kulturelle Imagination seiner Bewohner angeregt. In Dovid Bergelsons bis heute nicht auf Deutsch übersetztem jiddischen Roman *Bam Dnyeper* (Beim Dnipro) wird dieser Fluss zum Zentrum einer epischen, autobiographisch geprägten Erzählung. Sie beginnt als klassische Shtetl-Erzählung im 19. Jahrhundert und endet unabgeschlossen in der sowjetischen Gegenwart des Autors. Über eine Familiengeschichte und den Protagonisten Penek werden Themen der Zeit aufgerufen: die Modernisierung der Imperien im 19. Jahrhundert und die damit einhergehenden Verluste jüdischer Tradition, die Nationalbewegungen in den Vielvölkerstaaten Österreich-Ungarn und Russisches Reich, die sozialistischen Hoffnungen und der Widerstand dagegen, Gewalt und kulturelle Verengung durch Ideologisierung.

Die jiddische Dichterin Rokhl Korn nennt den 1932 begonnenen Roman eine ukrainische Epopöe und Saga über Bergelsons Heimatstadt Ochrimove bei Uman in der Zentralukraine. Es ist Bergelsons letzter großer Roman. 1949 wird er verhaftet und am 12. August 1952, seinem Geburtstag, mit anderen Mitgliedern des antifaschistischen jüdischen Komitees, wie Leyb Kvitko oder Peretz Markish, in Moskau erschossen. Sein letztes Drama *Prints Ruveni* (Prinz Reuveni) antizipiert die Ermordung vieler jiddischsprachiger Intellektueller und Künstler in der Sowjetunion nur wenige Jahre nach der Befreiung von Auschwitz durch die Rote Armee.

Bergelson ist einer der sprachbewusstesten und sprachmächtigsten Erzähler der jiddischen Literatur. Zunächst beginnt er wie viele Autoren in der Ukraine mit Experimenten in anderen Sprachen, darunter Hebräisch und Russisch. Dann entscheidet er sich für das Jiddische. Seine Heldin Mirel im Roman *Nokh alemen* (1913), der schon 1923 als *Das Ende vom Lied* in der Übersetzung von Alexander Eliasberg auf Deutsch erscheint, verzehrt sich nach etwas, das sie in der Provinz nicht finden kann. Mirel Hurwitz bleibt mit dieser ziellosen Sehnsucht jedem in Erinnerung, der dieses Buch liest: Alfred Döblin und andere haben sie mit Emma Bovary verglichen und tatsächlich verwendet Bergelson sehr kunstvoll erlebte Rede und eine personale Erzählperspektive. Die Erzählung endet, als Mirel ihr Leben in die Hand nimmt und ohne Adressangabe verreist. Nur ein Abschiedsbrief

---

Annette Werberger, Professorin für osteuropäische Literaturen an der Europa-Universität Viadrina, Frankfurt (Oder)

Osteuropa, 72. Jg., 6–8/2022, S. 233–235 **doi: 10.35998/oe-2022-0159**

Titelblatt der ersten Ausgabe der Zeitschrift „Milgroim", Berlin 1922

bleibt: „Ich lebe jetzt meinen Herbst, Montschik. Vom Tag der Geburt an lebe ich ihn und habe nie einen Frühling gehabt. Jemand hat für mich meinen Frühling gelebt, und ich sehe es von Tag zu Tag klarer: noch ehe ich geboren wurde, hat jemand für mich meinen Frühling gelebt."

Bergelson war als Vertreter einer „Kleinen Litteratur" ohne Staatlichkeit im Sinne Franz Kafkas[1] nie nur ein stilbewusster Schriftsteller, sondern immer auch ein Aktivist und Förderer der jiddischen Literatur. Schon 1918 hatte er im Zuge der Gründung der Ukrainischen Volksrepublik in Kiew die „Kultur-Lige" (Kulturliga) als eine Organisation zur Förderung der jiddischen Kultur mitbegründet. Diese agierte für kurze Zeit mit viel Freiheit, doch der Einmarsch der Bolschewiki in die ukrainischen Gebiete im Jahre 1920 und der Bürgerkrieg brachte das Ende dieser autonomen jiddischen und ukrainischen Künstlerbewegungen, weswegen Bergelson die Ukraine verließ. Zuvor wandte er sich noch im Mai aus dem zerstörten Kiew heraus mit einem brieflichen Appell an einige jiddischsprachige „Kollegen" in den USA mit der (letztlich vergeblichen) Hoffnung, diese könnten Teile der „Kultur-Lige" aus der kleinen „verwüsteten Insel Kiew" retten. Bergelson reist schließlich für einige Monate nach Moskau und lebt dann ab 1921 für fast 13 Jahre in den Berliner Stadtteilen Moabit und Zehlendorf, wo er zum Beispiel mit Rachel Wischnitzer die wichtige Zeitung *Milgroym* (Granatapfel) gründete.

Eine große Gruppe jüdischer Künstlerinnen und Künstler gingen bei den Bergelsons ein und aus, darunter auch viele Freunde und Künstler aus der Kiewer Zeit. In Berlin schrieb er unter anderem eine seiner bekanntesten Erzählungen – „Zwischen Emigranten" über einen jiddischen Exilanten, den die Frage quält, ob er einen bekannten Pogromisten umbringen soll, der in derselben Pension lebt. Die einstigen Konflikte der Heimat reichen in die Gegenwart des Exils hinein.

Die Berliner Zeit war insgesamt eine schwierige, aber künstlerisch fruchtbare Phase. Die Machtergreifung der Nationalsozialisten zwingt Bergelson aber erneut zur Flucht: zunächst nach Dänemark und 1934 schließlich in die Sowjetunion. Nach Beginn des Zweiten Weltkriegs wechselt der Stilist Bergelson das Genre: Er wird zu einem scharfen Beobachter und Kommentator des Kriegs und des Holocausts. David Shneer nennt ihn zu Recht einen Holocaust-Journalisten und verweist auf Bergelsons Aufrufe zu Rache und Wehrhaftigkeit angesichts der Katastrophe, die in der Sowjetunion rasch zensiert werden. Sein Drama *Prinz Reuveni* gelangte 1948 nicht mehr zur Aufführung, nachdem der Regisseur Shloyme Michoëls in Minsk von Stalins Schergen ermordet worden war. Im Stück erinnert er ebenfalls an den Widerstand, aber auch an die Machtlosigkeit des ermordeten Diaspora-Judentums in Ostmitteleuropa: „Haman ist Macht/ Rom ist Macht/die Inquisition ist Macht/ die Juden sind ‚Khesed' (Anteilnahme)".

Bergelson schrieb einige der eindrucksvollsten Texte in jiddischer Sprache und musste dabei als ukrainischer Jude das 20. Jahrhundert in Ostmitteleuropa durchleben. Sein Sohn Lev erinnert sich deswegen vor allem gern an die noch heitere Zwischenkriegszeit, wenn er an seinen Vater denkt: „Nie wieder war er der frohgemute, gesellige, heitere Mensch, der mir aus meiner Berliner Kindheit in Erinnerung geblieben ist."

---

[1] Frank Kafka: Tagebücher, in: ders.: Schriften/Tagebücher. Kritische Ausgabe, hg. v. Jürgen Born, Gerhard Neumann, Malcolm Pasley und Jost Schillemeit. Frankfurt/Main 2002, S. 312–315 und S. 326.

Volodymyr Kulyk

Die Sprache des Widerstands

Der Krieg und der Aufschwung des Ukrainischen

Der Krieg bringt Tod und gebiert Hass. Viele Ukrainer sehen die Schuld für den Krieg und die Verbrechen der Besatzer auch bei Russlands Bevölkerung. Immer mehr Menschen in der Ukraine weigern sich, Russisch zu sprechen – selbst Muttersprachler. Russisch gilt als Sprache des Feindes. Was die Ukraine in 30 Jahren mit ihrer Sprachpolitik nicht erreicht hat, hat Russland mit dem Angriff auf das Nachbarland provoziert. Der große Krieg befördert den Sprachwechsel. Ukrainisch zu verwenden, ist das Gebot der Stunde, denn das Ukrainische ist die Sprache des Widerstands.

Russland hat unendliches Leid über die Ukraine gebracht. Über 5000 Zivilisten sind nach UN-Angaben alleine in den ersten sechs Monaten des Kriegs getötet worden, mehr als 7000 wurden verletzt. Raketenangriffe tief im Landesinneren bringen täglich Millionen Menschen in Lebensgefahr. Ein weiterer Schock waren die Anfang April bekanntgewordenen Massaker in Buča, Irpin' und anderen Orten im Kiewer Umland.
All dies hat Folgen für den Blick auf Russland. Viele Menschen in der Ukraine geben nicht mehr alleine Putin und seinem Machtapparat die Schuld. Sie betrachten den großangelegten Angriff als Krieg gegen ihr Volk, ausgeführt vom Volk des Nachbarstaats. Sie haben das Bedürfnis, sich von allem abzugrenzen, was mit Russland in Verbindung steht. Dies gilt auch und insbesondere für die Sprache. In der Ukraine gilt das Russische mittlerweile als Sprache des Feindes. Die Menschen weigern sich, diese Sprache weiter zu sprechen. Und dies, obwohl in der Ukraine nahezu die gesamte Bevölkerung das Russische beherrscht und dieses für ein gutes Drittel der Bevölkerung Muttersprache ist. Dies ist eine historische Zäsur. In den ersten 20 Jahren nach der Unabhängigkeit der Ukraine war die Verwendung des Ukrainischen und des Russischen stets in einem prekären Gleichgewicht geblieben, die Dominanz des Russischen in vielen Sphären schwand nur langsam. Selbst die Annexion der Krim im Jahr 2014 und Russlands militärische Invasion im Donbass führten nicht zu einer massiven Abkehr vom Russischen. Doch der 24. Februar 2022 hat die Welt verändert.

Volodymyr Kulyk (1963), Dr. phil., Politikwissenschaftler, Institut für politische und ethnische Studien der Nationalen Akademie der Wissenschaften der Ukraine, Kiew
Von Volodymyr Kulyk erschien in OSTEUROPA: Mann ohne Eigenschaften. Die Wahl Volodymyr Zelens'kyjs in der Ukraine (mit Juri Durkot, Kateryna Miščenko, Gwendolyn Sasse und Andrew Wilson), in: OE, 3–4/2019, S. 3–18. – Wes Lied ich hör' . . . Ukraine: Sprachpolitik und Mediennutzung, in: OE, 9–10/2017, S. 59–73. – Einheit und Identität. Sprachenpolitik nach dem Majdan, in: OE, 5–6/2014, S. 227–238. – Gespaltene Zungen. Sprache und Sprachenpolitik in der Ukraine, in: OE, 2–4/2010, S. 391–402.

OSTEUROPA, 72. Jg., 6–8/2022, S. 237–248 **doi: 10.35998/oe-2022-0160**

Als Reaktion auf den Krieg werden nun nicht allein Putin und sein Regime verurteilt, sondern es kommt zu einer umfassenden Abgrenzung von Russland und allem Russischen. Am markantesten bringt das der zu internationaler Berühmtheit gelangte Satz eines auf der ukrainischen Schlangeninsel im Schwarzen Meer stationierten Soldaten zum Ausdruck, mit dem er auf die Aufforderung der Besatzung eines russländischen Kriegsschiffs reagierte, sich zu ergeben: „Russisches Kriegsschiff, verpiss Dich!"
Anders als westliche Politiker und Intellektuelle, die Putin und sein Regime für den Krieg verantwortlich machen, sehen die Ukrainer die Schuld für den Krieg und die von Russlands Soldaten auf ukrainischem Gebiet begangenen Verbrechen auch bei der russländischen Bevölkerung. Nach einer Anfang März 2022 durchgeführten Umfrage betrachten 35 Prozent der befragten Ukrainer, „normale Russen" für „voll schuldig" an der Invasion ihres Staates in die Ukraine. Weitere 31 Prozent halten die Russen für „eher schuldig".[1] Der Medienexperte Otar Dovženko hat diesem verbreiteten Gefühl Ausdruck verliehen:

> Und jeder Tag [des Krieges; V.K.] steigert den Hass auf die Hunderttausenden Dreckskerle, die in unser Land gekommen sind, um uns zu töten, damit wir „in den Schoß der slawischen Völker zurückkehren"; auf die zig Millionen Arschlöcher, die „kein Schamgefühl" empfinden und wirklich glauben, dass Russland das Recht hat, Ukrainer zu töten.[2]

Viele ukrainische Intellektuelle sind sogar der Ansicht, die russische Kultur habe von jeher die imperialistischen Ansprüche der Herrschenden gestützt. In den Worten des Kunstmanagers Volodymyr Šeiko:

> Als die ersten Bomben am 24. Februar 2022 auf ukrainische Städte fielen, verdampfte mit einem Schlag die Vorstellung von der „großen humanistischen russischen Kultur".[3]

Ukrainisch und Russisch in prekärem Gleichgewicht: 1991–2014

Glasnost' und Perestrojka brachten die Sprachenfrage in der Ukraine Mitte der 1980er Jahre wieder auf den Tisch. Nationaldemokratische Intellektuelle und Politiker betrachteten die Dominanz des Russischen in der Ukraine als Folge des imperialen Projekts der Russifizierung und forderten, das Russische müsse wieder zurückgedrängt werden.[4] Sie orientierten sich an den europäischen Nationalstaaten, in denen die Mehrheit der Bevölkerung die Sprache der Titularnation spricht und andere Sprachen nur von Angehörigen nationaler Minderheiten gesprochen werden. Dass die Verhältnisse in der Ukraine anders waren, lag vor allem daran, dass sich im Alltag auch ein Großteil der ethnischen Ukrainer überwiegend des Russischen bediente. Die Nationaldemokraten

---

[1] Ukrajinci ne zhodni na umovy Putina, osoblyvo ščodo Krymu i Donbasu – opytuvannja. Ukraïns'ka Pravda, 9.3.2022. <www.pravda.com.ua/news/2022/03/9/7329806>.

[2] Facebook, 9.3.2022 <www.facebook.com/otardovzhenko/posts/10159372265425873>

[3] Volodymyr Sheiko: „Cancel Russian culture" as a Means of Survival. LB.ua, 18.3.2022.

[4] Volodymyr Kulyk: „Pys'mennyc'ke vidrodžennja": ukrajins'ka deržavna ideja v dyskursi „opozyciji vseredyni režymu" peršych rokiv perebudovy", in: Sučasnist', 1/1998, S. 54–79.

beabsichtigten daher, die ethnischen Ukrainer dazu zu bewegen, zur Sprache ihrer Vorfahren zu wechseln. Diesen stand jedoch oft gar nicht der Sinn danach, denn für viele war Russisch die Muttersprache oder zumindest war das Russische die Sprache, die ihnen vertrauter war oder die sie besser einsetzen konnten. Die Appelle, diese Sprache abzulegen, empfanden sie als eine ungebührliche Nötigung in einer demokratischen Gesellschaft.

Auf der anderen Seite kämpften die Ukrainischen Kommunisten sowie großrussische Nationalisten in der Ukraine seit der Unabhängigkeit des Landes 1991 gegen jede Form von Ukrainisierung. Eine gesetzliche Gleichstellung des Russischen mit dem Ukrainischen war stets ein zentraler Punkt in den Programmen der entsprechenden Parteien. Eine offizielle Gleichstellung der beiden Sprachen hätte jedoch eindeutig einer weiteren Festigung der Position des Russischen Vorschub geleistet. Denn dieses war in einer wesentlich besseren Ausgangsposition. Das Russische wurde seit langem in allen Funktionsbereichen verwendet, denen moderne Gesellschaften einen hohen Status zusprechen: Wissenschaft, Wirtschaft, Kultur und Verwaltung. Zudem dominierte es in den Städten.[5]

Obwohl Russisch nicht zur zweiten Amtssprache der Ukraine erhoben wurde, blieb es in verschiedenen Bereichen der Gesellschaft lange die meistgebrauchte Sprache. In den 1990er Jahren blieb die öffentliche Förderung des Ukrainischen auf zwei Bereiche beschränkt: auf die Verwaltung und den Bildungssektor. Doch auch hier wurde das Ukrainische fast ausschließlich in schriftlichen Dokumenten und als Unterrichtssprache verwendet, nicht jedoch in der mündlichen Kommunikation und bei Veranstaltungen außerhalb des regulären Unterrichts. In allen anderen Sphären – etwa in den Medien, in der Wirtschaft, vor allem im gesamten IT-Sektor – blieb das Russische dominant. Obwohl das Ukrainische als Staatssprache formal einen höheren Status hatte und im familiären Bereich zunehmend Ukrainisch gesprochen wurde, kam der Ausbau des Ukrainischen kaum voran. Zu groß war die Dominanz des Russischen, zu stark sein Image als Kultursprache.

So bildete sich ein labiles Gleichgewicht heraus, das bis 2014 Bestand hatte. Das Ukrainische war die offizielle Sprache der Institutionen, das Russische aber die Sprache der informellen Strukturen der Macht. Im Parlament wurde Ukrainisch gesprochen, die vermögenden und einflussreichen Personen bedienten sich jedoch jenseits dieser Bühne überwiegend des Russischen.[6]

Russisch war also die Sprache der realen Macht, Ukrainisch fungierte hingegen als Sprache des aktiven Widerstands. Die Machthaber sprachen untereinander überwiegend Russisch, die oppositionellen Nationalisten und Liberalen Ukrainisch.

Mit der Orangenen Revolution im Winter 2004/2005 trat etwas Neues zutage. Es zeigte sich, dass Ukrainisch nicht nur die Sprache der politischen Gremien, sondern auch die der Zivilgesellschaft ist. Viele Teilnehmerinnen und Teilnehmer der Demonstrationen waren russischsprachig, ihre Reden und Slogans jedoch Ukrainisch. Eine Losung der Orangenen Revolution lautete: „Ost und West gemeinsam“. Obwohl dies zu jener Zeit in Bezug auf die gesamte Bevölkerung der Ukraine nur ein Wunsch war, kamen die

---

[5] Volodymyr Kulyk: Ukrajins’kyj nacionalizm u nezaležnij Ukrajini. Kyjiv 1999, S. 7–34. – Volodymyr Kulyk: Politics of ethnicity in post-Soviet Ukraine: Beyond Brubaker, in: Journal of Ukrainian Studies, 1–2/2001, S. 197–221.

[6] Zur Sprachpolitik nach der Unabhängigkeit: Volodymyr Kulyk: Gespaltene Zunge: Sprache und Sprachpolitik in der Ukraine, in: Osteuropa, 2–4/2010, S. 391–402.

Demonstranten auf dem Majdan tatsächlich aus dem ganzen Land. Neben den Forderungen nach Demokratie und transparenten Machtstrukturen einte sie das Ukrainische, das sie als Sprache des Staates und der Staatsbürgernation betrachteten.
Neun Jahre später bedienten sich während des Euromajdan im Winter 2013/2014 selbst im Osten des Landes die Redner, deren Alltagssprache Russisch war, bei ihren Auftritten des Ukrainischen. Da Präsident Viktor Janukovyč und seine „Banditen" Russisch sprachen, skandierten die Demonstranten die Losung „Weg mit der Bande!" – auf Ukrainisch.

Schub für das Ukrainische – das Jahr 2014 und die Folgen

Mit der Annexion der Krim und der Aggression im Donbass wurde das Russische für viele Ukrainerinnen und Ukrainer zur Sprache des Aggressors. Dies stärkte das Image des Ukrainischen als Sprache der Demokratie und des europäischen Denkens. Die politisch engagierten Teile der Gesellschaft verwendeten nun konsequenter als zuvor das Ukrainische und der Gebrauch des Ukrainischen wurde nun stärker politisch gefördert.
Die Politiker, die nach dem Majdan in die höchsten Staatsämter gelangten, sprachen nun öffentlich nur noch ukrainisch. Alles andere wäre als Bruch mit dem Majdan wahrgenommen worden. Gleichzeitig blieb das Ukrainische die Sprache des Widerstands. Denn auch diejenigen, die auf den zahlreichen Kundgebungen in den Jahren nach 2014 an die Ideale des Majdan erinnerten und eine konsequentere Einführung der versprochenen Reformen, eine raschere Verabschiedung wichtiger Gesetze, die Absetzung diskreditierter Beamter oder die Einstellung illegaler Bautätigkeit forderten, bedienten sich des Ukrainischen. Dieses war somit zugleich Sprache der Macht und des Widerstands.
Die aktive Zivilgesellschaft forderte von den Regierenden zudem, die Verwendung des Ukrainischen in verschiedenen gesellschaftlichen Sphären zu fördern. Der neue Präsident Petro Porošenko und sein Umfeld wollten davon hingegen anfangs absehen. Sie fürchteten den Unmut des russischsprachigen Teils der Bevölkerung und sahen die Einheit des Landes gefährdet. Insbesondere lehnten sie es zunächst ab, das Sprachgesetz, das während der Präsidentschaft von Viktor Janukovyč im Jahre 2012 angenommen worden war und die Möglichkeiten für den Gebrauch des Russischen erheblich erweitert hatte,[7] zu ändern und klare gesetzliche Regeln für die Verwendung des Ukrainischen einzuführen. Doch unter öffentlichem Druck verabschiedete das Parlament im Jahr 2016 ein neues Gesetz für den Bereich das Hörfunks und im Jahr 2017 für audiovisuelle Medien. Die Gesetze legen für diese beiden Bereiche, in denen das Ukrainische lange Zeit besonders randständig gewesen war, Quoten fest. Seit Inkrafttreten der Gesetze müssen im täglichen Radioprogramm 35 Prozent der Lieder und der Moderation in ukrainischer Sprache sein. Landesweit sendende Fernsehkanäle sollten laut Gesetz sogar 75 Prozent des Tagesprogramms in ukrainischer Sprache senden. Widersprüchliche Bestimmungen zur Umsetzung führten dazu, dass diese Quote nie erreicht wurde.[8] Nach Inkrafttreten

---

7 Zakon Ukrajiny „Pro zasady deržavnoji movnoji polityky", 2.7.2012, <https://zakon.rada.gov.ua/ laws/show/5029-17#Text>.

8 Zakon Ukrajiny „Pro vnesennja zmin do dejakych zakoniv Ukrajiny ščodo častky muzyčnych tvoriv deržavnoju movoiu u prohramach teleradioorhanizatsij", 16.6.2016, <http://zakon3.rada.gov.ua/laws/show/1421-19>; Zakon Ukrajiny „Pro vnesennja zmin do dejakykh zakoniv Ukrajiny ščodo movy audiovizual'nych (elektronnych) zasobiv masovoji

der Gesetze nahm der Gebrauch des Ukrainischen deutlich zu. Im Radio überstieg der Anteil der Lieder in ukrainischer Sprache bald deutlich die festgelegte 35-Prozent-Quote.[9] Ukrainisch wurde nun auch zur Hauptsprache der meisten Sendungen. Die meisten Serien wurden jedoch weiter auf Russisch produziert. Die Produzenten gingen davon aus, dass ihr Zielpublikum in der Ukraine mit dem Russischen zumindest kein Problem hat und hofften zugleich, die Serien auch nach Russland und in andere Länder des postsowjetischen Raums verkaufen zu können.[10]

Im Jahr 2017 beschloss die Verchovna Rada auch ein neues Bildungsgesetz. Dieses sah u.a. vor, dass an jenen Schulen, an denen noch Russisch Unterrichtssprache war, der Anteil des Ukrainischen als Unterrichtssprache von Schulstufe zu Schulstufe höher werden sollte. Auch wurden russischsprachige Schulen in bilinguale umgewandelt.[11] Schließlich verabschiedete das Parlament im Jahr 2019 ein umfangreiches Gesetz zur Verwendung des Ukrainischen in allen gesellschaftlichen Sphären, das klare Kriterien und einen Strafkatalog für Zuwiderhandlungen enthält.[12] Während des Wahlkampfs vor den Präsidentschaftswahlen im Frühjahr 2019 äußerte sich der Oppositionskandidat Volodymyr Zelens'kyj kritisch über das neue Sprachgesetz. Der Staat, so Zelens'kyj, solle „die Entwicklung der ukrainischen Sprache eher durch Anreize und positive Beispiele als mit Verboten und Strafen fördern".[13] Einige Beobachter sind der Ansicht, die aktive Ukrainisierungspolitik habe nicht unwesentlich zu Petro Porošenkos Niederlage bei der Präsidentschaftswahl 2019 beigetragen.[14] Doch weite Kreise der Bevölkerung unterstützten diese Politik, zumindest so lange die eigene Wahlfreiheit davon unberührt blieb.[15] Nach seinem Wahlsieg strengte Zelens'kyj keine Änderung des Gesetzes an, sondern unterließ lediglich Bemühungen zu seiner strengen Anwendung.

Im Januar 2022 wurden allerdings alle Printmedien gesetzlich verpflichtet, mindestens 50 Prozent der Auflage jeder Publikation auf Ukrainisch zu drucken. Viele Verlage stellten daraufhin ihre Zeitungen und Zeitschriften vollständig auf Ukrainisch um, da es unrentabel ist, zwei verschiedene Versionen zu drucken.[16]

---

informatsiji", 23.5.2017, <http://zakon2.rada.gov.ua/laws/show/2054-19>. – Ausführlicher zur Sprachpolitik im Medienbereich: Volodymyr Kulyk: Wes Lied ich hör' … Ukraine: Sprachpolitik und Mediennutzung, in: OSTEUROPA, 9–10/2017, S. 59–73.

9 Rik movnych kvot na radio, <www.nrada.gov.ua/wp-content/uploads/2017/12/Kvoty_radio.pdf>.

10 Kateryna Choroščak: „Ce katastrofa": bil'šu častynu serialiv na ukrajins'kych kanalach krutjat' rosijs'koju – movnyj ombudsmen. Ukrajins'ka Pravda, 15.6.2021. – Aleksandr Mjasiščev: „Istoryčno zvykly": 1+1 ne dubljuvatyme fil'my ukrajins'koju movoju. LIGA.net, 23.7.2021.

11 Zakon Ukrajiny „Pro osvitu", 5.9.2017, <http://zakon2.rada.gov.ua/laws/show/2145-19>.

12 Zakon Ukrajiny „Pro zabezpečennja funkcionuvannja ukrajins'koji movy jak deržavnoji", 25.4.2019, <https://zakon.rada.gov.ua/laws/show/2704-19#Text>. – Ausführlicher zur Sprachpolitik nach dem Majdan: Volodymyr Kulyk: Memory and Language: Different Dynamics in the Two Aspects of Identity Politics in Post-Euromaidan Ukraine, in: Nationalities Papers, 6/2019, S. 1030–1047.

13 Zelens'kyj osobysto vidreahuvav na pryjnjattja „movnoho zakonu" Verchovnoju Radoju. nash.live, 25.4.2019.

14 „We want to simplify Ukraine": Olga Onuch on Language and Political Preferences in Ukraine. Hromadske International, 25.7.2019.

15 Volodymyr Kulyk: Movna polityka v bahatomovnych krajinach: Zakordonnyj dosvid ta joho prydatnist' dlja Ukrajiny. Kyjiv 2021, S. 244.

16 Playboy, NV, Marie Claire, Liga.net ta inši: jak ukrajins'ki ZMI ta media perejšly na ukrajins'ku v 2021 roci. InfoPost.Media, 4.1.2022.

Im Bildungssektor müssen seit September 2020 alle Schulen, in denen zuvor ausschließlich auf Russisch unterrichtet wurde, den Unterricht ab der fünften Klasse auf Ukrainisch durchführen. Viele Eltern waren ohnehin der Meinung, dass es für ihre Kinder besser sei, bereits in der ersten Klasse mit Ukrainisch zu beginnen.[17] Die wohl wichtigste Neuerung besteht darin, dass Ukrainisch seit Januar 2021 im Dienstleistungsbereich die obligatorische Sprache ist. Allerdings haben die Dienstleister zu garantieren, dass russischsprachige Kunden auch weiterhin in ihrer bevorzugten Sprache bedient werden.[18]
Alle diese Änderungen geben jenen Bürgerinnen und Bürgern der Ukraine Rechtssicherheit, die Ukrainisch sprechen wollen. Und sie erhöhen die Sprachkompetenz der Angestellten, die gewährleisten müssen, dass die Regelungen auch Anwendung finden. Insgesamt ist Ukrainisch im öffentlichen Raum nun viel häufiger zu hören.
Wer Russisch sprechen wollte, konnte dies weiterhin in allen gesellschaftlichen Sphären mit Ausnahme des Bildungssektors tun. Daher hörten nahezu alle Ukrainer regelmäßig Russisch und sprachen es zumeist ganz passabel.
Selbst jenen, die seit 2014 Russisch als die Sprache des Aggressors betrachteten, war bewusst, dass es sich um die Sprache einer reichen Kultur, eines großen Informationsraums und nicht zuletzt um die Muttersprache vieler Landsleute handelte. Vielen Anhängern des Ukrainischen missfiel es, wenn Menschen am Russischen festhielten. Popsänger, Leistungssportler oder andere Prominente wurden in den sozialen Netzwerken als „unpatriotisch" kritisiert, wenn sie sich bei ihren Auftritten des Russischen bedienten. Auch Vertreter des Staates standen wiederholt in der Kritik, wenn sie sich nicht an die für sie geltende gesetzliche Verpflichtung zur Verwendung der Amtssprache hielten. Der vielleicht prominenteste Fall war der von Innenminister Arsen Avakov, der seine öffentlichen Reden hartnäckig auf Russisch hielt. Viele sahen darin einen kaum geringeren Skandal als in dem brutalen Vorgehen der Avakov unterstellten Polizei gegen Demonstranten und einfache Bürger. Diese Kritik löste heftige Diskussionen aus und veranlasste etliche Personen, sich von nun an stets oder zumindest hin und wieder auf Ukrainisch zu äußern. Die meisten anderen Menschen schrieben weiter so, wie sie es gewohnt waren oder mit Rücksicht auf den Leserkreis für angemessen hielten.[19]
In den sozialen Netzwerken blieb das Russische bis zum Februar 2022 die weitaus häufiger verwendete Sprache. Hier benutzten sie nicht nur jene, die ohnehin im Alltag Russisch sprachen, sondern auch viele, die sich bei anderen Gelegenheiten des Ukrainischen bedienten. Eine Auswertung vom Oktober 2020 zeigte, dass in den sozialen Medien nur 16 Prozent der Posts auf Ukrainisch verfasst worden waren. Selbst in den westlichen Landesteilen, in denen die überwiegende Mehrheit der Bevölkerung Ukrainisch spricht, wurde etwa die Hälfte der Einträge auf Russisch verfasst. Zugleich zeigte sich ein

---

[17] Marthe Handå Myhre, Olena Muradyan, Oksana Nekhaienko: Educational Reform and Language Policy in Ukraine: Implementation in the Border Regions, in: Aadne Aasland, Sabine Kropp (Hg.): The Accommodation of Regional and Ethno-cultural Diversity in Ukraine. Cham 2021, S. 171–209.

[18] Ol'ha Kyrylenko: „Gde napisano, čto ja dolžna?" Jak movnyj upovnovaženyj „pid prykryttjam" perevirjav dijevist' movnoho zakonu v Kyjevi. Ukrajinska Pravda, 2.2.2021.

[19] Volodymyr Kulyk: Language and identity in Ukraine after the Euromaidan, in: Thesis Eleven, 1/2016, S. 102. – Volodymyr Kulyk: Between the „Self" and the „Other": Representations of Ukraine's Russian-speakers in Social Media Discourse: East/West: Journal of Ukrainian Studies 2/2018, S. 75–82. – Jana Milovanova: Avakov nazvav provokacijeju pytannja pro te, koly vin zahovoryt' ukrajins'koju. Ukrajins'ka Pravda, 31.5.2018.

Zusammenhang zwischen dem konkreten Netzwerk und der dort verwendeten Sprache. In den globalen Netzwerken TikTok und Facebook wurde viel häufiger auf Ukrainisch kommuniziert: 36 Prozent der in der Stichprobe mit Nutzern aus der gesamten Ukraine geposteten TikTok-Videos und 27 Prozent der Facebook-Posts waren auf Ukrainisch. In den von Unternehmen aus Russland betriebenen Diensten Vkontakte und Odnoklassniki sind es nur vier Prozent bzw. zwei Prozent. Diese beiden Netzwerke sind zwar in der Ukraine seit 2017 verboten, das Verbot kann allerdings mit VPN-Apps umgangen werden.[20] Das Verbot hat dazu geführt, dass diese Plattformen nicht mehr für die offizielle und kommerzielle Kommunikation genutzt werden, sondern sie sind zu einem Medium für politisch indifferente oder Russland gewogene Personen geworden. Äußerst wenige, nämliche ganze drei Prozent ukrainischsprachige Videos von Nutzern aus der Ukraine fanden sich auf Youtube. Wer ein Video hochlädt, verspricht sich mehr Klicks und bei kommerzieller Nutzung entsprechend mehr Werbeeinnahmen, wenn es auf Russisch ist, da dieses weltweit von einer viel größeren Zahl Nutzer angesehen werden kann, die zumindest passiv des Russischen mächtig sind.[21]

Auf alle Fälle unterschied sich der Anteil des Ukrainischen in der Kommunikation in den sozialen Netzwerken signifikant vom Anteil des Ukrainischen im direkten, persönlichen Gespräch. Bei einer Umfrage im September 2020 gaben 52 Prozent der Befragten an, in der privaten Kommunikation überwiegend Ukrainisch zu verwenden. Weitere 18 Prozent sagten, sie würden beide Sprachen zu etwa gleichen Teilen nutzen. Auch ukrainischsprachige Personen waren also geneigt, bei der Kommunikation in den sozialen Medien, beim Schauen von Filmen und Serien (zumindest jener, die nicht Ukrainisch untertitelt oder synchronisiert sind), bei der Recherche im Internet (das wesentlich mehr russische als ukrainische Seiten bietet) und bei anderen täglichen Aktivitäten auf Russisch zurückzugreifen. Obwohl sich zunehmend mehr Personen für Medienprodukte in ukrainischer Sprache entschieden, wenn sie die Wahl hatten, konsumierten die meisten Menschen russischsprachige Medienprodukte, wenn sie nur in dieser Sprache zur Verfügung standen.[22] Die Nutzer ließen sich in erster Linie von Komfort und Effizienz leiten.

Der große Krieg als Zäsur

Mit dem großen Krieg hat sich alles geändert. Die bereits zu Beginn des Jahres 2022 über der Ukraine schwebende Gefahr einer russländischen Invasion veranlasste etliche Personen, ins Ukrainische zu wechseln und öffentlich zur Nachahmung aufzurufen. Sie bezeichneten explizit das Ukrainische als Sprache des Widerstandes. Am 23. Februar, also einen Tag vor dem Einmarsch, berichtete das populäre Nachrichtenportal *Ukrajinska Pravda* von einem Flashmob, der nach einem Post des Architekten Slava Balbek einsetzte: „Hi, I am Slava and I am switching to Ukrainian." Einige Beteiligte wollten von nun an ihre gesamte Kommunikation ausschließlich auf Ukrainisch führen, andere zunächst nur in den sozialen Netzwerken ins Ukrainische wechseln. Der

[20] Svjatoslav Chomenko: Ukrajina blokuje rosijs'ki socmereži: pryčyny i naslidky. BBC News. Ukrajina, 17.5.2017.

[21] Ukrajins'ka mova u socmerežach: ščo zminnylos' pislja počatku povnomasštabnoji vijny? ukrcontent.com, Juli 2022.

[22] Volodymyr Kulyk: Wes Lied ich hör' [Fn. 9]. S. 67–72.

Musikkritiker Pylyp Pucharev erklärte seine Entscheidung so: „Ich möchte nichts gemein haben mit dem Land des Aggressors. Nichts. Trotz meines Familiennamens." Einige Beteiligte merkten an, es würde ihnen schwerfallen, da sie ihr Leben lang Russisch gesprochen hätten und ihr gesamtes Umfeld bislang überwiegend russischsprachig sei, aber es sei, wie Oleksandr Nenašev es formulierte, „mittlerweile eine Frage der Selbstachtung". Tetjana Hrynjova betrachtete ihre Entscheidung für das Ukrainische als Teil des kollektiven Handelns und griff auf das Bild von einem Tropfen im Ozean zurück, das während des Majdan in der Ukraine Popularität erlangt hatte:

> Ich weiß, dass ich mit meiner einzelnen Entscheidung nichts bewirken kann, dass ich ein Tropfen im Ozean bin, aber ein Ozean besteht nun mal aus einzelnen Tropfen.[23]

Nach dem 24. Februar 2022 ging es in meinem Facebook-Feed nicht mehr um die Sprache, sondern um den Hass auf die „Russenschweine". Wegen dieser und anderer abwertender Bezeichnungen löschte Facebook die Posts oder sperrte sogar die Accounts der Verantwortlichen. Trotzdem erzählten täglich Tausende Menschen allen, die es hören konnten, wie sehr sie nicht nur das Putin-Regime, sondern auch die Bevölkerung Russlands, das Land und alles damit Zusammenhängende hassten. Die ständigen Berichte von Mord, Vergewaltigung, Misshandlung und anderen Verbrechen der Invasoren gaben dem Hass immer neue Nahrung. Als die Soziologen mit ihren landesweiten Telefonumfragen begannen, stellte ich fest, dass bei weitem nicht nur die patriotischen und politisch engagierten Mitbürger, zu denen viele meiner Social-Media-Freunde und deren Freunde gehören und deren Posts in meinem Feed angezeigt werden, derartige Gefühle hegten. Anfang März 2022 machten 38 Prozent der Befragten sowohl die Machtorgane als auch das Volk in Russland für die Entfesselung des Krieges verantwortlich, während 55 Prozent ausschließlich den Herrschenden die Schuld gaben.[24] Eine Woche später äußerten in einer anderen Umfrage 42 Prozent der Befragten, eine Wiederaufnahme freundschaftlicher Beziehungen zwischen Ukrainern und Russen käme nicht in Frage. Weitere 22 Prozent sagten, dazu könne es frühestens 20 bis 30 Jahre nach Kriegsende kommen.[25] Eine weitere Erhebung von Ende April 2022 zeigte, dass 69 Prozent der Ukrainer den Russen und der russländischen Bevölkerung gegenüber negativ eingestellt sind, während der Anteil derer, die eine positive Haltung ihnen gegenüber einnahmen, im Laufe eines Jahres um zwei Drittel gesunken war und nur noch acht Prozent betrug.[26] Eine der Umfragen vom März 2022 thematisierte die Sprache. Nun zeigt sich, dass sich der Hass auf alles Russländische auch auf die russische Sprache erstreckt, die ein großer Teil der bisher russischsprachigen Ukrainer nicht länger als ihre eigene Sprache betrachtet. Die Antworten der Befragten zeigten nicht nur signifikante Verschiebungen im Sprachgebrauch, weg vom Russischen hin zum Ukrainischen, sondern auch die Absicht, die eigenen Gewohnheiten in naher Zukunft radikal zu ändern. Nur 18 Prozent der

---

[23] Mychajlo Zahorodnyj: Pryjšov čas ce zrobyty": ukrajinci masovo vidmovljajut'sja vid rosijs'koji movy. Ukrajins'ka Pravda. Žyttja, 23.3.2022.

[24] Ocinka provyny narodiv Rosiji ta Bilorusi. ratinggroup.ua, 1.3.2022.

[25] Ocinka sytuaciji v Ukrajiini. ratinggroup.ua, 8.–9.3.2022.

[26] Iryna Balačuk: Stavlennja ukrajinciv do rosijan rizko pohiršylosja – opytuvannja. Ukrajins'ka pravda, 4.5.2022.

Befragten gaben an, im Alltag überwiegend Russisch zu sprechen. Das waren acht Prozent weniger als in der Umfrage drei Monate zuvor. Die meisten Russischsprecher wechselten allerdings nicht ins Lager der Ukrainischsprecher, sondern ins Lager der Zweisprachigen. In der Praxis kann das bedeuten, dass es nicht zu einem abrupten Sprachwechsel kommt, sondern dass das kommunikative Repertoire um eine Sprache erweitert wird, wobei die neue Sprache später zur Hauptsprache werden oder zweitrangig bleiben kann. Möglicherweise trifft auch eine andere Erklärung zu: Die meisten Menschen, die angeblich ihre Sprachgewohnheiten geändert haben, beschreiben ihren Sprachgebrauch jetzt einfach anders, um nicht in Widerspruch zu ihrer patriotischen Haltung zu geraten. Dass es sich oftmals eher um einen deklarierten als um einen real vollzogenen Sprachwechsel handelt, zeigen auch die Antworten der Respondenten auf die Frage, ob sie in nächster Zeit einen vollständigen Sprachwechsel ins Ukrainische anstreben. Unter denen, die zum Zeitpunkt der Befragung ausschließlich Russisch sprachen, gaben 34 Prozent an, vollständig ins Ukrainische wechseln zu wollen, unter denen, die sich beider Sprachen bedienten, wollten sogar 60 Prozent demnächst ausschließlich das Ukrainische nutzen.[27]

Diese Zahlen kamen mir unrealistisch vor, denn sie entsprachen weder der langsamen Dynamik des Wandels in den letzten Jahren noch der aktuellen Situation in Kiew, wo auf der Straße nach wie vor wesentlich mehr Russisch als Ukrainisch zu hören ist. Natürlich ist Kiew nicht repräsentativ für die Lage im Land, denn hier wird von jeher mehr Russisch gesprochen als in anderen Städten (die russischsprachige Bevölkerung ist überwiegend in Städten ansässig), aber in Kiew lebt auch ein hoher Prozentsatz patriotisch eingestellter Bürger, die eigentlich als erste ins Ukrainische wechseln müssten, um so ihrem Widerstand gegen Russlands Invasion Ausdruck zu verleihen. Deswegen ist anzunehmen, dass sich auch in den anderen Städten der Ukraine die Situation noch nicht wesentlich geändert hat. Die in der Umfrage bekundete Absicht, in nächster Zeit ins Ukrainische wechseln zu wollen, ist eher ein Ausdruck für die eigene patriotische Haltung und den Hass auf Russland als eine reale Handlungsabsicht. Ein weiteres Ergebnis aus dieser Umfrage spricht ebenfalls für diese Annahme: Der Anteil der Befragten, die sich für das Ukrainische als einzige Amtssprache aussprechen, ist signifikant gestiegen (von 65 Prozent im Dezember 2021 auf 83 Prozent im März 2022) und der Prozentsatz derer, die sich den Status einer Amtssprache auch für das Russische wünschen, ist entsprechend stark gesunken (von 22 Prozent auf ganze sieben Prozent).[28] Da die in der Umfrage angegebenen Sprachpräferenzen und Absichten weniger die tatsächlichen Handlungen widerspiegeln als die patriotischen Vorstellungen davon, welche Handlungen und Absichten erwünscht sind, lassen sich die realen und imaginierten Änderungen nicht voneinander trennen. Insofern muss offen bleiben, wie hoch der Prozentsatz derer ist, die tatsächlich einen Sprachwechsel vollzogen haben oder das in der nächsten Zeit zu tun beabsichtigen.

Das Ausmaß der Veränderungen lässt sich bis zu einem gewissen Grad am Verhalten der Menschen in den sozialen Netzwerken ablesen, denn hier bekommt man nicht nur Erklärungen, sondern kann auch das Verhalten vieler Nutzer – in welcher Sprache sie ihre Posts und Kommentare verfassen – beobachten. Schon seit vielen Jahren registriere ich den Widerspruch zwischen der überwiegend ukrainischen Kommunikation meiner

---

[27] Šoste zahal'nonacional'ne opytuvannja: movne pytannja v Ukrajini. ratinggroup.ua, 19.3.2022.
[28] Ebd.

Freunde auf Facebook und der überwiegend russischen Kommunikation von Fremden auf der Straße. Natürlich verfolge ich auf Facebook nicht den Durchschnitt der Gesellschaft, sondern Personen, die ich mir persönlich ausgesucht habe, sowie ihre Freunde. Seit dem Beginn des großen Krieges gibt es in meinem Feed noch mehr ukrainische Einträge, denn etliche patriotisch gesinnte Personen, deren bisherige Muttersprache und Alltagssprache Russisch war, wollen nun nichts mehr gemein haben mit dem Feind, nicht einmal die Sprache. Ein genereller Wandel in der Gesellschaft lässt sich daran allerdings nicht ablesen.

Im Juli 2022 wurden die Ergebnisse einer umfangreichen Untersuchung zur Sprache von Posts in den sozialen Netzwerken veröffentlicht. Die Ergebnisse lassen sich mit jenen der erwähnten Untersuchung vom Oktober 2020 vergleichen. Es zeigen sich gravierende Veränderungen. Obwohl das Russische in den sozialen Netzwerken nach wie vor überwiegt, ist der Anteil des Ukrainischen von 16 Prozent auf 37 Prozent gestiegen. Wenn man die Accounts von Organisationen ausklammert und nur die Einträge von Privatpersonen berücksichtigt, fällt die Zunahme noch größer aus, nämlich von 15 Prozent auf 45 Prozent, also um das Dreifache. Das Russische verdankt seine Überlegenheit der totalen Dominanz in zwei russländischen sozialen Netzwerken (97 Prozent), die für die kleine Minderheit der gleichgültigen und russlandfreundlichen Ukrainer attraktiv sind, sowie Youtube, dessen Erfolgsalgorithmen die ukrainischen Nutzer weiterhin dazu veranlassen, vorwiegend auf Russisch zu schreiben (95 Prozent). Auch auf TikTok lassen sich kaum Veränderungen im Sprachverhalten beobachten, die überwiegend jugendlichen und jungen Nutzer geben trotz des russländischen Überfalls auf die Ukraine weiterhin dem Russischen den Vorzug (66 Prozent).[29] Daraus lässt sich ablesen, dass die jungen Menschen, die in der unabhängigen Ukraine geboren wurden und ihren offiziellen Bildungsweg überwiegend auf Ukrainisch durchlaufen haben, nicht weniger, sondern mehr mit der russischen Sprache aufgewachsen sind als die zu Sowjetzeiten sozialisierten älteren Generationen und dass sie ihre sprachlichen Präferenzen nicht aus ideologischen Gründen ändern wollen.[30]

In den globalen Netzwerken für „Erwachsene" sind die Nutzer hingegen überwiegend zum Ukrainischen übergegangen, der Anteil der Einträge ist auf Facebook von 27 Prozent auf 67 Prozent, bei Twitter von 21 Prozent auf 66 Prozent und auf Instagram von 13 Prozent auf 72 Prozent gestiegen. Zu verdanken ist dieser Wechsel vor allem den Bewohnern in den westlichen Gebieten, die sich nun, so ist anzunehmen, in den sozialen Netzwerken derselben Sprache bedienen, die sie auch im Alltag verwenden, oder jetzt vielleicht sogar etwas mehr Ukrainisch online verwenden. Während vor anderthalb Jahren die Bevölkerung in den westlichen Regionen nur die Hälfte ihrer Posts auf Ukrainisch verfasste, beträgt der Prozentsatz der ukrainischen Beiträge in den Gebieten von Galizien und Wolhynien jetzt 85 Prozent und in Transkarpatien und in der Bukowina knapp 75 Prozent. Auch in der Zentralukraine ist der Anteil der ukrainischen Beiträge stark gestiegen und liegt zwischen 70 und 75 Prozent in Gebieten rechts des Dnipro und zwischen 55 und 60 Prozent in den Gebieten links des Dnipro. Sogar in den südlichen und östlichen Gebieten werden mittlerweile zwischen 25 und 50 Prozent aller Posts auf Ukrainisch verfasst, im Gebiet Cherson, das unter der Besatzung der russländischen

---

[29] Ukrajins'ka mova u socmerežach [Fn. 21].

[30] Volodymyr Kulyk: The demography of language practices and attitudes in Ukraine, in: Harvard Ukrainian Studies, 1–4/2007, S. 303–309.

Truppen steht, liegt die Zahl der ukrainischen Posts sogar bei über 58 Prozent. Das ist als Ausdruck des Protests gegen die Okkupation zu verstehen. Ausschließlich auf Russisch wird in den sozialen Netzwerken lediglich im Donbass kommuniziert (95 Prozent), der jedoch zum Zeitpunkt der Umfrage bereits zu großen Teilen besetzt war und wo vor allem jene verblieben sind, die nicht aus dem Kampfgebiet fliehen konnten oder wollten und die größtenteils eine prorussische oder zumindest ambivalente Haltung einnehmen.[31]

Es besteht Grund zu der Annahme, dass sich der beschriebene Wandel nicht auf die Kommunikation in den sozialen Netzwerken beschränkt, sondern sich auch auf den Sprachgebrauch im Alltag erstreckt. Vor ein paar Tagen hatte ich Gelegenheit, in einem Kiewer Wehrkreiskommando die Kommunikation zwischen den dortigen Mitarbeitern und Besuchern zu verfolgen, die wegen ihrer Einberufung gekommen waren oder sich als Freiwillige zum Militärdienst melden wollten. Sowohl die einen als auch die anderen sprachen untereinander überwiegend Russisch, doch fast alle Besucher wandten sich auf Ukrainisch an die Behördenmitarbeiter, weil sie die Amtssprache offenbar für angemessener hielten als die Sprache des Feindes, die Angestellten teilten offensichtlich diese Ansicht oder trauten sich nicht, eine ukrainische Äußerung auf Russisch zu erwidern. Einen ähnlichen Effekt gibt es auch in anderen Einrichtungen: Anfragen und Antworten werden auf Ukrainisch formuliert, da man dies für angemessen hält, zumal für die meisten dieser Aktivitäten das Ukrainische gesetzlich vorgeschrieben ist und die Mitarbeiter der entsprechenden Behörden inzwischen mit der Umsetzung des Gesetzes vertraut sind, d.h. über entsprechende Sprachkompetenzen verfügen. So müssen nach Artikel 30 des „Gesetzes über die Anwendung des Ukrainischen als Staatssprache“,[32] der im Januar 2021 in Kraft trat, Verkäuferinnen und Verkäufer in Supermärkten ihre Kunden selbst in überwiegend russischsprachigen Städten auf Ukrainisch ansprechen. Viele Kunden antworten auch gern auf Ukrainisch, weil sie das für angemessen halten, obwohl sie es nicht müssten – im Supermarkt haben sie schließlich mehr Macht als auf dem Wehrkreiskommando. Die Vorstellung, dass das Ukrainische angemessen ist, wirkt sich wahrscheinlich in einem gewissen Maß auch auf die informelle Kommunikation aus, etwa auf Gespräche zwischen Arbeitskollegen oder Fremden auf der Straße, wenn jemand die Initiative ergreift und die Idee in die Praxis umsetzt, findet das bei den Gesprächspartnern häufig Anklang. Wie oft das der Fall ist, lässt sich schwer sagen, denn in die Entscheidung fließen auch andere Faktoren des Sprachgebrauchs ein, etwa welche Sprache jemandem leichter fällt oder ob er sich in ähnlichen Situationen immer dieser Sprache bedient. Vielleicht gibt es mehr Beständigkeit als Wandel, aber Wandel findet auf jeden Fall statt, wenngleich er an unterschiedlichen Orten, in unterschiedlichen Kommunikationssituationen und bei unterschiedlichen Bevölkerungsschichten unterschiedlich ausfällt.

So tragen die bereits früher etablierten Funktionen des Ukrainischen als Sprache des Staates und Sprache des zivilgesellschaftlichen Engagements dazu bei, dass sie ihrer neuen Rolle als Sprache des Widerstandes gegen den russländischen Angriff gerecht werden kann. Einerseits verpflichtet das Gesetz die Staatsbediensteten und in jüngster Zeit auch die privaten Dienstleister zur Kenntnis und Anwendung der Amtssprache, und bereits die kurze Zeitspanne seit der Einführung der klaren Kriterien mit dem

---

31 Ukrajins’ka mova u socmerežach [Fn. 21].

32 Zakon Ukrajiny „Pro zabezpečennja funkcionuvannja ukrajins’koji movy jak deržavnoji“ [Fn. 12].

Sprachgesetz 2019 hat ausgereicht, um deren Umsetzung in vielen institutionellen Kommunikationssituationen zur Routine werden zu lassen, wenngleich es längst noch nicht auf alle zutrifft. Deswegen haben Personen, die sich des Ukrainischen bedienen wollen, ziemlich günstige Voraussetzungen, da sie auf Personen treffen, die die Kommunikation auf Ukrainisch initiieren oder zumindest unterstützen. Andererseits wurde auch auf den Protestaktionen überwiegend Ukrainisch gesprochen, seit langem ist es die Sprache der meisten politisch engagierten Menschen, ihr Verhalten ist ein Vorbild für jene, die sich jetzt dem Protest anschließen wollen – nicht mehr gegen korrupte Beamte und die Verantwortlichen illegaler Bauten, sondern gegen die grausamen Besatzer. Um zu protestieren, verwenden sie also Ukrainisch nicht mehr nur dort, wo es gesetzlich vorgeschrieben ist, sondern auch da, wo sie die freie Wahl haben. Bislang fiel diese Wahl meist auf das Russische, jetzt wird Russisch als Sprache des Feindes abgelehnt. Natürlich erstreckt sich der Protest längst nicht auf alle Sprecher des Russischen, wahrscheinlich noch nicht einmal auf die meisten, denn viele werden weiter so sprechen, wie es für sie angenehm ist und wie sie es gewohnt sind, und etliche werden – bei allem Hass auf Russland, die Russen und die russländische Bevölkerung – ihre Muttersprache trotzdem nicht aufgeben wollen. Doch selbst wenn nur die Hälfte oder ein Viertel derer, die bei der Umfrage vom März 2022 einen Sprachwechsel angekündigt hatten, diesen auch wirklich vollziehen, wird sich die Sprachsituation in der Ukraine grundlegend ändern. Das bedeutet nicht nur, dass sich das zahlenmäßige Verhältnis der Sprecher der beiden Hauptsprachen ändert, sondern auch, dass das Russische nicht länger die zentrale, prestigeträchtige Sprache der Alltagskommunikation in den meisten ukrainischen Städten ist, die sie in den drei Jahrzehnten nach der Unabhängigkeit immer noch war, obwohl das Ukrainische in einigen Sphären durchaus zugenommen hatte. Wenige werden nun ins Russische wechseln, um im Leben erfolgreicher zu sein. Das Ukrainische in seiner Funktion als Sprache des Widerstandes kann also das Russische endlich seiner traditionellen Funktion als Sprache der Macht entheben.

Aus dem Ukrainischen von Claudia Dathe, Jena

Schlagwörter:
Ukraine, Russland, Ukrainekrieg, Sprachpolitik, Russisch, Ukrainisch, Medien, soziale Medien

Jurij Marčenko, Oleksandra Koval'

Allen Widrigkeiten zum Trotz

Der ukrainische Buchmarkt 1991–2022

Nach dem Zusammenbruch der Sowjetunion entstand in der Ukraine eine vielfältige private Verlagslandschaft. Neue Autoren eroberten die Bühne. Doch der Buchmarkt wurde durch das wirtschaftliche Chaos der frühen 1990er Jahre, die Wirtschaftskrise von 2008–2009, die russländische Aggression von 2014 und Russlands Angriffskrieg seit Februar 2022 immer wieder zurückgeworfen. Eine Folge der aktuellen Konfrontation ist, dass Bücher aus Russland und Belarus zunehmend durch Bücher in ukrainischer Sprache verdrängt werden, die in der Ukraine produziert werden. Doch die wirtschaftlichen und infrastrukturellen Probleme des ukrainischen Buchmarkts infolge des Krieges sind erheblich.

Russlands Annexion der Krim und die Besetzung von Teilen der Gebiete Donec'k und Luhans'k 2014 bewirkten auch in der ukrainischen Buchbranche tiefgreifende Veränderungen. Seitdem muss jeder Buchimport aus Russland staatlich genehmigt werden. Das Interesse der einheimischen Leserschaft an Büchern in ukrainischer Sprache wuchs, das Interesse an russischsprachigen Publikationen nahm ab. Der Angriffskrieg, den Russland seit dem 24. Februar 2022 gegen die Ukraine führt, hat dazu geführt, dass die ukrainische Gesellschaft russische Narrative ablehnt und ukrainischen und europäischen den Vorzug gibt. Vor diesem Hintergrund arbeiten die staatlichen Behörden in der Ukraine gegenwärtig an einer Aktualisierung der Bibliotheksbestände, die noch zu über 52 Prozent aus Büchern besteht, die – zumeist auf Russisch – noch in der UdSSR publiziert wurden. Über die Hälfte des sonstigen Bestandes wurde nach 1991 aus Russland eingeführt, wobei es sich meist um Schenkungen handelt. Zukünftig sollen in ukrainischen Bibliotheken mehr als die Hälfte des Bestands auf Bücher ukrainischer Autoren und Übersetzungen von (nichtrussischer) Weltliteratur ins Ukrainische entfallen. Dies ist das Ziel eines im Juni 2022 vom ukrainischen Parlament verabschiedeten Gesetzes, das den Import und den Vertrieb von Büchern aus der Russländischen Föderation und aus Belarus verbietet.

Die mit dem Krieg einhergehenden demographischen Verwerfungen haben Auswirkungen auf den ukrainischen Buchmarkt: Millionen von Menschen, vor allem Frauen und Kinder, sind ins Ausland geflohen, Millionen sind Binnenflüchtlinge. Damit sinkt die Zahl der Buchkäuferinnen und Buchnutzer erheblich. Auch die stetige Verschlechterung der Wirtschaftslage hinterlässt tiefe Spuren auf dem ukrainischen Buchmarkt.

Jurij Marčenko (1961), Leiter der Abteilung Strategie und Analyse des Ukrainischen Buchinstituts, Kiew
Oleksandra Koval' (1957), Direktorin des Ukrainischen Buchinstituts, Kiew

OSTEUROPA, 72. Jg., 6–8/2022, S. 249–264 **doi: 10.35998/oe-2022-0161**

Die Entwicklung des ukrainischen Buchmarkts seit 1991

Schon vor 2014 durchlebte die ukrainische Buchbranche immer wieder Krisen, aber auch Aufschwünge, die nur im Kontext der konjunkturellen Gesamtentwicklung zu verstehen sind. Von 1991 bis 2022 war der Buchmarkt in der Ukraine von drei Faktoren geprägt. Erstens stand er unter dem Konkurrenzdruck durch Buchimporte aus Russland und Belarus. Diese dominierten zwischen 1991 und 2004 den Markt. Schätzungen zufolge wurden Anfang der 1990er Jahre bis zu 85 Prozent aller in der Ukraine verkauften Bücher aus dem Ausland eingeführt. Von 2005 bis 2013 verringerte sich ihr Anteil schrittweise.[1] Seit Beginn der russländischen Aggression im Jahr 2014 ist der Anteil der Buchimporte noch stärker geschrumpft. 2021 lag der Anteil aus Russland importierter Bücher am ukrainischen Buchhandel Schätzungen zufolge nur noch bei 30 bis 35 Prozent. Allerdings werden Bücher nach wie vor illegal eingeführt. Laut amtlicher Zollstatistik wurden 2021 Bücher im Wert von umgerechnet 5,23 Millionen US-Dollar aus Russland importiert.[2]
Angesichts des russländischen Angriffskriegs verabschiedete das ukrainische Parlament, die Verchovna Rada, am 19. Juni 2022 ein Gesetz, das die Einfuhr sämtlicher Buch- und Verlagsprodukte aus der Russländischen Föderation und Belarus sowie aus den ukrainischen Gebieten unter russländischer Besatzung verbietet; bereits erteilte Genehmigungen wurden aufgehoben.[3]
Ein zweiter Einflussfaktor ist das Einkommensniveau der Bevölkerung. Dieses stieg nach der katastrophalen Verarmung der Gesellschaft in den frühen 1990er Jahren seit 2005 allmählich an, ist infolge des russländischen Angriffskriegs 2022 aber wieder abgerutscht. Das Bruttoinlandsprodukt pro Kopf belief sich 2021 auf umgerechnet 4835 US-Dollar.[4] Das Durchschnittseinkommen lag bei rund 500 US-Dollar,[5] der durchschnittliche Einzelhandelspreis eines Buches bei acht bis zwölf US-Dollar.[6] Drittens leidet auch der ukrainische Buchmarkt unter dem weltweit zu beobachtenden schwindenden Interesse am Lesen und der Verdrängung des Buchs durch moderne Unterhaltungsmedien.
Der Zusammenbruch der Sowjetunion im Jahr 1991 löste radikale strukturelle Veränderungen im Verlagswesen aus. Aus einem staatlich kontrollierten Wirtschaftszweig entwickelte sich eine stark diversifizierte privatwirtschaftliche Branche. An die Stelle von 26 spezialisierten Verlagen, deren Tätigkeit das Staatskomitee für Verlagswesen streng regulierte, gibt es heute über 1000 meist private Verlagshäuser. Gleichzeitig ist die Zahl der Buchläden dramatisch geschrumpft: Existierten seinerzeit 3600 staatliche, zentral kontrollierte Buchhandlungen, so gab es Ende 2021 noch 220 stationäre Buchläden. Dieser Rückgang ist vor allem darauf zurückzuführen, dass in der wirtschaftlichen Krisenzeit der 1990er Jahre viele Buchhändler ihr Geschäft aufgaben.[7]

---

1 In den darauffolgenden 20 Jahren stieg der Anteil der in der Ukraine produzierten Bücher an den Buchverkäufen auf 20 bis 23 Prozent an.
2 <https://bi.customs.gov.ua/uk/trade/>.
3 Am 1. September 2022 war das Gesetz noch nicht vom Präsidenten unterzeichnet.
4 <https://data.worldbank.org/indicator/NY.GDP.PCAP.CD?locations=UA>.
5 <https://index.minfin.com.ua/ua/labour/salary/average/>.
6 Zuverlässige statistische Marktdaten, insbesondere solche zum Buchverkauf im Einzelhandel, fehlen. Dies erschwert eine objektive Analyse der Verlagsbranche.
7 NISD: Aktual'ni problemy rynku knyžkovoji produkciji v Ukrajini v konteksti zavdan' humanitarnoji polityky, <https://niss.gov.ua/doslidzhennya/gumanitarniy-rozvitok/aktualni-problemi-rinku-knizhkovoi-produkcii-v-ukraini-v>. – Svitlana Burjak (Hg.): Druk Ukrajiny (2020). Kyjiv 2021, Tabelle 10.

Zu sowjetischer Zeit war die Buchbranche weniger als Wirtschaftszweig bedeutend als vielmehr als ein Instrument zur ideologischen Einflussnahme und Kolonisierung nichtrussischer Völker. Buchläden verkauften nicht die Literatur, nach der die Leser fragten, sondern propagandistisch „korrekte" Publikationen. In der sozialistischen Wirtschaft mangelte es an Konsumgütern. Bücher bildeten hier keine Ausnahme. Nach der Erlangung der Unabhängigkeit gab es also einen enormen Nachholbedarf. Als die Zensur 1991 wegfiel, kam es zu einem wahren Publikationsboom: Die Gesamtauflage erhöhte sich rapide, das Sortiment erweiterte sich vor allem um Bücher zuvor verbotener Autoren.

Die Gesamtauflage und die Titelzahl pro Kopf waren 1991 auf dem höchsten Stand. Im Vergleich zu 2021 lagen die Zahlen rund drei- bzw. zweieinhalbmal höher als heute: Betrug die Gesamtauflage 1991 noch rund 136,5 Millionen Exemplare, so lag sie 30 Jahre später bei 44,8 Millionen. Während 1991 noch durchschnittlich 2,6 Bücher auf einen Ukrainer entfielen, waren es 2021 nur noch 1,0 (Tabelle 1).

Tabelle 1: Publikation von Büchern und Broschüren in der Ukraine 1991–2021

Jahr	**Anzahl der Titel (Bücher & Broschüren)**	**Gesamtauflage (in Tsd. Ex.)**	**Durchschnittliche Auflage (in Tsd. Ex.)**	**Anzahl Bücher und Broschüren pro Einwohner**
1991	5855	136 415,9	23,3	2,6
1992	4410	128 470,7	29,1	2,5
1993	5002	87 567,0	17,6	1,7
1994	4752	52 161,0	10,9	1,0
1995	6109	68 156,0	11,2	1,3
1996	6074	51 777,1	8,5	1,0
1997	7004	55 841,3	7,9	1,1
1998	7065	44 150,0	6,2	0,9
1999	6282	21 985,6	3,5	0,4
2000	7749	43 562,9	5,6	0,9
2001	10 614	50 324,5	4,7	1,0
2002	12 444	47 862,9	3,8	1,0
2003	13 805	39 462,9	2,9	0,8
2004	14 790	52 804,7	3,6	1,1
2005	15 720	54 059,8	3,4	1,15
2006	15 867	54 209,6	3,4	1,16
2007	17 987	56 111,7	3,1	1,21
2008	24 040	58 158,1	2,4	1,26
2009	22 491	48 514,4	2,2	1,05
2010	22 557	45 058,3	2,0	0,98

Jahr	Anzahl der Titel (Bücher & Broschüren)	Gesamtauflage (in Tsd. Ex.)	Durchschnittliche Auflage (in Tsd. Ex.)	Anzahl Bücher und Broschüren pro Einwohner
2011	22 826	46 565,7	2,0	1,02
2012	26 036	62 120,5	2,4	1,36
2013	26 323	69 575,7	2,6	1,53
2014	22 044	55 312,0	2,5	1,28
2015	19 958	36 409,8	1,8	0,85
2016	21 330	48 978,1	2,3	1,15
2017	22 047	45 127,2	2,0	1,06
2018	22 612	47 022,1	2,1	1,11
2019	24 416	61 250,6	2,5	1,46
2020	18 967	41 946,7	1,5	1,00
2021	**21 095**	**44 753,6**	2,1	1,1

Quelle: Svitlana Burjak (Hg.): Druk Ukrajiny (2020). Kyjiv 2021, Tabelle 2. – Vypusk knyžkovoji produkciji v Ukrajini v 2021 roci, <www.ukrbook.net/statistika/statistika_2021.pdf>

Abbildung 1: Buchproduktion in der Ukraine 1991–2021

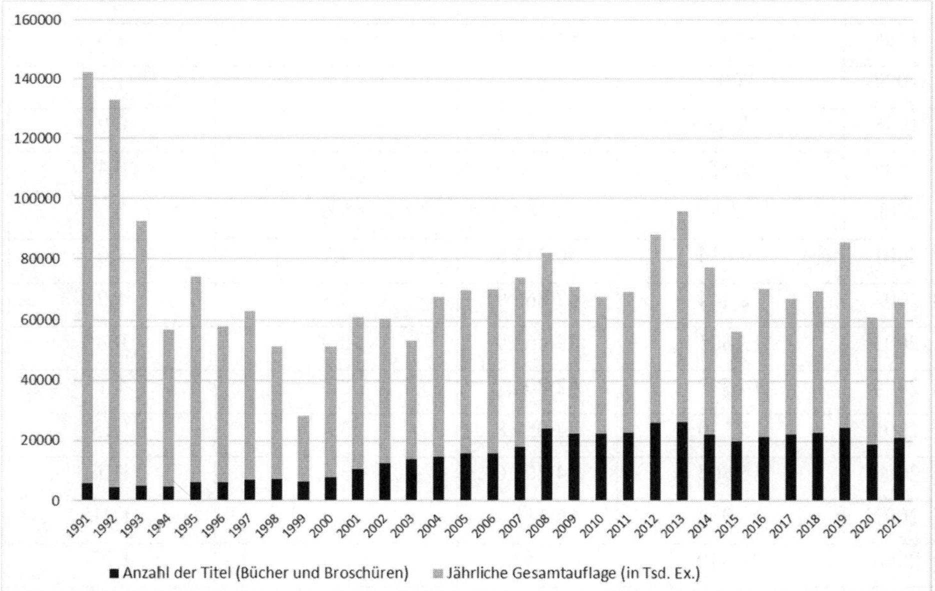

Quelle: Buchkammer der Ukraine

An die 1990er Jahre erinnert man sich heute als an eine Zeit des Überlebenskampfes, in der das durchschnittliche Einkommen der Ukrainer kaum für Nahrung, Medikamente und Energie reichte. Auch die Buchproduktion ging zurück und erreichte unter dem Einfluss der globalen Krise 1999 ihren Tiefststand von durchschnittlich 0,4 Büchern pro Einwohner.

Auslöser für das Wachstum der 2000er Jahre waren die allgemeine wirtschaftliche Erholung und staatliche Subventionen: Der Buchverkauf war von der Mehrwertsteuer ausgenommen. Diese Regelung ist immer noch immer in Kraft. Zudem wurden auf Verlagsgewinne Steuervergünstigungen gewährt. Diese wurden in der Folge mehrmals zurückgenommen und erneut beschlossen, gelten aktuell allerdings nicht mehr. Die Wirtschaftskrise von 2008–2009 setzte dem Aufwärtstrend ein Ende, das durchschnittliche Monatsgehalt der Ukrainer fiel von umgerechnet 343 US-Dollar auf 245 US-Dollar. Mit der allmählichen Erholung der Wirtschaft erlebte auch die Buchbranche einen neuen Aufschwung. Diese Entwicklung hielt bis 2014 an.

Der gute Start in die 2010er Jahre wurde durch Russlands Aggression und die dadurch verursachte nächste Wirtschaftskrise unterbrochen. Der durchschnittliche Monatslohn brach im Jahr 2015 auf 192 US-Dollar ein. Und obwohl die ungünstigen ökonomischen Bedingungen für die Buchproduktion durch restriktive Maßnahmen gegenüber Buchimporten aus Russland[8] zu einem gewissen Grade kompensiert wurden, erreichte die Branche die guten Kennzahlen von 2013 danach nicht mehr. Das lag an der schwachen Wirtschaftsdynamik und auch an den Auswirkungen der Covid-19-Pandemie.

Doch alle vorangehenden Herausforderungen verblassen vor dem Hintergrund von Russlands Angriffskrieg, der am 24. Februar 2022 begann und dessen Ende nicht absehbar ist. Die Wirtschaftsleistung und das Einkommen der Ukrainer haben sich halbiert. Aufgrund der gestiegenen Kosten für Papier und Logistik und der Entwertung der Hryvnja gehen auch die Buchpreise in die Höhe. Bücher werden zu Luxusgütern, die für die breite Bevölkerung unzugänglich sind.

Die ukrainische Buchbranche am Vorabend des Krieges

Mit einer Gesamtauflage von knapp 42 Millionen Buchexemplaren bei 41,5 Millionen Einwohnern schrammte die Ukraine 2020 gerade noch daran vorbei, in die Liste jener Länder aufgenommen zu werden, die weniger als ein Buch pro Einwohner veröffentlichen; nicht zuletzt die Quarantänemaßnahmen für Handel und Buchmessen in der Covid-19-Pandemie zeigten hier ihre Wirkung. 2020 wurden knapp 19 000 Titel in einer durchschnittlichen Auflage von 1500 Exemplaren publiziert (Tabelle 1). Mehr als die Hälfte der Titel (56,2 Prozent) wurden in sehr kleinen Auflagen von 500 Exemplaren oder weniger gedruckt, die meisten Titel erschienen in einer Auflage von 1000 bis 5000 Exemplaren (Abb. 2).

---

[8] Artikel 28, Absatz 1 Gesetz über Verlagsangelegenheiten vom 5. Juni 1997 in der durch das Gesetz Nr. 1780-VIII vom 8. Dezember 2016 geänderten Fassung, <https://vk24.ua/regulations_and_jurisprudence/zakoni/zakon-ukraini-pro-vidavnichu-spravu>.

Abbildung 2: Auflagenhöhe von Büchern und Broschüren 2020

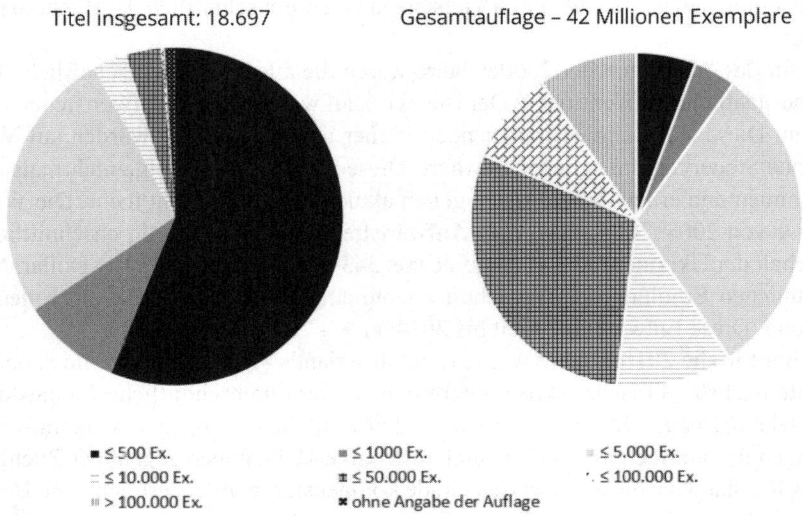

Quelle: Buchkammer der Ukraine

Abbildung 3: Gesamtstruktur der Buchproduktion 2020

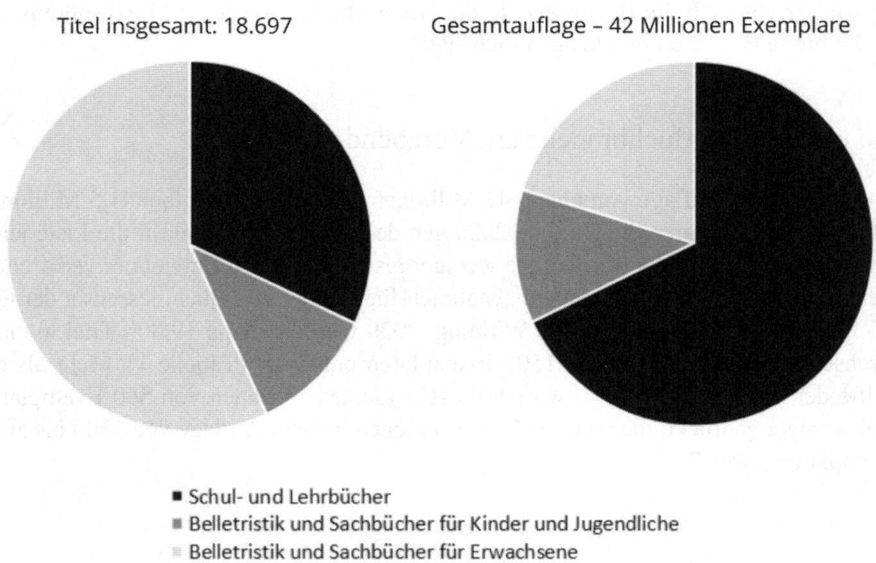

Quelle: Buchkammer der Ukraine[9]

---

[9] Burjak, Druk Ukrajiny [Fn. 7].

Die bei weitem auflagenstärkste Gruppe von Publikationen bildeten Schul- und Lehrbücher: Sie machten etwa zwei Drittel aller Veröffentlichungen aus. Die große Mehrheit der Titel, nämlich 78 Prozent, entfiel auf den Bereich Belletristik (Abb. 3).

Tabelle 2: Buchproduktion in der Ukraine 2021 – Verteilung auf Genres

Genre/Sachbereich	**Anzahl der Titel**	**Gesamtauflage (in Tsd. Ex.)**
gesamt	21 095	44 753,6
Schulbuch	6573	31 639,6
Belletristik und Kunst	4157	3599,7
Fachbuch	3955	853,7
Kinder- und Jugendbuch	2813	5213
Sachbuch	1995	2012,9
Ratgeber Recht	442	204,3
religiöse Literatur	386	536,5
Nachschlagewerke	286	260,4
Gesellschaft und Politik	142	161,1
Bibliographien	113	14,4
Freizeitratgeber	106	197,9
amtliche Veröffentlichungen	97	46,6
Informationsmaterial	20	9,4
Brancheninformationen Buchmarkt	9	3,1
Werbeschriften	1	1,0

Quelle: Ukrainische Buchkammer: Vypusk knyžkovoji produkciji v Ukrajini v 2021 roci, <www.ukrbook.net/statistika/statistika_2021.pdf>.

Obwohl Ukrainisch die Staatssprache ist, was auch den Bildungsbereich einschließt, kommuniziert ein bedeutender Teil der Bevölkerung im Alltag in russischer Sprache oder bedient sich beider Sprachen. Laut einer Studie des Ukrainischen Buchinstituts von 2020[10] bevorzugt ein Drittel der Ukrainer Bücher in ukrainischer Sprache, 27 Prozent wählen russischsprachige Bücher, dem Rest ist es egal, in welcher der beiden Sprachen ein Buch verfasst wurde. Bislang war es so, dass die Bedürfnisse ukrainischsprachiger Leser vor allem durch in der Ukraine produzierte Bücher befriedigt wurden, während die Russisch bevorzugenden Leser vor allem aus Russland importierte Bücher kauften.

10 <https://sapiens.com.ua/publications/socpol-research/148/Звіт_читання.pdf>.

Die Lage dürfte sich nach Kriegsbeginn und mit Inkrafttreten des Importverbots für Bücher aus der Russländischen Föderation allerdings ändern.

Nach der Orangenen Revolution von 2004 war der Anteil des ukrainischsprachigen Segments am Buchmarkt der Ukraine stark angestiegen. Zu jener Zeit wurden zweieinhalb Mal mehr Buchtitel auf Ukrainisch produziert als auf Russisch, das Verhältnis nach Auflagen betrug 2:1. 15 Jahre später überwogen Bücher in ukrainischer Sprache bei der Titelzahl und Auflage noch deutlicher: Es wurden etwa sechsmal mehr Titel produziert, und die Gesamtauflage war etwa 16-mal so groß wie die der russischsprachigen Publikationen.

Im Segment Belletristik machten ukrainischsprachige Publikationen im Jahr 2020 67 Prozent der Titel und 77 Prozent der gesamten Auflage aus; der Anteil der russischsprachigen lag bei 23 Prozent bzw. 19 Prozent, bei übersetzten Titeln war das Ungleichgewicht noch größer. Der Anteil der Übersetzungen – zumeist aus dem Englischen, gefolgt von Französisch, Deutsch und Polnisch – an allen Buchpublikationen lag 2020 bei 16 Prozent.

Auch in der Ukraine greifen Leser zunehmend zu elektronischen Büchern. Diese werden vor allem auf dem Smartphone gelesen; zudem sind spezielle Lesegeräte auf dem Markt, *PocketBook* und *Kindle* sind die populärsten. Allerdings ist es in der Ukraine sehr verbreitet, für eBooks nicht zu zahlen, sondern sie über verschiedene Piratenseiten herunterzuladen. Nach Angaben von Viktor Kruhlov, dem Leiter des Marktführers *Ranok*, liegt der Anteil von eBooks am Gesamtumsatz ukrainischer Verlage bei unter drei Prozent. In letzter Zeit werden Hörbücher immer beliebter, ihr Anteil lässt sich jedoch noch nicht beziffern.

Wie groß das Potenzial des digitalen Segments ist, zeigt die Erfahrung der ersten Monate nach Beginn des russländischen Angriffskriegs, als zahlreiche Verleger den Download von eigenem Content kostenfrei oder für eine symbolische Summe erlaubten und die Nachfrage sprungartig anstieg. Laut Ivan Bohdan, dem Leiter des größten Buch-Aggregators *Yakaboo*, wuchs die Zahl der Nutzer der mobilen App der Internet-Buchhandlung binnen von zwei Monaten um das Zehnfache auf 600 000.[11]

Yakaboo: Lesen ist immer ok.

[11] U berezni prodaly 0 knyžok, zaraz – 84 000. Jak vidnovljujet'sja pošmatovannyj vijnoju knyžkovyj rynok. Interv'ju z CEO Yakaboo. Forbes.ua, 26.5.2022.

Verlagswesen und Buchhandel

2020 gab es in der Ukraine 1040 Verlage. Die drei wichtigsten Verlagsstandorte der Ukraine sind Kiew, Charkiv und L'viv (Tabelle 3).

Tabelle 3: Wichtigste Verlagszentren der Ukraine

	Verlage	**verlegte Titel**	**Auflage (in Tsd. Ex.)**
Ukraine	1038	18 967	41 946,7
Kiew	421	6121	15 262,3
Charkiv	129	4891	20 132,1
L'viv	73	1499	14 684
Anteil der drei größten Verlage in Prozent	60	66	88

Quelle: Buchkammer der Ukraine

Den Löwenanteil der ukrainischen Verlage bilden kleine Nischenunternehmen, deren Inhabern es nicht um das große Geschäft geht, sondern die eher Wert auf ihre Unabhängigkeit legen. Die Top-50-Verlage, also weniger als zwei Prozent, produzierten 44 Prozent der Titel und 73 Prozent der Auflage. Die 15 Spitzenreiter (nach Titeln und Auflagen) veröffentlichten 23 Prozent der Titel und 61 Prozent der Auflage, wobei neun von ihnen staatlich finanzierte Schulbücher produzieren, die kostenlos an Schulen verteilt werden (Tabelle 4).

Ein Haus wie ein Buch. Verlagssitz von Vydavnyctvo Staroho Leva, *Lemberg*

Tabelle 4: Die führenden ukrainischen Verlage 2020

Verlag	**Auflage, (in Tsd. Ex.)**	**Auflagenanteil (in %)**	**Titel**	**Anteil an der Gesamtzahl aller Titel (in Prozent)**
*Intelekt Ukrajiny**	5635,7	13,44	788	4,15
*Ranok***	4291,3	10,23	590	3,11
*Stem Osvita**	3275,0	7,81	158	0,83
*Heneza**	2368,9	5,65	134	0,71
Klub simejnoho dozvillja	1394,8	3,33	404	2,13
*Orion**	2092,4	4,99	71	0,37
Folio	655,5	1,56	424	2,24
Vydavnyctvo Staroho Leva	874,1	2,08	312	1,64
*Navčal'na knyha – Bohdan***	676,4	1,61	363	1,91
*Pidručnyky i posibnyky**	935,1	2,23	244	1,29
*Osvita**	1180,5	2,81	73	0,38
Pehas	696,9	1,66	259	1,37
Vivat	741,2	1,77	220	1,16
*Litera LTD**	881,7	2,10	117	0,62
Tvory	48,4	0,12	233	1,23

* *Verleger staatlich finanzierter Schulbücher*
** *Herausgeber von Schulbüchern und Büchern für den freien Markt*
Quelle: Vypusk knyžkovoji produkciji v Ukrajini v 2020 roci, <www.ukrbook.net/statistika/statistika_2020.htm>.

Exakte Verkaufszahlen für den stationären und den Online-Buchhandel in der Ukraine sind nicht zu ermitteln, weil es für die Branche keine steuerliche Buchführungspflicht gibt. Branchenexperten schätzen den jährlichen Umsatz des Buchhandels in der Ukraine in der Zeit vor dem Krieg auf umgerechnet ungefähr 110 bis 130 Millionen US-Dollar. Zum Vergleich: In Polen erwirtschaftet der Buchhandel jährlich um die 500 Millionen US-Dollar.

Aus dem Staatshaushalt finanzierte Schulbücher hatten dabei in den Jahren vor Kriegsbeginn einen Anteil von etwa 30 bis 35 Mio. US-Dollar am Gesamtumsatz. Der Anteil von Büchern für öffentliche Bibliotheken auf Kosten von Staats- und kommunalen Haushalten belief sich auf zwei bis vier Millionen US-Dollar.[12] Der Rest setzte sich zusammen aus Einzelhandelsverkäufen über verschiedene Kanäle, wobei schätzungsweise 85 bis 90 Prozent des Umsatzes auf Bücher ukrainischer Verlage entfielen und etwa zehn bis 15 Prozent auf Buchimporte aus Russland und Belarus.

Einer der Hauptkanäle für den Buchhandel sind stationäre Buchhandlungen. Von den rund 220 vor Kriegsbeginn existierenden Buchhandlungen gehörte etwa die Hälfte zu den fünf größten Ketten. Hinzu kommen Buchabteilungen in Supermärkten (ca. 300), eine nicht zu beziffernde Zahl von Bücherkiosken sowie rund ein Dutzend große und eine unbestimmte Zahl kleiner Online-Buchläden. Infolge der Covid-19-Pandemie sind die Umsätze im Online-Handel merklich angestiegen. Aufgrund der andauernden Kriegssituation ist es unmöglich zu überprüfen, ob dieser Trend anhält, oder verlässliche Zahlen zum Anteil der verschiedenen Vertriebskanäle am Gesamtumsatz zu ermitteln.

Verletzung geistiger Eigentumsrechte und Rechteverkauf ins Ausland

Die Tatsache, dass der Name der Ukraine im sogenannten *Special 301*-Bericht der USA auftaucht, ist ein unmissverständlicher Indikator für die Probleme, die der Staat beim Schutz der Urheberrechte hat.[13] Seit Jahren erscheint die Ukraine unter den Ländern, in denen besonders massive Urheberrechtsverstöße zu beklagen sind und für die eine spezielle Priority Watch List eingeführt worden ist. Dass das Monitoring in der Ukraine durch den Krieg derzeit unterbrochen ist, ändert nichts an diesem Problem.

Die Verletzung geistiger Eigentumsrechte findet in der Ukraine in Form von gefälschten Druckerzeugnissen sowie der illegalen Nutzung elektronischer Inhalte statt. Verbraucher sehen in der Online-Piraterie eine Art Gewohnheitsrecht. Die Gesetzgebung zur Verfolgung und Unterbindung des Vertriebs illegaler Inhalte weist erhebliche Schwachstellen auf. Fälle, in denen professionelle Online-Piraten verfolgt würden, sind in der Branche nicht bekannt. Viele Verleger nehmen diese Praxis als ein unvermeidbares Übel und ihre dadurch verursachten Einbußen als eine Art „digitaler Steuer" hin. Sie betrachten die Einnahmen aus dem Verkauf von eBooks nicht als reguläres Einkommen, sondern

---

[12] Eigene Berechnungen.

[13] Der jährlich veröffentlichte *Special 301 Report* des US-Handelsbeauftragten zielt auf den Schutz und die Durchsetzung geistigen Eigentums bei amerikanischen Handelspartnern und dient als Druckmittel, um diese zu einer Anpassung ihrer Gesetzgebung in dem Bereich zu bewegen. – Anm. d. Ü.

sozusagen als Spenden treuer Anhänger. Dagegen werden die Herstellung und der Vertrieb gedruckter Fälschungen strafrechtlich streng verfolgt. Dies zeigt, dass das Problem durchaus erkannt ist und gerichtlich dagegen vorgegangen wird.[14]
Was den Kauf und Verkauf von Übersetzungslizenzen angeht, so gibt es hierzu keine offiziellen Statistiken. Unbestätigten Daten zufolge haben ukrainische Rechteinhaber in jüngster Zeit 150 bis 200 Übersetzungslizenzen jährlich verkauft. Die ukrainischen Verleger agieren beim Verkauf von Urheberrechten mit jedem Jahr professioneller, die Nachfrage nach Übersetzungen ukrainischer Bücher nimmt weltweit zu. Das Ukrainische Buchinstitut legte 2020–2021 das Programm *Translate Ukraine* auf, mit dessen Hilfe ausländischen Verlagen über 300 000 Euro für Übersetzungen aus dem Ukrainischen zur Verfügung gestellt wurden. Damit konnte die Übersetzung von 113 Büchern ukrainischer Autoren in verschiedene Sprachen gefördert werden. 2022 ist das ausländische Interesse an ukrainischer Literatur – befördert durch die erhöhte Aufmerksamkeit wegen des Krieges – nochmals signifikant gestiegen.[15]

Staatliche und private Institutionen, Projekte, Veranstaltungen

Die staatliche Politik der Ukraine im Bereich des Verlags- und Informationswesens bestimmt das Ministerium für Kultur und Informationspolitik. Das *Staatliche Komitee für Fernsehen und Radio in der Ukraine* spielt eine bedeutende Rolle bei der Regulierung auch der Verlags- und Buchhandelsbranche, auch wenn das Wort „Buch" in dem noch aus Sowjetzeiten stammenden Namen nicht vorkommt. Es verwaltet einen Teil der staatlichen Verlagshäuser und Druckereien, führt das staatliche Register der Verleger und Buchhändler und vergab bis zu Russlands Invasion im Februar 2022 nach entsprechender Prüfung Genehmigungen für den Import von Büchern aus Russland.[16]
Das *Ukrainische Buchinstitut* hat seine Tätigkeit im Jahr 2017 aufgenommen und ist mittlerweile die wichtigste Institution im Buchbereich.[17] Die beim Ministerium für Kultur und Informationspolitik der Ukraine angesiedelte Einrichtung gestaltet die staatliche Politik in der Buchbranche mit, kümmert sich um Leseförderung und um die Bestände der öffentlichen Bibliotheken, vergibt Zuschüsse für die Herausgabe von Büchern und ist für die Digitale Ukrainische Bibliothek und den Katalog der im Handel erhältlichen Bücher zuständig. Das Institut setzt sich zudem für die Verbreitung der ukrainischen Literatur im Ausland ein, etwa durch die Organisation nationaler Stände bei internationalen Buchmessen, und vergibt Zuschüsse zur Veröffentlichung von Übersetzungen aus dem

---

14 Diese Entwicklung lässt sich anhand des Monitorings des staatlichen Registers für Gerichtsverfahren (<https://reyestr.court.gov.ua/>) nachvollziehen.

15 Einschlägige Internet-Ressourcen zu Exporten und Übersetzungen ukrainischer Literatur und zu Urheberrechten: Literatur für den Export: <https://export.chytomo.com/en/>; gemeinsamer Katalog des Ukrainischen Verbands der Verleger und Buchhändler: <http://upba.org.ua/index.php/uk/podii/mizhnarodni-podii/item/405-rights-catalogue-spring-22>; Website des Ukrainischen Buchinstituts, u.a. mit Empfehlungen von übersetzungswürdigen Büchern: <https://ubi.org.ua>.

16 2017–2021 wurden 22 216 Genehmigungen für Buchimporte aus Russland und Belarus erteilt; <https://detector.media/infospace/article/197741/2022-03-22-golova-derzhteleradio-oleg-nalyvayko-pragnennya-ukrainskogo-suspilstva-zvilnyty-sviy-prostir-vid-usogo-rosiyskogo-tsilkom-spravedlyve/>.

17 <https://ubi.org.ua>.

Ukrainischen an internationale Verleger. Nach dem 24. Februar 2022 wurde allerdings die Finanzierung der Programme und Projekte des Instituts ausgesetzt.[18]
Die *Buchkammer der Ukraine* – eine staatliche wissenschaftliche Einrichtung, die seit über einem Jahrhundert existiert – stellt die Aufbewahrung von Pflichtexemplaren sicher, führt Branchenstatistiken und verwaltet das nationale ISBN-System.[19] Eine recht neue staatliche Institution ist die des *Ombudsmanns für Sprache*. Dieses Amt wurde eingerichtet, um die Einhaltung der Sprachquoten im Verlagsbereich und Buchhandel zu kontrollieren.
Der *Ukrainische Kulturfonds beim Ministerium für Kultur und Informationspolitik*, der seit 2017 besteht, stellt Gelder für Projekte im Bereich der Kultur- und Kreativbranche bereit, darunter solche für Publikationen wie auch für Veranstaltungen zur Leseförderung, wie etwa Literaturfestivals, Buchmessen usw.[20]
Das *Ukrainische Institut* beim Außenministerium ist im Bereich der Kulturdiplomatie tätig, was das Verlagswesen miteinschließt, und organisiert Veranstaltungen zur ukrainischen Literatur im Ausland.[21] Unter den Berufsverbänden im Buchbereich sind der *Ukrainische Verband der Verleger und Buchhändler*, der *Ukrainische Bibliotheksverband* und der *Ukrainische PEN* erwähnenswert.[22]
Vor dem Krieg fanden in den ukrainischen Regionen regelmäßig Buchmessen und Literaturfestivals statt. Die bekanntesten sind das von der NGO *Forum Vydavciv* (Verlegerforum) organisierte BookForum (L'viv, seit 1994, <http://bookforum.ua>), das Literaturfestival Meridian Czernowitz (Černivci, seit 2010, <www.meridiancz.com>) und das internationale Buchfestival *Knyžkovyj Arsenal* (Kiew, seit 2011, <https://book.artarsenal.in.ua>), das von dem öffentlich finanzierten Kunst- und Kulturkomplex *Mystec'ky Arsenal* veranstaltet wird.
Wichtige Buchpreise, Literaturwettbewerbe und Rankings sind der Taras-Ševčenko-Nationalpreis, das Ranking „Buch des Jahres" oder auch die Auszeichnung „Buch des Jahres der BBC".[23] Der bekannteste Literaturwettbewerb für Manuskripte ist die *Koronacija Slova* (Krönung des Worts).[24] Insgesamt werden in der Ukraine mehrere Dutzend Buchpreise verliehen, private wie staatliche, lokale, regionale und nationale, darunter das Stipendium des Präsidenten der Ukraine für Nachwuchsautoren. Die Onlinepublikation *chytomo.com* beleuchtet systematisch Themen, Initiativen und Entwicklungen im Verlagswesen und in der Literatur- und Kulturszene.[25]

---

[18] Das Ukrainische Buchinstitut arbeitet trotz allem weiter. Mithilfe von Partnern, Sponsoren und Freiwilligen führt es das Projekt „Bücher ohne Grenzen" durch, in dessen Rahmen mehr als 150 000 Bücher gedruckt, gekauft und an ukrainische Kinder verteilt werden, die vor dem Krieg fliehen mussten. Das Projekt steht unter der Schirmherrschaft der Gattin des Präsidenten der Ukraine Olena Zelens'ka. Die Teilnahme des Instituts an internationalen Buchmessen, in Frankfurt, Bologna, London, Paris, Warschau, Prag oder Göteborg wird dadurch ermöglicht, dass die Organisatoren dem Institut kostenlos einen Stand zur Verfügung stellen und ukrainische Autoren und Verleger einladen. Das Institut führt zudem seinen Katalog von Titeln, die zur Übersetzung aus dem Ukrainischen empfohlen werden, weiter und pflegt eine Datenbank zu ukrainischen Autoren und anderen den Buchmarkt betreffenden Themen.

[19] <www.ukrbook.net>.

[20] <https://ucf.in.ua/>.

[21] <https://ui.org.ua/>.

[22] <http://upba.org.ua>, <https://ula.org.ua/>, <https://pen.org.ua/>.

[23] <www.knpu.gov.ua/>, <www.fb.com/knyzhkaroku>, <www.bbc.com/ukrainian/features-50320117>.

[24] <http://koronatsiya.com/>.

[25] <https://chytomo.com/>.

Buchproduktion und -handel unter Kriegsbedingungen

Die mit der Covid-19-Pandemie verbundenen Quarantänemaßnahmen und anderen Beschränkungen wirkten sich auch auf die ukrainische Buchbranche negativ aus. Dieser Negativtrend wird durch Russlands Angriffskrieg weiter verstärkt. Die Folgen der russländischen Invasion und der andauernden Kampfhandlungen in verschiedenen Städten und Regionen der Ukraine für die Buchbranche sind deutlich zu erkennen. Zahlreiche Gebäude und Maschinen sind zerstört, Spezialisten mussten ihre Arbeitsplätze verlassen, etliche Mitarbeiter aus der Druckindustrie und Buchbranche haben ihr Leben verloren. Einer Stichprobenerhebung durch den Ukrainischen Verband der Verleger und Buchhändler im Mai 2022 zufolge hat in den ersten Monaten des Jahres 2022 kein Verlagshaus die Produktionszahlen des Vorjahres erreicht. Die meisten Verlage sprechen von 30 bis 50 Prozent des Vorjahresvolumens, nur wenige geben an, etwa 70 Prozent im Vergleich zum gleichen Vorjahreszeitraum erreicht zu haben.[26] Der starke Rückgang der Buchproduktion ist aus Tabelle 5 zu ersehen.
Die Druckkapazitäten sind im Westen und im Zentrum der Ukraine nur zu 25 bis 35 Prozent ausgelastet, in Charkiv, wo ständig Kampfhandlungen stattfinden, sogar nur zu 15 Prozent. Im Staatshaushalt sind vorerst keine Mittel für den Druck von Schulbüchern und den Ankauf von Büchern für Bibliotheken vorgesehen. Eine Erholung der Buchbranche ist auf absehbare Zeit nicht zu erwarten. Das rückläufige Einkommen und die sinkende Kaufkraft der Bevölkerung führen dazu, dass die Nachfrage nach Büchern zurückgeht. Die Weltbank prognostiziert, dass das Bruttoinlandsprodukt der Ukraine bis Ende 2022 um fast die Hälfte sinken und die Inflation auf 20 Prozent steigen wird.

BBC-Kinderbuch des Jahres 2021: Petro Jacenko: „Union der sowjetischen Dinge"

[26] Interview mit dem Präsidenten des ukrainischen Verbandes der Verleger und Buchhändler Oleksandr Afonin.

Tabelle 5: Buchproduktion in der Ukraine, Vergleich des ersten Halbjahres 2022 mit dem ersten Halbjahr 2021, Bücher und Broschüren

	2022 (Stand: 4.7.2022)		**2021 (Stand: 4.7.2022)**		**Veränderung 2021 – 2022, in Prozent**	
	Anzahl Titel	Auflage (in Tsd. Ex.)	Anzahl Titel	Auflage (in Tsd. Ex.)	Anzahl der Titel	Auflage
gesamt	2357	1083,9	4383	3721,8	- 46,2	- 70,9
in ukrainischer Sprache	1993	909,3	3360	2979,1	- 40,1	- 69,5
in russischer Sprache	189	112,5	609	489,8	- 69	- 87
in anderen Sprachen	175	62,1	414	252,9	- 57,7	- 85,4

Quelle: Buchkammer der Ukraine.

Künftige Herausforderungen und Wiederaufbaupläne

Der Krieg der Russländischen Föderation gegen die Ukraine hat auch die ukrainische Buchbranche in eine schwere Krise gestürzt. Ein Teil der Infrastruktur (Verlage, Buchhandlungen, Druckereien) ist zerstört oder liegt brach, Buchlager sind vernichtet oder nicht mehr erreichbar, Personal ist geflohen, der Vertrieb funktioniert vor allem in den östlichen Landesteilen nicht mehr und konzentriert sich nun auf die vergleichsweise ruhigen Städte im Westen und im Zentrum der Ukraine. Hinzu kommen der Anstieg der Kraftstoff- und Energiepreise sowie Schwierigkeiten beim Zahlungsverkehr. Unter diesen Bedingungen ist eine Vorbereitung von Publikationen nahezu unmöglich.
20 Prozent des Territoriums der Ukraine sind besetzt, darunter Charkiv, wo die größten und modernsten Druckereien des Landes liegen. Fast 20 Prozent der Verlage haben nach Aussage des Präsidenten des ukrainischen Verbandes der Verleger und Buchhändler Oleksandr Afonin Produktionsanlagen verloren, zwei große Druckereien wurden zerstört. Die Einberufung zur Armee und die Flucht vor dem Krieg sorgen für Personalengpässe. Über 60 Prozent befinden sich infolge des Krieges in finanziellen Nöten, beinahe die Hälfte der Verlage wird ihre Aktivitäten nicht aus eigener Kraft wieder aufnehmen können. Außerdem sind 40 Prozent der Buchhandlungen seit dem 24. Februar 2022 geschlossen.
Das Ukrainische Buchinstitut hat dem Ministerium für Kultur und Informationspolitik einen Plan für die Wiederbelebung der Buchbranche für den Zeitraum 2023–2032 vorgelegt. Dieser sieht unter anderem den zentralen Einkauf von Büchern ukrainischer Verlage für öffentliche Bibliotheken vor. Hierfür werden jährlich zwischen zehn und 30 Millionen US-Dollar veranschlagt. Zudem wird der Aufbau von sogenannten nationalen Bücherregalen durch die Kultusministerien verschiedener Länder angeregt. Dies beinhaltet die Förderung von Übersetzungen bedeutender Werke europäischer Nationalliteraturen ins Ukrainische sowie die Finanzierung von Ausgaben dieser Werke, die sodann öffentlichen Bibliotheken in der Ukraine kostenlos zur Verfügung gestellt werden sollen. Je nach europäischem Land geht es dabei um zehn bis 100 Buchtitel in Auflagen von 100 bis 1000 Exemplaren. Ukrainische Verleger, die Neuveröffentlichungen ukrainischer Autoren vorbereiten, sollen vom Ausland unterstützt werden. Auch die Schaffung und Entwicklung digitaler (auch staatlicher) Ressourcen soll mit Hilfe aus dem Ausland finanziell gefördert werden. Der stationäre Buchhandel soll Erleichterungen in Form von Zuschüssen zu den Miet- und Betriebskosten erhalten. Im Bereich der Leseförderung soll die Nachfrage durch Büchergutscheine, die Eltern bei der Geburt ihres Kindes sowie Jugendliche bei Erreichen des 14. Lebensjahres zusammen mit ihrem Reisepass erhalten, gestärkt werden.
Mit den genannten Maßnahmen zur Wiederbelebung der Buchbranche soll sichergestellt werden, dass Verlagswesen und Buchhandel in der Ukraine allmählich wieder wachsen und solide arbeiten können. Dies wird jedoch nur mit der Unterstützung anderer Länder möglich sein, damit die Kultur der Ukraine, ihre Literatur und die Buchbranche als integraler Bestandteil der europäischen und weltweiten Kultur erhalten bleiben.

Aus dem Ukrainischen von Jutta Lindekugel

Schlagwörter:
Ukraine, Verlagswesen, Buchmarkt, Ukrainekrieg, Kriegsschäden,

Valentyna Vzdul's'ka

Laboratorium des Wandels

Ukrainische Kinder- und Jugendliteratur

Der ukrainische Kinder- und Jugendbuchsektor hat seit 1991 einen grundlegenden Wandel vollzogen. Er hat das sowjetischen Tabus und Traumata überwunden, wirtschaftliche Krisen gemeistert, sich dem ungleichen Wettbewerb mit der russländischen Konkurrenz gestellt und mit Biographien, Reihen zur ukrainischen Geschichte und Kultur sowie mit illustrierten Büchern in hoher Qualität eine neue Leserschaft erschlossen. Doch die Auflagen bleiben klein, das Sortiment begrenzt. Es herrscht Nachholbedarf. Die Entwicklung wird durch die schwache Kaufkraft und den Krieg behindert. Gleichzeitig lenkt der Krieg die Aufmerksamkeit ausländischer Kinderbuchverlage auf die Ukraine und auf ukrainische Themen.

Der ukrainische Buchmarkt hat sich seit 1991 unter spezifischen Bedingungen entwickelt. In einer schwierigen Phase der Transformation musste das sowjetische Erbe überwunden werden. Die Zeiten von Zensur auf der einen und garantierten Massenauflagen auf der anderen Seite waren vorbei. Doch die Verlage mussten auf dem nun freien Markt unter den Bedingungen einer massiven Wirtschaftskrise bestehen. Gleichzeitig übte Russland weiter großen kulturellen, wirtschaftlichen und politischen Einfluss aus. Bücher in russischer Sprache haben unter Marktbedingungen aufgrund der größeren Zahl potentieller Leser strukturell einen Wettbewerbsvorteil.

All dies gilt auch für die Kinder- und Jugendliteratur. Wegfallende staatliche Subventionen und die extrem geringe Kaufkraft der Leserschaft zwangen die Verlage zu einer Kommerzialisierungsstrategie. Obwohl in der Ukraine alle die Voraussetzungen für die Entstehung qualitativ hochwertiger und origineller Kinder- und Jugendbücher gegeben waren, konnte sich ein solches Segment nur langsam entwickeln. Eine Beobachtung, die die britische Bibliothekarin und Kinderliteraturexpertin Sheila G. Ray Mitte der 1990er Jahre machte, trifft die Situation in der Ukraine exakt: Der Buchmarkt musste in zwei bis drei Jahrzehnten eine Entwicklung durchlaufen, die in Westeuropa fünfhundert Jahre dauerte.[1] Die ukrainische Kinder- und Jugendliteratur ist zu einem Labor geworden, in dem in beschleunigtem Tempo eine Nationsbildung stattfindet, zu der nicht zuletzt die sprachliche und gedankliche Herauslösung aus dem von Moskau dominierten Raum und die Überwindung totalitärer Traumata gehören. All dies geschieht in einer von Medienwandel und massiver Konkurrenz auf dem Markt der Aufmerksamkeit geprägten Welt. Und nun unter den Bedingungen des Kriegs.

Valentyna Vzdul's'ka (1983), M.A., Philologin, Literaturkritikerin, Bloggerin

[1] Sheila Ray: The world of children's literature, in: Peter Hunt (ed.): International Companion Encyclopedia of Children's Literature. London 1996, S. 653–662.

OSTEUROPA, 72. Jg., 6–8/2022, S. 265–283 doi: 10.35998/oe-2022-0162

Amnesie überwinden

Ende 2021 erhielt Petro Jacenko für sein Werk *Sojuz radjans'kych rečej* (Union der Sowjetdinge, Verlag Portal, 2020) über die Alltagskultur einer spätsowjetischen Kindheit eine der höchsten literarischen Auszeichnungen der Ukraine, den Kinderbuchpreis *Dytjača knyha roku BBC* (Kinderbuch des Jahres BBC). Das Buch verbindet eine dynamische Handlung mit Gedankenexkursen, die lebendige, helle und gehaltvolle Bilder von ikonischen Objekten und Phänomenen des Alltags in der Vergangenheit schaffen: von der „Olena"-Schokolade bis zur Automarke „Volga" von den Liedern von Sofija Rotarus bis zu den „Atomrucksäcken" (Notfallrucksack für den Atomkrieg). *Sojuz* ist eines der ersten hochwertigen und speziell für Jugendliche geschriebenen Bücher über die Sowjetukraine, in dem die sowjetische Vergangenheit nicht dämonisiert, sondern mit einem ironischen Unterton als Teil lebendiger familiärer Erinnerungen dargestellt wird. „Das Buch handelt nicht von Themen und Dingen, sondern von Menschlichkeit", schreibt einer der Juroren der Auszeichnung, Vitalij Čepynoha.[2]

Das erwartbare Schweigen, in das sich Kinder- und Jugendbuchautoren und -autorinnen in der unabhängigen Ukraine über die sowjetische Vergangenheit hüllten, war eine Form der posttotalitären Amnesie – eine Unvorbereitetheit und Unfähigkeit, die historischen Traumata zu behandeln und künstlerisch zu verarbeiten. Der Preisträger Petro Jacenko erklärte in einem Interview auf die Frage, weshalb er sich der Sowjetunion als Thema angenommen habe:

> In den Schulen erhalten Kinder keine Antworten auf ihr Interesse an der Sowjetunion. Und wenn sie eine erhalten, dann nur im Rahmen des Geschichtsunterrichts, der sehr selektiv die Befreiungskämpfe der 1920er Jahre, den Holodomor, die Repressionen, den Zweiten Weltkrieg, die Stagnation unter Brežnev und die *Perebudova* behandelt. [3]

Auch die Kinder- und Jugendliteratur der Ukraine befriedigte dieses Bedürfnis nicht. Natalija Marčenko, Bibliographin an der Nationalbibliothek für Kinder der Ukraine konstatierte in einem Gespräch mit der Autorin:

> Historische Romane über die Zeit vom Ersten Weltkrieg bis heute existieren faktisch nicht. Da reden wir von rund einem Dutzend Büchern in den letzten drei Jahrzehnten.

---

2 Petro Jacenko: radjans'kyj pozytyv – jak chorošyj zachid soncja v konctabori. BBCnews, 25.12.2021. *Perebudova* ist das ukrainische Wort für *Perestrojka*.

3 Ebd.

Die ersten Versuche, diese „Lähmung" zu überwinden, wurden mit literarischen Biographien gemacht. So veröffentlichte der Verlag *Grani-T* von 2008 bis 2012 die wegweisende Reihe „Das Leben prominenter Kinder", dessen Titel sich auf die berühmte sowjetische Reihe „Das Leben außergewöhnlicher Menschen" (Žizn' zamečatel'nych ljudej) bezieht. Das Buch gibt Lesern ab neun Jahren die Möglichkeit, Figuren der ukrainischen Kultur kennenzulernen, die in der Sowjetunion verboten und tabuisiert waren, so etwa die Dichter und Dissidenten Vasyl' Stus (1938–1985) oder Hryc'ko Čubaj (1949–1982). Doch diese Reihe sowie ähnliche Reihen aus anderen Verlagen krankte daran, dass sie Vertreter der ukrainischen Kultur glorifizierte.

Künstlerische Versuche, historische Traumata wie den Roten Terror, die künstlich herbeigeführte Hungerkatastrophe in den frühen 1930er Jahren, den *Holodomor,* oder die Deportation der Krimtataren 1944 zu bearbeiten, waren rar und wenig überzeugend. Stilistisch am interessantesten erscheint die Märchenerzählung *Chutir* (Weiler) von Olena Zacharčenko (Staryj Lev, 2015) für Kinder im Grundschulalter, die den Leser in die letzten Jahre der UdSSR mitnimmt. Die Hauptfigur des Romans ist die siebenjährige Chrystja, die gezwungen ist, zu ihren Großeltern auf einen Weiler zu ziehen, weil die Eltern aufgrund ihrer nationalukrainischen Überzeugung Probleme mit dem sowjetischen Geheimdienst KGB haben. Das Mädchen entdeckt, dass es mit Tieren, Wald- und Feldgeistern kommunizieren kann und sie die Thronfolgerin einer geheimnisvollen Fürstin ist, der Beschützerin der Tiere. Das Schicksal ihrer Familie ist auf eigenartige Weise mit dem Schicksal des ganzen Landes verwoben.

Das Wertesystem von *Chutir* ist nicht nur politisch, sondern auch metahistorisch verankert. Das Märchen vermittelt eine nationalukrainische Heilswartung, die bis ins Mittelalter zurückprojiziert wird.[4] In den letzten zwei Jahrzehnten sind derartige ideologische Akzente in ukrainischen Kinderbüchern zu historischen Themen nicht selten.

Petro Jacenkos Buch markiert den Übergang der ukrainischen Jugendliteratur auf eine neue Stufe: Die bloße Negation der Vergangenheit, die durch den kolonialen Status der Ukraine und die Erfahrung des Totalitarismus geprägt war, weicht einer unaufgeregten Reflexion über die Erfahrungen der Vergangenheit und dem Versuch, die sowjetische Identität aus der Sicht eines Kindes zu verstehen.

Die anfängliche mangelnde Bereitschaft der Autorinnen und Autoren, im Kinderbuch die jüngere Vergangenheit aufzuarbeiten, hing auch damit zusammen, dass sich die Leserschaft nicht mit diesen historischen Traumata auseinandersetzen wollte. Verhindert wurde dies durch ein kulturelles Vakuum, für dessen Überwindung zwei bis drei Jahrzehnte nötig waren.

---

[4] Valentyna Vzdul's'ka. Mavky, vid'my, KHB: „Chutir" Oleny Zacharčenko. Staryj lev, 12.10.2015, <https://starylev.com.ua/blogs/mavky-vidmy-kgb-hutir-oleny-zaharchenko>.

Kulturelles Vakuum und Identitätskonstruktionen

Abetka (ABC). Illustration: Volodymyr Charčenko. A-ba-ba-ha-la-ma-ha 1992

Von außen betrachtet mag die ukrainische Kinder- und Jugendliteratur der 1990er und 2000er Jahre verglichen mit der westeuropäischen oder amerikanischen Literatur wegen ihrer Themen, Genres, Formen und Stile sehr konservativ erscheinen. Aber in Wirklichkeit erfuhr sie genau in dieser Zeit eine enorme Innovation.

Durch Gorbačevs *Perestrojka* und *Glasnost* sowie die Auflösung der Sowjetunion kehrten Autoren und Werke in die literarische Öffentlichkeit zurück, die in der Sowjetunion verboten waren. Die überwältigende Mehrheit der Leser entdeckte erstmals den Reichtum des ukrainischen Modernismus und die Werke der ukrainischen Emigration.[5] Originelle literarische Erscheinungen aus dem Exil des 20. Jahrhunderts waren allenfalls im Untergrund bekannt. Der Vergessenheit entrissen wurden auch jene ukrainischen und ausländischen Klassiker, die von den sowjetischen Ideologen und Zensoren zuvor aussortiert worden waren. In der Kinderliteratur erschienen nun Texte von Vasyl' Korolyv-Starij, Natalena Koroleva, Adrian Kaščenko, Antin Lotoc'kij, Julian Opil's'kij, Volodymyr Svidzinskyi, Vera Vovk oder Ol'ga Mak.

Früher verbotene oder tabuisierte Themen der ukrainischen Geschichte, Kunst und Religion gelangten auf drei Wegen in die Kinder- und Jugendliteratur: erstens über die Lehrpläne. Anfang der 1990er Jahre stellten Dmytro Čerednyčenko und Galina Kirpa Lektürekanon für die Schule zusammen. Die darin erhaltenen Erzählungen wie „Lastivka", „Bila Charta", „Pysanka", „Zelena nedilja" wurden zur Pflichtlektüre.

Zweitens spielten die Jugendzeitschriften *Odnoklasnyk* und *Sonjašnyk*, die fünfstellige, mitunter gar sechsstellige Auflagen hatten, eine wichtige Rolle. Die Zeitschriften arbeiteten mit renommierten Schriftstellern und Illustratoren zusammen, veröffentlichten europäische Prosa und Poesie in Übersetzung, waren Plattformen für literarische Debüts und ein Ort, wo Künstler verschiedener Genres zusammenarbeiteten. Drittens durch Übersetzungen: Im Jahr 2000 waren 17 Prozent der Kinderbuch-Titel Übersetzungen, 2010 waren es bereits 35 Prozent.[6]

---

[5] Zum Modernismus in der ukrainischen Literatur: Solomija Pavlyčko. Dyskurs modernizmu v ukrajins'kiy literaturi. Kyjiv 1999. – Tamara Hundorova. Projavlennja slova: dyskursija rann'oho ukrajins'koho modernizmu. Kyjiv 2009. – Hryhoriy Hrabovyč: Ekzorcyzm ukrayins'koho modernizmu in: Ders.: Do istoriji ukrajins'kiy literatury: Doslidžennja, ese, polemika. Kyjiv 1997, S. 571–584.

[6] Statističnij ogljad vydavnyčoji dija'nosti Ukrajiny u 2000 roci, in: Visnyk Knižkovoji palati, 6/2001. – S. Burjak: Analitiyčnyj ogljad vypusku drukovanoji produkciji v 2010 roci, in: Visnik Knižkovoji palati, 5/2011.

2020 betrug ihr Anteil 41 Prozent.[7] Die meisten Kinderbücher wurden aus dem Englischen übersetzt. Die Verlage wählten zunächst die Klassiker der Kinderbuchliteratur von Edith Nesbit, C.S. Lewis, Frances Burnett, Maurice Sendak, Roald Dahl oder Eric Carle.

Leonid Uškalov: Skovoroda vid A do Ja. Staryj Lev 2019

Die Übersetzungen spielten bei der Herausbildung des heutigen Kinderbuchmarkts eine bedeutende Rolle. Sie sicherten den Verlagen eine breite Leserschaft und verschafften ukrainischen Künstlern und Illustratoren Zugang zum internationalen Markt.

Gleichzeitig nahm der Anteil der Non-fiction-Literatur für Kinder zu. 1992 war gerade mal jeder zehnte Titel (elf Prozent) ein Sachbuch, 2015 waren es 35 Prozent.[8] Mit qualitativ hochwertigen ukrainischen Sachbuch-Titeln füllten einige Verlage das kulturelle Vakuum. Gestalterisch zählen die Bücher des Lemberger Verlags *Staryj Lev* und hier vor allem die Reihe von Biographien über Schlüsselfiguren der ukrainischen Kultur zu den bemerkenswertesten, so zum Beispiel die Biographie *Skovoroda vid A do Ja* (Skovoroda von A bis Z) mit Illustrationen von Ljudmyla Stec'kovyč.

Seit 2020 existiert in der Ukraine der Verlag *Portal*. Er hat es sich zur Aufgabe gemacht, auf dem Feld der Kinder- und Jugendliteratur systematisch die Lücken in der ukrainischen Geschichte zu füllen und all jene Ethnien, Epochen und Personen vorzustellen und neu zu interpretieren, deren Darstellung durch die sowjetische Zensur verzerrt worden war – und das alles auf dem Niveau der modernen Geschichtsschreibung.

All diese kulturellen Prozesse dienen der Herausbildung einer neuen nationalen Identität in einer Gesellschaft, in der nationalukrainische und postsowjetische Identitäten koexistieren und ein Teil der Menschen der russischen und sowjetischen Kultur nach wie vor eng verhaftet ist.

Historische Romane für Kinder und Jugendliche romantisieren mitunter die ukrainische Vergangenheit. Bemerkenswert sind die Texte von Volodymyr Rutkivs'kyj (1937–2021), einem Vertreter der älteren Generation von Kinderbuchautoren. Seine Tetralogie *Džury* (Waffenträger) nimmt die Leser mit in die Zeit des Kosaken-Hetmanats. Die Hauptfiguren in den Romanen, die zu Waffenträgern der Kosaken wurden, helfen ihnen in ihrem heldenhaften Kampf gegen die Angreifer.

---

[7] Nach den Zahlen der Ukrainischen Bücherkammer entsprach das 875 von 2117 Titel. S. Burjak: Knyhovydavnyča dijal'nist' v Ukrajini za pidsumkamy 2020 roku, in: S. Burjak, H. Černjak Visnyk Knižkovoji palati, 5/2021, S. 7–14.

[8] Emilija Ohar: Ukrajins'ka dytjača knyha kincja XX – počatku XXI st.: literaturno-vydavnyčyj portret na tli doby, in: Acta Universitatis Wratislaviensis, 3717. Studia o Książce i Informacji 34. Wrocław 2015, S. 101.

„Kerims Krim" von Natalija Smyrnova mit Ljudmyla Stec'kovyč über die Deportation von Krimtataren auf der Krim im Jahre 1944. Portal 2021

Rutkivs'kyjs Roman *Syni Vody* (Blaues Wasser, Tempora 2011) erzählt die Geschichte einer der größten Schlachten in der Geschichte des mittelalterlichen Europas, die sich 1362 auf dem Gebiet des heutigen Oblast' Kirovohrad in der Ukraine ereignete und die die Macht der Goldenen Horde untergrub. *Storožova zastava* (Die Flagge von Storož, A-ba-ba-ga-la-ma-ga, 2012), ein Roman, der später verfilmt wurde, erzählt von einem Jungen, der auf wundersame Weise ins Jahr 1097 gelangt, wo er zusammen mit den Rittern Illja Muromec', Oleško Popovyč, Dobrynja Mykytyč die Grenzen der Kiever Rus' verteidigt. Ein wichtiges Merkmal dieser Romane ist die Darstellung der erwähnten historischen Ereignisse, die sich von der sowjetischen und russischen Interpretation unterscheidet. In der historischen Erzählung von Ivan Andrusjak „Sirka na poroch" (dt. etwa: „Schwefelhölzchen" ans Pulver, Fontan kazok, 2020) enthüllt ein Mädchen namens Sirka den Diebstahl von Schießpulver.

Ivan Andrusjak „Sirka na poroch" („Schwefelhölzchen" ans Pulver)

Folklore und Volkskultur spielen im ukrainischen Selbstbild eine große Rolle. Sie sind wichtige Marker, die auch in der Massenkultur mit der Ukraine in Verbindung gebracht werden. Zu nennen sind die traditionellen ukrainischen Strickmuster *Vyšyvanky*, die vielerorts in der Popkultur auftauchen. In der Kinder- und Jugendliteratur hatten sie den größten Einfluss auf die Entwicklung der ukrainischsprachigen Fantasy. Das Genre war für die postsowjetische Ukraine nicht neu – in den 1990er Jahren entfaltete sich die russischsprachige Fantasy in der Ukraine, konzentrierte sich jedoch hauptsächlich auf den russländischen Markt, wo Autoren wie Maryna und Serhij Djačenko, Henry Lion Oldie oder Iryna Potanina die Möglichkeit hatten, ihre Texte auch in Zeiten der Krise des Verlagswesens zu veröffentlichen.

Nach der Jahrtausendwende entwickelte sich die ukrainischsprachige Fantasy für verschiedene Altersgruppen rege. Es erschien „Kosaken"-Fantasy wie etwa Volodymyr Arjenjev *Bisova duša, abo Zakljatyj skarb* (Teufelsseele oder Verfluchter Schatz) und Fantasy, die auf ukrainischer Mythologie und Dämonologie basiert. In Serhij Oksenyks Trilogie *Lisom, nebom, vodoju* (Im Wald, am Himmel und im Wasser, Verlag *Smoloskyp*, 2004–2014) leben nach einer Naturkatastrophe auf der Erde gutartige und bösartige Mutanten, die nach Figuren ukrainischer Volksmärchen erschaffen wurden.

M. und S. Dačenko setzen in *Dyka energija. Lana* (Wilde Energie. Lana) auf Karpaten-Ästhetik, und Galina Pagutjaks *Korolivstvo* (Königreich) spielt im gotischen Lemberg. Dieser Trend ist bis heute ungebrochen.

Hatten diese Veröffentlichungen einen signifikanten Einfluss auf ukrainische Kinder und Jugendliche? Das gilt nur für jene wenigen Titel, die in die Lehrpläne aufgenommen und zu Schullektüre wurden. Grundsätzlich gilt, dass der ukrainische Kinderbuchmarkt

Mitte der 1990er Jahre sehr klein war: Die durchschnittliche Auflage eines Titels zwischen 1997 und 2020 betrug nach Berechnungen der Ukrainischen Buchkammer 4300 Exemplare. Und das bei einer Bevölkerung von etwa 41,7 Millionen Menschen im Jahr 2020 (ohne besetzte Gebiete).[9] Insbesondere Mitte der 1990er Jahre war die Auflage ukrainischsprachiger Titel zurückgegangen. Gleichzeitig nahmen die Buchproduktion in Russland und der Export russländischer Titel in die Ukraine zu.

Neue Expansion und Kampf um den Markt

Verantwortlich dafür waren zwei Ereignisse, welche die ohnehin schwache ukrainische Buchindustrie, die sich noch nicht an Marktbedingungen gewöhnt hatte, fast zerstörten. 1995 verabschiedete Russland ein Gesetz zur staatlichen Unterstützung des russländischen Verlagswesens, das der Branche Steuervorteile verschaffte.[10] Nach Jahren der Krise kamen die russländischen Verlage schnell wieder auf die Beine und begannen, auf die Ex-Sowjetrepubliken als wichtige Märkte zu blicken. Die Sprache war kein Hindernis, denn in den meisten dieser Länder war das Russische aufgrund der langjährigen Assimilationspolitik, welche die Sowjetunion verfolgt hatte, weit verbreitet. Der ukrainische Markt, der unter einem akuten Mangel an Büchern aller Art litt und durch keinerlei protektionistische Maßnahmen vor einer derartigen Expansion und dem ungleichen Wettbewerb geschützt war, wurde von der Flut billiger russländischer Publikationen überschwemmt. Ein Buch zu produzieren war damals in Russland um die Hälfte günstiger als in der Ukraine. Das betraf auch den Kinder- und Jugendbuchbereich Außerdem hatten russländische Verlage weitere strukturelle Wettbewerbsvorteile.[11] Die Schriftstellerin Oksana Zabužko erinnert sich:

> 1997 war es für einen ukrainischen Verleger unmöglich, im Donbass auch nur ein ukrainisches Buch zu verkaufen, weil der gesamte Vertrieb in der Hand eines russischen Monopols war.[12]

Die Finanzkrise von 1998 stellte für den ukrainischen Buchmarkt eine große Herausforderung dar. Anders als Russland konnte die Ukraine zwar einen Zahlungsausfall verhindern, aber das Jahr nach der Krise wurde für die ukrainischen Verlage zum schlimmsten Geschäftsjahr seit der Unabhängigkeit. Bis Ende der 1990er Jahre halbierte sich die Anzahl der veröffentlichten Kinderbuchtitel von 306 im Jahr 1991 auf 153 im Jahr 1999. Auch die Auflagen waren im freien Fall. Nimmt man den gesamten Zeitraum in den

---

[9] Statistische Angaben zum Buchmarkt der Ukraine für die Jahre 2005–2022 bietet die Website der Buchkammer der Ukraine: <www.ukrbook.net/>. Aktuelle Daten unter: <www.ukrbook.net/statistika_.html#neperiod> Allerdings ist die Transparenz begrenzt. Um Daten für frühere Jahre zu erhalten, muss eine schriftliche Anfrage gestellt werden.

[10] Federal'nyj Zakon: „O gosudarstvennoj podderžke sredstv massovoj informacii i knigoizdanija Rossijskoj Federacii", 1.12.1995, N. 193-FZ.

[11] Sofija Rjabčuk: Knyhovydannja i deržava: u pošukach stratehiji. Mižnarodnyj fond „Vidrodžennja", <www.irf.ua/files/ukr/news_2187_ua_pr.pdf>.

[12] Ukrajins'ka knyžkova revoljucija: čoho vymahaty vid deržavy i ščo robyty dlja vyžyvannja rynku. Čytomo.com, 10.6.2021.

Blick, hat sich die Durchschnittsauflage eines Kinderbuchs von fast 127 000 Exemplaren im Jahr 1991 auf 2334 im Jahr 2020 dramatisch verringert.

Tabelle 1: Kinder- und Jugendbücher in der Ukraine in Zahlen

Jahr	Kinderbuchtitel	Gesamtauflage	Durchschnittsauflage
1991	306	38 821 000	126 900
1995	226	5 172 000	19 400
2000	198	1 543 000	7800
2005	787	4 192 500	5300
2010	1381	4 770 600	3500
2015	1506	4 208 600	2800
2020	2117	4 940 700	2334

Quelle: Angaben der Buchkammer der Ukraine [Fn. 10]

Ein Beispiel möge illustrieren, worin ein grundlegendes Problem des ukrainischen Buchmarktes besteht. Im Jahr 2020 erwarb Präsident Volodymyr Zelens'kyj auf dem Toloka-Literaturfestival in Zaporižžja ein Exemplar von Fredrik Backmans Roman *Beartown* (im schwedischen Original: *Björnstad*). Das hätte kaum für Aufsehen gesorgt, wenn er das Buch nicht in der russischen Übersetzung aus einem Moskauer Verlag gekauft hätte, ohne zu ahnen, dass in der Nähe das Buch in einer hervorragenden ukrainischen Übersetzung angeboten wurde.[13] Ukrainische Intellektuelle reagierten empört. Ein solcher Fauxpas würde dem Präsidenten heute nicht mehr unterlaufen. Aber dieser Kauf war in einer Hinsicht bezeichnend: Er zeigt, dass die Ukrainerinnen und Ukrainer – vor allem jene aus den stark russifizierten Städten – selbst drei Jahrzehnte nach dem Zusammenbruch der Sowjetunion noch immer in kolonialen Hierarchien denken: Die Kultur der ehemaligen Metropole gilt als Norm, die Kultur der ehemaligen Kolonie als zweitrangig oder wird überhaupt nicht wahrgenommen.

In den frühen 2000er Jahren verstanden die Entscheidungsträger in Parlament und Regierung noch nicht, warum sie günstige Bedingungen für den ukrainischen Buchmarkt schaffen sollten, der vor dem Ruin stand, oder haben sich sogar bewusst für die Interessen der russländischen Wirtschaft eingesetzt. Mit großer Mühe gelang es den Verlagen, Steuererleichterungen von der Regierung zu erhalten, die für das Überleben der Branche existenziell waren.

[13] Fredrik Bakman: Vedmeže misto. Kyjiv 2019. – russ: Medmežij ugol. Moskva 2018.

Mar"jana Savka: Čy je v babujina babusja? (Hat der Pavian eine Oma?) mit Illustrationen von Oleh Petrenko-Zanevs'kyj, Staryj Lev 2010

Mit der Einführung der Steuervorteile belebte sich der Buchmarkt. Zwischen dem Jahr 2000 und 2008 verdreifachte sich die Zahl der Kinderbuchverlage auf etwa 30, das Kinderbuchsortiment wuchs um das 8,5-fache.[14]

Dennoch schrumpfte die Durchschnittsauflage weiter, auf 3000 bis 4000 Exemplare pro Buch: Erhebliche Probleme stellten das unterentwickelte Vertriebssystem und die Konkurrenz zu den Büchern aus Russland dar. Die Steuervorteile, die seither auch ukrainische Verlage genießen, haben russländische Publikationen nicht vom Markt verdrängt. Genau in dieser Zeit eröffneten russländische Verlagsgiganten Filialen in der Ukraine. Zu Spitzenzeiten veröffentlichte ein Dutzend dieser russländischen Verlage Kinder- und Jugendbücher. Im Jahr 2000 wurden 22 Prozent der Kinderbücher in der Ukraine auf Russisch veröffentlicht. Der Zenit war im Jahr 2010 erreicht, als russischsprachige Kinderbücher einen Anteil von 68 Prozent an der Gesamtauflage ausmachten.[15] Gleichzeitig wurden in großer Zahl Bücher aus Russland importiert.

Zentrale Veränderungen auf dem ukrainischen Buchmarkt standen fast immer in engem Zusammenhang mit politischen Umwälzungen. Nach der Orangenen Revolution 2004 wurde zum ersten Mal auf staatlicher Ebene über Bücher diskutiert. Der eigentliche Wendepunkt aber war die „Revolution der Würde" auf dem Majdan im Winter 2013/14, als die Ukrainer die Entwicklung des Landes in Richtung Europa verteidigten und die kleptokratische, prorussländische Regierung von Viktor Janukovyč stürzten. Danach annektierte Russland die Krim und brach den Krieg im Donbass vom Zaun.

Im Jahr 2013 machten russischsprachige Bücher noch 73–75 Prozent des Marktes der Kinder- und Erwachsenenliteratur aus, während der Anteil ukrainischsprachiger Bücher nur bei 20–23 Prozent lag.[16] Das sind nur die offiziellen Zahlen ohne Berücksichtigung des Schwarzmarktes, der ebenfalls von Büchern aus Russland dominiert wurde. Infolge der patriotischen Haltung der Ukrainer wuchs ab 2014 das ukrainischsprachige Segment des Buchmarktes kontuinuierlich. Waren im Jahr 2012 Bücher im Wert von 33 Millionen US-Dollar aus Russland in die Ukraine geliefert worden, so war es 2015 mit 3,7

---

[14] Emilija Ohar: Ukrajins'ka dytjača knyha kincja XX – počatku XXI st.: literaturno-vydavnyčyj portret na tli doby [Fn. 6], in: Studia o Książce i Informacji 34. Wrocław 2015, S. 101, <wuwr.pl/bibl/article/view/1732>.

[15] A. Murachovs'kyj, S. Burjak: Analityčnyj ogljad vypusku drukovanoji produkciji v 2011 roci za danymy Knyžkovoji palaty Ukrajiny, in: Visnyk Knižkovoji palati, 5/2011.

[16] Verchovna Rada Ukrajiny: Problemy rozvytku ukrajins'koho knyhovydavnyctva, knyhorozpovsjudžennja ta perspektyvy pidtrymky knyhočytannja v Ukrajini: materialy parlaments'kych sluchan' u Verchovnij Radi Ukrajiny 15 travnja 2013 r., in: T.M. Haljuk (Hg.): Komitet VR Ukrajiny z pytan' kul'tury i duchovnosti. Kyjiv 2014, S. 127.

Millionen US-Dollar nur noch ein Neuntel.[17] Die Produktion und der Vertrieb von in der Ukraine hergestellten Büchern war nun von der Mehrwertsteuer befreit und die Einfuhr von Büchern aus der Russländischen Föderation beschränkt. Auch die Zahl der in der Ukraine produzierten Kinderbücher auf Russisch ging zurück. Im Jahr 2020 machten sie noch elf Prozent der Gesamtauflage aus.[18] 2022 dürfte diese Zahl gegen Null tendieren.

„Lysty na vijnu / Letters on the war“ (Briefe über den Krieg) Verlag Brats'ke 2015. – Ukrainisch-englischsprachiges Bilderbuch mit Briefen und Zeichnungen von Kindern an Soldaten, die im von Russland besetzten Donbass kämpften

---

17 Za 3 roky oficijnyj import knyžok z Rosiji skorotyvsja u 10 raziv. Espreso TV, 23.9.2022, <https://espreso.tv/news/2016/09/23/za_3_roky_oficiynyy_import_knyzhok_z_rosiyi_skorotyvsya_u_10_raziv>.

18 Burjak Knyhovydavnyča dijal'nist' [Fn. 9].

Romana Romanyšyn und Andrij Lesiv: „Vijna, ščo zminyla Rondo" (Als der Krieg nach Rondo kam). Staryj Lev 2015

Am 19. Juni 2022, also vier Monate nach Beginn der Invasion Russlands, verabschiedete das ukrainische Parlament, die Verchovna Rada, ein Gesetz, das die Einfuhr und den Vertrieb von Büchern aus Russland und Belarus verbietet. Auch wurde beschlossen, russische Veröffentlichungen mit „imperialen Erzählungen und prorussländischer Propaganda“ aus den Bibliotheken zu entfernen. Dazu gehören russische Volksmärchen ebenso wie Boris Akunins *Geschichte des russländischen Staates*, die Abenteuer-, Kriminal- und Spionagebücher des Ex-Geheimdienstlers Viktor Suvorov sowie Bücher aus der Sowjetunion, in denen die ukrainische Geschichte nach sowjetischen Maßstäben interpretiert wird.[19] Gleichzeitig wurde zur Förderung ukrainischsprachiger Bücher beschlossen, dass der Staat ab Januar 2023 jenen Buchhandlungen Mietausgaben erstattet, die Bücher in ukrainischer Sprache verkaufen.
Unter der Voraussetzung, dass die Ukraine ihre Unabhängigkeit und territoriale Integrität verteidigen kann, werden wir in den kommenden Jahren ein kontinuierliches und zunächst starkes quantitatives Wachstum des ukrainischen Kinderbuchmarkts beobachten. Danach stellt sich hoffentlich auch ein qualitatives Wachstum ein, wodurch die ukrainische Kinder- und Jugendliteratur nicht zuletzt dank der Illustrationen einen hohen Wiedererkennungswert auf dem internationalen Markt erlangen wird.

Visuell dominant

Bis vor kurzem wurden ukrainische Kinderbücher im Ausland vor allem wegen ihrer Illustrationen vorgestellt. Eines der kommerziell erfolgreichsten war „Die Schneekönigin“ (Snihova koroleva) von Hans Christian Andersen, gestaltet von Vladyslav Jerko (2000). Die Rechte an den farbenfrohen und detailreichen Illustrationen mit Gesichtern, die an Renaissance-Gemälde erinnern, wurden von Brasilien bis Südkorea in viele Länder der ganzen Welt verkauft. 2006 gewann die englischsprachige Ausgabe des Buches die Goldmedaille der Andersen Foundation in den USA in der Kategorie „Bestes Kinderbuch“.
Für den ukrainischen Buchmarkt war diese Ausgabe eines klassischen europäischen Märchens repräsentativ. Die Neuübersetzung war frei von politisch motivierten Streichungen oder Anmerkungen der Sowjetperiode, die „luxuriösen“ Illustrationen einem breiten Publikum leicht verständlich und die Ausgabe erschien in erstklassigem Druck.

[19] Knyžky – ce zbroja, abo oboronna, abo nastupal'na. Interview. Interfax, 23.5.2022, <https://interfax.com.ua/news/interview /834181.html>.

Volksmärchenbuch „100 Märchen“. A-ba-ba-ha-la-ma-ha 2005

Snihova koroleva steht für eine wichtige Phase in der Entwicklung des modernen ukrainischen Kinderbuchs. Der Rückgriff auf den klassischen Kanon geht einher mit der Zurückweisung sowjetischer Traditionen und die reiche visuelle Gestaltung bildete einen Kontrast zur schwierigen wirtschaftlichen Lage der Nachkrisenzeit. Der Verlag *A-ba-ba-ha-la-ma-ha*, der Jerkos *Schneekönigin* verlegte, war der erste private Kinderbuchverlag in der Ukraine nach dem Zusammenbruch der UdSSR. 1992 gegründet, bot er den Lesern eine neue Ästhetik, die Kritiker später leicht ironisch als neobarocken Prunk bezeichneten. Lange Zeit war sie bei den Lesern überaus erfolgreich.

Neue Trends

In den 2010er Jahren wurde die Kinderbuchillustration in der Ukraine zurückhaltender und minimalistischer. Dieser Wandel zeigte sich besonders deutlich bei den Bilderbüchern einer jüngeren Generation von Illustratoren, die internationale Trends mitprägten. So wurde im Jahr 2011 die Kreativwerkstatt *Agrafka* für ihre Illustration des ukrainischen Volksmärchens „Rukavyčka“ (Handschuh) von der XXIII. Internationalen Biennale für Illustration „BIB“ in Bratislava ausgezeichnet. In den Illustrationen wurden zurückhaltende, schematische Graphiken mit Ornamenten der dekorativen und angewandten Kunst kombiniert. Das Buch hat einen Schutzumschlag und einen Filzeinband in Form eines Handschuhs. Es war eines der ersten Beispiele moderner ukrainischer Spielzeugbücher, die auch ein haptisches Erlebnis boten.
Romana Romanyšyn und Andrij Lesiv von *Agrafka* schufen in wenigen Jahren eine neue Formensprache für Bilderbücher. Für besonders gelungene Werke haben sie renommierte internationale Auszeichnungen wie den *European Design Award*, die Medaille der Stiftung Buchkunst und in den Jahren 2014, 2015 und 2018 den *Bologna Ragazzi Award* erhalten.
Lehrbücher wie *Ja tak bachu* (So sehe ich) und *Tycho, holosno, pošepky* (Leise, laut, geflüstert) triumphierten 2018 auf der Preisverleihung in Bologna. Die Jury lobte: „Die Themen der beiden Bücher des Künstlerduos sind das Hören und Sehen. Wissenschaftliche Informationen und philosophische Fragestellungen werden gekonnt mit den Illustrationen und dem Design kombiniert. Die Linie und der Punkt werden geschickt miteinander verflochten, um den Hör- und Sehsinn in Zeichen zu verwandeln, die Harmonie und Disharmonie darstellen.

Ein exquisiter Mix aus Infografiken von Braille bis Kandinsky machen die raffinierte Bildsprache des Buches aus. Die kräftigen Farben erinnern an die ersten Farbdruckverfahren. Das kompositorische Gesamtkunstwerk ist außergewöhnlich, jede Seite bietet neue Formen und unerwartete Details. Dank einer völlig neuen Art, wissenschaftliche Fakten zu präsentieren, werden diese Bücher die Leser überraschen."

Tanja Stus: „Moja Ba" mit Illustrationen von Nad'ožna. Ranok 2018. Lebensbejahendes Bilderbuch über das Altern und das Loslassen

Moderne ukrainische Kinderbücher von Künstlern wie dem Illustratorenclub *Pictoric*, Jevhenija Hajdamaka, Julija Hvilim, Oksana Bula, Tetjana Jakunova, Al'ona Šostko, Tanja Horjušyna oder Inna Masljak sind alle als Teil der globalisierten Moderne entstanden. Die Tübinger Germanistin und Kinderliteraturexpertin Bettina Kümmerling-Meibauer betont, welche Implikationen dies hat:

> Die Globalisierung hat sich auch auf den Vertrieb und die Gestaltung von Bilderbüchern ausgewirkt und dazu geführt, dass gleichsam globale Illustrationen und Geschichten entstanden sind, die weltweit vermarktet werden können, ohne dass sie an bestimmte Zielkulturen angepasst werden müssen.[20]

Das Repertoire ukrainischer Kinderbücher ist noch begrenzt: Seine Entwicklung wird durch die geringe Nachfrage im Inland behindert. Diese ist teilweise auf die geringe Kaufkraft, teilweise auf die kaum ausgeprägte visuelle Kompetenz zurückzuführen: Oft wissen sogar Lehrer und Bibliothekare nicht, wie man Illustrationen im Unterricht und beim Geschichtenerzählen einsetzt.

Die Illustratorin Oksana Bula erschuf eine Serie von Bilderbüchern über die Waldgeister „Tukoni". Auf dem Literaturfestival „Knyžkovyj Arsenal" wurde 2018 das Buch in einer Virtual Reality vorgestellt. Danach wurde eine App „Meeting Tukoni VR experience" entwickelt. Foto: Staryj Lev

[20] Bettina Kümmerling-Meibauer: From Baby Books to Picturebooks for Adults: European picturebooks in the new millennium, in: Word & Image, 3/2015, S. 249–164, hier S. 250.

Herausforderungen

Wie Millionen Landsleute haben auch viele Schriftsteller, Illustratoren und Verleger nach dem 24. Februar 2022 ihre Häuser, Ateliers und Verlagsräume verlassen und sind vor dem Krieg in andere Städte oder ins Ausland geflüchtet. Andere haben sich den Freiwilligenverbänden und der Territorialverteidigung angeschlossen. Viele reagieren auf die Bedrohung mit intensiver Kreativität: In den ersten vier Monaten des Krieges haben ukrainische Verleger ein Dutzend meist hochwertiger Kinderbücher über den russländisch-ukrainischen Krieg angekündigt: Bilderbücher, Poesiebände, Erstleserbücher, Erzählungen.

Vertreter der internationalen Buchbranche dürften davon beeindruckt sein: Noch vor zehn Jahren wäre der ukrainische Kinderbuchmarkt nicht bereit gewesen, die für das Land katastrophalen Ereignisse so schnell und effektiv zu verarbeiten.

Die zunehmende Qualität von Autoren und Illustratoren, das Aufkommen neuer Namen, die Erweiterung der Palette von Genres und Formaten findet vor dem Hintergrund einer übermäßigen Kommerzialisierung ukrainischer Kinderbücher statt. Das zeigt sich insbesondere an der Produktion einer Menge mittelmäßiger, stilistisch unzulänglicher Literatur, in der eine Abnahme des Wortschatzes zu beobachten ist. Das betrifft sowohl ukrainische Titel als auch Übersetzungen. Immer mehr Verlage richten ihren Fokus auf Reihen, und immer weniger Verleger sind bereit, mit Poesie als Genre zu arbeiten, das aus kommerzieller Sicht weniger attraktiv ist.

Ukrainisches Volksmärchen: „Vovk pid viknom" (Der Wolf unterm Fenster) mit Illustrationen von Natalija Kaščak. Mamino 2017

Larysa Denysenko: „Majja ta jiji mamy". Illustrationen von Marija Foja. „Vydavnyctvo" 2017

Nicht jeder traut sich an innovative, experimentelle Texte und Illustrationen. Solche Projekte werden selten realisiert, weil finanzielle Verluste drohen. Das gilt für größere Verlage, die an internationalen Buchmessen teilnehmen und auf Festivals auftreten wie *Ranok, Vivat* oder *Staryj Lev* ebenso wie für die kleinen unabhängigen Verlage *Krokus*, *Brac'ke, Vydavnyctvo* oder *Mamino.* Aus dem gleichen Grund gibt es wenige Bücher zu Themen wie Inklusion oder Kindertheater.

Die Geschäftspolitik vieler ukrainischer Kinderbuchverlage ist schnelllebig und darauf beschränkt, je nach Marktlage und Marketingstrategie neue Titel zu verlegen. Seit langem geht es bloß darum, Neuerscheinungen zu produzieren, erklärt Marianna Kijanovs'ka.[21] Ein neues Buch erregt als „Produkt" eine Weile lang Aufmerksamkeit, dann richtet sich das Interesse schnell auf die nächste Novität.

Die Koordinatorin des Internationalen Buchfestivals *Knyžkovyj Arsenal* (Book Arsenal) Julija Kozlovec' machte sich im Gespräch mit der Autorin keine Illusionen: „Die Vermarktung der Bücher bleibt eines der wichtigsten Probleme der Branche!" Darüber hinaus gibt es in der Ukraine zwar verschiedene Auszeichnungen, aber sie haben weder internationale Reichweite noch ein solides Preisgeld – anders als etwa die *Newbery-Medaille*, eine der renommiertesten amerikanischen Auszeichnungen für Kinderliteratur, oder die *Andrew-Carnegie-Medaille*, die analoge britische Auszeichnung für Kinder- und Jugendliteratur. Und es gibt hausgemachte Probleme: Die ukrainische Sektion des *International Board on Books for Young People* ist inaktiv. Die von der internationalen Gemeinschaft bereitgestellten Instrumente werden fast nicht genutzt. Kozlovec' beklagt:

> Dem ukrainischen Kinderbuchmarkt mangelt es an einer ausgewogenen strukturellen und systematischen staatlichen Förderung des Lesens und der Kinderbuchverlage.

Und die Kinderbuchexpertin Anna Tretjak fügt hinzu.

> Das 2016 gegründete Ukrainische Buchinstitut, das sich mit der Erneuerung von Bibliotheksbeständen und der Popularisierung ukrainischer Literatur im In- und Ausland befasst, ist ein Schritt in die richtige Richtung. Doch ein wichtiges Problem bleibt ungelöst: das lose Verhältnis, in dem die verschiedenen Akteure des Buchmarkts zueinander stehen: die Schulen, Bibliotheken, Autoren und Verleger der Ukraine.

[21] Dytjača literatura jak zbroja u protystojanni štučnomu intelektu. Interview. Barabooka.

Das erschwert es, die Nachfrage, die Lesegewohnheiten und Präferenzen zu erforschen. Der Krieg hat den ukrainischen Buchmarkt erheblich gebremst, aber nicht vollständig zum Stillstand gebracht. Er hat manche Verleger im Gegenteil sogar dazu gebracht, intensiv neue Märkte zu erschließen. Und der Krieg lenkt die Aufmerksamkeit ausländischer Kinderbuchverlage auf die Ukraine und ukrainische Themen. So hat jüngst der amerikanische Verlag *Capstone Press* das Buch *Blue Skies and Golden Fields. Celebrating Ukraine* von Oksana Luščevs'ka angekündigt. Bei *Sphere-Hachette UK* erscheint Nadijka Gerbišs und Jaroslav Hrycaks Lehrbuch *Ukrainian Christmas.* Und in der Slowakei wurde eine Sammlung ukrainischer Märchen neu aufgelegt. Viele Bibliotheken in verschiedenen Ländern haben Kinderbücher auf Ukrainisch erworben. In der Ukraine gibt es das Projekt „Bücher ohne Grenzen", dem es zu verdanken ist, dass Flüchtlinge mit Kinderbüchern in ukrainischer Sprache versorgt werden. Bis zum 11. August haben Projektpartner in Europa 160 000 Kinder- und Jugendbücher gedruckt und verteilt.
Die extremen Bedingungen und der Wettbewerb mit europäischen und amerikanischen Kinderbüchern werden sich für einige ukrainische Verlage als eine Herausforderung erweisen, die nicht zu bewältigen sein wird. Andere werden gezwungen sein, sich schnell anzupassen, um zu überleben. Gleichzeitig wird durch diese Vorgänge das Bewusstsein gestärkt, dass das Kinderbuch nicht nur ein kommerzielles Produkt ist, sondern auch einen kulturellen Wert hat. Die ukrainische Kinder- und Jugendliteratur wird im Hinblick auf ihre Qualität „erwachsen". Und vielleicht gelingt sogar eine Rückbesinnung auf das Credo Jella Lepmans: Für sie, die Gründerin der Internationalen Jugendbibliothek in München, galt wenige Monate nach dem Zweiten Weltkrieg:

> Wenn der Krieg wirklich zu Ende ist, wenn man an ein friedliches Zusammenleben der Völker glauben darf, so werden diese Kinderbücher dann die ersten Friedensboten sein.[22]

Aus dem Ukrainischen von Lukas Joura, Berlin

Schlagwörter:
Ukraine, ukrainische Kultur, Literatur, Kinderbuch, Buchmarkt, Verlagswesen, Illustration

22 Jella Lepman: Die Kinderbuchbrücke. Herausgegeben von der Internationalen Jugendbibliothek. Unter Mitarbeit von Anna Patrucco Becchi. München 2020, S. 51.

Oleksandr Šatochin, 2022

„Wir spucken russische Literatur mit Blut aus“

Oksana Chmel’kovs’ka vom Literaturportal *Čytomo*

Die Kulturjournalistin blickt zurück auf die schwierigen Anfänge des ukrainischen Buchmarkts, gewährt Einblick in die Literatur- und Buchplattform *Čytomo*, die sich der Stärkung des ukrainischen Verlagswesens widmet, beschreibt den Aufschwung und die Ausdifferenzierung des Buchmarkts nach dem Euromajdan, kritisiert, dass internationale Literaturagenten zu lange an der Praxis festhielten, Lizenzen nach der Devise „Russia First“ zu verkaufen und verteidigt in Zeiten der Kriegsverbrechen von Olenivka vehement das Importverbot für russische Bücher.

Osteuropa: *Wenn Sie auf die Jahre seit der Unabhängigkeit der Ukraine zurückblicken: Was waren die größten Schwierigkeiten für den ukrainischen Buchmarkt?*

Oksana Chmel’kovs’ka: Zunächst der Zusammenbruch der zwei großen Buchhandelsketten *Ukrknyha* und *Ukoopspilka* Anfang der 1990er Jahre. Dies führte zum Kollaps des Buchhandels. Er hat nie wieder zum damaligen Niveau zurückgefunden. In ländlichen Gegenden, wo die *Ukoopspilka* für den Vertrieb zuständig war, gibt es heute keine Möglichkeit mehr, Bücher zu kaufen. Nicht einmal in jeder Kreisstadt gibt es noch einen Buchladen. Die Ukrainer haben sich schlicht abgewöhnt, Bücher zu kaufen. Ende der 1990er Jahre gerieten die verbliebenen Buchhandlungen nochmals unter Druck, als sie aggressiv von Leuten bedrängt wurden, die dort ein Restaurant, eine Kneipe oder einen Nachtclub eröffnen wollten.

Das zweite Problem war der unzureichende gesetzliche Rahmen zur Unterstützung der nationalen Buchproduktion und der mangelnde Schutz gegen den unbegrenzten Import russischer Bücher. Die Ukraine wurde zum Markt für russländische Verlage. Die meisten Bücher wurden illegal aus Russland eingeführt. So konnten nicht einmal Einfuhrzölle erhoben werden. Ich kann mich erinnern, dass Anfang der 2000er Jahre auf dem riesigen Buchmarkt *Petrivka* in Kiew von Hunderten Buchständen gerade mal zwei ukrainische Bücher verkauften. Dass sich ukrainische Verlage unter diesen Bedingungen halten konnten, ist keine Selbstverständlichkeit, sondern eine enorme Leistung.

Das dritte Problem sind die permanenten Urheberrechtsverletzungen. Dadurch wird die normale Entwicklung von E-Books und Hörbüchern verhindert. Die ukrainischen Raubkopierer sehen sich eher als Robin Hoods, die Gutes tun und das Lesen populär machen, denn als Gesetzesbrecher.

Oksana Chmel’kovs’ka, Journalistin, Literaturwissenschaftlerin, Kuratorin, Mitgründerin des unabhängigen Portals für Literatur und Buchmarkt *Čytomo,* engl. *Chytomo* <https://chytomo.com/en/about-us/>, Kiew

Osteuropa, 72. Jg., 6–8/2022, S. 285–290 **doi: 10.35998/oe-2022-0163**

Osteuropa: *Was hat die Entstehung des ukrainischen Buchmarkts am meisten gefördert?*

Chmel'kovs'ka: Historisch natürlich die Gründung der Ukrainischen Volksrepublik. Sie existierte nach 1917 nicht mal vier Jahre, verlieh aber dem ukrainischen Verlagswesen, der Literatur und der Buchgraphik einen erstaunlichen Aufschwung. Der zweite Impuls ging von der Unabhängigkeit der Ukraine 1991 aus. Zwar brach die gesamte Infrastruktur zusammen. Sie wieder aufzubauen, wurde zur Aufgabe einer ganzen Generation von Ukrainern. Gleichzeitig boten sich nun enorme Chancen. Etliche Buchmessen und Literaturfestivals wurden aus der Taufe gehoben und etablierten sich: das *Buchforum L'viv*, *Book Arsenal Kiew*, *Grüne Welle* in Odessa, *Meridian Czernowitz*, *Knyžkova Toloka* in Zaporižžja oder *BookSpace* in Dnipro. Da die Vertriebsstruktur zusammengebrochen war, wurden sie zu wichtigen Orten des Buchvertriebs und Meinungsaustausch, zu wichtigen Events des ukrainischen Kulturbetriebs, zu denen nationale und internationale Größen des Literaturbetriebs kamen.
Wichtig war, dass 2017 endlich die Einfuhr von Büchern aus Russland gesetzlich beschränkt wurde. Seitdem haben die ukrainischen Verlage mit einer nie dagewesenen Geschwindigkeit expandiert, ihre Kataloge erweitert, neue internationale Bestseller auf Ukrainisch herausgebracht – und das in allen Genres und für jeden Geschmack. In Zeiten des Krieges ist aus der Importbeschränkung ein totales Importverbot geworden. Allerdings kann man nicht erwarten, dass die Buchbranche im Krieg gedeiht.
Schließlich hat sich das ukrainische Verlagswesen institutionalisiert und die ukrainische Präsenz auf internationalen Buchmessen ist gewachsen. Dazu haben neue staatliche Institutionen wie das *Ukrainische Buchinstitut,* das *Ukrainische Institut* und der *Ukrainische Kulturfonds* beigetragen. Dadurch konnte sich die Ukraine in die weltweiten literarischen Prozesse integrieren; es wurden Grundlagen für eine zukünftige nachhaltige Entwicklung geschaffen. Gerade diese stetige Entwicklung der ukrainischen Kultur passt den Russen nicht.

Osteuropa: *Sie haben 2009 das unabhängige Literatur- und Buchportal Čytomo gegründet. Wie arbeiten Sie, wie finanzieren Sie sich?*

Chmel'kovs'ka: Wir haben *Čytomo* gegründet, um ukrainische Bücher bekannt zu machen und um den ungleichen Wettbewerb zwischen mächtigen russländischen Verlagen und den ukrainischen auszugleichen. Einige Verlagskonzerne aus Russland hatten Tochterunternehmen gegründet, die sich als ukrainische Verlage ausgaben und die realen Besitzverhältnisse verschleierten. Diese Verlage verfügten über viel größere Werbebudgets als ukrainische Verlage. Sie betrachteten die Ukraine als einen Absatzmarkt – und zwar nicht einmal für ihre besten Titel.
Wir schreiben über Literatur und alle Aspekte des Buchmarkts und führen Recherchen durch. Zum Beispiel haben wir untersucht, welche Propaganda-Bücher diese russländischen Verlage auf dem ukrainischen Buchmarkt vertreiben. Das Ergebnis haben wir auf Englisch publiziert.[1] Eine Geschäftsbeziehung mit Verlagen oder Buchhandlungen zu

---

[1] Fifty propaganda-books against Ukraine and Incitement to hatred against Ukrainians from Ru ssian Publishers, 4.4.2022, <https://chytomo.com/en/fifty-propaganda-books-against-ukraine-and-incitement-to-hatred-against-ukrainians-from-russian-publishers/>.

unterhalten, die Titel wie *Der Kollaps des Projekts Ukraine* vertreiben, kommt für uns nicht in Frage.
Von Anfang an haben wir darauf verzichtet, auf Russisch zu publizieren. Das war unser Beitrag zur Stärkung des ukrainischen Sprachmarktes. Mit Studien und Beiträgen haben wir gezeigt, dass ein unabhängiger Sprachmarkt nicht nur eine kulturelle Bedeutung hat, sondern auch ökonomisch wichtig ist: Wenn es keinen Markt für das Ukrainische gibt, werden immer weniger Verleger ukrainische Bücher machen, niemand wird ukrainische Filme drehen, niemand ausländische Filme auf Ukrainisch synchronisieren.
Wir haben nur deswegen überlebt, weil wir nicht als normales Unternehmen, sondern eher wie eine NGO arbeiten. Spenden unserer Leser und Gönner sind fast die wichtigste Einnahmequelle.[2] Uns gibt es seit 13 Jahren, aber erst in den letzten Jahren haben wir schwarze Zahlen geschrieben. Dann kam Russlands Überfall. Heute ist unser vorrangiges Ziel, das Team zusammenzuhalten und weiter über ukrainische Bücher zu schreiben.

OSTEUROPA: *Haben Sie staatliche Unterstützung erhalten?*

Chmel'kovs'ka: *Čytomo* hat einige Male eine Förderung vom *Ukrainischen Kulturfonds* bekommen. Das war eine große Unterstützung für uns. Seit 2017 haben ukrainische Verleger die Möglichkeit, ihre Titel dem *Ukrainischen Buchinstitut* für das Programm „Bibliothekseinkäufe“ vorzuschlagen. 2017 wurden 139 Buchtitel eingekauft, 2021 waren es bereits 330. Leider wurden nach dem Kriegsbeginn die für Kulturprojekte eingeplanten Finanzmittel für andere Zwecke umgewidmet.

OSTEUROPA: *Welche Bedeutung haben die ukrainischen Bibliotheken für die Verlage?*

Chmel'kovs'ka: In wirtschaftlicher Hinsicht eine geringe. Die ukrainischen Bibliotheken haben überhaupt erst 2017 die Möglichkeit bekommen, neue Bücher zu erwerben, sie sollen nun jährlich fünf Prozent des Bestands erneuern. Etwa 80 Prozent der Bestände stammen aus der Sowjetzeit. Die russländischen Invasoren haben mehr als 60 Bibliotheken beschädigt oder zerstört.

OSTEUROPA: *Wie wirkte sich die Annexion der Krim, der Krieg seit 2014 sowie Russlands Invasion seit Februar 2022 auf die Buchproduktion und den Buchmarkt aus?*

Chmel'kovs'ka: Seit dem Euromajdan 2013 hat der ukrainische Buchmarkt einen beispiellosen Aufschwung erlebt. Das gilt für die Zahl der Titel und die Gesamtauflage. Die Verlagsszene hat sich ausdifferenziert. Buchaffine Geschäftsleute stiegen ein. Nun gibt es Verlage, die Graphic Novels und Comics, populärwissenschaftliche Bücher, Reportagen, Kochbücher, Kunst- und Fotobände herausgeben. Bei den Übersetzungen orientiert man sich nicht länger an Titeln, die bereits auf Russisch erschienen sind, sondern an westlichen Trends.
Das Rekordjahr nach allen Parametern wie Titeln, Auflage, Umsatz der auf Ukrainisch erschienenen Bücher war das Jahr 2019. Die Pandemie und der Krieg haben zu einem Einbruch geführt.

---

[2] Es gibt eine Community zur Unterstützung von *Čytomo* <www.patreon.com/chytomo>.

Zwischen 2017 und dem kompletten Importverbot infolge des Krieges wurden alle aus Russland importierten Bücher auf antiukrainische Inhalte geprüft. Dafür gibt es beim Staatskomitee für Fernsehen und Hörfunk einen Sachverständigenrat. Bücher und andere Medien, die zur Aufhebung der Unabhängigkeit der Ukraine, der Verletzung ihrer Souveränität und territorialen Integrität aufrufen, totalitäre Regime wie das kommunistische oder das nationalsozialistische verherrlichen oder den Aggressorstaat preisen, durften weder eingeführt noch vertrieben werden.
Die Einfuhrbeschränkungen für Bücher aus Russland haben die Nachfrage nach Übersetzungen ins Ukrainische wachsen lassen. Wichtige Bücher erscheinen in der Ukraine nun häufig früher als in Russland. Lange Zeit hatten Literaturagenten die Rechte für die russische Übersetzung und gleichzeitig die ukrainische an Verlage aus Russland verkauft. Das hat sich geändert. Nun betrachten Literaturagenten die Ukraine auch auf dem Lizenzmarkt als eigenständigen Akteur. Der Krieg stärkt diese Unabhängigkeit.

OSTEUROPA: *Wer liest? Wer kauft Bücher? Welche Genres sind besonders gefragt?*

Chmel'kovs'ka: Das lässt sich nicht auf einen Nenner bringen. Es gibt eine neue Studie über den ukrainischen Buchmarkt und Lesepräferenzen.[3] Und *Čytomo* hat ukrainische Verleger befragt: Sie sagen, dass der Buchverkauf dramatisch zurückgegangen ist.

OSTEUROPA: *Wie sieht es mit den Übersetzungen aus?*

Chmel'kovs'ka: Die Zahl der übersetzten Werke ukrainischer Autoren wächst seit 2014. 2016 wurden etwa 100 Titel aus dem Ukrainischen übersetzt, 2020 waren es 150. Insgesamt erschienen in den letzten fünf Jahren mehr Übersetzungen ukrainischer Titel als in den 25 Jahren davor. Jedes übersetzte Werk erhöht die internationale Präsenz der Ukraine. Die spanische Tageszeitung *El Pais* schrieb 2020, dass der Kreml weltweit zur Popularisierung der ukrainischen Literatur beigetragen habe. Da ist was dran! Bücher über die Ukraine, den Krieg, den Euromajdan oder die Werke zeitgenössischer ukrainischer Schriftsteller erlangten internationale Aufmerksamkeit.
Extrem wichtig zur Übersetzungsförderung sind das *Ukrainische Institut* und das *Ukrainische Buchinstitut* mit dem Programm *Translate Ukraine* (2021: 124 Bücher) und das *House of Europe* (45 Übersetzungen).

OSTEUROPA: *Wie stehen Sie zum Einfuhrverbot für Bücher aus Russland?*

Chmel'kovs'ka: Ich war immer dafür, zuerst die Entwicklung des ukrainischen Verlagswesens zu fördern durch Anreize, Werbung, Förderung, Steuervergünstigungen für Verleger oder Autorenstipendien. Die breite Präsenz russischer Titel auf unserem Buchmarkt, die vom russischsprachigen Fernsehen befeuert wurde, hinderte ukrainische Verlage daran, sich auf dem Markt zu etablieren. Seit der Import reguliert wurde, haben ukrainische Verlage ihr Sortiment erweitert und haben ein eigenes Profil gewonnen. Das komplette Importverbot ist wichtig und richtig!

---

[3] The Ukrainian Bookmarket. Prospects and Opportunities. Ottawa 2021, <https://drive.google.com/file/d/1hiCokhR6yVOvp3WlLiTKuhG8a_2zQ0ds/view>.

Ich schreibe diese Zeilen in dem Moment, in dem die Ermordung von 53 ukrainischen Kriegsgefangenen in Olenivka bekannt wird. Wieder ignoriert Russland das Völkerrecht im Krieg. Lohnt es sich da noch, über Buchimporte nachzudenken? Steht die russische Literatur nicht im Dienste der Propaganda? Ich habe keine Antworten auf diese Fragen.

OSTEUROPA: *Die Auflösung Jugoslawiens war in dem Augenblick vollzogen, als Bücher aus dem Serbischen ins Kroatische und umgekehrt übersetzt wurden. Das war die implizite Anerkennung der Unabhängigkeit. Im analogen Fall wären Übersetzungen aus dem Russischen ins Ukrainische die vollzogene Dekolonialisierung.*

Chmel'kovs'ka: Wenn wir über Entkolonialisierung reden, möchte ich lieber mit der Frage beginnen, wie viele Übersetzungen es aus dem Ukrainischen ins Russische gibt. Kolonisatoren bleiben immer blind für jeden Ausdruck kultureller Eigenständigkeit jener, die sie als ihre Kolonien betrachten. Diese Blindheit tritt im Mangel an Übersetzungen in beide Richtungen zu Tage: Auf Russisch „werden sie es sowieso verstehen“, und aus dem Ukrainischen lohnt es sich nicht zu übersetzen, weil es eine Anerkennung der nationalen Literatur wäre. Das, was den Russen gefiel, aber zur ukrainischen Kultur gehörte, eigneten sie sich an. Mykola Hohol' wurde als Nikolaj Gogol' weltbekannt.[4]
Ich rede nicht von den Übersetzungen, die Enthusiasten anfertigten und die das Ziel hatten, zwei unabhängige Kulturen einander näher zu bringen; oft standen freundschaftliche Beziehungen zwischen ukrainischen und russischen Autoren hinter derartigen Initiativen. Die fanden allerdings noch vor dem Krieg statt. Ich sehe keine Problem bei der Übersetzung aus dem Russischen. Wir haben hervorragende Übersetzer wie Ostap Slyvyns'kyj, Ol'ha Ljubars'ka oder Andrij Bondar für Prosa und Lyrik.
Auf einem anderen Blatt steht, dass die Verlage in solche Projekte nicht investieren wollten. Kommerziell ergibt es keinen Sinn. Ein russisches Buch konnte bereits vor dem Erscheinen der ukrainischen Übersetzung in die Ukraine gebracht und verkauft werden. Auf diese Weise wurde der Verkauf ukrainischer Übersetzungen internationaler Bestseller abgewürgt. Verleger aus Russland, welche eine exklusive Lizenz für die Übersetzung ins Russische erworben hatten, hatten damit das Recht, den russischen Titel parallel zur ukrainischen Übersetzung hier in der Ukraine zu vertreiben. So war es früher. Heute werden kulturelle Erzeugnisse aus Russland wie die Pest gemieden. Wir spucken russische Literatur mit Blut aus.

OSTEUROPA: *Können ukrainische Autoren, die auf Russisch schreiben, weiterhin in ukrainischen Verlagen erscheinen?*

Chmel'kovs'ka: Ja, das zeigen die Statistiken über die Anzahl der in der Ukraine veröffentlichten Titel in russischer Sprache. 2021 wurden 16 206 Titel auf Ukrainisch und 2576 auf Russisch veröffentlicht. Zum Vergleich: auf Deutsch sind 24 Titel erschienen, auf Polnisch lediglich 20. Wir hatten nie ein Problem damit, wer welche Sprache spricht. Ukrainisch- und russischsprachige Ukrainer verteidigen die Freiheit und die Demokratie im Krieg gegen Russland.

---

4 Rostyslav Semkiv: Great Russian authors are from Ukraine. 6.3.2022, <https://chytomo.com/en/great-russian-authors-are-from-ukraine/>.

Nach 2014 wechselten viele Schriftsteller, insbesondere aus der Ostukraine, welche die Folgen der „Befreiung" als erste zu spüren bekamen, ins Ukrainische; noch mehr waren es nach dem 24. Februar. Das machen auch viele einfache Ukrainer, die bewusst auf die Staatssprache umsteigen, weil sie nicht mehr mit Russischem in Verbindung gebracht werden wollen.

OSTEUROPA: *Hat der internationale Erfolg eines Autors wie Serhij Zhadan Rückwirkungen auf den ukrainischen Buchmarkt und die Popularität ukrainischer Literatur bei der Kritik?*

Chmel'kovs'ka: Ja, natürlich. Wir beobachten ständig die Medien in den Bereichen Literatur und Kultur und stellen fest, dass ukrainische Themen sehr präsent sind.
Dass Zhadan in Charkiv bleibt, einer Stadt, die täglich unter Beschuss steht, beweist, dass er nicht nur ein brillanter Schriftsteller ist, sondern auch ein Mensch, der seinen Überzeugungen treu bleibt und anderen beisteht. Seit Vasyl' Stus und Taras Ševčenko haben wir keine so starke, ehrliche, kraftvolle Stimme gehabt.

OSTEUROPA: *Welche zwei ukrainischen Bücher sollten deutsche Leserinnen und Leser unbedingt lesen?*

Chmel'kovs'ka: Valer'jan Pidmohyl'nyjs Roman *Die Stadt*, im Original „Misto", der im Jahr 2022 auf Deutsch im *Guggolz Verlag* erschienen ist. Und dann Oleksandr Mycheds Sachbuch *Dein Blut wird die Kohle tränken*, das in Deutschland 2021 von *ibidem* verlegt wurde.

Aus dem Ukrainischen von Juri Durkot, L'viv

Schlagwörter:
Ukraine, Kulturpolitik, Buchmarkt, Sprachenfrage, Ukrainekrieg, Importverbot russischer Bücher und Kulturgüter

„Der Markt ist so gut wie tot"

Der Charkiver Verleger Viktor Kruhlov gewährt Einblicke

Gegen den ungleichen Wettbewerb mit Verlagen aus Russland konnten sich die besten ukrainischen Verlage behaupten. Nach der Annexion der Krim wurde immer mehr Menschen bewusst, wie wichtig ukrainischsprachige Bücher sind. Der Markt wuchs. Seit dem 24. Februar 2022 ist die Lage prekär. Es mangelt an Papier, die Preise explodieren, Druckereien werden beschossen, die Kaufkraft der Leute ist minimal und Bücher gehören nicht zum täglichen Bedarf. Die meisten Verlage arbeiten aus Idealismus. Bücher sind ein Beitrag zur kulturellen Selbstbehauptung.

OSTEUROPA: *Wenn Sie auf die Jahre seit der Unabhängigkeit der Ukraine zurückblicken: Was waren die größten Schwierigkeiten für den ukrainischen Buchmarkt?*

Viktor Kruhlov: Eines der Hauptprobleme ist die unzureichende staatliche Unterstützung. Kultur und Literatur sind für unseren Staat nur von nachgeordneter Bedeutung. Unsere politische Führung müsste die Bedeutung ukrainischsprachiger Literatur verstehen, zu ihrer Verbreitung beitragen und entsprechende Bedingungen schaffen. Die meisten Verlage arbeiten momentan aus reinem Idealismus. Niemand redet von Gewinn oder Prestige, alle wollen nur gute ukrainische Bücher machen. Papier spielt eine wesentliche Rolle. Gegenwärtig werden die meisten Rohstoffe aus dem Ausland importiert. Das erschwert die Logistik und treibt die Kosten in die Höhe. Es wird zu wenig im Fernsehen und in anderen Medien für das Lesen geworben. Das wäre eine Aufgabe des Staates, wenn ihm an einer bewussten Nation von Staatsbürgern gelegen ist.

OSTEUROPA: *Was hat die Entstehung des ukrainischen Buchmarkts am meisten gefördert?*

Kruhlov: So paradox es klingen mag: die Annexion der Krim und der Krieg. Nach 2014 entstanden neue Buchhandlungen, Verlage und Druckereien. Damals wurden erste Schritte zur Verdrängung der russischsprachigen Literatur unternommen. Etliche Leute gewannen erst damals ein Verständnis dafür, welche Bedeutung ukrainischsprachige Bücher haben.

Es reicht nicht aus, den Import von Büchern aus dem Aggressorstaat zu verbieten. Wir müssen selbst mit den Menschen, den Verlagen, Buchhandlungen und Bibliotheken zusammenarbeiten. Momentan ist die Unterstützung jedes Publikationsprojekts eines ukrainischsprachigen Buches ein wichtiger Beitrag zur Stärkung der ukrainischen Kultur.

Anfang der 2000er Jahre gab es eine gute Initiative: die Steuerbefreiung auf Gewinne aus der Verlagstätigkeit. Das gab dem ukrainischen Buchmarkt einen ersten Impuls. Einen zweiten Impuls setzte der Staat während der Corona-Pandemie mit dem digitalen

Viktor Kruhlov (1970), Physiker, Gründer und Direktor des Verlages *RANOK,* Charkiv

OSTEUROPA, 72. Jg., 6–8/2022, S. 291–295 **doi: 10.35998/oe-2022-0164**

Programm zur Unterstützung des Kulturbereichs. Wer sich gegen Covid impfen ließ, erhielt einen digitalen „Gutschein“ im Wert von 1000 Hryvna, den man auch gegen Bücher einlösen konnte. Der Zuspruch zeigte, wie sehr den Leuten Bücher fehlen. Bücher gehören nicht zum Grundbedarf, dafür fehlt immer das Geld. Aber diese Initiative ließ die Nachfrage deutlich steigen.

OSTEUROPA: *Wie konnten Sie sich mit Ihrem Verlag gegen die asymmetrische Konkurrenz aus Russland behaupten?*

Kruhlov: Wir hatten keine andere Wahl. Die von Russland verbreitete Propaganda, wonach das Ukrainische minderwertig sei und ukrainische Bücher nichts taugten, ist bis heute in den Köpfen einiger ukrainischer Bürger fest verankert. Um zu überleben, haben wir auf Qualität gesetzt: hochwertige Ausgaben produziert und ständig Veranstaltungen zur Förderung der ukrainischen Sprache und des ukrainischen Buches durchgeführt. Glücklicherweise entwickeln immer mehr Menschen ein Bewusstsein für die Relevanz der Sprachenfrage und interessieren sich für ukrainische Literatur. Wir mussten uns Livesendungen im Fernsehen und Radio erkämpfen und überzeugendes Marketing entwickeln, um den russländischen Verlagen die Stirn zu bieten und ein eigenes Profil zu entwickeln. Wir sind froh, dass uns das gelungen ist und unsere Titel in den Läden nicht im hintersten Regal stehen.

OSTEUROPA: *Haben Sie staatliche Unterstützung erhalten?*

Kruhlov: Ja, wir sind dankbar für jede Form der Förderung durch das Ukrainische Buchinstitut. Aber die staatliche Unterstützung und Verlagsförderung ist noch nicht ausreichend.

OSTEUROPA: *Welche Bedeutung haben die ukrainischen Bibliotheken für die Verlage?*

Kruhlov: Eine zentrale. Bibliotheken haben eine große Bedeutung für die Verbreitung von Literatur und die Popularisierung des Lesens. Aber einfach nur Bücher für Bibliotheken anzukaufen ist zu wenig. Die meisten unserer Bibliotheken sind strukturell unterfinanziert, ihre Ausstattung entspricht nicht dem status quo. Schulbibliotheken sind in einem erbärmlichen Zustand. Die Bestände müssten aktualisiert, die Auswahl an attraktiver Jugendliteratur erweitert werden, um Lesen außerhalb der Schule attraktiver zu machen.

Der Staat sollte Bibliothekare endlich angemessen bezahlen. Einige wenige Bibliotheken wie die in Zaporižžja haben ausländische Förderung erhalten. Das waren Mittel zur Renovierung der Räume. Das aber reicht nicht aus. Der Aufenthalt in dieser Bibliothek ist jetzt angenehm, aber die Bestände taugen nichts, sie sind veraltet. Grundsätzlich gibt es den Trend, klassische Bibliotheken in Creative Hubs umzuwandeln. Da haben wir erheblichen Nachholbedarf. Trotzdem bin ich den Mitarbeiterinnen und Mitarbeitern der Bibliotheken für ihre Arbeit sehr dankbar. Denn sie sind diejenigen, die versuchen, bei Kindern die Liebe zu Büchern zu wecken.

OSTEUROPA: *Wie wirkte sich die Annexion der Krim, der Krieg seit 2014 sowie Russlands Invasion seit Februar 2022 auf die Buchproduktion und den Buchmarkt aus?*

Kruhlov: Es entstanden etliche neue ukrainische Verlage, die sich mit Enthusiasmus an die Arbeit machten. Erstens gab es nach 2014 weniger russische Bücher und zweites ein größeres Bewusstsein für die Bedeutung ukrainischer Bücher. Nach Russlands massivem Angriff vom 24.2.2022 auf die Ukraine ist der Markt so gut wie tot. Die meisten Druckereien und viele große Verlage befinden sich in Charkiv, das seit dem ersten Tag unter Beschuss steht. Einige Verlage sind in sicherere Städte umgezogen, aber ein Großteil der Produktionskapazitäten ist in Charkiv geblieben. Die Situation ist schwierig. Die Regierung hat zwar den Import von Büchern aus Russland verboten, aber sie hat die eigenen Verlage nahezu vergessen.
Der Fairness halber sei angemerkt, dass das Parlament, die Verchovna Rada, immerhin ein Gesetz verabschiedet hat, nach dem Buchhandlungen zum 1. Januar 2023 teilweise die Miete erstattet sowie Teenagern und Eltern von Neugeborenen Buchgutscheine ausgestellt werden.

OSTEUROPA: *Gibt es spezifische Probleme mit dem Druck oder dem Vertrieb?*

Kruhlov: Natürlich. Logistik und Vertrieb sind höchst kompliziert geworden. Es mangelt an Papier, die Papierpreise sind in astronomische Höhen geklettert. Zahlreiche Buchhandlungen mussten wegen Corona schließen. Das führte zu einem Absatzrückgang. Aber genaue Analysen zum Buchmarkt fehlen.

OSTEUROPA: *Welche Rolle spielt das Buch in der ukrainischen Gesellschaft?*

Kruhlov: Ich würde gerne antworten: eine ganz wesentliche, aber leider ist das nicht der Fall. Bücher werden unterschätzt, obwohl sie eine wichtige Rolle für die Kultur, die Sprache und die Geschichte spielen. Die Ukrainer verstehen die Bedeutung von Büchern, wenn sie sehen, wie die Besatzer mit aller Macht versuchen, die ukrainische Sprache, Bücher und Bibliotheken zu zerstören. Literatur beeinflusst das Bewusstsein. In unserem Land sind Bücher ein Mittel zur freien Meinungsbildung. Das ist gut so. Schließlich sind wir ein demokratisches Land. Wir möchten, dass sich die Bürger vielseitig entwickeln können und den maximalen Zugang zu Informationen haben.
Wir dürfen weder die jüngere Generation vergessen, die aus ukrainischen Büchern lernt und Zugang zu Literatur hat, die ihren Eltern aus ideologischen Gründen verboten war, noch die Leser an der Front, von denen wir regelmäßig Fotos aus den Schützengräben erhalten.

OSTEUROPA: *Wer liest? Wer kauft Bücher? Welche Genres sind besonders gefragt?*

Kruhlov: Es wird nicht so viel gelesen, wie wünschenswert wäre. Aber Menschen jeden Alters und aller Bevölkerungsschichten lesen. Bücher verbinden Menschen. Zu den beliebtesten Genres gehören Kriegs- und Geschichtsbücher. Immer mehr Ukrainerinnen und Ukrainer wollen ihre Identität besser verstehen, die Geschichte ihres Landes kennen. Auch leichte romantische oder humoristische Literatur ist gefragt. Die Menschen brauchen Ausgleich. Leichte Romane bieten die gute Möglichkeit, sich von der Realität abzulenken und ein wenig zu entspannen. Natürlich ist auch Kinder- und Jugendliteratur gefragt.

OSTEUROPA: *Welchen Anteil Ihrer Produktion machen Übersetzungen aus? Wohin verkaufen Sie Lizenzen?*

Kruhlov: Wir kooperieren mit Verlagen und Literaturagenturen aus verschiedenen Ländern, beobachten Trends und sehen, welche Bücher Kinder und Jugendliche aktuell interessieren. Ungefähr sechzig Prozent unserer Titel sind Übersetzungen, vierzig Prozent Texte ukrainischer Autorinnen und Autoren. Wir lassen aus verschiedenen Sprachen übersetzen. Am meisten aus dem Englischen, aber auch aus dem Deutschen, Französischen, Japanischen und Italienischen. Wir verkaufen die meisten Titel nach Lettland, Italien, Bulgarien, Polen, Rumänien und Georgien.

OSTEUROPA: *Welches Land ist für die Vermittlung ukrainischer Titel am wichtigsten?*

Kruhlov: Für uns sind das Polen, Deutschland und Großbritannien.

OSTEUROPA: *Wie stehen Sie zum Einfuhrverbot für Bücher aus Russland?*

Kruhlov: Diese Initiative unterstütze ich voll und ganz. Das Importverbot für Propagandaliteratur, ja jede Literatur des Feindes, ist ein wichtiger Schritt auf dem Weg zu unserem Sieg. Das allein reicht nicht. Im ukrainischen Kulturbetrieb muss es ukrainische Bücher geben.

OSTEUROPA: *Auf dem Balkan war die Auflösung Jugoslawiens in dem Augenblick vollzogen, als Literatur und Sachbücher z.B. aus dem Kroatischen ins Serbische und umgekehrt übersetzt wurden. Das war die Anerkennung der Unabhängigkeit, im analogen ukrainischen Fall wäre es die vollzogene Dekolonialisierung. Gibt es bereits Übersetzungen aus dem Russischen ins Ukrainische?*

Kruhlov: Seit 2014 verlegen ukrainische Verlage kaum noch russische Texte. Auf dem Markt gab es russischsprachige Texte ukrainischer Autoren, die jedoch von den Lesern nicht wahrgenommen wurden, weil die meisten Verlage kein ordentliches Marketing machten, sondern sich auf ihre ukrainischsprachigen Titel konzentrierten. Es gibt Fälle, in denen ein Buch eines ukrainischen Autors auf Ukrainisch und auf Russisch erschien. Das Original wurde in russischer Sprache verfasst und die Verlage ließen den Text ins Ukrainische übersetzen. Hoffentlich ändert sich das bald und ukrainische Autoren schreiben gleich auf Ukrainisch. In unserem Verlag sind die meisten Autoren ohnehin ukrainischsprachig.

OSTEUROPA: *Was ist mit den ukrainischen Autoren, die auf Russisch schreiben: Können sie in ukrainischen Verlagen weiterhin publizieren?*

Kruhlov: Hier müsste jeder Einzelfall gesondert betrachtet werden. Aber das sollte möglich sein, wenn auch in einer niedrigeren Auflage als Bücher in ukrainischer Sprache.

OSTEUROPA: *Hat der internationale Erfolg von Autoren wie Serhij Zhadan Rückwirkungen auf den ukrainischen Buchmarkt, die Popularität ukrainischer Literatur bei der Kritik?*

Kruhlov: Nein, das verpufft, weil es in der Ukraine keinen Markt für Literaturkritik gibt. Das ist ein Problem der zeitgenössischen ukrainischen Literatur. Kritiker sollten einflussreiche Stimmen und Vordenker sein. Aber in der Ukraine kämpfen sie ums Überleben und haben wenig Einfluss. Viele Leser wissen kaum etwas darüber, wie die Kritik dieses oder jenes Buch bewertete.
Zwar gibt es in der Ukraine mehrere durchaus erfolgreiche Online-Portale für Literatur, aber sie reichen nicht aus. Sie können nicht alle literarischen Bedürfnisse abdecken.

OSTEUROPA: *Welches sind die zwei ukrainischen Titel, deren Lektüre Sie deutschen Leserinnen und Lesern unbedingt ans Herz legen?*

Kruhlov: Vasyl' Stus *Briefe an seinen Sohn* und *Discordia* von Ostap Ukrajinec'.

Aus dem Ukrainischen von Lydia Nagel, Berlin

Schlagwörter:
Ukraine, Kulturpolitik, Buchmarkt, Sprachenfrage, Ukrainekrieg, Importverbot russischer Bücher und Kulturgüter

Alter Löwe: Verlag Staryj Lev, Lemberg *Fotos: Vitalij Hrabar, L'viv*

„Eine Gesellschaft braucht lesende Bürger“

Marjana Savka zu Buch und Politik in Zeiten des Krieges

Eine Gesellschaft kann erst als vollwertig betrachtet werden, wenn ihre Bürger lesen. Das ist in der Ukraine zu wenig der Fall. Es fehlt an Buchhandlungen, Leseförderung und Literaturkritik sowie am Verständnis für die essentielle Bedeutung von Büchern. Die Konsolidierung der Gesellschaft erfolgt auf der Basis gemeinsamer Werte. Bücher sind die Träger dieser Werte. Die Ukrainer sollten über die Themen sprechen, die ihre nationale Identität prägen, das historische Gedächtnis formen und ihnen die Kraft für Visionen geben.

OSTEUROPA: *Wenn Sie auf die Jahre seit der Unabhängigkeit der Ukraine zurückblicken: Was waren die größten Schwierigkeiten für den ukrainischen Buchmarkt?*

Marjana Savka: Mein Verlag *Vydavnyctvo Staroho Leva* wurde Ende 2001 gegründet. Es war eine extrem schwierige Zeit für die ukrainischen Verleger. Viele Buchhandlungen verkauften hauptsächlich russische Bücher, einige Buchketten waren im Besitz von Russen, und es gab nur sehr wenige hochwertige ukrainische Publikationen. Es gab große Probleme mit dem Vertrieb, wir hatten keine Ahnung von Marketing. Unsere Werbung war spontan. Ab und an brachte sie Resultate, aber keine systematischen. Wir haben versucht, den Büchern eine neue Ästhetik zu verleihen. Wir haben viele Preise bei verschiedenen Wettbewerben gewonnen, aber unsere Leserschaft war anfangs klein. Am schwierigsten war es, das Buch zu verkaufen. Nur wenige wollten mit einem kleinen Verlag zu tun haben. Und schlechte Verkäufe bedeuteten permanente Probleme mit dem Betriebskapital.

Eines der zentralen Probleme unseres Marktes in den Jahren nach der Unabhängigkeit ist die schlechte Kommunikation in der Branche, die Unfähigkeit, sich auf gemeinsame Interessen zu einigen. Es war schon immer ein Stolperstein gewesen, wenn auch zu verschiedenen Zeiten mit einigen Variationen. Wahrscheinlich deswegen, weil jeder andere Interessen hatte. Die Verlage und Buchhändler teilen zwar denselben Markt, aber die beiden Geschäftssegmente haben sehr unterschiedliche Aufgaben.

Jetzt haben wir eine ganz neue Situation, dass der Buchhandel über gemeinsame Werte im Interesse des Landes spricht. Ich kann mich nicht erinnern, dass die Buchläden jemals an etwas anderes als an Umsatz gedacht haben. Und diese Orientierung bedeutet, den Geschmack der Kunden zu bedienen. Wenn Buchhändler den Eindruck hatten, dass russische Liebes- oder Kriminalromane gut liefen, kauften sie russische Liebes- oder Kriminalromane und füllten die Regale damit.

In der Ukraine gab es keine starken, kompetenten, modernen Institutionen, die sich um den Markt, die humanitäre Entwicklung der Gesellschaft gekümmert und sie vor einer

---

Marjana Savka, Leiterin des Verlages *Staryj Lev,* Lemberg

OSTEUROPA, 72. Jg., 6–8/2022, S. 297–301 **doi: 10.35998/oe-2022-0165**

Invasion Russlands geschützt hätten. Bis zum Jahr 2016 kein Buchinstitut und auf internationalen Buchmessen war die Ukraine nicht mit einem Länderstand vertreten.

OSTEUROPA: *Was hat die Entstehung des ukrainischen Buchmarkts am meisten gefördert?*

Savka: Bei der Entwicklung des Buchmarktes in der Ukraine haben immer gesellschaftliche Herausforderungen eine wichtige Rolle gespielt. Nach der Orangenen Revolution und Viktor Juščenkos Wahl zum Präsidenten erlebten wir eine stressige Zeit. Unklare Bestimmungen der Mehrwertsteuer auf Bücher verursachten im Buchhandel ein Chaos. Gleichzeitig kaufte der Staat damals zum ersten Mal in großem Stil Bücher für Bibliotheken ein und förderte die nationale Kultur. Die Herrschaft seines Nachfolgers, Viktor Janukovyč, hatte eine deprimierende Wirkung auf die ukrainische Kultur im Allgemeinen und auf das Verlagswesen im Besonderen. Wir wurden wieder von russischen Titeln überschwemmt. Erst nach 2014 änderte sich die Lage grundlegend. Dazu trug das Einfuhrverbot für Bücher aus Russland bei. Es war zunächst allerdings eher ein öffentlicher Bann als ein gesetzliches Verbot. Die ukrainischen Verlage gingen das Risiko ein und fingen an, Nischen zu füllen, die traditionell russischen Büchern vorbehalten waren. Der Markt begann sehr schnell zu wachsen. Buchhändler, die an russischen Büchern interessiert waren, kamen sofort auf die Idee, aus Russland importierte Bücher zu lizenzieren, und plötzlich gab es wieder ganz viele davon. Ende Juni 2022 hat das ukrainische Parlament, die Verchovna Rada, ein Gesetz beschlossen, das den Import von russländischen Büchern vollständig verbietet.

OSTEUROPA: *Wie konnten Sie sich mit Ihrem Verlag gegen die asymmetrische Konkurrenz aus Russland behaupten?*

Savka: Zehn Jahre lang war es ein Überlebenskampf. Wir hielten uns aus bloßer Gewohnheit im Geschäft und machten weiter. Aus finanzieller Sicht war es sinnlos. Trotzdem: Kinder wuchsen mit unseren Büchern auf, die Geschmäcker der Gesellschaft änderten sich langsam, aber sicher. Das gab uns Hoffnung, dass unsere Arbeit nicht umsonst war. Wir hielten uns nicht selten dank privaten Spenden und Fördergeldern über Wasser. Als wir 2010 begannen, mit „!Fest“[1] als Investor zusammenzuarbeiten, hatten wir keine Ahnung, was daraus werden würde. Einige Jahre steckten wir Geld vom Investor in die Entwicklung unseres Programmes; im operativen Geschäft schrieben wir rote Zahlen. Doch irgendwann fingen wir an, Geld zu verdienen. Die Jahre 2014 und 2015 brachten den Durchbruch.

OSTEUROPA: *Haben Sie staatliche Unterstützung erhalten?*

Savka: Ja, wie erwähnt zum ersten Mal nach der Wahl von Viktor Juščenko. Das war ein großer Segen. Damals kaufte der Staat für ukrainische Bibliotheken drei Bände unserer Ausgabe der Mumin-Geschichten von Tove Jannson ein, von jedem Band 17 000 Exemplare. Für uns war das wie eine Investition. Heute erwirbt der Staat jährlich bei uns mit einem fixen Budget Bücher für öffentliche Bibliotheken. Aber für uns macht diese Summe in unserem Umsatz nicht mehr den entscheidenden Unterschied aus. Wir

---

[1] Das Unternehmen betreibt mehrere Themenrestaurants: <www.fest.lviv.ua/>.

sind zu einem großen Verlag geworden, beschäftigen 100 Mitarbeiter und betreiben neun Buchladen-Cafés in mehreren ukrainischen Städten. Wir haben fünf Redaktionen mit Lektoren und Abteilungen für Rechte, Marketing und Vertrieb. Während der Pandemie erhielten wir Unterstützung vom Staat. Kurz vor Russlands Angriff am 24. Februar 2022 führte der Staat noch ein digitales Unterstützungsprogramm ein.[2] Ich bin sicher, dass der Buchmarkt in der ersten Monaten des Krieges vor allem deswegen nicht zusammengebrochen ist.

Osteuropa: *Welche Bedeutung haben die ukrainischen Bibliotheken für die Verlage?*

Savka: Wir arbeiten eng mit den Bibliotheken zusammen, es sind gute partnerschaftliche Beziehungen. Bibliothekare machen Werbung für Literatur. Eine Gesellschaft braucht Bibliotheken, aber sie müssen modern sein und als Zentren der Kommunikation und Kreativität dienen.

Osteuropa: *Wie wirkte sich die Annexion der Krim, der Krieg seit 2014 sowie Russlands Invasion seit Februar 2022 auf die Buchproduktion und den Buchmarkt aus?*

Savka: Nach dem Majdan, der Annexion der Krim und dem Beginn der Invasion Russlands im Donbass wurde zunächst der Import russischer Bücher beschränkt und dann komplett eingestellt. Dies war für den Buchhandel eine große Herausforderung, für die Verlage eine große Motivation, die von russischen Büchern besetzten und nun verwaisten Nischen mit ukrainischen zu füllen.

Osteuropa: *Gibt es spezifische Probleme etwa mit der Papierbeschaffung oder dem Vertrieb?*

Savka: Natürlich! Wir müssen beim Papier viel längere Lieferzeiten einkalkulieren, die Papierpreise steigen ständig, auf Schmuckpapier sollte man im Moment ganz verzichten. Jetzt sehen wir, dass es strategisch falsch war, alle großen Druckereien im Osten der Ukraine zu konzentrieren und so gut wie keine leistungsfähige Buchdruckerei im Westen des Landes zu haben.

Osteuropa: *Welche Rolle spielt das Buch in der ukrainischen Gesellschaft?*

Savka: Ich wage es nicht, allgemein über die Rolle des Buchs in der Gesellschaft zu sprechen. Sie ist für verschiedene Menschen unterschiedlich. Aber eine Gesellschaft kann erst als vollwertig betrachtet werden, wenn ihre Bürger lesen. Es mangelt an vielen Dingen bei uns. Es gibt zu wenige Buchhandlungen, zu wenig Werbung für Bücher und Lesungen, so gut wie keine Literaturkritik. Es fehlt das Verständnis dafür, dass Bücher strategisch wichtig sind. Heute verstehen wir mehr denn je, dass die Konsolidierung in der Gesellschaft auf der Grundlage gemeinsamer Werte erfolgt. Und Bücher sind die Träger dieser Werte. Wir müssen über die Themen sprechen, die unsere nationale Identität prägen, unser historisches Gedächtnis formen und uns die Kraft geben, Visionen zu

---

[2] Wer sich gegen Covid impfen ließ, erhielt einen digitalen „Gutschein“ im Wert von 1000 Hryvnja, den man u.a. für Bücher einlösen konnte.

entwickeln und die Zukunft zu gestalten. Heute ist die moderne ukrainische Literatur ins Blickfeld der Gesellschaften vieler Länder gerückt. Es bietet sich eine Chance, die wir nicht ungenutzt verstreichen lassen dürfen.

OSTEUROPA: *Hat sich die Rolle des Buches unter den Bedingungen des Krieges geändert?*

Savka: Schon jetzt gibt es Texte über den Krieg. Meist sind es kurze Genres: Lyrik, Essays, Kurzgeschichten. In einer Zeit wird es wohl auch Romane geben. Ob sich die Bücher verändert haben? Sie haben sich in dem Maße verändert, wie wir uns verändert haben. Wir sind erzwungenermaßen radikaler geworden, zugleich aber auch sensibler. Wir Schriftsteller fühlen eine große Verantwortung unseren Lesern gegenüber, die Trost, psychologische Unterstützung und Wegweiser brauchen.

OSTEUROPA: *Sprechen wir von Übersetzungen? Welchen Anteil Ihrer Produktion machen Übersetzungen aus? Wohin verkaufen Sie Lizenzen?*

Savka: Wir kaufen und verkaufen Rechte. Über 60 Prozent unseres Programms machen Übersetzungen aus. Es sind Übersetzungen aus vielen Sprachen – aus dem Englischen, Deutschen, Französischen, Norwegischen, Schwedischen, Spanischen, Polnischen, Chinesischen und anderen Sprachen. Wir verkaufen Rechte in mehr als 40 Länder auf der ganzen Welt – auf dem europäischen Markt und nach Asien, von den USA bis nach Indien, Japan, Mexiko und auf die Azoren.

OSTEUROPA: *Welches Land ist für die Vermittlung von ukrainischen Titeln welcher Genres am wichtigsten?*

Savka: Wir haben ziemlich viele Rechte nach Südkorea verkauft. Vor kurzem haben wir die Rechte an dem Kinderbuch *Der Krieg, der Rondo verändert hat* von Romana Romanyšyn und Andrij Lesiv[3] nach Japan verkauft – und den größten Vorschuss in unserer Verlagsgeschichte erhalten. Einer der wichtigsten und vielversprechendsten Märkte sind die USA, es ist ein riesiger Markt. Aber man kann sich nicht auf ein Land beschränken, zum Beispiel interessieren sich heute große europäische Länder wie Polen, Deutschland und Großbritannien für ukrainische Bücher. Das beliebteste Genre bleiben Sachbücher für Kinder.

OSTEUROPA: *Ein in Zeiten des russischen Angriffskrieges heikler Punkt sind Bücher aus Russland: Wie stehen Sie zum Einfuhrverbot für Bücher aus Russland?*

Savka: Meine Position ist eindeutig. Ich bin für ein totales Verbot. Dies ist ein Problem unserer Sicherheit. Es gibt keinen Grund für die Präsenz russischer Bücher in der Ukraine.

OSTEUROPA: *Auf dem Balkan war die Auflösung Jugoslawiens in dem Augenblick vollzogen, als Literatur und Sachbücher z.B. aus dem Kroatischen ins Serbische oder umgekehrt übersetzt wurden. Das war die Anerkennung der Unabhängigkeit, im analogen ukrainischen Fall wäre es die vollzogene Dekolonialisierung. Gibt es bereits Übersetzungen aus dem Russischen ins Ukrainische?*

---

[3] <https://starylev.com.ua/viyna-shcho-zminyla-rondo>.

Savka: Ja, selbstverständlich. Allerdings ist es zur Zeit unwahrscheinlich, dass ein ukrainischer Verleger eine neue Übersetzung aus dem Russischen machen würde. In der Ukraine haben wir viele ukrainische Autoren, die auf Russisch schreiben und in ukrainischer Übersetzung veröffentlicht werden, ohne dass das russische Original veröffentlicht wird. Und wenn einige Leute vor dem Krieg darum gebeten haben, ihre Werke in zwei Sprachen herauszugeben, stellt sich diese Frage jetzt nicht mehr. In diesen Kriegsmonaten habe ich mehrmals erlebt, dass Autoren erklären, dass sie nur auf Ukrainisch veröffentlicht werden wollen.

OSTEUROPA: *Was ist mit den ukrainischen Autoren, die auf Russisch schreiben: Können sie in ukrainischen Verlagen weiterhin publizieren?*

Savka: Ukrainische Autoren, die auf Russisch schreiben, wechseln gerne ins Ukrainische. Der eine versucht, selbst eine Übersetzung zu machen, der andere bittet den Verlag um einen Übersetzer. In unserer Verlagsgeschichte war es nur wenige Male der Fall, dass wir ein Buch in einer ukrainischen und einer russischen Ausgabe oder zweisprachig gemacht haben. Wenn es in unserem Land immer noch Menschen gibt, die kein Ukrainisch verstehen, dann sind unsere Bücher definitiv nicht für sie.

OSTEUROPA: *Hat der internationale Erfolg von Autoren wie Serhij Zhadan Rückwirkungen auf den ukrainischen Buchmarkt, die Popularität ukrainischer Literatur bei der Kritik?*

Savka: Natürlich, das wirkt sich aus. Ich kann nicht beurteilen, ob Zhadans Popularität im Ausland seine Beliebtheit in der Ukraine beeinflusst, aber es trägt definitiv zu seiner Autorität bei. Und das sollte sich auch in den Verkaufszahlen widerspiegeln.

OSTEUROPA: *Welches sind die zwei ukrainischen Titel, deren Lektüre Sie deutschen Leserinnen und Lesern unbedingt ans Herz legen?*

Savka: Ich empfehle *Jakivs Jahrhundert* von Volodymyr Lys[4] und *Amadoka* von Sofia Andruchovyč.[5]

Aus dem Ukrainischen von Juri Durkot, Lemberg

Schlagwörter:
Ukraine, Kulturpolitik, Buchmarkt, Sprachenfrage, Ukrainekrieg, Importverbot russischer Bücher und Kulturgüter

---

[4] Volodymyr Lys: Stolittja Jakova. Charkiv: Knyžkovyj Klub 2016.

[5] Sofia Andruchovyč: Amadoka. L'viv: Staroho Leva 2020; Romantrilogie – erscheint Ende 2022 im Residenz-Verlag.

Mit Produkt: Verlegerin Julija Orlova

„Wir müssen die Leute zum Lesen bewegen“

Julija Orlova über das Verlegen im Krieg

Die Direktorin des *Vivat*-Verlages, Charkiv, lobt den Bewusstseinswandel der ukrainischen Leser, der nach Russlands Annexion der Krim 2014 einsetzte. Mit der Abwendung von Russland ging ein Aufschwung des ukrainischen Buchmarkts einher. Doch das Büchermachen unter Kriegsbedingungen ist kompliziert geworden. Es mangelt an Papier und Druckkapazitäten. Nur eine Minderheit der Bevölkerung liest und kauft Bücher. Wo Nachfrage existiert, kann sie kaum befriedigt werden. So fehlen kompetente ukrainische Sachbuch-Autoren.

OSTEUROPA: *Wenn Sie auf die Jahre seit der Unabhängigkeit der Ukraine zurückblicken: Was waren die größten Schwierigkeiten für den ukrainischen Buchmarkt?*

Julija Orlova: Erstens die Konkurrenz aus Russland. Bücher von dort machten die Hälfte des ukrainischen Sortiments aus. Aufgrund von Russlands kolonialem Einfluss und dem Mangel an Übersetzungen ins Ukrainische lasen die Leute häufiger russischsprachige Bücher. Zweitens die große Zahl gefälschter Bücher. Die machten ein Viertel des Volumens des legalen Buchverkaufs aus. Wir sprechen über eine Größenordnung von 25 Millionen US-Dollar für Bücher, die auf dem Schwarzmarkt verkauft wurden. Das bedeutet, es gab keine Laden, keine Buchhändler, keine Mieteinnahmen, keine Löhne und Gehälter, keine Steuereinnahmen. Die Qualität dieser Bücher war niedriger als die der regulären, das Papier und der Einband waren schlechter. Die Bücher wurden weit unter dem Marktpreis verkauft. Drittens bleibt Piraterie im Netz ein Problem: Noch immer glauben viele Leute, dass sie für das, was sie im Internet finden, nichts zahlen müssen. E-Books werden illegal kopiert und verbreitet.

OSTEUROPA: *Was hat am stärksten zur Entstehung des ukrainischen Buchmarktes beigetragen?*

Orlova: So seltsam es klingen mag: die Aggression der Besatzer. Nach Russlands Annexion der Krim im Frühjahr 2014 ging die Zahl der Bücher aus Russland deutlich zurück. Das gab den ukrainischen Verlagen neue Impulse. Vor allem hat sich das Bewusstsein der Leute verändert. Wenn ein Buch auf Russisch und auf Ukrainisch existiert, greifen die Leute heute eher zum ukrainischen. Da ist richtig Dynamik drin!

OSTEUROPA: *Wie gehen Sie mit der ungleichen Konkurrenz mit Verlagen aus Russland um?*

Julija Orlova, Direktorin des *Vivat-Verlags*, Charkiv, Vorstandsmitglied des Ukrainischen Verbands der Verleger und Buchhändler

OSTEUROPA, 72. Jg., 6–8/2022, S. 303–305 **doi: 10.35998/oe-2022-0166**

Orlova: Der *Vivat-Verlag* hat nach 2014 keine Lizenzen mehr aus Russland gekauft und nur noch die Bücher auf Russisch produziert, über die wir zuvor den Vertrag geschlossen hatten. Einige russländische Verlage haben Niederlassungen in der Ukraine. Das ermöglichte es ihnen, Bücher in der Ukraine legal zu vertreiben. Nach der Invasion am 24. Februar wurde das verboten. Nun müssen wir versuchen, die Leser zu erreichen, die Bücher aus Russland den ukrainischen vorzogen.

OSTEUROPA: *Haben Sie staatliche Unterstützung erhalten? Wie ist die Situation heute?*

Orlova: Wenig. Die ukrainische Buchbranche wartet seit Jahren auf staatliche Hilfe. Das hat sich in diesem Sommer verändert: Am 19. Juni 2022 knackten die Buchverlage den „Jackpot". Es wurden zwei Gesetzentwürfe ins ukrainische Parlament eingebracht. Der Import und Vertrieb von Verlagsprodukten aus Russland, Belarus und den vorübergehend besetzten Gebieten wird verboten, die Entwicklung des ukrainischen Verlagswesen und Buchvertriebs gefördert.[1] Das ist ein Meilenstein für die Entwicklung des Buchmarkts und der ukrainischen Kultur in höchst schwierigen Zeiten.

OSTEUROPA: *Welche Rolle spielen ukrainische Bibliotheken für Verlage?*

Orlova: In der Ukraine gibt es 15 000 Bibliotheken. Sie sind für einheimische Leser sehr wichtig. Viele Menschen können sich neue Bücher nicht leisten. Bibliotheken, die ihren Bestand ständig erneuern, sind wichtig, um ukrainische Leser zu unterstützen. Die Lust am Lesen muss gepflegt, gefördert und befriedigt werden.

OSTEUROPA: *Gibt es unter den Bedingungen des Krieges spezifische Probleme?*

Orlova: Ja, wir hatten schon vor dem Krieg mit Papierknappheit zu kämpfen. Jetzt ist die Lage noch ernster. Wir müssen Prioritäten setzen, was wir noch drucken können. Es gibt die Tendenz, beim Drucken die Papierqualität zu senken. Wir müssen sparen und mit dem Papier auskommen, das im Land verfügbar ist.

OSTEUROPA: *Welche Rolle spielt das Buch in der ukrainischen Gesellschaft?*

Orlova: Bücher prägen die kulturelle Identität der Menschen und der Gesellschaft. Gehörte es früher zu den Aufgaben der Verlage, Leute zum Lesen zu bewegen, so geht es heute darum, sie von ukrainischer Literatur zu überzeugen.

OSTEUROPA: *Wer liest? Wer kauft Bücher? Welche Genres sind besonders gefragt?*

Orlova: Leider lesen nur 43 Prozent der Ukrainer regelmäßig. Laut einer Umfrage der *Research & Branding Group* hat die Mehrheit der Ukrainer (57 Prozent) im Jahr 2021 nicht ein Buch gelesen. Ein Merkmal des ukrainischen Buchmarktes ist, dass er zu 80

[1] Proekt Zakonu pro vnesennja zmin do dejakych zakoniv Ukrajiny ščodo vstanovlennja obmežen' na vvezennja ta rozpovsjudžennja vydavnyčoji produkciji, ščo stosujet'sja deržavy-ahresora, Respubliky Bilorus', tymčasovo okupovanoji terytoriji Ukrajiny <https://itd.rada.gov.ua/billInfo/Bills/Card/39764>. – Proekt Zakonu pro vnesennja zmin do dejakych zakoniv Ukrajiny ščodo stymuljuvannja rozvytku ukrajins'koho knyhovydannja i knyhorozpovsjudžennja <https://itd.rada.gov.ua/billInfo/Bills/Card/28189>.

Prozent aus übersetzter Literatur besteht. Qualitativ hochwertige Non-Fiction-Bücher sind enorm nachgefragt. Dieses Marktsegment ist untersättigt. Es fehlt an ukrainischen Autoren, die Sachbücher verfassen und ukrainische Spezifika behandeln können.

OSTEUROPA: *Welchen Anteil Ihrer Produktion machen Übersetzungen aus, aus welchen Sprachen übersetzen Sie? Wohin verkaufen Sie Lizenzen?*

Orlova: Die wenigsten Ukrainer können ausländische Literatur ohne Übersetzung lesen. Deshalb erwerben wir regelmäßig die Rechte für ausländische Titel. Wir betreiben einen erheblichen Aufwand, um die Übersetzungen so nah wie möglich ans Original heranzuführen, gleichzeitig aber auch die kulturellen Codes unserer Gesellschaft zu berücksichtigen. Wir kaufen Lizenzen hauptsächlich in den USA, England, Deutschland, Frankreich, Italien, Spanien und Polen. Unsere Bücher wurden in 25 Länder verkauft, die meisten in Europa aber auch nach China.

OSTEUROPA: *Wie stehen Sie zum Einfuhrverbot für Bücher aus Russland?*

Orlova: Ich unterstütze das Verbot russischer Bücher voll und ganz. Mit unseren Autoren setze ich mich unter den Bedingungen des Krieges sogar für die Verbannung russischer Kultur aus der ukrainischen Öffentlichkeit ein.

OSTEUROPA: *Was ist mit ukrainischen Autoren, die auf Russisch schreiben: Können sie weiterhin in ukrainischen Verlagen erscheinen?*

Orlova: Wir haben einige dieser Titel in unserem Programm. Die Verträge waren vor Kriegsbeginn unterzeichnet. Aber in Zukunft wollen wir das vermeiden.

OSTEUROPA: *Hat der internationale Erfolg von Autoren wie Serhij Zhadan Rückwirkungen auf den ukrainischen Buchmarkt, die Popularität ukrainischer Literatur bei der Kritik?*

Orlova: Das ist eher eine Frage der internationalen Anerkennung ukrainischer Literatur. Autoren, die qualitativ hochwertige Bücher verfassen, genießen immer den Respekt der Leser und der Kritiker.

OSTEUROPA: *Welche ukrainischen Bücher würden Sie deutschen Lesern zur Lektüre empfehlen?*

Orlova: Wir arbeiten an Oleksandr Grechovs und Anastasija Nikulinas Buch „Vidbij povitrjanoji tryvohy“. Die Texte und Illustrationen handeln von dem, was wir seit dem 24. Februar 2022 erleben: geteilten Schmerz, geteilte Freude, heroische Taten und Streit. Es erscheint auf Ukrainisch und Englisch. Empfehlen Sie es allen, die die Ukrainer unterstützen wollen. Wer sich mit der Geschichte des ukrainischen Kampfes vertraut machen möchte, lese Vachtanh Kipianis *Dysydenty* (Dissidenten), Interviews mit sowjetischen Dissidenten sowie *Krajina žinočoho rodu* (Das Land der Frauen), ein Buch über prominente ukrainische Frauen des 20. Jahrhunderts sowie *Zrodylys' my velykoji hodyny*“ (Wir wurden zu einer großen Stunde geboren), ein Buch über die nationale Befreiungsbewegung der Ukrainer.

Aus dem Ukrainischen von Lukas Joura, Berlin

osteuropa
Babyn Jar
Der Ort, die Tat und die Erinnerung

„Es geht um Entkolonialisierung"

Pavlo Šved über Sprache und Buch in Zeiten des Krieges

Die Ukraine war stark russifiziert, das Ukrainische marginalisiert. Verlagskonzerne aus Russland dominierten den Buchmarkt mit russischen Büchern. Auch Bücher können ein imperiales Werkzeug sein. Solange Moskau gegen die Ukraine Krieg führt, ist ein totales Einfuhrverbot für Bücher aus Russland nötig. Das ist ein Akt der Selbstverteidigung. Und jedes ukrainischsprachige Buch ist ein Beitrag zur Förderung der ukrainischen kulturellen und nationalen Identität.

Osteuropa: *Wenn Sie auf die Jahre seit der Unabhängigkeit der Ukraine zurückblicken: Was waren die größten Schwierigkeiten für den ukrainischen Buchmarkt?*

Šved: Das Ukrainische und folglich auch Bücher in ukrainischer Sprache waren zu Sowjetzeiten total marginalisiert. Vor allem die ukrainischen Großstädte waren stark russifiziert. Als die Ukraine 1991 unabhängig wurde, war der Markt für ukrainischsprachige Bücher sehr klein. Wegen der wirtschaftlichen Schwierigkeiten der 1990er Jahre gingen etliche Verlage in Konkurs. Andere mussten ihre Tätigkeit erheblich einschränken. Gleichzeitig mussten sie mit den viel mächtigeren Verlagen aus Russland konkurrieren, die den ukrainischen Buchmarkt bis nach dem Euromajdan im Winter 2013/2014 dominierten. Mein Verlag *Komubook* wurde erst 2015 gegründet. Da besserte sich die Situation für ukrainischsprachige Bücher bereits. Aber auch wir haben bis heute zu kämpfen.

Osteuropa: *Was hat die Entstehung des ukrainischen Buchmarkts am meisten gefördert?*

Šved: Das Interesse an ukrainischsprachigen Büchern ist seit der Unabhängigkeit stetig gewachsen. Die Generationen, die nach 1991 aufgewachsen sind, wollen Bücher eher auf Ukrainisch lesen. Dieser Trend hat aber erst nach dem Majdan seine kritische Masse erreicht. Der Euromajdan und Russlands Krieg in der Ostukraine haben die kulturelle und politische Identität der Ukrainer erheblich verändert. Seitdem überdenken viele Ukrainer ihre sprachlichen Präferenzen. Auch für den Buchmarkt gilt das bekannte soziologische Innovations-Adaptions-Modell. Vor 2014 befand sich der Buchmarkt in der Phase, in der nur wenige, die sogenannten Innovatoren, zum ukrainischsprachigen Buch griffen. Nach dem Majdan wollte das eine Mehrheit der Bevölkerung. Um die heutigen Leser müssen wir uns nun kümmern.

Osteuropa: *Wie konnten Sie sich mit Ihrem Verlag gegen die asymmetrische Konkurrenz aus Russland behaupten?*

Pavlo Šved (1981), Literaturwissenschaftler, Übersetzer, Essayist, Leiter des Verlags *Komubook*, der als Crowd-Publishing-Plattform komubook.com.ua arbeitet, Kiew

Osteuropa, 72. Jg., 6–8/2022, S. 307–310 **doi: 10.35998/oe-2022-0167**

Šved: Wir gründeten *Komubook*, als die Dominanz der russländischen Verlage in der Ukraine bereits zurückging. Aber natürlich ist die starke Präsenz russischer Bücher in der Ukraine ein Problem für die ukrainischen Verleger. Ein noch größeres Problem ist, dass diese Dominanz und das imperiale kulturelle Erbe russischer Bücher bei vielen Lesern die Gewohnheit prägte, Bücher in russischer Sprache zu kaufen und zu lesen. Diese Gewohnheit ist ein viel größeres Problem als die Bücher selbst. Unsere Aufgabe als Verleger besteht nicht nur darin, dieses oder jenes Buch zu produzieren, sondern die Leser zu überzeugen, dass sie sich bewusst für ein ukrainischsprachiges Buch entscheiden und nicht für denselben Titel in russischer Sprache.

OSTEUROPA: *Haben Sie staatliche Unterstützung erhalten?*

Šved: Die staatliche Unterstützung für ukrainische Verlage ist begrenzt. Abgesehen von dem jährlichen Bibliotheksprogramm, mit dem der Staat Bücher von Verlagen für Bibliotheken kauft, gibt es wenig, worüber man reden könnte.

OSTEUROPA: *Welche Bedeutung haben die ukrainischen Bibliotheken für die Verlage?*

Šved: Viele Verleger halten das erwähnte Bibliotheksprogramm für wichtig, weil sie so einen garantierten Absatz ihrer Titel haben. Aber in der Summe dürfte das keinen relevanten Einfluss auf die Erlöse der ukrainischen Verlage haben.

OSTEUROPA: *Wie wirkte sich die Annexion der Krim, der Krieg seit 2014 sowie Russlands Invasion seit Februar 2022 auf die Buchproduktion und den Buchmarkt aus?*

Šved: Die Annexion der Krim und der Krieg in der Ostukraine haben die ukrainische Kulturlandschaft stark verändert. Viele Leute haben dadurch überhaupt erst ihr ukrainisches Selbstverständnis entdeckt. Das stärkte die gesellschaftliche Stellung der ukrainischen Sprache. Dies führte zu einem wachsenden Interesse an ukrainischsprachigen Büchern und zu höheren Umsätzen der Verlage.
Russlands massive Invasion im Februar 2022 hat massive negative Auswirkungen auf das Verlagswesen. Viele Verlage mussten ihre Tätigkeit erheblich einschränken oder haben sie sogar eingestellt. Das gesamte Vertriebsnetz ist gestört. Noch schlimmer sind die Abwertung der ukrainischen Währung Hryvna und die geringere Kaufkraft der Leute. Keiner hat Geld für ein nicht lebensnotwendiges Produkt wie Bücher.

OSTEUROPA: *Gibt es spezifische Probleme?*

Šved: Wir haben vielfältige Probleme. Die Druckereien, mit denen wir zusammengearbeitet haben, befinden sich in Charkiv. Da Charkiv vom ersten Tag an bombardiert wurde, mussten diese Druckereien ihren Betrieb unterbrechen. Momentan sind sie zumindest teilweise wieder in Betrieb. Nun besteht die Gefahr, dass unsere Bücher während des Drucks durch Bombardements zerstört werden. Papier, das schon vor der Invasion erheblich teurer geworden war, ist mittlerweile nahezu unerschwinglich.

Osteuropa: *Welche Rolle spielt das Buch in der ukrainischen Gesellschaft?*

Šved: Grundsätzlich unterscheidet sich die Rolle des Buches nicht von der in jeder anderen Gesellschaft. Aber da der Krieg primär ein Krieg um die kulturelle und nationale Identität der Ukrainer ist, haben ukrainischsprachige Bücher eine besondere Bedeutung.

Osteuropa: *Wer liest, wer kauft Bücher?* Welche Genres sind besonders gefragt?

Šved: Das lässt sich kaum verallgemeinern. Ich kenne keine genauen Zahlen. Im Großen und Ganzen lesen Frauen mehr als Männer, jüngere Menschen mehr als ältere. Was die Genres betrifft, so ist Science-Fiction sehr beliebt, zeitgenössische Belletristik ausländischer und ukrainischer Autoren sowie Sachbücher zum Thema „Selbstverwirklichung“. Auch Kinderliteratur ist sehr beliebt. Eltern kaufen ihren Kindern mehr Bücher als sich selbst. Viele ukrainische Eltern, deren Muttersprache Russisch ist und die nicht oft auf Ukrainisch lesen, möchten, dass ihre Kinder ukrainischsprachig aufwachsen. Deshalb kaufen sie ihnen ukrainischsprachige Bücher.

Osteuropa: *Sprechen wir von Übersetzungen? Welchen Anteil Ihrer Produktion machen Übersetzungen aus?*

Šved: Wir arbeiten fast ausschließlich mit Übersetzungen. Unser Hauptziel ist es, bereits klassische Text und sogar Kulttexte des XX. Jahrhunderts auf Ukrainisch verfügbar zu machen. Wir haben rund 50 Bücher von Autoren wie Hunter S. Thompson, Virginia Woolf, Truman Capote, Joseph Conrad, Slavoj Žižek, Neil Shubin, W.G. Sebald, Henry Miller oder Jack Kerouac übersetzt und veröffentlicht. Aus diesem Grund kaufen wir in der Regel Lizenzen, vor allem über angelsächsische Agenturen.

Osteuropa: *Wie stehen Sie zum Einfuhrverbot für Bücher aus Russland?*

Šved: Wenn die Ukraine nicht schon vorher so stark russifiziert worden wäre, wäre dieser Krieg nicht möglich. Russische Bücher sind ein Werkzeug des russischen Imperialismus. Deshalb befürworte ich ein totales Einfuhrverbot für alle in Russland veröffentlichten Bücher, zumindest bis der Krieg vorbei ist. Ehrlich gesagt bin ich sogar für ein totales Einfuhrverbot für alle in Russland produzierten Waren, nicht nur für Bücher. Ich halte es für unethisch, andere Länder aufzufordern, Sanktionen gegen Russland zu verhängen, wenn wir weiter irgendetwas dort kaufen. Es ist auch unethisch gegenüber unseren Leuten, die jeden Tag im Kampf gegen Russland auf dem Schlachtfeld sterben.

Osteuropa: *Auf dem Balkan war die Auflösung Jugoslawiens in dem Augenblick vollzogen, als Literatur und Sachbücher z.B. aus dem Kroatischen ins Serbische oder umgekehrt übersetzt wurden. Das war die Anerkennung der Unabhängigkeit, im analogen ukrainischen Fall wäre es die vollzogene Dekolonialisierung. Gibt es bereits Übersetzungen aus dem Russischen ins Ukrainische?*

Šved: In unserem Fall ist es etwas anders. In der Sowjetzeit gab es viele Übersetzungen aus dem Russischen ins Ukrainische und umgekehrt. Das war Teil der offiziellen Ideologie der „Völkerfreundschaft". Die Entkolonialisierung wird vorbei sein, wenn Russland seine imperialen Ambitionen überwindet und unsere Existenz für einige Zeit vergessen wird. Heute ist die Grundhaltung der Ukrainer zu Russland und den Russen: „Verpisst Euch alle!" Die Entkolonialisierung wird beendet sein, wenn die Russen den Mut finden, genau das zu tun, wenn sie sich auf ihre eigenen Probleme konzentrieren, anstatt uns vorzuschreiben, wie wir zu leben und was wir zu denken und zu fühlen haben.

OSTEUROPA: *Was ist mit den ukrainischen Autoren, die auf Russisch schreiben: Können sie in ukrainischen Verlagen weiterhin publizieren?*

Šved: Ja. Sie können es nicht nur, sie tun es auch. Aber der gegenwärtige Krieg veranlasst viele dieser Autoren dazu, an der Sprache zu zweifeln, in der sie schreiben, und daran, ob sie es weiterhin tun sollten. Ich spreche von Autoren wie Volodymyr Rafejenko. Aber es gibt viele, die wie er sind.

OSTEUROPA: *Hat der internationale Erfolg von Autoren wie Serhij Zhadan Rückwirkungen auf den ukrainischen Buchmarkt, die Popularität ukrainischer Literatur bei der Kritik?*

Šved: Es ist umgekehrt. Erst werden ukrainische Schriftsteller in der Ukraine populär, dann haben einige die Chance, ein größeres internationales Publikum zu erreichen.

OSTEUROPA: *Welches sind die zwei ukrainischen Titel, deren Lektüre Sie deutschen Leserinnen und Lesern unbedingt ans Herz legen?*

Šved: *Die Stadt* von Valer'jan Pidmohyl'nyj und *Moscoviada* von Jurij Andruchovyč. Das erste ist ein klassischer ukrainischer Roman aus den 1920er Jahren, der zweite ein postmoderner Klassiker aus den frühen 1990er Jahren über unser unbehagliches Verhältnis zum sterbenden Imperium und zu uns selbst.

Aus dem Englischen von Manfred Sapper, Berlin

Ola Hnatiuk

Die neue Nähe und ihre Wurzeln

Polen und die Ukraine in Literatur und Gesellschaft

Polens Solidarität mit der Ukraine im Verteidigungskrieg gegen Russland ist keineswegs selbstverständlich. Noch vor wenigen Jahrzehnten waren die beiden Nationen verfeindet. Den Anstoß zur Versöhnung gab die polnische Exilzeitschrift *Kultura* mit ihrem weitsichtigen Denken. Seit den 1990er Jahren ist die Zahl der polnisch-ukrainischen Kontakte exponentiell gewachsen. Heute hat fast jede polnische Familie Bekannte in und aus der Ukraine. Das ist das Resultat ukrainischer Arbeitsmigration und der kulturellen Zusammenarbeit. Eine zentrale Rolle spielten Schriftsteller und der Literaturbetrieb: Autoren wie Jurij Andruchovyč oder Serhij Zhadan haben mit ihren Büchern ein enormes Interesse an der Ukraine geweckt. Polen wurde zur Drehscheibe für ukrainische Literatur und Kultur. Gleichzeitig wirken Andruchovyč & Co. als Botschafter der polnischen Kultur in der Ukraine.

„Liebe Freunde, im Augenblick der tödlichen Bedrohung der Unabhängigkeit, territorialen Integrität und des Staatswesens der Ukraine stehen wir an Eurer Seite." So beginnt der Brief des polnischen PEN-Clubs an den ukrainischen PEN-Club vom 23. Februar 2022.[1] Wir stehen an Eurer Seite – diese Worte des Zuspruchs und der Solidarität mit der kämpfenden Ukraine sind auch in den Straßen polnischer Städte zu lesen. Und die Ukrainer registrieren die polnische Solidarität: „Vielen Dank, Polen!" Es gibt in Polen kaum eine Stadt oder Gemeinde, die den Ukrainern nicht in der ein oder anderen Form helfen würde. Fast alle Kulturinstitutionen – vom PEN-Club über Stiftungen, Theater und Bibliotheken bis zu Grundschulen und Universitäten – haben Flüchtlinge unterstützt und engagieren sich, nachdem die drängendsten Bedürfnisse gestillt sind, in der langfristigen Hilfe für die Geflüchteten im Land sowie für die Menschen in den vom Krieg betroffenen Städten und Dörfern der Ukraine. Und alle wirken mit: Den Anfang machten einfache Menschen mit oder ohne Erfahrung in der NGO-Arbeit, bald folgten die Behörden in den Kommunen und auf nationaler Ebene. Auch national operierende polnische Hilfsorganisationen leisten Unterstützung. Diese allgemeine gesellschaftliche Mobilisierung, die Unterstützung der Medien, die legislative Unterstützung, die komplexe Hilfslogistik – all das geschah gleichsam reflexartig und wirkte absolut aufrichtig.

Aus der Ferne mag die polnische Solidarität mit der Ukraine politisch, ökonomisch und nicht zuletzt kulturell als Selbstverständlichkeit erscheinen. Doch der Schein trügt. Die spontane, von Herzen kommende Hilfe lässt sich mit einer besonderen Nähe zwischen

---

Ola Hnatiuk (1961), Dr. phil., Literaturwissenschaftlerin, Ukrainistin, Professorin an der Universität Warschau und der Mohyla-Akademie Kiew, Warschau

[1] List polskiego pen clubu do ukrainskiego pen clubu. 23.2.2022, <https://penclub.com.pl/2022/02/23/list-polskiego-pen-clubu-do-ukrainskiego-pen-clubu/>.

OSTEUROPA, 72. Jg., 6–8/2022, S. 311–322 doi: 10.35998/oe-2022-0168

Polen und Ukrainern erklären, aber diese Nähe ist vergleichsweise neu. Noch vor dreißig Jahren lagen die Ukrainer bei Umfragen zur Beliebtheit anderer Nationen auf dem vorletzten Platz: 65 Prozent der Befragten mochten die Ukrainer nicht, nur die Rumänen waren mit 66 Prozent noch unbeliebter.[2] In den vergangenen Jahren hat sich ein grundlegender Wandel vollzogen. Nach der Orangenen Revolution im Winter 2004 in der Ukraine ging die polnische Antipathie gegen die Ukraine zurück. Die Hälfte der Befragten äußerte dieses Gefühl, während 23 Prozent ihre Sympathie für die Ukrainer bekundeten. Während des Euromajdans änderte sich die polnische Öffentliche Meinung. Erstmals überwog unter den Befragten die Sympathie für die Ukraine (34 Prozent) die Antipathie (33 Prozent). Und im Januar 2022, also vor Beginn des umfassenden Krieges Russlands gegen die Ukraine erklärten 41 Prozent der Befragten ihre Sympathie, während der Anteil derer, die eine Abneigung gegen die Ukraine zum Ausdruck brachten, auf 25 Prozent sank.[3] Die polnisch-ukrainischen Kontakte haben derart zugenommen, dass es heute in Polen fast niemanden mehr gibt, der keine Bekannten aus der Ukraine oder in der Ukraine hat. Und das ganz ohne ein Jugendwerk und seine Austauschprogramme, wie es sie mit Deutschland gibt. Ein wesentlicher Faktor ist die ukrainische Arbeitsmigration, doch auch das wechselseitige Interesse an kultureller Zusammenarbeit sowie kleinere und größere bilaterale Projekte, Stipendien- und Studienprogramme spielen eine Rolle.

Komplizierte Nachbarschaft

Geographische Nachbarschaft bedeutet nicht zwangsläufig kulturelle Nähe. In den Titeln von Büchern über das polnisch-ukrainische Verhältnis wird die Komplexität der bilateralen Beziehungen mitunter auf Formulierungen wie „Die Nahen und die Fernen" oder „Brüder oder Feinde?" reduziert.[4] Oder es ist die Rede von „Brudervölkern" (einem Begriff aus der panslawistischen Bewegung und später der kommunistischen Ideologie) oder auch einem „gemeinsamen historischen Erbe". Dabei handelt es sich um eine „vorgestellte Gemeinschaft", um den von Benedict Anderson eingeführten Begriff zu benutzen.[5] Das historische Erbe impliziert den Bezug auf die Vergangenheit, die von den Erben oft grundlegend anders interpretiert wird, zumal wenn ein Erbe die Meinungshoheit oder die Rolle des Primus inter pares für sich beansprucht. Ein gutes Beispiel hierfür ist der Umgang mit der Geschichte der polnisch-litauischen Adelsrepublik.

---

[2] Stosunek Polaków do innych narodowości, Centrum Badania Opinii Społecznych (CBOS), BS 134/111/93, S. 4; BS 158/98

[3] CBOS BS/196/2005, S. 3, CBOS Research Communication No. 20, 2014, Februar 2014, S. 6. CBOS Research Communiqué 21/2022, Februar 2022, S. 4

[4] Kazimierz Podlaski [alias Bohdan Skaradziński]: Białorusini–Litwini–Ukraińcy: bracia czy wrogowie. „Przedświt„ 1983; auf ukrainisch unter dem Titel Bilorusy–Lytovci–Ukrajinci: naši vorogy – čy braty? München 1986 – Bliscy a dalecy, reż. Anna Górna, Lubomir Zając. Film dokumentalny, 2001. – Katarzyna Grysińska-Jarmuła, Teresa Maresz (Hg.): Dobre i złe sąsiedztwa. Od konfliktu do współistnienia i współpracy. Tom 1: Bliscy i dalecy sąsiedzi. Bydgoszcz 2017. Zamkowy wieczór książęcy: Bliscy a dalecy, czyli Ukraina nieznana, Szczecin 12.6.2022.

[5] Benedict Anderson: Imagined Communities. Reflections on the Origin and Spread of Nationalism. London 1983. – Auf Deutsch unter dem unglücklichen Titel Benedict Anderson: Die Erfindung der Nation. Frankfurt 1988.

Der Mythos, dass auf dem Territorium der Adelsrepublik viele Kulturen und Religionen harmonisch miteinander lebten und Toleranz herrschte, gehört zu den Gemeinplätzen des polnischen Geschichtsbildes. Danach war das Leben in der Adelsrepublik wie in einem modernen Arkadien. Die im Grenzland lebenden Gemeinschaften galten als nahe Verwandte. Wenn sich eine gegen die polnische Vorherrschaft erhob, wurde der Konflikt zum Bruderkrieg erklärt und mit der biblischen Geschichte von Kain und Abel in Verbindung gebracht, die das Böse und das Gute verkörpern. Die Rolle Kains wurde immer der sich erhebenden Gemeinschaft zugewiesen. Die plötzliche Verwandlung des Paradieses auf Erden in eine Hölle weckte existenzielle Ängste. Dies fand in den Werken der polnischen Romantik ihren Ausdruck. Dieser Topos ist vielfach und hinreichend analysiert worden.[6] Über die Darstellung des Konflikts im Grenzland als Verbrechen Kains wurde kaum geschrieben. Das Grenzland als arkadischer Mythos, dessen Ende durch eine von einem trotzigen Rebellen angezettelte und unverständliche Revolte herbeigeführt wurde, ist das gängige Narrativ in der Darstellung der polnisch-ukrainischen Beziehungen in Literatur und Erinnerungstexten.[7] Es prägte das polnische nationale Narrativ.

Eine diametral andere Perspektive auf das Grenzland und damit auch andere historische Erzählungen bewahrten sich die beherrschten Gemeinschaften. Im Zentrum stand hier oft das Motiv der Unterdrückung, der erfahrenen Demütigung und Grausamkeit. Aus dieser Perspektive erscheint die Rebellion als natürliche Reaktion und als Versuch des Unterworfenen, seine Würde und Freiheit zurückzugewinnen – dies sind die grundlegenden Werte dieser Erzählung. Und so gründen die im Konflikt verbundenen Gemeinschaften ihre Identität auf asymmetrische Narrative, die gleichwohl auf demselben Wertesystem beruhen.

Im 19. und 20. Jahrhundert waren die polnisch-ukrainischen Beziehungen wie die deutsch-französischen oder französisch-britischen weit von jeder nachbarschaftlichen Idylle entfernt. Die Besonderheit bestand darin, dass Polen und Ukrainer lange Zeit über kein souveränes Staatswesen verfügten. Beide waren nicht Subjekte, sondern Objekte imperialer Politik. Als sich im 19. Jahrhundert die modernen Nationalstaaten herausbildeten, entwickelten die Polen und die Ukrainer konkurrierende Entwürfe für ein künftiges, souveränes Staatswesens. Unter Berufung auf das Erbe der Adelsrepublik pochten die Polen auf historische Gerechtigkeit. Darunter verstanden sie die Wiedererrichtung eines *polnischen* Staates in den Grenzen vor der ersten Teilung 1772 – und nicht einer Republik vieler Nationen. Die Ukrainer hingegen beriefen sich auf das

---

[6] Daniel Beauvois w tekście Mit „kresów polskich“, czyli jak mu położyć kres, w: Polskie mity polityczne XIX i XX wieku. T. IX pod red. W. Wrzesińskiego. Wrocław 1994, S. 93–105. – Daniel Beauvois: Trójkąt ukraiński. Szlachta, carat i lud na Wołyniu, Podolu i Kijowszczyźnie 1793–1914, Lublin 2005. – Danuta Sosnowska: Inna Galicja. Warszawa 2008. – Kresy w podwójnej optyce, in: Kresy, 2/2002, S. 79–96. – Jan Sowa: Fantomowe ciało króla. Peryferyjne zmagania z nowoczesną formą. Kraków 2011.

[7] Ola Hnatiuk: Schidna Halyčyna: odyn kraj – dva P'jemonty, in: Problemy vyvčennja istoriji Ukrajins'koji revoluciji 1917–1921. Zbirnyk naukovych prac', vyp. 16. Kyjiv 2021, p. 5–47. – Józef Buszko, Galicja 1859–1914, Polski Piemont? Warszawa 1989. – Paul Robert Magocsi. The Roots of Ukrainian Nationalism. Galicia as Ukraine's Piedmont. Toronto 2002. – Roman Wapiński: Polska i małe ojczyzny Polaków: Z dziejów kształtowania się świadomości narodowej w XIX i XX wieku po wybuch II wojny światowej, Wrocław–Warszawa–Kraków, Ossolineum 1994. – Larry Wolff: The Idea of Galicia: History and Fantasy in Habsburg Political Culture. Stanford 2010.

Erbe der Kiewer Rus'. Das spielte ungewollt den Ideologen des Russländischen Imperiums in die Hände, die ebenfalls Anspruch auf dieses Erbe erhoben. Obwohl beide Unabhängigkeitsentwürfe in der Romantik wurzelten, unterschieden sie sich deutlich, nicht nur in historischen Fragen, sondern auch im jeweiligen Identitätskonzept. Während für die polnische Identität die Adelstradition das Fundament bildete, war es für die ukrainische Identität die bäuerliche Tradition. Diese war mit dem romantischen Kult der Volkstümlichkeit und dem aus der Französischen Revolution übernommenen Schlagwort der sozialen Gerechtigkeit verbunden.

Am Vorabend des Ersten Weltkriegs sah die Mehrheit der ukrainischen und der polnischen politischen Denker die andere Seite entweder als Feind – so die Sicht der Ukrainer – oder als Objekt – so die polnische Perspektive.[8] In der autonomen österreich-ungarischen Provinz Galizien wollten politische Kräfte die Region nach dem Vorbild Piemonts zur Keimzelle der nationalstaatlichen Einigung machen. Das Problem bestand freilich darin, dass es sich um ein „doppeltes Piemont“ handelte, ein polnisches und ein ukrainisches. Jeder Versuch einer Kooperation der Kämpfer für die nationale Unabhängigkeit rief Kritik oder gar den Vorwurf des Verrats der nationalen Interessen hervor. Insofern ist es wenig verwunderlich, dass nach dem Ende des Ersten Weltkriegs ein polnisch-ukrainischer Krieg um Ostgalizien ausbrach, der mit der Niederlage der Westukrainischen Volksrepublik und harten Repressionen gegen die Besiegten endete. Während Polen seine 1918 erlangte Unabhängigkeit verteidigen konnte, unterlag die Ukrainische Volksrepublik dem russländischen Druck von Bolschewiki und Weißen. Und die Ukrainer und Polen strebten nicht nach Ausgleich, sondern nach Revanche – zu stark waren sie von Unfreiheit und gescheitertem Unabhängigkeitskampf geprägt. In den 1930er Jahren, während der Herrschaft der *Sanacja*, gab es Ansätze zur Überwindung dieser Feindschaft, doch ohne Unterstützung durch andere politische Kräfte waren sie zum Scheitern verurteilt.[9]

Während des Zweiten Weltkriegs kam es im vom Dritten Reich besetzten Wolhynien und Ostgalizien zu blutigen Auseinandersetzungen zwischen Polen und Ukrainern, zu Zwangsvertreibungen, Übergriffen und Morden, die immer brutaler wurden, je näher die deutsch-sowjetische Front rückte. Im Juli 1943 begingen Angehörige der Ukrainischen Aufstandsarmee UPA ein Massaker an polnischen Zivilisten.[10] Die Zahl der Opfer ist schwer zu verifizieren. Ukrainische Historiker schätzen, dass auf einen ermordeten Ukrainer drei ermordete Polen kommen, manche polnische Historiker gehen von einer Opferrelation von 1:10 aus.[11] Nach dem Zweiten Weltkrieg durfte nicht über den Konflikt gesprochen werden. In der gesamten kommunistischen Zeit wurde er totgeschwiegen. Gleichzeitig waren die ukrainischen Nationalisten, die als Faschisten, Nazis und Hitler-Anhänger bezeichnet wurden, ein ständiges Thema der Propaganda. Bis heute ist dieses Motiv fester Bestandteil der russländischen Propaganda, die versucht, die polnische

---

[8] Hnatiuk, Schidna Halyčyna [Fn. 7]

[9] Sanacja (von lateinisch sanatio, Heilung) ist die Eigenbezeichnung des politischen Regimes unter Józef Piłsudski und Edward Śmigły-Rydz, das nach dem Mai-Putsch 1926 bis zum Beginn des Zweiten Weltkriegs 1939 in Polen an der Macht war.

[10] Grundlegend: Wołyn`43. Ludobójcza czystka – fakty, analogie, polityka historyczna. Kraków 2016. – Grzegorz Motyka: Od rzezi wołyńskiej do akcji „Wisła“. Konflikt polsko-ukraiński 1943–1947. Kraków 2011. – Ihor Iljušyn: UPA i AK. Protystojannja v Zachidnii Ukraini (1939–1945 rr.). Kyjiv 2009.

[11] Nach den Berechnungen von Motyka ist von mindestens 60 000 Toten auszugehen.

und die ukrainische Gesellschaft zu spalten. Im Juli 2016 bewertete das polnische Parlament, der Sejm, die Massaker von 1943 als Genozid.[12] Bis heute wirft das Morden von Wolhynien einen Schatten auf die polnisch-ukrainischen Beziehungen.[13]

Kultura als Vorreiter der Versöhnung

Paradoxerweise wurde das Fundament für die Verbesserung der bilateralen Beziehungen nicht in Polen gelegt, sondern im Exil. Es erwies sich als so tragfähig, dass nach Erlangung der staatlichen Unabhängigkeit der Ukraine beide Seiten beschlossen, die Errungenschaften zum beiderseitigen Nutzen einzusetzen. Es ist von symbolischer Bedeutung, dass die später so fruchtbare und folgenreiche Zusammenarbeit von polnischen und ukrainischen Emigranten in Frankreich und Deutschland begonnen wurde. Zu nennen sind hier einerseits die Pariser Exilzeitschrift *Kultura* mit ihrem Gründer und langjährigen Chefredakteur Jerzy Giedroyc (1906–2000) und andererseits Ivan Bahrjanyj (1907–1963), der Schriftsteller, Publizist und Gründer der *Ukrainischen Revolutionären Demokratischen Partei* und der Zeitschriften *Ukrajins'ki Visty* (Ukrainische Nachrichten) sowie *Sučasnist'* (Gegenwart) mit ihrem jeweilen Umfeld. Für Jerzy Giedroyc hatten die Bemühungen um eine polnisch-ukrainische Verständigung programmatischen Charakter. Das Bemühen um Verständigung prägte *Kultura* von der Gründung 1947 bis zu ihrer Einstellung nach dem Tod von Giedroyc im Jahr 2000. Zu einer Begegnung der beiden Milieus kam es Ende Juni 1950 auf dem „Kongress für kulturelle Freiheit“ in Berlin, in dessen Verlauf die Vertreter von *Kultura,* Jerzy Giedroyc und Józef Czapski (1896–1993), für die Einbeziehung der Ukrainer in den politischen Horizont des Westens plädierten, was dem in Berlin lebenden ukrainischen Journalisten und Exilaktivisten Bohdan Osadczuk (1920–2011) nicht entging.

Auf polnischer Seite bestand die grundlegende Veränderung gegenüber früher darin, dass *Kultura* die Ukraine nun als Subjekt ihrer Geschichte anerkannte. In diesem Geist befasste sich die Zeitschrift programmatisch nicht nur mit kulturellen Fragen, sondern auch mit den historischen und politischen Beziehungen der beiden Länder. Auf ukrainischer Seite vollzog sich ebenfalls eine echte Umwälzung: Die Polen erschienen nun nicht mehr als Erbfeinde oder – mit Blick auf den Piłsudski-Petljura-Pakt von 1920 – als Verbündete auf Zeit, sondern als strategischer Partner im Kampf gegen das kommunistische Regime und für die Wiedererlangung der Souveränität.

Die Verdienste von *Kultura* für die polnisch-ukrainischen Beziehungen wurden schon vielfach beschrieben.[14] Ich beschränke mich deshalb auf das Feld der Literatur. Erstens

---

[12] Uchwała Sejmu Rzeczypospolitej Polskiej z dnia 22 lipca 2016r. w sprawie oddania hołdu ofiarom ludobójstwa dokonanego przez nacjonalistów ukraińskich na obywatelach II Rzeczypospolitej Polskiej w latach 1943–1945, <http://orka.sejm.gov.pl/proc8.nsf/uchwaly/ 625_u.htm>.

[13] Andrii Portnov: Clash of Victimhoods: the Volhynia Massacre in Polish and Ukrainian Memory. Open Democracy, 16.11.2016.

[14] Bogumiła Berdychowska: Giedroyc i Ukraińcy (Hg.): Jerzy Giedroyc. Emigracja ukraińska 1950–1982, wybór i oprac. B. Berdychowska, tłumaczenie autorów ukraińskich O. Hnatiuk. Warszawa 2004. – Zamiłowanie do spraw beznadziejnych. Ukraina w „Kulturze“ 1947–2000. Wybór opracowanie i posłowie Bogumiła Berdychowska. Paryż-Kraków2016. – Ola Hnatiuk: Pol's'ko-ukrajins'kyj dialoh: časopis Kultura ta joho spadščyna (do storiččja Jerzy Giedroycia). Lviv-Kyjiv 2007.

hat *Kultura* als Exilzeitschrift um ein Vielfaches mehr für die Vermittlung ukrainischer Kultur nach Polen und die Annäherung zwischen Polen und Ukrainern geleistet als die Volksrepublik Polen und die Sowjetunion als kommunistische „Bruderstaaten". Entscheidend ist hier nicht die bloße Anzahl von Übersetzungen, sondern der qualitative Aspekt, die Revision der polnischen Vorkriegshaltung gegenüber Ukrainern, Belarussen und Litauern sowie die Anerkennung der neuen Grenzen und das Plädoyer für die Aufgabe territorialer Ansprüche. Die heute für selbstverständlich genommene Erklärung über die Anerkennung der Nachkriegsgrenzen entstand eben in Umfeld der *Kultura*. Und die polnische Ostpolitik nach 1990 stützte sich auf die von Juliusz Mieroszewski und Jerzy Giedroyc in der ersten Hälfte der 1970er Jahre entwickelte „ULB-Doktrin". Dahinter verbarg sich die Überzeugung, dass es notwendig sei, die Beziehung Polens zu den östlichen Nachbarn Ukraine, Litauen und Belarus grundlegend neu zu gestalten, das Unabhängigkeitsstreben der drei Nationen zu unterstützen, auf eigene Überheblichkeit zu verzichten und Ukrainer, Litauer und Belarussen als gleichberechtigte Partner anzuerkennen.[15] Das sei die Garantie für die Wiedererlangung der Souveränität Polens und seiner Position in Europa. Trotz aller Wirren der polnischen Außenpolitik in den letzten Jahren, hat sich dieser Grundsatz bewährt und bleibt heute genauso aktuell wie vor einem halben Jahrhundert.

Zweitens publizierte *Kultura* neben politischen Erklärungen und politischer Publizistik Texte zur ukrainischen Kultur, Überblicksdarstellungen und Übersetzungen. Führender Übersetzer der *Kultura* war Józef Łobodowski (1909–1988), für viele der letzte Dichter der „ukrainischen romantischen Schule". Er war schon in den 1930er Jahren für seinen Nonkonformismus bekannt, der sich nicht zuletzt in programmatischen Übersetzungen ukrainischer Lyrik manifestierte. Geprägt hatten ihn die bolschewistische Revolution und der kosakische Familienmythos. Łobodowskis Begeisterung für den Kommunismus verflog angesichts des Holodomor und der stalinistischen Repressionen, doch ihm blieb das Freiheitsstreben, das auch das Trauma des Zweiten Weltkriegs überdauerte.[16]

Drittens schließlich hatten schon die Ende der 1940er Jahre in *Kultura* publizierten Beiträge zur ukrainischen Literatur des 20. Jahrhunderts offen programmatischen Charakter. In seinem allerersten Essay stellte Łobodowski das Schaffen der Kiewer Neoklassiker vor. Der amerikanisch-ukrainische Literaturwissenschaftler George Grabowicz schreibt, dieser Text müsse das polnische Publikum schockiert haben, weil er auf einen Paradigmenwechsel zielte:

> Erstmals wurde den polnischen Lesern [. . .] die ukrainische Literatur in einer martyrologischen Perspektive und zugleich als „hohe" Kultur präsentiert, als ästhetisierende Literatur (Neoklassizismus, Parnassismus), die den brutalen „asiatischen" Despotismus auslöschte. Diese „Adelung" der ukrainischen Literatur und mit ihr der gesamten ukrainischen Kultur [. . .] war Vorbote eines grundlegenden Wandels.[17]

---

[15] Juliusz Mieroszewski: Polska „Ostpolitik", in: Kultura, 6/1973, S. 68–79, <http://static.kultura-paryska.com/attachments/f1/38/5605f797c23229775b6250f501020ce033e4ee7a.pdf#page=36>.

[16] Jerzy Giedroyc–Józef Łobodowski: Korespondencja 1947–1988. Wstęp i opracowanie Bogumiła Berdychowska. Warszawa 2021.

[17] George Grabowicz [Hryhorii Hrabovych], Pisljamova. Vymiry estafety, in: Prostir svobody. Ukrajina na špal'tach paryz'koiji „Kultury". Kyjiv 2005, S. 517–518.

Tatsächlich sind die in den 1950er Jahren in *Kultura* erschienenen Beiträge zur ukrainischen Literatur von besonderem Gewicht. Nach den Kiewer Neoklassikern wurden weitere wichtige Dichter vorgestellt, darunter Pavlo Tyčyna (1891–1967), Mykola Bažan (1904–1983) und andere Autoren der „Erschossenen Wiedergeburt". So lautete der Titel einer Anthologie, die von dem von Jerzy Giedroyc, Zofia Hertz, Zygmunt Hertz, Gustaw Herling-Grudziński und Józef Czapski gegründeten polnischen Exil-Verlag *Instytut Literacki*, in dem auch *Kultura* erschien, Ende der 1950er Jahre veröffentlicht wurde. Bis heute wird die Generation der Literatur der 1920er Jahre so bezeichnet – sowohl in den Schulbüchern der unabhängigen Ukraine als auch in einer Buchreihe, die das Schaffen der vom verbrecherischen stalinistischen System unterdrückten Schriftsteller vor dem Vergessen bewahrt.[18]

In den 1960er Jahren wiederum schrieb Andrzej Vincenz (1922–2014) in *Kultura* als erster über neue, im politischen Tauwetter entstandene Tendenzen in der ukrainischen Gegenwartsliteratur und porträtierte die führenden Autoren der jungen Generation, die auf unterschiedliche Weise gegen die literarische und politische Wirklichkeit anschrieben: Vasyl' Symonenko (1935–1963) mit einer einfachen und deklarativen Lyrik des Protests, Ivan Drač (1936–2018) mit Ultramodernismus und einer Apologie des grauen Alltags, Ivan Dzjuba (1931–2022) mit der Anwendung des leninistischen Begriffsapparats zur Kritik der sowjetischen Politik der Russifizierung.[19]

Ab den 1970er Jahren gelangte die *Kultura* immer häufiger nach Polen. Ihr Standpunkt in der Ukrainefrage war wegweisend für die polnische demokratische Opposition. Sukzessive wuchs in oppositionellen Kreisen das Interesse an ukrainischen Themen, bis es in der Zeit der Perestrojka allgemein verbreitet war. Die Zeitschriften und Bulletins der Opposition widmeten sowohl politischen als auch kulturellen Themen großen Raum. Es erschienen die ersten Übersetzungen von offiziell verbotenen Werken. Das augenfälligste Beispiel war die Übersetzung von Auszügen aus Vasyl' Stus Lagertagebuch, die unter anderem folgende Sätze enthielt:

> Schon seit Kiew verfolge ich die Ereignisse in Polen. Ein Hoch auf die Ritter der Freiheit! Mich freut die Unbeugsamkeit der Polen gegen den sowjetischen Despotismus, der alle Bevölkerungsgruppen umfassende Protest weckt Bewunderung: Arbeiter, Akademiker, Studenten – alle außer Armee und Polizei. Wenn es in diesem Tempo weitergeht, springt der Funke morgen auch auf die Armee über. Was werden die Brežnevs und Jaruzelskis dann tun? Kein anderes Volk in der totalitären Welt verteidigt mit solcher Hingabe die Menschen- und Völkerrechte. Polen ist ein Vorbild für die Ukraine (psychologisch gesehen sind wir Ukrainer den Polen sehr verwandt, vielleicht verwandter als alle anderen, doch uns fehlt etwas Grundlegendes – der heilige Patriotismus, der die Polen zusammenschweißt). Wie schade, dass die Ukraine noch nicht bereit ist, die Lektion des polnischen Lehrers zu lernen. [. . .] Polen hat sich Russland das ganze 19. Jahrhundert lang widersetzt. Jetzt versuchen sie es wieder. Ich

---

[18] Jurij Lavrinenko (red.): Rozstriljane vidrodžennja 1917–1933: poezija–proza–drama–esej. Paris 1959. – Seit 2009 veröffentlicht der Kiewer Verlag *Smoloskyp* die Werke der Autoren, die zur Gruppe der „Erschossenen Renaissance" gehörten.

[19] Ivan Dzjuba: Internationalism or Russification? A study in the Soviet nationalities problem. Edited by M. Davies. London 1968.

> wünsche den polnischen Aufständischen das Beste. Ich hoffe, dass das Kriegsrecht vom 13. Dezember [1981; O.H.] die heilige Flamme der Freiheit nicht erstickt. Ich hoffe, dass sich in den unfreien Ländern Kräfte finden, die die Befreiungsmission der polnischen Ritter der Freiheit unterstützen.[20]

Die demokratische Opposition in Polen hoffte ihrerseits auf eine Protestbewegung der ukrainischen Arbeiter analog zur polnischen *Solidarność*. Letztlich erfolgte der Zusammenbruch des kommunistischen Systems in den Ostblockstaaten aber nicht aufgrund der Arbeiterstreiks, sondern unter anderem durch die friedlichen Revolutionen des Herbstes 1989. Zweifellos waren es aber die Ukrainer, die den letzten Sargnagel einschlugen: Die ukrainische Unabhängigkeitserklärung vom 24. August 1991 und das Referendum am 1. Dezember 1991 über die Unabhängigkeit des Landes bedeuteten das definitive Ende der UdSSR.

Der politische Umbruch und die Folgen für die Kulturbeziehungen

Die Wiedererlangung der staatlichen Souveränität eröffnete eine völlig neue Epoche in den polnisch-ukrainischen Beziehungen. Polen erkannte als erstes Land die unabhängige Ukraine an. Seither beruht das Verhältnis der beiden Länder nicht mehr auf einer von Moskau verordneten und reglementierten „Freundschaft", sondern auf der Zusammenarbeit zweier autonomer politischer Akteure.

Mit der Begeisterung über die Freiheit und für die Kultur des Westens sank freilich das Interesse der Ukrainer an der polnischen Kultur, während die Polen sich nun auf das konzentrierten, was sie als „Rückkehr nach Europa" oder „Rückkehr zu den Wurzeln der europäischen Kultur" bezeichneten. Für ukrainische Intellektuelle war in der kommunistischen Zeit die polnische Kultur, insbesondere Literatur und Geisteswissenschaften, aber auch die Rockmusik, ein Fenster zur Welt. Sie lernten Polnisch, um ein anderes Bild der Welt zu bekommen als das sowjetische. Nach Abschaffung der Zensur waren die Ukrainer ab Anfang der 1990er Jahre nicht mehr auf diesen Umweg angewiesen. Polnische Literaturzeitschriften und Verlage zeigten wenig Interesse an der Literatur des östlichen Nachbarn. Ihre ukrainischen Pendants kämpften mit den Folgen der Transformation: Die zentralisierten sowjetischen Institutionen waren verschwunden, aber infolge der enormen wirtschaftlichen Probleme entstanden keine neuen Einrichtungen, die sich um die Förderung der Kultur hätten bemühen können.

Nach und nach erwachte aber das gegenseitige Interesse wieder. Das war das Verdienst zahlreicher Initiativen aus dem dezentralisierten Kulturbetrieb, darunter insbesondere polnische Kleinstverlage, hinter denen oft nur eine Person stand, die sich bald auf dem Markt etablierten. Zu nennen wären hier etwa *Świat literacki*, *Tyrsa* und *Nemrod*. Umgekehrt erwiesen sich ukrainische Autoren als überaus offen und wurden zu den ersten Botschaftern der polnischen Kultur in der Ukraine. Hier spielten die guten Polnisch-Kenntnisse bei den Ukrainern der mittleren und jungen literarischen Generation eine

[20] Zitiert nach Bogumiła Berdychowska: Wasyl Stus – poeta w totalitarnym świecie. Gazeta Wyborcza, 13.1.2008.

Rolle. Aber am wichtigsten war die Attraktivität der erscheinenden Bücher. 1994 erschien Jurij Andruchovyčs Roman *Rekreacje*.[21] Der Titel der ersten Rezension in der damals auflagenstärksten Tageszeitung *Gazeta Wyborcza* liefert eine prägnante Erklärung für das polnische Interesse an der ukrainischen Kultur und Literatur: „Solch einen Schriftsteller haben wir nicht."[22] Der mit großer Verve geschriebene Roman zeichnet ein ironisch-distanziertes Bild des Umbruchs: die Geburt der Unabhängigkeit, den Abschied vom Imperium und die Abrechnung mit der Vergangenheit. In der polnischen Literatur der frühen 1990er Jahre gab es keine vergleichbaren Texte. Zeitgleich mit „Karpatenkarneval" erschien ein Band mit Andruchovyč-Essays („Erz-herc-perc"). Einige Monate zuvor war die Anthologie „Rybo-wino-kur"[23] auf den Markt gekommen. Sie versammelte jüngere Autoren wie Andruchovyč und Vertreter der Vorgängergeneration, die aufgrund der Zensur und Repressionen aus dem offiziellen Literaturbetrieb ausgeschlossen waren. Zu nennen wären hier neben Vasyl' Stus Vasyl' Holoborodko (*1945), Ihor Kalynec' (*1939), Lina Kostenko (*1930), Oleh Lyscheha (1949–2014) und Mykola Rjabčuk (*1953); oder auch andere, die wie der an der australischen Universität Monash tätige Literaturwissenschaftler Marko Pavlyšyn im Exil geschrieben hatten. Das Interesse, das diese drei Bücher weckten, war nicht nur für Jurij Andruchovyč ein Erfolg, sondern für alle Autoren beider Generationen, die an der Schwelle zur ukrainischen Unabhängigkeit das Feld der Literatur betraten. Geprägt wurde das Bild der ukrainischen Literatur am Übergang vom 20. zum 21. Jahrhundert in Polen aber vor allem durch die jüngere Generation, die ihre Vorgänger eindeutig in den Schatten stellte. Das verengte einerseits den Horizont der polnischen Leser, denen es scheinen konnte, als beginne die ukrainische Literatur erst mit Andruchovyč. Andererseits aber erwies sich gerade er nicht nur als Zugpferd für das Interesse an ukrainischer Literatur, sondern auch als großartiger Förderer seiner Altersgenossen und der jüngeren Generation.

In der zweiten Hälfte der 1990er Jahre entdeckten auch die traditionsreiche Zeitschrift *Literatura na świecie,* die für die polnische Rezeption fremdsprachiger Literatur maßgeblich ist, sowie renommierte Verlage ihr Interesse für die ukrainische Literatur. Nun erschienen Übersetzungen der Prosa von Oksana Sabužko (W.A.B.) sowie Prosa und Essays von Jurij Andruchovyč (Czarne). Eine wesentliche Rolle spielte in beiden Fällen die persönliche Freundschaft zwischen Verlegern und Autoren. Andruchovyč übernahm bald die Rolle des Botschafters der polnischen Kultur in Polen. Auf seine Initiative wurden so großartige Schriftsteller wie Andrij Bondar, Jurij Isdryk, Marianna Kijanovska oder Serhij Zhadan publiziert und zu Literaturfestivals eingeladen. Erfolge in Polen öffneten ihnen die Tür zum westlichen Europa. Auch das verdankte sich weniger einer systematischen Förderung durch offizielle Kulturinstitutionen als vielmehr erneut der Persönlichkeit von Jurij Andruchovyč, der sich im Polnischen ebenso frei bewegt wie im Deutschen oder Englischen.

Am Übergang von den 1990er zu den 2000er Jahren und besonders nach der Orangenen Revolution im Winter 2004 wuchs das Interesse an ukrainischer Kultur: Es beschränkte

---

[21] Die deutsche Erstausgabe erschien unter dem Titel „Karpatenkarneval" 2019 im Suhrkamp-Verlag, Berlin.

[22] Piotr Bratkowski: Takiego pisarza nie mamy. Gazeta Wyborcza, 56/1996, S. 10.

[23] Rybo-Wino-Kur: antologia literatury ukraińskiej ostatnich dwudziestu lat, wybór, oprac. i przedm. Ola Hnatiuk. Warszawa 1994.

sich nicht mehr auf einzelne, freundschaftlich miteinander verbundene Autoren. Es erschienen die ersten Lyrikanthologien wie Bohdan Zaduras Auswahl *Wiersze zawsze są wolne* (Gedichte sind immer frei) und Aneta Kamińskas Band *Cząstki pomarańczy* (Orangenteilchen).[24]

Es wuchs auch die Reichweite des literarischen Austauschs: Ukrainische Schriftsteller gastierten nicht mehr nur in Warschau, Krakau oder – aus Tradition – in Lublin, sondern in so gut wie allen polnischen Großstädten. Der polnische Literaturbetrieb dezentralisierte sich, zudem wandelte sich die Haltung der lokalen Kulturpolitik, die für Besucher aus ganz Polen und dem Ausland attraktiv sein wollte. In Polen entstanden neue, prestigeträchtige Literaturpreise nicht nur für polnische, sondern auch für fremdsprachige Autoren: in Breslau der Angelus-Preis oder in Danzig der Preis Europäischer Dichter der Freiheit, die in der Folge mehrfach an ukrainische Schriftsteller verliehen wurden, etwa an Jurij Andruchovyč (2006), Olena Babkina (2021), Oksana Sabužko (2013), Serhij Zhadan (2015) oder Marianna Kijanovska (2022). Diese Erfolge weckten bei den Verlegern die Neugier auf andere Schriftsteller. In dieser Zeit betrat nämlich eine neue Generation die Bühne der Literatur. Ein charakteristisches Beispiel ist Sofia Andruchovyč, die Tochter von Jurij Andruchovyč, deren Roman *Felix Austria* in Polen ähnlich erfolgreich war wie in der Ukraine. Der Generationswechsel erwies sich als äußerst belebend. Zum führenden ukrainischen Autor in Polen avancierte der aus Starobil's'k stammende und in Charkiv lebende Dichter und Prosaiker Serhij Zhadan. Seine postindustrielle Lyrik fand in Polen wenig Anklang, doch seine Prosa wird sehr geschätzt. Die polnische Übersetzung seines Romans *Internat* (2015), die 2020 erschien, wurde zu einem literarischen Ereignis. Mit den Augen des Protagonisten erlebt der Leser den Beginn des russländischen Krieges gegen die Ukraine und die Einnahme eines Teils des Donbass. Aufgrund seiner literarischen Qualität wurde dieser Roman 2020 mit dem renommierten Angelus-Preis ausgezeichnet.

Nach 2014 wurde vermehrt ukrainische Kriegsprosa ins Polnische übersetzt, unter anderem Volodymyr Rafejenkos *Dolgota dnej* (Die Länge der Tage)[25], Petro Jacenkos *Magnetizm* (Magnetismus) oder Artem Čechs *Točka nul'* (Punkt Null). Außerdem erweiterte sich die bewährte Riege der Übersetzer aus dem Ukrainischen wie Katarzyna Kotyńska, Michał Petryk oder Bohdan Zadura um neue Gesichter: Marcin Gaczkowski, Anna Ursulenko oder Marek Zadura. Immer häufiger erschienen auch Übersetzungen von Klassikern des 20. Jahrhunderts – exemplarisch seien zwei Anthologien des Instituts für Slavistik der Polnischen Akademie der Wissenschaften genannt: *Stepowa legenda* (Steppenlegende) und *Prolog, nie epilog* (Prolog, nicht Epilog).[26] In der Ukraine entstanden Verlage wie *Duch i Litera*, *Knyhy XXI*, *Krytyka* oder *Tempora*, die systematisch Übersetzungen polnischer Literatur und geisteswissenschaftlicher Texte publizieren.

---

[24] Bohdan Zadura: Wiersze zawsze są wolne: przekłady z poezji ukraińskiej. Wrocław 2007. – Cząstki pomarańczy: nowa poezja ukraińska: Dol'ki pomaranč. Warszawa 2011.

[25] In deutscher Übersetzung liegen Auszüge aus dem Roman vor: Bier und Zigaretten, übersetzt von Harald Fleischmann, in: Podium 1/2016. – Klaras Katze, übersetzt von Lydia Nagel, <https://paperbridge.de/lektuere/#tab-1541425078574-11-0>.

[26] Stepowa legenda: antologia ukraińskiej małej formy prozatorskiej lat 1890–1930, red. Ola Hnatiuk, Larysa Szost. Warszawa 2001. – Ola Hnatiuk, Katarzyna Kotyńska (red.): Prolog, nie epilog ...: poezja ukraińska w polskich przekładach (pierwsza połowa XX wieku). Warszawa 2002.

Der Systemwandel in der Kultur Ende der 1990er Jahre brachte in Polen nicht nur eine Dezentralisierung des Betriebs mit sich, sondern es entstanden auch neue Kulturinstitutionen wie das Nationale Kulturzentrum (Narodowe Centrum Kultury), das Buchinstitut (Instytut Książki), das Filminstitut (Instytut Filmowy) oder das Adam-Mickiewicz-Institut (Instytut Adama Mickiewicza). Hauptaufgabe des Mickiewicz-Instituts ist die Förderung der polnischen Kultur im Ausland. Ausgerechnet in der Ukraine spielte das Adam-Mickiewicz-Institut aber keine signifikante Rolle. Das Buchinstitut fördert Übersetzungen polnischer Literatur. Das polnische Kulturministerium hat das Stipendienprogramm „Gaude Polonia" für Kulturschaffende aus Ländern östlich von Polen ins Leben gerufen, das bislang Hunderten Künstlern, Musikern, Museumsmitarbeitern, Schriftstellern und Übersetzern aus der Ukraine Kooperationen mit polnischen Kulturschaffenden ermöglicht hat. Auf der Habenseite stehen nicht nur die Früchte von Autoren- oder Künstlerfreundschaften oder polnisch-ukrainische Musikgruppen, sondern auch die Restauration von Kulturgütern. Im Rahmen von „Gaude Polonia" entstanden ukrainische Übersetzungen von schwer zugänglichen Klassikern der polnischen Literatur des 20. Jahrhunderts, die in der Regel von der kommunistischen Zensur unterdrückt worden waren, so etwa Werke von Andrzej Bobkowski (Kriegstagebücher aus Frankreich), Tadeusz Borowski („Auschwitz-Erzählungen"), Witold Gombrowicz, Gustaw Herling-Grudziński („Welt ohne Erbarmen"), Czesław Miłosz oder Kazimierz Moczarski („Gespräche mit dem Henker").

Parallel dazu entstand an der Schnittstelle von Literatur und Wissenschaft ein Fortbildungsprojekt für belarussische und ukrainische Übersetzer polnischer Literatur sowie polnische Übersetzer belarussischer und ukrainischer Literatur. Das *Translatorium*, das ich gemeinsam mit dem Übersetzer, Essayisten und langjährigen Vorsitzenden des polnischen PEN-Clubs Adam Pomorski leiten durfte, schulte nicht nur eine ganze Plejade von Übersetzern, sondern wurde auch zur Plattform für die Zusammenarbeit von Literaten aus der Region. Die im Laufe von mehr als zwanzig Jahren entstandenen Freundschaften tragen bis heute Früchte, sei es in Gestalt von Übersetzungen, sei es in Form vielfältiger Projekte.

„Gaude Polonia" und das *Translatorium* hatten eine weitaus größere Reichweite, aber sie entstanden aus dem Geist der *Kultura*, das heißt aus der Überzeugung von der fundamentalen Bedeutung des polnisch-ukrainisch-belarussischen Austauschs.

Die institutionellen Veränderungen in Polen hatten lange kein Pendant in der Ukraine. Die wesentlich von Persönlichkeiten wie Jurij Andruchovyč in Ivano-Frankivs'k oder Serhij Zhadan in Charkiv vorangetriebene Dezentralisierung des Kulturbetriebs schlug sich erst nach 2014 auf institutioneller Ebene nieder. Der Generationenwechsel sowie die Herausforderung durch Russlands Aggression veränderten den Blick auf die Kultur. Es entstanden neue Institutionen sowie Programme zur Förderung von Übersetzungen ukrainischer Literatur in andere Sprachen. Ein Beispiel ist der 2020 vom Ukrainischen Institut, dem Ukrainischen Buchinstitut und dem ukrainischen PEN-Club gestiftete „Drahoman Prize" für Übersetzungen aus dem Ukrainischen. Erste Preisträgerin war die deutsche Übersetzerin Claudia Dathe, auf der Shortlist standen außerdem die um die Förderung ukrainischer Literatur sehr verdiente polnische Übersetzerin Katarzyna Kotyńska und ihre tschechische Kollegin Rita Kindlerová. Zeitgleich wurde ein Residenzprogramm initiiert, das sich vor allem an Übersetzer ukrainischer Literatur richtet. Mit dem Lysiak-Rudnytsky-Programm des Ukrainischen Instituts werden Übersetzungen geisteswissenschaftlicher Texte gefördert. Alle angeführten Institutionen orientieren sich weitgehend an polnischen Vorbildern, insbesondere am *Instytut Książki*. Und ähnlich wie in Polen haben Generationswechsel und institutioneller Wandel der Förderung der ukrainischen Kultur im In- und Ausland wichtige neue Impulse verliehen.

Dieser kurze Überblick wäre unvollständig, ohne ein Wort zur Lage ukrainischer Künstler und Literaten angesichts des russländischen Überfalls sowie der gezielten Zerstörung von Kulturgütern und des Raubs von Museumsexponaten und -artefakten durch die russländischen Besatzer zu sagen. Es heißt: Inter arma silent musae. Die ukrainischen Schriftsteller und ihre polnischen Freunde zeigen seit den ersten Kriegstagen, dass das nicht stimmt. Natürlich widmen sich viele wichtige ukrainische Schriftsteller ganz dem Freiwilligendienst und leisten einen wichtigen Beitrag bei der Organisation ziviler Hilfe. Stellvertretend seien die beiden bekanntesten Namen genannt: Serhij Zhadan und Andrij Ljubka, die laufend über die gesammelten Mittel und ihre Verwendung informieren. Viele verteidigen ihre Heimat an der Front – es ist zu hoffen, dass wir ihre Stimmen in Zukunft wieder vernehmen werden. Noch andere haben ihre literarische Arbeit aufgegeben und schreiben Reportagen und Berichte vor allem für die westliche Öffentlichkeit. Hier sei Volodymyr Jermolenko mit seiner Internetseite *UkraineWorld* genannt.

Die polnischen Übersetzer und Schriftsteller haben große Solidarität mit ihren ukrainischen Kollegen bewiesen. Das am Tag vor Russlands Invasion ausgerufene „Wir stehen an Eurer Seite“ hat sich in konkreter Hilfe niedergeschlagen, die umso dankbarer angenommen wird, als sie nicht nur schnell und effektiv, sondern auch mit großer Herzlichkeit und Hingabe geleistet wird. Eine öffentlichkeitswirksame symbolische Geste war die Nominierung Serhij Zhadans für den Literaturnobelpreis durch das Institut für Literaturforschung der Polnischen Akademie der Wissenschaften. Bereits vor zwei Jahren hatte der polnische PEN-Club eine Nominierung Zhadans nichtöffentlich eingereicht.

Die gegenwärtigen polnisch-ukrainischen Beziehungen sind das Resultat der Arbeit von Angehörigen mehrerer Generationen, die sich der bilateralen Verständigung verschrieben haben. Noch vor weniger als einem Jahrhundert herrschte in Polen die Auffassung von der eigenen kulturellen und politischen Überlegenheit, was in der Fähigkeit zur Staatsbildung zum Ausdruck gekommen sei. Die Ukrainer wurden nicht als eigenständige Nation angesehen. Im ukrainischen historischen Gedächtnis, zumal nach der Erfahrung des polnisch-ukrainischen Krieges, erschienen die Polen als Feinde. Die visionäre Haltung einer kleinen Gruppe von Exilanten und ihr Einfluss auf die demokratische Opposition in Polen bereiteten den Grund für einen grundlegenden Wandel in den polnisch-ukrainischen Beziehungen. Dem Talent, dem Fleiß und der Persönlichkeit einer Gruppe von Autoren und Übersetzern der 1990er Jahre ist es zu verdanken, dass ukrainische Literatur mittlerweile in Polen gut vertreten ist. Und in der Ukraine ist polnische Literatur die am häufigsten übersetzte Literatur. Die politischen Erschütterungen wie die Orangene Revolution, der Euromajdan und Russlands Krieg gegen die Ukraine haben das polnische Interesse an der ukrainischen Kultur wachsen lassen. Der gesellschaftliche Wandel und das Auftreten herausragender ukrainischer Literaten und Künstler tragen ein Übriges dazu bei: Man hält die ukrainische Kultur in Polen nicht nur für ebenso interessant wie andere, sondern man beschäftigt sich auch mit ihr.

Aus dem Polnischen von Bernhard Hartmann, Duisburg

Oksana Chmel'ovs'ka

Vom Hässlichen zum Wütenden

Ukrainisches Buchdesign aus drei Jahrzehnten

Am Anfang stand die ukrainische Avantgarde der 1920er Jahre. Mit der Unabhängigkeit der Ukraine Ende 1991 wurde diese Kunst wiederentdeckt und neu interpretiert. Das *Ugly Design*, weltweit im Trend, tauchte in der Ukraine bereits Anfang der 1990er Jahre auf. Heute ist das ukrainische Buchdesign in globale Märkte und Trends eingebettet, hat sich aber in Theorie und Praxis seine nationalen Traditionen und Besonderheiten bewahrt. Ukrainische Illustratoren führen visuelle Tagebücher des Krieges, sie sind Chronisten der Kriegsverbrechen Russlands und schaffen wütende, mutige Kunst.

Der Beginn eines Buchdesigns kann für die Ukraine in den 1920er Jahren angesetzt werden, ab der sogenannten „Ukrainisierung" – einer kurzen Periode der „ukrainischen Widergeburt" zu Beginn der Gründung des Sowjetimperiums, die mit der Hinrichtung ihrer herausragendsten und talentiertesten Vertreter endete. Damals gab es einen beispiellosen Anstieg der Gesamtauflage und der Anzahl jährlicher Neuerscheinungen in der Ukraine. 1923 erschienen beispielsweise 2567 Titel mit einer Gesamtauflage von 10 440 000 Exemplaren, 1925 waren es schon 5718 Neuerscheinungen mit der Gesamtauflage von 19 691 000 Exemplaren. Die bloße Zahl an Veröffentlichungen erforderte es, zahlreiche Experten in die Arbeit einzubinden. Durch eine glückliche Verkettung von Umständen arbeiteten zu dieser Zeit bereits Künstlerinnen und Künstler von Weltrang in der Ukraine und beeinflussten die allgemeine Situation mit ihrer Bildsprache: Das gilt etwa für Kazymyr Malevyč, Oleksandr Archypenko, Heorhij Narbut, Oleksandra Ekster, Sonia Delaunay, Davyd Burljuk, Vasyl' Jermylov, Vadym Meller, Borys Kosarjev. Viele von ihnen arbeiteten an der Schnittstelle von Architektur, bildender Kunst, Plakatkunst, Skulptur, Theater, Film und sogar Mode, was zwangsläufig auch ihren Ansatz in der Buchgestaltung beeinflusste, der oft an Innovation und Experiment grenzte.
Der Kreativdirektor des Nischenverlags für Kunstbücher *RED ZET,* Il'ja Žekalov, beschreibt in einem Gespräch:

> Hätte der ukrainische Staat zu Beginn des 20. Jahrhunderts überlebt, dann hätten jene kulturellen und künstlerischen Prozesse, die bereits vor dem Ersten Weltkrieg in der Ukraine entstanden waren, heute als ukrainische Avantgarde einen Namen in der Kunstgeschichte, nicht als russische.

Oksana Chmel'ovs'ka, Journalistin, Kuratorin, Mitgründerin der Literatur- und Buchplattform *Čytomo, engl. Chytomo* <https://chytomo.com/en/about-us/>, Kiew. Zu *Čytomo* siehe auch das Interview „Wir spucken russische Literatur mit Blut aus, in diesem Band, S. 285–290. Alle Zitate im vorliegenden Text basieren auf persönlichen Interviews.

OSTEUROPA, 72. Jg., 6–8/2022, S. 323–340 **doi: 10.35998/oe-2022-0169**

Heorhij Narbut: Umschlag der Wochenzeitschrift „Myztectvo" (Kunst), Juni 1919. Kunstmuseum Charkiv

Einige Künstler waren stärker in die Produktion involviert, andere wie Heorhij Narbut, Anatol' Petryc'kyj, Vasyl' Kryčevs'kyj, Mykola Butovyč, Osyp Sorochtej oder Ivan Padalka unternahmen erste Versuche einer Theoriebildung auf dem Gebiet der Buchgestaltung. Sie schufen trotz strenger Zensur und Repression eine ausdrucksstarke Graphik mit Wiedererkennungswert.
Oleh Hryščenko, Graphiker, Mitgründer und Kurator der Illustratorengruppe *Pictoric,* sagt:

> Die ukrainische Designschule ist eine Verschmelzung gesamteuropäischer Trends des frühen 20. Jahrhunderts mit ukrainischen visuellen Traditionen. Daraus ergab sich ein sehr origineller und wiedererkennbarer Stil, der für mindestens fünfzig Jahre die Grundlage des ukrainischen Buchdesigns bildete. Dies belegt auch eine gewisse stilistische Ähnlichkeit zwischen ukrainischen sowjetischen Publikationen und Publikationen der Diaspora. Auch sollte der wesentliche Beitrag von Künstlern der ukrainischen Avantgarde nicht vergessen werden, der sich eine Generation später in der Kunst der „Sechziger" erneut zeigte.

Den Künstlerinnen und Künstlern kam oft eine Schlüsselrolle zu, selbst in der Terminologie: In der Sowjetunion arbeiteten „Buchkünstler", keine Designer. Illustration und Graphik standen eher im Zentrum der Aufmerksamkeit als Satz, Papier, polygraphische Besonderheiten und Schriftarten. Daher ist es nicht weiter verwunderlich, dass das Design an sich, der Aufbau eines Buches, die Arbeit am Text keine Stärke des ukrainischen Buches waren und keine Besonderheiten aufwiesen. Bücher wurden in die sowjetische Propagandaarbeit einbezogen. Aufgrund der Planwirtschaft und der überdurchschnittlich hohen Auflagen mussten die Verlage nicht um Leser werben. Eine begrenzte Anzahl von Drucktypen und billiges Papier ließen diese Bücher recht ausdruckslos erscheinen.
Der Kunsthistoriker Vasyl' Kosiv, Rektor der Nationalen Kunstakademie L'viv und Autor der Studie *Ukrainische Identität im Graphikdesign der Jahre 1945–1989* betont:

> Es gab ein paar Ausnahmen, etwa den meisterhaften Buchgestalter Volodymyr Jurčyšyn, der mit größter Sorgfalt an jedem Detail einer Publikation arbeitete. Allerdings kann man nicht sagen, dass unser Erbe vor der Unabhängigkeit nur sowjetisch geprägt war. Es gibt zahlreiche Werke ukrainischer Buchgestaltung aus der Diaspora. Jakov Hnizdovs'kyjs Schriftgestaltung und seine mutigen Experimente mit der kyrillischen Schrift seien hier erwähnt. Heute wird dieses Erbe größtenteils digitalisiert und aktiv genutzt.

In den letzten Jahren haben ukrainische Designer das sowjetische Erbe wiederentdeckt: Neue grundlegende Publikationen über die Geschichte des ukrainischen Designs sind erschienen.[1]

---

1 Anastasija Bilousova, Serhij Bilokin' (Hg.): Narbut: studiji, spohady, lysty: (rekonstrukcija znyščenoho 1933 roku „Narbutivs'koho Zbirnyka". Kyjiv 2020. – Vasyl' Kosiv: Ukrains'ka identyčnist' u hrafičnomu dyzajni 1945–1989 rokiv. Kyjiv 2019. – ZNAK. Ukrajins'ki tovarni znaky 1960–1980. Kyjiv 2019. – Volodymyr Lesnjak: Vidtvorennja šryftovoji spadščyny: 40 oryhinal'nych šryftiv. Kyjiv 2020.

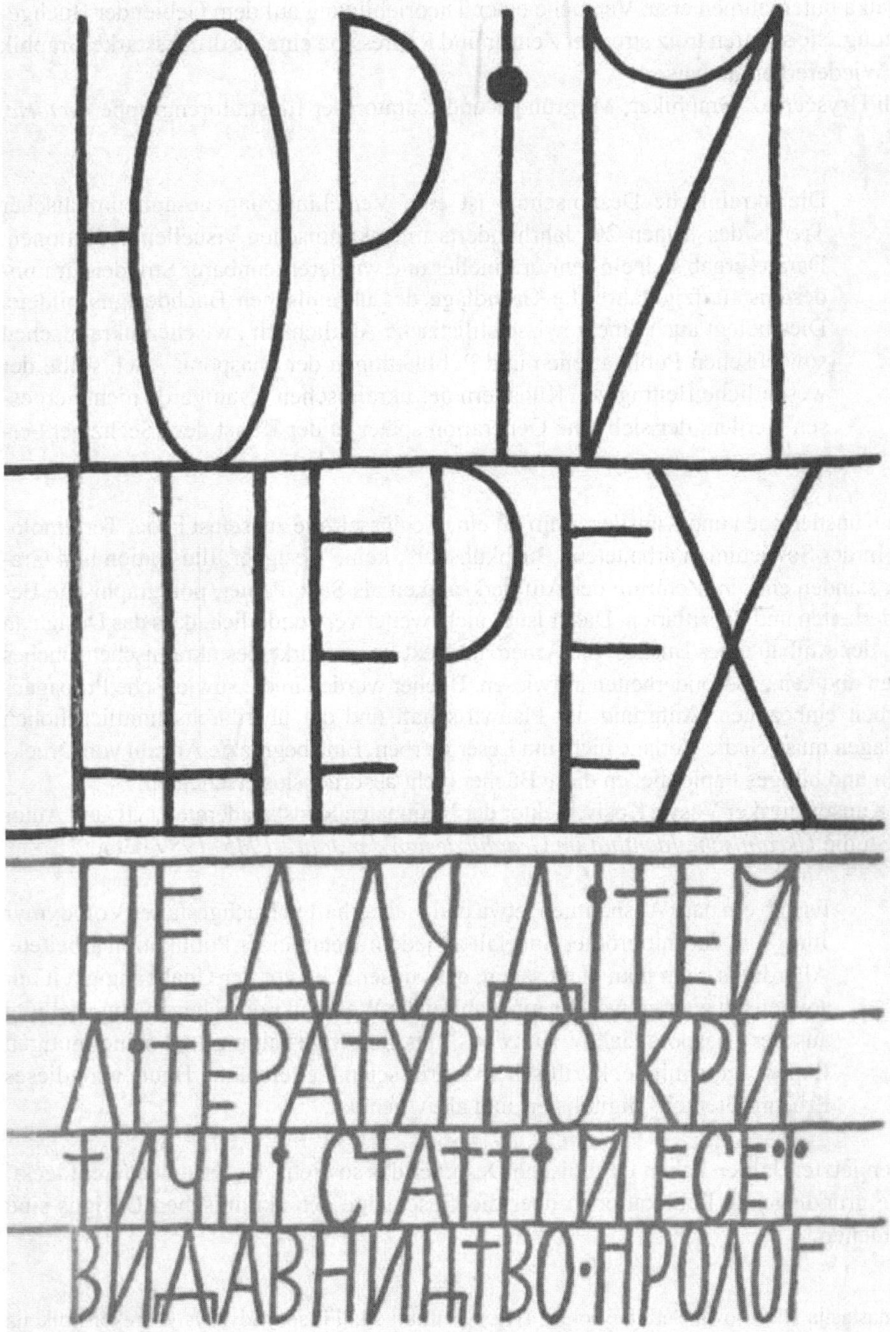

Jakiv Hnizdovs'kyj: Umschlag zu einem Essayband von Jurij Šerech, 1964

Narbut. Studien. Erinnerungen, Briefe. Rekonstruktion des 1933 zerstörten „Narbut-Sammelbands“. Erschienen mit 500 verschiedenen Umschlägen.

ZNAK. Ukrajins'ki tovarni znaky 19601980, U.N.A.

Die hässlichen 1990er und überbordende Spezialeffekte

Die Unabhängigkeit der Ukraine ging mit einer katastrophalen wirtschaftlichen Lage einher: Die Inflation schoss in die Höhe, Produktionsketten zerrissen, Buchhandlungen wurden zu Dutzenden geschlossen, die staatlichen Verlage aufgelöst oder stellten vorübergehend ihren Betrieb ein. Nach dem Zusammenbruch des monopolisierten sowjetischen Kunstbereichs mussten neue Ansätze im Buchwesen gefunden werden. „Die Finanzkrise der 1990er Jahre ließ keine Möglichkeit für künstlerische Publikationen oder stilistische Experimente", erinnert sich der Illustrator Oleh Hryščenko.
Diese Zeit fiel mit grundlegenden technologischen Innovationen zusammen, welche die Produktionsprozesse grundlegend veränderten. Die ersten Computer tauchten auf, auf den wilden Straßenmärkten wurden Disketten mit Raubkopien und Tausenden von Schriftarten verkauft. „Mit Buchdesign beschäftigten sich damals Menschen, die keine Angst vor Neuem und Unbekanntem haben", ergänzt der Designer Mykola Leonovyč.
Computersatz, digitale Bildbearbeitung, die ersten Scanner boten schier grenzenlose Möglichkeiten für Designer. Nach Meinung von Il'ja Žekalov brachte diese Zeit der weltweiten Experimente nicht nur neue Ideen und deren professionelle Umsetzung hervor. Die leichte Verfügbarkeit neuer Technologien öffnete auch unprofessionellem Schrott Tor und Tür.
Oleksandr Trehub, Gründer der Schule *Projector* und Herausgeber von *Telegraf.design.* kommentiert

> Der Verfall der Traditionen, neue Technologien und überbordende Spezialeffekte – Schatten, Konturen, unverhältnismäßig gestauchte oder gestreckte Schriften, minderwertiges Papier – brachten eine authentisch ukrainische Form des *Ugly Design* hervor. Die besten Beispiele sind immer noch auf Werbetafeln zu sehen. Was ausgebildete Designer als schlechten Geschmack und Kitsch empfanden, wird heute von europäischen Kollegen bewusst gesucht. *Ugly Design*, das im postsowjetischen Umfeld organisch entstand, gehört heute zu den gefragtesten globalen Trends.

Neben dem *Ugly Design* stehen die 1990er Jahre jedoch auch für ehemals verbotene Themen: Es erscheinen Bücher bis dato verbotener oder zensierter Autoren, provokante Romane, Erotikbände, unkonventionelle Kunstbücher. Dank der neuen Möglichkeiten entwickelte der Kalligraph Vasyl Čebanyk auf der Basis alter ukrainischer Typen die Schrift *Rutenia*, was zu Sowjetzeiten nicht möglich gewesen war. Begeisterte Typographen in L'viv, Sumy oder Berdjans'k entwarfen neue kyrillische Schriftarten.
Pioniere gründeten die ersten privaten Verlage und Zeitschriften, die um Leserinnen und Leser warben und prominente sowie talentierte Künstler und Graphiker engagieten, die zuvor für staatliche Verlage gearbeitet hatten. Valentyna Mel'nyčenko, V'jačeslav Lehkobyt, Heorhij Jakutovyč und Volodymyr Holozubiv lieferten die Grundlage für einen ukrainischen Illustrationsstil. In den 1990er Jahren stießen talentierte unbekannte Künstler hinzu.

Oleksandra Korčevs'ka-Cechoš, Graphik- und Digitaldesignerin bei *Projector* sowie Dozentin an der Ukrainischen Katholischen Universität erinnert sich:

> In den 1990er Jahren war die Buchgestaltung anders: Die einen nutzten die Traditionen der Moderne, andere tendierten zu Experimenten mit Farbe und Kontrasten, aber jeweils war das Design von Naivität der Form und Experimenten in der proportionalen Darstellung geprägt.

Den Grundstein für die Publikation von Kunstbüchern in der Ukraine legte der Verlag *Rodovid*, der kurz nach der Wende entstand und sich auf Bücher und Alben zur ukrainischen visuellen Kultur spezialisierte. *Rodovid* war auch der erste Verlag, der kontinuierlich Bildbände junger ukrainischer Fotografen und Künstler herausgab und sie in Europa und Amerika auf Messen und Fotobuchfestivals vorstellte.
Anfang der 2000er Jahre hielt Photoshop Einzug in das ukrainische Design. Immer mehr Menschen hatten Zugang zu PCs und zum Internet – und damit auch zu Raubkopien von Programmen. Das Buchdesign wurde zum Ausgangspunkt für Experimente und zum Versuch, sich endgültig vom positiven wie negativen Einfluss sowjetischer Traditionen zu lösen. Der Versuch, teure bibliophile Ausgaben zu produzieren und zu vermarkten, die Verwendung der Schrift *Antiqua* oder Folienprägungen liefen ins Leere. Dafür gab es keine Nachfrage. Das Buch passte sich an die Werte und ästhetischen Gewohnheiten der Generation X an.[2] Für Il'ja Žekalov ist klar:

> In den 2000er Jahren begann die Blütezeit des modernen Buches in der Ukraine, als künstlerische Ideen und technische Umsetzungsmöglichkeiten endlich zusammenfielen.

Auf der Suche nach einer neuen visuellen Identität

Als die ersten ausländischen Titel in ukrainischer Übersetzung aber mit dem ursprünglichen Design erschienen, war das für viele Fachleute und Leser die erste Begegnung mit den visuellen Ansätzen anderer Länder. Die Visafreiheit und die wachsende Mobilität trugen dazu bei, dass ukrainische Künstler, Graphiker und Verleger mehr reisten und ausländische Trends besser kennenlernten: Viele wurden zu Residenzaufenthalten eingeladen oder nahmen an gemeinsamen Workshops und Ausstellungen teil oder sie machten sich in ausländischen Buchhandlungen ein eigenes Bild von den herrschenden Trends.
Gleichzeitig verschwimmen die Grenzen zwischen nationalen Schulen und Richtungen. Illustratoren und Designer folgen globalen Trends oder definieren sie. Dies löste eine Diskussion darüber aus, ob das ukrainische Buchdesign Originalität für sich beanspruchen könne und seine Identität pflegen sollte. Der Designer Saša Byčenko versucht, beide Positionen miteinander zu versöhnen.

---

2 Zur Generation X gehören jene Menschen, die in den 1970er und 1980er Jahren geboren wurden. Sie wuchsen also in der späten Sowjetunion auf.

> Wir können nicht außerhalb der globalen Gemeinschaft arbeiten, losgelöst vom Internet, wir können uns aber auch nicht darin auflösen, weil wir ein Produkt unserer eigenen Kultur sind. Wenn wir uns dem einen wie dem anderen kritisch nähern, kann genau hier eine moderne nationale Schule, ein nationaler Stil oder ein nationales Design entstehen, deren Stärke und Schönheit gerade in der Polyphonie ihrer unterschiedlichen Vertreter liegt.

Gewisse Tendenzen des modernen Buchdesigns lassen sich hervorheben. Marija Norazjan, künstlerische Leiterin des Studios *Grafprom*, Kuratorin und Mitorganisatorin des internationalen Festivals *4. Blok*, glaubt, dass das ukrainische Buchdesign sein eigenes Gesicht habe:

> Gegenwärtig befindet sich das ukrainische Buchdesign auf internationalem Niveau. Unsere Bücher stehen der Produktion anderer Länder in nichts nach, haben aber zugleich ihre Eigenheiten. Ukrainisches Design ist im Vergleich zu dezenteren, minimalistischen europäischen Beispielen intensiver, auffälliger und vielfältiger. Es gibt eine Tendenz zu Spezialeffekten im Druck, zu aufwändigen Folianten, was ganz normal ist, weil wir über viele Jahre nicht die entsprechenden technischen Möglichkeiten hatten.

Auf die sowjetische Tradition geht zurück, dass die Verlage der Illustration als integralem Bestandteil des Buches große Aufmerksamkeit schenken. Das hat insbesondere dem Kinder- und Jugendbuchbereich einen Aufschwung verschafft. Heute werden die Arbeiten der Mitglieder von Künstlergruppen wie *Agrafka* und *Pictoric* international nachgefragt. Anna Sarvira, Oksana Dračkovs'ka, Al'ona Šostko, Ol'ha Štonda, Olena Smetana, Julija Hvilym, Kateryna Štanko, Ol'ha Kuznjecova, Marija Kinovič, Oksana Bula, Ol'ha Muzyčenko, Marija Bilins'ka und Vadym Solovs'kyj, Tetjana Jakunova, Polina Dorošenko und Serhij Majdukov wurden mit Preisen internationaler Illustrationswettbewerbe ausgezeichnet.
Die Graphik-Dozentin Oleksandra Korčevs'ka-Cechoš sieht darin ein enormes Potential:

> Früher fühlten sich Graphiker und Designer unter Druck gesetzt, wenn Auftraggeber sich für Lizenzausgaben bekannter Zeichentrick- und Animationsfirmen entschieden. Mittlerweile gibt es auf dem ukrainischen Markt einen großen Pool von sehr starken Publikationen, die als komplett eigenständig wahrgenommen werden und keinen Vergleich mit Büchern mit Figuren von Disney, DreamWorld oder Sony Pictures provozieren.

Ein relativ neues Phänomen sind Bücher, in denen vor allem Typographie und Layout eine Rolle spielen. Hier sei die Charkiver Schule genannt. Zu ihr gehören Al'ona Solomadina, das *U,N,A Kolektyv*, zu dem auch Uljana Byčenkova und Nina Kudinova zu zählen sind, *3Z Studio* (Tanja Borzunova, Serhij Mišakin) sowie *Grafprom* (Il'ja Pavlov, Marija Norazjan).

Eine Vorreiterrolle für neue Ansätze im Buchdesign spielen immer wieder neu gegründete Privatverlage, die in originelle lokale Projekte investieren, und in den letzten Jahren auch Indie-Verlage, die nicht auf möglichst zahlreiche Titel setzen, sondern auf wenige, qualitativ hochwertige für ein Nischenpublikum.
Saša Byčenko, Buchdesigner sowie Mitgründer und Kreativdirektor des Studios *Kultura* kommentiert:

> Das sind nicht in erster Linie Geschäftsleute, sondern Enthusiasten, die aus Liebe zur Sache arbeiten und sich mit ihren Themen auskennen. Das bedeutet jedoch keine chaotische Geschäftsführung. Das beweisen die regelmäßigen Neuerscheinungen wenn auch in kleinen Auflagen. Sie erscheinen sogar jetzt während des Krieges!

Byčenko denkt dabei an Verlage wie *IST Publishing*, *Rodovid*, *Vichola*, *Vydavnyctvo*, *Vavylons'ka biblioteka*. Neuerscheinungen sind für die Szene immer ein bemerkenswertes Ereignis. Eine der effektivsten Möglichkeiten, Kunstbücher bekannt zu machen, sind eigene Ausstellungen. *IST Publishing* versucht, zu jeder Kunstpublikation ein Ausstellungsprojekt zu machen. So erschien etwa *Blindman*, der erste inklusive Comic für Blinde in der Ukraine von Volodymyr Havryš und Andrij Benyc'kyj, in einer limitierten Auflage von zweihundert Exemplaren, mit Prägedruck und Brailleschrift. Auf der Ausstellung wurden die Comicseiten auf Gipsplatten präsentiert, die die Besucher mit verbundenen Augen berühren konnten. Ein anderes Beispiel ist der experimentelle Comic *U m'jati* von Borys Filonenko, Anton Rjezkinov und Danylo Štangejev, dessen Begleitausstellung alle vorbereitenden Materialien versammelte, die der endgültigen Version des Comics vorausgingen: Originalbögen, Skizzen, Briefe etc. Kateryna Nosko, Gründerin und Verlegerin von *IST Publishing*, erklärt:

> So kommunizieren wir auf unterschiedlichen Wegen mit dem Inhalt der Publikation. Wir zeigen, dass das Buch eine tragbare Ausstellung ist. Es ist Kunst, die man in der Tasche mitnehmen kann.

Der umgekehrte Trend ist die Herausgabe von Kunstbüchern und Katalogen zu Kunstausstellungen. Die Publikationen des ukrainischen Filmarchivs, des *Nationalen Oleksandr Dovženko-Zentrums*, haben wiederholt Buchdesign-Wettbewerbe gewonnen. Die Kataloge des *Mystec'kyj Arsenal* werden von Sammlern hoch geschätzt. Die künstlerische Leiterin Valerija Gujevs'ka kommentiert diesen Ansatz:

> Unsere Kataloge sind grundlegende Forschungsarbeiten und kunstwissenschaftliche Artikel. Hinzu kommt eine große Anzahl von Bildern: Fotos und Reproduktionen, die vermitteln sollen, wie die Ausstellungen in den Räumen des Alten Arsenals aussahen. Mit diesem Schritt möchten wir mehr über unser kulturelles Erbe, über Experimente und Praktiken der jüngeren Generation ukrainischer Künstler erzählen.

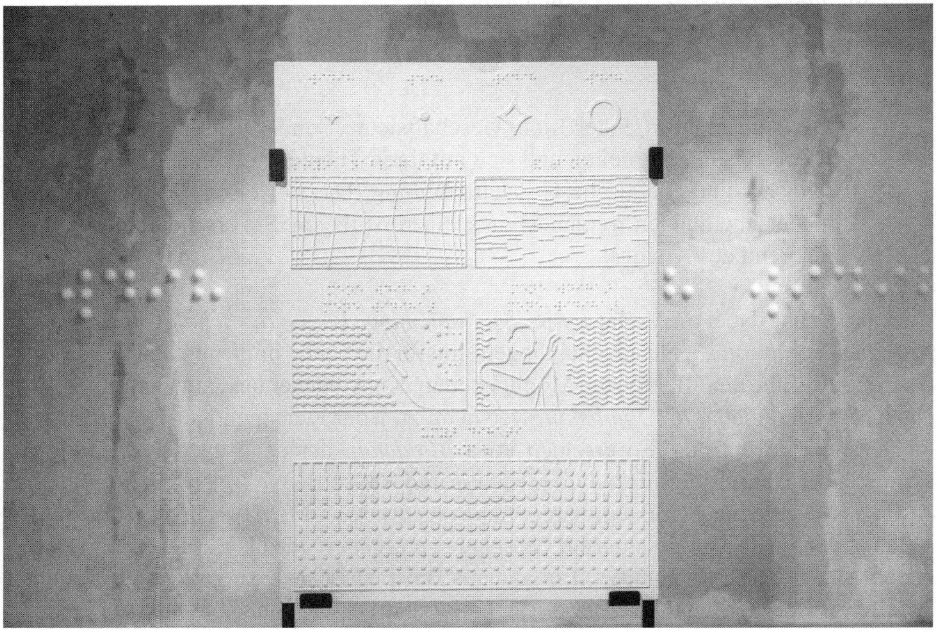

Aus der Ausstellung für den inklusiven Comic „Blindman"

Andrej Alferov: Flights in Dreams and Reality. Umschlag: Al'ona Solomadina

Kataloge zu Ausstellungen im Museum „Kunstarsenal". Foto: Oleksandra Popenka

Ausbildung und Entwicklung

Früher konnte man Graphikdesign oder Buchdesign an staatlichen Hochschulen wie der *Kunstakademie Kyjiv*, der *Kunstakademie L'viv*, der *Ukrainischen Akademie für Druckkunst*, der *Staatlichen Designakademie Charkiv* oder der Staatlichen Mychajlo Bojčuk-Akademie für angewandte Kunst und Design in Charkiv studieren. Heute gibt es zahlreiche Privatschulen und Kurse.
Valerija Gujevs'ka ist überzeugt:

> Die traditionellen Hochschulen bieten eine gute Vermittlung der Grundlagen. Kompositionsprinzipien, Farbenlehre und Buchaufbau haben sich nicht grundlegend geändert. Aber die Auseinandersetzung mit dem Wandel der Sehgewohnheiten, mit der Entwicklung von Typographie und Schriften und die Beschäftigung mit neuen Buchbindematerialien und Druckverfahren müssen die Studentinnen und Studenten oft selbst leisten.

Marija Norazjan stimmt ihr zu und ist der Ansicht, dass Akademien eine Wissensbasis und ein grundlegendes Verständnis für den kompositorischen Aufbau bieten, aber zu langsam auf Veränderungen in der Branche reagieren:

> In der Ukraine gibt es einen großen Boom alternativer Bildungsmöglichkeiten. Kurse können schneller Trends und technologische Grundlagen vermitteln als die Akademien.

Unter den Einrichtungen, an denen man schnell aktuelle Designansätze kennenlernen und anwenden lernt, ist das *Projector Institute* vielleicht das prominenteste. Es hat neun Fakultäten, an denen 20 000 Absolventen ausgebildet wurden. Das *Projector Institute* pflegt eine Community von 100 000 Personen. Ihr Gründer Oleksandr Trehub erklärt zum Selbstverständnis seiner Institution:

> Die Bildungsprogramme sind auf die persönlichen Bedürfnisse zugeschnitten. Außerdem bieten wir einen persönlichen Mentor an. Wenn wir eine Bibliothek erstellen, ist das kein Betonklotz, sondern ein technischer Service, der Zugang zu Hunderten von Lehrvideos, zu Konferenzen und der Community bietet. Wenn wir eine Fachkonferenz veranstalten, ist das die KRUPA Conference, die größte Konferenz für digitales Produktdesign in Europa, an der beim letzten Mal 3000 Leute teilnahmen.

Projector Institute war es auch, die das Nischenmedium für Designer, *Telegraf.design*, gründete sowie die Plattform *Projektor Humanitarium* ins Leben rief, wo Online-Kurse zu sozial- und gesellschaftswissenschaftliche Themen angeboten werden. Es hatte sich gezeigt, dass anwendungsorientierte technische Fähigkeiten für Designer nicht ausreichen, um komplexe Aufgaben umzusetzen. Davon ist auch Vasyl' Kosiv überzeugt, der eine klassische Hochschule vertritt:

> Mit dem Autor eines Textes wirklich intellektuell substanziell zusammenzuarbeiten, Nuancen der Aussage durch die Gestaltung des Buches, durch den Aufbau der Seiten, die Arbeit mit der Schrift zu visualisieren, all das kann man

in der Ukraine nur an wenigen Instituten lernen. Eine solche Ausbildung erfordert viel Zeit und auch eine gewisse Reife. Kürzere Schulungen und Kurse sind nur für jene nützlich, die bereits über ein stabiles Fundament verfügen und wissen, worauf sie achten und was sie verbessern müssen.

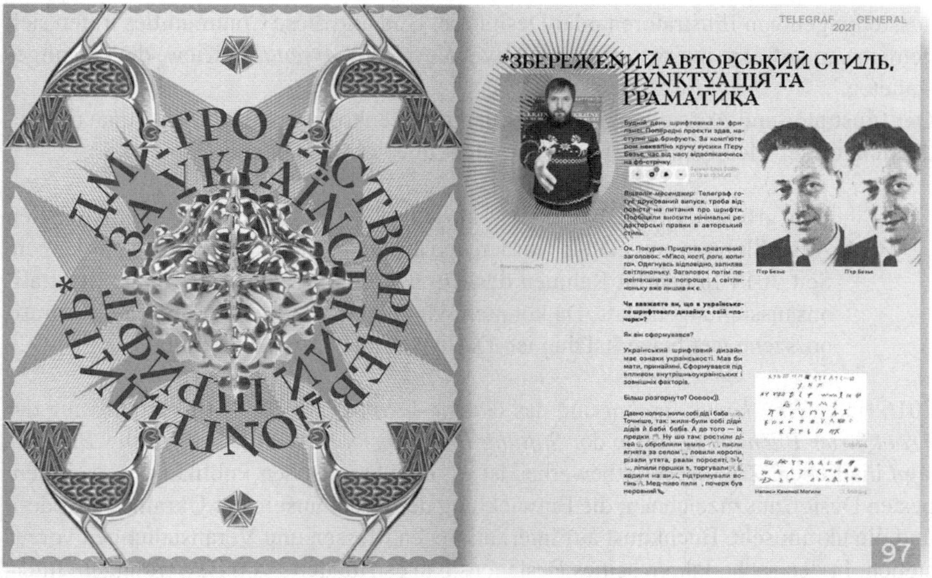

Druckausgabe der Zeitschrift Telegraf.design

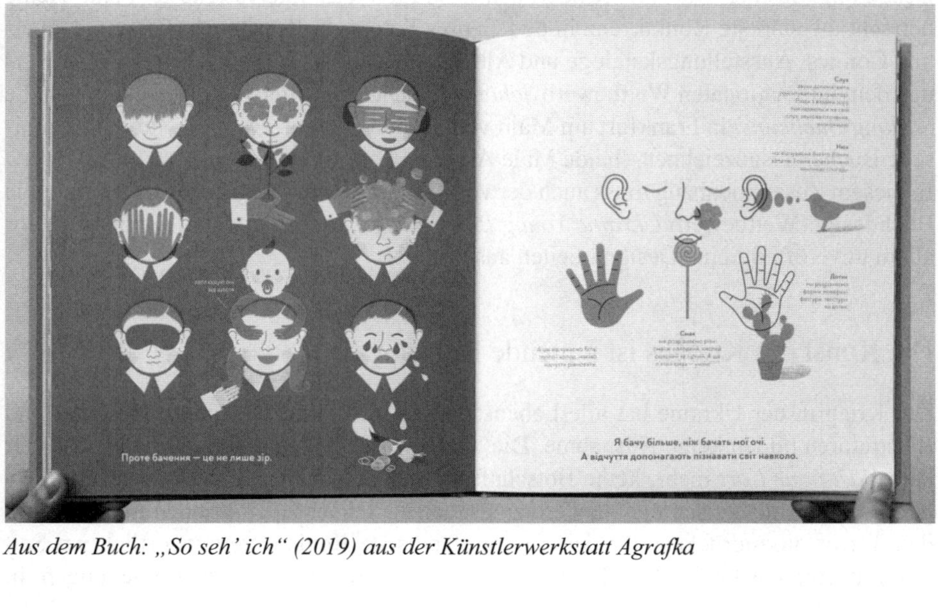

Aus dem Buch: „So seh' ich" (2019) aus der Künstlerwerkstatt Agrafka

Die Zugehörigkeit zu einer bestimmten Szene trägt dazu bei, Neues kennenzulernen. Nach der Jahrtausendwende haben sich in der Ukraine Festivals mit einem professionellen Profil zu Kristallisationskernen für kreative Communities entwickelt. So wurde das *Forum vydavciv* in L'viv zu einer Verlagsmesse für die gesamte Ukraine, auf der *Šryftobl'ok* in Charkiv und der *Rutenija* in Kiew stellte sich die Schriftentwicklungsszene ein, *Šturmovi zahony Hutenberha* wurde zum Treffpunkt für neue Verlage, die Illustrationsbiennale des Nationalen Künstlerbundes zum Ort für Einzel- und Gruppenausstellungen von Illustratoren oder Designern. Und alle diese Communities trafen sich gemeinsam auf dem internationalen Festival *Knyžkovyj Arsenal* in Kiew, die sie mitgestalteten.
Der Illustrator und Ausstellungskurator Oleh Hryščenko unterstreicht, dass man die Bedeutung dieser Messen und Festivals gar nicht überschätzen könne:

> Den größten Effekt hatte, dass ukrainische Illustratoren zu internationalen Ausstellungen eingeladen wurden und ausländische Teilnehmer zu uns kamen. Seit 2014 finden im Rahmen des *Knyžkovyj Arsenal* internationale Illustrationsausstellungen statt. Da konnten wir zeigen, dass die ukrainische Illustrationsszene wettbewerbsfähig ist. Das hat Selbstvertrauen vermittelt.

2016 riefen *Knyžkovyj Arsenal* und das *Goethe-Institut Ukraine* mit Unterstützung der *Frankfurter Buchmesse* sowie der *Stiftung Buchkunst* den Wettbewerb *Bestes Buchdesign* ins Leben. Ziel des Wettbewerbes ist es, die ukrainischen Publikationen mit dem besten Design auszuzeichnen, die Entwicklung der Buchkunst in der Ukraine zu fördern und die ukrainische Buchkunst auf internationalen Messen und Veranstaltungen vorzustellen. In den sechs Jahren seines Bestehens gab es Hunderte von Bewerbungen. International besetzte Jurys bewerteten Publikationen in verschiedenen Kategorien. Auf der Shortlist der Preiskandidaten zu stehen, ist für die Künstler und die Verlage von großer Bedeutung. Früher war die Kinderbuchillustration das interessanteste Feld. Heute herrscht die stärkste Konkurrenz in den Genres Fotobuch, Kunstbuch, Graphic Novels und Comics, Ausstellungskataloge und Alben. Die Titel der ukrainischen Shortlist werden dem internationalen Wettbewerb *Schönste Bücher aus aller Welt*, gemeldet, den die *Stiftung Buchkunst* in Frankfurt am Main veranstaltet. Bereits zweimal wurden ukrainische Bücher ausgezeichnet – beide Male Arbeiten von *Agrafka*.
In diesem Zusammenhang muss auch der vom Verlag *Osnovy* gegründete internationale Buchdesign-Wettbewerb *Ukraine Young Book Design Awards* erwähnt werden, der vor allem unveröffentlichte Designarbeiten auszeichnet.

Die Kunst des Krieges ist wütende Kunst

Der Krieg in der Ukraine hat alle Lebensbereiche für immer verändert. Designer und Illustratoren bilden keine Ausnahme. Die Kunst wurde wütend, ehrlicher und schärfer: kein *l'art pour l'art* mehr, keine Botschaft um der Botschaft willen, sondern ein dringendes Bedürfnis zu schreien, andere zu erreichen, Trauer zu empfinden und Hass auf den Terror auszudrücken, für den das russländische Regime verantwortlich ist. Seit Kriegsbeginn entstanden Hunderttausende Plakate, Memes, Überlebensanleitungen. In

der Ukraine gibt es nun Designbörsen, auf denen Illustratoren schnell auf den Bedarf von Freiwilligen reagieren und kostenlos beim Design helfen.
Serhij Majdukov, dessen Illustrationen seit Beginn des Krieges schon mehrmals auf den Titelseiten von *The New Yorker*, *The Guardian* und *The Wall Street Journal* zu sehen waren, führt auf seinem Instagram-Account ein Kriegstagebuch und seine graphischen Arbeiten blockierten sogar die sozialen Netzwerke. Er ist davon überzeugt:

> Der Krieg wurde zu einem schmerzhaften Katalysator: Früher haben Illustratoren in unserem Land nicht so regelmäßig und so eifrig gezeichnet wie heute. Jetzt ist es einfach unmöglich, es nicht oder schlecht zu tun. Natürlich gibt es auch schwache oder zweitklassige Arbeiten, aber sie fallen aus dem Zusammenhang: Über den eigenen Unabhängigkeitskrieg kann man kaum schwach malen.

Dutzende ukrainischer Künstler führen ein visuelles Tagebuch. Jedes ist eine wirkungsvolle künstlerische Dokumentation. Kaum ist etwas passiert – Schulen oder Entbindungskliniken bombardiert, Kinder ermordet, Zivilisten gefangen genommen –, erscheint buchstäblich eine Stunde danach ein Bild darüber. Es ist nicht überraschend, dass die meisten westlichen Medien wollten, dass die Ukrainer selbst über den Krieg malen. Die Illustratorin Marija Kinovyč erzählt:

> Oft höre ich überraschte Kommentare von ausländischen Fachleuten, dass niemand mit so vielen tollen Künstlern in der Ukraine gerechnet hätte. Einerseits hat der Krieg neue Chancen eröffnet, neue Kunden zu gewinnen und sich für Stipendien bewerben zu können. Andererseits kann man sich über diese beruflichen Erfolge nicht freuen, wenn Raketen auf einen fallen.

Illustration von Serhij Majdukova aus dem Zyklus „Kiew im Schatten des Kriegs", veröffentlicht vor Russlands Angriffskrieg in The New Yorker

Der Illustratorengruppe *Pictoric* gelang es, in den ersten fünf Monaten des Krieges etwa 40 Solidaritätsausstellungen zur Unterstützung der Ukraine in verschiedenen Ländern zu organisieren. Obwohl die meisten dieser Ausstellungen von Ehrenamtlichen gemacht werden, ergeben sich für die Künstler auch neue Verdienstmöglichkeiten im Ausland. Angesichts des wirtschaftlichen Zusammenbruchs in der Heimat ist das buchstäblich überlebensnotwendig. Oleksandr Trehub glaubt:

> Die Kreativen spüren ihre Kraft in der Zusammenarbeit mit anderen. Zehntausende kreative Freiwillige helfen der Ukraine, den Informationskampf zu gewinnen. Und das ukrainische Design hat sich endgültig vom russischen emanzipiert.

„Ukrainer". Aus dem visuellen Tagebuch von Marija Kinovyč

Zugleich zeigte sich auch Interesse an Buchformaten. Kateryna Nosko sagt:

> In den ersten Kriegsmonaten erwarb ein polnischer Verlag die Rechte für die Publikation des Buches Znak (U,N,A Kolektyv). Das Kunstbuch KYIV von Serhij Majdukov mit Illustrationen über Kyjiv wird aus dem Ausland bestellt und ausländische Buchhandlungen und Vertriebe interessieren sich für unsere englischsprachige Ausgabe „Pavlo Makov. Brunnen der Erschöpfung", die für den nationalen Pavillon der Biennale in Venedig gedruckt wurde. Das Buch erzählt vor allem von Charkiw, einer Stadt in der Nähe der Grenze zu Russland, die gerade zerstört wird.

Serhij Majdukov: „Denis Prokopenko. Kommandeur des Bataillons ‚Azov'"

Dabei ist aufgrund des katastrophalen Verlusts an Infrastruktur aktuell nicht absehbar, wann das Verlagswesen zumindest teilweise wieder das Vorkriegsniveau erreichen wird, wann Kunstbücher und visuelle Experimente rein technisch realisiert werden können, denn viele Druckereien wurden erheblich beschädigt. Und obwohl es im Ausland eine Nachfrage nach ukrainischem Buchdesign gibt, ist das ukrainische Publikum derzeit entweder im Ausland oder intern vertrieben oder hat genug andere Probleme und es ist nicht abzusehen, wann es sich wieder für Kunstbücher interessieren kann und ganz banal die finanziellen Möglichkeiten haben wird, welche zu kaufen.

Aus dem Ukrainischen von Lydia Nagel, Berlin

Tamara Hundorova

Heterotopie und eigenes Territorium

Der Donbass im Werk Serhij Zhadans

In Serhij Zhadans Werk spielt der Donbass von Anfang an eine zentrale Rolle. In seinem jüngsten Roman *Internat* wie auch in *Die Erfindung des Jazz im Donbass* (Vorošylovhrad, 2010) ist das östliche Grenzland der Ukraine Schauplatz und Thema zugleich. Zhadan schildert es als ein Territorium der Leere, einen geographischen und historischen Raum des Übergangs – aber nicht als Niemandsland. Reale und mentale Migration prägt diese Region, und eben das macht sie zu einem genuin europäischen Territorium. Es als *eigenes* Territorium zu verteidigen – diese literarische Botschaft von 2010 hat zwölf Jahre später eine sehr konkrete und äußerst dringliche Bedeutung angenommen.

Leben und Werk von Serhij Zhadan sind geokulturell fest verankert. „Ich habe mein ganzes Leben im Osten der Ukraine verbracht: im Donbass und im Charkiver Land" – so drückte der Autor es 2018 in einem Interview aus.[1] Bereits in seinem ersten Gedichtband *Cytatnik* (Zitatenschatz, 1995) bezeichnete er dieses Territorium als „Abgrund des Ostens" und als „Schlucht zwischen den Staaten". Der „Abgrund" des ostukrainischen Grenzlands zwischen der Ukraine und Russland, zwischen Europa und Asien ist in Zhadans Werk ein postkolonialer Ort: Nicht nur liegt er in einer geopolitischen Übergangszone, er steht auch für den Widerstand gegen das einstige Imperium und für die Integration der Ukraine in globale Entwicklungen. Russlands Angriff auf die Ukraine, der 2014 im Donbass begann und sich im Jahr 2022 zu einem Krieg gegen das gesamte Land ausgeweitet hat, haben diese Dimension in Zhadans Romanen und Gedichten noch stärker hervortreten lassen. Davon, was im Schmelztiegel dieses „Osten" entsteht, hängt heute die Zukunft der Welt ab.

Die Schlüsselwerke für Zhadans Verortung des „Ostens" sind die Romane *Vorošylovhrad* (Die Erfindung des Jazz im Donbass, 2010) und *Internat* (2017). Der erste ist Ausdruck einer „postrevolutionären" Phase. Die Orangene Revolution im Jahr 2004 und die Gegenbewegung, die im Jahr 2010 Viktor Janukovyč ins Amt des ukrainischen Präsidenten brachte, führten vor Augen, dass es „zwei Ukrainen" (Mykola Rjabčuk) gab – und dass es unabdingbar war, sie zu einem nationalen Ganzen zu verbinden. Zhadans *Vorošylovhrad* ist genau betrachtet ein solcher Versuch, die Insel Donbass symbolisch mit dem Mutterland Ukraine zu vereinen. In der Phase zwischen den Revolutionen von

---

Tamara Hundorova (1955), Prof. Dr., Literaturwissenschaftlerin, Ševčenko-Institut für Literatur Kiew, im Herbst 2022 an der Universität Giessen

[1] Serhij Žadan pro vijnu cyvil'nych ta radjans'ki mechanizm v svidomosti suspil'st va. shpalta.media, 15.9.2018.

 doi: 10.35998/oe-2022-0170

2004 und 2014 setzte Zhadan auf das individuelle Erinnern als Gegengewicht zum sowjetischen Geschichtsnarrativ. Seine Texte sprechen von Solidarität und von der Notwendigkeit, den ukrainischen Osten als „eigenes Gebiet" und „Zuhause" zu bewahren.
In „Internat" führt Zhadan dieses Thema fort. In diesem Roman über den Krieg im Donbass ist der Feind bereits gekommen, um das Zuhause zu erobern. Das „Internat" ist hier der Gegenpol des Zuhauses, es steht für die Liminalität des Donbass, für dessen Unverbundenheit.[2] In dieser Region hat das Leben „keine Wurzeln", so der Autor, „es gibt kein Heimatgefühl." Gemeinsames Thema der beiden Romane aus der Übergangszone Donbass ist „die Entstehung eines Bewusstseins für das eigene Land, für seine Einzigartigkeit, und das Gefühl der Zugehörigkeit zu diesem Land."[3]
Schon zu Beginn der 2000er Jahre hatte Zhadan Themen wie das Europa der Migranten, die posttotalitäre Obdachlosigkeit und die postsowjetischen Wanderungsbewegungen in die ukrainische Literatur eingeführt. Indem er die globale Migration mit den spezifischen Erfahrungen der „letzten sowjetischen Generation" verbindet, zu der er sich auch selbst zählt, bindet er die Ukraine gedanklich in die globale Geschichte und in jenes *neue Europa* ein, für dessen Gesellschaften Migration und Ethnizität zu zentralen Analyseinstrumenten geworden sind.[4]

Postsowjetische Übergänge

Zhadan entwirft ein grundlegend anderes Bild des Übergangs als Jurij Andruchovyč, der in seinen für die postsowjetische ukrainische Literatur prägenden Romanen *Karpatenkarneval*, *Moscoviada* und *Perversion* den Mythos von der post-habsburgischen „anderen Ukraine" entfaltet. Im Zentrum dieses Mythos steht die Sehnsucht nach einer mitteleuropäischen Identität, nach Zugehörigkeit zu jenem gemeinsamen Raum, dem sowohl L'viv als auch Wien und Venedig angehören. Bei Zhadan dagegen erfährt das postsowjetische Subjekt eine innere (metaphorische) Umsiedlung, die eine mentale Nähe zum Typus des *neuen europäischen Immigranten* erzeugt.[5]
Andruchovyčs Held ist ein reisender Bohemien, der sich auf abenteuerlichen Wegen durch die Jahrhunderte und durch verschiedene europäische Länder bewegt. Wie Orpheus will er seine Eurydike – die guten alten Zeiten des österreichischen Galiziens – aus der Unterwelt heraufführen. Für das Europa der Gegenwart – und im Übrigen auch

---

[2] Liminalität ist ein Konzept des Ethnologen Victor Turner, das den Schwebezustand von Individuen oder Gemeinschaften zwischen der Herauslösung aus einer Sozialordnung und der Eingliederung in eine andere beschreibt – Anm. d. Red.

[3] Schid Serhija Žadana: pys'mennyk rozmirkovuje pro dytynstvo v Starobil's'ku ta identyčnist' rehionu. svoi.city, 9.7.2019.

[4] Marco Martiniello and Jan Rath. Introduction: migration and ethnic studies in Europe, in: dies.: Selected Studies in International Migration and Immigrant Incorporation. Amsterdam 2010, S. 7–18, hier S. 13.

[5] Zur Entstehung dieses Typus hat nicht zuletzt die Veränderung mehrerer europäischer Staatsgrenzen (Jugoslawien, DDR, Sowjetunion) seit den 1990er Jahren beigetragen. Die Unterschiede zwischen innerstaatlicher und grenzüberschreitender Migration wurden dadurch mancherorts fließend und der Status der betroffenen Personen entsprechend unklar. Siehe Russell King: Towards a new map of European migration, in: Martiniello, Rath [Fn. 4], S. 111–140, hier, S. 116.

für die dort lebenden außereuropäischen Immigranten[6] – hat er wenig Interesse. Zhadans nomadische Figuren wiederum überwinden die Schengen-Grenzen nicht so ohne Weiteres, identifizieren sich aber mit den neuen Zuwanderern in Europa, die häufig aus dem Osten kommen, etwa den „Zehntausende[n] von Balkanbewohnern und Türken, die am neuen Berlin mauern und überall Gerüste errichten, um die kalten Berliner Himmel zu stützen" und die Stadt zu verändern.[7]

In seinem Gedicht „Proščannja slov'janky"[8] zitiert Zhadan die „große slawische Idee", die zwei schlitzohrige jugoslawische Migranten bis nach Wien bringen wollen – allerdings ist diese slawische Idee hier

> eine Akrobatin aus dem Genfer Zirkus,
> ein Mädchen, das sie doppelt gefaltet und im Koffer verstaut haben
> und von Zeit zu Zeit
> hervorholen
> um Brot und Raki mit ihr zu teilen[9]

– eben das, heißt es in einem anderen Text, ist „das frische, heiße Blut der neuen europäischen Emigration".[10]

Zhadans Protagonist fühlt sich solidarisch mit dem nigerianischen Pastor und dem türkischen Arbeiter, er ist Teil jener postkolonialen Migration, in der Salman Rushdie schon Anfang der 2000er Jahre das „wichtigste Attribut unserer Zeit" erkannte.[11] Es dürfte kein Zufall sein, dass Zhadan in seinem Gedicht *Musik für Dicke* Rushdie zitiert – in unmittelbarer Nachbarschaft zu Andruchovyč:

> Salman Rushdie – Inder
> Juri Andruchovyč – Ukrainer
> wenn du nichts falsch gemacht hast
> ist die Dichtung deines Volkes auch ohne Übersetzung
> für andere verständlich.[12]

---

[6] Das zeigt sich etwa in der grotesken Szene in der Münchener Wohngemeinschaft, wo exotische weibliche Gestalten einen ominösen „Herrn des Tors nach Germanisch Walhall" anbeten, siehe Juri Andruchovyč: Perversion. Berlin 2011, S. 32.

[7] Serhij Zhadan: Big Mac. Berlin 2011, S. 34.

[8] Der Titel, *Abschied der Slawin*, ist auch der Titel eines bekannten russischen Marsches aus der Zeit der Balkankriege (1912) – Anm. d. Red.

[9] Serhij Zhadan: Abschied der Slawin, <www.lyrikline.org/en/poems/proshannya-slovyanki-5753?showmodal=de>.

[10] Serhij Žadan: Immigrant Song, in: Krytyka, 9–10/2010, S. 35–39.

[11] Salman Rushdie: Step Across This Line, in: Step Across This Line: Collected Non-Fiction 1992–2002. London 2002, S. 425.

[12] Serhij Žadan: Muzyka dlja tovstych. <http://maysterni.com/publication.php?id=1595>.

Der Donbass als „Leere"

Zhadans Essay *Immigrant Song* (2010) ist in gewisser Weise ein Kommentar zu dem im selben Jahr erschienenen Roman *Vorošylovhrad.* Das Thema Emigration, schreibt er dort, begann für ihn mit der Emigration aus der Sowjetunion, die

> niemals endete, wie mir scheint. Manchmal habe ich den Eindruck, alle sind immerzu nur ausgewandert. Freunde und Klassenkameraden sind emigriert. Kommunisten und Dissidenten sind emigriert. Lehrer und Arbeitslose sind emigriert, Frauen und Männer sind emigriert.[13]

Der Begriff „Emigration" bezeichnet hier nicht nur den physischen Abschied von der Sowjetunion, sondern auch eine metaphorische Entfremdung, die in dem neuen posttotalitären Raum eine räumliche und eine zeitliche Konnotation hat.

Eben diese Form der Migration ist auch das zentrale Thema des Romans *Vorošylovhrad*, der von der Ukraine als einem Land im Übergang und vom Donbass als einem Schmelztiegel der neuen europäischen Identität erzählt, wo West und Ost aufeinandertreffen. Titelgebend ist die heutige Stadt Luhans'k im östlichen Grenzland des Donbass, die im Lauf ihrer Geschichte zweimal in Vorošylovhrad umbenannt wurde (1935 und 1970) und der dieser Name zweimal wieder entzogen wurde (1958 und 1990). Die 1882 im Zuge der Kolonisierung des unbesiedelten Wilden Feldes per Erlass von Zar Aleksandr III. gegründete imperiale Stadt wurde mit der ersten Umbenennung zu Ehren des Marschalls Kliment Vorošylov zu einem sowjetischen Ort umgedeutet. Von ihren Anfängen als Siedlung rund um ein 1795 gegründetes Stahlwerk herum war sie eine Stadt der Zuzügler gewesen, wo sich Arbeiter aus dem Inneren Russlands, Bauern aus dem Gouvernement Jaroslavl' und Ingenieure aus England ansiedelten.

Zhadan schildert sie als durchaus konkreten Ort mit klaren geographischen Grenzen, an dem sich verschiedene Ethnien und Völker, soziale Schichten und historische Kontexte vermischen.[14]

Zugleich beschreibt er dieses Grenzland als „Leere", als eine besondere, von Entfremdung und von der Antizipation einer neuen Welt geprägte Szenerie. Der Romanraum von „Vorošylovhrad" ist ein „Nullort", an dem der posttotalitäre Mensch den Phantomen der Vergangenheit und dem verlorenen Vaterland nachhängt. Sehr spezielle Bedingungen herrschen in diesem Chronotop, das Raum-Zeit-Kontinuum scheint gestört, und so wird „Vorošylovhrad" zu einer Art Schwarzem Loch, das Zeit, Raum und Erinnerung einsaugt. Die Handlung des Romans entfaltet sich aus der Perspektive dieser Heterotopie der Leere.

---

[13] Žadan, Immigrant Song [Fn. 10].

[14] In einem Interview von 2016 bezeichnete Zhadan „diese ganze Donbass-Mentalität des Donbass" als „ziemlich künstlich": „Sie ist einer ganzen Region übergestülpt worden, um eine Enklave zu schaffen und ihr Wähler- und Wirtschaftspotential zu nutzen. Denn eigentlich – das habe ich bereits mehrfach betont – ist der Donbass vielschichtig, facettenreich und durchmischt. Das ist historisch bedingt: Im Donbass hat man verschiedene ethnische und soziale Gruppen angesiedelt, und all das ist zu einem großen Schmelztiegel geworden." Jevhen Hrycenko: „U borot'bi z vorohamy my zabuvajemo pro pošuk sojusnykiv". Korydor, 14.6.2016.

Das „Abwesende" und die Geschichte

Der Roman erzählt die Geschichte des in keiner Weise auffälligen Mittdreißigers Herman Korol'ov, der eines Tages seine Kleinstadt verlassen und in Charkiv ein Studium absolviert hat und nun als ehemaliger Historiker und „unabhängiger Experte" in einer Jugendorganisation arbeitet, in der Geld gewaschen wird. Er selbst stellt sich wie folgt vor:

> Ich war 33 Jahre alt und lebte schon seit einer Ewigkeit glücklich allein, meine Eltern sah ich selten, zu meinem Bruder unterhielt ich eine normale Beziehung. Ich verfügte über einen Studienabschluss, der niemand interessierte. Arbeitete als wer weiß was. Mein Geld reichte für das, was ich gewohnt war. Für neue Gewohnheiten war es zu spät. Was mir nicht passte, blendete ich aus.[15]

Eines Morgens wird Herman von einem Telefonanruf geweckt, der ihn in seine Vergangenheit und indirekt in seine Familie zurückholt: Am Apparat ist ein alter Freund und Geschäftspartner seines älteren Bruders, der in der Heimat der beiden eine Tankstelle besaß, jetzt aber verschwunden ist, sich nach Berlin oder auch Amsterdam abgesetzt hat, weshalb Herman die Firma vor einer feindlichen Übernahme retten muss.

Man kann Herman wie die gesamte „letzte Sowjetgeneration", der er angehört, als Loser bezeichnen. Sie sind geprägt vom beruflichen Scheitern und der fehlenden Verwurzelung in der Gesellschaft sowie von den Erinnerungen an ihre sowjetische Kindheit mit dem romantischen Glauben an die Eroberung des Weltalls und heldenhafte Kosmonauten. Der Vorname Herman, im Original German, verweist auf den Kosmonauten German Titov, der Familienname auf den renommierten Raketenkonstrukteur Sergej Koroljov. „Wir wollten Piloten werden. Die meisten von uns wurden Loser"[16], sagt Hermans Historikerfreund, der den Flugplatz der Agrarflieger bewacht, das letzte Territorium, das von der Sowjetzeit geblieben ist.

Das Leben in der östlichen Transitzone, wo die Tankstelle liegt, ähnelt dem Krieg. In *Vorošylovhrad* werden ständig Kriege geführt: gegen die Gasler, gegen die Maiskönige, gegen die Piloten, die Bauern, die Händler. Militärkleidung ist in Mode: Bundeswehrjacke, SS-Mütze, Panzerhosen, Tarnhemd, britische Feuerwehrjacke, deutsches Koppel mit der Aufschrift „Gott mit uns", deutsche Armeejacke, britische Militärjäcke, Springerstiefel. Mehr als einmal resümiert Hermann, dass „sich alles entscheiden wird, wenn deine Waffenbrüder an deiner Seite sind".[17]

Wer sind diese Waffenbrüder? Keine Blutsverwandten, soviel ist klar – nicht umsonst ist Hermans leiblicher Bruder ja verschwunden und hat sein Business zurückgelassen. Die neue Bruderschaft ist sozial, kulturell und national divers. Hier finden sich viele „frühere" Bekannte aus alten Zeiten: die alte Fußballmannschaft aus den Jugendjahren, halbkriminelles Gelichter, ein Ex-Junkie, der jetzt Priester ist, ein Ex-Historiker, der jetzt Wachdienst auf dem Flugplatz schiebt. Dazu gesellen sich Roma und Baptisten. Sie alle stehen auf einer Seite der Front – eine Truppe, die ihre Vergangenheit zurückerobern will und deren Devise lautet: „zusammenhalten, sich gegen Fremde wehren, das eigene Territorium, die eigenen Frauen und die eigenen Häuser verteidigen."[18]

---

[15] Serhij Zhadan: Die Erfindung des Jazz im Donbass. Berlin 2022, S. 18.
[16] Ebd., S. 31.
[17] Ebd., S. 102.
[18] Ebd., S. 363.

Merkwürdige Dinge spielen sich in dieser „leeren“ Zone ab: Der Ausgangspunkt des Geschehens ist der abwesende Bruder, der auf den Seiten des Romans kein einziges Mal auftaucht, obwohl ständig von ihm die Rede ist. Die Ehemaligen finden sich zum Fußballspiel ein, obwohl viele von ihnen bereits tot sind. Rätselhafte, fast mystische Figuren wie der ältere Bruder, die niemals ins Geschehen eingreifen, sind bei Zhadan durchaus üblich. In seinem Roman *Depeche Mode* ist der Stiefvater, der im Sterben liegt, eine solche Figur.

Die Versuchung liegt nahe, diese Figuren als posttotalitäre Allegorien zu betrachten: Der Tod des Stiefvaters in *Depeche Mode* oder der Fortgang des älteren Bruders in *Vorošylovhrad* würden in diesem Fall auf den Zerfall der Sowjetunion verweisen. In der Tat ist der abwesende Bruder in *Vorošylovhrad* omnipräsent. Und während Herman „sich vor der Leere zurückzog und sie loswerden wollte“, verschanzt sein Bruder sich „auf den Hügeln und feuerte in alle Richtungen, nicht bereit, auch nur eine Handbreit Boden aufzugeben“. [19]

Die abwesende Geschichte ist gewissermaßen der zentrale Punkt des Werkes. Revolutionär ist bei Zhadan vor allem, dass er nicht fordert, sich von dieser abwesenden Geschichte loszusagen. Die Erinnerungen an das vergangene Leben bleiben für immer Teil des assoziativen Gepäcks. So sagt Ol'ha, eine Angestellte des Bruders: „Vielleicht sind diese Bilder meine Vergangenheit. Etwas, das man mir genommen hat und das man mich zwingen will zu vergessen. Aber ich vergesse nicht, weil es in Wirklichkeit ein Teil von mir ist.“[20]

Zhadan bietet ein anderes Paradigma des Abschieds von der totalitären Vergangenheit als das Vergessen. Es ist keinesfalls eine nostalgische Rückkehr in das Haus der Vergangenheit, um darin eine Kompensation für das gegenwärtige Unbehaustsein zu finden. Es ist auch keine Melancholie angesichts eines Verlustes der Vergangenheit, der mit Gefühlen von Groll, Zurücksetzung und Misstrauen einhergeht. Eher fordert der Roman dazu auf, in Verantwortung für die und in Erinnerung an die Vergangenheit zu leben.

Museum der Vergangenheit

Zhadan legt eine Sammlung von Zeichen der (post)sowjetischen Vergangenheit an und überführt sie in ein Museum, ähnlich wie Dubravka Ugrešić in ihrem Roman *Museum der bedingungslosen Kapitulation* (1996). Der Autor präsentiert und katalogisiert ganze Kollektionen symbolhafter Gegenstände der sowjetischen Vergangenheit und der hybriden Übergangszeit. Er sammelt auch „andere Orte“ des sozialistischen Alltags (Sanatorium, Pionierlager, Kulturhaus oder etwa die typische Wohnung des Jahres 1991) und Familienalben. Diese Form des „Abschieds vom Gestern“ ist eine aktive Arbeit mit dem kulturellen und kommunikativen Gedächtnis.[21] Einerseits sind die im Text zusammengetragenen Sammlungen ausdrücklich symbolische kulturelle Zeichen, die für eine bestimmte Zeit stehen; sie können als Museumsexponate und Collagen betrachtet werden.

---

[19] Ebd., S. 86.

[20] Ebd., S. 387.

[21] Jan Assmann: Das kulturelle Gedächtnis. Schrift, Erinnerung und politische Identität in den frühen Hochkulturen. München 1992, S. 48f.

Andererseits ist das Gedächtnis bei Zhadan biographisch und kommunikativ organisiert, es ist geprägt von den Erinnerungen einer ganzen Generation an die jüngste Vergangenheit. Die collagenartigen Sammlungen in *Vorošylovhrad* erinnern an postsowjetische Flohmärkte und stellen insofern auch eine Verbindung zu Svetlana Aleksievičs *Secondhand-Zeit* her.

Hermans Wohnung in Charkiv etwa – der Hausherr ist „ein alter störrischer Rentner, der frühere Inkassobeamte Fjodor Mychajlovič", der „Dumbolevskyj" genannt wird – ist eine Art Lager für alte Dinge, vollgestopft mit „Vorkriegsmöbeln, abgegriffenen Büchern und Stößen der Zeitschrift *Ogonjok*".[22] Außerdem gibt es hier „Leninfiguren aus Porzellan, schwere Gabeln aus falschem Silber" sowie Inschriften an den Wänden: „Telefonnummern, Adressen, Busrouten", „Kalenderblätter und Porträts unbekannter Verwandter."[23]

Der Inbegriff des hybriden Transitraums ist der Platz des Fahrers im Ikarus-Bus mit seiner collagenartigen Ikonenwand an der Frontscheibe, „dicht mit orthodoxen Ikonen und mit buntem Sakraltand vollgehängt":

> Plüschbären hingen neben Tonskeletten mit gebrochenen Rippen, Halsketten aus Hühnerköpfen und Manchester-United-Wimpeln, mit Tesafilm waren Pornobildchen, Stalinporträts und fotokopierte Darstellungen des heiligen Franziskus angeklebt.[24]

Die Fotos im Familienalbum vergegenständlichen und visualisieren die kollektive Erinnerung an die Vergangenheit und erinnern Herman an eine größere Familie – Bekannte, Freunde, Klassenkameraden, Nachbarn und Angehörige, „eine unendliche Karawane von Gesichtern und Gestalten, Schatten der Vergangenheit, mein ganzes Leben, meine gesamte Erinnerung".[25]

All diese Sammlungen sind Exponate im Museum der postsowjetischen Transformation, die mit dem Zerfall der Sowjetunion begann. Die Collage in Kotschas Bauwagen macht das symbolisch deutlich: Das ganze Ensemble aus Zeitungs- und Zeitschriftenausschnitten, Gesichtsfragmenten, Körperkonturen, Flaschenetiketten, Flugblättern, Fotos aus Modezeitschriften und Fußballkalendern „wurde von einem gemeinsamen Hintergrund zusammengehalten, einer lehmig-hellgrünen Füllung, die dicht von Buchstaben und Zeichen, gewellten Linien und Farbschattierungen überzogen war." Es handelt sich um eine Landkarte, „wahrscheinlich eine geografische Karte der Sowjetunion", kommentiert Zhadans Protagonist:

> Lehm – das sind die Karpaten, der Kaukasus und die Mongolei, hellgrün die Taiga und die kaspische Senke, dort, wo der Lehm härter und kreidetrocken wird, mussten Wüsten liegen. Der Stille Ozean war dunkelblau, das Nordpolarmeer hellblau bis weißlich.[26]

---

22 Zhadan, Erfindung des Jazz [Fn. 15], S. 7.
23 Ebd., S. 13.
24 Ebd., S. 26.
25 Ebd., S. 301.
26 Ebd., S. 44.

In ähnlicher Weise sind auch die Geschichten der verschiedenen Protagonisten auf der mentalen Karte jenes „privaten Sozialismus" verzeichnet, der sie zu einer Gemeinschaft gemacht hat. Darüber schreibt Zhadan auch in dem Prosaband *Anarchy in the Ukr* (2005): „Mein Sozialismus war vor allem etwas Äußerliches, Sichtbares, ein Fassadenelement", das sich in den Körper eingefressen und in das Gedächtnis eingeschrieben hatte, „wie die Buchstaben meiner Kindheit."[27]
Eine weitere Allegorie einer Neuaneignung von Geschichte in *Vorošylovhrad* sind die „Konturen von Vladimir Illjič", die Herman in einem Gebäude im Grenzland sieht. Das Gebäude, das heute den Gemeindesaal einer Freikirche beherbergt, ähnelt einem sowjetischen Klub; früher hing über der Bühne ein Bild von Lenin im Profil, jetzt sind auf dem verblichenen Stoff nur noch dessen Umrisse zu erkennen. Wo Lenin war, hängt jetzt ein Kruzifix, als hätte „jemand den Marxismus-Leninismus dick durchgestrichen."[28] Die heutige Geschichte überschreibt die vergangene, deren Konturen jedoch in die Gegenwart hineinreichen. Die Vergangenheit lässt sich nicht auslöschen, denn sie ist Teil der Biographien und Erinnerungen von Menschen.
Sowohl Lenins Profil als auch die Phantomstadt „Vorošylovhrad", in der die Zeit stehengeblieben und der Raum abstrakt ist, dienen nicht nur als Zeichen, die auf den sozialistischen Realismus verweisen, sondern auch als „Spur", als Metapher eines virtuellen Gedächtnisses des sowjetischen Lebens. Aus solchen „Spuren" entsteht ein Palimpsest, zu dem sowohl „Schreiben" als auch „Auslöschen" gehören – auch das ist eine Form der Auseinandersetzung mit Erinnerung.

Östlicher Transitraum

Zhadan versammelt in seinem Roman nicht nur Zeichen und Spuren aus der sowjetischen Vergangenheit, sondern bringt seine Leser auch in Kontakt mit verschiedenen sozialen Gruppen: Klempner, Bauern, Freikirchler, Spediteure, Übersiedler. Keine dieser Gruppen ist verwurzelt, sie alle ziehen wie Nomaden durch jenes östliche Grenzland der Ukraine, das traditionell als Wildes Feld bezeichnet wurde und heute Donbass heißt. Durch diese Gegend laufen die Migrationswege von Ost nach West.
Migration ist bei Zhadan demnach nicht nur eine Metapher für die posttotalitäre Entfremdung von der Vergangenheit, sondern auch reale räumliche Verschiebung. Die globale Völkerwanderung erhält bei ihm eine östliche Dimension. Die Gegend, in der sie sich abspielt, „war platt, keine Bäume, keine Siedlungen, keinerlei Anzeichen von Leben oder Tod".[29] Vom Westen aus betrachtet, scheint es, als endeten hier alle Vorstellungen „von Europa und von der Landschaft als solcher, denn weiter vorn beginnt endlose Leere – ohne Inhalt, Form und Subtext, eine echte, allumfassende Leere".[30]
Die großen Migrationswellen schwappen in dieser „Leere" von Eurasien in den Westen. Im Zelt der Flüchtlinge aus dem Osten sieht Herman auf einer Karte, überschrieben mit „Eurasien", dass

[27] Serhij Zhadan: Anarchy in the Ukr. Berlin 2007, S. 74.
[28] Zhadan, Erfindung des Jazz [Fn. 15], S. 221.
[29] Ebd., S. 275.
[30] Ebd., S. 133.

> von Osten, von Tibet und den an China grenzenden Gebieten, von der Großen Mauer und Mesopotamien mit rotem Kugelschreiber Routen nach Westen gezogen waren, bei Rostov zusammenliefen und weiter durch unsere Gegend führten.[31]

Im Halbschlaf, fast halluzinierend träumt Herman nachts von der „Völkerwanderung". Eine große Schar fremder Menschen, die lautlos Richtung Westen wandert, zieht an ihm vorbei. Der Osten selbst ist in Bewegung, betrachtet mit den Augen eines Menschen aus dem Westen:

> körperlose Männer, hochgewachsen, mit langen Haaren, die sie als Pferdeschwanz oder zur Irokesenfrisur hochgebunden trugen, mit Tätowierungen im Gesicht; Frauen mit hochgesteckten Haaren oder glatt rasierten Schädeln, rot und blau bemalt, mit Dreadlocks.[32]

Den Flüchtlingen (Übersiedlern, Nomaden) begegnet Herman ein weiteres Mal, nunmehr persönlich, inmitten endloser, unter Nebelschwaden liegender Maisfelder. Mongolen, Tibeter und Afrikaner sind dabei, wie die dunkelhäutige Karolina erklärt, und sie alle fliehen „nach Westen". Hermans Vorstellung vom Osten ist deutlich von westlichen Orient-Klischees geprägt. Für ihn sind alle Migranten aus dem Osten „Mongolen". Laut Karolina haben sie „weder Papiere noch normale Namen. Überhaupt merkwürdig, diese Mongolen. Aber liebe Leutchen."[33] Das Lager der Übersiedler erinnert an einen Bahnhof, alle „unterhielten sich in einer asiatischen Sprache über mongolische Themen".[34] Ein Freund Hermans evoziert die von der Steppe ausgelöste Beklemmung, die die deutschen Panzergrenadiere im Zweiten Weltkrieg vermutlich überkommen habe, als sie an den östlichen Rand Europas vordrangen. Für sie sei diese Peripherie eine unförmige Leere gewesen, in der man sich verlieren konnte. „‚Und wenn du schließlich hier angekommen bist' – Ernst beschrieb mit der Hand einen großen Bogen durch die Luft – ‚ist dir total bange, denn hier [. . .] endet alles, deine Vorstellung vom Krieg, von Europa [. . .]'"[35]

Das eigene Territorium

Zwei stilistische Stränge laufen in der Architektonik des Romans zusammen. Den Gegensatz zur unerbittlichen Prosa der Leere bilden poetische Bilder der Landschaft des Donbass – endlose Weizenfelder, Hügel und Senken, Grenzen und zufällige Bahnstationen –, die von der tiefen Verbundenheit des Autors mit dieser Gegend zeugen. In Traum- und Phantasiebildern spürt sein Protagonist, wie die Erde atmet, Wurzelgeflecht wachsen lässt, sich mit Gas aus der Tiefe füllt. Die Erde ist ein lebendiger Organismus, sie liegt unter flachen Himmeln „wie vergessenes Vieh". Und

[31] Ebd., S. 280.
[32] Ebd., S. 58.
[33] Ebd., S. 281.
[34] Ebd., S. 278.
[35] Ebd., S. 133.

> wenn man den Ort richtig wählt, dann kann man das alles gleichzeitig spüren – wie sich die Wurzeln ineinander verflechten, zum Beispiel, wie die Flüsse fließen, wie sich der Ozean füllt, wie im Himmel die Planeten vorbeifliegen, wie auf der Erde die Lebenden, im Jenseits die Toten gehen.[36]

Die Neuverwurzelung des migrierenden posttotalitären Subjekts ist in erster Linie an die Antizipation eines *eigenen Territoriums* gebunden. Indem sich Herman in die Erde, die aus Wurzeln, Kieseln, Gras, einer gelben Sandschicht und einer weißen Lehmschicht besteht, versenkt, beginnt er sein Verhältnis zu ihr zu begreifen: „Der Lehm roch scharf und süß, als wäre ich auf etwas sehr Wertvolles gestoßen, von dem ich die ganze Zeit vermutet hatte, dass es da war, aber nicht hatte ahnen können, dass es an der Oberfläche lag“[37], sagt er, während er sich nicht nur geistig, sondern auch körperlich in seinem Territorium verwurzelt. Die Leere wird verweiblicht und verwandelt sich in den Körper der Heimat, sie „schluckt das Wasser und das Grün, das lichtdurchflutete Gras, die Krume und die Seen, die Himmel und die Gasfelder, die in goldenen Adern auf die Haut des Vaterlandes traten.“[38] Wie der verlorene Sohn kehrt Herman nach Hause zurück und steigt zum zweiten Mal in den Fluss des eigenen Lebens, er spürt, wie die Leere zur Heimat wird, die Leben spendet und Leben schafft. Zu „seinem Territorium“ also, das es zu verteidigen gilt.

Dazu bekennt sich der Autor auch in seinem Kommentar zu „Vorošylovhrad“. „Es ist tatsächlich eine Rückkehr in die Vergangenheit“, sagt Zhadan,

> eine Rückkehr in die Leere, das Hineingeraten in eine Zeitschleife, aus der er (Herman, T.H.) zu entkommen versucht. Es ist ein Roman über die Erinnerung, über die Wichtigkeit der Erinnerung, über ihre Kontinuität, darüber, dass ein Mensch alles, was er erlebt hat, im Gedächtnis behalten soll und dass sich daraus seine Zukunft entfaltet. Es ist ein Roman darüber, dass es gilt, sich selbst, nahestehende Menschen, die eigenen Prinzipien, das eigene Territorium, die eigene Vergangenheit und die eigene Zukunft zu verteidigen. Es ist ein Roman über den Widerstand, ein Roman über Gegenwehr, über die Verteidigung der eigenen Prinzipien gegenüber äußerem Druck.[39]

Denn das Wichtigste, so resümiert Herman schließlich, ist, dass man sich nicht wie auf dem Bahnhof benimmt, „als ob der Zug schon bereitstünde und sie sich nur noch schnell von allen verabschieden müssten, [. . .] weil der Zug ja da ist, steht und wartet.“[40]

Indem Zhadan an die Diskussionen über die globale Migration anknüpft und sie auf die östlichen Ränder Europas überträgt, nimmt er eine Revision der „abwesenden Geschichte“ seiner Generation vor und entfaltet den Mythos vom „eigenen Territorium“. Die Neugeburt des posttotalitären Subjekts vollzieht sich in der biographischen und

---

36 Ebd., S. 211.

37 Ebd., S. 205.

38 Ebd., S. 172.

39 Serhij Žadan: „Vorošylovhrad“ ne prypade do duši tym, chto upodobav „Depeš Mod“, in: Ves' Kirovohrad, 23.9.2010, <http://kirovograd.rks.kr.ua/daily/kirovograd/2010/9/23/zhadan-voroshylovgrad>.

40 Zhadan, Erfindung des Jazz [Fn. 15], S. 384.

körperlichen Verwurzelung im Donbass. Die Bewegung der Menschen, die auf dem Weg von Osten nach Westen dieses Territorium durchqueren, steht dazu nicht im Widerspruch, denn der posttotalitäre Ukrainer, der sich seinerseits in einer Situation der inneren Migration befindet, kann sich in ihre Lage hineinversetzen. Ähnlich wie Andruchovyč, der über sein „Territorium" geschrieben und es als ein Gebiet „,zwischen' und ,inmitten', ein[en] Raum zwischen, aber auch über den Zivilisationen, der niemandem gehört, ein Loch mitten in Europa"[41] charakterisiert hat, entwirft auch Zhadan ein neues Bild vom europäischen Osten: als belebtes, bewegtes Terrain. Die „Verteidigung" dieses Terrains, von der er bereits 2010 gesprochen hatte, hat seit 2014 eine neue Bedeutung bekommen. Seit Russlands Invasion 2022 gelten Zhadans vielfältige musikalische, dichterische, soziale und mediale Aktivitäten praktisch ausschließlich diesem Ziel.

Aus dem Ukrainischen von Claudia Dathe, Jena

Schlagwörter:
Ukraine, Literatur, Donbass, Migration, Anthropologie, Serhij Zhadan

[41] Juri Andruchovyč: Das letzte Territorium. Frankfurt/Main 2003, S. 70.

160 Seiten, 63 Abb., https://zeitschrift-osteuropa.de/hefte/2019/5/

Ada Raev

Im Fokus

Die künstlerische Kultur der Ukraine

Für die westliche Kunstgeschichte ist ukrainische Kunst ein blinder Fleck. Entweder wurde diese Kunst vollständig ignoriert oder der russischen und sowjetischen subsumiert. Zwar gibt es Künstlerbiographien und Werke, die durch ukrainisch-russische Verflechtungen gekennzeichnet sind, doch von der Volkskunst über die bildende Kunst bis zur Architektur gibt es eine reichhaltige eigenständige ukrainische Kultur. Stichworte sind hier die Holzkirchen, der Kosakenbarock und die Avantgarde. Das künstlerische Erbe der Ukraine, deren Geschichte von territorialer Diskontinuität und politischen Brüchen geprägt ist, speist sich aus unterschiedlichen Kulturen und Traditionssträngen. Diversität und Heterogenität sind ihre Merkmale.

Kultur und Kunst entfalten sich immer im Kontext von Politik, Wirtschaft und Gesellschaft. Seit 1991 ist die Ukraine ein unabhängiger Staat mit einer multinationalen, multilingualen und multireligiösen Bevölkerung von über 40 Millionen Menschen und der Staatsform einer semipräsidentiellen Republik. Russlands Überfall auf die Ukraine am 24. Februar 2022 und die Kriegshandlungen haben nicht nur Zehntausende Menschenleben gekostet, Verletzungen und Traumata ausgelöst sowie Millionen Menschen zu Flüchtlingen gemacht, sondern auch die Zerstörung von Dörfern, Städten und Infrastruktur gebracht. Täglich sind auf dem Territorium der Ukraine unter Missachtung der Haager Konvention zum Schutz von Kulturgut bewaffnete Angriffe auf das materielle Kulturgut zu verzeichnen.[1] Die Ukraine beherbergt mit dem Ensemble der Sophien-Kathedrale, dem Höhlenkloster, der Mariä-Entschlafens-Kathedrale und der Erlöserkirche von Berestove in Kiew, der Altstadt in L'viv, den Messpunkten des Struve-Bogens, der Residenz der Metropoliten der Bukowina und Dalmatiens in Černivci, den Ruinen der antiken Stadt Chersonesos (heute Cherson) und ihrer Chora sowie den Holzkirchen der Karpatenregion sechs Stätten des UNESCO-Weltkulturerbes.[2] Außerdem verfügt die Ukraine mit den alten Buchenwäldern und Buchenurwäldern der Karpaten über eine Stätte des UNESCO-Naturerbes sowie mehrere UNESCO-Biosphärenreservate.

Ada Raev (1955), Dr. phil., Kunsthistorikerin, Professorin i.R. am Institut für Slavistik der Otto-Friedrich-Universität Bamberg

Von Ada Raev erschien in OSTEUROPA: Bilder vergessener Kämpfe. Kunst aus dem Geist des Ersten Weltkriegs in Russland, in: OE, 2–4/2014, S. 317–338.

Für wichtige Hinweise und die großzügige Überlassung von Material, das mir geholfen hat, den vorliegenden Beitrag zu verfassen, danke ich Robert Born.

1 <https://uaculture.org/culture-loss/>.

2 <www.welterbetour.de/unesco-welterbe-in-der-ukraine>.

Die Medien verfolgen die Angriffe auf dieses Kulturerbe mit Besorgnis und Empörung und bemühen sich um eine historische Einordnung.[3] Kulturinstitutionen und Plattformen auf der ganzen Welt haben den russländischen Angriffskrieg auf die Ukraine scharf verurteilt,[4] dokumentieren die Zerstörungen und bemühen sich, Hilfe zum Schutz, zur Sicherung und zur Behebung von Schäden zu organisieren.[5] Die Bundesregierung stellte im Juli 2022 1,5 Millionen Euro für Maßnahmen zum Schutz des kriegsbedrohten kulturellen Erbes in der Ukraine zur Verfügung.[6]

Nationale Identität und staatliche Hoheitszeichen

Das ukrainische Nationalbewusstsein hat eine lange Tradition. Wie in anderen Teilen Europas entstand auch in der Ukraine im 19. Jahrhundert eine nationale Bewegung, doch diese wurde vom zarischen Russland unterdrückt. Die ukrainische Staatsbildung gelang vergleichsweise spät. Seit der Unabhängigkeit 1991 ist in der Bevölkerung das Bewusstsein einer eigenen nationalen Identität gewachsen, die auf Selbstbestimmung und demokratischen Werten basiert. Befördert wurde dies durch die Orangene Revolution im Winter 2003/2004, den Euromajdan im Winter 2013/2014, Russlands Annexion der Krim und den Krieg in der Ostukraine.[7] Der großflächige Angriffskrieg, der auf die Zerstörung des Landes und die Unterwerfung seiner Bevölkerung zielt, hat diese Entwicklung nochmals beschleunigt. Die Ukrainer verteidigen nun mit aller Entschiedenheit ihre Selbstbestimmung und kulturelle Identität. Dies gilt für die Angehörigen der Armee und ebenso der Freiwilligenverbände, die sich im Alltag in anderen Bereichen für ihre Heimat engagieren, aber auch für die vielen Geflüchteten, die sich im In- und Ausland in Sicherheit bringen konnten. Sie alle suchen für sich und ihre Kinder nach einem neuen Selbstverständnis, in dem auch der visuellen Kultur in ihren verschiedenen Erscheinungsformen ein hoher Stellenwert zukommt.

Zentrale Bestandteile der visuellen Kultur sind staatliche Hoheitszeichen. Ein solches Zeichen mit großer symbolischer Bedeutung ist die Nationalflagge. Ihr Integrationspotential zeigte sich während des Euromajdans. Nun, in den Zeiten des Kriegs entfaltet sie auch außerhalb der Ukraine eine starke Wirkung. Demonstrierende in aller Welt legen sie sich um die Schultern, Politiker und Politikerinnen tragen sie als Abzeichen im

---

[3] Konstantin Akinscha: Comeback der Trophäenbrigaden. Von wahllosen Plünderungen über gezieltes Auskundschaften zu organisiertem Raub: In großem Maßstab verschleppt Russland ukrainische Kulturgüter. Frankfurter Allgemeine Zeitung, 29.6.2022.

[4] Die UNESCO reagierte am 26. Februar 2022 mit einer gemeinsamen Verurteilung des Angriffs auf die Ukraine durch die UNESCO-Kommissionen Europas: <www.unesco.de/presse/ pressemitteilungen/gemeinsame-verurteilung-angriff-ukraine-unesco-kommissionen-europas>. – <www.burlington.org.uk/archive/editorial/ukraines-cultural-casualties>.

[5] Ein Beispiel in Deutschland ist das Netzwerk Kulturgutschutz Ukraine / Ukraine Art Aid Center: <www.dug-ww.com/Kulturgutschutz_Ukraine>, in dem verschiedene Institutionen zusammenarbeiten, um vor Ort in der Ukraine schnell und praktisch zu helfen.

[6] Die praktische Umsetzung der Maßnahmen haben das Bundesinstitut für Kultur und Geschichte der Deutschen im östlichen Europa (Oldenburg) und das „Netzwerk Kulturgutschutz Ukraine" in Kooperation mit der Deutsch-Ukrainischen Gesellschaft für Wirtschaft und Wissenschaft (Berlin) übernommen. Sie agieren in enger Verbindung mit ICOM Deutschland und dem KulturGutRetter-Netzwerk <www.kulturgutretter.org> ebenso wie mit internationalen Akteuren.

[7] Karl Schlögel: Entscheidung in Kiew. Ukrainische Lektionen. München 2015.

Knopfloch, um ihrer Solidarität mit der Ukraine Ausdruck zu verleihen. Nach populärer Interpretation symbolisiert die ukrainische Flagge ein typisches Landschaftsbild der „Kornkammer“ Europas: Das Gelb im unteren Teil der Flagge steht für reife Getreidefelder[8] und das Blau im oberen Teil für den Himmel. Die gelb-blaue Farbgestaltung ist keine Neuschöpfung. Einerseits knüpft sie an die Flagge der 1918 kurz existierenden Ukrainischen Volksrepublik an, andererseits erinnert die Farbkombination Gelb-Blau aber auch an das mittelalterliche Wappenbild des *Ruthenischen Löwen*, der im 15. Jahrhundert Ruthenien symbolisierte.[9] Auf der 59. Biennale di Venezia kam der gelb-blauen Flagge im Rahmen der vom Pinchuk Art Centre und der Victor Pinchuk Foundation organisierten Ausstellung *This is Ukraine: Defending Freedom*, die vom 23. April bis zum 7. August 2022 in der Scuola Grande della Misericordia zu sehen war, ein zentraler Stellenwert zu. Sie schmückte, versehen mit der handschriftlichen Aufschrift „We are Defending our Freedom. Volodymyr Selenskyy, President of Ukraine“ das Banner der Ausstellung.[10]

Auch die in der Ukraine seit 1996 gültigen Banknoten (Hryvnja) und Münzen (Kopijka), die auf die Währung der mittelalterlichen Kiewer Rus’ verweisen,[11] nehmen Bezug auf die wechselvolle Geschichte des Landes.[12] Mit ihren Zahlungsmitteln sollten sich die Ukrainerinnen und Ukrainer „handfest“ ihrer ökonomischen Unabhängigkeit, ihrer staatlichen Souveränität und kulturellen Identität vergewissern. Wie aus der im 15. Jahrhundert zusammengestellten Hypathius-Chronik hervorgeht, wurde der Begriff „Ukraine“ im 12. Jahrhundert erstmals gebraucht. Die traditionelle etymologische Deutung des Landesnamens verweist auf das altostslawische Wort *kraina* im Sinne von „Grenzgebiet, Militärgrenze“, das dem westlichen Begriff der *Mark* entspricht. In der ukrainischen Forschung wird die Bedeutung des Wortes aber auch im Sinne von selbständigem Herrschaftsgebiet und Fürstentum geltend gemacht.[13]

Aus dieser Perspektive erscheint es nur folgerichtig, dass auf dem Verso der Banknoten seit 1991 einerseits Herrscher wie die Großfürsten von Kiew, Vladimir I. (um 960–1015) und Jaroslav der Weise (979/986–1054) sowie die beiden Kosakenhetmane Bohdan Chmel’nyc’kyj (1595–1657) und Ivan Mazepa (1639–1709) abgebildet wurden. Darüber hinaus zieren die Banknoten der unterschiedlichen Ausgaben auch Porträts von

---

8 Die Ukraine gehört zu den wichtigsten Getreideexporteuren der Welt. Stephan von Cramon-Taubadel: Krieg produziert Hunger. Die Folgen der russländischen Invasion für die ukrainische Landwirtschaft und die globale Ernährungssicherheit, in: OSTEUROPA, 4–5/2022, S. 13–28.

9 Bohdan Krawchenko: National Memory in Ukraine: The Role of the Blue and Yellow Flag, in: Journal of Ukrainian Studies, 15/1990, S. 1–22. – <https://de.wikipedia.org/wiki/Flagge_der_Ukraine>.

10 Informationen zu den Ausstellungen <https://new.pinchukartcentre.org/thisisukraine-en>.

11 Der Wert der mittelalterlichen Hryvnja entsprach 400 g Silber. Heute beträgt der Wechselkurs 1 € = 37,38 UAH oder 100 UAH = 2,67 € (Stand: 27.7.2022).

12 Frank Golczewski: Geschichte der Ukraine. Göttingen 1993. – Andreas Kappeler: Geschichte der Ukraine. Bonn 2015.

13 Im Russischen war auch der Begriff „Kleinrussland“ gebräuchlich, mit dem historisch ganz unterschiedliche Territorien bezeichnet wurden, dem aber seit der zweiten Hälfte des 19. Jahrhunderts aus ukrainischer Sicht ein pejorativer Beigeschmack anhaftet. Andreas Kappeler: Kleine Geschichte der Ukraine. München ^{2}2000, S. 21–22.

ukrainischen Kulturschaffenden.[14] Zu ihnen gehören Dichterpersönlichkeiten wie der überregional aktive Ivan Franko (1856–1916) und Lesja Ukrajinka (1871–1913), der Historiker und Aktivist der ukrainischen Nationalbewegung, Mychajlo Hruševs'kyj, (1866–1934), der 1917 der erste Präsident der unabhängigen Ukrainischen Volksrepublik war, der Schriftsteller und Maler Taras Ševčenko (1814–1861), der Kirchenmann, Gelehrte und Herausgeber Petro Mohyla (1596–1646), der Dichter und Philosoph Hryhorij Skovoroda (1722–1794) und der Geologe Volodymyr Vernads'kyj (1863–1945).

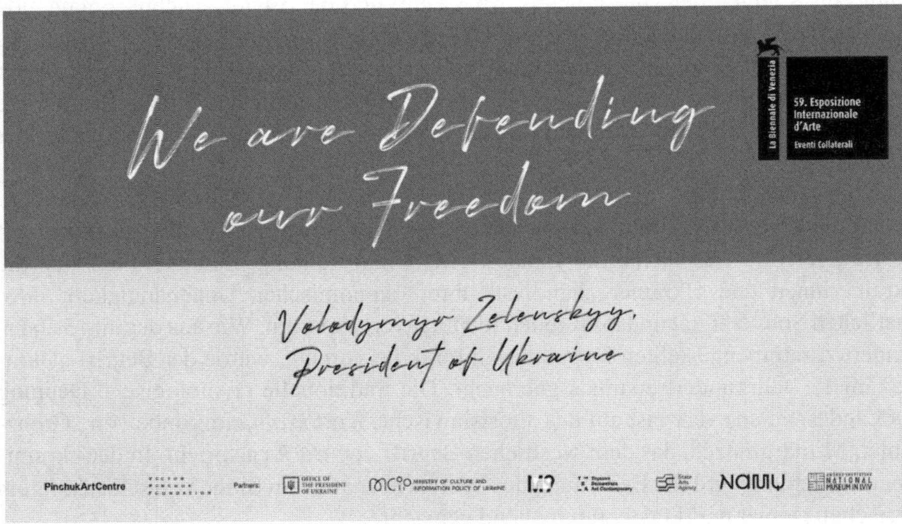

Unterschrift Volodymyr Zelens'kyj, Banknote Taras Ševčenko

[14] Diese Praxis knüpft an das Konzept der „Kulturheroen" an. Es geht zurück auf: Thomas Carleyle: On Heroes, Hero Worship, & the Heroic in History. London 1841. – Zaal Andronikashvili, u.a. (Hg.): Kulturheros. Genealogien. Konstellationen. Praktiken. Berlin 2017.

Auf dem Recto der Banknoten sind symbolträchtige Landschaften, Gebäude und Kulturdenkmäler aus den verschiedenen Regionen der Ukraine abgebildet, die sich jeweils auf die Porträts auf den Vorderseiten beziehen. Die Sophienkathedrale, das Höhlenkloster und die Mohyla-Akademie in Kiew, das Opernhaus in L'viv und die Burg Ljubarta in Luc'k verweisen auf verschiedene historische Epochen und kulturelle Errungenschaften, die zum Stolz der ukrainischen Nation erklärt werden. Die in den einzelnen Serien vorgenommenen motivischen und gestalterischen Änderungen der Banknoten zeugen vom Wandel der in ihnen verkörperten Geschichtskonstruktion und der volkspädagogischen Wirkungskraft, die dem jeweiligen Motiv beigemessen wird.[15]

Auf der Suche nach einem Narrativ der ukrainischen Kunst

Bis heute bildet die Frage nach der Existenz und den Besonderheiten der ukrainischen Kunst in der Disziplin Kunstgeschichte, namentlich in der deutschsprachigen, einen blinden Fleck. Damit sah sich Ende März 2022 auch der 36. Deutsche Kunsthistorikertag in Stuttgart konfrontiert. Auf dem dortigen Ukraineforum, das kurzfristig als Reaktion auf Russlands Angriffskrieg angesetzt worden war, trugen Aleksandra Lipińska und Mateusz Kapustka einen gemeinsamen Text vor. Darin räumten die Autoren selbstkritisch ein, dass

> trotz langjähriger Beschäftigung mit der Kunstgeschichte des östlichen Europas unser Wissen über die Geschichte der Kunst in der Ukraine nur sehr eingeschränkt ist. [. . .] Es bedarf einiger grundlegender Reflexionen, um [. . .] nicht vorschnell Vorstellungen, Begriffe, Ordnungen und Kategorien auf eine Region zu projizieren, von der wir [. . .] nur eine beschränkte Vorstellung haben.

Um daran etwas zu ändern, müssten überkommene Paradigmen der westlich dominierten Kunstgeschichtsforschung, die auch in Russland Fuß gefasst hatten, einer kritischen Revision unterzogen werden.[16] Ähnliches gilt für den Kunstmarkt, räumt Nina Schedlmayer selbstkritisch ein. Jahrzehntelang sei die Ukraine ein weißer Fleck gewesen, Kunstmessen und Auktionshäuser hätten Künstlerinnen und Künstler von dort ignoriert. Das sei angesichts des Selbstbildes, international zu denken und global zu agieren, besonders grotesk.[17]
An zwei älteren deutschsprachigen Beispielen lässt sich verdeutlichen, wie der Blick auf die ukrainische Kunst von den jeweiligen politischen und ideologischen Prämissen geprägt wurde, gerade dann, wenn die Texte von ukrainischen Autoren verfasst wurden.

---

[15] Wilfried Jilge: Die Geschichtskultur der Ukraine im Lichte der Geldscheinmotive, in: Arnold Bartetzky, Marina Dmitrieva, Stefan Troebst (Hg.): Neue Staaten – neue Bilder? Visuelle Kultur im Dienst staatlicher Selbstdarstellung in Zentral- und Osteuropa seit 1918. Köln 2005, S. 273–289.

[16] Katja Bernhardt, Robert Born, Mateusz Kapustka, Antje Kempe, Aleksandra Lipińska, Beate Störtkuhl: Die blinden Flecken der Kunstgeschichte? Das Beispiel Ukraine. Unveröffentlichtes Manuskript, das voraussichtlich 2022 erscheint in: Aleksandra Lipińska, Kilian Heck (Hg.): Als der Krieg kam ... Neue Beiträge zur Kunst in der Ukraine, Heidelberg, in der Reihe arthistoricum.net-ART-Books.

[17] Nina Schedlmayer: Ukrainische Kunst. Unwucht im Kunstbetrieb. Weltkunst, 28.4.2022. <www.weltkunst.de/kunstwissen/2022/04/ukraine-kunstmarkt-nikita-kadan-marija-prymatschenko>.

Bei dem ersten handelt es sich um das Buch *Deutsche Einflüsse auf die ukrainische Kunst* von Dmytro Antonovyč (1877–1945), das 1942 in Leipzig erschien. Der Verfasser war der Sohn des ukrainischen Historikers Volodymyr Antonovyč und ein bekannter ukrainischer Politiker, Diplomat und Kunsthistoriker. Er hatte u.a. in Paris, London, München und Florenz studiert und 1917 in Kiew die Ukrainische Akademie der Künste sowie 1921 in Wien die Ukrainische Freie Universität mitgegründet. An dieser Einrichtung, die 1922 nach Prag überführt wurde und seit 1945 in München ansässig ist, hielt Antonovyč Vorlesungen über Ukrainische Kunst und Moderne Kunst. In den Jahren 1928 bis 1930 und 1937/1938 stand er ihr als Rektor vor.[18] Antonovyč erwähnt in seinem Buch mit keinem Wort, dass zum Zeitpunkt des Erscheinens dieses Werkes der Krieg Nazi-Deutschlands gegen Polen und die Sowjetunion in vollem Gange war und dass er insbesondere auf dem ukrainischen Territorium mit aller Brutalität geführt wurde. Antonovyč ignorierte damit, wahrscheinlich aus Opportunismus, die deutsche Eroberungs- und Vernichtungspolitik. Mit seiner Konzentration auf ein stilgeschichtliches Modell der Kunstgeschichtsschreibung in Verbindung mit nationalen Zuschreibungen, wie es sich im 19. Jahrhundert entwickelt hatte,[19] suggerierte er eine Art Eigenleben der Kunst. Gleichzeitig grenzte Antonovyč die Ukraine gegen den Nachbarn Russland ab:

> Die Ukrainer waren [. . .] das am weitesten nach Osten vorgeschobene Volk, dessen Kunst noch dieselben Stufen der universalen Kunstentwicklung durchmachte, wie man sie in Zentral- und Westeuropa vorfindet.[20]

Letztlich nimmt er die punktuellen deutschen Einflüsse über einen Zeitraum von sieben Jahrhunderten zum Anlass, die Existenz einer ukrainischen Kunst zu begründen:

> [. . .] doch hat der Genius dieser Völker so viel Individuelles, Bodenständiges in das Schaffen auf entlehnter Grundlage hineingebracht, dass daraus nicht nur eine deutsche, sondern auch eine ukrainische Kunst entstanden ist.[21]

Rund ein Vierteljahrhundert später erschien – wiederum in Leipzig – in deutscher Übersetzung aus dem Russischen, die von der Akademie der Künste der UdSSR und dem Institut für Theorie und Geschichte der Bildenden Kunst der UdSSR herausgegebene *Allgemeine Geschichte der Kunst*. Sie zielte im Zeitalter des Ost-West-Konflikts darauf ab, den Stellenwert der russisch dominierten sowjetischen Kunst im internationalen Maßstab herauszuarbeiten. Dafür wurde die Kunst einiger nicht-russischer Republiken einer spezifischen Instrumentalisierung unterzogen. In Band V, der dem 17. und 18. Jahrhundert gewidmet ist, wird die ukrainische Kunst, ebenso wie die belarussische, litauische, lettische und estnische Kunst, lediglich für das 18. Jahrhundert in einem eigenen Kapitel behandelt. Doch abweichend von den Ausführungen zur italienischen,

---

[18] Nadia Zavorotna: Scholars in Exile. The Ukrainian Intellectual World in Interwar Czechoslovakia. Toronto u.a. 2020. Zu Dmytro Antonovyčs Werdegang und seinen Aktivitäten im Prager Museumswesen S. 57.

[19] Stil. In: Ulrich Pfisterer (Hg.): Metzlers Lexikon der Kunstwissenschaft. Ideen. Methoden. Begriffe. Stuttgart, Weimar 2003, S. 335–340.

[20] Dmytro Antonowytsch: Deutsche Einflüsse auf die ukrainische Kunst. Leipzig 1942.

[21] Ebd., S. 174.

französischen, englischen und russischen gibt es hier keine Unterteilung in die Gattungen Architektur, Plastik und Malerei, womit zumindest indirekt eine nachträgliche Bewertung und Hierarchisierung des Gewichtes der genannten Kulturen im russischen Kontext vorgenommen wird. Der Autor, der in Wolhynien geborene ukrainische Kunsthistoriker Pavel Žoltovs'kyj (1904–1986), ist sichtlich um einen argumentativen Balanceakt bemüht. Einleitend hebt er ausschließlich den russischen Einfluss auf die Kunstentwicklung in der Ukraine als segensreich hervor:

> Im 18. Jahrhundert durchlebte die Ukraine eine Periode ökonomischen Aufschwungs. Die Feudalwirtschaft konsolidierte sich, die Städte wuchsen, und es erweiterten sich auch die Wirtschaftsbeziehungen zu Russland. Eine große progressive Wirkung übten in der Ukraine die Reformen Peters aus, außerdem der weitere Kampf für die Wiederangliederung der ukrainischen Westgebiete an das Russische Reich. Die Beziehungen der ukrainischen Kultur zur russischen Kultur gestalteten sich umfassender und tiefer. [. . .] Die führende Rolle in diesem Prozeß spielte die linksseitige Ukraine, d.h. diejenigen Gebiete, die mit Rußland vereint waren, während in der Rechtsseitigen Ukraine und in der Westukraine im Zusammenhang mit der Schwächung der ökonomischen Stellung Polens ein allgemeiner Niedergang der Städte und Rückgang des Bauwesens zu beobachten war.[22]

Darüber hinaus würdigt Žoltovs'kyj in sowjetischer Diktion ausführlich vor allem die Leistungen ukrainischer Architekten und die ästhetischen Qualitäten der einzigartigen Kirchenbauten aus Holz:

> In der ukrainischen Baukunst bewahrte, wie in der zweiten Hälfte des 17. Jahrhunderts, die Holzbaukunst des Volkes ihre dominierende Bedeutung. Sie beeinflusste weiterhin sehr stark die ukrainische Steinbaukunst des 18. Jahrhunderts. Um die Mitte dieses Säkulums wurden die bedeutendsten Denkmäler der ukrainischen Holzbaukunst ausgeführt: die fünfkuppelige Kirche Mariä Schutz (Pokrow) in Romny (1764), die siebenkuppelige Himmelfahrtskirche (Wosnessenije) in dem Dörfchen Beresnja bei Tschernigow (1761), erbaut von dem Meister Afanassi Scheludko, und die großartige neunkuppelige Dreifaltigkeitskathedrale (Troizki Sobor) in Nowoseliza (Nowomoskowsk), von 1772–1779 von dem hervorragenden Baumeister Jakin Pogrebnjak errichtet.[23]

In den 1990er Jahren setzte in der ukrainischen Wissenschaft eine intensive Selbstverständigung über die nationale Identität, die Eigenständigkeit der ukrainischen Kultur und die Dynamik ihrer Entwicklung ein. Das betraf auch die bildende Kunst und die

[22] Akademie der Künste der UdSSR, Institut für Theorie und Geschichte der Bildenden Kunst (Hg.): Allgemeine Geschichte der Kunst, Band V: Die Kunst des 17. und 18. Jahrhunderts. Leipzig 1966, S. 449.

[23] Ebd.

Architektur. Er findet bis heute vor allem auf Ukrainisch statt und ist damit binnenzentriert.[24] Im Kern lässt er sich als die fortschreitende Ukrainisierung auch der Kunstgeschichte beschreiben. Nicht zufällig gilt der ukrainischen Volkskunst,[25] der Avantgarde[26] und dem sogenannten Kosakenbarock besondere Aufmerksamkeit. In diesen Bereichen insistieren die Ukrainer besonders auf ihre Eigenständigkeit. Gleichzeitig wird das Verhältnis der russischen und sowjetischen Kultur zur ukrainischen Kultur einer Neubewertung unterzogen. Viele Ukrainerinnen und Ukrainer betrachten die Kunst wie die Literatur als kulturelle Sphären, die über Jahrhunderte von Russland kolonialisiert und dominiert wurden. Das Verhältnis wird zunehmend als problematisch empfunden. Das imperiale russländische Zentrum habe die ukrainische Kultur dominiert und kolonialisiert.

Zu den praktischen Folgen dieser Wahrnehmung gehört, dass in der Ukraine gerade zahlreiche Denkmale gestürzt werden. Denkmalsturz als kulturelle Praxis ist seit der Antike bekannt. Im 20. Jahrhundert war sie weltweit verbreitet und ist im Zusammenhang mit der Kolonialismusdebatte international wieder virulent geworden.[27] In der Ukraine stehen weniger künstlerische Erwägungen im Vordergrund als vielmehr emotionale Impulse und das Bedürfnis nach einer Revision der Erinnerungskultur. Als im April 2022 das im Jahr 1982 zum 60. Jahrestag der Gründung der Sowjetunion und des 1500-jährigen Bestehens von Kiew errichtete Denkmal in Gestalt eines halbkreisförmigen Bogens demontiert wurde, der die Freundschaft zwischen dem russischen und dem ukrainischen Volk symbolisieren sollte, tat sich die ukrainische Schriftstellerin und Fotokünstlerin Yevgenia Belorusets (geb. 1980) zunächst schwer mit diesem Schritt. Doch dann änderte sie ihre Meinung: „Ich fand das der Zeit entsprechend. So ein Denkmal kann und soll auch während eines Krieges demontiert werden."[28]

Wolfgang Kissel konstatiert zwei miteinander verknüpfte Wellen des Denkmalsturzes in der Ukraine, die neue Begriffe hervorgebracht haben.[29] Die erste vollzog sich bereits 2014 als Reaktion auf die Annexion der Krim, als in der gesamten Ukraine der *Leninopad* einsetzte, also Lenindenkmäler demontiert und gestürzt wurden. Damit wollten sich die Ukrainer symbolisch von der Sowjetherrschaft und jenem sowjetischen Führer lossagen, der 1920 das Ende der Ukrainischen Volksrepublik herbeigeführt hatte.

---

[24] Fedir Umancev: Mystectvo Davn'oji Ukrajiny. Istoryčnyj narys. Kyjiv 2002. – Ol'ha Petrova: Mystectvoznavči refleksiji. Istorija, teorija ta krytka obrazotvorčoho mystectva 70-ch rokiv XX stolittja – počatku XXI stolittja. Zbirka statej. Kyjiv 2004. – Alisa Ložkina, Konstjantin Akinša: Permanentna revoljucija. Mystectvo Ukrainy XX-pačatko XXI stolittja. Kyjiv 2019. – Hanna Skrypnik, Serhij Pyrozhkov, Anatolij Zahorodnij (Hrsg.): IX Mižnarodnyj konhres ukrajinistiv. Mystectvosnactvo. Kul'turolohija. Sbirnik naukovych statej. Do 100-riččja Nacional'noji akademiji nauk Ukrajiny. Kyjiv 2019.

[25] Hanna Skrypnyk (Hg.): Istoroja dekorativnoho mystectva Ukrajiny. U pjati tomach. Kyjiv 2007–2016.

[26] Olena Šestakova: Avanhard i modern v ukrajins'komu narodnomu mystectvi 1910–1930 rokiv. Kyjiv 2021.

[27] Pushkin monuments disappear from Ukrainian streets following Lenin, as decolonization is underway. EuromaidanPress, 4.5.2022. – Dario Gamboni: Zerstörte Kunst. Bildersturm und Vandalismus im 20. Jahrhundert. Köln 1998.

[28] Yevgenia Belorusets: Denkmalsturz in Kiew. Russisch-ukrainische Freundschaft ohne Kopf. Deutschlandfunk Kultur, 26.4.2022.

[29] Wolfgang Kissel: Puschkin im Dienst von Putin. Vom Dichterkult zum Denkmalsturz: Wie der Krieg in der Ukraine die Erinnerungskultur verändert. FAZ, 1.7.2022, S. 13.

Die zweite ist seit Frühjahr 2022 unter dem Stichwort *Puškinopad* (Puškin-Sturz) im Gange, zunächst in der Westukraine, inzwischen auch in Städten wie Černihiv, Mykolajiv und Nikopol'. Dieser Sturz der Denkmäler des großen russischen Dichters, zu dessen 200. Todestag 1937, im Jahr des Großen Terrors, in der Sowjetunion ausufernde staatliche Feierlichkeiten abgehalten wurden, zielt darauf, mit der gesamten russisch-imperialen und sowjetischen Vergangenheit zu brechen und sie gleichsam zu entsorgen. Diese und weitere Aktionen, mit denen die Menschen in der Ukraine ihrer Empörung Luft machen, kommen nicht von ungefähr. Sie sind eine Reaktion auf einen wachsenden imperial unterfütterten russischen Nationalismus, der insbesondere in der Putin-Ära immer aggressiver zur Schau gestellt wurde und in Russland euphemistisch als Patriotismus verbrämt wurde. Selbst bisher als gemäßigt geltende und international anerkannte Kulturfunktionäre wie der Direktor der Eremitage, Michail Piotrovskij, unterstützen unverblümt den russländischen Angriffskrieg und sehen sich und die Museen selbst als aktiven Teil der „Spezialoperation" im Kampf gegen die Ukraine und den Westen.

> Unsere letzten Ausstellungen im Ausland, das war einfach eine mächtige Kulturoffensive. Wenn Sie so möchten eine Art „Spezialoperation". Vielen gefällt das nicht. Aber wir marschieren vorwärts. Und wir lassen es nicht zu, dass irgendjemand unser Vorrücken stört.[30]

In der ukrainischen Wissenschaft überwiegt derzeit das Bestreben, sich mental epochenübergreifend von einer wie auch immer gearteten russischen und sowjetischen Dominanz zu befreien.[31] Derzeit aktive Forscherinnen und Forscher können sich dabei auf die aus Odessa stammende Kunsthistorikerin Valentine Marcadé (1910–1994) stützen, die in Frankreich einerseits über die russische Avantgarde geforscht, andererseits 1990 eine Monographie über ukrainische Kunst mit Schwerpunkt auf der Moderne vorgelegt hat.[32] Bereits seit den 1990er Jahren wurden in der Ukraine und im Ausland immer mehr Ausstellungen gezeigt und Bücher veröffentlicht, in denen für die historischen Verflechtungen zwischen der russischen und der ukrainischen künstlerischen Kultur nun das Label „ukrainisch" benutzt wurde, gleichsam als Umkehrung der lange aus russländischer Perspektive als selbstverständlich geltenden Unterordnung und Einverleibung ukrainischer (und anderer) Impulse und Beiträge zu der ihrerseits nicht homogenen, aber dennoch programmatisch als „russisch" apostrophierten Kultur.[33] Damit im Zusammenhang steht

---

[30] Michail Piotrovskij: „Počemu neobchodimo byt' so svoej stranoj, kogda ona soveršaet istoričeskij povorot i vybor. Rossijskaja gazeta, 22.6.2022. Das Interview liegt als Dokument in deutscher Übersetzung vor: „Man muss auf der Seite seines Landes stehen". Eremitage-Direktor Michail Piotrovskij im Gespräch, in: OSTEUROPA, 4–5/2022, S. 49–58, hier S. 49/50.

[31] Davon zeugt die fünfbändige, seit Beginn der 2000er Jahre von der Nationalen Akademie der Wissenschaften der Ukraine herausgegebene Ausgabe: Istorija ukrajins'koji kul'tury. Kyjiv.

[32] Valentine Marcadé: L'art d'Ukraine. Lausanne 1990.

[33] Exemplarisch seien zwei Ausstellungen und deren Kataloge erwähnt, in denen dies differenziert geschehen ist: „Die Avantgarde und die Ukraine, 1910–1936" in der Villa Stuck München. Bearbeitet von Jo-Anne Birnie Danzker. München 1993. – Anatolij Mel'nyk (Hg.): Ukrajins'kyj modernizm: 1910–1930 = Ukrainian modernism 1910–1930. Nacional'nyj chudožnij muzej Ukrajiny. Kyjiv 2006.

auch die Tendenz, Persönlichkeiten, die auf dem Territorium der heutigen Ukraine geboren wurden, später aber sowohl dort als auch an Orten im heutigen Russland oder im Ausland tätig waren, nun vor allem der ukrainischen Kunst zuzuordnen.[34]

Eine weitere, in der Ukraine, aber auch in anderen Ländern des postsowjetischen Raums zu beobachtende Haltung besteht darin, bestimmte Artefakte aus der sozialistischen Vergangenheit als unliebsame Last zu betrachten und sie daher als bedeutungslos für die heutige kulturelle und nationale Identität zu erklären. Dazu gehören die vielen Mosaike, die seit den 1960er Jahren auch in der Ukraine an öffentlichen Bauten das Versprechen auf ein freudvolles, von sowjetischen Idealen bestimmtes Leben in der Sowjetunion visualisieren sollten. Motive aus der lokalen Folklore sollten die Akzeptanz der ideologisierten Botschaft verstärken.

Vorwärts zurück: Folklore der Sowjetmoderne

[34] Roman M. Jaciv: Ukraïns'ke obrazotvorče mystetstvo. Imena, žyttjepysy, tvori (XI–XXI st.). Charkiv 2012: – Diana Kločko: 65 ukraïns'kych šedevriv. Vyznani j nejavni. Kyjiv 2019.

Allerdings ist auch der gegenläufige Trend in der ukrainischen Kunstgeschichte zu beobachten, derartige sowjetische Relikte in der Ukraine zu dokumentieren und zu kontextualisieren.[35] Darüber hinaus sind Bestrebungen zu erkennen, aktuelle Entwicklungen der ukrainischen Kunst mit Phänomenen der ukrainischen Moderne und Avantgarde zu verknüpfen.[36]
Für die Entwicklung eines historisch fundierten und differenzierten Narrativs der künstlerischen Kultur der Ukraine wird es unumgänglich sein, die wechselvolle, von territorialen Diskontinuitäten und politischen Brüchen geprägte Geschichte des flächenmäßig zweitgrößten Landes in Europa ebenso im Blick zu haben wie die unterschiedlichen Kulturen und Traditionsstränge, aus der sich die ukrainische Kultur speist.[37] Zweifelsohne würde ein ausschließlich ethnozentrisch und national ausgerichteter Ansatz, wie er im 19. Jahrhundert, dem Zeitalter der aufkommenden Nationalkulturen, auch von ukrainischer Seite entwickelt wurde, zu kurz greifen, wenngleich die Sympathien für einen solchen in der aktuellen Situation verständlich scheinen.

Diversität des künstlerischen Erbes in der Ukraine

Es bietet sich an, für die ältere Zeit eher von Kunst in der Ukraine zu sprechen, deren heutiges Territorium über Jahrhunderte von unterschiedlichen Stämmen und Völkern besiedelt wurde. Davon legen z.B. jene steinernen Figuren von Skythen (5. oder 6. Jahrhundert v. Chr.) und Kiptschaken (9. bis 13. Jahrhundert) Zeugnis ab, die vor dem Historischen Museum in Dnipro anstelle eines im Zweiten Weltkrieg von den Deutschen geraubten Denkmals von Katharina II. aufgestellt wurden.[38]
Archäologische Funde reichen bis in die Zeit der Trypillja-Kultur zurück, die von ca. 5000 bis 3000 v.Chr. im südöstlichen Europa verbreitet war.[39] Abgesehen von den Skythen haben auch die antiken Griechen auf dem Gebiet der heutigen Ukraine Spuren hinterlassen. Davon zeugen nicht nur die Ruinen der antiken Städte Chersonesos und Pantikapaion (heute Kerč), sondern auch archäologische Funde in Olbia).[40] Insbesondere die skythischen Goldschätze, die unter anderem auf der Krim gefunden wurden, wecken

---

[35] Olga Balashova, Lizaveta German: Decommunized: Ukrainian Soviet Mosaics. Yevgen Nikiforov. Berlin 2017. – Jevhen Nikiforov, Polina Baitsym: Art for Architecture. Ukraine. Soviet Modernist Mosaics from 1960 to 1990. Berlin 2020. Möglicherweise sind einige der von Jevhen Nikiforov fotografierten Werke, darunter aus dem zerstörten Mariupol', bereits als Kriegsverluste zu beklagen.

[36] Alisa Ložkina: Permanentna revoljucija. Mystectvo Ukrajiny XX – počatok XXI stolittja. Kyjiv 2019, franz. Ausgabe: Alisa Lozhkina: Une revolution permanente. L'art ucrainien contemporain et ses racines. Paris 2020.

[37] Ivana Pavel'čuk: Postimpresionizm v ukrajins'komu žyvopysi XX stolittja. Kyjiv 2019. – Ivana Pavel'čuk: Na perechresti modernu. Inspiraciji japonizmu u praktyci ukrajins'kych korystiv 1900–1930-ch rokiv. Kyjiv 2019.

[38] Sabine Adler: Verschleppt und versteckt. Nazi-Beutekunst aus der Ukraine. Deutschlandfunk. 8.12.2021.

[39] Francesco Menotti, Aleksey G. Korvin-Piotrovskiy (Hg.): The Tripolye Culture Giant-Settlements in Ukraine. Formation, development and decline. Oxford 2012.

[40] Juri G. Vinogradov, Sergej D. Kryzikkij: Olbia. Eine altgriechische Stadt im nordwestlichen Schwarzmeerraum. Leiden 1995.

Begehrlichkeiten. So raubten die Invasoren aus dem Heimatkundemuseum in Melitopol' einen 2300 Jahre alten Goldschatz.[41]
Die slawische Besiedlung entlang der großen Flüsse Dnipro, Prypjat' und Dnister setzte seit dem 6. Jahrhundert ein, ehe zu Beginn des 8. Jahrhunderts die nordischen Waräger nach Süden drängten. 882 eroberte Fürst Oleg das bis dahin von Askold und Dir beherrschte Kiew und begründete mit der Verlegung der Hauptstadt dorthin die Kiewer Rus'. Von der Orientierung des neuen Machtzentrums an Byzanz in Religion, Architektur und Kunst legen insbesondere die Sophienkathedrale (Baubeginn 1037, Barockisierung nach Brand 1689), aber auch das Goldene Tor und das seit 1159 den Ehrentitel einer Lawra führende Höhlenkloster (Kievo-Pečers'ka Lavra) auf dem hohen Ufer über dem Dnipro Zeugnis ab. Im 12. Jahrhundert zerfiel das orthodox geprägte Kiewer Reich in Teilfürstentümer, ehe im 14. Jahrhundert weit im Nordosten Moskau erstarkte. In Anbetracht dieser machtpolitischen Entwicklungen im ostslawischen Raum verstehen sich heute die Ukraine, Russland und Belarus gleichermaßen, aber nicht ohne Rivalitäten, als Erben von Byzanz.

Sophienkathedrale in Kiew

---

[41] Russischer Kulturraubzug in der Ukraine. Der Standard, 1.5.2022, <www.derstandard.de/story/2000135344303/russischer-kulturraubzug-in-der-ukraine>. – Ori Z. Soltes: Katharine Guroff: The Glory of Ukraine. Golden Treasures and Lost Civilizations. For exhibition at Meridian International Center, Washington. DC; Joslyn Art Museum, Omaha, Nebraska; Houston Museum of Natural Science, Houston Texas; The Museum of Russian Art, Minneapolis, Minnesota. Bethesda, MD 2010. Es handelte sich um eine Wanderausstellung, die 2010 gezeigt wurde.

Gerade in der Ikonenmalerei kann man sich von den byzantinischen Wurzeln überzeugen, wobei der byzantinische Kanon immer wieder mit volkstümlichen Elementen angereichert erscheint. Komplizierte kirchenpolitische Umstände beförderten die Ausprägung lokaler Besonderheiten in der ukrainischen Ikonenmalerei.[42] Zu interessanten Entwicklungen kam es etwa in der galizischen Ikonenmalerei:

> In den Lwower Ikonen des 14./Anfang des 15. Jahrhunderts vernimmt man den Nachklang der ästhetischen Ideale von Menschen unterschiedlicher Konfessionen, des Katholizismus und des orthodoxen Glaubensbekenntnisses. Byzantinische Typologie verbindet sich mit gotischen Elementen, was man besonders bei den Ikonen sehen kann, die zu Reliquien katholischer Orden wurden, wie zum Beispiel die *Gottesmutter Lwowskaja* aus dem 14. Jahrhundert.[43]

Mit der Union von Lublin 1569, mit der die Polnisch-Litauische Adelsrepublik gegründet wurde, erfuhren die westlichen Regionen der Ukraine eine römisch-katholische Ausrichtung. Dies führte in der Ikonenmalerei z.B. dazu, dass an der Wende vom 17. zum 18. Jahrhundert das orthodoxe Motiv der *Gottesmutter Pokrov* mit der katholischen Schutzmantelmadonna verschmolz. Zum Personal der Schutzsuchenden gehörte nun z.B. auch ein Kosakenhetman mit Streitkeule.

Auch beim Wiederaufbau der zerstörten Städte nach dem Mongolensturm Ende des 14. Jahrhunderts lassen sich regionale Unterschiede beobachten:

> Es entstanden Festungen mit polygonalen Türmen (Burgen aus Holz in Kiev, Kanev, Ovruč, steinerne Festungen in Kučk, Kremenec und Chotin, alle 13./14. Jh., im 15./16. Jh. umgebaut). In den befestigten westukrainischen Städten wurden ab dem 15./16. Jahrhundert auch Rathäuser und Handelshöfe und mehrere Kirchen neu errichtet – neben die traditionellen dreischiffigen Kreuzkuppelkirchen sowohl in Holzbauweise (Kovel, Verkündigungskathedrale, 1505), wie auch Steinbauten (Mezirič, Dreieinigkeitskloster, 15.–17. Jh.; Ostrog, Taufe-Christi-Kirche, 16. Jh.) traten neue Bautypen, wie Rotunden (Vladimir Volynskij, Basiliuskirche, 14. Jh.) oder befestigte Wehrkirchen (Posad, Onufriuskirche, 15./16. Jh.).[44]

---

[42] Sviatoslav Hordynsky: Die Ukrainische Ikone. 12. bis 18. Jahrhundert. München, Graz 1981. – Bernhard Bornheim: Die ukrainische Ikone im Wandel der Geschichte. Ein Zeugnis der Mittlerrolle der ruthenischen Orthodoxie zwischen Ost und West, in: Schätze aus dem Höhlenkloster in Kiew. Eine Ausstellung im Bischöflichen Dom- und Diözesanmuseum Trier in Zusammenarbeit mit der Museumsvereinigung „Kiewer Denkmalschutzgebiet Höhlenkloster Lawra" vom 7. Juli bis 20. August 1995. Trier 1995, S. 16–26. – Ludmila Milaewa: Die ukrainische Ikone 11.–18. Jahrhundert. Von den byzantinischen Quellen bis zum Barock. Bournemouth, St. Petersburg 1996.

[43] Milaewa, Die ukrainische Ikone [Fn. 42], S. 24.

[44] Lexikon der Kunst. Architektur. Bildende Kunst. Angewandte Kunst. Industrieformgestaltung. Kunsttheorie. Bd. VII. Leipzig 1994, S. 490.

Galizische Verschmelzung: Kosakenhetman sucht Schutz bei orthodox-katholischer Maria

Im späten 16. Jahrhundert fanden in den westlichen Regionen der heutigen Ukraine, die inzwischen zu Polen, Litauen und Ungarn gehörten, im Zuge eines in ganz Ostmitteleuropa zu verzeichnenden Kulturtransfers aus Italien verstärkt Renaissanceelemente Eingang.[45] Arkadenbögen, Kuppeln, Pilaster und Gesimse prägten nun die Sakral- und Profanarchitektur. Ein prominentes Beispiel ist das Ensemble der sogenannten Walachischen Kirche in L'viv, bestehend aus der Mariä-Entschlafens-Kirche (1591–1631), dem Glockenturm (Kornjakt-Turm, gestiftet von einem aus Kreta stammenden Kaufmann, 1573–1578) und der Kapelle der Heiligen drei Kirchenväter (1578), an dem Architekten wie Peter der Römer, Pietro di Barbona (gest. 1588), Andrij Pidlisnyj (auch bekannt als Ambrose Prihilny alias Vaberene Nutclauss (gest. 1641) mitgewirkt haben. Auch geschnitzter Bauschmuck aus Holz, Stein und Alabaster erfreute sich nun wachsender Beliebtheit, wie die Boim-Kapelle (1609–1615) zeigt, die als Grabkapelle für die aus Ungarn stammende Familie gedacht war. Der reiche, von den aus Breslau stammenden Bildhauern Johann Scholz (1573– vor 1642) und Johann Pfister (1573–1642) gefertigte plastische Schmuck an der Westfassade weist niederländische Elemente auf. Im 17. Jahrhundert setzte sich in L'viv, beginnend mit der von Giacomo Briano (1589–1649) erbauten Jesuitenkirche Peter und Paul (1610–1630), eine barocke Baugesinnung mit entsprechender Innenausstattung durch. Es sei noch einmal an die erwähnten Holzkirchen unterschiedlicher Größe, Grundrisse und Kompositionsformen erinnert, wie sie seit dem 16. Jahrhundert auch in Ostpolen, der Slowakei und Rumänien verbreitet waren. In der Ukraine geht man von ca. 800 noch erhaltenen Baudenkmälern aus.[46] Zu den prächtigsten gehört die 12 m hohe, im Grundriss dreiteilige Kirche des Hl. Georg in Drohobyč, die an der Wende vom 15. zum 16. Jahrhundert im Dorf Nadievo erbaut und später an den heutigen Standort versetzt wurde. Sie weist mit umlaufenden, die einzelnen Bauteile integrierenden Arkadenbögen am Außenbau Renaissanceelemente auf. Erst zu Beginn des 18. Jahrhunderts erhielt sie ihr heutiges, malerisch in die Höhe gestaffeltes Aussehen mit den barocken Dachabschlüssen. Im Inneren ist das Schiff der Georgskirche mit Wandmalereien geschmückt, die 1646–1648 unter der Leitung von Stefan aus Medyki ausgeführt wurden. 1648–1650 folgte die geschnitzte und vergoldete Ikonostase; 1714 entstanden weitere Wandmalereien, die in ihrer Gesamtheit zu einer Einheit verschmelzen.[47]

Erst seit den 2010er Jahren widmet man sich der Erforschung der vielgestaltigen Synagogen in der Ukraine. Viele von ihnen wurden im Ersten Weltkrieg, vor allem aber während des Holocausts und des Zweiten Weltkriegs zerstört, andere zu Sowjetzeiten zweckentfremdet oder dem Verfall preisgegeben.[48] Nur wenige der erhaltenen Synagogen,

---

45 Marina Dmitrieva: Italien in Sarmatien. Studien zum Kulturtransfer im östlichen Europa in der Zeit der Renaissance. Stuttgart 2008. Dmitrieva behandelt Krakau, Prag und Ofen und in einem Exkurs Moskau. Beispiele aus der heutigen Ukraine bleiben unberücksichtigt.

46 An der TU München beschäftigt sich der Architekturhistoriker und Architekt Andrij Kutnyi mit diesen Sakralbauten in Zellenbauweise. Andrij Kutnyi: Sakrale Holzarchitektur in den Karpaten. Bauforschung an ausgewählten Beispielen in der West-Ukraine. München 2009. Für diese Forschungsarbeit wurde er 2010 mit dem European Union Prize for Cultural Heritage/ Europa Nostra Awards ausgezeichnet.

47 Pamjatniki iskusstva Sovetskogo Sojuza. Ukraina i Moldavija. Spravočnik-putevoditel'. Avtor teksta i sostavitel' al'boma G.N. Logvin. Moskva 1982, S. 364–365, Abb. 41–45.

48 Maria und Kazimierz Piechotka: Landscape With Menorah: Jews in the towns and cities of the former Rzeczpospolita of Poland and Lithuania. Warsaw 2015. – Maria und Kazimierz Piechotka: Heaven's Gates. Wooden synagogues in the territories of the former Polish-Lithuanian Commenwealth. Warszawa 2015. – Maria und Kazimierz Piechotka: Heaven's Gates. Masonry synagogues in the territories of the former Polish–Lithuanian Commonwealth. Warschau 2017.

von denen die ältesten aus dem 16. Jahrhundert stammen, gelten heute wie die Choralsynagoge in Berdyčiv (1860), die Synagogen in Chust (1750), Žovkva (1698) oder die als Konzerthaus genutzte ehemalige Synagoge von Užhorod (1910) als geschützte Baudenkmäler. Die einzige in der Ukraine erhaltene Holzsynagoge steht in Žydnizja. Von den 47 Synagogen in L'viv überdauerten nur drei den Zweiten Weltkrieg. Von der berühmten Gildene Royze oder auch Tureih Zahav bzw. Nachmanowicz-Synagoge (1582) sind nur Überreste geblieben.[49] In den letzten Jahren sind immerhin einige ehemalige Bethäuser in der Ukraine an die jüdischen Gemeinden zurückgegeben worden.[50] Das Museum für Ethnographie und Kunsthandwerk in L'viv, das eine reiche Sammlung an Judaica besitzt, trägt mit Ausstellungen dazu bei, Zeugnisse der jüdischen Kultur in die neue ukrainische Erinnerungskultur zu integrieren.[51]

Kirche des Hl. Georg in Drohobyč

[49] Sergey R. Kravtsov: Di Gildene Royze. The Tureih Zahav Synagoge in L'viv. Petersberg 2011.

[50] Zum einst reichen Denkmalsbestand <https://de.wikipedia.org/wiki /Liste_von_Synagogen_in_der_Ukraine>. – Johanna Diehl: Ukraine Series – Ehemalige Synagogen in der Ukraine. Momentaufnahmen einer vergangenen Welt. München 2015.

[51] Schätze des jüdischen Galizien. Begleitheft zur Ausstellung des Museums für Ethnographie und Kunstgewerbe, L'viv, Ukraine. Schloßbergmuseum Chemnitz, Deutschland 2002. Die Ausstellung wurde 2005 auch in Wien gezeigt.

In den östlichen Regionen der Ukraine, die im 17. Jahrhundert von Kosakenhetmanen beherrscht wurden, entwickelte sich bis ins 18. Jahrhundert hinein eine lokale Variante der Barockarchitektur, die als Ukrainischer Barock oder Kosakenbarock bezeichnet wird. Am Ende des 17. Jahrhunderts beeinflusste er die Herausbildung des sogenannten Naryškin-Barock im Russländischen Reich. Charakteristische Merkmale der elegant und festlich wirkenden Bauten sind schlichte, z.T. aneinander gereihte Baukörper mit feingliedrig gestaltetem Gebälk, die mit zierlichem, flach gearbeitetem Stein- und Stuckdekor versehen sind. Dieser schmückt die Wände zwischen den Pilastern und umrahmt die mit Ziergiebeln versehenen Fenster; auch Fassadenmalereien sind keine Seltenheit. Die vergoldeten Kuppeln weisen häufig Birnenform auf. Im Kiewer Höhlenkloster sind die Dreifaltigkeits-Tor-Kirche, die Mariä-Entschlafens-Kathedrale sowie die Nikolaus-Krankenhauskirche typische Beispiele des Kosakenbarocks.

Im 18. Jahrhundert hielten in Kiew, aber auch in den sogenannten neurussischen Gebieten, d.h. den Steppengebieten nördlich des Schwarzen und des Asowschen Meers, Standards der russischen Kunst Einzug, wobei die Schöpfer entsprechender Bauwerke durchaus westeuropäische Wurzeln haben konnten. Bartolomeo Rastrelli (1700–1772) errichtete in Kiew auf Geheiß von Zarin Elisabeth Petrovna (1709–1762), die mit dem aus einer Kosakenfamilie stammenden Grafen Oleksij Rozumovs'kyj (1709–1771) liiert war, in den 1740/1750er Jahren den Marien-Palast und die Andreas-Kirche, die mit ihrer blauen Fassade und den sich davon abhebenden weißen Säulenbündeln und Pilastern an den Petersburger Barock erinnern sollten. Auch in Odessa, einer russländischen Neugründung von 1794, die für ihr internationales Flair und reiches kulturelles Leben berühmt ist, griff man wiederholt auf ausländische Baumeister zurück.

Kiewer Kosakenbarock

Ihnen verdankt die weltoffene Hafenstadt, die sich inzwischen ebenfalls demonstrativ als ukrainische Stadt versteht und präsentiert, ihre städtebauliche Einzigartigkeit und zahlreiche ihrer berühmtesten Bauwerke. Weltruhm erlangte die 1837–1841 nach Entwürfen des italienischen Architekten Francesco Buffo (1796–1867) erbaute, zum Hafen führende Treppe, die seit Sergej Ėjzenštejns (1898–1948) Kultfilm *Panzerkreuzer Potemkin* von 1925 Potemkin-Treppe genannt wird. Ein weiteres spektakuläres Baudenkmal in Odessa ist das neobarocke Opernhaus mit drei von Risaliten markierten Eingängen. Es wurde nach einem international ausgeschriebenen Wettbewerb 1883 bis 1887 anstelle des abgebrannten Vorgängerbaus nach Entwürfen des in ganz Europa tätigen Wiener Architekturbüros Fellner & Helmer erbaut. Ausgestattet mit moderner Technik war es seinerzeit nach der Mailänder Scala das zweitgrößte Opernhaus der Welt, das dem Publikum mit einer exzellenten Akustik und eleganter Innenausstattung im Rokokostil mit viel Stuck und vergoldeten Skulpturen schmeichelte. Derzeit wird das 2000 bis 2007 sanierte Gebäude wie viele andere Baudenkmäler in der Ukraine mit Sandsäcken gegen russländische Angriffe geschützt.

Einen auch in der Diaspora Identität stiftenden Bestandteil der ukrainischen Kultur bilden Artefakte der ruthenischen Volkskunst und Volksmalerei wie Ikonen, Trachten, Stickereien (vyšyvka) oder bemalte Ostereier (pysanky).[52] Sie wurden seit dem 19. Jahrhundert im Zuge der Modernisierung in allen Landesteilen, ob unter russländischer oder österreichischer Herrschaft, im Rahmen einsetzender ethnographischer Forschungen auch gesammelt. Und sie fanden Eingang in die Malerei der Romantik, des Realismus und der Moderne, wenn es galt, Typen aus dem Volk zu gestalten. 1904 wurde das Museum der ukrainischen dekorativen Volkskunst in Kiew eröffnet, dem 2010 der Status eines Nationalen Museums der Ukraine zuerkannt wurde. Zu Sowjetzeiten, als die Volkskunst aus ideologischen Gründen besonders gefördert wurde, erlangten Kateryna Bilokur (1900–1961) und Marija Prymačenko (1909–1997), die der „naiven Kunst" zugerechnet werden, auch überregional Bekanntheit. Picasso äußerte nach dem Besuch des sowjetischen Pavillons auf der Weltausstellung in Paris 1937, wo er Bilder von Prymačenko sah, dass er Ehrfurcht empfinde vor dem „genialen ukrainischen weiblichen Talent".[53]

Eine populäre Figur der ukrainischen Volksmalerei ist seit dem 17. Jahrhundert der legendäre Kosak Mamaj. Er prägt bis heute die ukrainische Kosakenverehrung und ist Teil des nationalen Mythos der Ukraine. Olena Balun spricht von „symbolischen Bildnissen des ukrainischen Kosakentums" und „profanen Ikonen der Kosakenepoche".[54] Mamaj wird in der Regel im Schneidersitz unter einem Baum sitzend, meist allein, selten in Begleitung, dargestellt, gekleidet in Hemd und Pluderhose, darüber eine Jacke oder ein Mantel. Zu seinen Attributen gehört ein Saiteninstrument, die Kobza oder die Bandura, auf denen auf orientalische Weise musiziert wird. So erscheint er als eine Art Wandersänger und Verkörperung der melodischen ukrainischen Seele. Weitere Attribute sind ein Pferd, das sowohl Symbol für Treue und Kameradschaft als auch für Freiheit ist, sowie eine Fahne und eine Eiche mit daran hängenden Waffen, die für die Kraft der Menschen stehen. Als Zeichen für Freiheitsliebe und Stärke, die wichtigsten den

52 <https://ukrainianpeople.us/pysanka-ukrainian-easter-truditions/>.

53 <https://meduza.io/en/feature/2022/06/17/the-ukrainian-artist-admired-by-picasso>.

54 Olena Balun: Volksbild „Kosak Mamaj" in den Werken der ukrainischen Avantgarde. St. Ottilien 2015, S. 12.

Kosaken zugeschriebenen Eigenschaften, trägt er auf glattrasiertem Schädel eine Haarsträhne, den Čub, der auf den Großfürsten Svjatoslav I. Igor'evič (942–972) zurückgeführt wird. David Burljuk (1882–1967), einer der Gründungsfiguren sowohl des russischen als auch des ukrainischen Futurismus, nutzte das Sujet mehrfach, um sich damit in den Neo-Primitivismus einzuschreiben, sich gleichzeitig aber auch von russischen Malerkollegen abzugrenzen. Auch andere Vertreterinnen und Vertreter der ukrainischen Moderne und Avantgrade, darunter Heorhij Narbut (1886–1920), Marija Synjakova (1890–1984), Anatol' Petryc'kyj (1895–1964) und Hanna Sobačko (1883–1965), griffen auf der Suche nach einem ukrainischen Nationalstil in unterschiedlicher Stilistik auf den Typus des Kosak Mamaj zurück.
Kommen wir noch einmal auf Verflechtungen zwischen der russischen und der ukrainischen Kunst zurück. Obwohl diese Verflechtungen derzeit auf beiden Seiten eher unpopulär sind, sei mit wenigen Beispielen daran erinnert. Die russische Kunst der Neuzeit, der Moderne und der Avantgarde speist sich in nicht unbedeutendem Maße aus den Leistungen von Künstlerinnen und Künstlern aus der heutigen Ukraine. Dmytro Levyc'kyj (1735–1822) und Volodymyr Borovikovs'kyj (1757–1825) begannen ihre Karriere als Ikonenmaler in ihrer ukrainischen Heimat, ehe sie in St. Petersburg an der Kaiserlichen Akademie der schönen Künste wirkten. Beide verhalfen der russischen Porträtmalerei im ausgehenden 18. und frühen 19. Jahrhundert zu ihrer Blüte. Ihre Werke bilden heute den Stolz der Moskauer Tret'jakov-Galerie und des Russischen Museums in St. Petersburg. Nicht immer ging der Aufstieg gut aus. Der als Leibeigener geborene Taras Ševčenko erhielt durch die Fürsprache und Förderung ukrainischer und russischer Intellektueller, darunter Vasilij Žukovskij (1783–1852) und Karl Brjullov (1799–1852), seine Freiheit und die Möglichkeit, nach St. Petersburg zum Studium zu gehen. Dort machte er sich auch als Maler einen Namen. Seine zahlreichen, dem Geist der Romantik verpflichteten Gemälde, Zeichnungen und Druckgraphiken visualisieren auf hohem technischen Niveau und von Empathie durchdrungen das ländlich geprägte, auch von Schmerz und Leidenschaft getragene Ukrainertum.[55] Doch als politisch engagierter Mensch, der sowohl revolutionärem Gedankengut seiner Zeit als auch panslawistischen Ideen aufgeschlossen gegenüberstand, kam Ševčenko in Konflikt mit der zaristischen Herrschaft. Mehrfache Denunziationen brachten ihm Verhaftungen, die Degradierung zum einfachen Soldaten und die Verbannung nach Zentralasien ein.[56] Il'ja Repin, der wohl bekannteste Vertreter des russischen Realismus (1844–1930), der mit seinem malerischen Temperament und der Fähigkeit zur zugespitzten Menschendarstellung begeisterte, ist ebenfalls gebürtiger Ukrainer. Als Absolvent und später als Professor der Kaiserlichen Akademie der Künste in St. Petersburg sowie als aktives Mitglied der Genossenschaft für Wanderausstellungen (Peredvižniki) mehrte er das Ansehen der russischen Kunst, auch im Ausland. Das großformatige Gemälde *Die Saporoger Kosaken schreiben einen Brief an den türkischen Sultan* (1878–1891), von Aleksandr III. für

---

[55] Jenny Alwart: Die Erinnerungskultur der Ukraine. Nationale Diskurse und transnationale Verflechtungen am Beispiel von Taras Ševčenko, in: Agnieszka Gąsior u.a. (Hg.): Gebrochene Kontinuitäten. Transnationalität in den Erinnerungskulturen Ostmitteleuropas im 20. Jahrhundert. Köln u.a. 2014, S. 266–276. – Grundlegend für das Verständnis des erinnerungskulturellen Wandels in der Ukraine ist: Jenny Alwart: Mit Taras Ševčenko Staat machen. Erinnerungskultur und Geschichtspolitik in der Ukraine vor und nach 1991. Köln u.a. 2012.

[56] Über Leben und Schaffen des Künstlers informiert in Kiew das 1949 gegründete, heute modern ausgestattete Nationale Taras Ševčenko-Museum.

dessen geplantes Museum russischer Kunst angekauft, ist zweifelsohne Repins populärstes Werk mit ukrainischer Thematik, die ihm bis an sein Lebensende wichtig blieb. Darüber hinaus engagierte er sich für eine nachhaltige Entwicklung der modernen Kunst in der Ukraine: Er unterstützte die von Mykola Muraško (1844–1909) in Kiew gegründete Zeichenschule, diejenige von Marija Raevs'kaja-Ivanova (1840–1912)[57] in Charkiv, eine Art Kunstgewerbeschule, und die Zeichenschule der Gesellschaft der schönen Künste in Odessa, an der von 1879 bis 1881 der jüdische Maler Leonid Pasternak (1862–1945) Unterricht nahm.

Bereits seit den 1990er Jahren erfährt die ukrainische Avantgarde auch hierzulande Aufmerksamkeit. Wissenschaftler wie Dmytro Horbačov, Marina Dmitrieva und Vera Faber haben länder- und disziplinübergreifend dafür gesorgt, dass sie nun nicht mehr einseitig unter die russische Avantgarde subsumiert werden kann.[58] Sie haben deutlich gemacht, dass sich die ukrainische Avantgarde unter politisch komplizierten Bedingungen entwickelt hat – vor der Revolution 1917 im Rahmen des Russländischen Reiches, 1918–1922 unter den Bedingungen von Bürgerkrieg, deutscher Okkupation und kurzlebigen staatlichen Gebilden, darunter die 1919 von den Bolschewiki ausgerufene Ukrainische Sozialistische Sowjetrepublik, die 1922 Teil der Sowjetunion wurde.[59] Man weiß nun um den Stellenwert früher Ausstellungen der Moderne in Kiew wie „Zveno" (Kettenglied) von 1908 und „Kol'co" (Der Ring) von 1914, die Oleksandra Ekster (1882–1949) gemeinsam mit David Burljuk (1882–1967) und Volodymyr Burljuk (1890–1920), Oleksandr Bogomazov (1880–1930) und Volodymyr Baranov-Rossiné (1887–1944) organisiert hat. Sie alle waren genauso wie Vladimir Izdebskyj (1882–1965), der von Odessa aus mit seinem „Salon" Wanderausstellungen organisierte,[60] oder Oleksandr Archipenko (1887–1964) mit russischen Künstlern und Künstlerinnen vernetzt, orientierten sich gleichzeitig auch international, nach Wien, Berlin oder Paris, einige später auch nach New York. Mit ihren theoretischen Schriften, ihren bildkünstlerischen Werken, die an Cézanne und den Fauvismus anknüpften und z.T. dem Kubo-Futurismus zuzurechnen sind, aber auch mit pädagogischen Aktivitäten und der Tätigkeit für das Theater wirkten sie in die sich modernisierende Gesellschaft hinein. In den Werken der genannten, aber auch der ungenannten gleichgesinnten Künstlerinnen und Künstler verbinden sich kühne formale Neuerungen wie vereinfachte und dynamisierte Formen, kontrastierende Farbflächen und gegenstandslose Formationen mit traditionellen, auch figurativen Elementen, die häufig in einer Art Collage ineinander verwoben oder aber kontrastiert sind. Im Verlauf der 1920er Jahre politisierte sich die ukrainische Avantgarde und konnte lange eine Führungsrolle im gesellschaftlichen Diskurs bewahren, wobei sich ein polemischer Grundton zwischen Futuristen und Konstruktivisten einstellte. Gleichzeitig existierten Freiräume, die es möglich machten, aktuelle Themen wie z.B. die Industrialisierung auch mit skeptischem Blick zu betrachten.

57 Igor Šarov, Anatolij Tolstouchov: Chudožniki Ukraini. 100 vidatnich imen. Kyjiv 2007, S. 32–33.

58 Dmytro Horbachov (Hg.): Ukrajinskyj avanhard 1910–1930 rokiv. Ukrainian avant-garde art. Kyjiv 1996. – Marina Dmitrievna (Hg.): Zwischen Stadt und Steppe. Künstlerische Texte der ukrainischen Moderne aus den 1910er bis 1930er Jahren. Berlin 2012. – Vera Faber: Die ukrainische Avantgarde zwischen Ost und West. Intertextualität, Intermedialität und Polemik im ukrainischen Futurismus und Konstruktivismus der späten 1920er Jahre. Bielefeld 2019.

59 Rudolf A. Mark: Die gescheiterten Staatsversuche, in: Frank Golczewski (Hg.): Geschichte der Ukraine. Göttingen 1991, S. 172–201. – Stephen Velychenko: Propaganda in revolutionary Ukraine. Leaflets, pamphlets, and cartoons. 1917–1922. Toronto 2019.

60 Gosudarstvennyj Russkij Muzej, Galereja Moskovskogo centra iskusstv (Hg.): Vladimir Izdebskij i ego salony. Sankt-Peterburg 2003.

Oleksandr Bohomazov: Schärfen der Sägen, 1927. Öl auf Leinwand. Kiew, Museum für ukrainische Kunst

Wenn man den Bogen von den späten 1920er Jahren in die Gegenwart schlägt, dann lassen sich durchaus Parallelen ausmachen.[61] Sicher, dazwischen lag eine lange, bleierne Phase, als der Sozialistische Realismus von Moskau diktiert auch in der Ukraine waltete und nur einige Künstlerinnen und Künstler den Mut zu Non-Konformismus und Dissens hatten.[62] Dazu gehörte z.B. der Maler und Illustrator Hryhorii Havrylenko (1927–1984), der an die Abstraktion des frühen 20. Jahrhunderts anknüpfte und deshalb von der Zensur argwöhnisch beäugt wurde, aber auch der Maler Vladyslav Mamsykov (geb. 1940), der sich sowjetischen Themen und einer akademisch ausgerichteten Malweise widersetzte. Auch heute sind es wieder die Künstler verschiedener Generationen, die auf Verwerfungen und Brüche in der gesellschaftlichen Entwicklung der Ukraine aufmerksam

[61] Alisa Lozhkina: Permanent Revolution. Art in Ukraine, the 20th to the Early 21st Century. Kyiv 2020, <www.arthuss.com.ua/pdf/Permanent-Revolution.pdf>

[62] Lesja Smyrna: Ukrajins'kyj mystec'kyj nonkonformizm jak sociokul'turnyj fenomen XX stolittja. Ukrainian artistic nonconformism as a social-cultural phenomenon of the XX century. Kyjiv 2012.

machen. Dazu gehört der aus Charkiv, der zeitweiligen ukrainischen Hauptstadt, stammende Fotokünstler Boris Mikhailov (geb. 1938). Bekanntheit erlangte er Anfang der 1990er Jahre, als er mit der Folge *Case History* die Verlierer der postsowjetischen Veränderungen im direkten und übertragenen Sinne „nackt" und in provokanter Inszenierung ins Rampenlicht rückte. 2017 vertrat der vor Selbstironie nicht zurückschreckende Künstler die Ukraine auf der 57. Biennale di Venezia. Mit der Folge *Parliament* präsentierte er großformatige Fotos von gepixelten und verzerrten Fernsehbildern, die parlamentarische Auftritte von Politikern und Politikerinnen zeigen.[63] Ein Fall von Nestbeschmutzung? Nein, überhaupt nicht, denn es geht um eine medienkritische Arbeit im Zeitalter von Fake news. Die Folge sendet eine universelle Botschaft, indem sie das manipulative Potential medialer Bilder vor Augen führt. Doch vermittelt von einem ukrainischen Künstler, der seit langem in Berlin lebt, aber mit der Ukraine und seiner Heimatstadt fest verbunden geblieben ist, bestätigt sie die eingangs gemachte Feststellung, dass sich Kultur und Kunst im Kontext von politischen Gegebenheiten und Entwicklungen entfalten.

---

[63] Boris Mikhailov. Parliament. Ausstellungskatalog. Ukrainian Pavilion 2017. Published by Dallas Contemporary, Texas, United States of America, and Rodovid Press. Kyiv 2017.

Julija Nikolaevs'ka

Musik des Widerstands und der Hoffnung

Ukrainische Kompositionen im 20. und 21. Jahrhundert

Die Geschichte der ukrainischen Musik im 20. und 21. Jahrhundert ist ambivalent. Einerseits blühte die Kompositionskunst, andererseits unterlagen die Komponisten und ihre Werke politisch motivierten Restriktionen. In nahezu jeder Phase gab es Repressionen und Zensur. Allen Verheerungen zum Trotz regenerierte sich die ukrainische Musik immer wieder. Im Werk von Borys Ljatošyns'kyj, den Repräsentanten der Kiewer Avantgarde und den zeitgenössischen Komponisten wie Volodymyr Runčak oder Alla Zahajkevyč zeigen sich künstlerische Freiheit, Originalität und Widerständigkeit.

Am 3. Dezember 2022 begeht die Ukraine den 300. Geburtstag ihres wohl größten Philosophen Hryhorij Skovoroda (1722–1792).[1] Der heute als „ukrainischer Sokrates" verehrte Wanderphilosoph kehrte von seinen Reisen durch ganz Europa immer wieder in seine Heimat zurück. Skovoroda versuchte, seinen Zuhörern und Schülern den Weg zum Glück zu eröffnen. Er vertrat eine „Philosophie des Herzens". Alles Existenzielle gehe vom Herzen aus und könne nur mit dem Herzen aufgenommen werden. Der Mensch müsse seine Bestimmung selbst erkennen. Skovorodas Dialog „Erkenne dich selbst" legt nahe, dass diese Selbsterkenntnis als menschliche Konstante auch für die Suche der ukrainischen Nation nach Selbstbestimmung von Bedeutung ist. Skovorodas Leben und Werk ist in mehrerer Hinsicht von Bedeutung: als ein Symbol der Spiritualität, des freien Willens, der Entscheidungsfreiheit, der Charakterstärke, der Liebe, der Kreativität und der Großherzigkeit.[2] Die Geschichte der ukrainischen Kunst im 20. Jahrhundert ist die Geschichte von Hoffnung, Unterdrückung, Widerstand und neuer Hoffnung.

Julija Nikolaevs'ka (1973), Dr. phil., Musikwissenschaftlerin, Professorin an der Nationalen I.P. Kotljarevskyj-Universität der Künste, Charkiv

[1] Dmitrij Tschiżewskij: Skovoroda. Dichter, Denker, Mystiker. München 1974. – Vera Ammer: Gottmenschentum und Menschgottum. Zur Auseinandersetzung von Christentum und Atheismus im russischen Denken. München 1988 sowie die Miniatur von Andrii Portnov in diesem Band, S. 229–231.

[2] „Großherzigkeit" ist auf Ukrainisch *ščedrost'*, das Adjektiv ist *ščedryj* (großzügig, großherzig). Davon abgeleitet ist der Titel des ukrainischen Volkslieds „Ščedryk", das im Arrangement (1916) von Mykola Leontovyč (1877–1921) weltberühmt wurde. Zu Neujahr wünschten die ukrainischen Bauern ihrem Herrn ein großzügiges Schicksal, reiche Ernte und Glück. Die eingängige Melodie wurde Anfang des 20. Jahrhunderts zum Symbol der Ukraine, nachdem der Ukrainische Nationalchor unter Leitung von Oleksandr Košyc' (1875–1944) sie auf Tourneen durch Europa 1919–1921 und die USA 1922–1924 gesungen hatte.

OSTEUROPA, 72. Jg., 6–8/2022, S. 375–392 doi: 10.35998/oe-2022-0172

Von der Hoffnung zum Widerstand

Die ukrainische Musik entwickelte sich in enger Beziehung zur europäischen Kultur. Ukrainische Komponisten wie Maksym Berezovs'kyj (um 1745–1777), Dmytro Bortnjans'kyj (1751–1825) und Mykola Lysenko (1842–1912) hatten in Europa studiert, brachten nach der Rückkehr ihre europäischen Erfahrungen der Kompositionslehre ein und prägten die Struktur professioneller Ausbildung. In verschiedenen Städten wurden Universitäten gegründet, die auf Europa ausgerichtet waren. In Charkiv wurde die Universität bereits 1805 gegründet. Hier waren auch deutsche Professoren tätig, die den Grundstein für deutsche Einflüsse auf die musikalische Ausbildung legten.[3] Europäische Bildungsstandards und die Offenheit für neue Impulse lösten eine Lawine von Neuerungen aus. Futuristische Ideen pulsierten in der ukrainischen Kunstszene der 1920er Jahre. Dabei orientierten sich die ukrainischen Künstler u.a. an den Thesen des Futuristischen Manifests: „Nur WIR sind das GESICHT UNSERER Zeit" oder „Weg mit den Stereotypen!".[4] Zur selben Zeit forderte der Schriftsteller und Vordenker der ukrainischen Avantgarde Mykola Chvyl'ovyj: „Weg von Moskau!" und hin zum „psychologischen Europa". Für diese Tendenzen finden sich in der ukrainischen Musik zahlreiche charakteristische Beispiele: Der aus Charkiv stammende Komponist Joseph Schillinger (1895–1943), der für sein neuartiges Kompositionssystem Berühmtheit erlangte und George Gershwin und John Cage beeinflusste, wurde Botschafter des ukrainischen Jazz; Mykola Kolessa (1903–2006), eine der zentralen Figuren der ukrainischen Musik des 20. Jahrhunderts, verbrachte seine prägenden Jahre 1924–1931 in Prag und lernte u.a. bei Alois Hába; der aus der ukrainischen Stadt Stryj stammende Józef Koffler (1896–1944) studierte in Wien bei Guido Adler und entwickelte unabhängig von Arnold Schönberg eine Methode der Zwölftonkomposition; der für sein eigenes kompositorisches System der Synthetakkorde bekannte russische Komponist Nikolaj Roslavec' (1880–1944) war 1920–1923 in Charkiv tätig, wo er die *Fünf Präludien für Klavier*, das *Klaviertrio Nr. 3* sowie die *Méditation für Cello und Klavier* schuf.

Wegweisend wurde die Vokalmusik eines Klassikers des ukrainischen Symphonismus, Borys Ljatošyns'kyj (1895–1968). Als innovativ gilt sein Werk *Drei Romanzen nach Gedichten antiker chinesischer Dichter* von 1925. Im Lied *Davnje* (deutsch: Altes, nach

---

[3] Der erste Musiklehrer war Ivan Vitkovs'kyj, ein Schüler von Joseph Haydn. Gründervater der musikalischen Ausbildung war Il'ja Slatin. Er rief 1883 die Musikfachschule und 1917 das Konservatorium ins Leben. Slatin lud erfahrene Lehrkräfte europäischer Hochschulen nach Charkiv ein. So arbeiteten in Charkiv der Liszt Schüler Al'bert Benš, der Magdeburger Bläser Hugo Heck, der lettische Komponist und Hornist Andrejs Jurjāns, der Streicher Franz Kutschera, der Pianist und Moniuszko-Schüler Carl Tausig, der Komponist Federico Bugamelli, der polnische Pianist Adolf Schulz-Evler, vom Amsterdamer Konservatorium kam der Fagottist Karl Brinkbok, aus Wien der griechische Komponist Manolis Kalomiris. Aus Frankreich kam der Komponist Fedir Jakymenko, Serhij Bortkevyč kehrte aus Leipzig in seine Heimat Charkiv zurück. Diese Anwerbung trug zum schnellen Aufschwung der kompositorischen und darstellenden Künste bei. Zwischen 1900 und 1920 führte der Wege vieler Musiker wieder in den Westen. Slatins Söhne wirkten in Belgrad, Jakymenko zog nach Frankreich, Bortkevyč ging nach Wien, Kalomiris gründete die Musikausbildung Griechenlands, Jurjāns die Kompositionsschule in Lettland und Konstanty Gorski kehrte nach Polen zurück.

[4] Eine Ohrfeige dem öffentlichen Geschmack: russische Futuristen. Hamburg 2001.

einem Gedicht von Cui Guofu) vermeidet Ljatošyns'kyj ein festes tonales Zentrum (obwohl *fis* als Grundton dominiert), was ein fernöstliches Kolorit der Unstetigkeit und Fluidität der Materie hervorruft.
Im Vorwort zu seiner Ausgabe der Romanzen von Borys Ljatošyns'kyj aus den 1920er Jahren schreibt der Musikwissenschaftler Oleksandr Kozarenko:

> Die atemberaubende Produktivität ukrainischer Komponisten der 1920er Jahre stellt selbst vor dem Hintergrund der europäischen Moderne ein einzigartiges Phänomen dar, das durch einen besonderen sprachlichen und stilistischen Reichtum gekennzeichnet ist.[5]

Borys Ljatošyns'kyj: Davnje, opus 17, nr. 1

---

[5] Oleksandr Kozarenko: Zamist' peredmovy. Borys Ljatošyns'kyj. Romansy 1920-chrokiv. Kyjiv 2015, S. 5–6.

Die Avantgarde der 1920er Jahre scheint nicht Ausdruck einer Widerstandsbewegung zu sein, obwohl die Ukraine mit dem Ersten Weltkrieg und dem gescheiterten Kampf um einen eigenen Nationalstaat von 1917–1919 schwere Bevölkerungsverluste und Schicksalsschläge hatte erleiden müssen. Oleksandr Kozarenko zufolge bildete die historische Situation zu Beginn des 20. Jahrhunderts die Grundlage für die künstlerische Blüte, die aus der künstlerischen Haltung „Trotz alledem" und „Gegen alles" den ukrainischen Symbolismus, Existenzialismus und Futurismus hervorbrachte.
Tatsächlich ist es ein Merkmal der ukrainischen Künstler, allen Widrigkeiten zum Trotz Kreativität zu entfalten. Einer der vielseitigsten musikalischen Pioniere war der Pianist, Musikwissenschaftler und Komponist Vasyl' Barvinskyj (1888–1963). Er war der erste ukrainische Komponist, der einen Zyklus von Klavierpräludien (1908), eine symphonische Rhapsodie (1911) sowie ein Sextett (1915) schuf und 1917 begann, an einem Klavierkonzert zu arbeiten.[6]
Ihn traf ein schreckliches Schicksal: 1948 wurde er verhaftet und zu zehn Jahren Lager verurteilt, die Manuskripte seines Werkes wurden verbrannt. Nach der Rückkehr aus dem Lager musste Vasyl' Barvins'kyj sein Werk aus dem Gedächtnis wiederherstellen. Das gelang ihm nicht in jedem Fall. Im Jahr 1915 hatte er einen Klavierzyklus mit dem Titel „Bil' ta peremoha ljubovi" versehen. Diese Worte „Schmerz und Triumph der Liebe" kann man auch als Lebensmotto dieses Künstlers verstehen, das für seine Bereitschaft zum Widerstand gegen die ihm auferlegten Umstände steht.

Borys Ljatošyns'kyj mit seinen Schülern Volodymyr Zahorcev und Viktor Ševčenko (hinten) und Mykola Poloz (vorn) am Konservatorium Kiew

[6] Ljubov Morozova (Hg.): Zaboronena muzyka. Die verbotene Musik. The Forbidden Music. Deutsch: Oksana Molderf; Englisch: Olesya Tatarovska. Charkiv, L'viv 2021.

Der Widerstand in der Musik wuchs in den 1960er Jahren an, als eine Gruppe von Komponisten der Kiewer Avantgarde neue Wege beschritt. Zu ihr gehörten Borys Ljatošyns'kyjs Schüler Valentyn Syl'vestrov (*1937), Leonid Hrabovs'kyj (*1935), Vitalij Hodzjac'kyj (*1936) und Volodymyr Zahorcev (*1944).

Selbst Ljatošyns'kyj, Galionsfigur der ukrainischen Avantgarde, musste fast sein gesamtes Leben lang Kritik an seiner Arbeit über sich ergehen lassen, etwa den Vorwurf des Formalismus. Umso enthusiastischer unterstützte er seine Schüler bei ihrer Suche nach neuen musikalischen Ausdrucksformen. Einige Werke des Begründers der ukrainischen zeitgenössischen Komposition der 1950–1960er Jahre wurden als „unhörbar" gebrandmarkt. Das betraf sein *Ukrainisches Quintett* und vor allem die *3. Symphonie*. Ljatošyns'kyj hatte sie den Opfern des Zweiten Weltkriegs gewidmet und der Partitur das Motto „Der Frieden siegt immer über den Krieg" vorangestellt. Das hätte sich auch in der stalinistischen Sowjetunion vielleicht ideologisch noch legitimieren lassen, aber im Widerspruch zu diesem eher optimistischen Motto endete die Symphonie mit einem tragischen Finale. Und musikalisch bediente sich Ljatošyns'kyj der Mittel der Moderne.

Die Symphonie wurde während des Plenums des Vorstandes der Union der Komponisten der Ukraine am 19. Dezember 1951 unter dem ukrainischen Dirigenten Natan Rachlin (1905–1979) uraufgeführt. Das Publikum und die Musiker nahmen die Symphonie begeistert auf, es gab stehende Ovationen für Ljatošyns'kyj. Doch für die spätstalinistischen Kulturbürokraten war Ljatošyns'kyj mit seiner avantgardistischen Technik und Experimentierfreude, „der charakteristischste Vertreter des bürgerlich-individualistischen Urbanismus". Beim nächsten Treffen der Union der Komponisten der Ukraine wurde die Symphonie als „antinational und als formalistischer Müll bezeichnet, der verbrannt werden sollte".[7] Die Erstfassung durfte danach nicht mehr aufgeführt werden. Auf Druck der Komponistenunion schrieb Ljatošyns'kyj 1953 eine zweite Fassung der Symphonie, in der er das tragische Finale durch ein optimistisches ersetzte.[8]

Mit der Verwendung modernistischer Techniken forderte die Gruppe der Kiewer Avantgarde den damaligen Mainstream heraus.[9] Viele der Werke dieser Zeit tragen charakteristische Titel: „Spektren" und „Projektionen" von Syl'vestrov, „Mikrostruktur" und „Konstanten" von Hrabovs'kyj oder auch die „Diagramme" von Arvo Pärt, der nicht im engen Sinne zur Kiewer Avantgarde zählt. Die Arbeit mit neuen Techniken der Komposition ermöglichte es den Künstlern, sich nicht auf gewohnte Bilder beschränken zu müssen,

---

7 Skarb Borisa Ljatošinskogo 28.1.2005, <https://zn.ua/ukr/ART/skarb_borisa_lyatoshinskogo.html>.

8 Auf seiner Europatournee im Frühjahr 2022 spielte das Kyiv Symphony Orchestra unter Leitung von Luigi Gaggero in seinen Benefizkonzerten Ljatošyns'kyjs *3. Symphonie* mit dem ursprünglichen Finale. Im Gespräch mit dem Polnischen Radio sagte Gaggero am 27.4.2022: „Es ist eine sehr schöne, realitätsnahe Komposition mit einem magischen, zarten Element, das immer wieder ins Raue übergeht. Aber am Ende siegt dieses kristallklare, zarte Thema. Die Sowjets zwangen Ljatošyns'kyj zur Überarbeitung des Finales, da sie eine Komposition für Militärparaden wollten. Ich freue mich daher sehr, dass wir nun das Original dieser Symphonie aufführen können. Ljatošyns'kyj blieb es bis zu seinem Lebensende versagt, sie zu hören." <www.polskieradio.pl/398/7861/Artykul/2946950,Київськийсимфонічнийоркестррозпочавєвропейськетурне концертом -у-Варшаві> . Die beiden Versionen der 3. Symphonie unter Volodymyr Sirenko sind zu hören unter <www.youtube.com/watch?v=0jsHj3-IUpA>.

9 Eine Anthologie mit Aufnahmen von Klaviermusik der Kiewer Avantgarde spielte der Pianist Jevhen Hromov ein. Eine Notenedition der Klavier- und Kammermusik der Kiewer Avantgarde gab das Ukrainische Institut 2020 heraus.

sondern selbstbewusst Phänomene aus der sie umgebenden Welt abzubilden. Fast alle Werke der genannten ukrainischen Komponisten sind Klassiker der Avantgarde. Für den Musikwissenschaftler Jurij Čekan hat die Kiewer Avantgarde maßgeblich zur „Dekolonisierung der ukrainischen akademischen Musik" beigetragen, indem in diesen Werken die Verbindung zur sowjetischen Kultur gekappt wurde. Allerdings hatten fast alle Komponisten einen Preis dafür zu zahlen. Einige verloren ihre Arbeitsplätze, mussten sich andere Einkommensquellen suchen, Volodymyr Zahorcev wanderte aus.
Eines der Schlüsselwerke dieser Zeit ist das Klavierstück „Rozryvy ploščyn" (Brüche von Ebenen) von Vitalij Hodzjac'kyj (1963). Die Idee zur Komposition hatte Hodzjac'kyj, als er den Himmel während eines Gewitters beobachtete. Hinter den Wolken sah er mit einer faszinierenden Regelmäßigkeit Blitze wie auf einem Fernsehbildschirm. Mit dem Stück wollte er eine Art „musikalische Abhandlung" über die Entstehung der Materie verfassen. Als eine weitere Inspiration nennt der Komponist Robert Jungks Buch *Heller als tausend Sonnen*[10] über die Evolution der Atomphysik, die in den Bau der Wasserstoffbombe mündete.

Vitalij Hodzjac'kyj und der Pianist Jevhen Hromov bei der Aufnahme der Klavierwerke des Komponisten (2017). Foto: Jevhenija Peruc'ka

[10] Vitalij Hodzjac'kyj: „Rozryvy ploščyn", Stück für Klavier (1963), Typoskript des Autors, S. 1. Das Stück ist in der Publikation des Ukrainischen Instituts erschienen: Kiewer Avantgarde. Anthologie der Kammermusik. Werke für Klavier. Kyjiv 2020.

Das musikalische Konzept folgt dem Prozess einer Atomreaktion und ist in Episoden unterteilt, deren Titel die Etappen illustrieren: Urmaterie, Vibrationen, Schnittstellen, Spannung, Brüche und Kataklysmen, wiederhergestellte Materie, Halbwertszeit. Die Musikwissenschaftlerin Olena Zin'kevyč beschreibt die Wirkung des Werks auf die Zuhörer:

> Das Entstehen, das Sein, das Nichts – das sind die wichtigsten Stadien der Formbildung. [. . .] Wir wohnen der Partikelentstehung dieser Materie bei, einer Art Schallreaktion, und werden Zeugen eines Kataklysmus, der durch eine Kettenreaktion der Kerne der Schallenergie ausgelöst wird.[11]

Für die stilistischen und kompositorischen Entscheidungen spielte die Beschäftigung mit den Klavierstücken I–VIII von Karlheinz Stockhausen und den späten Opern von Igor' Stravinskij eine Rolle. Das Intonationskonzept des Klavierstücks basiert auf der freien Verwendung der Reihentechnik und ist hinsichtlich ihrer Dynamik, Register, Striche usw. voller Kontraste. Textur und Form des Stücks bilden den Prozess einer physikalischen Reaktion nach: Während radioaktive Partikel beim Versuch, eine unterbrochene nukleare Kette wieder zu schließen, eine kritische Masse erreichen, fügen sich isolierte Klangmotive zu einer einzigen Klangfläche zusammen. Auf dieser Klangfläche entstehen Vibrationen, die den Rhythmen in der organischen Natur ähneln. Dann kommt es zu einer allmählichen Verdichtung des Raums und zur Bildung von Klangflächen, die sich unter der Einwirkung der erzeugten Energie ausdehnen, um das Volumen des Raums auszufüllen, bis sie in akustischen Kataklysmen aufbrechen. Die Materie zerfällt wieder in elementare Schallpartikel.

Im Anschluss griff Hodzjac'kyj auch in anderen Kompositionen immer wieder auf dieses Formprinzip zurück. Die einzelnen Motive, die zu Beginn des Werks eingeführt werden, verschmelzen schrittweise zu Phrasen und Sätzen und füllen die verschiedenen Schichten der Textur des Werks aus. Im Finale findet der umgekehrte Prozess statt, bei dem diese Textur in einzelne Elemente zerfällt, die sich allmählich auflösen. Dadurch wird eine konsequente Dramaturgie aufgebaut, die am Punkt der höchsten Stoffmengenkonzentration kulminiert. Dieses Prinzip gilt für viele Formen und Gattungen, aber in diesem Fall wird der Einsatz auch inhaltlich durch das Programm des Stücks verstärkt. Den wichtigsten Beitrag leistete „Rozryvy ploščyn" dadurch, dass es das Potential absteckte, das die neue musikalische Sprache den Komponisten des 20. Jahrhunderts eröffnete. Der Verzicht auf ein tonales Zentrum und ein einheitliches Strukturprinzip, die grenzenlosen Einsatzmöglichkeiten von Intonations- und Rhythmusmitteln und die strukturelle Einzigartigkeit jeder Komposition ermöglichten es den zeitgenössischen Künstlern, die entlegensten Winkel der menschlichen Existenz auszuleuchten, wie es die Komponisten früherer Epochen nicht konnten. Diese gestalterische Freiheit der 1960er und 1970er Jahre war ein entscheidender Schritt zur Überwindung der geltenden Grenzen für den weiteren Prozess der postmodernen Synthese aller bedeutenden Entwicklungen der Kompositionsgeschichte.

Die künstlerische Freiheit dieser Zeit fand auch im Œuvre des Komponisten Valentyn Bibik (1940–2003) ihren Niederschlag. Bibik wurde maßgeblich von seinem Lehrer

---

[11] Olena Zin'kevyč: „Ukrajins'kyj avanhard", in: Muzyka, 2/1994, S. 4.

Dmytro Klebanov (1940–2013) geprägt.[12] Der ukrainisch-jüdische Komponist machte seine Schüler mit verbotenen Partituren und zeitgenössischen Werken bekannt, tauschte sich mit ihnen über ihre Eindrücke aus und ermutigte sie, ihren Wissenshorizont über Neue Musik zu erweitern. Für Bibik waren die 1960er und 1970er Jahre eine Zeit der stilistischen Erneuerung der ukrainischen Musik, die mit Klischees aufräumte, darunter auch mit dem überholten Verständnis eines Nationalstils.

Lässt sich Bibiks Musik als Ausdruck von Widerstand interpretieren? Partiell. In den frühen 1970er Jahren kostete ihn die Komposition eines Trios, in dem der Klavierpart auf den Klaviersaiten gespielt werden sollte, fast seine Stelle. Seine Weltsicht und sein spezifisches Verständnis jedes einzelnen Tons und jeder Klangfarbe wurden zu stilistischen Merkmalen und Markenzeichen seines Werks. Besonders deutlich wird dies in dem polyphonen Makrozyklus „Präludien und Fugen", der in seinem ästhetischen Zeit- und Raumgefühl einzigartig und ein wahres Lehrstück für klanggestalterisches Denken beim Klavierspiel ist.[13]

Die Musik ist nicht nur reich an Farbgebung, sondern auch voller technischer Herausforderungen in der Durchdringung von Klangraum und Klangzeit, was bei Interpreten eine große Bandbreite an spielerischen Fähigkeiten in Bezug auf Anschlag und Pedalisierung, Konzentration und Versenkung in einen meditativen Zustand schult. Die vom Komponisten verwendeten Techniken (halbe Dynamik, Farbschichten, sonore Polyphonie, strukturelle Innovationen) zwingen die Interpreten, sich neue Wahrnehmungsfelder zu erschließen. Für den Dirigenten Roman Kofman hat Bibiks Musik „eine seltene Eigenschaft [. . .] sie zwingt zum Zuhören."[14] Das Fehlen von ladotonalen Zusammenhängen zwingt den Interpreten, in den Intonationspunkten, Linien, Pausen und Timbres eine kommunikative Syntax zu suchen. Die Mikrozyklen sind gekennzeichnet durch den hochgradigen Aphorismus von Präludien und das „Auswachsen" einzelner Fragmente zu einer Fuge. Sie ähnelt einer Hypothese, die den Verlauf der weiteren Diskussion vorgibt. Im Folgenden soll ein Beispiel aus dem Mikrozyklus Nr. 20 (zweites Heft) näher betrachtet werden.[15] Aufgrund der metrorhythmischen Wechsel besitzt das Präludium Nr. 20 einen Improvisationscharakter.

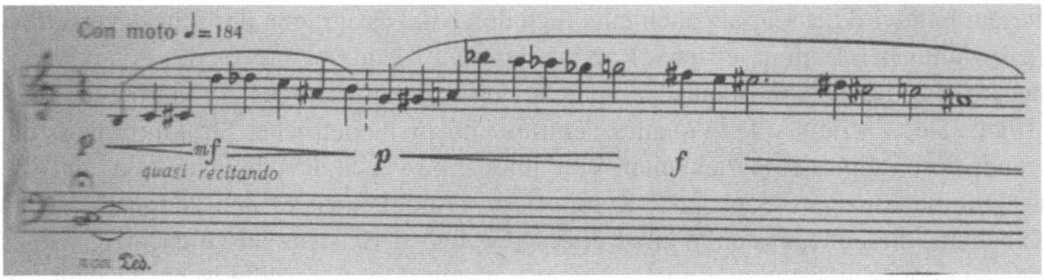

Valentyn Bibik: Mikrozyklus Nr. 20

---

[12] Zu Klebanov und seiner 1. Symphonie „In Erinnerung an die Märtyrer von Babij Jar": Dorothea Redepenning: Töne der Erinnerung. Musikalische Deutungen von Babij Jar, in: Babyn Jar. Der Ort, die Tat und die Erinnerung. Berlin 2021 [= OSTEUROPA, 1–2/2021], S. 141–174.

[13] Cykl op.16 – konstrukcija, jaka zasnovana na ideji 17-stupenevoji systemy tonal'nostej [Zyklus op 16, eine Konstruktion, die auf der Idee eines 17-stufigen Tonsystems basiert].

[14] Roman Jusipej: Kompozitor Valentin Bibik zvučanie skvoz zamalčivanie. Zn.ua, 9.7.2010.

[15] Bibik V. 34 preljudiji i fuhy [noty]. Zošyt 2. Kyjiv 1982. 63 S.

Die Coda ist der freieste Teil des Stücks. Die Melodie, die auf dem Pedal in Halbtönen gespielt wird, lädt den Interpreten ein, seinen eigenen Gefühlen und Vorstellungen freien Lauf zu lassen. Die Klangschleife eines jeden Tons steht im Vordergrund: Feingefühl ist gefragt, um den Moment, in dem ein Ton in einen anderen übergehen soll, genau abzupassen, damit keine unnötigen Misstöne entstehen. Dank des Leisepedals entsteht ein beeindruckender, vibrierender Hintergrund für die obere Stimme. Diese Repliken lassen sich leicht mit der verbalen Kommunikation in Bezug setzen. Das Prinzip „Frage–Antwort" wird durch die vom Komponisten angegebene Dynamik verstärkt. Das plötzliche Einfallen kurzer zweitöniger Intonationen in mezzo forte in gemessener Bewegung erzeugt den Effekt einer plötzlich gestellten, leicht überraschenden Frage, nach der die frühere Bewegung wieder zurückkehrt. Auch am Ende des Präludiums steht wieder eine kurze Replik, aber diesmal mit einer anderen, versöhnlichen Intonation.
In der Fuge Nr. 20 hat der Pianist wiederum die Aufgabe, einen dreidimensionalen Raum zu erzeugen.

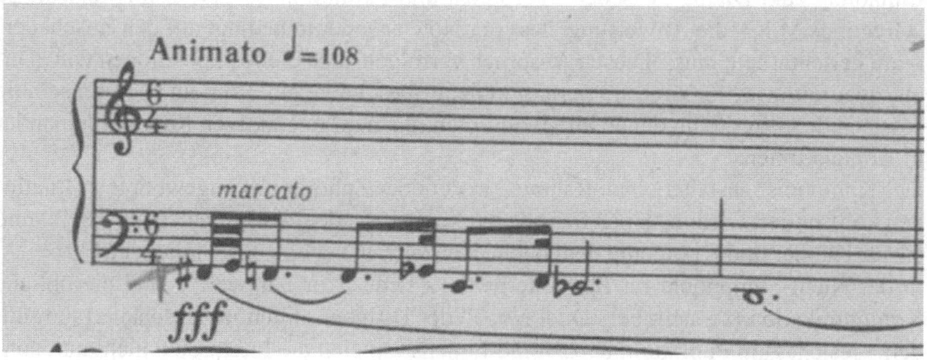

Valentyn Bibik: Fuge Nr. 20

Bei einer polyphonen Komposition sollten die Themen deutlich artikuliert werden, damit das Gehör sie unmissverständlich von anderem musikalischen Material unterscheiden kann. Dies stellt den Interpreten vor Herausforderungen bei der Gestaltung der Klangfarbenvarianz des Themas, aus der die Dramaturgie der Interpretation entsteht. Das mäßig bewegte Tempo moderato bietet individuellen Gestaltungsspielraum für den Interpreten.
Bibiks polyphoner Zyklus ist ein Beleg für den Paradigmenwechsel der ontologischen und sonologischen Klangkonzeption der Klavierkultur im 20. Jahrhundert. Eine sorgfältige Darbietung dieser Musik erfordert vom Pianisten einen „geistigen Wandel" und eine Abkehr von klassisch-romantischen Interpretationsklischees. Der mentale Polyphonismus, der sonore Text und der Monologismus geraten in den Fokus. Allerdings untergräbt das Interesse am Klang und seine konzeptuelle Umdeutung nicht die formale Struktur der Gattung, die der Komponist unter Berücksichtigung all ihrer Konnotationen ausarbeitet. Er führt den Hörer durch das Labyrinth des zeitgenössischen Klangbildes und eröffnet ihm durch das Wahrnehmen der inneren, freigesetzten Zeit eine neue Welt.

Vom Widerstand zur Hoffnung

Das Konzept des Widerstands hat sich graduell zu Offenheit als spezifische Strategie des kompositorischen Denkens gewandelt. Einer der Vertreter dieses Ansatzes ist Volodymyr Runčak (*1960).

Davon zeugen u.a. die provokativ gewählten Titel seiner Werke: die Quasisonate Nr. 2 „Music about Life, an attempt at self-analysis" (Musik vom Leben, Versuch in Selbstanalyse) für Akkordeon, „Someone with me, three Commandments of Happiness for piano trio" (Jemand ist bei mir, drei Heilszusagen) für ein Klaviertrio mit variabler Besetzung.[16] Der Komponist definiert für sich „das Unerwartete als künstlerisches Prinzip". Er fürchtet keine Unstimmigkeiten in seinen Partituren und möchte den Zuhörer fordern, sogar herausfordern, denn „egal, welche Emotion, es geht darum, sie wahrhaftig, schöpferisch und technisch gekonnt mit Klang zu füllen".[17] Seine Musik ist stets eine offene Einladung zum Dialog zwischen Interpreten und Publikum. So gibt er im Vorwort zu „Greetings M.K." die Anweisung, dass der Notenständer unbedingt auf den Zuschauerraum gerichtet sein muss. Diesen Anspruch verfolgen auch die Kompositionen von „Duels, quadromusic" für ein Kammerensemble, insbesondere Nr. 3 für ein Bläserensemble sowie andere Werke, in denen alle Beteiligten in einem interaktiven Raum miteinander in Kontakt treten.

Der Komponist gestaltet einen Rahmen, in dem der Zuhörer mit ungewohnten Situationen konfrontiert wird. Er hinterfragt Konventionen (in den Anti-Sonaten Nr. 28, 29 und 53 für Klavier und Klarinette, dem Nicht-Konzert für Violine und Streicher „1+16+..."; in der Nicht-Symphonie für fünf Interpreten „Time X or Farewell"), und die übliche Kommunikation (so steht bei „Duel No. 3" der Dirigent mitten im Zuschauerraum mit dem Gesicht zum Publikum, bei „Homo Ludens" spielen die Interpreten nicht nur, sondern singen, atmen, tanzen, stampfen und reden). Er stellt den Zuhörer vor Herausforderungen („Gebt den Taras-Ševčenko-Preis jedem, der ihn haben will" in „tête-à-tête" für zwei Saxofone) und konfrontiert ihn mit musikalischen Errativen,[18] etwa in „The Art of Mute Sounds, something like a quartet" (Die Kunst der stummen Töne, etwas in Form eines Quartetts) für vier Klarinetten, und sogar mit dem Absurden, wie bei „Pisljaobidnij vidpočynok komara" (Das Mittagsschläfchen der Mücke), dem kleinen Concertino für ein Kinder-Schlagzeugensemble „Anekdot dlja doroslych" (Anekdote für Erwachsene) oder „Para anekdotiv na vidomu temu dlja trombona" (ein paar Anekdoten zu einem gutbekannten Thema für Posaune). Aus den entstehenden Situationen kann sich die Form der Komposition selbst verändern. In einem persönlichen Gespräch sagte mir Runčak:

---

16 Die englischen Titel stammen von der offiziellen Website des Komponisten: <https://vrunchak.wixsite.com/runchak/composer>.

17 Volodymyr Runčak: „U sučasnij muzyci isnuje psevdoserjoznist', i vona vidljakuje molod'" [„Zeitgenössische Musik ist aufgesetzt ernst und schreckt den Nachwuchs ab]. <https://ukurier.gov.ua/uk/articles/volodimir-runchak-u-suchasnij-muzici-isnuye-psevdo/>.

18 Den Begriff „Errativ" prägte Gasan Gusejnov. Er bezeichnet die bewusste Verzerrung von Normen.

> Es ist unmöglich, eine neue Idee in eine alte Form zu pressen. Neue Ideen brechen alte Formen auf. Zum Beispiel meine Anti-Sonaten Nr. 28, 29 und 53 für Klavier und Klarinette. Als ich sie in der deutschen Gesellschaft für Urheberrechte registrieren wollte, bekam ich einen Brief, der mich aufforderte, alle 53 Anti-Sonaten zu registrieren. Ich musste erklären, dass es keine Nr. 52 oder Nr. 2 gibt. Ich ziehe den Aufbau ins Absurde. [. . .] Die Form baut auf der Ablehnung der Sonatenform auf.

Manchmal rufen diese kommunikativen Situationen Emotionsausbrüche hervor, die den Zuhörer „von innen" verändern. Eine solche Implosion wird bei „(pia)NO TROMB ONE" für Posaune und Klavier erzeugt. Die Paradoxie lässt sich schon am Titel erkennen: Das Stück beginnt mit Rufen des Interpreten an der Posaune und einem unüblichen Spiel am Klavier, nämlich mit Stock auf den Tasten. Ein weiteres Beispiel bietet „Three Lilies" für Flöte, Cello und Klavier. Hier wird der Tod mit einer Reihe außergewöhnlicher Mittel dargestellt. So werden einzelne Teile von Flöte und Cello ohne Ton gespielt (die Noten sind ausgeschrieben, aber der Spielfluss soll rein visuell durch Bewegung mit den entsprechenden Akzenten und Strichen dargestellt werden), was sehr eindrücklich die Unmöglichkeit verdeutlicht, Trauer auszudrücken („Und die dritte zerreißt mir den Mund mit Wurzeln"; aus: „Selbstmörder" von Guillaume Apollinaire). Der Zustand der Einsamkeit und des Grauens wird mit einem Pfeifen verstärkt, das über das Instrumentalspiel gelegt wird. Im Finale bleibt nur der einsam monotone, dissonante Akkorde spielende Pianist. Flöte und Cello gehen wieder wie in einem *Danse Macabre* zum scheinbaren Spiel über und lassen den Zuhörer in die semantische Welt des Todes und der Finsternis eintauchen.

Nicht nur Runčaks Serie für Soloinstrumente „Homo ludens" I–XII erfordert von den Interpreten einen absolut freien Umgang mit performativen Mitteln. Bei „SEXtet with music" sollen die sechs Ensemblemitglieder neben dem Spiel auch rezitieren, schreien sowie über die Bühne laufen, der Dirigent soll „Hymn of Violists from the World, Ritual Dance For Quartet of Violists" singen, wobei ein „ritueller Tanz" der Interpreten ebenfalls Teil der Partitur ist. Bei „Time X or Farewell" verlassen Dirigent und Interpreten nacheinander die Bühne, wenn sie mit ihrem Part fertig sind. Das Stück „Sound Games", ein Musiksatz in fünf Runden zwischen Klarinette und einem Streichquartett, ist nach den Mechanismen eines sportlichen Wettkampfs aufgebaut. Die Musiker sitzen in einem improvisierten Ring, der Interpret an der Violine hält zu Beginn jeder Runde ein Schild mit der entsprechenden Nummer hoch. Während „Fifth Corner, the thrill of abstracts Search (audio clip)" für zwei Celli ändern die Musiker immerzu ihre Position auf der Bühne.

Die Herausforderungen des Komponisten an seine Interpreten und Zuhörer stellen weniger *Widerstand* dar als eine *Spielanordnung*, die von einem Wandel in der Kompositionspraxis der 1990er bis 2000er Jahre zeugt.

Auch „Ščedryk" von Viktor Mužčyl' (*1947) weist eine vergleichbare emotionale Modulation auf. Die zentrale Idee dieser „Chorparabel", wie Mužčyl' sein Werk bezeichnet, ist die Neuinterpretation von Mykola Leontovyčs berühmtem Lied „Ščedryk". Im Vorwort zu seiner Partitur schreibt Mužčyl', er sehe das ukrainische Volkslied als

> Träger der urslawischen Spiritualität, die seit dem Heidentum unter dem Einfluss äußerer (soziokultureller, religiöser) und innerer (moralischer, ästhetischer) Faktoren einem historischen Wandel unterworfen ist, der zuweilen zu erschreckenden Deformationen, bis hin zur völliger inhaltlicher Aushöhlung oder sogar Auflösung führt. Aber ich möchte daran glauben, dass sogar im Angesicht einer ökologischen (physischen und spirituellen) Katastrophe das nationale Symbol des slawischen Volks, wie auch das slawische Volk selbst, seinen urtümlichen Geist und seine zeitlose folkloristische Schönheit bewahren werden.

Diese Gedanken drückt er durch die Dramaturgie des Werkes aus. So stehen sich von Anfang an zwei Arten der Klangerzeugung gegenüber. Die eine symbolisiert die Sobornost' des „Ščedryk" durch die melodischen Strukturen des Originalthemas, die andere die Zerstörung durch die Artikulation einzelner Klänge und Buchstaben, also Brüche in der melodischen Bewegung.[19]

Aus der Chorparabel „Ščedryk" von Viktor Mužčyl'

---

[19] Dazu die Interpretation des Kammerchors „Sentire": <www.youtube.com/watch?v=Q4Q9_Yb2LUU>.

Allmählich taucht aus dem Klangchaos das Wort *Ščedryk* auf und das Thema, dem Leontovyčs Arrangement zu Weltruhm verholfen hat, wird erkennbar.

Im weiteren Verlauf wird das Thema von „Ščedryk“ auf mehrere Stimmen erweitert, zerfällt wieder in einzelne Klänge und ertönt schließlich im Rezitativ begleitet von physischen Zeichen (der Takt wird mit Fingerspitzen, Fingern oder Handflächen angegeben). Im ungebrochenen Originalthema des Finales (als Zitat des Finales im Arrangement von Leontovyč) klingt Hoffnung auf die Wiederherstellung der ukrainischen Kultur an, eine Hoffnung, die gerade in diesem Spätsommer 2022, in dem dieser Text entsteht, angesichts der vorsätzlichen Zerstörung der ukrainischen Kultur durch die russländischen Truppen nichts an Relevanz eingebüßt hat.

* - Ф.Д. - Фізичні дії. Відбивати ритм кінчиками пальців (***p***), усема пальцями (***mf***), долонями (***f***).

* - Вільна (позаритмічна) вимова приголосних.

In der Bearbeitung des ukrainischen Pianisten Serhij Juškevyč (*1967) erhält das Thema wiederum ein anderes, helleres Klangkolorit.[20]
Gleich zu Beginn des Stücks erinnert das obere, hell klingende Register an die Weihnachtsglocken, die in der amerikanischen Version dieses Liedes zu hören sind.

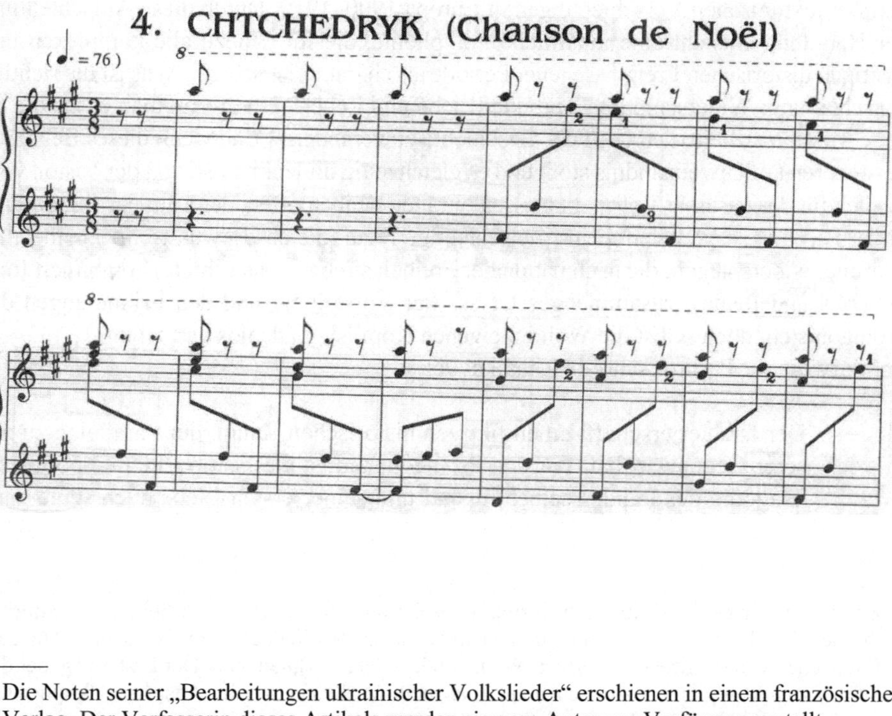

[20] Die Noten seiner „Bearbeitungen ukrainischer Volkslieder“ erschienen in einem französischen Verlag. Der Verfasserin dieses Artikels wurden sie vom Autor zur Verfügung gestellt.

Es folgen ausgedehnte Akkordprogressionen. Mit Hilfe der Auffächerung der Fakturschichten, des Pedaleinsatzes, der Bässe und Mittelstimmen und der breit angelegten Gleichklänge (die Stimmen liegen in der Textur weit auseinander) wird in der Begleitung eine Polyphonie erzeugt. Zudem verleiht der Künstler dieser bemerkenswerten Klavierminiatur ihr spezifisches Timbre, das die Wahrnehmung des Klangraums prägt, indem er die Melodie ins mittlere Register überführt, Elemente der für ukrainische Folklore charakteristischen subvokalen Polyphonie erzeugt und das Spiel mehrerer Instrumente imitiert. Das Ergebnis ist keine dramatische Komposition wie bei Mužčyl', sondern eher eine Aquarellskizze: filigran, facettenreich und feinsinnig.

Die Leitmotive *Widerstand* und *Hoffnung* sind auch die zentralen Themen von Alla Zahajkevyčs (*1966) Oper „Vyšyvanyj, König der Ukraine", die im Oktober 2021 an der Nationalen Oper in Charkiv aufgeführt wurde.

Die Oper verarbeitet das Schicksal von Wilhelm von Habsburg (1895–1948), der als Vasyl' Vyšyvanyj (Vasyl' der Bestickte) bekannt wurde und thematisiert Ereignisse der „finsteren Zeiten" zwischen 1900 und 1947.[21] Sie handelt davon, wie ein Nachfahre der Habsburger-Dynastie auf ein prunkvolles, reiches und bequemes Leben verzichtete, um aus Liebe zum ukrainischen Volk „König der Ukraine" zu werden, sein Leben der ukrainischen Sache widmet und in den Reihen der Sitscher Schützen kämpft, in Wien vom sowjetischen Geheimdienst NKVD entführt, in die Sowjetunion gebracht, verhört und gefoltert wird und dort an den Folgen der Folter stirbt.

In seinem Libretto vermischt der ukrainische Schriftsteller Serhij Zhadan historische Fakten, Mythen und Gedankenwelten: Die Handlung springt zwischen den letzten Verhören von Vyšyvanyj im Jahr 1947, bei denen ihm vorgeworfen wird, zum ukrainischen Nationalismus angestiftet zu haben, und den Ereignissen der ukrainischen Geschichte im Kontext der tektonischen Verschiebungen in Europa 1900–1919. Durch diese Aufschichtung der Handlung entsteht eine inhaltliche Polyphonie, die für nahezu alle komplexen und strittigen historischen Ereignisse jener Periode als charakteristisch gilt. Was ist die richtige Entscheidung: Widerstand und Tod oder Liebe und Leben? Und wenn man es als die eigene Mission ansieht, den Lauf der Geschichte zu verändern? Und wenn dieses Begehren bei anderen auf Unverständnis stößt und es gleichzeitig undenkbar ist, von der Vision vom „Glück für das gesamte Volk" abzulassen? Fragen bleiben offen, denn auf der Bühne (und in der Partitur) ist Vyšyvanyj eine vielschichtige Figur, die das Bewusstsein beinahe aller Ukrainer widerspiegelt, die nach nationaler Freiheit streben. Das Libretto kombiniert Imaginiertes und Reales, zusammengesetzt aus der Vorstellung und den Erinnerungen des Protagonisten, doch selbst die Welt im eigenen Kopf ist gnadenlos hart zu ihm.

Im Vorwort zur Partitur schreibt Zahajkevyč:

> Der Dichter erschafft einen fiktiven historischen Raum, der Parallelen zu unserer Gegenwart hat. Für den Protagonisten ist die historische und politische Tragödie des Landes seiner Jugend und seiner ersten Liebe auch seine ganz

---

[21] Zur historischen Figur gibt es historiographische und literarische Verarbeitungen: Timothy Snyder: Der König der Ukraine. Die geheimen Leben des Wilhelm von Habsburg. Aus dem Englischen von Brigitte Hilzensauer. Wien 2009. – Natalka Sniadanko: Der Erzherzog, der den Schwarzmarkt regierte, Matrosen liebte und mein Großvater wurde. Aus dem Ukrainischen von Maria Weissenböck. Innsbruck 2021.

> persönliche. Sie stellt sein ganzes Leben auf den Kopf und reißt ihn schließlich in den Tod.[22]

Die beiden Ebenen, die reale und die imaginierte, werden durch zwei gegensätzliche Intonationen ausgedrückt. Der Intonationsbereich der „Zeitmaschine" beinhaltet hart rhythmisierte Motive, vermittelt eine mechanistische und unmenschliche Welt und in gewisser Hinsicht auch die Aussichtslosigkeit der Bemühungen des Protagonisten, dessen historische Bedeutung trotz des tragischen Endes unbestritten bleibt. Der zweite Intonationsbereich ist dem „Menschlichen" gewidmet: Vyšyvanyjs Träumen, Gedanken und Erinnerungen als Mensch mit seiner kreatürlichen Seite, der seine Zweifel überwinden muss, leidet und liebt. In diesen lyrischen Episoden (die Partitur wird durch „Stimmen" anstelle von Szenen und Inszenierung strukturiert) wird elektronische Musik eingesetzt, was ihnen eine Qualität des Unwirklichen verleiht.
Die Intimität im Ausdruck entsteht durch den Einsatz von Sprechstimme, Sprechgesang oder Flüstern, wie in den folgenden Beispielen.[23]

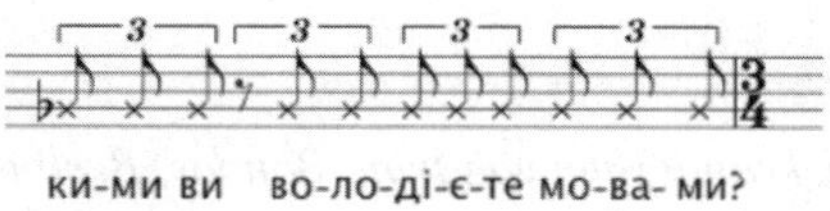

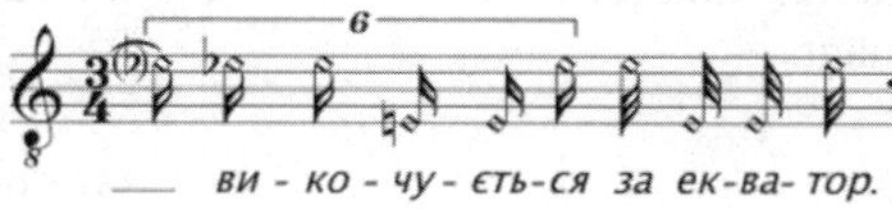

Die Oper hat zweifelsohne das Potential, auf internationalen Bühnen Aufsehen zu erregen. Sie endet mit einem Monolog von Vyšyvanyj:

> Es bleibt das Gedächtnis, aus dem die Zukunft erwächst.
> Es bleibt unsere Liebe, die diesen Himmel hält.
> Ich könnte niemals auf die Worte verzichten, die wir mit dem Tod wechselten.
> Ich könnte niemals auf das von uns Erreichte verzichten.

***

---

[22] Alla Zagaykevych: Vyshyvanyi. opera in two acts for soloists, choir, symphony orchestra and electronics. libretto – Serhiy Zhadan. Kyjiv 2019.

[23] Ebd.

Postscriptum

Nach Russlands großflächiger Invasion hat sich das Leben in der Ukraine schlagartig verändert. Doch dem musikalischen Schaffen hat der Krieg bislang keinen Abbruch getan. Es entstehen Kompositionen verschiedener Gattungen, von Miniaturen bis hin zu großen, gehaltvollen und komplexen Opern und Symphonien, die das aktuelle Geschehen reflektieren. Und wie paradox es auch scheinen mag: Die Musik spiegelt die Kraft des ukrainischen Widerstands, der Hoffnung und die Zuversicht auf einen Sieg wider. In den Worten von Oberst Bolbočan, eines der Protagonisten von Zahajkevyčs Oper:

> Dieses Land wird alles brauchen.
> Bis jetzt hält es nur unser Glauben am Leben.

Trotz der aktuellen Entwicklungen in den von Russlands Angriffen besonders betroffenen Städten bleibt die Ukraine ein Mittelpunkt der Kultur. Es stimmt zuversichtlich, dass das kulturelle Herz der Ukraine im Takt mit Unterstützern aus der ganzen Welt schlägt.

Aus dem Ukrainischen von Irina Bondas, Berlin

Schlagwörter: Ukraine, klassische Musik, Avantgarde, Neue Musik,

Ivan Kozlenko

Film und Filmindustrie in der Ukraine

30 Jahre Dekolonisierung: eine Bilanz

Die Geschichte des ukrainischen Films und der Film- und Fernsehindustrie in den vergangenen 30 Jahren ist eine Geschichte der mühsamen Befreiung aus kolonialen Abhängigkeiten. In ihr spiegeln sich die Entwicklung des ukrainischen nationalen Selbstverständnisses, die Sprachenfrage und die politische Ökonomie eines umkämpften Sektors. Nach einem Niedergang in den 1990er Jahren führte die Abhängigkeit von russländischem Kapital und vom Absatzmarkt Russland zu einer Russifizierung der Branche. Das Geld und die Ideen, inklusive aggressiver antiukrainischer und antiliberaler Geschichtsbilder kamen aus Moskau, produziert wurden die russischsprachigen Filme zu geringen Löhnen in ukrainischen Studios. Einen Umbruch brachte erst das Jahr 2014. Die Filmförderung wurde verbessert, gesetzliche Sprachquoten bei der Produktion und der Nachsynchronisierung von Filmen besser durchgesetzt. Dies schwächte die Verbindungen der ukrainischen Fernsehlobby nach Russland, führte allerdings zu Auseinandersetzungen um die Verteilung von Fördergeldern. Abseits des Kampfs ums große Geld sind in den vergangenen 30 Jahren hervorragende Dokumentarfilme und ein ukrainisches Autorenkino entstanden, das auf den internationalen Filmfestivals einen festen Platz hat.

Die neuere Geschichte des ukrainischen Kinos beginnt mit dem Ende der repressiven sowjetischen Kulturpolitik unter dem Generalsekretär der KPdSU Michail Gorbačev. Mit dessen Politik der Glasnost wurden Mitte der 1980er Jahre die Zensur und die ideologischen Vorgaben faktisch abgeschafft. Diese Chance ergriffen in der Ukraine zuerst eine Reihe sozialkritischer Dokumentarfilmer. Es waren Filme über die Atomkatastrophe in Tschernobyl, die am Anfang des neuen ukrainischen Kinos standen. Volodymyr Ševčenko erstellte auf der Basis von Aufnahmen, die in den Tagen und Wochen nach dem Unglück im April 1986 entstanden waren, seine Dokumentation *Čornobil': chronika važkych tyžniv* (Tschernobyl: Chronik schwerer Wochen, 1987), die im sowjetischen Fernsehen ausgestrahlt wurde und ein Millionenpublikum fand, da dieser Film erstmals die Informationsblockade durchbrach. Auch der Langfilm *Dzvin Čornobylja* (Die Glocke von Tschernobyl, 1987) von Rollan Serhijenko, der der Generation der 1960er Jahre (Šistdesjatniki) angehörte, zeigte auf der Basis dokumentarischer Aufnahmen das Ausmaß der Atomkatastrophe von Tschernobyl.

Im selben Jahr entlarvte der damals 27-jährige Serhij Bukovs'kyj in seinem Debütfilm *Zavtra svjato* (Morgen ist Feiertag, 1987) sowjetische Schönfärberei und Propagandageschrei. Die Handlung spielt in einer Geflügelfabrik in der verarmten Provinz, die Le-

---

Ivan Kozlenko, ehem. Direktor des Nationalen Oleksandr-Dovženko-Filmzentrums

Osteuropa, 72. Jg., 6–8/2022, S. 393–420 **doi: 10.35998/oe-2022-0173**

bensbedingungen der Arbeiterinnen unterscheiden sich kaum von jenen des 19. Jahrhunderts, hinzu gekommen sind vor allem die Angst vor den Auswirkungen der Reaktorkatastrophe.

Diese Filme entstanden noch in den staatlichen Filmstudios. Deren Monopolstellung fand im Jahr 1988 mit dem „Gesetz über das Genossenschaftswesen" nach Jahrzehnten ein Ende. Von nun an konnten unabhängige Produzenten private Mittel für die Finanzierung von Filmen suchen. Sie fanden es teils bei Firmen der ukrainischen Diaspora im Westen, teils bei Kolchosen, Kooperativen, Fabriken und Betrieben. Mit dem Verfall des Sowjetregimes und der Verschmelzung staatlicher und krimineller Strukturen wurde die Filmproduktion nicht selten auch für Geldwäsche missbraucht.

Die Filme dieser Zeit waren häufig mit heißer Nadel gestrickt und orientierten sich an den rasch wechselnden Bedürfnisse eines spätsowjetischen Publikums, das den Geschmack der Freiheit auf der Zunge hatte. Themen wie organisiertes Verbrechen, Schikanen in der Armee und Emigration spielten eine wichtige Rolle. Für dieses Kino fanden kritische Journalisten die Bezeichnung „Čornucha" (Schwarzkram). Vor dem Hintergrund der sexuellen Revolution in der Sowjetunion entstand auch eine ganze Reihe von Filmen, die um das Thema Erotik kreisen. Pionier dieser Bewegung in der Ukraine war Oleksandr Polynnikov mit seinen Filmen *Prymors'kyj bul'var* (Der Boulevard am Meer, 1988), *Viz'my mene z soboju* (Nimm mich mit, 1989), *Den' ljubovi* (Ein Tag der Liebe, 1990) und *Oholena v šljapi* (Die Nackte mit Hut, 1992).

Die Filmstudios Odessa

Polynnikov produzierte in den Filmstudios Odessa, die bereits seit Ende der 1970er Jahre eine der wichtigsten sowjetischen Adressen für die von Produktion von Kino- und Fernsehfilmen waren. Dort führten zumeist aus Russland kommende Absolventen des Allsowjetischen Staatlichen Instituts für Kinematografie (VGIK) Regie, die aufgrund eines Verteilschlüssels nach Odessa gekommen waren. In den Hauptrollen dieser in Odessa entstandenen Filme waren oft Stars des sowjetischen Kinos zu sehen. Die Filmstudios Odessa waren daher fest in das unionsweit operierende sowjetische Kinosystem eingebettet. Sämtliche Filme wurden dort in russischer Sprache gedreht. Als in der Perestrojka-Zeit dann die Mehrzahl der namhaften Regisseure, die in Odessa Kino für die Massen gedreht hatten, unter ihnen Stanislav Govoruchin und Georgij Jungval'd-Chil'kevič, Odessa in Richtung Moskau verließen, erhielten lokale Regisseure ihre Chance.

Nach langer Pause konnte 1987 in den Filmstudios Odessa auch die Grande Dame des ukrainischen Autorenkinos, Kira Muratova, wieder als Regisseurin arbeiten. Nachdem ihre Meisterwerke *Korotki zustriči* (Kurze Begegnungen, 1967) und *Dovhi provody* (Langer Abschied, 1971) untersagt worden waren, war sie immer wieder mit Drehverbot belegt worden und hatte in Odessa einige Zeit als Reinigungskraft gearbeitet. 1989 brachte sie eines der grundlegenden filmischen Manifeste des sowjetischen Autorenkinos der Perestrojka-Zeit heraus, *Asteničeskij sindrom* (Das asthenische Syndrom), ein Zeugnis der sozialen und individuellen Verunsicherung und Zerrüttung des spätsowjetischen Menschen, dem es an jeglichen moralischen Leitplanken fehlte. Der Film erhielt auf der Berlinale 1990 den Großen Preis der Jury.

Mit ihrem ungewöhnlichen Regieansatz, der um Sprachverwirrung, Absurdität und Exzentrik kreiste, prägte Muratova eine ganze Riege junger, in Odessa tätiger Regisseure, darunter Serhij Rachmanin (*Ljudyna K*/Mensch K, 1992, und *Druhyj*/Der Andere,

1994), Ihor Minajev (*Peršyj poverch*/Erdgeschoss, 1989) und Jurij Beljans'ko (*Doroha v paradyz*/Die Straße ins Paradies, 1991), deren Schaffen an den traditionellen Odessaer Underground anknüpfte.

Kira Muratova: Szene aus Kurze Begegnungen, 1967

Kira Muratova: Szene aus Das Asthenische Syndrom, 1989

So wurden die Filmstudios Odessa Ende der 1980er Jahre zu einem der Zentren des experimentellen Autorenkinos in der Sowjetunion. Die Filme aus Odessa richteten sich nicht an ein breites Publikum, reflektierten aber mit großem künstlerischem Mut den sozialen Zerfall der späten 1980er Jahre. Wie nur wenige andere Filme durchdrangen sie den Eskapismus und die verstörenden Endzeitvorstellungen, die diese Epoche kennzeichneten.

Nach dem Niedergang der Schule des Odessaer Autorenkinos wurden die Filmstudios ab Mitte der 1990er Jahre allerdings aufgrund der weiter bestehenden engen Beziehungen zu den mittlerweile in Moskau tätigen ehemaligen Hausregisseuren faktisch zu einer Produktionsstätte des russländischen Kinos. Die Filme, die in dieser Zeit in Odessa entstanden, wurden zwar als Koproduktionen deklariert, faktisch waren es russländische Filme. Diese koloniale Konstellation endete in Odessa erst 2014.

Kiew, Zentrum des ukrainischen Films

Zum Zentrum eines eigenständigen ukrainischen Filmschaffens entwickelte sich hingegen Kiew. Doch auch hier musste es erst einmal einen Neuanfang geben. Denn 1972 war mit der Verhaftung von Serhij Paradžanov die nationale Schule des ukrainischen poetischen Kinos endgültig zerschlagen worden. Danach hatten konformistische Regisseure die Filmwelt der ukrainischen Sowjetrepublik dominiert, die geschickt in der Einhaltung sowjetisch-bürokratischer Regeln waren und bereit zur Schaffung „ideologisch ausgewogener" Werke. In den 1980er Jahren forderte dann jedoch eine neue Generation von Regisseuren das streng ideologische Kino heraus. Zu nennen sind Roman Balajan, Kostjantyn Jeršov, Oleksandr Ityhilov und V'jačeslav Kryštofovyč, die unter dem Einfluss der Poetischen Schule und in der kosmopolitischen Atmosphäre des Kiewer Kulturlebens großgeworden waren und nun genreübergreifende und genreunabhängige Filme drehen wollten.

Im Jahr 1988 wurde auf Ersuchen der Verbands Ukrainischer Filmemacher das Staatliche Komitee für Kinematografie aufgelöst, das seit 1945 die Geschicke des Filmschaffens in der Ukraine gelenkt hatte. Ziel war es, die Demokratisierung und Entideologisierung des Kinos voranzutreiben. Doch der Schritt erwies sich als fatal für die ukrainische Filmindustrie: Mit der ideologischen Kontrolle verschwand auch die verlässliche staatliche Finanzierung, das Kino geriet vollkommen aus dem Blick der Kulturpolitik.

Gleichwohl erlebten die Kiewer Filmstudios Anfang der 1990er Jahre einen emanzipatorischen Aufbruch. Ein Anzeichen dafür war etwa die Rückkehr zur ukrainischen Sprache. Die Mehrzahl der nach 1972 in der Ukraine gedrehten Filme war russischsprachig gewesen.[1] Von 280 neuen Filmen, die 1989 in der Ukraine in den Verleih kamen, war nur ein einziger ukrainischsprachig.[2]

---

[1] Obwohl zu Sowjetzeiten Filme, die in ukrainischen Filmstudios produziert wurden, laut Gesetz auf Ukrainisch gedreht oder zumindest obligatorisch auf Ukrainisch nachsynchronisiert werden mussten, wurde dies in der Praxis, besonders unter der Herrschaft des Ersten Generalsekretärs der Kommunistischen Partei der Ukraine Ščerbyckyj, der einen Russifizierungskurs verfolgte, sowohl von den Studioleitungen wie von den Regisseuren unterlaufen. Man zog es vor, gleich auf Russisch zu drehen, um schneller die Freigabe für den Verleih zu erhalten, die auf Beschluss der Zensurkommission mit Sitz in Moskau erteilt wurde.

[2] V.A. Smolij, V.M. Lytvyn et al. (Hg.): Ukrajina i Rosija v istoryčnij retrospektyvi: Narysy v 3-ch tomach. Band 1: Mif pro „novu istoryčnu spil'nist'". Instytut istoriji Ukrajiny NAN Ukrajiny. Kyjiv 2004, S. 456.

Ihor Dončyk: Kysnevyj holod (Sauerstoffmangel, 1991)

An den Kiewer Filmstudios entstand Ende der 1980er Jahre eine eigene Schule des Autorenkinos. Die Regisseurinnen und Regisseure Ihor Dončyk (*Kysnevyj holod*/Sauerstoffmangel, 1991), Oleksandr Ihnatuša (*Cvitinnja kul'baby*/Blühender Löwenzahn, 1992), Natalija Andrejčenko (*Šamara*/Schamara, 1994), Serhij Maslobojščykov (*Spivačka Žozefina ta myšajčyj narod*/Josefine, die Sängerin oder Das Volk der Mäuse, 1994) und Ihor Černyc'kyj (*Ivin A.*/Ivin A., 1990) drehten dort ihre Debütfilme, teilweise als internationale Koproduktionen. Sie suchten in einer Zeit des gesellschaftlichen Niedergangs nach einer neuen filmischen Sprache und distanzierten sich dabei ebenso sehr vom ideologischen Kino der 1980er Jahre wie vom poetischen Kino der 1960er Jahre.

Anders als die Odessaer Schule, für die das psychoanalytische Eintauchen in die innere Welt von Helden und Heldinnen, spirituelle Suchbewegungen und eine symbolische Behandlung der Realität charakteristisch ist, konzentrierte sich das Kiewer Autorenkino stärker auf soziale Fragen. Insbesondere abgeschlossene oder marginalisierte Gemeinschaften weckten das Interesse der Regisseure. In *Cvitinnja kul'baby* (Blühender Löwenzahn) ist es die Welt des Gefängnisses und ihre grausamen Regeln, die eine spätere Wiedereingliederung in die Gesellschaft nahezu unmöglich machen; in *Kysnevyj holod* (Sauerstoffmangel) die Hierarchie der Gewalt in der im Niedergang begriffenen, sowjetischen Armee. In *Ivin A.* prallt die Sehnsucht nach individueller Freiheit auf die Logik der Strafjustiz. Regisseur Ihor Černyc'kyj zeichnet die Beziehung eines Wärters in einer Strafkolonie zu einem entflohenen Wiederholungstäter, den einzufangen jener beauftragt worden ist. In einer malerischen Flusslandschaft entfaltet der homoerotisch gefärbte Film ein Panorama von Gewalt und Pazifismus.

Natalija Andrejčenko: Šamara

Ihor Černyc'kyj: Ivyn A

Einer der führenden Vertreter des poetischen ukrainischen Kinos, Jurij Illjenko, der nach dem Verbot mehrerer seiner Werke eine Nische im Historienfilm und bei filmischen Adaptionen von Klassikern gefunden hatte, begann 1989 mit den Dreharbeiten zu *Lebedyne ozero. Zona* (Schwanensee. Die Zone) nach einem Drehbuch von Serhij Paradžanov. Der Film, der die Welt des Gefängnisses mit ihrem spezifischen Ethos metaphorisch auf die gesamte sowjetische Gesellschaft überträgt, lief 1990 beim Filmfestival von Cannes in der „Quinzaine des Réalisateurs".

Die junge Generation der ukrainischen Autorenfilmer durchlebte in Kiew wie in Odessa dramatische Jahre. Viele drehten nur einen einzigen Spielfilm und wendeten sich dann aufgrund der wirtschaftlichen Krise und ausbleibender staatlicher Finanzierung von der Filmbranche ab. Einige gingen auch ins Ausland.

Mit der Planwirtschaft brach auch das System des zentralisierten Kinoverleihs zusammen, die meisten Kinos gaben bereits zu Beginn der 1990er Jahre auf. Das „Kino der Wende", die Filme, die den Auftakt zur neuen Welle des ukrainischen Filmschaffens setzten, hat daher in der Mehrzahl die Leinwand nie erreicht. Sie sind Denkmäler einer verlorenen Generation.

Niedergang: Die Jahre 1995–2005

Bis Mitte der 1990er Jahre hielten sich noch Reste des zentralisierten Systems der staatlichen sowjetischen Filmproduktion. Doch dann brach dieses endgültig zusammen. Die tiefe ökonomische Krise, die Hyperinflation und die immer offener zutage tretenden kriminellen Machenschaften selbst höchster Vertreter von Staat und Wirtschaft verhinderten den Aufbau eines neuen Systems. So verloren die staatlichen Filmstudios ihre Budgets und erzielten oft nur noch über die Vermietung ihrer Räumlichkeiten Einkünfte. Da den Studios die Pflicht auferlegt worden war, die aufgeblähte Belegschaft aus Sowjetzeiten in Lohn und Brot zu halten, wurden mit den Einnahmen nur die operativen Kosten gedeckt. Filme konnten keine produziert werden.

Gleichwohl fällt in diese Zeit ein wichtiges Ereignis: Um ukrainisches Filmmaterial zu sichern, das zuvor zentral im nahe Moskau gelegenen Archiv *Gosfil'mofond SSSR* aufbewahrt und archiviert worden war, wurde 1994 mit dem Nationalen Oleksandr-Dovženko-Zentrum ein eigenes ukrainisches Filmarchiv gegründet, das aufgrund einer zunächst ausbleibenden Finanzierung seine Arbeit faktisch aber erst 1996 aufnehmen konnte.

Die Finanzierung neuer Filme aber blieb das zentrale Problem. Ende der 1990er Jahre drehten die beiden wichtigsten ukrainischen Regisseure, Kira Muratova und Roman Balajan, ihre Filme mit Geldern aus Russland. Ihre Werke *Try istoriji* (Drei Geschichten, 1997) und *Dva misjaci, try soncja* (Zwei Monde, drei Sonnen, 1998) finanzierte der Fernsehsender NTV des Magnaten Vladimir Gusinskij. Zwischen 1994 und 2004 drehte Kira Muratova sieben Filme, in denen sie das für sie typische Stilmittel des Absurden weiterentwickelte und die soziale Realität jeweils nur schemenhaft als Hintergrund der verworrenen Beziehungen zwischen ganz „normalen" Menschen durchscheinen ließ.

1998 verabschiedete dann das ukrainische Parlament das Gesetz „Über Kinematografie", das die rechtliche Gleichstellung staatlicher und privater Filmproduzenten festschrieb. Weiterhin definierte das Gesetz das Leitbild eines „nationalen Films", führte für die

Auswahl förderwürdiger Produktionen einen Wettbewerb unter Beteiligung von Expertenkommissionen ein, legte eine Quote von 30 Prozent der landesweiten Leinwandspielzeit für nationale Filme fest und schrieb eine obligatorische Nachsynchronisation ausländischer Produktionen in ukrainischer Sprache vor.
Das Gesetz hatte über weite Strecken einen rein deklamatorischen Charakter und enthielt keine Durchführungsbestimmungen. So wurden die gesetzlichen Verpflichtungen mangels staatlicher Kontrollen kaum eingehalten. Bei der Nachsynchronisation begann die Umsetzung erst ab 2006, Ausschreibungen wurden gar erst 2011 Praxis bei der Filmförderung.
Dennoch erreichten dank staatlicher Finanzierung nach Maßgabe des Gesetzes in den Jahren nach seiner Verabschiedung einige qualitativ hochwertige Filme den Verleih, darunter *Molytva za het'mana Mazepu* (Ein Gebet für Hetman Mazepa, 2001), *Mamaj* (Mamaj, 2003) und *Jshov tramvaj dev'jatyj nomer* (Straßenbahn Nr. 9 fährt, 2003).
Auf der Grundlage des neuen Gesetzes stellte das ukrainische Kulturministerium für die Produktion des nationalen Blockbusters *Ein Gebet für Hetman Mazepa* (2001) unter der Regie von Jurij Illjenko, einem der drei wichtigsten Regisseure jener Zeit, mit 2,3 Millionen Dollar ein Budget in nie dagewesener Höhe zur Verfügung.

Blockbuster und Autorenfilm

Illjenko griff den emanzipatorischen Ansatz auf, den die Regisseure des ukrainischen poetischen Kinos der 1960er Jahre vertreten hatten, und drehte einen Film über die vielleicht kontroverseste Episode der russisch-ukrainischen Beziehungen: die Schlacht von Poltava vom Beginn des 18. Jahrhunderts, als der ukrainische Hetman Ivan Mazepa im Zuge des Russisch-Schwedischen Kriegs versuchte, die Unabhängigkeit der Ukrainer von Russland zu erlangen. Illjenko zeichnete die ukrainische Geschichte unter russischer Vorherrschaft als perverse Sexualbeziehung und bedient sich der Symbolsprache des poetischen Kinos, die er allerdings in barocker Überfülle ins Groteske steigert. *Das Gebet für Hetman Mazepa* lief auf der Berlinale und war damit der erste ukrainische Beitrag in der höchsten Wettbewerbskategorie eines europäischen A-Filmfestivals seit vielen Jahren.[3]
Das phantasmagorische Epos mit über drei Stunden Laufzeit fand beim westlichen Publikum allerdings keinen Anklang. Wohl nicht nur aufgrund seiner künstlerischen Sprache und ausgefeilten Symbolik, sondern auch, weil man nicht einverstanden war mit der Entzauberung der Figur des russischen Zaren Peter I., den die russische Geschichtsschreibung als einen prowestlichen Reformer darstellt. In der Ukraine wurde der Film ebenfalls kritisch aufgenommen. Es hieß über ihn, er verletze jahrhundertealte „freundschaftliche" Beziehungen zwischen der Ukraine und Russland – die traditionelle Formel zur Verharmlosung des kolonialen Unterordnungsverhältnisses. Tatsächlich war *Das Gebet für Hetman Mazepa* der erste Film, der den brutalen Charakter des russischen Imperialismus offenlegte.

---

[3] A-Festivals sind die 15 bei der Fédération Internationale des Associations des Producteurs de Films als Festivals mit internationalem Wettbewerb akkreditierten großen Festivals, u.a. in Cannes, Venedig, Locarno.

Ein Gebet für Hetman Mazepa, *Straßenbahn Nr. 9 fährt*

Im Jahr 2003 schuf Regiedebütant Oles' Sanin sein poetisches Epos *Mamaj*, in dem es um die Flucht des auf der Krim gefangengehaltenen mythischen Kosaken Mamaj geht. Der Film ist eine Variation auf den Stoff des traditionellen Heldenepos, auf Ukrainisch „Duma". Sanin beleuchtet mittels Darstellung der Liebe des Helden zu einer Krimtatarin erstmals die schwierigen historischen Beziehungen zwischen Ukrainern und Krimtataren. Zentrale Elemente sind gegenseitige Ergänzung und Wertschätzung. Mamaj war der erste ukrainische Film, der für einen Oscar in der Kategorie „Bester fremdsprachiger Film" nominiert wurde. Im selben Jahr erhielt der von Stepan Koval' realisierte 10-minütige Animationskurzfilm *Jšov tramvaj dev'jatyj nomer* (Straßenbahn Nr. 9 fährt) auf der Berlinale einen Silbernen Bären. Es war der letzte große Erfolg der einst legendären Schule ukrainischer Trickfilmkünstler, die ihre Blütezeit zu Beginn der 1980er Jahre erlebt hatte.

Russländische Dominanz auf dem Verleihmarkt

Ab Mitte der 1990er Jahre kam es im Zuge des nunmehr wieder landesweiten Verleihs amerikanischer Kinoproduktionen – von 1989–1995 war dieser aufgrund eines Embargos der Hollywood-Studios wegen der in der Ukraine überhandnehmenden Filmpiraterie ausgesetzt gewesen – zu einer schrittweisen Wiederbelebung des gesamten Verleihmarkts. Allerdings kauften ukrainische Kinodistributoren ihre Filme zumeist über die Vertriebsrepräsentanzen der Hollywood-Studios in Russland ein, wodurch der Verleih

in der Ukraine zu einem Anhängsel des dortigen Verleihmarkts wurde. Kinoproduktionen aus Hollywood wurden in der Ukraine dann ganz überwiegend in der russischen Nachsynchronisation gezeigt. Obwohl es ein staatliches Filmlabor gab, wurden auch die materiellen Kopien für die ukrainischen Kinobetreiber aus Russland eingeführt.
Im Zeitraum von 1995–2005 wurden in der Ukraine jeweils nur einige wenige Filme pro Jahr gedreht, so dass sich Regisseure oft Arbeit in Russland suchten, wo sich das Fernsehen rasch fortentwickelte. Allerdings war es mit dessen Freiheit bereits kurz nach dem Aufstieg Vladimir Putins an die Macht vorbei. Während die ukrainische Fernsehlandschaft dank *1+1* pluralistischer wurde, kündigte die Übernahme des Senders NTV in Russland durch den Erdgaskonzern *Gazprom* im Jahr 2001 das Ende des Pluralismus an. Die staatliche Propagandamaschine verbreitete immer vehementer antiliberale Rhetorik und verherrlichte auch im Unterhaltungsprogramm die Geheimdienste. Eine Reihe von Krimiserien mit diesem Tenor, etwa *Ulicy razbitych fonarej* / *Vulyci rozbytych lichtariv* (Die Straßen der zerschlagenen Laternen, 1998–2019) und *Bandyts'kyj Peterburg* (Banditen in Petersburg, 2002–2007), waren auch in der Ukraine ungeheuer beliebt.[4] Dies verdeutlicht nicht nur, wie integriert die Film- und Fernsehwelt der beiden Länder zu dieser Zeit war, sondern auch, welchen ideologischen Einfluss das politisch motivierte russische Fernsehen in der Ukraine ausüben konnte.

Die Entstehung eines neuen Fernsehens

Von großer Bedeutung für die ukrainische Filmproduktion war die Entwicklung des Fernsehens. Ein in der Ukraine in ukrainischer Sprache produziertes Fernsehen gibt es seit 1956. Doch mehr als 30 Jahre diente dieses alleine der Verbreitung sowjetischer Propaganda. Nach dem Ende des Kommunismus gelang es den staatlichen Sendern nicht, sich auf die neue Zeit und die Bedürfnisse des Publikums einzustellen. Stattdessen taten sie, was sie schon immer getan hatten, und produzierten ein ideologisiertes Fernsehen. Der Form nach waren die Produktionen weiter sehr sowjetisch, dem Inhalt nach nun aber oft ethnozentristisch. Zurückzuführen ist dies auf den Einfluss der Šistdesjatnyky wie etwa Kulturminister Ivan Dzjuba (1992–1994), die in Regierung und Präsidialadministration die kulturpolitischen Schlüsselstellen besetzten. Die einstigen sowjetischen und nunmehr russländischen Fernsehkanäle in Moskau produzierten hingegen bereits ein modernes Unterhaltungsfernsehen und erreichten mit diesem in der Ukraine die höchsten Einschaltquoten.
1995 gründeten Dokumentarfilmer und Intellektuelle um Oleksandr Rodnjans'kyj dann jedoch das TV-Studio *1+1*. Dort orientierte man sich an den in der westlichen Fernsehlandschaft geltenden Standards. 1998 nahm *1+1* den Sendebetrieb als analoger Fernsehkanal auf. Zu seinem Markenzeichen wurden zum einen bestimmte Formate: Dokumentarreihen, Polit-Magazine und Kinofilme aus europäischer Produktion sowie aus ukrainischen Arthouse-Studios; zum anderen die Verwendung des Ukrainischen als Sendesprache. Erstmals kamen die Fernsehzuschauer in den Genuss von qualitativ hochwertigem, kommerziellem Content auf Ukrainisch. Zuvor war dergleichen nur im russländischen Fernsehen auf Russisch zu haben gewesen.

---

[4] An einigen solcher Produktionen waren auch ukrainische Regisseure beteiligt, die in Moskau Arbeit gefunden hatten, etwa Andrij Benkendorf und Dmytro Tomašpol's'kyj.

Der Sender *1+1* stand somit am Anfang der Entstehung eines genuin ukrainischen Informationsraums. Nach einer Restrukturierung gingen in den Jahren 2000–2001 mit *Tonis*, *Novyj*, *Stb* und *ICTV* eine Reihe von Kiewer Stadtkanälen auch landesweit auf Sendung. Die besondere Rolle von *1+1* zeigte sich aber während der Orangenen Revolution im Jahr 2004. Die Redakteure weigerten sich, staatliche Zensurvorgaben umzusetzen und trugen so in erheblichem Maß dazu bei, die Kommunikationssperre der Behörden gegenüber den demokratischen Kräften zu durchbrechen, was von entscheidender Bedeutung für den Sieg der Opposition war.

Schritte zur Emanzipation bei kolonialer Kontinuität: 2005–2010

Nach seinem Sieg bei der von den Demonstranten auf dem Majdan erzwungenen Wiederholung der Stichwahl zum Amt des ukrainischen Präsidenten im Dezember 2004 beendete der proeuropäisch ausgerichtete Viktor Juščenko die Politik der „Multivektorialität" seines Vorgängers Leonid Kučma. Kučma hatte einen Balanceakt zwischen Russland und Europa versucht, während er im Land selbst ein oligarchisches System installierte.

Nun kamen Politiker an die Macht, die einer politischen wie kulturellen Emanzipation von Russland große Bedeutung einräumten. Hatte der Politik Kučmas noch der ideologisierte Mythos von der „ewigen Freundschaft" zwischen der Ukraine und Russland zugrunde gelegen, wollte Juščenko nun die lange Geschichte der Unterwerfung und Ausbeutung der Ukraine aus dem Schatten holen und sein Land aus der Moskauer Einflusssphäre herauslösen. Juščenko initiierte die Gründung mehrerer Nationalinstitute, die sich mit der Erforschung der nationalen Tragödien der Ukraine – des Holodomor und des Holocaust (Babyn Jar) – und der Erinnerung an diese befassen.

Im Jahr 2005 rief die Regierung mit *Deržkino* wieder eine staatliche Einrichtung ins Leben, die die Umsetzung gesetzlicher Vorgaben im Bereich Film und Kino sicherstellen sollte. Diese Entscheidung war eine Reaktion auf das Scheitern des Laissez-faire-Kurses der vorhergehenden Jahre. Ohne staatliche Regulierung war keine ukrainische Filmwirtschaft entstanden. Stattdessen wurde die Ukraine zu einem Ressourcenlieferanten wie zu einem Absatzmarkt für die russländische Filmwirtschaft. Dies ermöglichte es Moskau zudem, seine Propaganda in der Ukraine zu verbreiten, etwa die Ideologie von den aus dem Westen finanzierten und gesteuerten Farbrevolutionen, welche die Demokratiebewegungen des postsowjetischen Raums delegitimieren sollte.

Im Jahr 2006 beschloss die Regierung in Kiew, dass ausländische Filme für eine Aufführung in der Ukraine zwingend nachsynchronisiert werden müssen. Die Umsetzung sollte stufenweise geschehen, bis zur Jahresmitte 2007 ein Anteil von 70 Prozent erreicht sein. Dies war allerdings erst im Jahr 2009 der Fall, denn sowohl die Tochtergesellschaften russländischer Distributoren wie auch jene Agenturen, die die Vertriebsrechte von Hollywood-Produktionen in Russland einkauften, leisteten Widerstand. Für sie stand ein Drittel des Umsatzes an den ukrainischen Kinokassen auf dem Spiel, im Jahr 2007 waren dies 39 Millionen Dollar.[5]

---

5 Spysok top-100 najkasovišych fil'miv (Ukrajina), <www.wikiwand.com/uk/Список_топ-100_найкасовіших_фільмів_(Україна)>.

Filmverleiher aus Russland verhängten eine Art Embargo und speisten keine ukrainisch nachsynchronisierten Filme mehr in ihr Verleihnetz ein. Die Regierung wiederum versuchte, die Nachsynchronisation auf Ukrainisch mit Steuererleichterungen zu fördern. Tatsächlich gaben bei einer repräsentativen Umfrage im Jahr 2008 nur drei Prozent der Befragten an, dass sie sich durch eine Nachsynchronisation in ukrainischer Sprache von einem Kinobesuch abhalten lassen würden.[6]

Kommerzieller Aufschwung, künstlerischer Niedergang

Der Aufschwung der Filmwirtschaft in diesem Zeitraum wurde durch ein rasches Wirtschaftswachstum begünstigt, das zu Wohlstand und einem wahren Konsumboom in der Ukraine führte, der erst im Jahr 2009 nach der weltweiten Finanzkrise wieder abflaute. Zudem floss in dieser Phase viel Kapital in den ukrainischen Unterhaltungsmarkt, insbesondere in das Fernsehen. Waren noch wenige Jahre zuvor ukrainische Filmschaffende auf der Suche nach Entfaltungsmöglichkeiten nach Russland gegangen, kehrten sie nach der Orangenen Revolution in die Ukraine zurück und fanden Anstellung beim Fernsehen, im Showbusiness oder der Reklamewelt, wo sich ein äußerst wettbewerbsorientiertes Umfeld herausbildete. Den meisten Filmen aus dieser Zeit fehlt es an einem genuinen Regieansatz, sie sind merklich durch Einflüsse aus der Werbe- und Fernsehästhetik geprägt: flache Figuren, unausgereifte Konflikte, schwache Dialoge und Rhythmusprobleme bei gleichzeitig erstklassiger Kameraarbeit. Beispiele für Filme dieser Zeit, die von unabhängigen Produzenten ohne staatliche Beteiligung realisiert wurden und sich mit den Geschehnissen der Orangenen Revolution befassen, sind *Pomerančeve nebo* (Der orangene Himmel, 2006) von Oleksandr Kirijenko, *OrAnge Love* (2007) von Alan Badoev und *Prorvemos'* (Stop Revolution!, 2006) von Ivan Kravčyšyn. Von der Filmkritik wegen der schwachen Regieleistungen und ihrer offensichtlichen Fernsehästhetik verrissen, waren sie dennoch die ersten Projekte seit immerhin einem Jahrzehnt, die aus Privatmitteln produziert worden waren – mit einem durchschnittlichen Produktionsbudget von ungefähr einer halben Million Dollar.

Relativ erfolgreich in den Verleih gingen der erste ukrainische Jugend-Horrorfilm *Štol'nja* (The Pit – How can you escape?, 2006) von Ljubomyr Levytskyj, das romantische Drama *Indi* (Indi, 2007) und der Kriminalthriller *Iljuzija stracha* (Illusion der Angst, 2007), beide von Oleksandr Kirijenko, sowie die Dystopie *Ottorženie* (Die Zurückweisung, 2010) von Volodymyr Ljert. Auf Ukrainisch wurde von diesen einzig *Štol'nja* gedreht.

Einen sensationellen Erfolg an der Kinokasse feierte die ukrainisch-britische Koproduktion *Summer Love,* in der Ukraine im Verleih unter dem Titel *Safo* (Sappho – Liebe ohne Grenzen, 2008). Der Film unter der Regie von Robert Crombie spielte in der Ukraine die phänomenale Summe von 1,1 Millionen Dollar ein. Die Dreharbeiten zu dem Film, in dem es um eine Romanze zwischen zwei Frauen auf der Insel Lesbos 1926 geht, wurden von Skandalen und Debatten begleitet. Konservative religiöse Organisationen hätten den Film gern verboten gesehen und sorgten für eine aufgeheizte Stimmung.

Obwohl im Jahr 2008 über 30 Filme, darunter viele Dokumentarfilme, entstanden – ein Rekord in der Geschichte der unabhängigen Ukraine –, war der Staat daran fast gar nicht

[6] Ukrajins'kyj dubljaž vyhnav iz kinoteatriv až 3% žyteliv Ukrajiny, <www.pravda.com.ua/news/2008/02/29/3384958/>.

beteiligt. Meist sorgten ukrainische Fernsehsender für die Finanzierung. In den nationalen Verleih kam allein *Safo*.

Absatzmarkt und Ressourcenlieferant für Russlands Filmwirtschaft.

Der ukrainische Verleihmarkt wurde in diesen Jahren zu einem Mekka für Filme aus Russland, die an den Kinokassen noch höhere Summen einspielten als Hollywood-Produktionen. Auch einige äußerst erfolgreiche Serien, die formal als russländisch-ukrainische Koproduktionen firmierten, wurden gedreht. In ihnen wurden historische Ereignisse in der Ukraine aus russländischem Blickwinkel präsentiert. Zu nennen wären unter anderen die Serien *Likvidacija* (Liquidierung) über den Kampf gegen Banditen im Odessa der Nachkriegszeit und *Dev'jat' žiznej Nestora Machno* (Die neun Leben des Nestor Machno) über den Anführer der ukrainischen Anarchistenbewegung (beide aus dem Jahr 2007). Auch *Žizn' i priključenija Miški Japončika* (Leben und Abenteuer von Mischka Japontschik, 2011) über den kriminellen Untergrund in Odessa während des Bürgerkriegs zählt dazu. Die Serien sind klassische Beispiele für den imperialen Blick auf die ukrainische Geschichte und faktisch Propaganda für die „Russische Welt".
Doch nicht nur auf dem Verleihmarkt zeigte sich die Dominanz der boomenden russländischen Filmindustrie. Die Ukraine wurde zudem im Verlauf der 2000er Jahre aufgrund einer Professionalisierung in den Produktionsstätten zu einem wichtigen Drehort für Produktionsfirmen aus Russland. Ukrainische Crews sowie Schauspielerinnen und Schauspieler arbeiteten für erheblich geringere Löhne, was die Produktionskosten deutlich verringerte. Dies trug deutliche Züge von wirtschaftlicher Ausbeutung.

Die neun Leben des Nestor Machno

Es war einmal in Odessa (Mischka Japontschik)

Reformen bei *Deržkino,* Aufstieg der Fernsehproduzenten: 2011–2014

Vor dem Hintergrund des wirtschaftlichen Niedergangs im Zuge der weltweiten Finanzkrise und aufgrund der nicht abreißenden Skandale und Streitereien im demokratischen Lager von Präsident Juščenko gewann 2010 der prorussländische Kandidat Viktor Janukovyč die ukrainischen Präsidentschaftswahlen. Um die Macht in seinen Händen zu konzentrieren, führte er Verwaltungsreformen durch und verwandelte das parlamentarisch-präsidentielle Regierungssystem der Ukraine faktisch in ein präsidentielles System. Paradoxerweise kam Janukovyčs verfassungswidriges Vorgehen der Entwicklung des ukrainischen Films aber zugute. Der Präsident legte die gesamte Verantwortung für die Bereiche Informationstechnologie, Motorsport und Filmwirtschaft in die Hände seines jüngsten Sohnes Viktor, der für die prorussländische *Partei der Regionen* in der Verchovna Rada saß. Mit der Rückendeckung seines Vaters konnte dieser dafür sorgen, dass das Parlament zwingend notwendige Gesetze zur Reform der Filmindustrie verabschiedete.
So wurden etwa die Befugnisse der staatlichen Filmbehörde *Deržkino* erheblich erweitert. Kateryna Kopylova, eine dynamische Fernsehmanagerin mit Hintergrund in der Filmwelt, wurde als Leiterin berufen und sorgte für eine signifikante Aufstockung der Finanzmittel für die Filmindustrie, die mit jedem Jahr weiter wuchsen.[7] Bei ihren Reformen orientierte sich Kopylova am polnischen Modell der Filmförderung und machte sich daran, für die Entstehung eines Systems nationaler Produzenten zu sorgen, das im Gesetz „Über die Filmwirtschaft" von 1998 zwar vorgesehen, doch nie entstanden war.[8]
Bereits 2011 wurde der erste offene Wettbewerb ausgeschrieben, bei dem sich Produzenten mit ihren Pitches für Filmprojekte bewerben konnten. 2012 übernahm *Deržkino* die Finanzierung der ukrainischen Vertretung auf den internationalen A-Filmfestivals. Endlich entstand durch gemeinsam von Staat und Privatwirtschaft getragene Produktionsfinanzierung – und eine entsprechende Aufteilung der Einnahmen aus dem Verleih – ein Produzentensystem.[9] *Deržkino* initiierte zudem ein Programm zur Restaurierung ukrainischer Filmklassiker und unterstützte Filmfestivals auf ukrainischem Boden, insbesondere das seit 2010 veranstaltete Festival in Odessa.
Im Jahr 2011 gewann Regisseurin Maryna Vroda mit ihrem ausschließlich privat finanzierten Beitrag *Kros* (Cross-Country, 2011) den Kurzfilmwettbewerb des Festivals in Cannes. Daraufhin nahm man bei *Deržkino* verstärkt auch die Finanzierung filmischer Debüts in den Blick, insbesondere im Bereich Kurzfilm.
Die Reformen machten sich bereits 2012 bemerkbar: Eine Reihe von Kurzfilmproduktionen, die *Deržkino* finanziert hatte, kam Ende des Jahres in den Verleih, darunter *Uroky ukrajinskoji* (Ukrainischstunden), *Hamburg* (Hamburg) und *Doroha* (Die Straße) von den jungen Regisseuren Dmytro Suchlytky-Sobčuk, Antonina Nojabr'ova und Maksym Ksenda, die kurz darauf auch ihre Spielfilmdebüts auf die Leinwand brachten.

---

7 2011: 111 Millionen UAH (13,9 Millionen Dollar); 2012: 178 Millionen UAH (22 Millionen Dollar); 2013: 157 Millionen UAH (19 Millionen Dollar). Die an den ukrainischen Kinokassen eingespielten Erträge stiegen in diesem Zeitraum von 94,5 Millionen Dollar auf 104 Millionen Dollar. – Deržkino: jak v Ukrajini pidtrymujut' ukrajins'koho ta zarubižnoho kinovyrobnyka, <www.slovoidilo.ua/2020/01/30/infografika/kultura/derzhkino-yak-ukrayini-pidtrymuyut-ukrayinskoho-ta-zarubizhnoho-kinovyrobnyka>.

8 Zakon Ukrajiny Pro kinematohrafiju, <https://zakon.rada.gov.ua/laws/show/9/98- вр#Text>.

9 Die Kostenaufteilung zwischen privaten Produzenten und Staat sahen zwischen 30 und 50 Prozent Übernahme der Produktionskosten durch den Staat vor. Dokumentarfilme, Animationen und Regiedebüts wurden zu 100 Prozent von staatlicher Seite getragen.

Zusammen mit Antonio Lukič, Maksym Nakonečnyj, Kateryna Hornostaj, Iryna Cilyk, Pylyp Sotničenko, Nariman Alijev und Nikon Romančenko können sie als die neue Post-Majdan-Generation des ukrainischen Kinos gelten.

Bereits 2012 erreichten auch die ersten, von *Deržkino* mitfinanzierten Spielfilme die Kinos. Die bemerkenswertesten unter ihnen, *Toj, chto projšov kriz' vohon'* (Firecrosser, 2012) von Mychajlo Illjenko, *Braty. Ostannja spovid* (Die Brüder. Das letzte Bekenntnis, 2013) von Viktorija Trofymenko und *Paradžanov* (Der Paradschanow-Skandal, 2013) von Olena Fetysova wurden auch im offiziellen Programm internationaler Filmfestivals gezeigt. 2012 machte zudem der krimtatarische Schauspieler Achtem Sejitablaev als Regisseur auf sich aufmerksam und drehte mit privaten Mitteln seinen Film *Chajtarma* (Chajtarma) über die Deportation der Krimtataren. 2013 kam die staatlich kofinanzierte, ukrainisch-serbisch-deutsche Koproduktion *Istal'gija* (Eastalgia – Einfach leben) in den Verleih, ein Novum in der Filmgeschichte der unabhängigen Ukraine.

Gleichzeitig lockerte die Regierung jedoch im Jahr 2010 die Regeln im Bereich Nachsynchronisation und Verleih in ukrainischer Sprache. Dies führte dazu, dass ukrainische Serien nahezu ausschließlich auf Russisch produziert wurden. Zudem blieb der Anteil nicht-nachsynchronisierter russischsprachiger Filme auf der Kinoleinwand unverändert. Im Jahr 2014 lag der Anteil der ukrainisch nachsynchronisierten Filme im ukrainischen Verleih weiter bei 65 Prozent. Dazu trug nicht zuletzt das 2012 verabschiedete Sprachengesetz bei, das dem Russischen in der Hälfte der ukrainischen Regionen den Status einer Regionalsprache zuerkannte.[10]

Die Rolle der Fernsehproduktionsfirmen

Gegen Ende der 2000er Jahre erlebte die Ukraine einen wahren Boom im Bereich Fernsehserienproduktionen. 2006–2007 gingen im Zuge der Restrukturierung im Bereich TV-Producing mit *Star Media* (Besitzer: Vlad Rjašyn) und FILM.UA (Besitzer: Serhij Sozanovs'kyj) zwei große, private Fernsehstudios an den Markt, die in Verbindung zum Fernsehsender *Inter* standen und nur Inhalte fürs Fernsehen produzierten. Im Kampf um Marktanteile kopierten die Produzenten die standardisierten Serien russländischer Machart. In den Hauptrollen waren überwiegend bekannte Schauspielerinnen und Schauspieler aus Russland zu sehen, ukrainische meist nur in den Nebenrollen. Die Serien spielten oft in einem hybriden, nicht genauer zu verortenden, „postsowjetischen" Raum und enthielten sich nahezu aller unmittelbaren politischen Referenzen. Zudem wurden in der Ukraine auch eine Reihe historischer Serien produziert, von denen einige den Stalinismus und die Sowjetmacht „mit menschlichem Antlitz" zeigten, etwa der 12-Teiler aus dem Haus FILM.UA *Syn otca narodov* (Wassilij Stalin. Sohn des Vaters der Völker), der ab Mitte 2013 in Russland und der Ukraine ausgestrahlt wurde.

---

[10] Zakon Ukrajiny Pro zasady deržavnoji movnoji polityky, <https://zakon.rada.gov.ua/laws/show/5029-17#Text>. Das Gesetz wurde nach der Revolution der Würde 2014 außer Kraft gesetzt. Zur ukrainischen Sprachenpolitik siehe Volodymyr Kulyk: Gespaltene Zungen. Sprache und Sprachenpolitik in der Ukraine, in: OSTEUROPA, 2–4/2010, S. 391–402; ders.: Einheit und Identität. Sprachenpolitik nach dem Majdan, in: OE, 5–6/2014, S. 227–238; ders.: Wes Lied ich hör' … Ukraine: Sprachpolitik und Mediennutzung, in: OE, 9–10/2017, S. 59–73; sowie den Beitrag von Volodymyr Kulyk in diesem Band, S. 237–248.

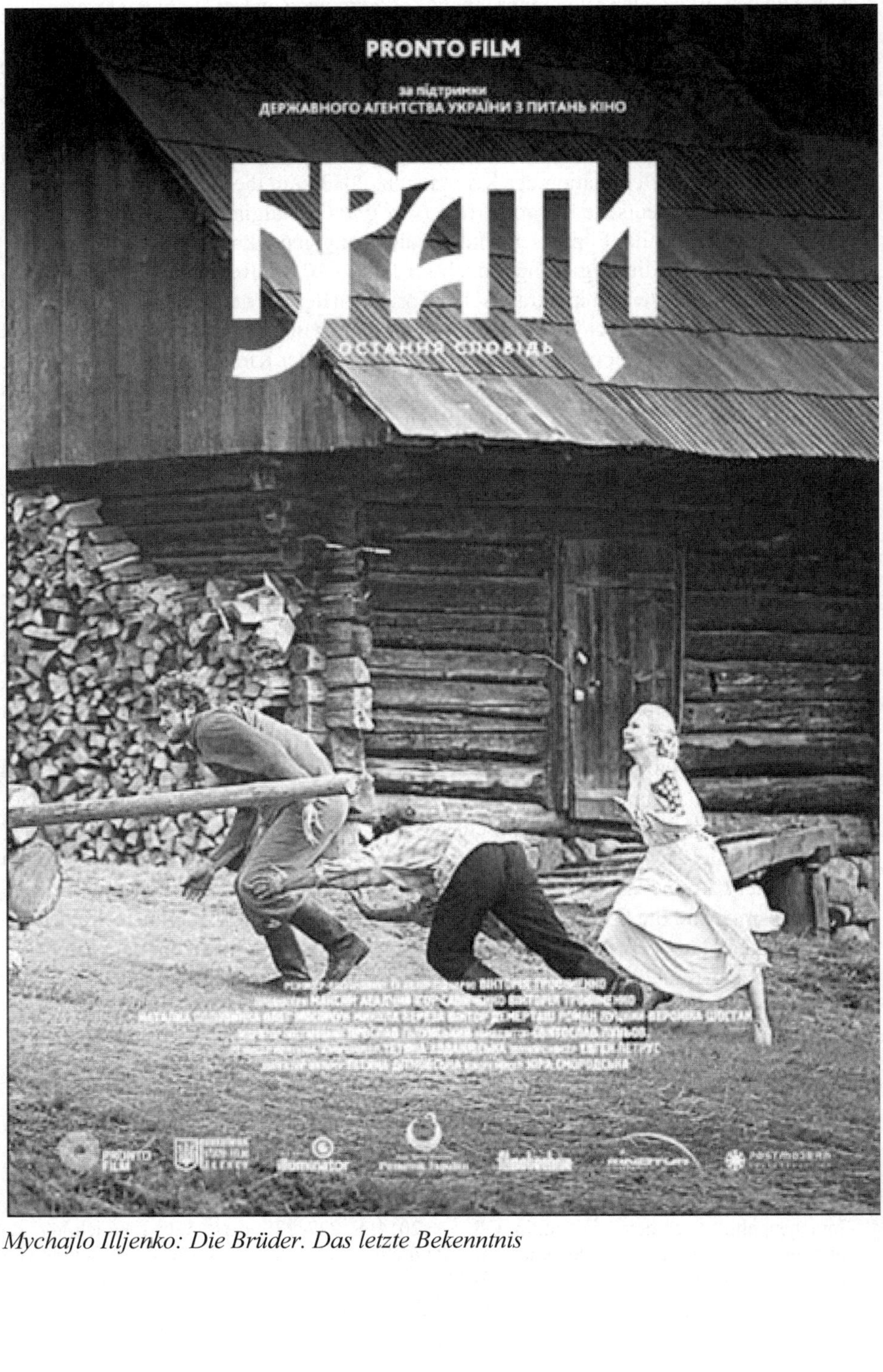

Mychajlo Illjenko: Die Brüder. Das letzte Bekenntnis

FILM.UA stieß im Jahr 2012 auf den russländischen wie den kasachstanischen Markt vor und wurde so zur größten, vertikal integrierten Produktionsfirma sowohl für TV-Content als auch für Kinoproduktionen im gesamten östlichen Europa. Viele der Fernsehserien spiegelten und verbreiteten das apologetische Bild von der Sowjetunion, den Chauvinismus und die antiliberale Rhetorik, die sich in Russland bereits zu dieser Zeit immer mehr verbreiteten. So wurden die ukrainischen Serienproduzenten zu Multiplikatoren der wieder aufflammenden russischen imperialen Ideologie.

Da sich derselbe Trend in russländischen Kinofilmen durchsetzte und diese auf dem ukrainischen Verleihmarkt eine so dominante Stellung hatten, sahen demokratische Kräfte in der ukrainischen Politik die Lage auf dem Film- und Fernsehmarkt bereits vor dem Jahr 2014 als Gefahr für die nationale Sicherheit.[11] Ein Beispiel: Im Jahr 2012 lief in den ukrainischen Kinos der Propagandafilm *Matč* (Das Spiel) – formell eine ukrainisch-russländische Koproduktion –, in dem es um ein Fußballspiel zwischen einer Kiewer Mannschaft und einem Team der deutschen Okkupanten im besetzten Kiew 1942 geht. Sämtliche negativ gezeichneten Figuren des Films sprechen Ukrainisch und werden als Halunken und Kollaborateure dargestellt. Trotz zivilgesellschaftlicher Proteste erteilte die Expertenkommission bei *Deržkino* auf erheblichen politischen Druck die Freigabe für den Verleih.[12]

Gemischte Bilanz

Die Bilanz der Jahre 2011 und 2014 fällt damit äußerst ambivalent aus. Einerseits entstand ein System leistungsfähiger Produktionsfirmen und die staatliche Finanzierung für die Produktion sowie die internationale Vermarktung von Filmen wurden erheblich ausgebaut. Elemente von Wettbewerb spielten endlich eine größere Rolle. Andererseits war *Deržkino* in das korrupte System Janukovyč eingebettet und wurde wegen Wettbewerbsverzerrung, Nepotismus, intransparenter Budgetverteilung und Veruntreuung von Geldern kritisiert.[13]

Fest steht, dass *Deržkino* die gesetzlichen Vorgaben zur Regulierung des Film- und Fernsehmarkts nicht durchgesetzt und es zugelassen hat, dass beide Verleihmärkte von Produktionen aus Russland geflutet wurden. Die revanchistische, auf Russifizierung und Re-Sowjetisierung abzielende Kulturpolitik des Janukovyč-Regimes führte dazu, dass ukrainischer TV-Content hauptsächlich auf Russisch entstand und die ukrainische Serienproduktion sich de facto zum Sprachrohr der russländischen Einflussnahme auf die Ukraine machte. Sinnbildlich für die Politik der Ära Janukovyč in diesem Bereich stehen die Durchsuchungen, die die Steuerpolizei im Mai 2012 bei *Le Doyen* durchführte. Ziel war es eindeutig, das von Bohdan Batruch, einem der wichtigsten Fürsprecher ukrainischer Synchronisierungen geleitete größte ukrainische Synchronstudio zu beseitigen.[14]

---

[11] Ocinka efektyvnosti dij orhaniv vlady v sferi informacijnoji bezpeky v 2014–15 rr., ms.detector.media.ua, 9.12.2015.

[12] Einer der Produzenten des Films ist Timofej Sergejcev, der Anfang April 2022 in einem Text auf der Seite der staatlichen russländischen Nachrichtenagentur *Ria Novosti* kaum verhohlen zum Völkermord an den Ukrainern aufforderte. Siehe dazu Il'ja Venjavkin: Der De-Ukrainisator. Timofej Sergejcev: „Methodologe", Polittechnologe, Kriegspropagandist, in: OE, 4–5/2022, S. 59–77.

[13] Kinokrytyk pidozrjuje Deržkino v pidtasovci rezul'tativ vidboru fil'miv, <https://life.pravda.com.ua/culture/2012/05/28/103313>. – Čy znajde Ministerstvo kul'tury Ukrajiny korupciju v Deržkino? Obozrevatel', 30.5.2013.

[14] Im Jahr 2016 urteilte das Oberste Gericht der Ukraine, dass das Vorgehen der Steuerpolizei rechtswidrig war.

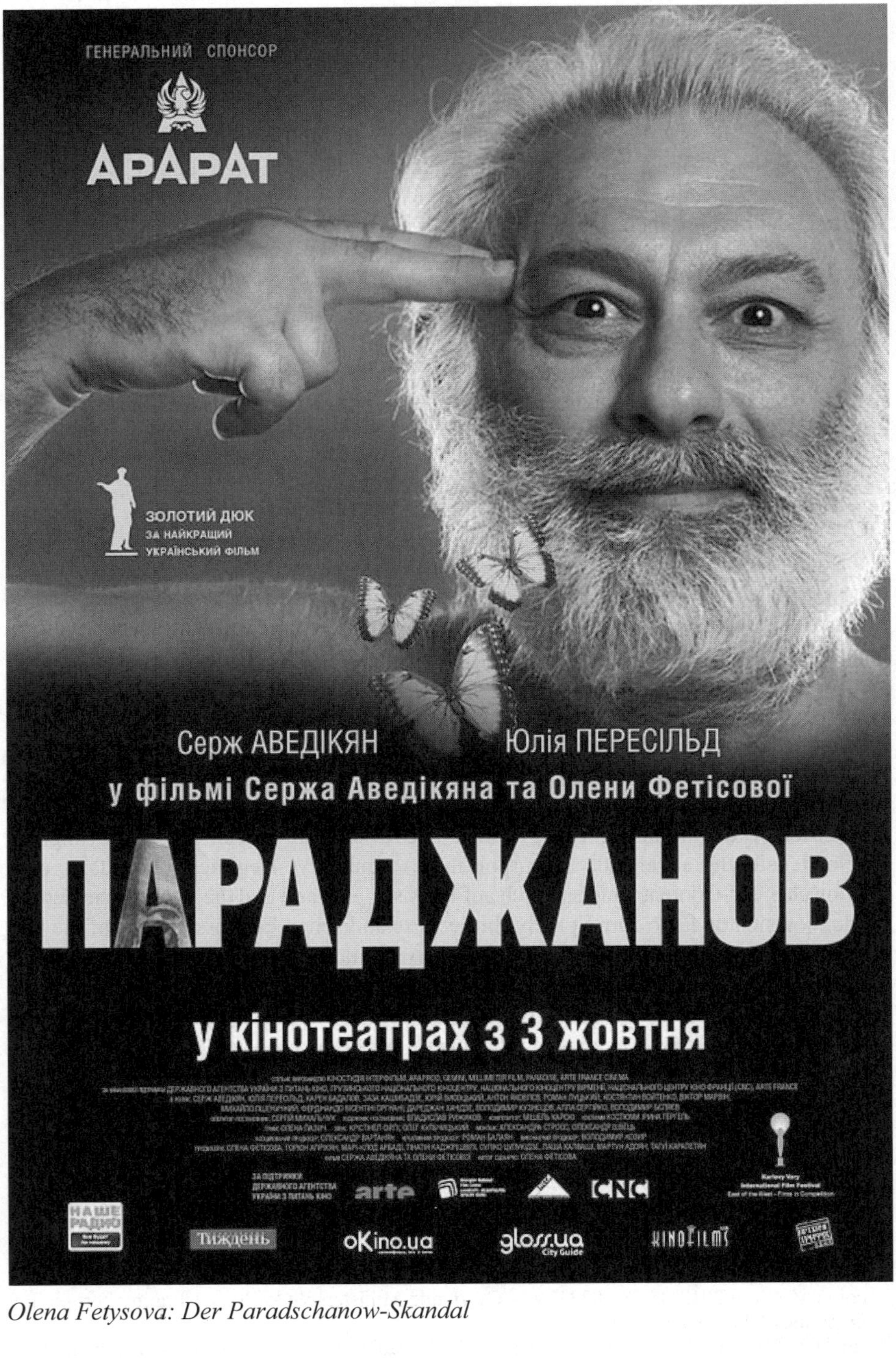

Olena Fetysova: Der Paradschanow-Skandal

Der Boom des ukrainischen Kinos: 2015–2020

Die Saat der antiukrainischen Botschaften, die auf vielen Kanälen und auf der Leinwand in der Ukraine verbreitet worden waren, ging auf, als Russland nach dem Erfolg der Revolution der Würde und der Flucht Janukovyčs im Süden der Ukraine den sogenannten „Russischen Frühling“ anstiftete. Jahrelang waren Polizisten, Politiker und andere Repräsentanten des russländischen Staats sowie historische Persönlichkeiten aus der sowjetischen oder zaristisch-imperialen Epoche in russländischen und russländisch-ukrainischen Koproduktionen für das Kino und das Fernsehen glorifiziert worden. Dies trug erheblich zur Delegitimierung des ukrainischen Staats bei und beförderte die Vorstellung, eine enge Anlehnung an Russland bringe eine bessere Zukunft.

Gleichzeitig brachte die Revolution der Würde eine breite soziale Bewegung mit ehrenamtlichem Engagement in bis dato ungekannten Ausmaß hervor. Im kulturellen Bereich war es Ziel der Bewegung, die Souveränität der Ukraine über ihren Kulturraum zurückzugewinnen und gleichzeitig die auf dem Majdan eingeforderten Prinzipien wie Demokratie, Transparenz und Bewertung nach Kompetenz und Leistung durchzusetzen.

Eine der zentralen Reformen war die Übertragung der Kulturförderung an unabhängige öffentliche Stiftungen wie den *Ukrajinskyj kul'turnyj fond* (Ukrainische Kulturstiftung), den *Nacional'nyj fond doslidžen* (Nationale Forschungsstiftung) und das *Instytut knyhy* (Ukrainisches Buchinstitut), die seitdem nach offenen Wettbewerben, an denen sowohl private wie auch staatliche Kulturträger teilnehmen können, ihre Mittel vergeben.[15] Das Kulturministerium sollte nur noch für die Erarbeitung der kulturpolitischen Leitlinien zuständig sein.[16]

Von allen staatlichen Institutionen im Kulturbereich war *Deržkino*, wo bereits seit 2011 unabhängige Expertenkommissionen über die Vergabe von Fördermitteln entschieden, am besten auf die Forderungen der Öffentlichkeit vorbereitet. Zum neuen Leiter von *Deržkino* wurde Pylyp Illjenko berufen, Sohn des Regisseurs Jurij Illjenko und Abgeordneter der rechtsgerichteten Partei *Allukrainische Vereinigung „Svoboda“*, die sich der demokratischen Koalition im ukrainischen Parlament angeschlossen hatte.

Vor dem Hintergrund des eskalierenden Kriegs im Donbass gerieten auch das Kino und das Fernsehen in den Blick einer mobilisierten Öffentlichkeit. Sie galten nun als relevant für die nationale Sicherheit. Tatsächlich wurde die Ausstrahlung der wichtigsten russländischen Fernsehsender in der Ukraine verboten. Und in einem seiner ersten Beschlüsse verbot der neue Leiter von *Deržkino* die Verbreitung russländischer Filme und Serien, die die Moskauer Gewaltapparate feierten oder verharmlosten. Bis Jahresende 2014 wurden in der Ukraine 140 russländische Filme und Serien verboten, von denen ein erklecklicher Anteil in Koproduktion mit ukrainischen Studios, insbesondere *FILM.UA*, entstanden war.

Anfang 2015 verabschiedete das ukrainische Parlament das „Gesetz über den Schutz des Informationsraums in Radio und Fernsehen“, das die Ausstrahlung von nach 1991 entstandenen russländischen Filmen begrenzte und Produktionen aus der Zeit ab 2014

---

[15] Bis zum Jahr 2017 konnten nur staatliche Institutionen in den Genuss staatlicher Finanzierung gelangen.

[16] Die angestrebten Reformen wurden nur teilweise umgesetzt. Bis heute sind im Kulturministerium in vielen Bereichen auch Steuerungsfunktionen angesiedelt.

vollständig verbot.[17] Dies löste heftige Kritik und eine intensive gesellschaftliche Debatte über das Thema Zensur aus. Zugleich unterliefen mehrere ukrainische Fernsehkanäle die Bestimmungen teilweise. Insgesamt aber ergab die gesellschaftliche Debatte, dass das Gesetz notwendig war.

Für viele ukrainische Produzenten, die mit Partnern aus Russland Fernsehserien gedreht hatten, war das Gesetz ein schwerer Schlag. Gleiches galt für Fernsehsender, die einen bedeutenden Anteil ihrer Sendezeit mit Serien gefüllt hatten, die in erster Linie für den russländischen Markt produziert worden waren. Die größten Produktionsfirmen – *Star Media, FILM.UA* und das Unternehmen des künftigen ukrainischen Präsidenten Volodymyr Zelens'kyj *Studio Kvartal 95* – schlossen sich unter dem Namen *Kinokrajina* (Kinoland) zu einer Lobbygruppe zusammen, die ein neues Modell der Beziehungen zwischen Staat und Filmwirtschaft entwarf, das in den Entwurf für das Gesetz „Über die staatliche Unterstützung der Filmwirtschaft in der Ukraine" einfloss.[18]

Gleichzeitig wurde auch im Parlament auf Initiative Illjenkos an einem ähnlichen Gesetzentwurf gearbeitet. Als klar wurde, dass dieser ohne die Unterstützung der Fernsehlobby keine Chance auf Verabschiedung haben würde, wurden die beiden Initiativen zusammengeführt. Unter dem Druck der Fernsehlobby machte Illjenko Zugeständnisse, die sich später als tickende Zeitbombe entpuppten und 2020 schließlich zu einer Unterordnung der gesamten Kinowirtschaft unter die Fernsehlobby führten.

Ende 2015 war der gemeinsam erarbeitete Gesetzesentwurf fertig und im Parlament zur Lesung angemeldet. Doch bis zu seiner Verabschiedung dauerte es ein Jahr, in dem sich die Positionen der Initiatoren weiterentwickelten. Das Gesetz sorgte für bessere Prozeduren bei der Filmförderung und reservierte einen deutlichen Anteil der staatlichen Finanzierung für „nationale" Filme und Koproduktionen. Es ermöglicht eine anteilige Rückvergütung von Produktionskosten (cash rebate) an ausländische Produktionsfirmen, die in der Ukraine drehen. Zudem reguliert es den Verleihmarkt und verbietet die Herstellung von Kinofilmen in russischer Sprache in der Ukraine, wobei aus künstlerischen Gründen Ausnahmen geltend gemacht werden können. Als „nationale Filme", die sich um staatliche Förderung bewerben können, wurden Filme in ukrainischer oder krimtatarischer Sprache definiert.

Die politischen Ränke um die Verabschiedung des Gesetzes und Illjenkos zunächst kompromisslose Position zu russländischen und russischsprachigen TV-Produktionen zog den Konflikt mit den Fernsehproduzenten in die Länge und führte schließlich dazu, dass bei der Planung des Haushalts für 2018 die Hälfte der ursprünglich für *Deržkino* eingeplanten Etatmittel (500 Millionen UAH) an das Kulturministerium transferiert wurden – mit der Vorgabe, dass sie zur Produktion sogenannter „patriotischer Filme und Serien" verwendet werden müssen. Faktisch handelte es sich um einen Preis, der an die TV-Lobby für ihre Kooperation bei der Einhaltung der gesetzlichen Vorschriften zum Verbot russischer Inhalte entrichtet wurde. „Patriotische" Filme fielen nicht unter das Gesetz, weswegen die Mittel auf äußerst intransparente Art und Weise verteilt wurden und nicht selten bereits abgedrehte Produktionen nachträglich noch in den Genuss einer Förderung kamen.

---

[17] Zakon Ukrajiny Pro vnesennja zmin do dejakich zakoniv Ukrajiny ščodo zachystu informacijnoho teleradioprostoru Ukrajiny, <https://zakon.rada.gov.ua/laws/show/159-19#Text>.

[18] Zakon Ukrajiny Pro Deržavnu pidtrymku kinematohrafiji v Ukrajiny, <https://zakon.rada.gov.ua/laws/show/1977-19#Text>.

Serhij Loznycja: Donbass

Die Diskussion um das „patriotische“ Kino ließ schon lange bestehende Diskrepanzen darüber, was als „nationaler“ Film zu verstehen sei, wieder aufbrechen. Mit schwankender Intensität bemühte man sich bereits seit 1991 um eine angemessene Definition. Da zu Sowjetzeiten sämtliche Filme in staatlichen Filmstudios produziert worden waren, erkannte das entsprechende Gesetz aus dem Jahr 1998 auch sämtliche bis 1991 ebendort entstandenen Filme als „nationale“ Filme an. Per Gesetz von 2017 fallen auch alle Filme in diese Kategorie, die in der Ukraine in der Staatssprache hergestellt worden sind.[19]
Im Zuge der von der Majdan-Bewegung vorangetriebenen Dekolonisierung des Denkens wuchs beim ukrainischen Publikum die Nachfrage nach Filmen, die dramatische Kapitel der ukrainischen Geschichte aufarbeiten und durchdringen. Zu den erfolgreichsten Filmen des Jahres 2014 gemessen an den verkauften Kinokarten zählten *Povodyr* (Der Führer) von Oles' Sanin, ein Historien-Blockbuster, der am Vorabend des Holodomor in der Ukraine spielt, und Myroslav Slabošpyc'kyjs als experimenteller Stummfilm realisiertes Jugenddrama *Plem'ja* (The Tribe). Die ukrainische Oscar-Auswahlkommission beschloss nach langen Diskussionen, *Povodyr* (Der Führer) für den Wettbewerb um den Oscar für den besten fremdsprachigen Film zu nominieren, obwohl nach Ansicht der Filmkritik *Plem'ja* (The Tribe) größere Chancen gehabt hätte, im Wettbewerb zu bestehen. Diese hitzige Debatte wirkte über die Welt des Kinos hinaus in die breitere Diskussion über Beziehungen und Wechselwirkungen zwischen Autorenkino und politisch-engagiertem Unterhaltungskino in Zeiten des Kriegs – der im Osten des Landes seit 2014 geführt wurde – hinein. Im Kern ging es um die Frage, ob „patriotische“ Filme, die es sich zum Ziel machen, die Menschen zu loyalen Bürgern und Bürgerinnen zu erziehen, wie von der Regierung beschlossen, aus diesem Grund eine Förderung zuteilwerden soll.
Illjenkos Amtszeit bei *Deržkino* gilt als Goldenes Zeitalter des zeitgenössischen ukrainischen Kinos. Zwischen 2014 und 2019 wurde das Budget mehr als verdreifacht und wuchs von 123 auf 521 Millionen UAH.[20] In dieser Zeit entstanden 204 Filme mit staatlicher Förderung. Zwischen 2014 und 2018 erhöhten sich die Zuschauerzahlen ukrainischer Kinofilme von 451 000 auf 2,5 Millionen, und die an der Kinokasse eingespielten Gelder von 17,1 Millionen auf 199 Millionen UAH. Die größten Kassenschlager allerdings waren Filme, die in privaten Studios ohne eine Förderung durch *Deržkino* produziert wurden und nicht selten auch russischsprachig waren.
Der Anteil dieser Filme an der insgesamt an den Kinokassen eingespielten Einnahmen sowie an der Anzahl der Kinogängerinnen und -gänger stieg von zwei Prozent auf fast elf Prozent, fiel dann allerdings in den Jahren 2019 und 2020 wieder auf sechs Prozent. Der Anteil russländischer Filme hingegen schrumpfte von 20 Prozent im Jahr 2013 auf drei Prozent im Jahr 2017. Der Anteil ukrainisch nachsynchronisierter Filme im Verleih stieg rasch – von 65 Prozent im Jahr 2014 auf 85 Prozent im Jahr 2015 und erreichte im Jahr 2020 95 Prozent.[21] Dazu trug nicht zuletzt das 2019 verabschiedete Gesetz „Zur

---

[19] Weiterhin werden, konform mit internationalen Gepflogenheiten, in der Ukraine auch solche Filme als ukrainisch anerkannt, die mit Geldern von in der Ukraine offiziell gemeldeten Personen oder Firmen finanziert wurden, unabhängig von der im Film verwendeten Sprache.

[20] 2014 wurde aufgrund der von Russlands Aggression im Donbass ausgelösten Wirtschaftskrise die Kinoproduktion vorübergehend eingestellt, das vorgesehene sechste Pitching für Filmprojekte wurde verschoben. Das Budget für *Deržkino* wurde auf 65 Millionen UAH eingedampft, doch bereits zum Jahresende bereits wieder auf 123 Millionen UAH aufgestockt.

[21] Stan ukrajins'koji movi. Ščoričnyj monitoryng: Rosijs'ka dominuė v media ta sferi posluh, ukrajins'ka – v osviti j kinoprokati. texty.org.ua, 8.11.2016. – Ukrajinci pidtrymujut' zakon pro ukrajins'ku movu, ale v interneti, media j najbil'šych mistach dominuė rosijs'ka. texty.org.ua, 6.11.2020.

Gewährleistung der Verwendung der Staatssprache Ukrainisch" bei, das einen schrittweisen Übergang des gesamten Kulturbereichs zur ukrainischen Sprache vorsieht.[22]

Ukrainische Filme im nationalen Verleih

	2014	2015	2016	2017	2018
Zuschauer	451 000	324 000	708 000	1 800 000	2 500 000
eingespielte Erlöse, in Mio. UAH	17,1	16,6	46,1	79,1	198,9

Produktion und Verleih ukrainischer Filme 2014–2018

	2014	2015	2016	2017	2018
mit Unterstützung von *Deržkino* entstandene Filme	23	11	35	47	48
Gesamtzahl der Filme im Verleih	8	8	21	22	35
davon mit Unterstützung von *Deržkino* entstanden	4	4	5	13	22

Finanzierung von Deržkino aus dem Haushalt, in Mio. UAH

	2014	2015	2016	2017	2018	2019	2020
eingestellt	67,6	175,9	265,2	516	520,7	521,2	775,7
ausgegeben	33,9	140,8	260,5	515,8	524,4	k.A.	k.A.

Quelle: Deržkino: jak v Ukrajini pidtrymujut' ukrajins'koho ta zarubižnoho kinovyrobnyka, <www.slovoidilo.ua/2020/01/30/infografika/kultura/derzhkino-yak-ukrayini-pidtrymuyut-ukrayinskoho-ta-zarubizhnoho-kinovyrobnyka>.

In die Lücke, die der russländische Film hinterließ, stießen ukrainische Produzenten mit Filmen und Serien aus dem Unterhaltungssegment vor, insbesondere Volodymyr Zelens'kyjs *Kvartal 95*. Neben der Serie *Sluha narodu* (Diener des Volkes, 2015–2019), die Zelens'kyjs Sprungbrett in den Präsidentschaftswahlkampf wurde, produzierte das Studio auch die Komödien *8 novych pobačen'* (8 neue Dates, 2015) und *8 kraščych pobačen'* (Die 8 besten Dates, 2016). Letztere rief wegen verschleierter Koproduktion mit Russland einen Skandal hervor. Die Komödie *Ja, ty, vin, vona* (Ich, du er, sie, 2018) unter der Regie von Volodymyr Zelens'kyj und David Dodson wurde mit einem Einspielergebnis von 2,7 Millionen Dollar weltweit ein Hit an den Kinokassen. Die Produktionen kamen in russischer Sprache auf den Markt, und die Studioleitung weigerte sich lange, den gesetzlichen Vorgaben zur obligatorischen Nachsynchronisation auf Ukrainisch nachzukommen.

Ende 2017 verbot *Deržkino* die beliebte, russischsprachige Serie *Svaty* (Die Schwiegereltern, 2008–2021) aus Zelens'kyjs *Studio Kvartal 95*, die der Fernsehsender *1+1* ausstrahlte. Dies führte zu einem öffentlich ausgetragenen Konflikt zwischen Illjenko auf

[22] Pro zabezpečennja funkcionuvannja ukrajins'koji, <https://zakon.rada.gov.ua/laws/show/2704-19#Text>.

der einen und Zelens'kyj sowie dem Leiter des Senders Oleksandr Tkačenko auf der anderen Seite. *1+1* startete eine Kampagne zur Diskreditierung Illjenkos.
Große Erfolge an der Kinokasse feierten auch die Komödien der unabhängigen Produzenten Serhij Lavrenčuk und Pavlo Suško *Dzidz'o kontrabas* (DZIDZIO Kontrabass, 2017) und *Dzidz'o peršyj raz* (DZIDZIO – Das erste Mal, 2018), die im Verleih zusammen 22 Millionen UAH einspielten, sowie die mehrteilige Komödie *Skažene vesillja* (Die verrückte Hochzeit, 2018–2019) von Jurij Horbunov vom Sender *1+1* und den Studios *FILM.UA*, die 123 Millionen UAH einspielte.
Die Erfolge des neuen ukrainischen Unterhaltungskinos verliehen einer Riege von bisher dem Fernsehen nahestehenden Filmproduzenten – Volodymyr Zelens'kyj, Andrij Jermak, Pavlo Suško und Serhij Sozanovs'kyj (*Film. UA*) – Rückenwind, so dass sie sich mit *Deržkino* wegen der Vergabe von Fördermitteln anlegten. Sie kritisierten, dass bei dieser nicht berücksichtigt werde, welches kommerzielle Potenzial einem Film innewohne, so dass staatlich geförderte Filme zumeist Flops an der Kinokasse seien. *Deržkino* reagierte auf diese Kritik und lobt seitdem für Autorenfilme und Unterhaltungsfilme zwei getrennte Auswahlverfahren aus und schuf zudem eine neue Förderlinie für TV-Serien.
Es dauerte nach dem Umbruch von 2014 eine Weile, bis die wirtschaftlichen Verflechtungen mit Partnern in Russland gelöst und die Serienproduktion mit all ihren Abläufen in der Ukraine beginnen konnte. Auch musste den gesetzlichen Vorgaben nachgekommen werden, die ukrainische Fernsehsender verpflichten, 75 Prozent ihres Programms in ukrainischer Sprache zu senden. Doch im Jahr 2017 begann das ukrainische Fernsehen mit der massenhaften Produktion von TV-Serien. In diesen sind der ukrainische Alltag, die ukrainische Geschichte und die ukrainische Kultur Hintergrund, Thema oder Kontext. Besonders gut kamen Jugendserien an, historische Kostümdramen und humoristische Serien aus einem „dörflichen" Umfeld.
So wurde in den Serien *Škola* (Die Schule, 2018–2019) – in ihrem ersten Jahr die Serie mit der höchsten Einschaltquote im ukrainischen Fernsehen – und *Perši lastivky* (Erste Schwalben, 2019) zum ersten Mal der Alltag an ukrainischen Schulen zum Thema. Die Serie *Spijmaty kajdaša* (Die Familie Kajdaš, 2020) entfaltet die Lebenswelt in einem ukrainischen Dorf. Das opulente historische Kostümdrama *Kriposna* (Die Leibeigene, 2019), von den beiden größten TV-Produzenten *Star Light* und *FILM.UA* auf Russisch gedreht, erzielte im Jahr 2019 Rekordeinschaltquoten und lief erfolgreich nicht nur in Russland, sondern auch in Polen. In dieser Serie spielten Schauspielerinnen aus Russland die Hauptrollen. Ansonsten wurden hingegen sowohl in den neuen Serien wie in den Produktionen für das Unterhaltungskino nach 2016 die tragenden Rollen überwiegend mit ukrainischen Schauspielerinnen und Schauspielern besetzt, die sich lange mit Nebenrollen oder einer Theatertätigkeit hatten begnügen müssen. So hat die Ukraine mittlerweile eigene Film- und Fernsehstars, die aus der nationalen Schauspieltradition kommen. Was die Sprache betrifft, so waren trotz einer substantiellen Zunahme auch noch im Jahr 2019 lediglich 41 Prozent der neu entstandenen und ausgestrahlten Fernsehserien ukrainischsprachig.[23]

---

[23] „Jak parost' vynohradnoji lozi …": skil'ky serialiv ukrajins'koju vypustyly naši telekanaly 2019 roku. Media Business Reports, 14.2.2020.

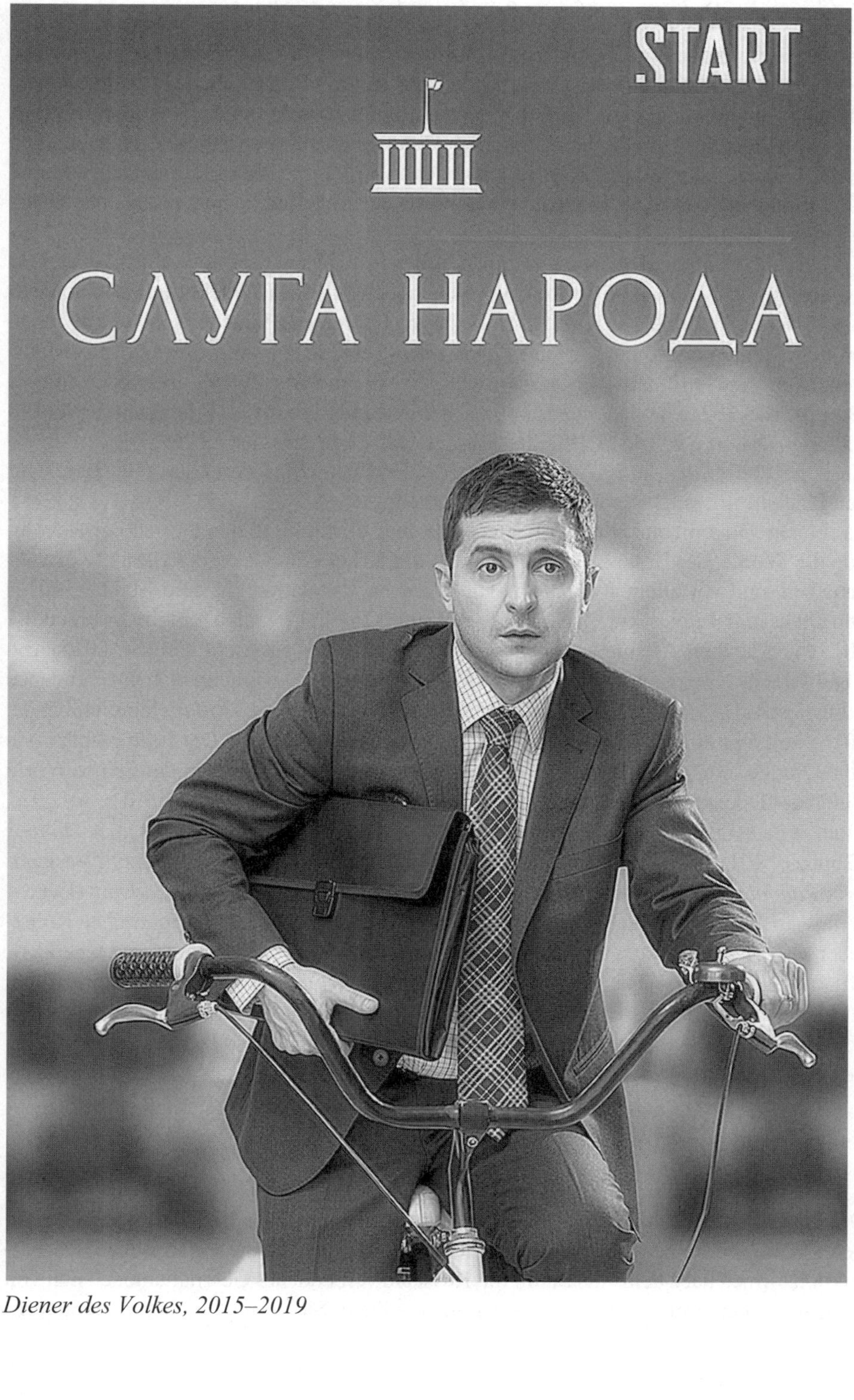

Diener des Volkes, 2015–2019

Hochzeit des Dokumentarfilms, Rückkehr des Autorenkinos

Parallel zum Produktionsboom bei Fernsehserien und im Unterhaltungsfilm entstand auch eine große Anzahl neuer Dokumentar- und Autorenfilme. Nach den tiefgreifenden sozialen Veränderungen im Jahr 2014 entstanden zunächst vor allem Dokumentarfilme, viele von ihnen im Umfeld der informellen Dokumentarfilmbewegung *Vavylon 13* (Babylon 13), die während des Majdan entstanden war. Dutzende Dokumentarfilmer und -filmerinnen gehörten der Bewegung an, die als eine regelrechte Schule die neue Generation prägte.

2015 gründeten junge Regisseure, darunter Nikon Romančenko, Antonio Lukič, Kateryna Hornostaj und Nariman Alijev, die Vereinigung SUK (Sučasne Ukrajinske Kino/Zeitgenössisches Ukrainisches Kino). Sie alle hatten Interesse an künstlerischen Experimenten über Genregrenzen hinaus. Ihre Filme *Tera* (Tera, 2018), *Moji dumky tychi* (Meine Gedanken sind still, 2019), *Dodomy* (Evge – Heimwärts, 2019, und *Stop-Zemlja* (Stopp-Erde, 2021) fanden unter ukrainischen wie internationalen Filmkennern viel Beachtung. *Dodomy* wurde 2019 beim Filmfestival Cannes in der Reihe „Un certain regard" gezeigt, *Stop-Zemlja* gewann bei der Berlinale 2021 den Gläsernen Bären für den Besten Film der Jugendjury „Generation 14plus".

Zahlreiche Dokumentarfilme widmeten sich dem Verlauf und den Folgen der Revolution der Würde, der Besetzung der Krim und des Krieges im Osten der Ukraine. Erwähnenswert sind vor allem *Vse palaje* (Kiew brennt: Eskalation auf dem Maidan, 2014) von Oleksandr Tečyns'kyj, *Zyma u vohni* (Winter On Fire: Ukraine's Fight for Freedom, 2015) von Jevhen Afenijevs'kyj, *Rosijs'kyj dejatel* (Der russische Specht, 2015) von Chad Gracia (Gewinner in der Sparte World Cinema – Documentary beim Sundance Film Festival), *Majdan* (Maidan, 2015) von Serhij Loznycja, *Ridni* (Familienbande, 2016) von Vitalij Mans'kyj und *Zemlja blakytna, niby apel'syn* (Die Erde ist blau wie eine Orange, 2020) von Iryna Cilyk (Gewinnerin des Regiepreises in der Sparte World Cinema – Documentary beim Sundance Film Festival).

Auch einige Spielfilme sind diesem Themenkreis zuzuordnen, zum Beispiel *Donbas* (Donbass, 2018) von Serhij Loznycja, *Atlantyda* (Atlantis, 2019) von Valentyn Vasjanovyč, *Pohani dorohy* (Schlechte Straßen, 2020) von Natalja Vorožbyt, *Dodomy* (Evge – Heimwärts, 2019) von Nariman Alijev, *Kiborhy* (Last Resistance – Im russischen Kreuzfeuer, 2017) von Achtem Sejitablajev und *Čerkasy* (U-311: Minenräumboot Cherkasy, 2019) von Tymur Jaščenko. Die vier Erstgenannten erfuhren viel Aufmerksamkeit und wurden auf den Filmfestivals in Cannes und Venedig ausgezeichnet. Einige Filme entdeckten auch die Steppenräume im Osten und Süden des Landes, so *Dyke pole* (Die wilden Felder, 2018) von Jaroslav Lodygin und *Vulkan* (Vulkan, 2018) sowie *Ukrajinsky šeryfy* (Ukrainische Sheriffs, 2015), beide von Roman Bondarčuk.

Ambivalente Ergebnisse

Die Phase des Aufschwungs des ukrainischen Kinos von 2015 bis 2020 war in besonderer Weise von einem Kampf um Fördergelder geprägt, da die ukrainischen TV-Produktionsfirmen nach dem Aus für ihr mit Russland verbundenes Geschäftsmodell nun von diesem Kuchen größere Stücke abbekommen wollten. Sie verfügten über moderne Produktionsstätten und Einfluss auf die Politik. Dies erlaubte ihnen, die genuinen Filmproduzenten in die Nischen des Autoren- und Festivalkinos abzudrängen, was die ukrainische Filmlandschaft merklich veränderte.

Im Unterhaltungssegment, in dem TV-Producer eine Monopolstellung innehatten, die jahrzehntelang für den russländischen und russischsprachigen Markt produziert hatten, widersetzte man sich lange den Ukrainisierungsbestrebungen des Gesetzgebers. Insbesondere die großen TV-Produktionsfirmen wie *Studio Kvartal 95*, *Star Light* und *FILM.UA* wurden der verdeckten Kooperation mit Russland und der Verbreitung russländischer Narrative beschuldigt.[24] Gleichwohl waren es jene Jahre zwischen 2015 und 2020, in denen der ukrainische Filmmarkt endlich aus dem russländischen herausgelöst und in den weltweiten Markt integriert wurde – und die ukrainischen Akteure dieses Markts endlich zu souveränen Subjekten wurden.

SUK (Zeitgenössisches Ukrainisches Kino): Tera

[24] Rosijs'ki serialy v Ukrajini, <www.dw.com/uk/що-робити-із-російськими-серіалами-на-українському-телебаченні/a-17710008A>. – U Zelens'koho znajšly dijučyj kinobiznes v Rosiji – rozsliduvannja. ZN.ua, 18.1.2020.

Stagnation: 2021–2022

Obwohl ukrainische Filme in den Jahren nach 2015 auf vielen Festivals beachtliche Erfolge feierten, wurde das ukrainische Kino als unrentabel verunglimpft. Diese Kritik kam besonders pointiert von denjenigen Produzenten aus dem Bereich Unterhaltungs- und Fernsehcontent, die gemeinsam mit Präsident Zelens'kyj an die Macht gekommen waren und in der Folge die Filmindustrie in die Zange nahmen. Als Kulturminister der Ukraine wurde der Fernsehmanager Volodymyr Borodjans'kyj berufen, im Kulturausschuss des Parlaments übernahm *1+1*-Chef Oleksandr Tkačenko den Vorsitz, ein langjähriger Widersacher der ukrainischsprachigen Nachsynchronisation und Initiator der Medienkampagne gegen Pylyp Illjenko. Auch der Zelens'kyj nahestehende Produzent Pavlo Suško ging nicht leer aus und bekam den Vorsitz im Parlamentsausschuss für Film- und Werbewirtschaft. Die Berufung Andrij Jermaks zum Leiter des Büros des Präsidenten stärkte die Position der Fernsehlobby in der Regierung weiter.

2019 trat Pylyp Illjenko von seinem Posten als Leiter von *Deržkino* zurück. Unter direktem Druck von Minister Borodjans'kyj und Oleksandr Tkačenko, der diesem bald auf den Ministersessel nachfolgen sollte, veränderte der Rat zur Unterstützung des Kinos bei *Deržkino* bereits bekanntgegebene Resultate von 12 Pitchings und zog die Projekte von Unterhaltungsfilmproduzenten vor, die im regulären Verfahren von einer unabhängigen Expertenkommission die geringsten Punktzahlen erhalten hatten. Im Winter 2020 kam im Zuge eines zweifelhaften Wettbewerbs, dessen Ablauf und Ergebnisse mehrfach geändert wurden, mit Maryna Kuderčuk eine in der Filmgemeinde zuvor unbekannte Strohfrau von Pavlo Suško in die Führungsposition bei *Deržkino*. Im März 2021 wurde unter Bruch der Verfahrensregeln die Zusammensetzung des Rates zur Unterstützung des Kinos – des mit dem Gesetz aus dem Jahr 2017 eingeführten kollektiven Leitungsorgans von *Deržkino* – neu besetzt: mit TV-Produzenten oder diesen nahestehenden Personen. Gleich das erste Pitching, das unter Leitung der neuen Mitglieder des Rates durchgeführt wurde, offenbarte die Interessenkonflikte: Für die Förderung ausgewählt wurden nicht zuletzt Projekte von Mitgliedern des Rates.

Korruption, Missachtung demokratischer Verfahren, systematische Rechtsverletzungen durch die neue Regierung und die schweigende Duldung der Tatsache, dass die ukrainischen Fernsehsender die Vorgaben des Sprachengesetzes schlicht nicht einhielten – all dies führte dazu, dass im Jahr 2021 nur ein Drittel der Serien im Fernsehen in der Staatssprache gezeigt wurden, und nur noch 20 Prozent der produzierten Serien auf Ukrainisch gedreht wurden.

Trotz dieser objektiven Verschlechterung der Rahmenbedingungen erzielten ukrainische Filme in den Jahren 2021 und 2022 noch Erfolge auf Festivals. Doch mit dem Beginn des großen Angriffskrieges Russlands gegen die Ukraine wurde das *Deržkino* zugesprochene Budget zurückgezogen. Die landesweit ausgestrahlten Fernsehkanäle senden seit Februar 2022 rund um die Uhr Informationen zum Kriegsgeschehen.

Aus dem Ukrainischen von Beatrix Kersten, Amsterdam

Schlagwörter: Ukraine, Film, Kino, Fernsehen, Filmwirtschaft, Filmförderung

Barbara Wurm

Leben-Kino-Leben

Das ukrainische Kino im Krieg (2014–2022)

Realität, Film und Fiktion verschmelzen im ukrainischen Kino in einzigartiger Weise. Regisseure, Schauspieler und Kameraleute kommen aus dem Krieg, drehen Filme über den Krieg und gehen erneut zur Verteidigung ihres Landes an die Front. Filmemachen ist Partizipation und eine Geste der Selbstermächtigung. Die Filme über den Krieg aus den Jahren 2014–2022 machen in einem breiten Formenspektrum körperliche und seelische Verletzungen, persönliche Verluste und gesellschaftliche Tragödien sichtbar. Sie oszillieren zwischen dem Traum von Frieden, Freiheit und Unabhängigkeit und der Traumatisierung durch Folter, Vergewaltigung und Tod.

„Wieviel Macht hat die Kunst im Krieg?" fragt das Filmplakat zu Iryna Tsilyks vielprämiertem Langfilm-Debüt *The Earth Is Blue as an Orange* (2020). Eine zentrale Frage für das aktuelle Filmschaffen in der Ukraine, wo ein Schauspieler erst in einer Fernsehserie auf wundersame Weise vom Geschichtslehrer zum Präsidenten wurde, und dann – ganz wie im Märchen – im realen Leben zum Präsidenten. Die Grenzen zwischen Realität und Kino, Imagination und Wirklichkeit verschwimmen in der Ukraine, Sujets werden zu realen Szenarien und umgekehrt. Filmemachen wird zur Geste der Selbstermächtigung. Kino und Leben – und Sterben – sind untrennbar verschränkt.

Schon einmal reflektierte ein in einem ukrainischen Filmstudio entstandener Dokumentarfilm eindringlich diese Verflechtung: Dziga Vertovs *Mann mit der Kamera* (ukr. *Ljudyna z kinoaparatom*, russ. *Čelovek s kino-apparatom*). Diesem Film erweist Iryna Tsilyk 100 Jahre später Reverenz.[1] Der Verweis ist kein Zufall. Der *Mann mit der Kamera* gilt bis heute als autoreflexives Meta-Kino schlechthin, Vertov als Regie-Star der Sowjetavantgarde. Der Film realisierte erstmals den Traum vom Subjekt, das sich ermächtigt, die Geschichte wie die Geschichtsschreibung in die eigene Hand zu nehmen, das sich selbst in Aktion, beim Filmen und beim Filmsehen auf der Leinwand sieht. Vertov, der 1927 vom Moskauer *Sovkino*-Studio entlassen worden war, konnte seine experimentellen Moebius-Schleifen vor allem deswegen auf die Leinwand bringen, weil das in Odessa und Kiew ansässige Filmstudio VUFKU bis 1929 recht große Autonomie besaß. Gleichwohl wird die Einordnung des Meisterwerks in den Kanon der ukrainischen statt der russischen Filmklassiker, wie sie in den letzten Jahren vor allem das Kiewer Filminstitut Dovženko-Centr vorantreibt, immer noch von einigen belächelt oder als unzulässige Aneignung betrachtet.[2]

Barbara Wurm (1973), Dr. phil., Autorin, Kuratorin, Kulturwissenschaftlerin, wissenschaftliche Mitarbeiterin am Institut für Slawistik und Hungarologie der Humboldt-Universität zu Berlin

1 Aus pragmatischen Gründen werden im Folgenden die international üblichen Titel sowie Schreibweisen der Regisseurinnen und Regisseure verwendet.

2 Siehe dazu Ivan Kozlenko: Aloud about Ukrainian silents, in: Ukrajins'ke nime. Ukrainian Re-Vision. Kyiv 2011, S. 13–29. Oleksii Radynsky: Vertov and the surrealism, ebd., S. 48–91. – Zur Rolle des Studios siehe Bohdan Y. Nebesio: Competition from Ukraine: VUFKU and the Soviet Film Industry in the 1920s, in: Historical journal of film, radio, and television, 2/2009, S. 159–180.

OSTEUROPA, 72. Jg., 6–8/2022, S. 421–435 **doi: 10.35998/oe-2022-0174**

Iryna Tsilyks: The Earth Is Blue as an Orange (2020).

In diese Tradition stellt Iryna Tsilyk ihren Film. Explizit tut sie dies in einer improvisierten Heimkino-Szene, in der die filmaffine Familie Gladky-Tromfymčuk (die Alleinerziehende Ganna mit ihren Töchtern Myroslava und Anastasija sowie zwei kleinen Söhnen) vom Einfallsreichtum des Vertovschen Stummfilms begeistert ist und direkt zur Konzeption eines eigenen Projekts übergeht: ein Tonfilm allerdings, mit halbdokumentarischen, halbfiktionalen Reenactment-Elementen, in dem beobachtet und erinnert, rekonstruiert, nachempfunden und analysiert wird, wie das 2014 in ihrem kleinen Haus in der „Roten Zone" der Ostukraine war, als auf der Straße Schüsse fielen, Granaten flogen und sie ihren Alltag in den selbsteingerichteten Schutzzonen im Keller und im Flur fortzusetzen versuchten – und wie es bis heute ist, wenn plötzlich das Nachbarhaus in Schutt und Asche gelegt wird: „1.1. – Dunkle Leinwand, ein Geräusch: zu Bruch gehendes Glas, ein Schrei: ‚Mama', Fußtrampeln. 1.2. – Im Keller. Kerze. Die Gesichter der Kinder und der Mutter tauchen auf. Mama beruhigt die Kinder. – Die Kerze in Großaufnahme? Ja, Finger und Kerze."

Tsilyk beantwortet die Frage nach der Macht der Kunst im Krieg ähnlich wie Vertov. Sie lässt die junge Generation zur Kamera greifen und bekräftigt damit den Willen zum Dokumentieren und Reflektieren des zeithistorischen Geschehens. Filmemachen ist Partizipation. Myroslavas erste Kameraarbeit heißt *Living by Rules*, mit dieser schafft sie die Aufnahmeprüfung für die Kiewer Filmhochschule. Die Proben mit den minderjährigen (Selbst-)Darsteller:innen einer Schule im Donbass sind gleichzeitig Training für den Ernstfall: bei Warnsignal flach hinlegen, Geräusche dechiffrieren, Spuren sichern per Mobiltelefon, auf Minen achten, Meldung erstatten, mit dem Zivilschutz kooperieren. In Tsilyks Film dreht eine ganz normale Familie ein Dokument ihrer neuen, vom Krieg und den Spielregeln der Wachsamkeit geprägten Alltags- und Wahrnehmungswelt: mit eigenen medialen Mitteln, Kreativität und Resilienz. Reflektiert wird zugleich die ganz andere Erfahrungswelt der studierenden Tochter in der Hauptstadt und die des Rests der Familie im Osten des Landes. Die Situation spiegelt den allgemeinen Bewusstseinszustand in der Ukraine von 2014 bis 2022 wider, als zwischen Krieg und Frieden noch eine Art unsichtbare Wand lag, die gerade das junge Kino des unabhängigen Staats immer wieder durchbrach.

Eine Frage der Existenz

Neben Tsilyk stellen zahlreiche weitere ukrainische Filmemacher:innen aus mehreren Generationen die Frage nach dem Verhältnis von Kamera und Waffe, von Dokumentation und Partizipation – und das in allen Formen und Subgenres des Kinos. Knapp sechs Monate nach Beginn der zweiten russ(länd)ischen Invasion in die Ukraine am 24.2.2022 ist aus der essentiellen Frage eine existentielle geworden. Schauspielerinnen und Schauspieler, die noch vor kurzem vor der Kamera standen, nähen Schutzwesten in L'viv oder bilden ein Bataillon im Donbass – wie etwa Rodion, Katja, Slavik und Roman aus *The Hamlet Syndrome* (2022), einem therapeutisch-experimentellen Dokumentarfilm von Elwira Niewiera und Piotr Rosołowski über die junge Generation in der Ukraine und ihre innere Gespaltenheit angesichts der Mobilisierung vor 2022. Filmregisseure wie Taras Tomenko, der in *Boney Piles* (*Terykony,* 2022) die sozial und psychologisch verheerenden Auswirkungen des Donbass-Kriegs im Städtchen Torec'k am Beispiel der

H O M E W A R
EVGE
A FILM BY NARIMAN ALIEV
AKHTEM SEITABLAYEV
REMZI BILYALOV

tiff
АТЛАНТИДА
ФІЛЬМ
ВАЛЕНТИНА ВАСЯНОВИЧА
З 5 ЛИСТОПАДА

THE
HAMLET
SYNDROME
TO BE OR NOT TO BE IN UKRAINE

IN A PLACE WHERE HUMAN LIFE IS WORTHLESS,
HE'S FOUND A REASON TO LIVE.
REFLECTION
A FILM BY
VALENTYN VASYANOVYCH

Halbwaise Nastja und ihrer Freunde beobachtet, stehen in Bereitschaft. Der erfolgreichste Filmproduzent der Ukraine, Vladimir Yatsenko, ist als Offizier im Einsatz, während er weiter an Filmen arbeitet: Aktuell an Tsilyks Spielfilm über einen Afghanistan-Veteranen in den 1990er Jahren, *Rock, Paper, Grenade* (2022). Davor produzierte er Nariman Alievs *Homeward (Evge*, 2019) über die Folgen des seit 2014 anhaltenden Kriegs für die Krimtataren sowie die beiden letzten Spielfilme von Valentyn Vasyanovich, *Atlantis* (2019) und *Reflection* (2021), die den Krieg im Osten der Ukraine unter Verwendung expliziter Gewaltdarstellungen thematisieren.[3]

Bekannter noch ist freilich der Regisseur Oleg Sentsov, dessen Leben ebenfalls zwischen Dokumentation und Aktion oszilliert: Nach seinem Spielfilmdebüt *Gamer* (2012) beteiligte er sich an der Protestbewegung des Euromajdan, wurde im Mai 2014 auf der von Russland annektierten Krim verhaftet, des Terrorismus bezichtigt und zu 20 Jahren Lagerhaft verurteilt. In Gefangenschaft überlebte er einen Hungerstreik und führte Fern-Co-Regie bei der Verfilmung seiner Totalitarismus-Parabel *Numbers* (*Nomera*, R. Akhtem Seitablaev).[4] Im September 2019 kam er bei einem Gefangenenaustausch frei und stellte danach seinen zweiten Spielfilm *Rhino* (*Nosorih*, 2021) fertig. Beide Filme handeln vom schwierigen Alltag auf der Krim in den 1990er Jahren, *Gamer* zeigt ihn aus der Perspektive eines Computerspielers, *Rhino* aus jener eines beichtenden Banden-Kriminellen. Seit dem 24.2.2022 postet Sentsov Clips, in denen er zur Waffe greift und seinen Entschluss zur Verteidigung des Landes in den Reihen der Ukrainischen Streitkräfte erläutert.

Doch auch für diejenigen, die sich zunächst „nur“ für die Kamera als Waffe entschieden haben, ist das Drehen angesichts des Angriffskrieges gegen die zivile Bevölkerung der Ukraine längst eine Überlebensfrage geworden. Davon zeugen u.a. die Videoclips des Kollektivs *#Babylon'13*, einer Gruppe unabhängiger Regisseur:innen und Kameraleute, die sich im Zuge der „Revolution der Würde“ im November 2013 gebildet hat. Die Videos werden über Internet-Kanäle verbreitet, sie handeln vom Kriegsgeschehen und der eigenen Beteiligung an diesem: sie kochen, leisten Transportdienste oder berichten unter Lebensgefahr über die Ereignisse. Zentrales Tool für die Vermittlung der „Partisanen“-Techniken ist das Mobiltelefon. Es zeigt den Krieg aus der Perspektive der Soldaten und Freiwilligen. Bar jeder Poetisierung, Fiktionalisierung oder Dramatisierung werden die Videofragmente zur filmischen Form, so etwa in dem Kriegs-Tagebuch *War Note* (2020), das Roman Liubyj aus Mobiltelefon- und Camcorder-Clips von Soldaten und Freiwilligen montiert hat. Es handelt vom surrealen Alltag an der Frontlinie zu den separatistischen Republiken Doneck und Lugansk, von improvisierten Schlafstätten und Kochplätzen, vom Alltag im Schützengraben und den Diskussionen der Kämpfenden über die Missachtung des Minsker Waffenstillstandsabkommens; schließlich auch von Freundschaften, die von einer Sekunde auf die andere enden können: zerstört von Scharfschützen, Minen oder Granaten. Lebenskünstler-Routine trifft auf Risikobereitschaft, Freiwilligen-Ethos auf Todesnähe.

---

[3] Zu Yatsenkos Sicht auf den Krieg und die von der ukrainischen Filmcommunity fast geschlossen vertretenen Forderung nach der Suspension russländischer Filme angesichts des Angriffskriegs, siehe das Interview: Art, War & Politics, in: Ukrainian Film (A Special Edition for Cannes Film Festival and Marché du Film 2022), S. 15–18.

[4] Oleg Senzow: Haft. Notizen und Geschichten. Berlin & Dresden 2021. – Kateryna Mishchenko: Sencovs Camera, in: Roman Dubasevych, Matthias Schwartz (Hg.): Sirenen des Krieges. Diskursive und affektive Dimensionen des Ukraine-Konflikts. Berlin 2020, S. 293–304.

Mit dem aus Litauen stammenden „Wahlukrainer“ Mantas Kvedaravičius, der 2015 in *Mariupolis* den vom Krieg geprägten Alltag der Einwohner der Stadt seismographisch beobachtet hat und im Jahr 2022 dort wieder mit seiner Kamera dokumentieren wollte, hat die Filmwelt ein erstes prominentes Opfer zu verzeichnen. Der Regisseur und Anthropologe, der bereits 2011 mit *Barzakh* am Beispiel Tschetscheniens auf die Folgen von Russlands imperialer Kriegsführung für die lokale und regionale Bevölkerung aufmerksam gemacht hatte, wurde Anfang April 2022 von russischen Soldaten ermordet. Das Material zu *Mariupolis 2* bleibt sein Vermächtnis. Die Zerstörung ist allgegenwärtig, zu sehen ist dennoch nicht viel: das Panorama einer Straße in der belagerten, halbzerstörten Stadt – ein Hinterhof mit Bunsenbrenner, eine Kirche als Zufluchtsort für die obdachlos gewordene Bevölkerung. Die ständige Bedrohung engt den Bewegungs- und Beobachtungshorizont ein. Auffällig auch hier: die geschärfte Wahrnehmung von Geräuschen. Im Hintergrund knallen Geschosse, man hört Detonationen. Kino als Wissensvermittler im Fach Militärkunde – und in pragmatischer Philosophie. Diese zeigt sich in den nachdenklichen Äußerungen einsamer Überlebender in Häuserruinen (*Mariupolis 2*), einer Straßenbahnfahrerin in der beschossenen Stadt (*Mariupolis*) oder tschetschenischer Eltern entführter Kinder (*Barzakh*). Und auch im Statement der jungen Kamerafrau aus *The Earth Is Blue as an Orange*: „Der Krieg ist wie eine Leere“, sagt Myroslava Tromfymčuk, und ihr Bruder ergänzt: „Krieg ist, wenn Leute schießen. Und andere Leute schießen auf die Leute, die zuerst geschossen haben. Wenn sie zu schießen beginnen, weckt Mama uns auf, und wir gehen in den Flur. Und wenn sie aufhören, gehen wir zurück ins Bett.“ Die Heldinnen und Helden des Dokumentarfilmkinos über den Krieg wissen alle, was ein „300er“ und ein „200er“ ist: ein Verwundeter und ein Toter. Kvedaravičius, der im Zinksarg nach Litauen zurückgebracht wurde, war „Fracht 200“.

Film-Anthropologie des Krieges – ein Spektrum

Das zeitgenössische ukrainische Kino über den Krieg, der mit der Annexion der Krim im Jahr 2014 begann, entfaltet sich entlang dreier Achsen. Zum einen lotet es den Bereich zwischen ziviler und militärischer Kriegsbeteiligung und -betroffenheit aus; zweitens etabliert es sich zwischen Dokumentar- und Spielfilm, schließlich oszilliert es zwischen dem Traum von Frieden, Freiheit und Unabhängigkeit und der Traumatisierung durch Gewalt, Folter, Vergewaltigung und Tod. Scharfe Trennlinien gibt es keine, die Praxis ist hybrid wie die Realität. Die Filme über den Krieg aus den Jahren 2014–2022 machen körperliche und seelische Verletzungen, Leid und Schmerz, persönlichen Verlust und gesellschaftliche Tragödie, innere Zerrissenheit und unterschiedliche politische Haltungen sichtbar. Sie thematisieren in einem breiten Formenspektrum soziale und ideologische Widersprüche. Eindimensionale Propaganda und blinde Mobilisierung haben in diesen anthropologischen Studien keinen Platz.

Dies gilt selbst für die meisten Action-Blockbuster mit konkretem Bezug zum realen Kriegsgeschehen, den ersten Spielfilm über den Krieg im Osten der Ukraine, *Cyborgs: Heroes Never Die* (*Kiborgy: Heroji ne vmyrajut'*) aus dem Jahr 2017, bei dem der Krimtatare Akhtem Seitablaev Regie führte. Der Film bietet nicht nur viel spannungsgeladene Kampfszenen rund um die Verteidigung des Flughafens von Donec'k im September 2014 durch ein Freiwilligenbataillon. Er zeigt auch ein Spektrum innerukrainischer sozialer, politischer und ideologischer Streitfragen. Das Drehbuch stammt von der Schriftstellerin Natalia Vorozhbyt. *Cyborgs* erhielt 2018 den „Goldenen Dziga" der ukrainischen Filmakademie – eine Auszeichnung, die in liberalen Kreisen als Anzeichen für den Aufschwung eines (allzu) patriotischen Kinos gesehen wurde. In der Tat kommen in den vielen Dialogszenen des Films sämtliche nationale Topoi zur Sprache, von den „Banderovcy" über „Tschernobyl" und „Mutter Erde" zum „Borschtsch", von der sprachlich-ethnischen Zugehörigkeit Gogol's zu seiner Haltung gegenüber dem ukrainischen Volk. Die aus unterschiedlichen Regionen, Ethnien und Schichten stammenden Soldaten streiten darüber, ob die Ukraine zwischen West und Ost, liberalen Intellektuellen und patriotischen Underdogs, Pro-Europäern und Pro-Russen oder gar „Landsleuten" und „Vaterlandsverrätern" gespalten sei. *Cyborgs* macht die politisch-ideologischen Hintergründe des Krieges transparent und zeichnet sie als Konfliktzonen – im Unterschied etwa zu einem anderen Blockbuster, dem 2019 fertig gestellten Navy-Drama *U311 Cherkasy* (R. Timur Yashchenko), das auf bombastische Hollywood-Art den heroischen Widerstand ukrainischer Marinesoldaten auf dem im März 2014 von der russländischen Armee übernommenen Minensucherschiff „Čerkasy" schildert.

Natalia Vorozhbyts eigenes Regie-Debüt, *Bad Roads* (*Plokhie dorohi*, 2020) ist abseits aller militärischen Ereignisse situiert. Anhand von vier verschwiegen-ambivalent erzählten Episoden zeigt der Film die Auswirkungen des Kriegs indirekt: Keine der Figuren hat eine reine Weste, bei allen liegen die Nerven blank, keiner kann dem anderen vertrauen, es herrscht allgemeines Misstrauen, ob beim Schuldirektor, der einen Checkpoint passieren muss, aber seine Dokumente nicht finden kann (und glaubt, in der Grenzpostenhütte eine Schülerin entdeckt zu haben, die der diensthabende Major versteckt und zur Prostitution zwingt); ob bei den (geheimen) Liebhaberinnen der Soldaten (der „Ukropy" genannten pro-ukrainischen Seite ebenso wie der „Sepy", der Separatisten) oder schließlich bei einer wohlsituierten Frau, die mit ihrem schicken Wagen ein Huhn

Cyborgs. Heroes Never Die, 2017

The War of Chimerasm, 2017

Holiday, 2017

Inner Wars, 2020

überfährt und in die Fänge eines hinterwäldlerischen Paares gerät. Die Dialoge sind fast dokumentarisch erfasst, Redeweisen und Sprachnuancen der unterschiedlichen sozialen Schichten, Generationen und Geschlechter wirken authentisch. Beim ukrainischen Publikum sind Vorozhbyts Texte und Filme äußerst beliebt, da sie detailliert aufzeigen, wie sich der Krieg in den Alltag „frisst".

Ganz gleich, ob die Filme soziale Vielfalt offenlegen und Konflikte thematisieren oder die Entstehung von Gemeinschaft im Zeichen der Bedrohung durch einen weitgehend unsichtbar bleibenden Feind in den Vordergrund rücken: Das ukrainische Kino über den Krieg ist ein wichtiger Katalysator der Nationswerdung, gerade auch dann, wenn es ein Spiegel der gesellschaftlichen Differenzen ist.

Im Bereich des Nichtfiktionalen ist das nicht anders. Bereits die frühen Dokumentarfilme über die Proteste und Kämpfe der „Revolution der Würde" – *All Things Ablaze* (2014, Oleksandr Techynskyi, Aleksey Solodunov, Dmitry Stoykov), *Euromaidan. Rough Cut* (2014, Babylon'13) und *Maidan* (2014, Sergei Loznitsa) zeigen kommentarlos Antagonismen und lassen die unterschiedlichsten Protagonisten zu Wort kommen. Vier Jahre später entsteht mit *The First Company*, bei dem Yaroslav Pilunsky, Yulia Shashkova, Yuriy Gruzinov gemeinsam Regie führten, ein Porträt der Männer, die vom Kiewer „Majdan" direkt in den Donbass zogen. Während Majdan und Donbass als Brandherd immer wieder im Fokus stehen, bleibt die filmische Auseinandersetzung mit den Vorgängen auf der Halbinsel Krim rar, was wohl der russländischen Verwaltung und Zensur geschuldet ist. Dennoch existiert mit *Annexation/Celebration. Who owns Crimea* ein anonymer Kurzfilm, der Fragmente der russisch-patriotischen Feierlichkeiten in verschiedenen Städten der Halbinsel aus den Jahren 2015 und 2016 montiert. Mitten in der Menge pro-russischer Jubilanten wird deutlich, dass sich der Filmemacher/Kameramann deutlich von dem militaristisch-patriotisch inszenierten Spektakel distanziert.

O. Techynskyi et al.: All Things Ablaze

Sergei Loznitsa: Maidan

Zwei eindrucksvolle kleinere dokumentarische Arbeiten, Piotr Armianovskys *Mustard in the Gardens* (2017) und *Territory of Empty Windows* (2020, Zoya Laktionova), machen ähnlich wie *The Earth is Blue as an Orange*, darauf aufmerksam, welche Auswirkungen die jahrelangen kriegerischen Auseinandersetzungen an der Frontlinie auf die Zivilbevölkerung haben. In der „grauen Zone" ist eine eigene Alltagsdynamik entstanden, die auch Andrej Kurkov in seinem Roman *Graue Bienen* geschildert hat: Routinen werden immer wieder von Granateinschlägen oder Schusswechseln unterbrochen.
Die Polarisierung in der Bevölkerung der östlichen und der südlichen Ukraine behandeln auf grotesk-absurde Weise *Ukrainian Sheriffs* (2015, Roman Bondarchuk), die Sammlung von Interviews mit Teenagern *School #3* (2017, Yelizaveta Smit), der Kurzfilm *Holiday* (2017, Zhanna Maksymenko-Dovyhch) über handfeste Streitigkeiten zwischen Georgsschleifen- und Mohnblumen-Trägern um das sowjetische Erbe anlässlich des „Tag des Sieges" und das Stadt-Porträt derselben Regisseurin *Mykolayiv. Chronicle of Protests* (2019). Gerade in der dokumentarischen Gattung wird deutlich, wie sehr die Geschichte der jungen Ukraine eine veritable Geschichte der Frauenpower ist – und das nicht nur in Bezug auf das Filmschaffen, sondern auch auf den Beruf der Soldatin. Den ersten größeren Versuch, das Kriegsgeschehen im Donbass zusammenhängend zu schildern und dabei die politischen Differenzen sowie den persönlichen Verlust sichtbar zu machen, unternahmen 2017 Mariia Starozhytska und Anastasia Starozhytska mit *The War of Chimeras*, einem so informativen wie sensiblen Porträt des Kampfes gegen die separatistisch-russischen Bewegungen. Der Film begleitet einen Kämpfer des „schwarzen Korpus", zeigt den Abschied von der Freundin, die Ausbildung im Camp, den Weg vom Kiewer Majdan in die Ostukraine, Begegnungen mit der örtlichen Bevölkerung, die zerstörte Infrastruktur der rückeroberten Gebiete, die Verunsicherung der Menschen, die Überlebensstrategien der Frauen und Kinder, aber auch die Verwundung und das Sterben an der Front. Während er in Ilovajsk ganz vom Kriegsgeschehen eingenommen ist, versucht seine ihm vom Westen nach Donec'k nachreisende Freundin zu verstehen, was im Leben der Ukrainer:innen gerade passiert, wie der Krieg mit dem zusammen zu bringen ist, was sich einst Alltag nannte.
Einen Schritt weiter geht die Protagonistin des Films *No Obvious Signs* (2018) und mit ihr Regisseurin Alina Gorlova, die seit ihrem Erfolgsfilm *This Rain Will Never Stop* (2020) aktuell die wohl bekannteste ukrainische Dokumentarfilmerin ist. Für ihren Debütfilm folgte sie der 46-jährigen Majorin Oksana Yakubova, die von 2014 bis 2017 drei Jahre als Ausbildnerin in der Armee gewesen war und nun versucht, eine Auszeit zu nehmen bzw. sich von der Armee zu verabschieden. Entstanden ist ein differenziertes Porträt eines geschundenen Menschen und einer zerrütteten Gesellschaft. Die Soldatin spricht offen über die Symptome ihrer posttraumatischen Belastungsstörung und lässt die Regisseurin an den Therapiesitzungen teilnehmen. Gleich zwei Ebenen der Tragödie, die dieser Krieg nach sich zieht, werden hier erkennbar: Zum einen, wie sich die Gewalterfahrungen auf dem Truppenübungsplatz Čuhuiv oder im Leichenhaus von Bachmut in Körper und Psyche eines Menschen einschreiben und unauslöschliche Spuren hinterlassen. Yakubova, die auf dem Schlachtfeld Mut und Tapferkeit zeigte, kann in Kiew nicht die Metro betreten, ohne in Angstzustände zu verfallen. Zugleich wird sie von Schuldgefühlen gemartert: Wer an seiner Seite Menschen hat sterben sehen, kann nicht damit fertig werden, selbst noch am Leben zu sein, verzweifelt angesichts der eigenen Ohnmacht, vertauscht Opfer und Täter. Was die Medizin und das Sozialamt nicht registrieren – „no obvious signs" –, macht der Film sichtbar.

An *No obvious signs* schließen zwei weitere Dokumentarfilme an. Zum einen *Inner Wars*, Masha Kondakovas 2020 fertig gestelltes Porträt dreier Soldatinnen, die an der Front sehr unterschiedliche Erfahrungen machen (Korrumpierung, Diskriminierung, Auszeichnung, Verwundung, etc.), alle aber ihr Handeln als notwendig für die Verteidigung der Integrität und Unabhängigkeit der Ukraine erachten. Zum anderen *This Rain Will Never Stop,* die zweite Regiearbeit von Alina Gorlova. Darin wirft sie erneut einen differenzierten Blick auf den Krieg, betrachtet ihn nun jedoch als Phänomen globaler geopolitischer Machtspiele. Sie folgt Andriy Suleyman, einem kurdischen Syrer mit ukrainischer Mutter, der im Jahr 2012 aus Syrien in deren ostukrainische Heimat flieht. Er arbeitet in Lysyčansk als ehrenamtlicher Sanitäter und wird bald Zeuge des nächsten bewaffneten Konflikts. Mit seiner Bildgewalt und der feinsinnigen Zusammenführung aller Erzählstränge an den verschiedenen Kriegs- und Friedensschauplätzen (Andriys Bruder etwa lebt in Deutschland) ist dieser Film ein Sinnbild von Krieg und Frieden.

Stills aus „This Rain will never stop"

Der Spielfilm

Wenngleich das ukrainische Dokumentarfilmschaffen einen großen Beitrag zur gesellschaftlichen Auseinandersetzung mit dem Krieg leistet, stehen bei Festivals, im Filmverleih und in der Kinoauswertung doch meist Spielfilme im Vordergrund. Auch sie tragen – ob Blockbuster oder klassischer Arthouse-Film – zur Reflexion der Auswirkungen des Kriegs auf die Gesellschaft bei. In seinen unterschiedlichen Subgattungen und stilistischen Ansätzen lässt das fiktionale Kino vor allem die surreale Zeitlichkeit des sich über Jahrzehnte ziehenden Konflikts/Kriegs aufblitzen. Irgendwie war er immer schon da, irgendwie kommt er immer wieder, nur eines ist sicher: Er wird sobald nicht enden. Die Filme sind gleichzeitig hochaktuell und universal gültig.

Wenn sich in Roman Bondarchuks Spielfilmdebüt *Volcano* (2018) der OSZE-Militärdolmetscher Lukas in der südöstlichen Steppe des Landes verirrt und von einem interkulturellen Missverständnis in das nächste taumelt, so scheint nicht zuletzt die Absurdität der Verhältnisse durch. Aktuell gehört Bondarchuk, der auch als Programmleiter des Kiewer „Docu Days" Festivals und als Produzent arbeitet, zu den wichtigsten Vermittlern der ukrainischen Film-Community. Gemeinsam mit vielen anderen, darunter der Festivalmacherin und Produzentin Darya Bassel', plädiert er für mehr internationale Sichtbarkeit des ukrainischen Films – und gegen die unhinterfragte und ungebrochene Hegemonie des russisch-russländischen Kinos.

Um die zentrale Funktion der Kommunikation geht es auch in *Tera* (2018), Nikon Romanchenkos Spielfilmdebüt, das ebenso wie *Volcano* den Krieg gleichsam nur „am Rande" thematisiert. Der Film folgt einer Süßwarenfabrikarbeiterin in der Westukraine, deren permanente Nervosität sich erst gegen Ende aufklärt: Ihr Sohn dient als Soldat. Er geht nicht ans Telefon, sie hält ihn für tot, bereist den Osten des Landes, sucht, scheint zu ahnen, zu wissen … *Tera* ist eine subtile Studie über die Unsichtbarkeit des Krieges, der für weite Teile der Bevölkerung ungreifbar bleibt, obwohl seine Gewalt doch immer wieder in den Alltag dringt. Die Verunsicherung ist allumfassend, sie wirkt auch über die Grenzen, innerhalb der Ukraine und über sie hinaus. Ganz ähnlich wird das auch in Maksym Nakonechnyis Debüt *Butterfly Vision* (2022) dargestellt, der – in erkennbarer Analogie zu Gorlovas *No Obvious Signs* – die Geschichte einer aus der Kriegszone in die Friedenszone zurückgekehrten Soldatin erzählt. Doch dort beginnt für die gefolterte, vergewaltigte und schwangere 29-jährige Lilja eine Zeit des Nicht-Verstandenwerdens, der Diskriminierung und der Dysfunktionalität. Weder ihr junger Ehemann – Ex-Kämpfer wie sie – noch ihre Mutter können ihr bei der Wiedereingliederung ins zivile Dasein helfen. Der Krieg und die Gewalterfahrung bleiben omnipräsent – körperlich wie mental.

Als Russland im Februar 2022 die Ukraine, wie viele Ukrainer:innen es sehen, zum zweiten Mal überfiel, hatten die vier „großen" ukrainischen Spielfilme der letzten fünf Jahre, die den Krieg direkt thematisierten, ihre internationale Premiere bereits gefeiert und waren vielerorts besprochen worden. Sergei Loznitsas *Donbass* (2018), ein fiktionales „Remake" einzelner, teils als authentische youtube-Clips vorgefundener Grotesken rund um das anarchisch-bestialische Kriegstreiben im Donbas. *Atlantis* (2019) von Valentyn Vasyanovich, eine in der nahen Zukunft des Jahres 2025 angesiedelte SciFi-Dystopie im Osten der Ukraine, die sich in eine für die Menschheit unbewohnbare Wüste verwandelt hat und wo der an PTSD leidende Ex-Soldat Serhij keinen Fuß in der Gesellschaft fassen kann, bis er zu einem neuen Beruf greift: Er exhumiert die Leichname

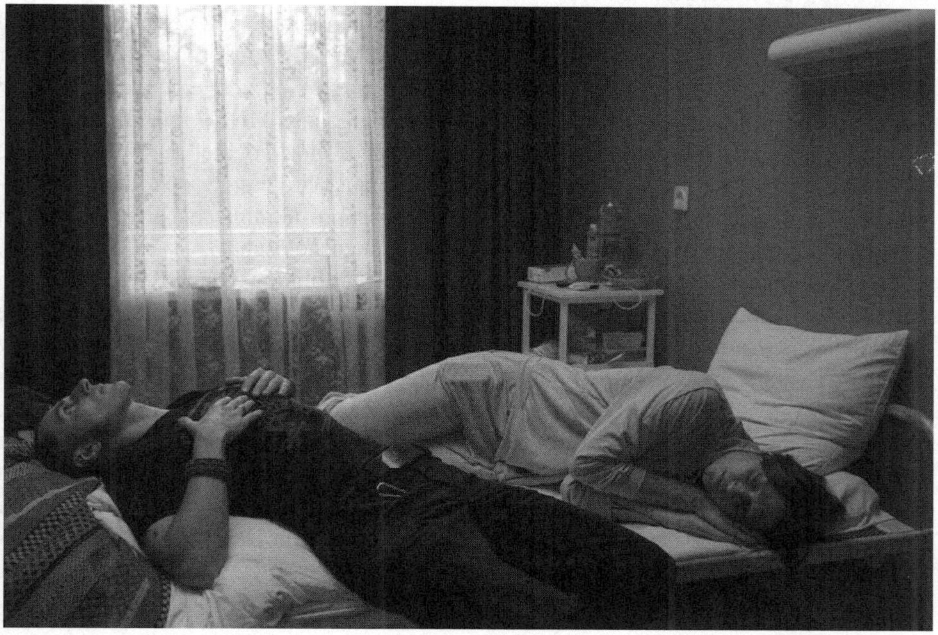

Stills aus Maksym Nakonechnyis „Butterfly Version" (2022)

von Kriegsopfern, um sie würdig zu bestatten. *Reflection*, ebenfalls in der Regie Vasyanovichs, ein noch im Herbst 2021 bei der Premiere in Venedig wegen seiner Brutalität weitgehend als „übertrieben“ bewertetes Drama rund um den ukrainischen Chirurgen Serhij, der von den russischen Streitkräften gefangen genommen und gefoltert wird (und nach seiner Befreiung langsam versucht, wieder ein Mensch zu werden – als liebender Vater). Sowie schließlich *Klondike* (2022) von Maryna Er Gorbach, eine fiktionalisierte Schilderung des Abschusses des Malaysia-Airline-Flugzeugs MH 17 im Juli 2014: Heldin Irka bringt im Irrsinn des ostukrainischen Krieges eine Tochter zur Welt. In eine Welt freilich, die vor Irkas Augen untergeht – ihr Haus wird erst besetzt und dann zerbombt, ihr (pro-separatistischer) Mann ebenso wie ihr (pro-ukrainischer) Bruder werden von den Okkupanten ermordet, ihr bisheriges Dasein ausgelöscht.

Die ukrainische Film-Nation und das internationale Publikum können den leidvollen Kampf des Landes für seine Unabhängigkeit auch auf der Leinwand sehen. Die Filme sind mehr als Produkte einer Kunstindustrie, mehr als kulturelle Werte; sie lassen die Zuschauer verstehen, was heute in der Ukraine geschieht, und dieses Verstehen ist notwendig für die solidarische Unterstützung der Ukraine durch die demokratische Welt. Auch wenn das Kino gegenwärtig, wie es Valentyn Vasyanovych formuliert, in seiner Radikalität und Brutalität von der Realität längst eingeholt worden ist. Hoffen wir auf die nächste Schleife: „Wohin willst du mich bringen?“, fragt Irka ihren Mann, als der noch am Leben ist. „Dahin, wo kein Krieg ist.“ Dort möge ihr Baby aufwachsen. Geboren wurde es in einer anderen Welt.

Liste der Filme

Dokumentarfilme

All Things Ablaze (2014, Oleksandr Techynskyi, Aleksey Solodunov, Dmitry Stoykov)
Euromaidan. Rough Cut (2014, Babylon'13)
Maidan (2014, Sergei Loznitsa)
Ukrainian Sheriffs (2015, Roman Bondarchuk)
Mariupolis (2015, Mantas Kvedaravičius)
School #3 (2017, Yelizaveta Smit)
Mustard in the Gardens (2017, Piotr Armianovsky), short
Holiday (2017, Zhanna Maksymenko-Dovyhch), short
The War of Chimeras (2017, Mariia + Anastasia Starozhytska)
No Obvious Signs (2018, Alina Gorlova)
The First Company (2018, Yaroslav Pilunsky, Yulia Shashkova, Yuriy Gruzinov)
Mykolayiv. Chronicle of Protests (2019, Zhanna Maksymenko-Dovhych)
Territory of Empty Windows (2020, Zoya Laktionova), short
The Earth is Blue as an Orange (2020, Iryna Tsilyk)
Inner Wars (2020, Masha Kondakova)
This Rain Will Never Stop (2020, Alina Gorlova)
War Note (2020, Roman Liubyj)
Outside (2022, Olha Zhurba)
Mariupolis 2 (2022, Mantas Kvedaravičius, posthum)
The Hamlet Syndrome (2022, Elwira Niewiera & Piotr Rosołowski)
Iron Butterflies (2022, Roman Liubyi)

Spielfilme

Cyborgs: Heroes Never Die (2017, Akhtem Seitablaev)
Volcano (2018, Roman Bondarchuk)
Donbass (2018, Sergei Loznitsa)
Tera (2018, Nikon Romanchenko)
Homeward (2019, Nariman Aliev)
Atlantis (2019, Valentyn Vasyanovych)
U311 Cherkasy (2019, Timur Yashchenko)
Bad Roads (2020, Natalia Vorozhbyt)
Reflection (2021, Valentyn Vasyanovich)
Klondike (2022, Maryna Er Gorbach)
Butterfly Vision (2022, Maksym Nakonechnyi)

Ausgangspunkt zum Neudenken: OSTEUROPA, *1–2/2006*

Sergii Cane

Der Klang des Widerstands

Pop, Rock, Rap & Hiphop aus der Ukraine

Die eigene Musik ist für viele Ukrainer elementarer Teil des nationalen Selbstverständnisses. Immer wieder geriet sie daher ins Visier der imperialen Herrscher in Moskau. Sie sollte zerstört oder ihrer Eigenständigkeit beraubt werden, wurde zu russischer Musik deklariert oder auf homogenisierte Folklore reduziert. Doch die ukrainische Musik überlebte in Nischen und kam immer wieder zurück. Seit 2014 ist auch die Marktmacht der Musik aus Russland gebrochen und die ukrainische Musik hat sich in allen zeitgenössischen Genres stürmisch entfaltet: vom eingängigen Pop über lauten Rock zu Hiphop, Rap und elektronischer Musik aller Art. Seit dem Überfall Russlands kennen die ukrainischen Musiker nur noch ein Ziel: die Verteidigung ihres Landes, sei es als Soldaten oder Spendensammler. Und nach einem Augenblick des Schocks zu Beginn der Invasion ist auch die Musik selbst zurückgekommen und verbindet die Nation im Kampf ums Überleben.

Es ist der 23. Februar 2022 und der Platz vor dem Theater von Mariupol' ist voller Menschen. Auf einer Bühne steht Andrij Chlyvnjuk mit seiner Band *Bumboks* (Boombox). Die Songs der Rockband sind schon seit zwei Jahrzehnten in der gesamten Ukraine beliebt. Zu diesen Songs verliebt man sich und sie trösten nach einer Trennung, sie laufen, während man lacht und während man weint, ihnen lauschen Fans in Stadien und Soldaten an der Front.

Als Chlyvnjuk auf dem Platz mitten in Mariupol' steht, ist die Atmosphäre gespannt. Niemand weiß, dass wenige Stunden später Russland die Ukraine überfallen wird, doch die Bedrohung liegt in der Luft. Die Menschen hüllen sich in ukrainische Flaggen und singen ukrainische Lieder. Chlyvnjuk ruft ihnen zu: „Danke, dass ihr da seid. Danke für eure Aufrichtigkeit. Dafür, dass wir keine Angst haben. Wir sind hier zuhause und niemand kann uns von hier verjagen. Sollen sie es nur versuchen... Es lebe die Ukraine!“[1]

Nach dem Konzert macht er sich auf den Weg nach Melitopol', wo *Boombox* am nächsten Abend den Menschen Mut machen will. Doch unterwegs erreicht ihn die Nachricht, dass Russland in die Ukraine eingefallen hat. Er fährt nach Kiew, bringt seine Familie in Sicherheit und tauscht das Mikrophon gegen eine Maschinenpistole: Er meldet sich als Freiwilliger zu einer Einheit der Kiewer Polizei, die jetzt die Verteidigung der Stadt organisiert.

In den ersten Tagen des Krieges konnte niemand in der Ukraine an Musik auch nur denken. Was die Menschen gestern noch bewegte, hatte sich über Nacht in ein Geräusch aus einem anderen Leben verwandelt. An neue Musik, die das neue Leben erfasst, war

---

Sergii Cane (1990) B.A., Musikkritiker, Kiew

[1] „My ne bojimosja“. Andrij Chlyvnjuk pryjednavsja do akciji na pidtrymku Ukrajiny u Mariupoli, life.nv.ua, 23.2.2022.

Osteuropa, 72. Jg., 6–8/2022, S. 437–446 **doi: 10.35998/oe-2022-0175**

noch nicht zu denken. Musiker ließen ihre Instrumente zu Hause und meldeten sich bei den Wehrbehörden, Konzertmanager wurden zu Logistikern des Kriegs. Luftalarm, Explosionen, Schüsse – das waren die Klänge der ersten Tage nach Russlands Überfall. Drei Wochen später bombardiert Russlands Luftwaffe das Theater von Mariupol', in dem viele Hunderte Zivilisten Zuflucht gesucht hatten. Weitere zehn Tage später gerät Andrij Chlyvnjuk in der Nähe von Kiew unter Mörserbeschuss und wird von einem Schrapnell im Gesicht verletzt.[2]

Vernichtet und wiedergeboren: ukrainische Musik im 20. Jahrhundert

Den meisten Menschen in der Ukraine ist bewusst, dass es für die Ukraine heute um alles geht. Russland versucht nicht zum ersten Mal die ukrainische Kultur zu zerstören. Die Geschichte der Ukraine ist eine Geschichte zerstörter Anfänge und gewaltsam abgebrochener Wiedergeburten.

Im 20. Jahrhundert wurden ukrainische Komponisten, Interpreten, Forscher, Pädagogen verfolgt und ermordet – oder so in das imperiale Moskauer System eingegliedert, dass sie zu Vertretern entweder der russischen Kultur oder der Volkskunst einer nationalen Minderheit wurden. Die kulturelle Vielfalt ukrainischer Musik wurde auf ein bäuerliches Stereotyp reduziert. Insbesondere in den 1930er Jahren gerieten zahlreiche Musiker ins Visier der stalinistischen Repressionsapparate. Bereits 1921 fiel ihnen mit Mykola Leontovyč ein Mann zum Opfer, der als Komponist[3], Chordirigent, Pianist, Pädagoge und Sammler von Volksliedern erhebliche Bedeutung für die ukrainische Musikkultur hatte. Er wurde 1921 von einem Tscheka-Agenten erschossen.[4]

Ein besonderer Angriff auf ukrainische Musiktraditionen war die Vernichtung der Kultur der Kobsa- und Bandura-Spieler. Die Kobsare, häufig blinde alte Männer, reisten jahrhundertelang mit ihrem Zupfinstrument, das einer Laute ähnelt, von Dorf zu Dorf. Sie waren die Schöpfer, Bewahrer und Überlieferer der epischen Tradition der Duma (historisches Lied), religiöser Gesänge und Märchen.[5] Bereits in den letzten Jahrzehnten des 19. Jahrhunderts begann mit der repressiven Politik des Zarenreichs gegen alles Ukrainische die Unterdrückung der Kobsare. Vollkommen zerstört wurde diese Kultur allerdings in den 1930er Jahren. Kobza- und Bandura-Spieler wurden verhaftet, deportiert, ermordet.

Selbst die vielfältigen Traditionen der von Generation zu Generation mündlich weitergegebenen Volksmusik im Gebiet der heutigen Ukraine wurden weitgehend zerstört. An ihre Stelle setzten die sowjetischen Kulturbehörden ein einziges „ukrainisches" Klischee, den „Volkschorgesang".[6] In nahezu allen Städten und Dörfern der Ukrainischen Sowjetrepublik verdrängte diese Schablone die authentische Tradition. Während im traditionellen Gesang alle Mitglieder eines Ensembles mit ihrer natürlichen Stimme singen und jeder seine Individualität zum Ausdruck bringt, mussten im Volkschorgesang alle Stimmen verschmelzen. Das Ergebnis hatte monolithisch zu klingen, keine einzelne Stimme durfte

---

2 Andrij Chlyvnjuk rozpoviv pro poranennja v holovu, fokus.ua, 7.6.2022.

3 Das weltweit unter dem Namen „Carol of the Bells" bekannte Weihnachtslied „Ščedryk" stammt aus Leontovyčs Feder.

4 Tajemnycja zahybeli kompozytora Leontovyča, jakyj podaruvav svitovi "Ščedryk", focus.ua, 6.2.2021.

5 Klasovo voroža» bandura: pam''jati rozstriljanych kobzariv, <https://umoloda.kyiv.ua/number/3248/196/118497/fb>.

6 Roman Kyrčiv: Dvadcjate stolittja v ukrajins'komu fol'klori. – L'viv 2010.

auffallen. Und so klangen auf den großen Volksmusik-Festivals, die als Aushängeschild des Vielvölkerstaats Sowjetunion inszeniert wurden, alle Chöre fast gleich.
Die Anfänge einer Wiedergeburt der ukrainischen Musik fallen in die späten 1960er Jahre. Der Westen erlebte eine musikalische Revolution, der Sowjetunion hingegen stand die Phase der Stagnation bevor. Um den auch für die sowjetische Jugend attraktiven westlichen Rockbands etwas entgegenzusetzen, entstanden auf Anweisung des Politbüros der Ukrainischen KP überall in der UkrSSR Vokal-Instrumentalensembles. Doch die Sache lief nicht nach Plan. In ihnen versammelten sich keine loyalen Sowjetmusiker. Vielmehr entstand eine moderne und originelle Musikszene. Bands wie „Vodohraj“, „Smerička“, „Arnika“, „Kobza“, „Mrija“, „Vizerunky šljachiv“ und einige Dutzend andere kamen über geschmuggelte Platten an Musik aus dem Westen und bereicherten ihre eigene Musik mit flexibleren Rhythmen und neuen Harmonien. Entscheidend aber war, dass sie Motive und Instrumente aus der ukrainischen Volksmusik in ihre Songs integrierten. Vitalij Bardec'kyj ist für seinen Film *Moustache Funk* (2020) dieser Tradition nachgegangen und konnte zeigen, dass die ukrainischen Bands dieser Jahre Teil eines globalen Phänomens waren. In Brasilien entwickelte man inspiriert von James Brown den Bossa Nova, in Westafrika kombinierte man Funk und Jazz mit Highlife aus Ghana oder Yoruba-Volksmusik aus Nigeria zum Afrobeat und in der Ukraine entstand in den 1970er Jahren auf die gleiche Weise das, was Bardec'kyj Moustache Funk nennt, weil die Musiker alle Schnauzbärte trugen.[7] Allerdings hatten die Bands dieser Stilrichtung unter sowjetischen Bedingungen keine Chance auf ein großes Publikum, insbesondere nicht jenseits des Landes, und gerieten so während der Perestrojka weitgehend in Vergessenheit.
Auch eine andere Blüte der ukrainischen Musik dieser Zeit fand ein jähes Ende. Der unangefochtene Star des ukrainischen Schlager-Pop-Chanson (Estrada) war in den 1970er Jahren der Komponist, Dichter und Sänger Volodymyr Ivasjuk. Der aus der Nähe von Černivci stammende Ivasjuk schrieb dutzende Hits über die Liebe und das Heimatland, die bis heute in der gesamten Ukraine bekannt sind. Das bekannteste ist Červona Ruta (Rote Alpenrose), das in der von Sofija Rutaru gesungenen Version ein Millionenpublikum erreichte, nachdem diese es beim sowjetischen Konkurrenzprodukt zum *Grand Prix Eurovision de la Chanson Européenne*, dem Pesnja-71 gesungen hatte. 1979 wurde Ivasjuk im Alter von 30 Jahren erhängt in einem Waldstück aufgefunden. Die Behörden erklärten, er habe Selbstmord begangen, doch bereits damals waren die Zweifel an dieser Version groß. Viele glaubten, dass der Geheimdienst Ivasjuk ermordet hatte. Ivasjuks Beerdigung in Lemberg wurde zu einem Massenprotest gegen die Sowjetregierung.[8]
Die nächste Wiedergeburt begann mit dem „Červona Ruta“-Festival 1989 in Černivci. Ziel der Organisatoren war es, junge Menschen dazu zu inspirieren, in ihrer Muttersprache zu singen und zu sprechen. Einige Wochen vor dem angesetzten Termin wurde das Festival verboten, nach einer Petition an Leonid Kravčuk, den damaligen Leiter der ideologischen Abteilung im Zentralkomitee der Kommunistischen Partei der Ukraine und späteren ersten Präsidenten der unabhängigen Ukraine (1991–1994) konnte es dann doch stattfinden – jedoch auf alle erdenkliche Art von den Behörden behindert.[9] Gleichwohl kamen Menschen aus der ganzen Ukraine. Zum Abschluss des Festivals standen

---

7 „Moustache Funk”, <https://takflix.com/en/films/moustache-funk>.
8 Die Gerichtsakten werden bis heute in Moskau unter Verschluss gehalten. Zahadkova smert' Volodymyra Ivasjuka. <www.radiosvoboda.org/a/ 1491589.html>.
9 Jak ce — orhanizuvaty peršu «Červonu Rutu»?, <https://pryvit.media/article/chervona-ruta-89>.

die Menschen im Stadion auf und sangen gemeinsam „Noch ist die Ukraine nicht gestorben“, die von Mychajlo Verbic’kyj in den 1860er Jahren vertonten Verse von Pavlo Čubyns’kyj, die 1991 zur ukrainischen Nationalhymne erhoben wurden.

Ukrainischer Aufbruch, russischer Musikkapitalismus

Nach der Unabhängigkeit der Ukraine im Jahr 1991 schien alles möglich. Überall in der Ukraine entstanden Musikfestivals, das Fernsehen strahlte in Konkurrenz zum US-Sender MTV Sendungen mit neuer ukrainischer Musik aller Stilrichtungen aus: von Pop-Balladen bis Hip-Hop, von Hard Rock bis Reggae. Damals wie heute mischten viele Bands ihren Songs Elemente traditioneller ukrainischer Musik bei. „A teper use inakše“ („Jetzt ist alles anders“, sang das Eurodance-Duo *Aqua Vita* 1998 in einem der größten Hits dieser Zeit.[10]

Doch die Hochzeit ukrainischer Bands, die in ukrainischen Studios Songs in ukrainischer Sprache produzierten, war nur von kurzer Dauer. Nicht die Macht von Soldaten und Polizisten brachte bereits ab Mitte der 1990er Jahre das Ende des Booms, sondern die Macht des Geldes. Die schiere Größe des Markts spülte mehr Kapital in die Kassen der russländischen Labels, Radio- und Fernsehsender. Durch Tochterunternehmen und Ableger drangen sie auf den ukrainischen Markt vor. Die globale Musikindustrie in Gestalt großer Konzertveranstalter, Labels und später Streaming-Plattformen eröffneten Filialen in Moskau und eroberten von dort den ukrainischen Markt. Musikern aus der Ukraine blieb nur die Wahl, entweder im eigenen Land von der Hand in den Mund zu leben oder nach Russland zu gehen, wo angemessene Gagen gezahlt wurden. Immer mehr ukrainische Popstars wechselten für ihre Songs ins Russische, lebten in zwei Ländern und gewannen in Russland als russische Musiker Preise.

Jetzt ist alles anders? Aus dem Videoclip des Aqua-Vita-Songs „A teper use inakše“ von 1998

---

[10] Akva Vita - A teper use inakše, <www.youtube.com/watch?v=vniFyewLgJc>.

Ein kräftiges Lebenszeichen der ukrainischen Musik brachte das Jahr 2004, als Ruslana mit ihrem Song „Dyki tanci" (Wilde Tänze), einer eingängigen Mischung aus Pop und Karpatenfolklore, den Eurovision Song Contest gewann.[11] Es waren die Vorboten eines politischen Ereignisses: Ein halbes Jahr später fand die Orangene Revolution statt.
Wirklich tektonische Verschiebungen begannen jedoch erst nach der Revolution der Würde im Winter 2013/14 und Russlands Annexion der Krim sowie der Invasion in die Gebiete Donec'k und Luhans'k. Nun wurde immer mehr Menschen in der Ukraine bewusst, dass der kulturelle Einfluss Russlands eine Bedrohung darstellt. Sie begannen, sich stärker für die Geschichte und Kultur der Ukraine zu interessieren und wechselten zur ukrainischen Sprache. Kurzum, das nationale Bewusstsein erlebte einen massiven Schub. Dies führte auch zu einem neuen Interesse an „eigener" Musik.[12]
Auch der Staat schenkte der Förderung des Ukrainischen zunehmend mehr Aufmerksamkeit. Durch die Novellierung des Sprachgesetzes wurden Quoten für das Fernsehen und den Rundfunk festgelegt: Zunächst mussten 25 Prozent, dann 30 Prozent und schließlich 35 Prozent der ausgestrahlten Songs ukrainischsprachige sein.[13] Zunächst führte dies dazu, dass die Sender viele zweitklassige Songs spielten, um die Quote zu erfüllen. Sei es dank der Quoten oder trotz der Quoten: Fest steht, dass ukrainische Songs nach und nach russische von den Spitzenplätzen der Charts zu verdrängen begannen.

Postwertschätzungszeichen

---

[11] Zu Ruslana siehe Holger Gemba: Ruslana. Interkulturelles Marketing aus den Karpaten, in: OSTEUROPA, 5/2007, S. 137–149.

[12] 14 peremoh: jak zminylasja ukrajins'ka muzyka pislja Jevromajdanu, <https://karabas.live/uamusic_peremoha/>.

[13] Zur Sprachenfrage und der Sprachpolitik in der Ukraine sie die Beiträge von Volodymyr Kulyk: Die Sprache des Widerstands, Der Krieg und der Aufschwung des Ukrainischen, in diesem Band, S. 237–248. – Wes Lied ich hör' . . . Ukraine: Sprachpolitik und Mediennutzung, in: OSTEUROPA, 9–10/2017, S. 59–73. – Einheit und Identität. Sprachenpolitik nach dem Majdan, in: OSTEUROPA, 5–6/2014, S. 227–238. – Gespaltene Zungen. Sprache und Sprachenpolitik in der Ukraine, in: OSTEUROPA, 2–4/2010, S. 391–402.

Der im Mai 2018 veröffentlichte Elektropop-Song „Plakala“ (Sie weinte) der Gruppe KAZKA stand über Wochen an der Spitze der ukrainischen Charts. Er schaffte es auch in Russland und Bulgarien auf diesen Rang. Auf iTunes wie auf Youtube erreichte er in der Ukraine und vielen Nachbarstaaten Spitzenplätze und stand im Oktober 2018 sogar auf Platz 9 der weltweiten Rangliste des Musikerkennungsdiensts *Shazam*. Der Videoclip des Lieds hat mittlerweile auf Youtube 412 Millionen Aufrufe.[14]
Einen Umbruch erlebte in der zweiten Hälfte der 2010er Jahre auch der Konzertmarkt. Manche westliche Künstler hatten wegen des Kriegs in der Ostukraine Angst, in der Ukraine aufzutreten, vielen Bands aus Russland war die Einreise verwehrt, weil sie die Annexion der Krim guthießen. Dies schuf neue Möglichkeiten für ukrainische Musiker. Selbst junge und unerfahrene Bands konnten an großen Veranstaltungsorten auftreten. Einige von ihnen traten bald in ausverkauften Arenen auf und demonstrierten, dass nicht nur Weltstars wie *Imagine Dragons* oder *Depeche Mode* 80 000 Menschen ins Kiewer Olympiastadion bringen können. Zum Festival Atlas Weekend (seit 2022: Atlas Festival), das seit 2015 jährlich Ende Juni und Anfang Juli im Kiewer Expocenter stattfand – im Sommer 2022 selbstverständlich nicht – kamen im ersten Jahr 20 000 Menschen, um Rock, Hiphop, Indie oder EDM zu hören. Im Jahr 2021 waren es über 600 000! Als Headliner traten westliche Musiker wie die britische Elektropunk-Band *The Prodigy* (2017), der belgische DJ Lost Frequencies (2018) oder der britische Singer-Songwriter Liam Gallagher (2019) neben ukrainischen Bands wie *Boombox*, *Okean Ėl'zy* oder *DachaBracha* auf.[15]
Im Indie-Segment spielten in diesen Jahren *Latexfauna*, *Tik Tu* oder *Blooms Corda*, der Rock war vertreten etwa durch *The Hardkiss*, *O.Torvald* und *Love'n'Joy*, für Heavy Metal aller Art sorgten *Motanka*, *Space Of Variations* oder *Pokruch*. Im Hip-Hop waren sowohl Mainstream-Gruppen als auch Underground-Bands zu hören (*alyona alyona*, *Kalush*, *Kurgan*). Und experimentelle Elektromusik präsentierten *Heinali*, *Poly Chain*, *Nikolaienko*). Mit *The New Brain Trio*, *Dennis Adu* und *Hyphen Dash* kamen auch jene auf ihre Kosten, die traditionellen oder modernen Jazz bevorzugen.

DachaBracha

[14] Kazka – plakala [Offcial Video] Weinen, <www.youtube.com/watch?v=5Fv19KVVya8>.
[15] Festyval' "Atlas Weekend 2021" vidvidaly ponad 600 tysjač ljudej, <https://kmr.gov.ua/uk/content/festyval-atlas-weekend-2021-vidvidaly-ponad-600-tysyach-lyudey>.

Viele ukrainische Musiker weben auf die eine oder andere Weise Elemente der Volkskultur in ihre Stücke ein. ONUKA etwa verwendet für ihren Elektropop traditionelle Instrumente, mit denen sie ungewöhnliche Klangeffekte erzeugt. Manche ihrer Konzerte, bei denen sie von einem ganzen Orchester mit Volksmusikinstrumenten begleitet werden, fanden in ausverkauften Sälen vor mehreren Tausend Menschen statt. Die Band *Ragapop* nahm eine EP (Extended Play) auf, für deren Songs sie Gedichte von Ivan Franko verwendeten. Dies führte dazu, dass bei Konzerten der Gruppe ganze Säle die Verse des Klassikers in einem gewaltigen Chor sangen.
Einige Labels haben sich darauf spezialisiert, fast verlorene Musik dem Vergessen zu entreißen und Künstler wiederzuentdecken, die zu ihrer Zeit unter anderen Bedingungen zu internationalen Stars hätten werden können. Eine derartige Preziose ist die Aufnahme eines Konzerts des Ensembles *Shapoval Sextet* von 1976, bei dem dieses Stücke des Albums „Kobzareva Duma" spielte: psychedelischer Jazz, verflochten mit traditionellen ukrainischen Motiven.[16] Gleiches gilt für die avantgardistischen Experimente mit elektrischer Geige und einem Tonbandgerät, die Valentina Gončarova in den 1980er und 1990er Jahren entwickelt hat.[17]
Einer Reihe ukrainischer Künstler gelang der internationale Durchbruch. Das gilt insbesondere für die Ethno-Band *Dakhabrakha*, die zu traditionellen Gesängen mit klassischen Instrumenten Klänge erzeugt, die aus der elektronischen Musik bekannt sind oder Tier- und Naturgeräusche imitiert und so einem globalen Publikum die Augen, Ohren und Herzen für Musik mit ukrainischem Kolorit öffnete. In sieben Jahren waren die Musiker auf 18 Tourneen unter anderem in den USA, gaben unzählige Konzerte auf der ganzen Welt und traten auf der Hauptbühne des Glastonbury Festivals auf. Ein westeuropäisches Publikum erreichten bei Tourneen die Rapperin *Alyona Alyona*, die Singer-Songwriter *Postman* und *Sasha Boole*.

Musiker im Krieg, Musik im Krieg

Als Andrij Chlyvnjuk kurz nach Beginn des Krieges mit seiner Einheit der Zivilverteidigung auf den menschenleeren Sophienplatz im Zentrum von Kiew kam, nahm er dort in Tarnfleck gekleidet ein kurzes Video auf. Auf diesem singt er die erste Strophe des Lieds „Oj u luzi červona kalyna", einen im Stile eines Volkslieds gehaltenen patriotischen Marsch:

> Ach, auf der Wiese hat sich ein roter Schneeball tief geneigt. Über etwas ist unsere ruhmreiche Ukraine betrübt. Und wir werden diesen roten Schneeball wieder aufrichten, Und wir werden unsere ruhmreiche Ukraine, hej-hej, aufmuntern![18]

Geschrieben wurde das Lied in seiner heutigen Fassung im Jahr 1914. Es beruht auf älteren Liedern und Texten und erinnert seit dem Ersten Weltkrieg an die Sič-Schützen, eine Einheit der Armee der Ukrainischen Volksrepublik (1917-1920).
Chlyvnjuks kurze Einlage verbreitete sich in Windeseile auf Instagram. Innerhalb weniger Wochen war das Lied überall: Straßenmusiker sangen es, ebenso Kinderchöre und

---

16 <www.youtube.com/watch?v=0HxHFEMzFsc>.

17 <www.youtube.com/watch?v=FBFL6CQZF_o>.

18 <www.instagram.com/p/Cae5TydPAxh/>. Auszug aus dem Lied „Oj u luzi červona kalyna". Übersetzung von Christian Scharlau, <https://lyricstranslate.com/ru/oy-u-luzi-chervona-kalyna-ach-auf-der-wiese-ein-roter-schne.html>.

Soldaten an der Front. Im Radio liefen verschiedene Remix-Versionen, bald gab es die Melodie als Handy-Klingelton. Für internationale Verbreitung sorgte der südafrikanische Musiker *The Kiffness* (David Scott), der einen Remix erstellte, den das ukrainische Eislauf-Paar Oleksandra Nazarova und Maksym Nikitin bei der Weltmeisterschaft in Montpellier Ende März für ihre Kür verwendeten.
Kurz darauf wurde Chlyvnjuk verletzt. Im Lazarett nahm niemand anderes als Pink Floyd-Frontmann David Gilmour Kontakt mit ihm auf – sie kannten sich von einer gemeinsamen Einlage bei einem Benefizkonzert für das Belarussische Freie Theater in London im Jahr 2015. Gilmour bat um Erlaubnis, das Video verwenden zu dürfen. Das Ergebnis war der erste vollständige Pink-Floyd-Song seit 28 Jahren, „Hey Hey, Rise Up!“.[19] Die Einnahmen aus diesem Song gehen humanitären Zwecken in der Ukraine zu. Chlyvnjuk selbst half nach seiner Genesung im April in den verwüsteten Städten im Kiewer Umland. Seitdem sammelt er Spenden für gepanzerte Krankenwagen und Kampfdrohnen.

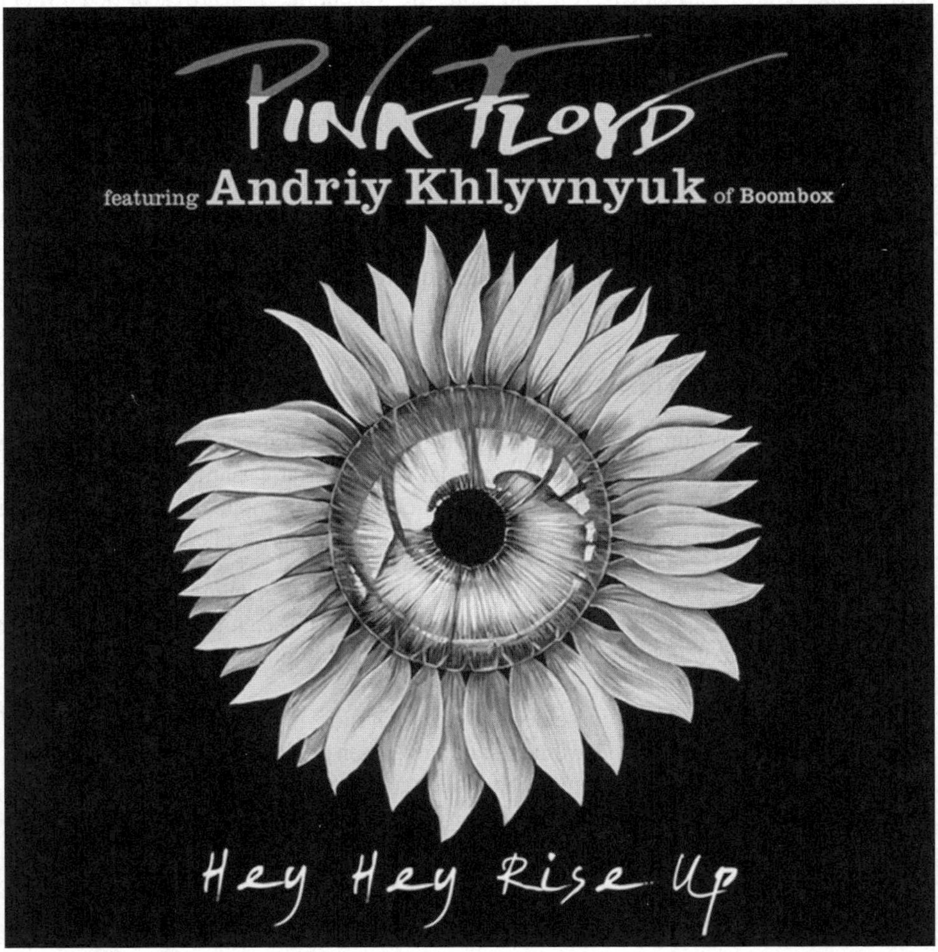

[19] <www.youtube.com/watch?v=saEpkcVi1d4>. - ‘This is a crazy, unjust attack’: Pink Floyd reform to support Ukraine, The Guardian, 7.4.2022.

Viele andere Musiker haben sich ebenfalls zur Armee gemeldet. Sie stehen mit Waffen in der Hand an vorderster Front, bauen Verteidigungsanlagen, transportieren Hilfsgüter, so etwa Oleksandr Položyns'kyj, der Lead-Sänger der Rap-Rock-Band *Tartak*, dessen aus dem Jahr 2003 stammender Song „Ich will kein Held der Ukraine sein, mein Land schätzt Helden nicht" im Jahr 2014 zu einem wichtigen Lied der Majdan-Bewegung geworden war. Der Singer-Songwriter Sasha Boole spielte in Friedenszeiten Hunderte von Konzerten auf der ganzen Welt. Seit Russlands Invasion schützt er sein Land. Ebenso Jevhen Halyč, Frontmann der Rockband *O.Torvald*, die die Ukraine 2017 beim Eurovision Song Contest im eigenen Land vertrat.

Einen Beitrag ganz anderer Art zur Verteidigung der Ukraine gegen die Invasoren leisten die Musiker, die ihre Bekanntheit nutzen, um Spenden zu sammeln und für internationale Solidarität zu werben. Die krimtatarische Sängerin Jamala, die 2016 in Stockholm für die Ukraine mit dem Lied „1944" – dem Jahr der Deportation der Krimtataren - den *Eurovision Song Contest* gewann, sammelte allein in den ersten zwei Monaten des Krieges bei Benefizkonzerten 90 Millionen Euro Spenden für die Ukraine und ihre Streitkräfte. Damit kann sie sich mit den größten gemeinnützigen Stiftungen des Landes messen.[20]

Kalush Orchestra gewann mit „Stefania" den *Eurovision Song Contest* 2022. Der Song mischt Gesang und Instrumente aus der traditionellen Volksmusik mit Rap und Pop und ist der Mutter des Frontmanns gewidmet. Während des Auftritts im Finale am 14. Mai 2022 forderte Bandleader Oleh Psjuk die Welt auf, die im Azovstal'-Werk in Mariupol' eingeschlossenen Soldaten und Zivilisten zu retten, die dort unter Beschuss der russländischen Armee lagen. Hatte sich *Kalush Orchestra* bis auf diese Aufforderung an die Regeln des *Eurovision Song Contest* gehalten und sich expliziter Verweise auf die politische Lage enthalten, so veröffentlichte die Band am Tag nach dem Finale ein Musikvideo zu dem Song, das zerbombte Straßenzüge zeigt sowie ukrainische Soldatinnen, die Kinder aus zerstörten Häusern im Umland von Kiew retten. Nachdem sie die Kinder zu ihren Müttern in Flüchtlingsunterkünften gebracht haben, besteigen sie den Zug nach Osten, um an die Front zu fahren. Die Aufnahmen wurden in Buča, Irpin', Borodjanka und Hostomel' gemacht. Das Video endet mit Bildern eines brennenden russländischen Panzers, in der letzten Einstellung vor dem Solidaritätsaufruf im Abspann ist ein junges Mädchen mit Molotow-Cocktail zu sehen.[21] Zwei Wochen nach dem *Eurovision Song Contest*-Finale versteigerten *Kalush Orchestra* den Siegerpokal und erzielten 900 000 US-Dollar, die sie der ukrainischen Armee spendeten.

Doch nicht nur die weltweit bekannten Bands – alle ukrainischen Musiker, die nicht selbst in der Armee sind, helfen dieser auf jede erdenkliche Weise, sammeln Geld, kaufen Autos, Funkgeräte, Verbandskästen, Uniformen. Sie wissen: Es geht um das Überleben der ukrainischen Musik und um ihr eigenes Überleben.

Aber auch die Musik ist zurück. Nach einigen Wochen des Schocks brach bei nahezu allen ukrainischen Musikern der Wille hervor, sich kreativ am Kampf ihres Landes zu beteiligen. Einer der ersten war Anton Slepakov, Mitgründer der Band *Vagonovažatye* (VGNVŽ) und Star der alternativen Szene. Begleitet von Andrij Sokolov brachte er bereits im März ein Album mit dem Titel *вагнякання* (Kriegssprech) heraus, das Sprechgesang mit elektronischer Musik verbindet. Die Texte evozieren die Bilder des Kriegs: eine Stadt

[20] Jevrosojuz, Mila Kunis ta Google. Svitova pidtrymka Ukrajiny zrosla do $18 mlrd. Chto pererachuvav najbil'še. Forbes.ua, 15.4.2022.

[21] Kalush Orchestra - Stefania (Official Video Eurovision 2022), <www.youtube.com/watch?v=Z8Z51no1TD0>.

ohne Kinder, der Schlüsselbund zu der verlassenen Wohnung in Mariupol', ein Hund, der nach der Stadt Irpin' benannt ist, eine Flasche Wein, zum Sieg erhoben.

Auf Slepakov folgten Dutzende Künstler, die jede Woche in neuen Veröffentlichungen aktuelle Ereignisse verarbeiten, die Emotionen in Worte und Musik verwandeln. Sie sind wütend oder kämpferisch, verfluchen den Feind oder trauern, und viele verarbeiten das Erlebte mit einer Spur Humor.

Chrystyna Solovij etwa, die mit zarten Liebesballaden bekannt wurde, singt in „Ukrains'ka Ljut'" (Ukrainischer Zorn) zur Melodie von Bella Ciao, dem Lied der italienischen Partisanen im Zweiten Weltkrieg: „Und diese Henker / diese verdammten/ die verbrennen wir gnadenlos".

„Palindrom" rappt: „Wir sind jetzt mehr denn je zusammen! Hau ab nach Haus, deine russischen rostigen Fesseln lösen sich auf."[22] Bei seinem Kollegen Oi FUSK heißt es im Song „Genocide": „Mein Haus hat keine Wände mehr, und damit bin ich nicht allein, Flut, die Flüsse sind erneut mit Blut gefärbt".[23] Der Text entstand einen Tag, nachdem sein Haus von einer Rakete der russländischen Armee zerstört worden war. OTOY (Vjačeslav Drofa), der aufsteigende Stern des ukrainischen Rap, trägt in „Pobut Novyj" (Neuer Alltag), einem Song des Minialbums *Okolofront* (Frontnah) in hartem, an die Beastie Boys erinnernden Ton einen wütenden Monolog an den Aggressor vor: „Das ist mein neuer Alltag, mein neuer Alltag ist der Krieg. Komm hier in die Erde oder spucke jeden Tag Kugeln."[24]

Aus dem Ukrainischen von Annegret Becker, Greifswald

Die Stiftung „Musicians Defend Ukraine" unterstützt Musiker, Tontechniker, Beleuchter und andere Menschen aus der Musikbranche, die an der Front kämpfen oder sich in anderer Funktion ehrenamtlich für die Verteidigung der Ukraine einsetzen und keine Einnahmen haben. Spenden sind über PayPal möglich, alle benötigten Angaben finden sich auf der Instagram-Seite: @musicians_defend_ukraine.

Anton Slepakov 2022

22 <www.pisni.org.ua/songs/8446654.html>.
23 <https://genius.com/Oi-fusk--lyrics>.
24 <https://slukh.media/en/news/otoy-okolofront/>.

Darija Bad'jor

Angriff auf das kulturelle Erbe

Ukrainische Museen und Gedenkstätten im Krieg

Russlands Angriffskrieg gegen die Ukraine gefährdet auch Museen, Sammlungen und Gedenkstätten. Ein prominenter Fall ist die Zerstörung des Herrenhauses im Gebiet Charkiv, in dem der Philosoph Hryhorij Skovoroda seinen Lebensabend verbracht hatte. Russland hält die internationalen Übereinkommen zum Schutz des Kulturerbes nicht ein. Mehr noch: Es gibt Indizien, dass Russlands Truppen kulturelle und historische Stätten gezielt zerstören. Denn sie sind materielle Zeugen einer eigenständigen ukrainischen Kultur. Mit jedem Angriff auf das kulturelle Erbe wächst in der ukrainischen Bevölkerung das Bewusstsein für die eigene Kultur. Das Kulturerbe der Nation hat sich aus einer Liste staubiger Objekte in kaum besuchten Museen in einen lebendigen Schatz verwandelt.

In den sieben Monaten seit dem Angriff Russlands auf die Ukraine wurden mindestens 496 Gebäude und Denkmäler zerstört oder beschädigt, die der ukrainische Staat zum nationalen Kulturerbe der Ukraine zählt.[1]

Seit dem 24. Februar 2022 – für den Donbass gilt es seit vielen Jahren – bangen die Angestellten ukrainischer Museen um ihr Leben, um das ihrer Kinder, Frauen und Eltern – und kümmern sich zugleich um den Schutz von Kulturgütern, die im Besitz des ukrainischen Volkes sind. Dies ist keine leichte Aufgabe in einem Land, in dem Kulturgutschutz lange keine politische Priorität genoss, in dem es auf allen Ebenen an Experten und Wissen in diesem Feld fehlt. Einige Museen haben die wertvollsten Exponate an einen anderen Ort verbracht, andere haben die mit dem Transport verbundenen Risiken gescheut. Wieder andere standen gar nicht vor dieser Entscheidung, da die Städte, in denen sie sich befinden, kurz nach Russlands Überfall unter Besatzung gerieten.

Viele Fragen stehen im Raum: Sind Mitarbeiter von Museen, die ihre Arbeit auch unter den Besatzungsbehörden fortsetzen, als Kollaborateure zu betrachten? Sollen Dauerausstellungen, die zum Schutz besonders wertvoller Exponate aufgelöst wurden, nach Ende des Kriegs wieder in vorheriger Form zusammengeführt werden? Was geschieht, wenn evakuierte oder geflohene Mitarbeiter eines Museums oder Spezialisten für das Kulturerbe in großer Zahl auch nach Ende des Kriegs nicht zurückkehren? Und natürlich die entscheidende Frage: Was zählt zum Kulturerbe, wie wird definiert, welche Objekte so

---

Darija Bad'jor, Filmkritikerin, Redakteurin im Feuilleton der LB.ua, Kiew
Von Darija Bad'jor ist in OSTEUROPA erschienen: Streit um Babyn Jar. Gedenkzentrum oder Holocaust-Disneyland, in: OE, 1–2/2021, S. 123–140.

[1] Siehe die täglich aktualisierte Informationsseite des Ministeriums für Kultur und Medien mit einer Beschreibung der Gebäude und Denkmäler sowie der Schäden. Destroyed Cultural Heritage of Ukraine, <https://culturecrimes.mkip.gov.ua>.

OSTEUROPA, 72. Jg., 6–8/2022, S. 447–455 **doi: 10.35998/oe-2022-0176**

wertvoll sind, dass sie evakuiert werden sollen, und welche nicht zu dieser „goldenen Sammlung“ gehören?

Lemberg – ein sicherer Hafen

Jedes Mal wenn ich nach L'viv fahre, gehe ich in die Altstadt, um mir die Heiligen-Statuen an den Außenmauern der Lateinischen Kathedrale Mariä Himmelfahrt anzusehen. Die Kirche wurde im letzten Drittel des 14. Jahrhunderts errichtet, die Statuen kamen Ende des 18. Jahrhunderts dazu. Im Jahr 2020 wurden sie mit finanzieller Unterstützung aus Polen restauriert, so dass sie ihre ursprüngliche Farbe und Konturen wieder erhielten. Kurz nach Beginn des Angriffs auf die Ukraine erhielten sie eine neue Gestalt. Zunächst wurden sie mit Schutzhüllen überzogen, dann eingerüstet und mit Brettern geschützt, um ihrer Zerstörung bei einem Raketen- oder Artillerieangriff der russländischen Armee vorzubeugen.

Lemberg, dessen gesamte Altstadt UNESCO-Weltkulturerbe ist, hat seit dem 24. Februar 2022 wie keine andere Stadt der Ukraine Bemühungen unternommen, um Kulturgüter vor dem Krieg zu schützen. Statuen wurden in Schutzhüllen verpackt, Buntglasfenster abgenommen und ebenso wie Bilder aus Museen in Luftschutzräume verbracht. Auch Kulturgüter aus anderen ukrainischen Städten wurden nach Lemberg verbracht. Denn obwohl die Raketen der russländischen Armee jedes Ziel in der Ukraine erreichen können, gelten Lemberg und andere Großstädte der Westukraine für Menschen wie für Kulturgüter als wesentlich sicherer denn andere Städte des Landes.

L'viv wurde auch zum ukrainischen Logistikzentrum für den Schutz des Kulturerbes. Die kommunalen Behörden bemühten sich gemeinsam mit einigen NGOs um internationale Unterstützung für Kollegen aus anderen Regionen der Ukraine, sammelten Schutzmaterialien für Kulturdenkmäler und Spenden für Museumsangestellte, denen sie auch bei der Flucht aus besonders gefährdeten Regionen halfen. Die gemeinsamen Bemühungen von Kiew, Odessa, Charkiv, Černihiv, Zaporižžja, Luc'k, Černivci und Sumy um Schutz ihrer Kulturgüter werden von Lemberg aus koordiniert.[2]

Bereits im März 2022 gründeten der Direktor der staatlichen Kultur- und Geschichtserbestätte Tustan' in den Beskiden Vasyl' Rožko und der Leiter des Kiewer Museums der Revolution der Würde (Majdan-Museum) Ihor Posvyšajlo in Lemberg die Initiative zum Schutz des Kulturerbes (Heritage Rescue Emergency Initiative, HERI). Rožko war Mitte der 2010er Jahre Leiter der Abteilung für Kulturerbeschutz im ukrainischen Kulturministerium gewesen und hatte in dieser Funktion angeregt, standardisierte Sicherheitsvorschriften für Museen und Erbestätten zu entwickeln. Posvyšajlo hatte 2016 in Anlehnung an internationale Reglements eine Instruktion für ukrainische Museen zum Verhalten im Kriegsfall erstellt.[3] Bereits im März half HERI Museen in 19 ukrainischen Regionen und entwickelte präzise Instruktionen für das Vorgehen in Kriegszeiten.[4]

---

[2] L'viv otrymav z Pol'ši dva vahony zachysnych materialiv istoryčnych pam'jatok. Interview mit der Leiterin der Behörde für Denkmalschutz der Stadt Lemberg, Lilija Onyšenko. Daily Lviv.com, 31.5.2022.

[3] Bezpeka kul'turnoji spadščyny u nadzvyčajnych sytuacijach: mižnarodni stratehiji dlja Ukrajiny, <https://drive.google.com/file/d/1XZRUfRcyHt3nKba_bOzj-c1OLkYY2gPo/view?fbclid= I-wAR1S2JUOPuSUPZMfiu8WSK82mGKOEm4kKBWuVytajukh_ZTWQMOslMcPxp0>.

[4] Zvit Štabu porjatunku spadščyny za berezen' 2022 roku, <https://drive.google.com/file/d/

Seine Motivation beschreibt Rožko mit den Worten, die George Clooney in der Rolle des Kunstprofessors Frank Stokes in dem Clooney-Film *Monuments Men* über eine Abteilung zum Schutz von Kunstgütern während des Zweiten Weltkriegs spricht:

> Man kann eine ganze Generation auslöschen, man kann ihre Häuser bis auf die Grundmauern zerstören, und doch werden diese Menschen irgendwie zurückkehren. Aber wenn man ihre Geschichte zerstört, zerstört man ihr Schaffen und dann ist es, als ob sie nie existiert hätten.[5]

Eine andere NGO aus L'viv ist das Krisenzentrum für Museen (Muzejnyj kryzovyj centr), das die Direktorin des dortigen Totalitarismus-Museums „Territorium des Terrors" Ol'ha Hončar gegründet hat. Ihr geht es vor allem um Hilfe für Museumsmitarbeiter aus dem unmittelbaren Kriegsgebiet, sei es, dass sie in ihrer Heimat ausharren und Lebensmittel oder medizinische Versorgung benötigen, sei es, dass sie geflohen sind und nach dem Verlust all ihrer Ersparnisse an einem anderen Ort in der Ukraine ein neues Leben aufbauen müssen.[6] Eine von ihnen ist Olesja Milovanova, die Direktorin des heimatkundlichen Museums des Gebiets Luhans'k. Im Jahr 2015 hatte sie das Museum aus dem besetzten Luhans'k in das knapp 100 Kilometer nördlich gelegene, von der Ukraine kontrollierte Starobil's'k verlegt. Anfang April floh sie erneut, nachdem Starobil's'k vier Wochen zuvor von russländischen Truppen besetzt worden war.

Der Osten und der Süden: Museen unter Beschuss

„Die gesamte Sammlung ist dort geblieben", berichtet Milovanova. Ihr Museum hatte in Starobil's'k bis zur Besatzung nicht zuletzt die jüngere Geschichte der Region dokumentiert – die Okkupation des südlichen Teils des Gebiets seit 2014.

> Jetzt leiten die Russen das Museum, sie stellen neue Leute ein, die mit den gleichen Exponaten ihre Geschichte von angeblichen Faschisten und Radikalen erzählen, die acht Jahre lang im Donbass Kinder bombardiert hätten.[7]

Nach Lemberg brachte sie ihren Sohn, eine kleine Tasche mit Kleidung und einen Fallschirm mit – das erste Objekt ihrer neuen Sammlung für ein künftiges Museum des Sieges. Der Fallschirm gehörte einem russländische Fallschirmjäger, den jene

---

1yJhIPRb-KZAL5wPhfi19xwElHk_uYE4S/view?fbclid=IwAR0pIvzVqGU-6gR8weIG92LwAep5fBhhgnp2ycGyN2Jkhmt1CaYm-1KHYRs>. – Instrukcija zi švydkoho reahuvannja dlja muzeiv u zoni voennych dij, zbrojnych konfliktiv, teraktiv, ta v inšych nadzvyčajnych sytuacijach, <https://drive.google.com/file/d/1KNci4l0UYCMAMGTnYQQ2o2AkSwWywPP8/view>.

[5] Der 2014 veröffentlichte Film beruht auf dem Buch „The Monuments Men: Allied Heroes, Nazi Thieves and the Greatest Treasure Hunt in History" von Robert M. Edsel. Zu Rožkos Zitat: Rjativnyky skarbiv. Try istoriji herojizmu muzejnych pracivnikiv z Ochtyrky, Černihova i Charkova, <https://zaxid.net/statti_tag50974/>.

[6] „Duže ne chočet'sja, ščob naš Schid asocijuvavsja u ljudej z separatystamy" – jak pid čas vijny Luhans'kyj muzej evakujuvavsja do L'vova. hromadske.radio, 4.7.2022.

[7] Hotujut' vystavku do peremohy. Ščo vidomo pro perejizd Luhans'koho kraeznavčoho muzeju do L'vova. suspilne.media 8.6.2022.

ukrainischen Soldaten gefangen genommen hatten, die Milovanova bei der Flucht aus Starobil's'k halfen.

In der Ukraine gibt es mehr als 2000 Museen und Kulturerbestätten. Manche unterstehen dem Kulturministerium, manche den Regionen und manche Kommunalbehörden. Die den Gebieten unterstehenden Museen und Erbestätten sind die zentralen Ansprechpartner für die kleineren kommunalen Museen der entsprechenden Region. Sie koordinieren heute die finanzielle und materielle Hilfe für die lokalen Partner.

Julija Piščans'ka, Direktorin des Dmytro-Javornyc'kyj-Museums für Nationalgeschichte in Dnipro, berichtet:

> Die erste Hilfe erhielten wir einen Monat nach Kriegsbeginn von der HERI. Sie hatten jede Menge Verpackungsmaterial, aber keine Transportmöglichkeit, um dieses in die im Osten des Landes gelegenen Regionen zu bringen. [. . .] Doch es ist mir gelungen, die Fahrer von Bussen und Privatwagen, die Menschen aus dem Kriegsgebiet nach Westen zu transportieren, dazu zu bringen, auf ihrer Rückfahrt in den Osten in Lemberg vorbeizufahren. Sie brachten Verpackungsmaterial, das wir nicht nur für unser Museum in Dnipro verwendet haben, sondern auch an lokale Museen im Gebiet Dnipropetrovs'k – in Pokrovka, Petrykivka und Nikopol' – weitergegeben haben.[8]

Das Zentrum für Volkskunst „Petrykivka" ist der wichtigste Ort für die Bewahrung der dekorativen Petrykivka-Malerei, die im Jahr 2013 auf die Repräsentative Liste des immateriellen Kulturerbes der Menschheit der UNESCO aufgenommen wurde.

Dem Literaturmuseum in Charkiv, der zweitgrößten Stadt der Ukraine, die in den ersten sechs Monaten des Krieges unter ständigem Artilleriefeuer der russländischen Armee lag, ist es gelungen, den wertvollsten Teil seiner Sammlung zu evakuieren: die Autographen der bedeutendsten Schriftsteller der 1920er Jahre wie Mykola Chvyl'ovyj, Majk Jogansen, Mykola Kuliš oder Pavlo Tyčyna, Briefe und persönliche Dokumente aus deren privaten Archiven.[9] Viele Schriftsteller dieser Generation wurden ebenso wie andere

---

[8] Muzejna evakuacija: ščo pišlo ne tak? LB.Ua, 19.6.2022, <https://lb.ua/culture/2022/06/19/520455_muzeyna_evakuatsiya_shcho_pishlo_tak.html >

[9] Der Lyriker, Prosaautor und Publizist *Mykola Chvyl'ovyj* (1893–1933) war einer der wichtigsten Schriftsteller der ukrainischen Literatur der 1920er Jahre, Mitbegründer der Freien Akademie für Proletarische Literatur (Vil'na akademija proletars'koji literatury, VAPLITE) und Gründer der Zeitschrift Literaturnyj Jarmarok. – *Majk Jogansen* (1893–1937) war Prosaautor, Dichter, Dramatiker, Übersetzer und Literaturwissenschaftler und gehörte ebenfalls zu den Gründern von VAPLITE. Er wurde 1937 wegen angeblicher Mitgliedschaft in einer bürgerlich-nationalistischen ukrainischen Terrororganisation zum Tode verurteilt und im Zuge von Massenhinrichtungen anlässlich des 20. Jahrestags der Oktoberrevolution am 27.10.1937 im NKVD-Gefängnis von Kiew erschossen. – Der Dramatiker *Mykola Kuliš* (1892–1937), gilt dank seines Anfang der 1920er Jahre entstandenen Theaterstücks *97*, das die Hungersnot auf der Krim in den Jahren 1921/22 behandelt, als Begründer des modernen ukrainischen Dramas. Er verfasste die erste ukrainischsprachige Schulfibel (Pervynka), war ebenfalls Mitglied und später Vorsitzender von VAPLITE. 1934 wurde er festgenommen und wegen Mitgliedschaft in einer angeblichen Terrorzelle zu zehn Jahren Lagerhaft verurteilt und auf die Soloveckij-Inseln im Weißen Meer deportiert. Am 3. November 1937 wurde er in Karelien in einem Wald bei Medvežegorsk (Karelien, heutige Gedenkstätte Sandormoch) erschossen. – *Pavlo Tyčyna* (1891–1967) war Dichter, Übersetzer und Politiker. Er war ebenfalls Mitglied von VAPLITE, sagte sich in den 1930er Jahren aber von dieser Phase los. Der Träger des Stalinpreises (1941) verfasste u.a. den Text zur Hymne der Ukrainischen SSR (1949). Von 1936–1939 und von 1941–1943 leitete er das Literaturinstitut der Akademie der Wissenschaften der ukrainischen

ukrainische Intellektuelle in der ersten Hälfte der 1930er Jahre verhaftet, zu Lagerhaft verurteilt und 1937 erschossen.[10] Heute ist in dem Museum ein Hilfszentrum für Museumsmitarbeiter, Künstler und Schriftsteller eingerichtet, die in Charkiv geblieben sind.[11]
Anders als Charkiv, dessen Einnahme die ukrainische Armee verhindern konnte, erging es Melitopol' im Süden der Ukraine. Die Stadt wurde bereits zwei Tage nach dem Überfall Russlands auf die Ukraine besetzt. Lejla Ibrahimova, Direktorin des Ethnographischen Museums und Abgeordnete der Gebietsversammlung von Zaporižžja für die Partei *Europäische Solidarität*, die sich für die krimtatarische Sache engagiert, beklagt, dass zwar ein Partnermuseum im Westen der Ukraine bereit gewesen sei, die wertvollsten Objekte des Museums aufzunehmen: Skythen-Gold aus dem 4. Jahrhundert v. Chr. und eine Hunnen-Krone aus dem 4. Jahrhundert n. Chr., die Archäologen in den späten 1940er und 1950er Jahren gefunden hatten. Doch die Kulturabteilung der Stadtverwaltung von Melitopol', dem das Museum untersteht, habe sich ebenso wie die zuständige Abteilung auf Gebietsebene in den Wochen und Tagen vor dem Überfall, als die Sorge aufgrund des Truppenaufmarschs und internationaler Berichte über die Absichten Russlands bereits sehr groß war, nicht um eine Evakuierung der Sammlung bemüht. Entsprechende spätere Behauptungen des Kiewer Kulturministers seien ebenso falsch wie die Aussage des Leiters der Militärverwaltung des Gebiets Zaporižžja und des dortigen Leiters der Kulturabteilung, in dem Museum hätten sich lediglich Kopien der wertvollsten Exponate befunden. Erst am 23.2. sei ein Anruf der Gebietsverwaltung eingegangen, bei dem diese sie aufgefordert habe, die Kosten für eine Evakuierung zusammenzustellen. Wenige Stunden später wurde der Flughafen der Stadt bombardiert und die Stadtverwaltung forderte Ibrahimova auf, die Mitarbeiter des Museums wegen der gefährlichen Lage nach Hause zu schicken. Am 10. März wurde Ibrahimova von den Besatzungstruppen entführt und zu einem Verhör gebracht, bei dem sie über ihre Verbindungen zu krimtatarischen Politikern und ihre Teilnahme an einer Demonstration für den unter Druck gesetzten Bürgermeister der Stadt befragt wurde. Nach ihrer Freilassung am Abend desselben Tages versteckte sie mit einigen Mitarbeitern das Skythen-Gold und andere wichtige Exponate in einem Kellerraum des Museums. Nach mehreren Drohungen verließ sie Ende März über einen humanitären Korridor die Stadt. Vier Wochen später ernannte die Besatzungsmacht einen mit dem Museum gut vertrauten Kollaborateur zum neuen Direktor, und Beamte des russländischen Geheimdienstes FSB fanden bei einer ausführlichen Durchsuchung das Gold und die anderen versteckten Exponate. Nach Einschätzung von Ibrahimova wurden sie auf die Krim abtransportiert.[12]
Ein ähnliches Schicksal ist offensichtlich den Museen im fast zerstörten Mariupol' widerfahren. Russländische Soldaten hätten zahlreiche wertvolle Objekte aus dem Museum für Regionalgeschichte sowie aus dem Kunstmuseum gestohlen, darunter Werke von Archip Kuindži, Ivan Ajvazovs'kyj, Mykola Dubovs'kyj und Volodymyr Bekle-

---

SSR, von 1943–1948 war er Bildungsminister der Ukrainischen SSR, von 1953 bis 1959 Vorsitzender der Verchovna Rada. – Red.

10 Siehe dazu den Beitrag von Sergej Lebedev in diesem Band. S. 117–134.

11 Porjatunok ukrajins'koho mystectva. Jak perechovujut' kartyny, knyhy ta inši cinnosti. Hmarochos.kiev.ua, 31.3.2022.

12 Die Darstellung beruht auf einem Interview, das Lejla Ibrahimova der Internetzeitschrift *Babel'* am 6. Mai 2022 gab. „Ministerstvo kul'tury zi mnoju žodnoho razu ne zv'jazalosja". Dyrektorka melitopol's'koho muzeju Ljejla Ibrahimova – pro te, jak rosijany vykraly skifs'ke zoloto, pro polon, dopyty ta miscevych kolaborantiv. Babel.ua, 6.5.2022.

mišev.[13] Die Werke des 2010 eröffneten Kunstmuseums waren zu diesem Zeitpunkt bereits nicht mehr an ihrem üblichen Platz, sondern seit Beginn des Angriffs auf die Stadt an einem sicheren Ort verwahrt. Mit guten Gründen, wie sich Ende März zeigte, als das Museum bei einem Angriff der russländischen Armee getroffen und schwer beschädigt wurde.[14] Auch im Falle von Mariupol' gibt es Streit, wer die Verantwortung dafür trägt, dass wertvolle Kunstwerke in die Hände der Besatzer gefallen sind: Haben das Kiewer Kulturministerium oder auch nachgeordnete regionale und kommunale Behörden es versäumt, rechtzeitig Vorbereitungen für eine Evakuierung der Sammlungen zu treffen? Oder haben örtliche Museumsleiter die Möglichkeit nicht genutzt? Oder wollten sie die Sammlungen evakuieren, haben sich aber nach Beginn der Kampfhandlungen wegen der Gefahr für die Werke anders entschieden?

Einen derartigen Streit über die Verantwortung für den Verlust von Kunstwerken muss das Kunstmuseum von Odessa nicht austragen. Die Interimsdirektorin des Museums Oleksandra Koval'čuk und den Leiter der wissenschaftlichen Abteilung der Einrichtung Kyryl Lipatov hatten die Nachrichten über den russländischen Truppenaufmarsch an der Grenze zur Ukraine in große Sorge versetzt. Daher begannen sie bereits im Januar 2022, eine Ausstellung mit wichtigen Teilen der Sammlung im Westen der Ukraine vorzubereiten – und vermieden so, dass Evakuierungspläne große Aufmerksamkeit auslösten. Auf diese Weise gelang es, eine Genehmigung des Kulturministeriums zu erhalten und die wichtigsten Exponate dieses Museums sowie zweier weiterer Museen in den Westen des Landes bringen.[15]

Petrykivka-Malerei: Fidor Panko, „Bilyj Tanok, 1976.

---

[13] Angaben von Petro Andrjušenko, Mitarbeiter des vor dem Angriff auf die Stadt amtierenden Bürgermeisters von Mariupol'. Okupacijni syly RF hrabujut' muzeï pivdnja Ukraïny: ščo vyvezly i jak joho povernuty? Radio Svoboda 3.5.2022 <www.radiosvoboda.org/a/novyny-pryazovya-rosiya-hrabuye-muzeyi-ukrayiny/31831906.htm >.

[14] Rosijs'ki vijs'ka znyščyly Chudožnij muzej u Mariupoli – mis'krada. Radio Svoboda, 23.3.2022.

[15] „Možlivo, s'chodni odesyty bačat' ekspozyciju vostanne". Jak Odes'kyj chudožnij hotuvavsja do vijny. The Village, 31.5.2022. – Porjatunok ukrajins'koho mystectva. Jak perechovujut' kartyny, knyhy ta inši cinnosti. hmarochos.kiev.ua, 31.3.2022.

Skovodora-Haus im Landkreis Bohoduchiv, Gebiet Charkiv, 2018 und im Mai 2022

Angriffe auf Gedenkstätten

Russlands Angriffskrieg gegen die Ukraine gefährdet nicht nur Museen und ihre Sammlungen. Auch andere Stätten des ukrainischen kulturellen Erbes sind betroffen. Es ist offensichtlich, dass Russland die internationalen Übereinkommen zum Schutz des Kulturerbes nicht einhält. Es gibt vielmehr Hinweise, dass kulturelle und historische Stätten in der Ukraine gezielt zerstört werden. Denn sie sind materielle Zeugen einer eigenständigen ukrainischen Kultur und Geschichte und sollen daher beseitigt werden.
Am 7. Mai zerstörte eine von Russland abgefeuerte Rakete nordwestlich von Charkiv das Haus, in dem der Philosoph Hryhorij Skovoroda (1722–1784) die letzten Jahre seines Lebens verbracht hatte. In dem Herrenhaus aus dem 18. Jahrhundert hatte sich ein Museum zum Leben und Schaffen Skovorodas befunden. Die Sammlung war offenbar zu diesem Zeitpunkt nicht mehr in dem Haus.
In Černihiv, einer der ältesten ostslawischen Städte, die 907 erstmals urkundlich erwähnt wurde und vom 11. bis in die erste Hälfte des 13. Jahrhunderts Zentrum eines bedeutenden Fürstentums war, wurden während der Belagerung durch die russländische Armee zwischen Ende Februar und Anfang April 2022 zahlreiche unter Denkmalschutz stehende oder kulturhistorisch bedeutende Gebäude beschädigt.
Wegen dieser und anderer Verstöße gegen die Haager Konvention zum Schutz von Kulturgut bei bewaffneten Konflikten aus dem Jahr 1954, die zuletzt 1999 in einem zweiten Protokoll präzisiert wurde, will die Ukraine Russland vor dem Internationalen Strafgerichtshof in Den Haag verklagen. Das Rom-Statut, das die Rechtsgrundlage für den IStGH bildet, bezeichnet in Artikel 8 vorsätzliche Angriffe auf Gebäude mit religiösem Charakter, auf Einrichtungen der Bildung, Kunst, Wissenschaft sowie auf geschichtliche Denkmäler als Kriegsverbrechen. Russland hat zwar anders als die Ukraine das Statut nicht ratifiziert, der Gerichtshof wird aber auch tätig, wenn das Kriegsverbrechen auf dem Hoheitsgebiet einer Vertragspartei stattgefunden hat.
Während dies eine Frage der kommenden Jahre sein wird, hat die UNESCO eine Schutzmaßnahme bereits ergriffen: Sie hat in einem Eilverfahren Anfang Juli 2022 den ukrainischen Borschtsch zum immateriellen Kulturerbe der Menschheit erhoben. Die Ukraine war 2020 mit einem nationalen Schritt vorangegangen, eine Aufnahme der Tradition des Borschtsch-Kochens auf die Repräsentative Liste der UNESCO war im Jahr 2023 erwartet worden und auf Bitten der Ukraine vorgezogen worden, da Russlands Krieg gegen die Ukraine das Überleben dieser Tradition gefährdet. Flucht und Vertreibung von Menschen würden, so die UNESCO, verhindern, dass die Menschen in ihren Gärten Gemüse anbauen, aus diesem Borschtsch kochen und sich versammeln, um diesen gemeinsam zu essen. Dies würde das soziale und kulturelle Wohlbefinden von Gemeinschaften untergraben.[16]
Neben all den unwiederbringlichen und drohenden Verlusten ist jedoch in den Monaten seit Beginn des russländischen Angriffskriegs in der Ukraine auch etwas entstanden: ein Bewusstsein für die eigene Kultur. Das Kulturerbe der Nation hat sich aus einer Liste staubiger Objekte in kaum besuchten Museen verwandelt in einen Schatz, den die Menschen in ihren Herzen tragen und für den die ukrainische Gesellschaft bereit ist zu

---

16 <www.unesco.org/en/articles/culture-ukrainian-borscht-cooking-inscribed-list-intangible-cultural-heritage-need-urgent>

kämpfen. Es geht nicht nur um die Werke der Volkskünstlerin Marija Prymačenko (1909–1997), die sich anders als zunächst befürchtet nicht mehr in dem ihr gewidmeten Museum in Ivankiv nördlich von Kiew befunden hatten, als das Haus bei einem russländischen Artillerieangriff zerstört wurde. Die Ukraine erlebt einen wichtigen Moment ihrer Geschichte und so hat jeder sein eigenes Erbe, das er bewahrt: Schwarz-Weiß-Fotos der Großeltern, Ikonen, Bücher, bestickte Hemden und viele andere Dinge, deren Bedeutung die Menschen erst in den Momenten der Verzweiflung entdecken.

Aus den Englischen von Volker Weichsel, Berlin

Schlagwörter: Krieg, Kulturgut, Museumspolitik, Restitution

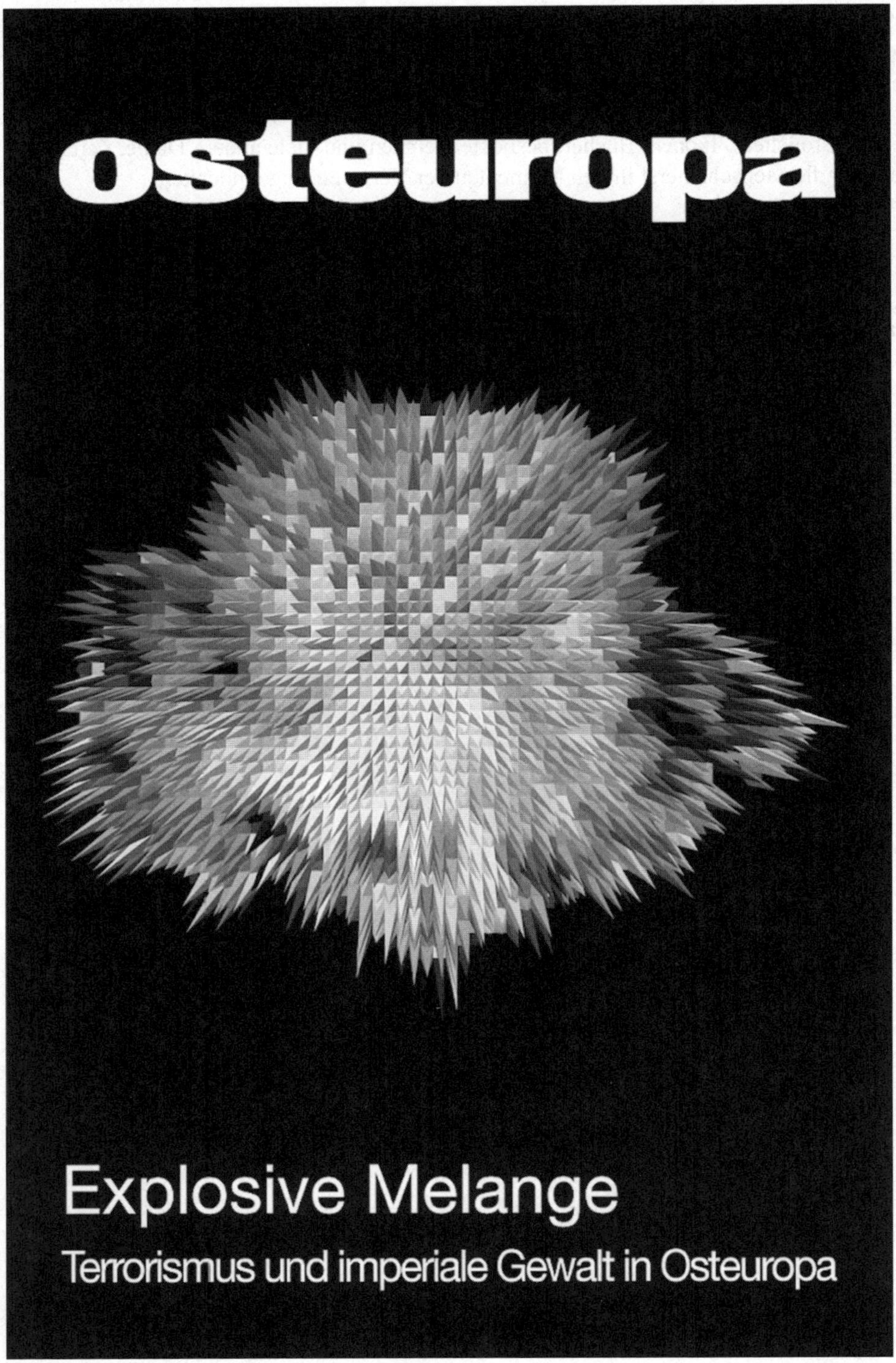

Die Vorgeschichte: OSTEUROPA, 4/2016

Elena Korowin

Kunst gegen den Krieg

Digitale und urbane Protestwelten

„Wenn die Kanonen sprechen, schweigen die Musen.“ Nein, das tun sie nicht! In der Ukraine und Russland haben Künstlerinnen und Künstler nach einer kurzen Schockstarre über Russlands Angriffskrieg auf die Ukraine ihr Schweigen überwunden. Zwar haben Repressionen und die Gefahren des Krieges Verbindungen gleichgesinnter Künstlerinnen und Künstler in beiden Ländern gekappt. Doch sie kämpfen gemeinsam mit ihren Waffen und Techniken gegen den Krieg. Sie arbeiten im digitalen wie im urbanen Raum und setzen auf Kryptokunst und Memes, Graffiti, Stencils oder Murals. Der Krieg verändert die Kunst auch in ihrer Ästhetik.

„Wenn Ares singt, dann schweigen die Musen“, äußerte sich unlängst ein Kollege in einer öffentlichen Debatte. Nein, das tun sie nicht. Die Kunst hat sich in den letzten zwei Jahrhunderten emanzipiert und neue Möglichkeitsräume geschaffen. Die Musen lassen sich vom Kriegsgott nicht mehr einschüchtern, sie schweigen nicht, sie tragen heute Schutzwesten und kämpfen mit unterschiedlichen Waffen und Techniken.[1] Die Erscheinungsformen heutiger Kunst sind umfangreich: Objekte, Aktionen oder Statements können als Kunstwerk, jede Person als Kunstschaffende betrachtet werden. Diese Selbstermächtigung verbindet kreatives Potential mit Handlungsspielraum, so wie es Joseph Beuys bereits in den 1960er Jahren antizipierte, indem er jedem Menschen künstlerisches Talent zusprach und soziale Plastiken forderte. Heute wird dieses Potential auf eindrückliche Weise von ukrainischen sowie oppositionellen belarussischen und russischen Künstlerinnen und Künstlern unter Beweis gestellt. Dmitrij Vilenskij, Gründungsmitglied des Kollektivs *Chto Delat*[2] aus St. Petersburg, dessen Mitglieder mittlerweile weltweit agieren, bezieht sich ebenfalls auf die Musen:

> Wenn die Kanonen sprechen, schweigen die Musen. Diese alte Regel wird seit jeher in Frage gestellt von der Kunst und dem Denken, die sich die Fähigkeit zum Sprechen bewahren und die Stummheit überwinden. Wir haben also die Chance, trotz des Schreckens der physischen und symbolischen Gewalt und des Todes menschlich zu bleiben.[3]

Elena Korowin, Dr. phil., Kunstwissenschaftlerin und Philosophin, Postdoc-Mitarbeiterin am „Graduiertenkolleg 1956“ der Universität Freiburg

Der vorliegende Beitrag geht auf einen Vortrag im Rahmen der Reihe „Das andere Russland“ des „Zwetajewa-Zentrums an der Universität Freiburg“ und des „Graduiertenkolleg 1956“ im Sommersemester 2022 zurück.

[1] Einige Künstler und Aktivisten, deren Werke im Folgenden behandelt werden, bleiben anonym, um sie nicht zu gefährden.

[2] Hier wird die Schreibweise verwendet, welche die Mitglieder des Kollektivs gewählt haben.

[3] <https://chtodelat.org/category/b8-newspapers/canary-archives-2022/>.

Spätestens nach dem 24. Februar 2022 verfielen viele Vertreterinnen und Vertreter der Kunst, Kultur und Wissenschaft in ein plötzliches Schweigen: So äußerte der Kulturhistoriker Igor' Gulin:

> Mit dem Beginn des Krieges setzte eine Stummheit ein. Ich konnte praktisch nichts über diese Ereignisse schreiben, konnte sie nicht kommentieren, und es war sogar schwierig, etwas zu „liken". Jetzt ist mir klar geworden, dass der einzige Ausweg darin besteht, etwas über diese Stummheit zu sagen.[4]

Der belarussische Philosoph Ihar Babkoŭ beschreibt die Sprachlosigkeit der Intellektuellen:

> Es mutet seltsam an, denn im gesamten 20. Jahrhundert war in Europa eine Überproduktion kritischer Theorie zu beobachten. Heute verstehen wir jedoch auch ohne weitere Argumente: die Hegemonie der Neomarxisten, die Frankfurter, die Baudrillardschen Simulacren, selbst Sloterdijks zynische Vernunft und Žižeks Glanznummern zu Lacan, sie alle sind nicht in der Lage, die neue Realität zu beschreiben, die der russisch-ukrainische Krieg und die belarussische Revolution freigelegt haben.[5]

Kryptokrieg

Die mitunter lebhaftesten Diskussionen seit 2021 im Kunstbetrieb drehen sich um Kryptokunst oder sogenannte Non-Fungible-Tokens (NFTs), die zu gefragten Investitionsobjekten für Sammlerinnen und Sammler geworden sind. Dabei handelt es sich um digitale Kunstwerke, deren einzigartige Zertifikate mit Kryptowährungen erworben werden können und die in einer Blockchain repräsentiert werden.[6] Die Bereitschaft der Investoren, für ein NFT zweistellige Millionenbeträge zu zahlen, löste eine Neubefragung des Kunstbegriffs aus: Kryptokunst wurde entweder als „Revolution" oder als „Massenware des zeitgenössischen Kunstmarkts" bezeichnet.[7] Im Februar des 2022 griff Russland die Ukraine an. Dieser Krieg zeichnet sich dadurch aus, dass er einerseits einem zerstörerischen Territorialkrieg aus dem 19. Jahrhundert unter massivem Einsatz von Truppen und Artillerie ähnelt, andererseits aber zum ersten Mal in der Geschichte beide Kriegsparteien Kryptowährungen des 21. Jahrhunderts einsetzen, Russland, um die Finanzsanktionen zu umgehen, die Ukraine, um Spenden für die Armee zu mobilisieren. Beobachter sprechen gar von einem „Kryptokrieg".[8]
Ungeachtet dessen, ob NFTs als Kunst oder Kitsch betrachtet werden, hat sich das Format materiell als nützlich erwiesen. Nach Angaben der ukrainischen Regierung wurden

---

[4] Igor Gulin: On War, Violence, Power, and Russian Culture. e-flux Notes, 18.5.2022.
[5] Ihar Babkou: Von Fischen und Menschen. Aus dem Belarussischen von Tina Wünschmann. dekoder, 18.3.2022.
[6] Kolja Reichert: Krypto-Kunst. Digitale Bildkulturen. Berlin 2021.
[7] Max Haarich: Historisch oder hysterisch? Der neue Hype um NFT-Kunst auf den Punkt gebracht. 1e9.community, 28.2.2021. – Marcus Rohwetter, Jens Tönnesmann: Schatzsuche im Kaninchenbau. Zeit-Online, 29.1.2022. – Max Blue: Opinion: Why NFTs are kitsch, not art. San Francisco Examiner, 6.3.2022.
[8] Steven Zeitchik: Tory Newmyer: In the world's first crypto war, uncertainty about who will benefit. Washington Post, 25.2.2022.

in den ersten drei Wochen nach Russlands Angriff 53 Millionen US-Dollar Kryptospenden gesammelt. Davon wurden sieben Millionen allein durch NFTs eingenommen.[9] Am 3. März 2022 wurde ein NFT der Ukrainischen Flagge an einen Pool von Spenderinnen und Spendern für umgerechnet 6,75 Millionen Dollar verkauft. Vertrieben wurde die Flagge von *UkraineDAO* (Dezentrale Autonome Organisation), die von dem *Pussy Riot*-Mitglied Nadežda Tolokonnikova am 24.2.2022 mitbegründet worden war. Die eingenommenen Spenden gingen an die Organisation *Come Back Alive*, die Zivilisten und die Ukrainische Armee unterstützt.[10] Den NFT-Spendenaktionen schlossen sich über das *Time Magazine* auch die New Yorker Künstlerin Olive Allen mit ihrer Arbeit НЕТ ВОЙНЕ (Nein zum Krieg) und 59 weitere Künstlerinnen und Künstler an. Damit wurden NFTs und Kryptowährungen zu einem wichtigen Faktor der Solidarität und Hilfe für die angegriffene Ukraine. Olive Allen ist eine von vielen russischstämmigen Künstlerinnen, die als Zeichen des Protestes ihren russländischen Pass verbrannt haben. Sie verkauft ein NFT der Aktion unter „Passport Burning".[11] Kryptokunst ist schnell zu produzieren und einfach zu vertreiben, weshalb sie prädestiniert war, um auf den Kriegsausbruch unmittelbar zu reagieren. Neben NFTs sind Memes eine beliebte Art, Botschaften zu vermitteln und sich an eine breite Öffentlichkeit zu wenden.

Memes

Memes funktionieren wie Ohrwürmer des Internets. Sie dienen der zudem der Selbstermächtigung durch Humor.[12] Am ersten Tag der Invasion in der Ukraine entstand ein bis heute virales Meme: Ein russländisches Kriegsschiff näherte sich am 24. Februar 2022 der Schlangeninsel (17 ha Fläche, 30 Einwohner) im Schwarzen Meer und forderte die 13 auf der Insel stationierten Grenzsoldaten mit folgenden Worten auf, sich zu ergeben:

> Dies ist ein russisches Kriegsschiff. Ich fordere Sie auf, die Waffen niederzulegen und sich zu ergeben, um Blutvergießen und unnötige Opfer zu vermeiden. Andernfalls werden Sie bombardiert.[13]

Diese Aufforderung führte zu einer eindeutigen Antwort, die sich binnen Stunden im Internet verbreitete: „Russkij voennyj korabl' idi na chuj!" – „Russisches Kriegsschiff, fick dich!" Dieser Ausruf wurde zum Slogan gegen Russlands Aggression, der alsbald auf Tassen, T-Shirts, Handyhüllen, Wandbildern, Straßenschildern und Billboards gesichtet wurde. Er hatte eine große gemeinschaftsstiftende Wirkung und führte zu Memes und improvisierten Flashmobs bis zu weltweiten Plakataufschriften und Graffitis. Die Ukrainische Eisenbahngesellschaft *Ukrzaliznycja* stellte viele Verbindungen nach Russland demonstrativ ein mit den Worten „Russischer Zug, fick dich!". Am 12. März 2022 gab die Ukrainische Post eine von Borys Groh gestaltete Briefmarke in Auftrag, die über

---

[9] Brian Rotter: Ukraine: Mit Krypto und NFT gegen die russische Invasion. t3n, 16.3.2022.

[10] Svend Reuse: Dezentrale Autonome Organisationen (DAO): Die Macht der globalen Community am Beispiel der UkraineDAO. IT Finanzmagazin 24.3.2022.

[11] Pearl Fontaine: Why Olive Allen Burned Passport in Support of Ukraine. whitewall art 16.3.2022.

[12] Dirk von Gehlen: „Meme". Digitale Bildkulturen. Berlin 2020.

[13] Geroi mema Russkij voennyj Korabl', idi na … s ostrova Zmejnyj živy, no vzjaty v plen. BBC News, 25.2.2022.

verschiedene Kanäle im Sechserblock für 30 bis 300 Euro verkauft wird. Als Geste kann dieses Meme mit dem berühmten Bild von Il'ja Repin *Die Saporoger Kosaken schreiben dem türkischen Sultan einen Brief* (1880–1891, verglichen werden. Dieses historisch-heroische Motiv bekundet eine ebenso lebendige und lebensbejahende Selbstermächtigung gegenüber dem Angreifer. Zu einem weiteren Symbol des Widerstandes ist der ukrainische Traktor geworden. Am 28. Februar 2022 erschien auf YouTube ein Video, das einen Traktor zeigt, der einen Panzer abschleppt, während jemand hinterherläuft und versucht, den Panzer wieder einzuholen. Der englische Untertitel lautete: „Ukrainian farmer steals Russian tank from right under the nose of the Russians who occupied it."[14] Die Briefmarke und der Traktor knüpfen an die Bildtradition des biblischen David gegen den übermächtigen Goliath an und bringen ein ähnliches Selbstbewusstsein zum Ausdruck wie ehemals die Bürgerschaft von Florenz durch Michelangelos Skulptur des David. Mit derartigen Memes und Videos machen sich die Ukrainer lustig über den Aggressor, die subversive Kunst kann es indes nicht mit der Anzahl schrecklicher Bilder von Kriegsschauplatz aufnehmen – derer sind es zu viele.

Borys Groh: Russisches Kriegsschiff, versink Dich

---

[14] <www.youtube.com/watch?v=yIB7QPsNA_w>. – Konstantin Konovalov: Ukrainian Farmer steal Russian Tanks. Katapult, 8.3.2022.

Künstlerinnen und Künstler in der Ukraine

Kunstschaffende bilden mit ihren vielfältigen Ausdrucksmöglichkeiten immer die Gesellschaft ab. Viele Künstlerinnen und Künstler in der Ukraine sind gerade unsichtbar, weil sie verteidigen, aufbauen, helfen. Neben diesem Engagement verfolgen einige weiter ihre künstlerischen Projekte – weil sie nicht anders können. So drückt es Nikita Kadan aus, einer der Gründer des nach der Orangen Revolution 2004 entstandenen Politkunst-Kollektivs *R.E.P.* (Revolutionary Experimental Space):

> Die Dunkelheit und Undurchsichtigkeit der Kunst klären die Welt. In Zeiten des Krieges, wenn wir mit dem Unsichtbaren und Schrecklichen konfrontiert sind, kann diese Fähigkeit der Kunst ein sehr wirksames Instrument sein, um den eigenen Verstand zu bewahren, wenn man von einem kurzen historischen Zeitraum spricht, und zu einem Mittel, um die Welt vor einer Wiederholung der Katastrophe zu schützen, wenn man von einen langen Zeitraum spricht. Aber Schutz bedeutet nicht Garantie. Jedes „Nie wieder“ muss täglich geübt werden. Und das führt uns zu einem ganz anderen Problem: Nicht jeder hat Zugang zur Kunst, aber der Krieg hat Zugang zu allen.[15]

Kadan ist auf Facebook und Instagram aktiv, er äußert sich regelmäßig öffentlich zur Lage in der Ukraine. In den ersten Monaten berichtete er in den sozialen Medien aus Kiew, wie der Krieg immer näher rückte. Mit anderen Künstlerinnen, Künstlern und ihren Familien lebte er in einer Galerie, die zu einem Luftschutzbunker umfunktioniert worden war. Dort organisierte er Mitte März die Ausstellung *Trevoga* (Angst) und postete Ansichten von der Installation auf seinen Accounts. Die Kunstgeschichte ist für Kadan ein Schlüssel, mit dem man die Paradoxien der politischen Geschichte offenlegen kann. In vielen seiner Arbeiten verbindet er historische Ereignisse mit aktuellen Details: In der Ausstellung *This is Ukraine: Defending Freedom @ Venice 2022*, die vom *PinchukArtCenter* aus Kiew auf der Biennale in Venedig organisiert wurde, zeigte Kadan die Installation *Difficulties of Profanation II* (2015–2022) aus alten Fotos und Postkarten, gefundener Kriegsapparatur und Objekten aus Kiew und Charkiv. Kadan spricht von der Ukraine als dem Land der „boring catastrophy“ nach 2014 und davon, dass die Ukrainerinnen und Ukrainer sich intellektuelle Techniken der westlichen Kunstwelt angeeignet haben, um Anschluss zu finden und um sichtbar zu sein.

> Gebt uns einfach ein Mikrofon. Wir haben einige besondere Dinge gesehen, die mit uns allen zu tun haben. Mit den Menschen in Europa. Wenn wir mehr Sichtbarkeit bekommen, könnte das funktionieren. Und wenn die Menschen in Europa, die im Kulturbetrieb tätig sind oder die anderweitig Gehör bekommen, mit der politischen Klasse sprechen, dann wäre das schon eine Menge. [. . .] Europa sollte einsteigen. Ansonsten werden wir zerstampft werden. Dann wird Putin seinen nächsten Schritt in Richtung Westen machen. Ich denke, das ist jetzt ziemlich offensichtlich.[16]

---

[15] Kakova rol' iskusstva i chudožnikov vo vrem'ja voiny? Artterritory.com, 25.3.2022.

[16] Nikita Kadan: „Ich arbeite auch im Luftschutzbunker.“ Monopol, 1.3.2022.

Kadan ist derzeit in der europäischen Öffentlichkeit sehr präsent: Ausstellungen in Europa zeigen seine Werke, in Antwerpen sprach er im Mai vor Mitgliedern des Europäischen Parlaments. Immer wieder lenkt er die Aufmerksamkeit auf die vom Tod bedrohten Menschen in der Ukraine, thematisiert seine Position als Künstler in der Gesellschaft und bringt sein Mitleid für die Kolleginnen und Kollegen aus Russland zum Ausdruck. Im Gegensatz zu den Künstlern aus Russland schöpfen die ukrainischen Künstlerinnen und Künstler durch die weltweiten Reaktionen auf den Krieg nun Selbstbewusstsein. Kadan hat Gastaufenthalte für geflüchtete Kunstschaffende im westukrainischen Ivano-Frankivs'k organisiert, zudem verkauft er seine Arbeit *We are the Price* (2022) für humanitäre Zwecke.[17] Die Fotografin, Künstlerin und Schriftstellerin Yevgenia Belorusets verfasste von Kriegsbeginn bis April 2022 für das deutsche Nachrichtenmagazin *Der Spiegel* ein *Tagebuch aus Kiew*. Dieses Tagebuch enthält Fotos und persönliche Anmerkungen zu den Ereignissen, es ist die Stimme einer Zeugin, die hofft, dass dieser Krieg bald enden möge.[18]

Ein Kriegstagebuch in Zeichnungen führt Alevtina Kakhidze, die sich in einem 26 km von Kiew entfernten Dorf befindet. Kakhidze wuchs in der Region Donec'k auf und thematisierte russländische Gewalt gegen die Ukraine schon während der *Manifesta 10* und der *Moskau-Biennale* (beide 2015). Sie gründete und leitet das Residenzprogramm *The Muzychi Expanded History*, mit dem sie Kulturschaffenden die Möglichkeit bietet, außerhalb der Metropole zu arbeiten und dörfliches Leben zu erfahren. Außerdem widmet sie sich der Arbeit mit Kindern, um ihnen die Freiheit des Denkens zu vermitteln. 2014 zeichnete sie Geschichten vom Majdan, um der russländischen Propaganda etwas entgegenzusetzen, die die Demonstrantinnen und Demonstranten als marginale Gestalten aus der Westukraine darstellte. Kakhidze ist in der Ukraine geblieben, um zu verstehen, was passiert, und um die Ereignisse in ihren Zeichnungen festzuhalten.

> Als ich auf dem Maidan war, waren dort auch Künstlerinnen und Künstler. Einige von ihnen fingen an, mit Steinen zu werfen. Ich nicht. Aber am nächsten Morgen, als Wiktor Janukowytsch das Land verlassen hatte, wusste ich: Wenn alle so gewesen wären wie ich, wäre er nicht geflohen. Zu welcher Zeit kann man sich erlauben, Pazifist zu sein? Die Ukraine befindet sich in der interessanten Situation, in der man diese Konzepte überprüfen kann. Aber jetzt sitze ich in meinem Studio und wir reden über Philosophie, obwohl ich den Beschuss höre. Ich bin gespannt, wie es weitergeht.[19]

Dies ist lediglich ein kleiner Ausschnitt der ukrainischen Kunstszene, der zeigt, dass die kreative Dokumentation des Krieges durch Künstlerinnen und Künstler einen unschätzbaren Beitrag leistet. Sie setzen verschiedene Herangehensweisen wie Zeichnung, Installation, Collage, Montage oder Video ein, um der Nachwelt ein subjektives Zeugnis der Ereignisse zu geben.

---

17 Näheres zu diesem Projekt unter: <https://new.pinchukartcentre.org/thisisukraine-en>.

18 <www.spiegel.de/thema/tagebuch-aus-kiew/>.

19 Alevtina Kakhidze: „Ich bleibe in der Ukraine, um zu verstehen, was passiert". Monopol, 28.2.2022.

Nikita Kadan: We are the Price

Künstlerinnen und Künstler in Russland

Im Stück *Die zweimal Gemordeten*, das von Massengräbern aus der Stalinzeit handelt, die 1979 im sibirischen Kolpaševo freigespült wurden, zeigt die ukrainische Schriftstellerin Marjana Gaponenko die Absurdität einer Gesellschaft, die nicht anerkennen will, von Leichenbergen umgeben zu sein.[20] Künstlerinnen und Künstler sowie Oppositionelle in Russland versuchen seit Monaten, mit Guerillataktiken auf ebensolche Leichenberge in der Ukraine hinzuweisen. Sie fingen damit an, noch ehe die Bilder aus Buča und Irpin' die internationale Öffentlichkeit erreichten. Am 22. Februar 2022 versammelten sich Mitglieder der Gruppe *Partija Mertvych* (Partei der Toten), die sich 2017 gebildet hat, zu einer Aktion am Piskarev-Friedhof in St. Petersburg. Dort hielten sie Plakate mit der Aufschrift „Tote brauchen keinen Krieg", „Sie haben nicht genug Leichen" und „Die russländische Macht wird mit Gräbern wachsen". Der Ort war bewusst gewählt. Nur kurz zuvor, am 27. Januar 2022, zum 78. Jahrestag der Befreiung Leningrads von der Blockade durch die deutschen Truppen im Zweiten Weltkrieg, hatte Putin diesen Friedhof aufgesucht, um der Opfer der Blockade zu gedenken, die dort in Massengräbern beerdigt sind. Wegen Putins „Auftritt" wurde der Friedhof geschlossen. Nur er durfte dort seinen Kranz niederlegen, während die letzten Überlebenden der Blockade und ihre Angehörigen, die sich dort jedes Jahr an diesem Tag zum Gedenken an die Opfer versammeln, warten mussten. Ein Mitglied der *Partija Mertvych* sah in diesem Akt einen Ausdruck von Putins Erinnerungspolitik:

Partija Mertvych (Die Partei der Toten): „Ihnen fehlt's an Leichen"

---

[20] Marjana Gaponenko: Eine Post-Sowjetische Dramolett-Trilogie. Berlin 2017.

> Putin beging dieses Ritual in einer vollkommenen Leere, in einem Vakuum. Das erschien uns als ein perverser Akt, der das historische Gedächtnis völlig falsch interpretiert. Darin kommt eine Kommerzialisierung des historischen Gedächtnisses durch die russländische Führung zum Ausdruck. Wir haben beschlossen, dass wir darauf reagieren und sehr laut „Nein!" sagen müssen. Deshalb gingen wir an denselben Ort, an dem Putin kurz zuvor gewesen war, um ihn von dort zu vertreiben und den Friedhof den Toten zurückzugeben.[21]

Die Kunstschaffenden kritisieren die militaristische Politik sowie die Aneignung und den Missbrauch der ursprünglich gesellschaftlichen Gedenkinitiative *Unsterbliches Regiment* durch den russländischen Staat.[22] Friedhöfe, die in der Regel nicht videoüberwacht werden und deshalb einen vergleichsweise sicheren Raum darstellen, sind zu einem beliebten Ort für Kunstaktionen geworden, wo auch oppositionelle Meinungen artikuliert werden können. Mit Aktionen wie „Mütter! Eure Kinder sind – Fake" kritisieren die Künstler die offizielle Berichterstattung über die „Spezialoperation" in der Ukraine, die in Russland nicht als „Krieg" bezeichnet werden darf. Der „Nicht-Krieg" gebar eine weitere Gruppierung, die mittlerweile über 30 000 Follower auf Telegram hat – *Feministskoe antivoennoe soprotivlenie* (Feministischer Antikriegswiderstand). Ihre Aktionen zielen darauf, das Unaussprechliche in Russlands öffentlichem Raum erfahrbar zu machen. Sie riefen dazu auf, Kreuze als Mahnmale für die Toten von Mariupol' aufzustellen, und veröffentlichten Fotos davon unter dem Hashtag #MARIUPOL5000.

> Russland leugnet weiterhin die Verantwortung, während die Propagandisten die Nachricht verbreiten, dass die Ukraine selbst Mariupol' bombardiert habe. Dies ist eine Lüge und eine Beleidigung des Gedenkens an die Opfer. Die Führung der Russländischen Föderation tut alles, um unter ihren Bürgern Empathie und Mitgefühl zu zerstören. Den Bürgern werden keine Fotos von Toten und Verwundeten gezeigt, sie sehen keine Bilder von Grabkreuzen in der Nähe von Kinderspielplätzen.[23]

Binnen zweier Monate standen etwa 1000 Kreuze in 50 Städten Russlands, obwohl auch dies, nach derzeitiger Gesetzeslage, strafbar ist. Nach dem Massaker von Buča tauchten in Russland in vielen Städten Kreuze mit dieser Aufschrift auf. Diese Resonanz war auch eine Reaktion auf das in Russland erlassene Demonstrationsverbot. Viele Menschen hatten das Bedürfnis, sich zu äußern, sie können es jedoch nur noch durch stumme Zeichen. So hatte in den Jahren 2016–2017 Dar'ja Serenko die Aktion #tichijpiket (Stiller Streikposten) ins Leben gerufen. Schweigend war sie mit Plakaten in der Moskauer U-Bahn aufgetreten und hatte für Feminismus und Menschenrechte demonstriert. Diese Form des Protests fand weltweit Nachahmung.[24] Nach Kriegsbeginn 2022 wurde die Aktion wieder

---

[21] Russkie russkich ne choronjat. Kak art-protest v Rossii otvečaet na vojnu s Ukrainoj. BBC News, 13.4.2022.

[22] Das „Unsterbliche Regiment" ist eine Gedenkaktion zum Tag des Sieges am 9. Mai 1945, die seit 2015 als Propagandainstrument für die Erinnerungs- und Geschichtspolitik der Regierung begangen wird. Dazu: Julie Fedor: Russlands „Unsterbliches Regiment". Der Staat, die Gesellschaft und die Mobilisierung der Toten, in: OSTEUROPA, 5/2017, S. 61–87.

[23] Russkie russkich ne choronjat [Fn. 20].

[24] Il'ja Panin: Kak naučitsja smotret' drug na druga: dva goda „Tichomy piketu". Afisha Daily, 10.4.2018.

aufgenommen und inspirierte russlandweit den Art-Aktivismus. Informationen über den Krieg wurden in Städten verteilt, Aktivistinnen beschrifteten Geldscheine mit Antikriegsslogans oder tauschten Preisschilder in Supermärkten aus. Über Telegram verbreiteten sich Neuigkeiten in Chats und es wurden Anleitungen und QR-Codes für vorgefertigte Plakate und vor allem Sicherheitsregeln für solche Aktionen geteilt.

Wegen des Austauschs von Preisschildern gegen Informationen über das Vorgehen der russländischen Armee in Mariupol im Supermarkt *Perekrëstok* in Petersburg wurde unlängst die Künstlerin Saša Skočilenko verhaftet. Nach dem neuen Paragraph 2 von Artikel 207.3 des Strafgesetzbuches, der am 4. März 2022 in Kraft trat, ist sie nun wegen „politischer Feindseligkeit" angeklagt. Ihr drohen bis zu zehn Jahre Haft.[25]

Neben Art-Aktivisten sind auch Street-Artists aktiv. Graffiti, Stencils (Schablonenkunst), Sticker und Murals (großflächige Wandbilder) sind unmittelbare Kommunikation im öffentlichen Raum. Online gibt es zahlreiche Dokumentationen der Antikriegskunst in der internationalen Street-Art.[26] Für beide Formen des künstlerischen Widerstandes braucht man nur wenig Zeit, manchmal greifen sie ineinander. Die subversive Kunst in Russland basiert auf Schnelligkeit und Einfachheit der Mittel. Für den Protest werden kunsthistorische Klassiker wie Vasilij Verešagins *Apotheose des Krieges* (1871) recycelt.

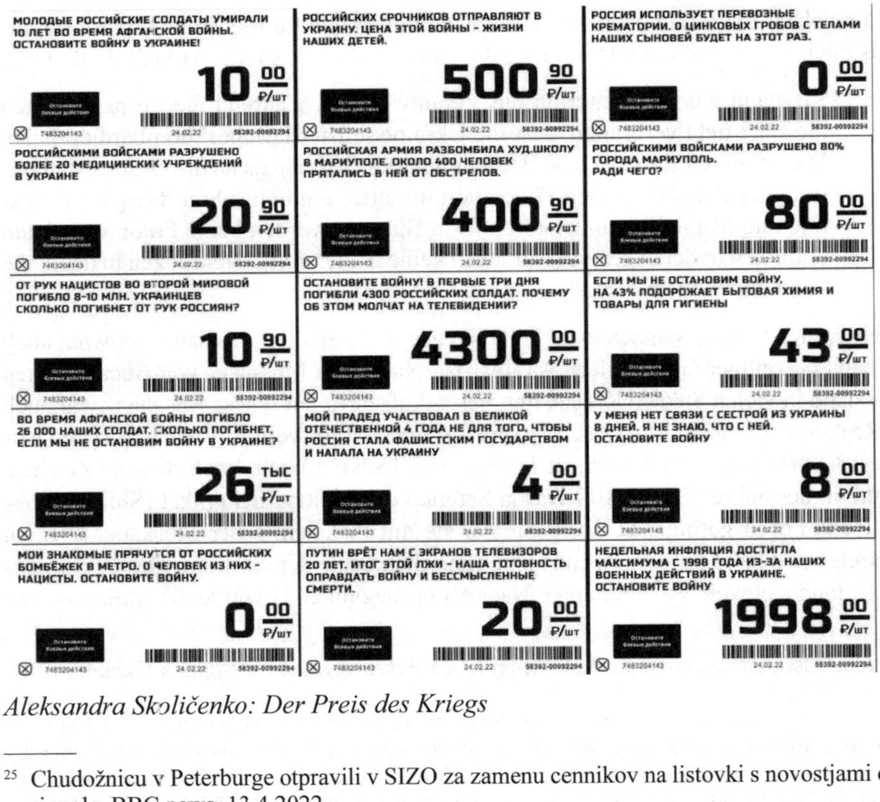

Aleksandra Skoličenko: Der Preis des Kriegs

[25] Chudožnicu v Peterburge otpravili v SIZO za zamenu cennikov na listovki s novostjami o Mariupole. BBC news, 13.4.2022.

[26] Mikhail Oger: The Special Operation and Peace: Russia's street and net artists revolt against the war with Ukraine. The Insider, 30.3.2022. – Anti-War Art: Graffiti Artists Around the Globe Show Support For Ukraine. Radio Free Europe / Radio Liberty, 13.5.2022.

Auf den Rahmen des Werkes hatte Verešagin vor 150 Jahren notiert: „Gewidmet allen Eroberern – den vergangenen, den aktuellen und den zukünftigen." Die meisten Proteste dokumentiert die Moskauer *Partizaning Group* auf ihrem Kanal. Ihre Homepage ist gesperrt, über Telegram ist sie jedoch weiterhin aktiv und dokumentiert die Werke, die schnell wieder übermalt und beseitigt werden oder verschwinden. Überall, wo „Net Vojne" oder „No War"-Aufschriften in Russland auftauchen, werden sie sofort von der Stadtreinigung entfernt. Mancher Versuch, eine Aufschrift zu entfernen, verstärkt ihre Wirkung noch. Viele Street-Artists sind bereits als aktive Gegnerinnen und Gegner des Regimes bekannt: Tima Radja, Kyrill Kto, Slava PTRK, Art-Group Yav, Zoom, Sinij Karandaš, Artem Loskutov, Make von Partizaning, andere sind geflohen oder arbeiten anonym.[27] Phillipenzo etwa bringt Graffiti und Aktivismus zusammen: *Zink naš* (Zink ist unser, ist eine zynische Antwort auf den Slogan der Regierung „Krim naš" (Die Krim gehört uns). Zudem verteilte Phillipenzo in Moskau seine Objekte *Gruz 200* (Fracht 200), die an Leichensäcke erinnern und mit „Gruz 200" beschriftet sind, wobei die 200 mit einem „z" statt einer „2" beginnt und damit an die aktuelle Propaganda Russlands angelehnt ist. „Gruz 200" ist Armeejargon und bezeichnet einen Luftfrachtcode aus dem Afghanistankrieg der Sowjetunion in den 1980er Jahren. Er bedeutet: ein getöteter Soldat.[28]

Z

Das „Z" tauchte erstmals auf russländischen Militärfahrzeugen in der Ukraine auf. Über die ursprüngliche Bedeutung wird nach wie vor gestritten, die gegenwärtige Bedeutung ist hingegen offensichtlich. Auf der Website des russländischen Verteidigungsministeriums, auf großflächigen Bannern in den Städten und bei medienwirksamen Auftritten des Präsidenten wird der Buchstabe „Z" für Kriegspropaganda benutzt. Dramatische Visuals verstärken patriotische Gefühle, die durch Slogans wie *Za Pobedu* (Für den Sieg) oder *Za Pasanov* (Für die Jungs) unterstrichen werden. Der kyrillische Buchstabe „з" wird dabei durch das lateinische „z" ersetzt und so durch die Vermischung der Alphabete „amerikanisiert". Seit Monaten taucht das „z" international bei Pro-Russland-Demonstrationen auf, häufig in Kombination mit Devotionalien des Zweiten Weltkrieges. Als Antwort auf die Anti-Kriegs-Streetart finden sich in Moskau mittlerweile häufig Graffiti *für* den Krieg, die angesichts ihrer akkuraten Ausführung Auftragsarbeiten sein dürften. Viele nationalistische Gruppen in Russland agieren ähnlich wie die oppositionellen Künstler und eignen sich deren Bildsprache an. Diese Tendenz ist in den letzten Jahren auch bei der europäischen Rechten zu beobachten, die linke kulturelle Praktiken, Codes und Visuals für ihre Ziele einsetzt und damit besonders in der jüngeren Generation Erfolge verzeichnet.[29]

Der Buchstabe „z" erinnert gleichzeitig an ein Hakenkreuz und an faschistische Propaganda, etwa wenn Oppositionelle bedroht oder die Haustüren des Filmkritikers Anton

---

[27] Oger, The Special Operation [Fn. 24].

[28] Aleksej Balabanovs gleichnamiger Film *Gruz 200* (2007) zeigt seine Erfahrungen im Afghanistankrieg und die Deformationen der spätsowjetischen Gesellschaft.

[29] Vgl. dazu den Vortrag von Wolfgang Ullrich (Leipzig/München) „Soziale Medien als Orte der Mobilisierung. Zur Bildpolitik des politischen Aktivismus" auf dem Symposium „Die politische Dimension der Kunst – Bedingungen, Grenzen und Perspektiven" am 20.–21. April 2018 in der Kunststiftung Erich Hauser in Rottweil, <http://erichhauser.com/kunststiftung-erichhauser/node/707>.

Dolin, der Theaterkritikerin und Festivalleiterin Marina Davydova oder einzelner Mitglieder von *Pussy Riot* mit dem „z“ besprüht werden.[30] Doch auch das bleibt nicht unwidersprochen. Ungebrochen machen sich Künstlerinnen und Künstler in Russland und in der Ukraine über das „z“ lustig. In Russland laufen sie Gefahr, wegen der Diskreditierung der russländischen Streitkräfte festgenommen zu werden.

Oben: Fracht Z00. Unten: Der Zink(sarg) gehört uns!

[30] Bukva Z – oficial’nyj (i zloveščij) simvol rossijskogo vtorženija v Ukrainu. My popytalis’ vyjasnit’, kto ėto pridumal, i vot čto iz ėtogo polučilos. Meduza, 15.3.2022.

Chto delat

Viele Namen könnten hier genannt werden, viele Künstlerinnen und Künstler arbeiten nicht anonym, sondern in einem Kollektiv, etwa die Mitglieder von *Chto delat* (Was tun), die sich 2003 zusammengefunden und nach den berühmten Schriften *Čto delat'*? von Nikolaj Černyševskij und Lenin benannten. Der Name der Gruppe ist Programm. Sie widmen sich Problemen der russländischen Gesellschaft und Politik, produzieren Zeitungen und Filme, Bühnenstücke und Installationen. Ihr letztes Projekt war die *School of Engaged Art* im *DK Rosy* (Haus der Kultur Rosa) in St. Petersburg, wo sie angehende Künstlerinnen und Künstler unterrichteten und gemeinsam Projekte durchführten.[31] Im Juni 2022 schloss die Schule. Den Krieg hat die Gruppe, die sich in *Chto Delat International* umbenannt hat, in einer Sonderausgabe ihrer Zeitung und in der Installation *Canary Archives – Files of Dreams and other Matters* (2022) verarbeitet. Beides entstand unter dem Schock der Gewalt in den ersten Wochen des Krieges gegen die Ukraine und wurde zuerst in der Ausstellung *The Whole Life. Archives & Imaginaries* im Haus der Kulturen der Welt in Berlin (24.3.–18.4.2022) gezeigt.[32] In der Zeitung sind Antikriegsansichten der Mitglieder von *Chto Delat* versammelt, die alle ihre Solidarität mit der Ukraine bekunden. Die Installation arbeitet mit Bildern von Kanarienvögeln, deren Aufgabe es einst war, Bergleute zu alarmieren, wenn der Kohlenmonoxid-Wert unter Tage gefährlich anstieg.

Heute ist der Vogel eine Metapher für die Künstlerinnen und Künstler, die vor Gefahren warnen sollen und den Weg aus dem Schacht weisen. *Canary Archives* besteht aus einem Käfig, in dem eine Vierkanal-Videoinstallation läuft. In einem Video teilen die neun Mitglieder des Kollektivs ihre Träume, die sich auf die aktuelle politische Lage beziehen, begleitet von Aufnahmen von Kanarienvögeln im Käfig, einer kollektiven Tanzszene im Dunkeln und einem Bergwerksaufzug, der unter Tage einfährt.[33] Sie betonen, wie wichtig es unter den aktuellen politischen Umständen ist, gemeinsam zu arbeiten. Ihre Praktiken erinnern an nonkonformistische Gruppierungen der Sowjetunion in den 1950er bis 1990er Jahren. Wieder einmal wird es für Künstlerinnen und Künstler in Russland wichtig, Orte des Austausches und der gemeinsamen Arbeit an der Zukunft zu finden. Die Mitglieder von *Chto Delat* sehen ihre Überlebensstrategie ausschließlich als eine kollektive:

> Nur wenn wir uns zusammentun, haben wir eine Chance, mit einer gewissen Tiefe zu leben sowie zu arbeiten und wenn wir Glück haben, wieder an die Oberfläche zu kommen.[34]

Fazit

Der Angriff Russlands auf die Ukraine hat das Leben der Künstlerinnen und Künstler in beiden Ländern erheblich verändert. Viele Verbindungen sind gekappt, es bleibt zu

---

31 Unter <https://chtodelat.org/> können alle Projekte der Gruppe seit 2003 abgerufen werden.

32 Die Gruppe hat sich ein großes internationales Netzwerk aufgebaut und finanziert sich hauptsächlich aus internationalen Quellen, da sie in Russland kaum auf positive Resonanz stieß.

33 <https://chtodelat.org/category/b8-newspapers/canary-archives-2022/>.

34 Dmitry Vilensky: (Chto Delat collective) A Dive into the Depths. e-flux Notes 2.5.2022.

hoffen, dass zumindest bei den hier vorgestellten gleichgesinnten Künstlerinnen und Künstlern die Verbindungen nicht für immer abreißen. Der Krieg veränderte die Kunst auch in ihrer Ästhetik. Auch das gilt für die Ukraine und Russland. Ukrainische Künstlerinnen und Künstler, die im Kriegsgebiet geblieben sind, befinden sich in Lebensgefahr und widmen sich der Dokumentation der Ereignisse und des Lebens im Krieg, so wie es der diesjährige Friedenspreisträger des deutschen Buchhandels, Serhij Zhadan, fordert:

> Über den Krieg muss geschrieben werden. Der Krieg braucht keine Ästhetisierung, aber er braucht Fixierung. Er braucht Zeugen, die weniger über sich als über den Krieg sprechen.[35]

Aber auch die Künstlerinnen und Künstler in Russland sprechen über den Krieg und versuchen, ihn mit allen Mitteln sichtbar zu machen. Dabei werden in beiden Ländern der öffentliche Raum der Straße und der digitale öffentliche Raum immer enger miteinander verbunden, viele Arbeiten und Proteste werden von vornherein für beide Raumtypen geplant.[35] Für die Dokumentation und das künstlerische Beschreiben des Krieges in der Ukraine wird die Straße unter Lebensgefahr zum Material der direkten Abbildung oder Inspiration. Das Geschehen wird dann wiederum im digitalen Raum einer Öffentlichkeit präsentiert, um Sichtbarkeit zu erlangen, auf Kriegsverbrechen aufmerksam zu machen und selbst Position dazu zu beziehen. In Russland werden viele Aktionen sehr kurz und unter existenzieller Bedrohung durch das immer repressivere Regime auf die Straße gebracht, um dort zuallererst Aufmerksamkeit zu erzielen und Bewusstsein zu schaffen. Die Dokumentation des Werkes, das üblicherweise schnell wieder beseitigt wird oder verschwindet, gewinnt an Bedeutung. Weder in Russland noch in der Ukraine besitzt ein Raum größere Relevanz als der andere. Die Künstlerinnen und Künstler müssen in beiden Ländern unter schlimmsten Bedingungen arbeiten. Ihre Stimmen werden jedoch höchst unterschiedlich intensiv wahrgenommen.

Utopie und Kommunikation werden in diesen Monaten im Metaversum ausgelebt, wo Künstlerinnen und Künstler von @post_tribe einen alternativen Roten Platz als Ausstellungsort geschaffen haben, auf dem sich jede und jeder tummeln darf. Einsehbar ist das Projekt auf spatial, dort kann man sich unzensiert austauschen und versammeln. Es bleibt zu hoffen, dass diese friedliche Welt irgendwann aus dem digitalen in den realen Raum verlagert werden kann.

Manuskript abgeschlossen am 22. Juli 2022

---

35 Ein Dichter im Krieg. Serhij Zhadan ist neuer Friedenspreisträger. Die Zeit, 30.6.2022.

36 Für diese Anregungen danke ich Wolfgang Ullrich.

Abstracts

Resistance
Ukrainian Culture in Times of War

Ulrich Schmid
Does Ukraine Have a Literary History?
Basic Outlines of the Literary Process in Ukraine

Ever since its East Slavic beginnings, Ukrainian literary history has evolved in different spaces. Multilingualism and cultural overlap were always constitutive features of literary creation in the space that is modern-day Ukraine. In addition, there have been repeated attempts to place Ukrainian literature in the imperial centre St. Petersburg. Therefore, what holds true for many European national literatures applies to Ukrainian literature: writers and other figures involved in cultural politics consciously constructed a literary system, and historians of literature projected this construction onto the past. The suppression that Ukrainian writers experienced again and again as part of the national movement in the tsarist empire and the Soviet Union has meant that the relationship to state and nation has defined the literary process in Ukraine to this day. This is seen in the importance of writers in society during Russia's aggression against Ukraine, a conflict that began in 2014 and escalated to open war in 2022.

Annette Werberger
Polyglot Legacy
Multilingualism in the History and Literature of Ukraine

Linguistic pluralism in literature as well as in everyday life is a characteristic of Ukraine. This relaxed multilingualism is a legacy of the multi-ethnic European empires to which the country belonged throughout its history. In Western Europe, however, this was often seen as a sign of unfinished nation-building. Only recently has the German public discovered the positive potential of Ukraine's linguistic diversity. This applies in particular to the field of literature, where multilingualism has produced a special richness of forms and timbres. However, the war that Russia thrust upon Ukraine in February 2022 also threatens to destroy this unique mobility and openness.

Claudia Dathe
"The Silent Language of Rage"
Ukrainian Poetry at War

Literature, especially contemporary poetry, has developed into an important medium for processing the war in Ukraine intellectually. Since 2014, the violence to which the country and its citizens have been subjected has been the subject of numerous poems. With the February 2022 invasion, the field of literature has shifted significantly yet again. The war has become an inescapable reality that poets must confront. Documentation comes to the fore, a "high poetic tone" seems to have become impossible, likewise the classical form of narration. Language is no longer merely a tool of description, but itself part of what is happening and the subject of poetic reflection.

Nation and State

Getting Off the Sidelines
Andreas Kappeler: Ukraine as Subject in History

Andreas Kappeler, a historian of Eastern Europe, looks back on his personal discovery of Ukraine as a nation at a time when the mere mention of the word "nation" was considered disreputable. He explains where the stereotype of Ukrainians as nationalists and anti-Semites comes from. In his view, however, the widespread Western disinterest in Ukraine has been overcome, and Ukraine is now recognized as an equal subject within the international community of nations. As a historian who thinks long-term, he refuses to believe that a megalomaniacal dictator in the Kremlin can chart a new course in the history and historiography of Europe in just a few years.

Andrii Portnov, Tetiana Portnova
Ukrainian History
Approaches to Interpretation and Explanation

For a long time, Ukrainians avant la lettre lived in different empires. Does such a "stateless people" have a national history? Historians of different persuasions such as Mykhailo Hrushevs'kyi, Stepan Tomashivs'kyi, or Viacheslav Lypyns'kyi unreservedly answered this question in the affirmative. To define the Ukrainian nation and its history, they focused on the Cossacks, the pursuit of freedom and self-determination, the peasant ethnos, or the language. This approach, which was committed to social and societal history, stood in contrast to a political historiography related to the state. This attempted to grasp the history of Ukraine geographically and territorially. By this telling, the Principality of Galicia and Volhynia was the first "Ukrainian nation state". Both schools express the essence of the nation as a collective entity that transcends time. Ukrainian historiography, wether in exile, in the Soviet Union, or in independent Ukraine, follows in the footsteps of these schools.

Ricarda Vulpius
Competition, Conflict, Repression
Russia and Ukrainian Nation-Building

Putin's talk about the historical unity of Russians and Ukrainians serves to justify the war ideologically. This thinking is not new. It goes back to the 17th century. It is based on the idea of the "all-Russian nation", to which "Great Russians", "Little Russians", and "Belarusians" belonged. The tsarist government and the bulk of Russian society congregated around this idea in the late 19th century. Even members of the liberal intelligentsia denied Ukrainians the right to form their own nation. Russia suppressed every flicker of Ukrainian linguistic and cultural autonomy. These repressions and the suppression of the Ukrainian national movement are part of today's Ukrainian collective memory.

Sergei Lebedev
When the Graves Speak
Sandarmokh – Memorial for Victims of Colonial Violence

Russia's crimes in Ukraine in 2022 continue a long history of imperial violence. In Russia, the only visible cultural sign of past crimes against the Ukrainian nation lies in the Karelian forest of Sandarmokh. There, in 1937, the Soviet secret service shot thousands of people, including some 300 Ukrainian writers and artists, together with members of the cultural elite of many other peoples. Like no other place, Sandarmokh reveals the colonial dimension of the crimes. It is the arcanum of an empire, a repository for memory to be destroyed. The man who discovered it, Gulag researcher and Karelian section director of the human rights organization Memorial, Yurii Dmitriev, was arrested after the first attack on Ukraine in 2014 and, on the basis of scurrilous charges, sentenced to 15 years in prison.

Anna Veronika Wendland
Zaporizhzhia as a Symbol
Russia Attacks Ukrainian Modernity

Russia's war is meant to destroy Ukraine as a state. Military attacks also target symbols of modern statehood, which include infrastructure and industrial facilities. Industrial modernisation and technical infrastructure were central to Ukraine's nation-building process. This is particularly evident in the case of the country's nuclear power plants and its electricity grid. An important period of Ukrainian nation-building took place in Soviet Ukraine and is bound up in traumatic experiences. This is the source of the fractured and ambivalent relationship that today's Ukrainians have toward their history of modernisation. Russia completely negates this story.

Mateusz Fałkowski
Against Great Russian Imperialism
On the Topicality of the Declaration on the Ukrainian Cause from 1977

Russia is waging war against Ukraine with the aim of destroying it as an independent state and Russifying Ukrainians. The Putin regime is thus following in the tradition of Russian and Soviet imperialism. In 1977, the Polish exile magazine Kultura published a "Declaration on the Ukrainian Cause". It was an appeal to international public opinion to support Ukrainians and other nations in Eastern Europe in their efforts to gain independence and to work together to create a free, federal Europe. The warnings, positions, and visions contained within this declaration are of unexpected topicality. They form the intellectual basis of the broad support found in Poland for the Ukrainians' struggle to defend their right to self-determination and freedom.

Sabine Adler
Ignorant of Ukraine
A Lesson from the German Politics

For a long time, many Germans sympathized with authoritarian Russia and shied away from Ukraine, which has been moulded by civil society. Representatives of this position were the Social Democrats security expert Egon Bahr and peace activist Erhard Eppler, as well as the former chancellors Helmut Schmidt and Gerhard Schröder. For decades, they advocated the maxim that peace was only possible in concert with, not against the Soviet Union or Russia. This became a guiding principle of the Federal Republic of Germany's foreign policy. Fixated on Russia as a superpower, these politicians ignored Ukraine, subordinated its right to freedom and self-determination to the alleged security and stability interests of Moscow and Berlin, and clung to thinking in terms of spheres of influence. These positions have outlived their usefulness, as has the recipe for "change through trade".

War and Occupation

Gwendolyn Sasse
Russia's War on Ukraine
Factors, Causes, Dynamics

Wars do not fall from the sky. They have a pre-history. The constellation for a conflict consists of various factors involving domestic politics, foreign policy, and international relations. In the case of Russia's war on Ukraine, the Putin regime's radicalization into autocracy and its dissociation from the West combined with Ukraine's simultaneous democratisation and increasingly Western orientation are the central factors that explain the conflict's dynamics, made the outbreak of war more likely, and influence the dynamics of warfare as well.

Tatiana Zhurzhenko
Terror, Collaboration and Resistance
Russian Rule in the Newly Occupied Territories of Ukraine

In the territories occupied by Russia since February 2022, the occupiers are using the same instruments they used in Crimea and Donbass in 2014. They cut the population off from Ukrainian sources of information, spread their propaganda, and forcibly bring the educational system into line with their own. They instrumentalize humanitarian aid, pay social benefits and wages in roubles, issue Russian passports, and link the use of services and rights to Russian citizenship. They recruit collaborators from the local elite and resort to repression and open terror. The Crimea and the so-called people's republics of Donetsk and Luhansk provide the starting point for the administrative and military incorporation of the newly occupied territories into Russia. While prospects for the liberation of the occupied territories by military means remain hazy, one thing is clear: the longer Russia remains there, the harder it will be for Ukraine to take them back.

Bert Hoppe
Attack on Historical Heritage
Russia Targets Ukrainian Archives

Russia's war is also directed against Ukraine's historical memory. The large number of attacks on architectural monuments, cultural institutions, and archives suggests that these are not instances of so-called collateral damage. Russia's army is striking pillars of Ukrainian national consciousness. In the vicinity of Kharkiv, the Hryhorii Skovoroda Museum of Literature was destroyed, and near Bucha, the archives of the Chornovil Foundation went up in flames. In Chernihiv, the regional archive of the secret service SBU with its historical holdings of records from the NKVD and KGB was hit. This was where the files of the perpetrators and victims of the Stalinist terror were held. The destruction of such an archive weighs all the more heavily given that Ukraine, with its liberal, open archival policy, enabled scholarly research into the history of the Soviet Union, Ukraine, and the German occupation. Ukraine's historical memory is largely at the mercy of Russia's rockets and shells.

Svitlana Kravchenko
Attacks on Cultural Heritage
Ukrainian Libraries in Russia's War

There are nearly 15,000 public libraries in Ukraine. In 2022, after being closed due to Corona, they were supposed to once again become places to promote reading, encourage learning, and facilitate encounters. But Russia's war thwarted those plans. In defiance of the Hague Convention for the Protection of Cultural Property, libraries have also been the target of artillery and missile attacks. The destruction, damage, and loss of inventory are lamentable. The situation in the occupied territories is unclear. In the areas where there is no active fighting, libraries are going about their work. Moreover, they often coordinate the efforts of volunteers supporting displaced persons and soldiers on the front lines.

Words and Books

"We Are Coughing Up Russian Literature with Blood" Oksana Khmel'kovs'ka from the Literary Portal Chytomo

A cultural journalist looks back on the difficult beginnings for the Ukrainian book market, provides insights into Chytomo, a platform for literature and books dedicated to strengthening Ukrainian publishing. She describes the upswing and the differentiation that took place on the book market after the Euromaidan, criticizes the fact that international literary agents stuck with the practice of selling licenses under the motto "Russia First" for too long, and vehemently defends the ban on importing Russian books when war crimes are being committed in places such as Olenivka.

"The Market Is as Good as Dead" Kharkiv publisher Viktor Kruhlov offers insights

Against unequal competition with publishers from Russia, the best Ukrainian publishers were able to hold their own. After the annexation of the Crimea, more and more people became aware of the importance of books in the Ukrainian language. The market grew. Since February 24, the situation has been precarious. There is a shortage of paper, prices have exploded, printers are being shelled, people's purchasing power is minimal, and books are not part of their daily needs. Most publishers work out of enthusiasm. Books are a contribution to cultural self-assertion.

"A Society Needs Citizens Who Read" Mariana Savka on Books and Politics in Times of War

A society can only be considered complete if its citizens read. Too often, this is not the case in Ukraine. Bookshops are rare, there are few campaigns to promote reading, and literary criticism is in short supply. An understanding that books are essential is lacking. Shared values are the basis for the consolidation of any society. Books are the bearers of these values. Ukrainians should talk about the issues that mould their national identity, form their historical memory, and give them the strength for visions for the future.

"We Need to Get People to Read" Yuliia Orlova on Publishing during the War

The director of Vivat Publishing in Kharkiv praises the change in awareness among Ukrainian readers that followed Russia's annexation of Crimea in 2014. As Ukrainians turned their back on Russia, there was an upturn on the Ukrainian book market. Yet making books under wartime conditions has become complicated. There is a lack of paper and printing capacity. Only a minority of the population reads and buys books. Where demand exists, it can hardly be satisfied. Thus, there is a lack of competent Ukrainian non-fiction authors.

“It’s about Decolonization”
Pavlo Shved on Language and Books in Times of War

Ukraine was heavily Russified, Ukrainian marginalized. Publishing corporations from Russia dominated the book market with Russian books. Books can also be an imperial tool. So long as Moscow is at war with Ukraine, a total ban on the import of books from Russia will be necessary. This is an act of self-defence. And every Ukrainian-language book is a contribution to the promotion of Ukrainian cultural and national identity.

Volodymyr Kulyk
The Language of Resistance
The War and the Upsurge of Ukrainian

War brings death and breeds hatred. Many Ukrainians also blame Russia’s population for the war and the crimes committed by occupying Russian forces. More and more people in Ukraine refuse to speak Russian - even native speakers. Russian is considered the language of the enemy. What Ukraine has not achieved by means of its language policy in 30 years, Russia has provoked by attacking its neighbour. This full-scale war is promoting a change in language. Using Ukrainian is the order of the day, for Ukrainian is the language of the resistance.

Yurii Marchenko, Oleksandra Koval'
Against All Odds
The Ukrainian Book Market, 1991–2022

After the collapse of the Soviet Union, a diverse private publishing landscape emerged in Ukraine. New authors took the stage. But the book market has faced setbacks again and again: the economic chaos of the early 1990s, the economic crisis of 2008-2009, the Russian aggression of 2014, and Russia’s invasion since February 2022. One consequence of the current situation is that books from Russia and Belarus are increasingly being replaced by books in Ukrainian, made in Ukraine. But as a result of the war, the economic and infrastructure problems in the Ukrainian book market are considerable.

Valentyna Vzdul's'ka
Laboratory of change
Ukrainian Literature for Children and Adolescents

The Ukrainian market for literature for children and adolescents has undergone a fundamental change since 1991. It has overcome Soviet taboos and traumas, mastered economic crises, and confronted the distortion of competition from Russian competition. By means of biographies, series on Ukrainian history and culture, as well as high-quality illustrated books, this market has tapped into a new readership. But print runs remain small, the assortment limited. There is a need to catch up. Development is being hampered by weak purchasing power and the war. At the same time, the war is drawing the attention of foreign publishers of children's books to Ukraine and Ukrainian topics.

Ola Hnatiuk
The New Closeness and Its Roots
Poland and Ukraine in Literature and Society

Poland's solidarity with Ukraine in its defensive war against Russia is by no means a given. Just a few decades ago, the two nations were enemies. The impetus for reconciliation came from the Polish exile magazine Kultura with its far-sighted thinking. Since the 1990s, the number of Polish-Ukrainian contacts has grown exponentially. Today, almost every Polish family has acquaintances in and from Ukraine. This is the result of Ukrainian labour migration and cultural cooperation. Authors and the literary scene played a central role: with their books, writers such as Yurii Andrukhovych and Serhii Zhadan stirred an enormous interest in Ukraine. Poland became the hub of Europe for Ukrainian literature and culture. At the same time, Andrukhovych & Co. acted as ambassadors of Polish culture in Ukraine.

Oksana Khmel'ovs'ka
From Ugly to Angry
Ukrainian Book Design over Three Decades

In the beginning, there was the Ukrainian avant-garde of the 1920s. With Ukraine's independence at the end of 1991, this art was rediscovered and reinterpreted. “Ugly design”, which was trending around the world, appeared in Ukraine in the early 1990s. Today, Ukrainian book design is embedded in global markets and trends, but it has preserved its national traditions and peculiarities in both theory and practice. Ukrainian illustrators are keeping visual diaries of the war. They are chroniclers of Russia's war crimes and are creating angry, bold art.

Tamara Hundorova
Heterotopia and One's Own Territory
The Donbass in the Work of Serhii Zhadan

The Donbass has played a central role in Serhii Zhadan's work from the very start. In his most recent novel Orphanage (Ukr. - Internat, 2017), as well as in Voroshilovgrad (Ukr. - Voroshylovhrad, 2010), Ukraine's eastern borderland provides both setting and subject. Zhadan depicts it as a territory of emptiness, a geographical and historical space of transition - but not as a no-man's-land. Real and mental migration mould this region, and that is what makes it a genuinely European territory. Defending it as one's own territory - this literary message from 2010 has taken on a very concrete and extremely urgent meaning twelve years later.

Images and Sounds

Ada Raev
In Focus
Ukraine's Artistic Culture

For art historians in the West, Ukrainian art is a blind spot. It has been either fully ignored or subsumed into Russian and Soviet art. While certain artists' biographies and works may be characterized by Ukrainian-Russian intertwining, there is also a rich independent Ukrainian culture, from folk art and fine art to architecture. Catchwords here are the wooden churches, the Cossack baroque, and the avant-garde. The artistic heritage of Ukraine, whose history has been moulded by territorial discontinuity and political ruptures, draws on different cultures and strands of tradition. Diversity and heterogeneity are its hallmarks.

Yuliia Nikolaevs'ka
Music of Resistance and Hope
Ukrainian Composers of the 20th and 21st Centuries

The history of Ukrainian music in the 20th and 21st centuries is contradictory. On the one hand, the art of composition flourished; on the other hand, numerous composers and their works were subjected to politically motivated restrictions. In nearly every phase of Ukrainian music history, there is repression and censorship, to which composers and their works fell victim. Yet despite all the devastation, Ukrainian music regenerates itself again and again. Ukrainian musical culture is a domain of resistance.

Ivan Kozlenko
Film and Film Industry in Ukraine
30 Years of Decolonization: A Balance Sheet

The history of Ukrainian cinema and the film and television industry over the past 30 years is a history of an arduous process of liberation from colonial dependencies. It reflects the development of Ukrainian national identity, the language issue, and the political economy of a contested sector. After a decline in the 1990s, dependence on Russian capital and the Russian market led to the industry's Russification. Money and ideas, including aggressive anti-Ukrainian and anti-liberal views of history, came from Moscow. Russian-language films were produced in Ukrainian studios for low wages. Change came only in 2014. Funding for cinema was improved, legal language quotas in the production and post-dubbing of films were better enforced. This weakened the Ukrainian television lobby's ties to Russia, but led to disputes over the distribution of funding. Beyond the struggle for big money, the past 30 years has seen the emergence of excellent documentaries and a Ukrainian cinéma d'auteur that enjoys a permanent place at international film festivals.

Barbara Wurm
Life – Cinema - Life
Ukrainian Cinema at War (2014-2022)

Reality, documentary, and fiction merge in Ukrainian cinema in a unique way. Directors, actors, and cinematographers come from the war, make films about the war, and go to the front lines again to defend their country. Filmmaking is participation and a gesture of self-empowerment. The films about war from 2014-2022 make visible physical and psychological injury, personal loss, and social tragedy in a broad spectrum of forms. They oscillate between the dream of peace, freedom, and independence, on the one hand, and the traumatization caused by violence, torture, rape, and death, on the other.

Sergii Cane
The Sound of Resistance
Pop, Rock, Rap & Hiphop from Ukraine

For many Ukrainians, their music is an elemental part of their national self-image. Therefore, imperial rulers in Moscow repeatedly targeted Ukrainian music. It was to be destroyed or robbed of its autonomy, declared to be Russian music or reduced to homogenized folklore. Yet Ukrainian music survived in niches and came back again and again. Since 2014, the market power of music from Russia has also been broken, and Ukrainian music has rapidly branched out into all contemporary genres: from catchy pop and loud rock to hip-hop, rap, and electronic music of all kinds. Since Russia's invasion, Ukrainian musicians have known only one goal: to defend their country, whether as soldiers or fundraisers. And after a moment of shock at the start of the invasion, the music itself has also returned and is uniting the nation in its fight for survival.

Dariia Bad'jor
Attack on Cultural Heritage
Ukrainian Museums and Memorials at War

Russia's war of aggression against Ukraine is also endangering museums, collections, and memorial sites. A prominent case is the destruction of the mansion in Kharkiv Oblast where the philosopher Hryhorii Skovoroda spent his twilight years. Russia is not complying with international conventions on the protection of cultural heritage. What's more, there are indications that Russia's troops are destroying cultural and historical sites in a targeted fashion. After all, they are physical evidence of an independent Ukrainian culture. With each attack on their cultural heritage, the Ukrainian people become more aware of their own culture. The nation's cultural heritage has been transformed from a list of dusty objects in barely visited museums into a living treasure.

Elena Korowin
Art against War
Digital and Urban Worlds of Protest

"When the guns speak, the muses fall silent." No, they don't! In Ukraine and Russia, artists have overcome their silence after a brief state of shock at Russia's war of aggression against Ukraine. Repression and the dangers posed by the war may have severed ties between like-minded artists in both countries, but they are fighting the war together using their own weapons and techniques. They work in digital as well as urban spaces and rely on crypto art and memes, graffiti, stencils, or murals. The war is also changing art in its aesthetics.